Linguagem, Cultura e Cognição
Estudos de Linguística Cognitiva

Linguagem, Cultura e Cognição
Estudos de Linguística Cognitiva

VOLUME II

Organização de
AUGUSTO SOARES DA SILVA
AMADEU TORRES
MIGUEL GONÇALVES

ALMEDINA

TÍTULO:	LINGUAGEM, CULTURA E COGNIÇÃO: ESTUDOS DE LINGUÍSTICA COGNITIVA
ORGANIZADOR:	AUGUSTO SOARES DA SILVA, AMADEU TORRES, MIGUEL GONÇALVES
EDITOR:	LIVRARIA ALMEDINA – COIMBRA www.almedina.net
LIVRARIAS:	LIVRARIA ALMEDINA ARCO DE ALMEDINA, 15 TELEF.239 851900 FAX. 239 851901 3004-509 COIMBRA – PORTUGAL livraria@almedina.net
	LIVRARIA ALMEDINA ARRÁBIDA SHOPPING, LOJA 158 PRACETA HENRIQUE MOREIRA AFURADA 4400-475 V. N. GAIA – PORTUGAL arrabida@almedina.net
	LIVRARIA ALMEDINA – PORTO R. DE CEUTA, 79 TELEF. 22 2059773 FAX. 22 2039497 4050-191 PORTO – PORTUGAL porto@almedina.net
	EDIÇÕES GLOBO, LDA. RUA S. FILIPE NERY, 37-A (AO RATO) TELEF. 21 3857619 FAX: 21 3844661 1250-225 LISBOA – PORTUGAL globo@almedina.net
	LIVRARIA ALMEDINA ATRIUM SALDANHA LOJAS 71 A 74 PRAÇA DUQUE DE SALDANHA, 1 TELEF. 21 3712690 atrium@almedina.net
	LIVRARIA ALMEDINA – BRAGA CAMPUS DE GUALTAR UNIVERSIDADE DO MINHO 4700-320 BRAGA TELEF. 253 678 822 braga@almedina.net
EXECUÇÃO GRÁFICA:	G.C. – GRÁFICA DE COIMBRA, LDA. PALHEIRA – ASSAFARGE 3001-453 COIMBRA Email: producao@graficadecoimbra.pt
	JULHO, 2004
DEPÓSITO LEGAL:	214078/04

Toda a reprodução desta obra, por fotocópia ou outro qualquer processo, sem prévia autorização escrita do Editor, é ilícita e passível de procedimento judicial contra o infractor.

Índice

VOLUME II

Parte IV   Espaço e Movimento

El desplazamiento como base de la proyección metafórica:
esquemas de movimiento con preposición   3
Belén Alvarado, Elisa Barrajón, Jaume Climent,
Susana Rodríguez e Larissa Timofeeva

The container schema in Homeric Greek   25
Silvia Luraghi

The experiential basis of motion language   43
Teenie Matlock, Michael Ramscar e Lera Boroditsky

Spatial cognition and language of space: a perspective from Japanese   59
Yoshihiro Matsunaka e Kazuko Shinohara

Motion in language & cognition   75
Stéphanie Pourcel

Front/back (frente/trás): space and its verbalization.
The Portuguese case   93
José Teixeira

Three ways to travel: Motion events in French, Swedish and Thai   119
Jordan Zlatev e Caroline David

Parte V   Metáfora, Metonímia e Integração Conceptual

More about blends: blending with proper names
in the Portuguese media   145
Maria Clotilde Almeida

Metonymy in discourse-pragmatic inferencing   159
Antonio Barcelona

VI   *Linguagem, Cultura e Cognição*

Fatores funcionais e cognitivos na flutuação N/ADJ
no Português do Brasil   175
Margarida Basilio

The taboo of war and WAR metaphoric conceptualisation:
song lyrics of the Portuguese colonial war   185
Hanna Jakubowicz Batoréo

Thinking and seeing the world through metaphor:
cultural constraints in architectural metaphors   203
Rosario Caballero

Nem todas as cegonhas trazem bebés. Um estudo de metáforas
com nomes de animais em falantes portugueses e chineses   217
Rosa Lídia Coimbra e Urbana Pereira Bendiha

George Lakoff's Theory of Cognitive Models: a metatheoretical
and methodological assessment based on an analysis of abstract
concepts (W-C-PF)   227
Heloisa Pedroso de Moraes Feltes

Metonymy-based metaphors in advertising   245
Rafael Rocamora Abellán

Parte VI   Análise do Discurso

Dans la mémoire des N: introducteur de cadre discursif et espace
mental. Réflexions sur un cas de *compression*   265
Guy Achard-Bayle

Las marcas de primera persona en el debate electoral   279
Àngels Campos, Maria Josep Marín e Maria Josep Cuenca

Speakers, hearers and Cora *ku*   299
Eugene H. Casad

Translating interjections: an approach from grammaticalization theory 325
Maria Josep Cuenca

Visual viewpoint, blending, and mental spaces in narrative discourse   347
Barbara Dancygier

Índice VII

Spanish *ya*: a mental space account   363
Nicole Delbecque

Delocutividade e gramaticalização   391
Miguel Gonçalves

Marcadores discursivos, aspecto y subjetividad   411
María Jesús González Fernández e Ricardo Maldonado Soto

A polifuncionalidade de *bem* no PE contemporâneo   433
Ana Cristina Macário Lopes

Ainda ontem aconteceu uma coisa muito engraçada. A introdução de enunciados narrativos em situação de interacção oral   459
Armindo José Baptista de Morais

Elementos para uma descrição semântico-pragmática do marcador discursivo *já agora*   477
Maria da Felicidade Araújo Morais

Parte VII   Poética Cognitiva e Estudos Literários

On the cognitive process of reading Peter Weiss' *The Shadow of the Coachman's Body*   499
Ana Margarida Abrantes

Metatext as cognitive metonymy: An experientialist approach to metafiction   519
Juani Guerra

Carpe Diem: The study of periods within Cognitive Poetics   527
Mette Steenberg

Parte VIII   Psicolinguística e Linguagem Gestual

Comunicação *online* síncrona e produção de linguagem escrita   549
Sónia Vanessa Santos Alves e Ana Maria Roza de Oliveira

Enhebrando el hilo de lo icónico   563
Inmaculada Báez, Carmen Cabeza e María Ignacia Massone

VIII   *Linguagem, Cultura e Cognição*

La metáfora como recurso para la expresión de las emociones
en lengua de signos española   583
  Silvia Iglesias Lago

Body language in intercultural negotiations   595
  Begoña Jamardo Suarez

"🐾⚵🌢☀☂! *Mas porque é que...?*": A expressão de
pensamentos contrafactuais em Português   605
  Ana Cristina Carvalho Martins

Parte IX   Linguística Computacional

A distinção entre homógrafos heterófonos em sistemas
de conversão texto-fala   619
  Filipe Leandro de F. Barbosa, Lilian V. Ferrari
  e Fernando Gil V. Resende Jr.

Cognitive anaphor resolution and the binding principles   629
  António Branco

Parte X   Fenomenologia e Filosofia da Mente

Crossing the boundaries of time: Merleau-Ponty's phenomenology
and cognitive linguistic theories   643
  Margaret H. Freeman

Language and thought (the nature of mind from G. Frege
and J. Fodor to cognitive linguistics)   657
  Sofia Miguens

Lista de Autores   669

Índice remissivo   681

Índice   IX

VOLUME I

Nota prévia   v

Introdução: linguagem, cultura e cognição, ou a Linguística Cognitiva   1
   Augusto Soares da Silva

Parte I   Teoria e Modelos

Intimate enemies? On the relations between language and culture   21
   Enrique Bernárdez

Cultural models of linguistic standardization   47
   Dirk Geeraerts

Possession, Location, and Existence   85
   Ronald W. Langacker

The representation of spatial structure in spoken and signed language   121
   Leonard Talmy

Language, culture, nature: exploring new perspectives   165
   Arie Verhagen

Parte II   Categorização e Léxico

"To lead a dog's life" and "dog's loyalty": the role of dogs
in Italian stereotyped expressions   191
   Grazia Biorci

The role of metathesis in Hawaiian word creation   207
   Kenneth William Cook

The Swedish seal-hunters' conceptual system for seal –
a cognitive, cultural and ecological approach   215
   Ann-Catrine Edlund

Après: de l'espace au temps, la sémantique en diachronie   231
   Benjamin Fagard

X   *Linguagem, Cultura e Cognição*

Cognitive constructs. Perceptual processing and conceptual
categories between mind, language, and culture   247
   Dylan Glynn

Basque body parts and their conceptual structure:
the case of *oin* 'foot' and *begi* 'eye'   269
   Iraide Ibarretxe-Antuñano e Koldo J. Garai

From entrenchment to conceptual integration: levels of
compositionality and concept structuring   293
   László I. Komlósi e Elisabeth Knipf

Idiom-entrenchment and semantic priming   309
   Sylvia Tufvesson, Jordan Zlatev e Joost van de Weijer

Parte III   Construções e Gramática

Spanish constructions using approximatives   335
   José Luis Cifuentes Honrubia

Totalização e unicidade: divergências e convergências
na análise da definitude   351
   Clara Nunes Correia

Psych verbs with quasi-objects   367
   Patrick Farrell

La expresión lingüística de la idea de cantidad   385
   Ana Mª Fernández Soneira

Verbs of cognition in Spanish: Constructional schemas
and reference points   399
   José Mª García-Miguel e Susana Comesaña

A usage-based analysis of adjectival position in English   421
   Keri Holley

Argument structure and verb synonymy: Illative agreement
of Finnish   435
   Tero Kainlauri

Índice XI

Act, fact and artifact. The "workshop model" for action
and causation 451
  Jean-Rémi Lapaire

Systemic productivity must complement structural productivity 473
  René Joseph Lavie

Estruturação e lexicalização da causação nos lexemas verbais
derivados de *ducere* 487
  António Ângelo Marcelino Mendes

Categorías radiales y gramaticalización: sobre construcciones
y orden de palabras en español 507
  Xose A. Padilla-García

Count vs. mass: prototypes and active zones in nouns 523
  Francisco Rubio Cuenca

Pragmasyntax: Towards a cognitive typology of the attention
information flow in Udi narratives 545
  Wolfgang Schulze

Cultural determinations of causation 575
  Augusto Soares da Silva

A new look at negative raising 607
  Anne M Sumnicht

Dissimilation in Mösiehualị (Tetelcingo Nahuatl):
A Cognitive Grammar perspective 627
  David Tuggy

Prototypical transitivity revisited 651
  Victoria Vázquez Rozas

The position of the adjective in Portuguese: centre and
periphery of the adjective class 661
  Mário Vilela e Fátima Silva

PARTE IV

Espaço e Movimento

El desplazamiento como base de la proyección metafórica: esquemas de movimiento con preposición

Belén Alvarado, Elisa Barrajón, Jaume Climent
Susana Rodríguez y Larissa Timofeeva

Resumen

El objetivo de este artículo es relacionar los distintos significados del verbo *salir* a partir de su significado básico y central de movimiento. Para ello partimos del esquema de desplazamiento y su funcionamiento en tres niveles distintos de conocimiento, basándonos en una serie de proyecciones metafóricas. Con estos instrumentos analizamos distintas construcciones con el verbo *salir*, desde estructuras composicionales que describen movimiento en alguno de los tres niveles mencionados, a estructuras más fijas, que muestran un significado idiomático y que pueden incluirse en el ámbito de la fraseología. A partir de aquí comprobamos que la diferencia entre ambos tipos de construcciones es una cuestión de grado entre los extremos de un continuo en un proceso de gramaticalización. De la misma manera, establecemos que partir de este patrón de gramaticalización en el estudio de los distintos significados del verbo *salir* puede ser un método para la lexicografía práctica, que podría resolver muchos de los problemas que hemos detectado en los diccionarios actuales del español.

Palabras clave: verbos de movimiento, metáforas, gramaticalización, fraseología, lexicografía.

El objetivo fundamental de este trabajo es demostrar, dentro de los parámetros del fenómeno de la gramaticalización, cómo los verbos de movimiento pueden constituir una fuente de creación lingüística, es decir, tomando como punto de referencia su significado original de desplazamiento físico, se obtienen una serie de valores nocionales, de valores puramente discursivos e, incluso, una serie de estructuras lingüísticas más o menos fijas, como veremos más adelante. Todo este proceso constante de creación lingüística puede tener un reflejo en el ámbito lexicográfico, lo que, por otro lado, ayudaría a resolver muchos problemas de los diccionarios actuales.

Si nos hemos centrado en verbos de movimiento ha sido precisamente por sus propiedades combinatorias, esto es, por su posibilidad de combinarse al mismo tiempo tanto con complementos de carácter local o físico, como con complementos de índole nocional o figurativa. Dentro del extenso grupo de verbos de movimiento, hemos seleccionado el verbo *salir*, señalando los distintos significados que dicha unidad léxica presenta en un *corpus* oral, el *ALCORE* (*Alicante Corpus de Español*[1]). El análisis planteado en este estudio nos servirá como base y modelo para posteriores análisis de otros verbos de movimiento, pudiendo así extraer de todo ello un estudio contrastivo exhaustivo.

Nuestra labor, por tanto, ha consistido principalmente en relacionar los distintos sentidos (locales, nocionales, discursivos) de un mismo significado y, al mismo tiempo, intentar establecer una vinculación sintáctico-semántica entre los diferentes significados que el verbo *salir* presenta. De esta forma, podemos trazar una red polisémica que refleja las distintas acepciones correspondientes a la unidad verbal que nos ocupa y descubrir cómo se produce la conexión entre ellas.

El verbo *salir* como verbo de movimiento responde a un esquema conceptual básico formado por tres componentes fundamentales: el componente origen, el componente destino o meta y el componente trayectoria o recorrido. En función de la mayor o menor focalización otorgada a cada uno de estos tres componentes, podemos llevar a cabo una clasificación de las diversas estructuras sintáctico-semánticas en las que se integra la unidad léxica verbal objeto de nuestro estudio.

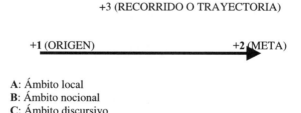

Figura 1. Esquema del movimiento en el verbo *salir* en tres niveles de abstracción.

Este esquema tripartito conecta a su vez con tres ámbitos conceptuales distintos: un ámbito local o físico, un ámbito nocional o figurativo y

---

1. Dicho corpus es uno de los resultados del proyecto Alcore, subvencionado por el Ministerio de Educación y Cultura (PB98-0967) y coordinado por la Dra. Dolores Azorín Fernández. Tiene como principal objetivo la plasmación del estado actual de la lengua oral utilizada en la ciudad de Alicante.

El desplazamiento como base de la proyección metafórica 5

un ámbito discursivo o textual. El primero de ellos es el más concreto e inmediato. Nuestro contacto con el espacio y con los objetos que lo configuran constituye el punto de partida de todas nuestras proyecciones metafóricas, esto es, supone la base de nuestra concepción y estructuración de expresiones nocionales o figurativas. De ahí que la metáfora verbal se convierta en nuestra principal herramienta a la hora de analizar construcciones con el verbo *salir* de carácter abstracto que tienen su origen más próximo en estructuras de índole local. Por ello, la metáfora se ajusta a un patrón de direccionalidad que avanza de lo más concreto a lo más abstracto, esto es, parte del dominio más accesible y delimitado en nuestra experiencia (el local o físico) para entender un dominio más complejo y menos delimitado (el nocional o figurativo) en términos del primero.

Son G. Lakoff y M. Johnson ([1980] 2001: 39) los que hacen hincapié en el hecho de que la metáfora está presente en nuestra vida cotidiana, en nuestro modo de pensar y de actuar. Dado que partimos de estructuras claramente locales vinculadas al espacio, nos parece coherente hacer uso de un tipo de metáforas relacionadas con la situación espacial: las *metáforas orientacionales*. Dentro de ellas, la que más se adecua al esquema sintáctico-semántico de *salir* es la basada en la orientación dentro-fuera, que nosotros proyectamos sobre los objetos físicos que componen nuestro entorno espacial con el fin de organizarlo.

Pero, además de las metáforas orientacionales, es necesario recurrir a otro tipo de metáforas, las *ontológicas*, entre las que destacamos la llamada *metáfora de recipiente*. Las metáforas ontológicas nos ayudan a entender realidades abstractas (determinados acontecimientos, emociones, ideas, actividades...) como entidades y sustancias, partiendo siempre de nuestra base experiencial y cultural. Según G. Lakoff y M. Johnson (2001: 67), nosotros somos entes físicos y como tales constituimos un recipiente limitado por una superficie concreta (nuestra piel) que cuenta con una orientación dentro-fuera que proyectamos sobre el mundo que nos rodea y sobre los objetos físicos que lo constituyen. De esa manera, los objetos físicos se convierten a su vez en recipientes con un interior y un exterior.

Por último, en el ámbito discursivo (el tercer dominio), incluiremos aquellos casos en los que *salir* se ha gramaticalizado hasta tal punto que en él apenas se pueden apreciar ya rasgos léxicos propios del mismo, como +movimiento, +desplazamiento, +localización, +procedencia, etc.

Lo que tenemos en estos casos es una unidad verbal gramaticalizada con un valor puramente discursivo.

El esquema conceptual lo hemos representado gráficamente a partir de una línea imaginaria que representa el rasgo léxico de desplazamiento que implica *salir* y en la que aparecen los tres componentes a los que aludíamos anteriormente, señalados numéricamente. El 1 aludiría al componente origen; el 2, al componente destino o meta; y el 3, al componente trayectoria o recorrido. Las letras A, B y C aluden a los tres ámbitos conceptuales: A (local), B (nocional) y C (discursivo), siguiendo así los tres ámbitos propuestos por Sweetser (1990).

La eficacia de este esquema podemos ponerla en práctica con los ejemplos que comentaremos a continuación extraídos del *corpus*.

Para dar cuenta del primer dominio, el más físico o local, hemos seleccionado el siguiente ejemplo, que puede parafrasearse con el significado de "Pasar de dentro a fuera":

(1) *<B8, M, 2, Me, EI, E>: Si me voy a las <número>cinco</ número>, están en la calle y si vengo a las <número>ocho y media</número> están en la calle. Yo digo que<pausa></ pausa> mucho no podrán hacer. Y si yo cada vez que **salgo de mi casa** los veo<pausa></pausa>.*

En este caso, la estructura *salgo de mi casa* respondería a 1A en la *Figura 1*. Consideramos que el elemento del esquema de movimiento anteriormente propuesto que estaría perfilado o focalizado en esta construcción sería el componente origen (*mi casa*). El origen o *el fondo* o *base* en términos de Talmy – "lugar-campo respecto al cual la figura se considera en pleno movimiento o localización" (Crego 2000: 25) –, constituiría un recipiente a partir del cual la *figura* (*yo*) se desplaza, saliendo de él (orientación dentro-fuera). Se trataría de un desplazamiento muy corto, pues se atenúa el movimiento enfatizándose más la idea de recipiente. En este caso, el punto de referencia de la enunciación sería el origen o el fondo (punto 1) y se ubicaría en un ámbito físico (A). Como podemos observar, la preposición en este primer dominio no está desemantizada, al contrario, conserva todo su valor semántico (de procedencia).

Siguiendo con el dominio local, la siguiente ocurrencia seleccionada responde al significado de "Partir de un lugar a otro":

El desplazamiento como base de la proyección metafórica   7

(2) *<E3>: Y de, <repetición>de</repetición> vacaciones ¿suelen* **salir fuera de Alicante?**

(3) *<CB3, M, 2, Me, EE, E>: No, nos hemos movido nadie.* **De aquí** **d<e> Alicante no**<pausa></pausa><risas> <repetición>**no**</ *repetición>* **ha salido nadie.** *Bueno, el único que sí que viajaba mucho era mi a<(b)>uelo cuando iba embarca<(d)>o que era<pausa></pausa> que iba en un barco inglés.*

En este ejemplo, comprobamos que las estructuras *salir fuera de Alicante* y *De aquí no ha salido nadie* corresponderían a 3A, ya que el elemento focalizado sería todo el esquema de movimiento, con especial hincapié en el componente trayectoria, que en palabras de Crego vendría definida como "camino que designa la forma en que un objeto es considerado como desplazándose o localizado en relación con otro objeto" (Crego 2000: 26). Si tenemos en cuenta el contexto, el hablante – la entidad desplazada – se refiere a la idea de abandonar un lugar (*Alicante*), que constituye el componente origen, para dirigirse a otro lugar que no termina de concretar y que responde al componente meta o al destino. Ambos lugares se convierten en dos recipientes, aunque, al aparecer en escena el componente trayectoria, la idea de desplazamiento o de movimiento se enfatiza sobre la de recipiente, con lo que la sensación de desplazamiento es todavía mayor que en el caso anterior. Debemos señalar, no obstante, que todavía nos encontramos en un ámbito puramente local, de hecho, la preposición conserva todavía su semántica espacial.

En un dominio más abstracto situamos las siguientes ocurrencias, que pueden agruparse bajo el significado de "Aparecer, manifestarse, descubrirse":

(4) *<SB9, M, 2, Ba, EI, E>: <fático=duda></fático>¿Pa<r><(a)>* **salir en la foto?** *Pues* **salís** *muy bien. Pues <sic> me alegro que* **salgáis**</sic><pausa></pausa>.

(5) *<SB7, M, 3, Su, EI, E>: Un <palabra cortada>dete</palabra cortada><vacilación></vacilación> pues nada, <fático></ fático>, <palabra cortada>estab</palabra cortada> <fático></ fático>, lo iban a trasladar a los juzgados, y nada, estaba, estaba esposado y<pausa></pausa> se suponía que lo llevaba la Guardia Civil, ¡se suponía!, porque él salió corriendo y me, y<pausa></pausa> me dio con las esposas a mí<pausa></*

*pausa> en toda la cámara, pero la policía no se inmutó, no fue a corriendo a cogerle ni nada por el estilo. Sí, así que no tiene nada que ver con, <repetición>con</repetición> lo que **sale en la tele** ni mucho menos.*

Las estructuras *salir en la foto* y *sale en la tele* se corresponden con las coordenadas 2B en el esquema que muestra la figura 1, puesto que el punto de referencia de la enunciación se sitúa en el componente meta (punto 2). Tal como ocurría con el primer ejemplo, el movimiento es prácticamente nulo, e incluso en este caso es todavía más imperceptible, algo que demuestra el uso de la preposición *en* – que implica ubicación o localización– frente al uso de *de* –que implica procedencia u origen –. De nuevo nos encontramos con la prominencia de la idea de recipiente. De hecho, la meta (*la foto* o *la tele*), componente focalizado, actúa como un contenedor, lo cual mitiga la sensación de movimiento.

Por otro lado, debemos hacer una distinción cualitativa con respecto a los dos anteriores ejemplos. Si en los dos primeros casos estábamos ante construcciones que se desarrollaban en el ámbito local o físico, aquí nos encontramos ante un dominio mucho más abstracto, pues *la foto* o *la tele* no constituyen lugares físicos, como pueden ser *el coche* o *Alicante*. De ahí que apreciemos un cambio en el significado del verbo *salir*, el cual puede parafrasearse como "aparecer".

Pasamos ahora a comentar otras ocurrencias dentro de este mismo ámbito que se identifican con el significado: "Tener buen o mal éxito o ajustarse a un modelo establecido":

(6) *<SB3, H, 2, Ba, EI, E>: Menos **el arroz, que no me sale**<pausa></pausa>.*

(7) *<SB4, M, 2, Su, EI, E>: Sí <repetición>sí, sí</repetición>, a mí me gusta</simultáneo>, pero quizá me gusta porque tengo mi responsabilidad en mi puesto de trabajo y a mí me va <repetición>a mí me va</repetición> el <repetición></repetición> encargarme yo de todo, desde principio a fin <sic>o</sic> ocuparme de coordinar más que mandar, es que me gusta organizar y coordinar y que<simultáneo> **las cosas salgan como a mí me gustan**. Soy un poco <pausa></pausa>.*

(8) *<E6>: ¿Si te pego te va a **salir mejor el examen**<pausa></pausa>?*

(9) *<E6>: Te doy una colleja y si con esto **te va a salir mejor**, pues toma, <número>dos</número> collejas.*

El desplazamiento como base de la proyección metafórica 9

Las estructuras *el arroz, que no me sale, que las cosas salgan como a mí me gustan, salir mejor el examen* y *si con esto te va a salir mejor*, corresponden a 3B en el esquema representado en la figura 1, ya que tenemos el mismo perfil que aparece en los ejemplos (2) y (3), pero, en este caso, en un dominio nocional. Es decir, lo que el hablante focaliza es el *continuum* de la realidad, esto es, el recorrido, el origen y la meta de manera simultánea. De lo que se trata en este caso es de cómo *el arroz, las cosas, el examen...* deben ajustarse a un modelo establecido, con lo que estamos planteando una correspondencia entre dos entidades. Precisamente, la idea de 'hacer corresponder' es lo que subraya el trayecto o recorrido entre dos entidades. El modelo establecido constituiría el origen, mientras que la nueva entidad que resulta es la meta. La idea de movimiento ha desaparecido para dar paso a un nuevo significado resultativo, que implica cambio, lo que ha provocado la ausencia de la preposición a diferencia de lo que ocurre en los casos anteriores.

Con respecto al tercer dominio, el discursivo, el verbo *salir* ha perdido su significado léxico y ha adquirido un valor discursivo, como el de los marcadores, algo que observamos en el siguiente ejemplo:

(10) *<SB3, H, 2, Ba, EI, E>: Dice, no, si es que éste es muy gracioso y muy cortito, dice que llega una y dice<pausa></ pausa>: "Calla, estaba contando a un amigo", y dice: "¿Tú sabes lo que me ha pasa<(d)>o?". "¿Qué te ha pasa<(d)>o?", dice: "¡Calla!, llego a mi <repetición>a mi</repetición> casa, tío, y está mi mujer con un tío en la cama<pausa></pausa>", y dice el otro: "¿Y qué?", y dice: "¿Cómo que y qué?, ¿es que no me conoces?", digo: "Aquí qué pasa <repetición>aquí qué pasa</repetición-<" y dice, y sale se levante de la cama un tío, macho, <número>dos</número> metros, <número>dos</ número> por <número>dos</número><ruido></ruido>, un armario ropero de <número>dos</número> cuerpos, **me sale y me dice**: "Tú<pausa></pausa>", coge, se va a la mesilla, coge una tiza hace una raya y <onomatopeya></onomatopeya> marca ahí el <ininteligible></ininteligible> y dice: "Si tiene<(s)> cojones pisa la raya <repetición>pisa la raya</ repetición>", y dice el otro: "¿Y tú qué hicieste y tú que dices?", dice: "Bueno, ya me conoces, yo cuando no miraba él la pisaba la raya".*

10   B. Alvarado, E. Barrajón, J. Climent, S. Rodríguez y L. Timofeeva

Como se puede comprobar, la persona de la que se está hablando no sale de ningún sitio sino que se trata de enfatizar lo que se dice o lo que se va a decir a partir de lo dicho previamente (recordemos que estamos ante una estructura de estilo directo)[2]. En realidad, estamos ante el mismo caso que se da en los ejemplos (2), (3), (6), (7), (8) y (9), a saber, se focaliza o se perfila todo el desplazamiento (punto 3), pero en esta ocasión en el nivel textual (ámbito C).

Como vemos, las estructuras presentadas hasta ahora pueden organizarse prototípicamente siguiendo esquemas de abstracción de significado y teniendo presentes dos metáforas conceptuales, la de recipiente y la orientacional.

En un estadio más avanzado de la cadena de gramaticalización, hemos localizado en nuestro *corpus* estructuras que responden al patrón formativo *salir* + componente nominal introducido por *de*, como, por ejemplo: *salir de caza, salir de viaje, salir de vacaciones*. Todas estas combinaciones concretan su significado en la parte nominal, pese a que el componente verbal no ha perdido su valor de verbo de movimiento. Otra característica de estas estructuras es que a menudo resultan sustituibles por un verbo simple (*cazar, viajar*), aunque esta sustitución no está exenta de ciertas matizaciones[3].

No obstante, hay que tener en cuenta que tanto la fijación como el desplazamiento del valor semántico no se manifiestan de la misma manera en todas estas estructuras, sino que hay diversos grados como consecuencia de su frecuencia de uso en la lengua oral. En este sentido, tenemos otras combinaciones que obedecen al mismo patrón formativo, como son *salir de marcha, salir de fiesta* y *salir de copas*. El interés de estas estructuras radican en que, a diferencia de los ejemplos presentados de (1) a (9), muestran mayor grado de gramaticalización y convencionalización de su componente preposicional.

(11)   *<F1, H, 3, Ba, EI, E>: Suelo ir a barracas de amigos, porque yo aquí, todos mis amigos que son de aquí, pues están en una barraca; solemos ir de una en otra y luego **salir de marcha**, claro.*

---

2.   Tales estructuras pueden considerarse fórmulas discursivas de transición (Alvarado en prensa).

3.   Por ejemplo, en el caso de *salir de vacaciones*, la forma sintética más cercana sería *veranear*, motivada culturalmente.

El desplazamiento como base de la proyección metafórica   11

(12)   *<B8, M, 2, Me, EI, E>: Yo **he salido por ahí de fiesta** y hasta las <número>seis</número> de la mañana y he visto niñas de <palabra cortada>cat</palabra cortada><pausa></pausa> <simultáneo>de<número>quince</número> años<pausa></pausa>.*

El verbo *salir* mantiene su carga léxica, mientras que *de marcha* y *de fiesta* son las partes más gramaticalizadas, debido a los procesos de abstracción que han sufrido. Las acciones de *salir de marcha* y *salir de fiesta* implican necesariamente el desplazamiento de un lugar a otro y, por tanto, remiten parcialmente al significado recto del verbo *salir*. Ahora bien, puesto que estamos ante estructuras coloquiales, vemos que se ha producido un desplazamiento de la carga léxica de la construcción hacia su parte nominal, como resultado de un proceso de pragmatización y de convencionalización de la estructura. La parte nominal, a su vez, presenta indicios de cierta idiomatización como consecuencia de su frecuencia de uso entre los hablantes del español. Además, cabe mencionar que la preposición ya no tiene significado léxico sino que está totalmente desemantizada y, es más, ya no viene exigida por el verbo (como en los casos (11) y (12)) sino por el elemento nominal (*marcha* y *fiesta*).

Otra ocurrencia que se integra bajo este patrón formativo es *salir de copas*:

(13)   *<EI>: <fático=asentimiento></fático>Muy bien. ¿Compartes <pausa></pausa>? Bueno, ya me lo has dicho. <fático></fático>¿<sic>Con qué sueles hacer con los amigos</sic>? Aparte de ir a bailar, ¿sueles **salir de copas**, discoteca?*

En este caso es necesario resaltar que *de copas* adquiere cierto grado de idiomaticidad explicable a partir de una relación metafórico-metonímica. Por una parte, encontramos el frecuente esquema metonímico, 'el contenedor por el contenido'; por otra, la acción de 'beber alcohol' está asociada a la idea de fiesta y diversión.

Si aplicamos a los ejemplos analizados el esquema conceptual que se acaba de presentar, descubrimos que en todos se está enfocando el componente meta (*de marcha, de fiesta, de copas*), mientras que *salir* posee las características propias de los verbos de movimiento. Estamos, por tanto, en la frontera entre el uso local y el nocional, por lo que en función de cada contexto hablaríamos de las coordenadas 2A ó 2B . No obstante son estructuras que muestran cierto grado de fijación, evidentemente mucho mayor que el que plantean los ejemplos del (1) al (9), donde el significado es fundamentalmente composicional.

Por todo ello, observamos que dentro del mismo patrón estructural existen diversas fases de gramaticalización. Si en *salir de caza, salir de viaje o salir de vacaciones* se da un menor grado de desemantización (no hay pérdida total del significado de los dos componentes y hay posibilidad de sustitución por un verbo de la misma familia); *salir de marcha, salir de fiesta, salir de copas* se encuentran en los estadios más avanzados de gramaticalización, ya que el componente nominal se usa figuradamente. Al mismo tiempo, queremos subrayar que, a pesar de las diferencias reseñadas, en todos los casos estamos ante construcciones que han ido asumiendo valores semánticos no presentes en su propio significado, sino determinados por su contexto de uso, y éste es otro indicio claro de que se encuentran en el camino de la gramaticalización.

En el último estadio del proceso de gramaticalización que estamos analizando se sitúan ciertas estructuras sintagmáticas que se comportan como lexemas y que se caracterizan por la fijación y, en ocasiones, por la idiomaticidad: nos referimos a las locuciones. La fijación la concebimos como la imposibilidad de someter estos sintagmas a una serie de modificaciones morfosintácticas, y con la idiomaticidad aludimos al significado no composicional de estas construcciones. Vemos, por tanto, un cambio cualitativo con respecto a las estructuras analizadas anteriormente.

Al igual que en los casos anteriores, la gradación en la manifestación de los rasgos de fijación e idiomaticidad está presente en estas estructuras. Así, por ejemplo, tendremos locuciones totalmente fijas e idiomáticas que se corresponderían con la idea de locución prototípica, y encontraremos otras con un significado transparente y, por tanto, menos idiomático, y con un grado de fijación variable. En todas ellas, observamos rasgos de gramaticalización, principalmente, en dos niveles: nivel sintáctico y nivel semántico.

(14) *<F4, H, 3, Me, EI, E>: Pues, la verdad es que no he sacado mucho. O sea eran trabajos<pausa></pausa> no sé<pausa></pausa>.*
<E3>: Así eventuales, ¿no?
<F4, H, 3, Me, EI, E>: Sí.
*<E3>: Para **salir del paso**.*

El desplazamiento como base de la proyección metafórica **13**

En esta locución hay una clara relación con uno de los significados de *salir* que recoge el *DRAE* (2001): "libertarse, desembarazarse de algo que ocupa o molesta". A partir de este significado se establece una relación metafórica que lleva al significado locucional de 'superar'. Sin embargo, obsérvese en el ejemplo cómo debido a su frecuente aparición en el lenguaje oral esta locución ha desarrollado una implicación que podríamos formular como "aguantar a la espera de tiempos mejores". La pragmatización del significado de esta locución la ha llevado, por tanto, a experimentar modificaciones en el nivel semántico, algo que como ya hemos mencionado indica su grado de gramaticalización.

El siguiente análisis se realiza a partir de dos ejemplos *salir a flote* y *salir adelante*, puesto que su semántica está relacionada.

(15) *<CB4, M, I, Ba, EI, V>: El día que me trajeron la cfetera< pausa></pausa> yo lloraba, y decía: "y yo qué sé de cafetera, ni si voy a hacer agua o café, o<pausa></pausa>". Pero todo lo que me he propuesto he hecho: "esto lo tengo que hacer y lo hago<pausa></pausa> y<pausa></pausa> lo tengo que hacer". Y lloraba<ininteligible></ininteligible> de culo al público, pero me salían las lágrimas<pausa></pausa porque era una responsabilidad muy grande. Sin embargo me felicitaban<pausa></pausa> y **salí a flote** y<pausa></pausa> <repetición>y</repetición> a los <número>tres</número> meses le digo<pausa></pausa> a los repartidores: "dile a Manolito que me mande una factura, la primera que me mandó".*

(16) *<CB4, M, I, Ba, EI, V>: Éste y el otro</simultáneo>, que se murió. Con mi abuela pues, como mi padre murió, pues nos desheredó; se lo quedó todo una tía<pausa></pausa> y nos desheredó<ininteligible></ininteligible>. Hemos pasado muchísimo<pausa></pausa> gracias a Dios, **hemos salido< simultáneo> adelante**.*

Hemos agrupado estas dos locuciones por su significado, así como por compartir semejanzas respecto a su grado de fijación e idiomaticidad. Tanto en *salir a flote* como en *salir adelante* observamos que es el elemento nominal el que posee el significado claramente idiomático, propiciado en ambos casos por el procedimiento metafórico. *A flote* hace referencia al estado normal de las embarcaciones en el agua por oposición al hundimiento, otra metáfora muy recurrente para indicar estado de ánimo. Con el concepto de *adelante* en nuestra cultura se relaciona toda una serie de sentimientos y concepciones que tienen que ver con el futuro y la esperanza. En lo que concierne al componente verbal, en este caso nos movemos en el ámbito del significado nocional de *salir*, ya que del significado local "pasar de un lugar a otro" mediante una proyección metafórico-metonímica obtenemos "pasar de un estado a otro", es decir, el verbo de cambio.

(17)   *<Chu2, H, 3, Me, EE, E>: Pero, realmente ahí</simultáneo>, yo pienso, y no es por criticar, y no conozco el caso, no los conozco, pero algo<pausa></pausa> habrá habido mal ahí para que el niño **haya salido tan rana**, o no tan rana, ¿entiendes? Algo habrá habido ahí.*

En este último ejemplo estamos ante una locución muy opaca, pues para el hablante corriente se ha perdido completamente la motivación que la originó. Doval (1995) explica que esta locución alude a los pescadores que, en vez de un pez, pescan una rana y se sienten defraudados. *Salir,* por su parte, remite al significado de "resultar", otra acepción del verbo *salir* dentro de la dimensión nocional. En este caso, nos encontramos ante una locución con alto grado de idiomaticidad, cuyos elementos, por tanto, poseen importantes signos de gramaticalización, tanto en el nivel sintáctico como semántico.

En general, en los casos del (14) al (17) nos encontramos ante estructuras cuyo análisis ha de abarcar el sintagma en bloque: las palabras que componen estas expresiones se comportan como morfemas. En los niveles sintáctico y semántico encontramos evidencias de las modificaciones que han experimentado estas unidades, resultado del proceso de fraseologización, que no es otra cosa que la gramaticalización en el sentido más específico. Tras una serie de procesos diacrónicos desarrollados generalmente bajo determinadas condiciones de índole pragmática, estos sintagmas han adquirido rasgos de fijación y, ocasionalmente, de idiomaticidad, que las han situado en una esfera lingüística particular como es la fraseológica.

A continuación, trataremos de observar en algunos diccionarios monolingües del español cómo se introducen y presentan los valores nocionales y discursivos del verbo *salir*, cómo se relacionan todos éstos con los significados más físicos que les han dado origen y, finalmente, qué

El desplazamiento como base de la proyección metafórica   15

tratamiento recibe la fraseología derivada de esta unidad verbal (hasta qué punto se introduce en el diccionario del español, cómo aparece marcada, qué información se nos aporta sobre la misma, etc.).

La intención de este análisis lexicográfico reside en comprobar si las teorías lingüísticas son consideradas a la hora de componer los diccionarios (por ejemplo, si se aprovechan las diferentes teorías sobre la clasificación de la fraseología o sobre el estudio de los componentes del movimiento – hablamos del movimiento, la meta, el origen...– y su vinculación con la estructura sintáctico-semántica) y si el aprovechamiento de estas teorías se desarrolla en aras de un mayor didactismo y rendimiento lingüístico (por ejemplo, al relacionar lógicamente los valores abstractos y los locales, de los que proceden).

Para llevar a cabo este comentario hemos escogido dos diccionarios imprescindibles del español, representantes cada uno de ellos de una visión sincrónica de la lengua actual divergente entre sí; por un lado, el *Diccionario de la Real Academia Española* (*DRAE*) (Real Academia Española 2001 [22]), como reflejo de un diccionario normativo y purista de la lengua española, y, por otro, el *Diccionario de Uso del Español* (*DUE*), de María Moliner (2001), como diccionario descriptivo y de uso del español

Lo primero que podemos señalar es que la ordenación de los diferentes sentidos no resulta coincidente en ambos diccionarios, ya que cada uno sigue directrices diversas, por ejemplo, el *DUE* es un diccionario descriptivo y por tanto recoge más significados y sentidos

Table 1. Tratamiento de los sentidos en el *DRAE* y en el *DUE*

SIGNIFICADO (definición según *DRAE*)	*DRAE*	*DUE*
'pasar de dentro a fuera' (1A)	Acepción 1 (intr./prnl.)	Acepción 1, subacepciones 1 y 5 (intr.)
'partir de un lugar a otro' (3A)	Acepción 2 (intr.)	Acepción 11 (intr.)
'aparecer, manifestarse, descubrirse' (2B)	Acepción 5 (intr.)	Acepción 24 (intr.)
'tener buen o mal éxito' + 'Col. Dicho de una cosa: Ajustarse a un modelo establecido' (3B)	Acepción 27 (intr.)+ acepción 36 (intr.)	Acepción 27 (intr.)
Valor discursivo (3C)	No aparece	No aparece

16 B. Alvarado, E. Barrajón, J. Climent, S. Rodríguez y L. Timofeeva

A partir de los ejemplos que estamos analizando, aunque serían necesarios más casos para llegar a pensamientos concluyentes y globales, apreciamos que los valores discursivos (ámbito C) están excluidos de su aparición en ambos diccionarios: la posible respuesta a ello podría ser que dichos valores sean deducible por el contexto para un hablante nativo. En cuanto a los valores abstractos (ámbito B), aparecen después de los valores físicos (ámbito A); sin embargo, lo que nos interesa conocer es hasta qué punto unos y otros están interrelacionados en el diccionario.

De esta manera, y como primera aproximación, tras una visión del conjunto de las definiciones de los artículos del lema *salir* en ambos diccionarios, parece que ninguno de los dos se preocupa, de manera sistemática, por indicar en detalle la relación metonímica o metafórica que ha originado unos sentidos a partir de otros, ya que, frecuentemente los mezcla, sin realizar distingos. No obstante, en algunas acepciones el *DUE* comenta explícitamente, mediante expresiones del tipo "También, cosas no materiales" o "O de sitios no físicos" (*s. v. salir*), junto a los respectivos ejemplos, que un sentido está vinculado a otro más físico y, así, se incluye a continuación de éste, con el objetivo de comprender la ampliación semántica sufrida. En estos casos el *DUE*, como diccionario de uso, más codificador, facilita la intelección de los sentidos y, además, aporta un contexto de uso.

Observemos ahora el tratamiento en ambos diccionarios de cada una de las acepciones analizadas:

El ejemplo (1) – *salgo de mi casa* –, que hemos encuadrado dentro de un marco 1A, se recoge en el *DRAE* como la primera acepción del verbo *salir*, con el significado "pasar de dentro a fuera": en este caso el diccionario tan sólo aporta información gramatical, pues señala que, aunque con este sentido el verbo es intransitivo, puede usarse como pronominal; sin embargo, no se incluye ningún ejemplo de este doble uso, lo que redunda en una incapacidad a la hora de codificar, puesto que no se capta la dualidad de uso y, para colmo, se trata de la primera acepción.

En cuanto al *DUE*, observamos que este significado se incluye en la primera acepción, subacepción 1 , como "ir fuera de un sitio", verbo intransitivo, con abundantes ejemplos: "Salir a la calle. Sale agua de la roca. Se nota frío al salir del agua. El barco sale a alta mar". Explícitamente se nos indica que las preposiciones que se utilizan con este sentido son *de* y *a*, cuyo funcionamiento hemos de percibir a partir de los ejemplos (*de* se vincula al origen y *a* a la meta). Este mismo significado se ve reflejado en la subacepción 5 ("salir de casa"), con la

El desplazamiento como base de la proyección metafórica   17

única diferencia de que en este caso el complemento aparece implícito, tal y como se ve en el ejemplo que el propio diccionario nos ofrece: "Hoy no he salido en todo el día". Con ello podemos deducir que la autora se ha basado en la posibilidad de que el complemento pueda o no estar implícito para diferenciar dos acepciones cuando la estructura sintáctica y semántica es la misma.

No obstante, el *DUE* presenta una ventaja con respecto al *DRAE*, puesto que vincula los valores locales y nocionales tomando como referencia los primeros para explicar los segundos. Por ejemplo, dentro de la acepción 1, la primera subacepción es local ('ir fuera de un sitio') y a partir de ella se da cuenta de las dos siguientes (2 'también cosas no materiales: "no le salen las palabras"'; 3 'o de sitios no físicos: "salir de un cargo"').

En suma, el *DUE* se presenta como una obra que facilita, al menos en este artículo, la codificación (aparte de la decodificación) de la lengua española, porque aporta abundantes ejemplos para cada acepción e indica explícitamente el contexto de uso, además de comentar con frecuencia las vinculaciones entre sentidos físicos y nocionales. Por el contrario, el *DRAE* se decanta preferentemente por la decodificación.

Con los ejemplos (2) y (3) (*salir fuera de Alicante*) nos situamos en un ámbito 3A. En el *DRAE* aparece como la acepción número 2, verbo intransitivo: "partir de un lugar a otro", acompañado de un ejemplo: "Tal día salieron los reyes de Madrid para Barcelona".

Por otro lado, en el *DUE*, este significado aparece como la acepción 11, con el siguiente significado: "marcharse una persona de cierto sitio", con los ejemplos "Han salido de aquí hace una hora", "Ha salido para el extranjero".

Podemos resaltar, después de contrastar el tratamiento de este significado en ambos diccionarios, que el *DUE* indica explícitamente el uso de las preposiciones que requiere la estructura sintáctico-semántica comentada: *de* origen y *para* meta. Por el contrario, en el *DRAE* esta información gramatical sólo puede ser deducida.

En cuanto a ejemplos como (4) *salir en la foto* o (5) *salir en la tele*, en el ámbito 2B, se recogen en el *DRAE* como la acepción 5, verbo intransitivo, con el significado "aparecer, manifestarse, descubrirse"; los ejemplos que se ofrecen son: "Va a salir el Sol. El gobernador salió en televisión. La revista sale los jueves". Tal y como percibimos en estos ejemplos, para el *DRAE* no es siempre necesaria la meta (que en caso de aparecer llevaría preposición *en*), por lo que ésta puede quedar implícita.

18   *B. Alvarado, E. Barrajón, J. Climent, S. Rodríguez y L. Timofeeva*

Respecto a su presentación en el *DUE*, el significado manifiesto en el ejemplo comentado se halla como la acepción 24 (en el que subsumimos dos subacepciones), verbo intransitivo, "figurar, ser nombrado o ser publicado en algún sitio" (con los ejemplos "Salir en los periódicos [o en el nodo]. La noticia salió en el periódico de ayer)" y "aparecer en una fotografía o en un medio de comunicación" (que sería, más bien, una especificación del significado anterior, deducible mediante los ejemplos). La diferencia respecto del *DRAE* radica en que, según el *DUE*, se requiere siempre la meta (con preposición *en*) para construir una oración gramatical con este significado, lo cual es importante y correcto. Además, ni en el *DRAE* ni en el *DUE* se señala explícitamente la preposición que necesita el complemento, idea que nos muestra que el régimen verbal no está lo suficientemente recogido en los diccionarios.

La duda que nos asalta es si en el *DRAE* se confunden dos significados (con dos estructuras sintáctico-semánticas) bajo una misma acepción. En este sentido, el *DUE* es claro y separa la acepción 24, anteriormente comentada, de la 20 ("aparecer, brotar, manar, nacer o manifestarse una cosa" – con los ejemplos "Salir un astro [una planta, un manantial, una moda nueva]" – y "Particularmente, aparecer una publicación periódica: Esa revista sale los jueves". Creemos que el *DUE* se muestra más acertado al separar ambos significados y estructuras, ya que en la acepción 20 se resalta la figura (la aparición de una revista o de un astro), en oposición a la 24, que remarca la meta (la aparición en una foto).

Nuevamente, los parámetros de gramaticalización nos han permitido deslindar significados que en algunos diccionarios aparecen mezclados, con lo que se confunden a su vez las respectivas estructuras sintácticas y semánticas.

Los ejemplos (6) – *el arroz, que no me sale* – y (8) – *salir mejor el examen* – reflejan un marco 3B en el esquema propuesto en la figura 1. Su significado remite a las acepciones del *DRAE* número 27 (verbo intransitivo) "tener buen o mal éxito" y a la 36 (también intransitivo, marcada como característica de Colombia) "Dicho de una cosa: Ajustarse a un modelo establecido". Los ejemplos que ilustran estos significados son "Salir bien en los exámenes. La comedia salió bien" (acepción 27) y "Esta canta[4] no salió" (acepción 36). En cualquier caso,

---

4. *Canta*: "*Ar.* y *Col.* Cantar, canción o copla. 2. *Ven.* Copla popular escrita en octosílabos" (*DRAE, s. v. canta*).

El desplazamiento como base de la proyección metafórica 19

aunque incluimos la marca diatópica que propone el diccionario no consideramos que este uso se restrinja únicamente a esa zona geográfica; por el contrario, consideramos que está totalmente extendida en el español peninsular.

Como podemos apreciar, en los ejemplos comentados se pone cierto énfasis en la manera en la que se realiza la acción, expresada mediante adverbios; si nos atenemos a la acepción 27 del *DRAE* esta manera podría ser indicada por elementos adverbiales que muestren buen o mal modo, como *bien* o *mal*; sin embargo, los dos ejemplos del *DRAE* pueden confundir al usuario al ofrecer la única solución de "salir bien". En cambio, en los casos de nuestro *corpus* hallamos otras formas, como *mejor* (por lo que deducimos que también valdría *peor*) o incluso que este adverbio esté implícito.

En cuanto al *DUE*, ambos sentidos aparecen unificados en la acepción 27 (verbo intransitivo) y se completan las posibilidades sintáctico-semánticas que tan mermadas se presentaban en el *DRAE*:

> Resultar una cosa o una persona de cierta manera: «Los zapatos me han salido muy buenos. Ha salido verdad lo que él anunció. El chico les ha salido muy estudioso. El tesorero ha salido un sinvergüenza». Particularmente, «salir bien» o «salir mal» una cosa: «Les ha salido mal la combinación». Obtener una persona cierto resultado en un asunto: «Ha salido con las manos en la cabeza. Salió mal en los exámenes» [...]. Salir bien: dar el resultado exacto o debido: «Me ha salido la división».

Sobre el caso representativo del valor 3C que muestra el ejemplo (10), podemos concretar que no aparece incluido en ninguno de los diccionarios estudiados, por lo que, a primera vista, podríamos pensar que en estos diccionarios se incluyen solamente los valores locales y nocionales, y no los discursivos, aunque necesitaríamos más ejemplos para poder afirmarlo.

A partir del comentario de los ejemplos de nuestro *corpus* hemos podido apreciar cómo la separación de valores físicos y nocionales nos permite delimitar mejor los diferentes sentidos de un verbo de movimiento como es *salir*. Sin embargo, los diccionarios seleccionados fallan a la hora de delimitar dichos valores, de relacionarlos entre sí o de revelar la estructura sintáctico-semántica que los sustenta.

Una de las primeras observaciones relativas a las ocurrencias *salir de fiesta* o *salir de viaje* consiste en que no aparecen incluidas en los diccionarios, tal vez porque su significado, independientemente de su grado de idiomaticidad, todavía resulta deducible a partir de la combinación de sus unidades.

Los ejemplos que tratamos de analizar están constituidos todos ellos por el verbo *salir* más un sustantivo, que se une a aquél mediante la preposición *de*. Ninguna de estas estructuras aparece en el *DRAE* o en el *DUE*, ni bajo el lema *salir* ni bajo el lema del sustantivo; sin embargo, sí que es cierto que a partir de las acepciones que aparecen en los artículos de los lemas de los sustantivos se puede deducir el significado de la unidad pluriverbal, por lo que claramente se puede afirmar que todavía el significado no es idiomático, sino combinatorio.

En oposición al reflejo que las estructuras comentadas anteriormente (*salir de fiesta, salir de viaje...*) tienen en los diccionarios contrastados, podemos señalar que las locuciones analizadas sí aparecen recogidas, aunque con ciertos matices en su tratamiento.

En primer lugar, hemos de remarcar la dificultad que supone para los usuarios de un diccionario encontrar la fraseología, ya que en numerosas ocasiones no saben qué lema buscar para hallarla. En este sentido, ambos diccionarios muestran en sus instrucciones una guía para buscar la fraseología en sus páginas y, además, son coherentes a la hora de recoger bajo un lema determinado una locución, o al menos sí lo son en los ejemplos de nuestro *corpus*.

Así, todos los casos de locuciones comentados anteriormente que están formados por un verbo más un sustantivo (unido o no mediante preposición) aparecen bajo la voz sustantiva, como *salir rana*. Aparte de estos casos, tenemos una locución construida por un verbo más un adverbio (*salir adelante*): en estas circunstancias la locución se incluye en el verbo y no en el adverbio. Como podemos observar, los dos diccionarios han coincidido en sus criterios de ubicación, si bien hemos de considerar que los ejemplos analizados no presentan tantas complejidades. Además, el *DUE* facilita la búsqueda al usuario mediante remisiones, ya que, como en el caso de *salir rana*, incluye en el verbo la indicación de que la fraseología necesitada está en el sustantivo, con lo que se asegura que el usuario encuentra el significado de dicha locución.

Tabla 2. Las locuciones en el *DRAE*

LOCUCIONES (lema *salir*)	*DRAE*	*DUE*
Salir del paso	-	Como ejemplo (acepción 7) y también remisión a *paso*.
Salir a flote	-	-
Salir adelante	Frs.	Apartado de fraseología (sin marca).
Salir rana	-	Remisión a *rana*.

El desplazamiento como base de la proyección metafórica 21

Tabla 3. Las locuciones en el *DUE*

LOCUCIONES (bajo el lema sustantivo)	*DRAE*	*DUE*
Paso	Salir del paso = Fr. coloq.	Salir del paso = apartado de fraseología (sin marca)
Flote	A flote = Loc. Adv.	Salir a flote = apartado de fraseología (sin marca)
Adelante	-	Remisión a *salir*.
Rana	Salir rana = Fr. coloq.	Salir rana = apartado de fraseología (sin marca)

Por otro lado, en los dos diccionarios todas las locuciones se incluyen al final del artículo en el que aparecen, aunque con diferencias tipográficas. En el *DRAE* van a continuación del listado completo de acepciones, separadas de éstas (y entre sí) por plecas y resaltadas en negrita; en el *DUE* las locuciones vuelven a aparecer al final del artículo, pero aquí en mayúsculas, separadas por punto y aparte respecto de las acepciones y comenzando cada una de ellas una línea. Desde un punto de vista tipográfico nos parece que la opción del *DUE* resulta más accesible a la vista del usuario, aunque es verdad que no ahorra espacio.

En segundo lugar, advertimos una posible inconsistencia en el *DUE*, puesto que la locución *salir del paso* (ejemplo 14) aparece localizable en dos ubicaciones distintas: por un lado, en el apartado de fraseología del lema *paso* (y también en el mismo apartado del lema *salir*, con remisión a *paso*); y, por otro, entre los ejemplos de la acepción 7 de *salir*. Ello puede ser debido, posiblemente, a que el estadio de gramaticalización no ha alcanzado el final del proceso y, por tanto, se halla en una fase intermedia entre la idiomaticidad y la composicionalidad, circunstancia que nos demuestra que los diccionarios, en este caso el *DUE*, no tienen los criterios claros a la hora de valorar qué es una unidad fraseológica y qué no lo es. Revelan así incoherencias en el tratamiento de un mismo tipo o unidad.

Además de estas inconsistencias internas en un mismo diccionario, advertimos contradicciones en el tratamiento que dan las diversas obras lexicográficas a una misma unidad. Esto es lo que ocurre con el ejemplo (15) *salir a flote*. Para el *DRAE* es una locución adverbial, por tanto estaría constituida únicamente por *a flote*, lo cual implica que podría unirse a otros verbos con el mismo significado. En cambio, para el *DUE* sería una locución verbal, *salir a flote*, ya que *a flote* exigiría el verbo *salir*.

Como podemos observar el tratamiento de la fraseología en los diccionarios resulta complejo tanto desde un punto de vista teórico como práctico y esta dificultad afecta a su búsqueda, ya que los usuarios no tienen claro bajo qué palabras buscar una frase hecha determinada. En este sentido los diccionarios tendrían que ser más coherentes en la presentación de estas unidades.

El objetivo que hemos perseguido a lo largo de este artículo ha sido dar cuenta, de manera organizada, de los distintos significados que puede tener un verbo como *salir*, partiendo de su significado básico de desplazamiento. Para ello hemos tomado como punto de partida el esquema de movimiento y su aplicación en tres niveles distintos de abstracción – nivel del contenido, nivel nocional y nivel discursivo –, basándonos en una serie de proyecciones metafóricas. Con la ayuda de estos instrumentos hemos analizado una serie de construcciones con el verbo *salir*, desde estructuras más composicionales, como los ejemplos estudiados entre (1) y (9), hasta estructuras más fijas con un significado idiomático y que se encuentran ya dentro del ámbito de la fraseología – nos referimos a los ejemplos de (14) a (17) –. De esta forma hemos comprobado que la diferencia entre ambos tipos de construcciones no es más que una cuestión de grado en un continuo que recorre los dos extremos en un determinado proceso de gramaticalización – como demuestran los casos intermedios de (11) a (14) – y que tendría su origen en el significado básico del movimiento. Con este estudio hemos demostrado que partir de patrones de gramaticalización para la organización de las distintas estructuras que plantea el verbo *salir* puede ser un método de aplicación lexicográfica que resolvería muchos de los problemas que los diccionarios actuales presentan y que nos hemos encargado de reflejar.

Referencias

Alvarado Ortega, Belén
    en prensa   Las fórmulas discursivas de transición en la variedad juvenil universitaria del español hablado en Alicante. *Interlingüística* 14.
Azorín Fernández, Dolores (coord.)
    2002   *Alicante Corpus del español (ALCORE)*. ISBN: 84-7908-684-X.
Cifuentes Honrubia, José Luis
    1994)   *Gramática Cognitiva: Fundamentos críticos*. Madrid: Eudema.

El desplazamiento como base de la proyección metafórica   23

Cifuentes Honrubia, José Luis
 1999   *Sintaxis y semántica del movimiento: aspectos de gramática cognitiva.*
              Barcelona: Ariel Lingüística.
Corpas Pastor, Gloria
 1996   *Manual de fraseología española.* Madrid: Gredos.
Cuenca, Mara Josep & Joseph Hilferty
 1999   *Introducción a la lingüística cognitiva.* Barcelona: Ariel Lingüística.
Cuenca, Maria Joseph
 2000   L´estudi de les construccions idiomàtiques des de la lingüística
              cognitiva i l´anàlisi contrastiva. In: Vicente Salvador y A. Piquer
              (eds.), *El discurs prefabricat. Estudis de fraseología teórica i aplicada,*
              33-48. Castelló: Universitat Jaume I.
Doval, Gregorio
 1995   *Del hecho al dicho.* Madrid: Ediciones del Prado.
Haensch, Günter, L. Wolf, S. Ettinger & R. Werner
 1982   *La lexicografía. De la lingüística teórica a la lexicografía práctica.*
              Madrid: Gredos.
Lakoff, George & Mark Johnson
 2001   *Metáforas de la vida cotidiana.* Madrid: Cátedra. Primera publicación
              Chicago: University of Chicago [1980].
Moliner, María
 2001   *Diccionario de uso del español.* Madrid: Gredos. 2ª ed. 3ª reimpresión.
Real Academia Española
 2001   *Diccionario de la lengua española.* Madrid: Espasa-Calpe. 22ª ed.
Ruiz Gurillo, Leonor
 1997   *Aspectos de fraseología teórica española.* Valencia: Universidad de
              Valencia.
 2001   *Las locuciones en español actual.* Madrid: Arco Libros.
 en prensa   Las unidades sintagmáticas verbales en el español actual. *Actas del
              XXIII Congreso de Lingüística y Filología Románicas.* Salamanca.
              Septiembre 2001.
Sweetser, Eve
 1990   *From Etymology to Pragmatics: Metaphorical and Cultural Apects of
              Semantic Change.* Cambridge: Cambridge University Press.
Traugott, Elizabeth Closs & Bernd Heine (eds.)
 1991   *Approaches to Grammaticalization.* Amsterdam / Philadelphia: John
              Benjamins. 2 vols.

The container schema in Homeric Greek

Silvia Luraghi

Abstract

Ancient Greek grammar provides evidence for the close relatedness of the notions of container and instrument. Cognitively these notions are connected by our experience, as many entities can serve both as containers and as instruments. The paper describes the usage of three prepositions of containment, *en*, 'in', *ek*, 'out of', and *eis*, 'into', in Homeric Greek, and their occurrence with different types of landmark. It is argued that especially body part nouns display a grammatical treatment that mirrors their double nature of possible containers as well as of natural instruments.

Keywords: container schema, body parts, instrumentality, Homeric Greek.

1. Introduction

Human beings understand the physical world that surrounds them based on the experience of their own physical dimensions. As remarked by Johnson (1987), the mind organizes our thoughts and actions through structures relating to our body: in other words, our mind is embodied, and the way in which we conceive reality and structure our perception is determined by embodiment.

According to Lakoff and Johnson (1980: 29) "each of us is a container, with a bounded surface and an in-out orientation": the notion of containment is connected with the first perception of a human being as such. Furthermore, as Johnson (1987) also remarks, in our every day existence we also constantly experience our bodies as things in containers: for example, we are contained in buildings, or vehicles, and so on. For this reason, the container schema may apply to many different aspects of reality, including abstract ones such as states and activities. Structural elements of this schema are, as remarked in Lakoff (1987: 272), INTERIOR, BOUNDARY, EXTERIOR. Further specifications of the relation between a trajector and a containing landmark have been studied in connection with the meaning of prepositions and will be discussed in § 3.

26   *Silvia Luraghi*

Besides the perception of the body as a whole, body parts too can be conceptualized as containers. Some, such as the hands, are the first available containers for human beings, others are conceptualized as containers for specific capacities, as the head for the mind and mental activity or the breast for emotions. Body parts are particularly interesting in grammar, because it is a well known fact that they often present peculiarities, as in the expression of possession. The peculiar grammatical status of body part nouns mirrors the primary importance of body parts for human beings.

Besides functioning as possible containers, body parts present themselves as the most readily available tool for humans. Note that the notions of container and instrument can be very close to each other in the case of certain types of concrete entities: for example, a bottle is a container, but at the same time it also serves as an instrument for storing or carrying liquids, as shown below, in example (14).

In the present paper, I would like to show how the container schema applies in Homeric Greek, and how the notions of containment and instrumentality interact in Ancient Greek grammar. I will argue that body parts play a crucial role in providing the connection between the two notions, as shown by the occurrence of body part nouns with prepositions in the Homeric poems.

2. Containers as instruments in Ancient Greek: grammatical evidence

2.1. Cases

Apart from certain types of landmark, mostly means of transportation (see § 6), European languages do not make use of any metaphors based on the container schema in the encoding of instrument. As shown in Stolz (1996), in general they rely on the companion metaphor, described in Lakoff and Johnson (1980), and use prepositions that correspond to English *with*. Outside Europe, however, the use of the same case or preposition to denote instrument and location is frequent: syncretism of locative and instrumental is attested for example in the Semitic languages, where the same prefix, *b-* denotes both semantic roles, and in many languages of Australia.[1]

---

1. See Luraghi (2001).

In Ancient Greek, contrary to many other Indo-European languages, the locative case and the instrumental case underwent both morphological and semantic merging. The oldest Greek text, dating to the Mycenean period, preserves, among other cases,[2] a dative/locative, that could be used to denote location, and an instrumental, that denoted instrument. Only few centuries later, Homeric Greek only has one case, traditionally called dative, that can denote both instrument, as in

(1) *Tēlémakhon memaási   kataktámen oxéi   khalkôi*
     T.:ACC   intend:PRS.3PL kill:INF.AOR sharp:DAT bronze:DAT
     "they mean to slay Telemachus with the sharp sword" (*Od.* 4.700);

or location, as in

(2) *hós te   léonta hón   rhá te   poimèn   agrôi ...*
     as   PTC lion:ACC REL.ACC PTC PTC shepherd:NOM field:DAT
     khraúsēi
     wound:SUBJ.PRS.3SG
     "as a lion that a shepherd has wounded in the field" (*Il.* 5.136-138).

As remarked in Chantraine (1953: 78-79), in the case of body part nouns one remains uncertain between a locatival or an instrumental interpretation:

(3) *ho   dé   khermádion lábe   kheirí*
     DEM.NOM PTC stone:N/A   take:AOR.3SG hand:DAT.F
     "(Aeneas) grasped a stone in his hand" (*Il.* 20.285);
(4) *hoî'   ou pó tis   anèr   ómoisi*
     REL.N/A.PL NEG ever INDEF.NOM man:NOM shoulder:DAT.PL
     phórēsen
     bear:AOR.3SG
     "which never yet a man bore upon his shoulder" (*Il.* 19.11);
(5) *tòn   mèn egó   mála pollà   ... ophthalmoîsin*
     DEM.ACC PTC 1SG.NOM very many:N/A.PL eye:DAT.PL
     ópōpa
     see:PF.1SG
     "several times I have seen him with my eyes" (*Il.* 24.391-392).

---

2. Ancient Greek has five cases, nominative, accusative, genitive, dative, and vocative; a separate instrumental is only found in Mycenean Greek.

28   *Silvia Luraghi*

We will see in § 5 that body part nouns most frequently occurred in the same contexts with the prepositions *en*, 'in', thus demonstrating the relevance of the notion of containment for the conceptualization of the instrumental relation.

2.2. Derivational affixes

Evidence for the connection of containment and instrumentality in Ancient Greek grammar also comes from derivational morphology. Among derivational suffixes we find *-tro/a-* for instrument nouns, as in *árotron*, 'plough', from *aróō*, 'I plough', or *phéretron*, 'hand barrow', from *phérō*, 'I carry'. In some cases, the same suffix is used for nouns with spatial reference, as in *palaístra*, 'gymnasium', or *orkhéstra*, 'orchestra'. Possible connections between instrument nouns and location nouns are provided by some instruments that are also containers, such as *pharétra*, 'quiver (for arrows)', as noted in Wackernagel (1922: 304-305).[3]

3. Prepositions and the notion of containment

In the field of prepositions, the container schema has been investigated exhaustively by Vandeloise (1991) and (1994) in connection with the prepositions *in* (English and German) and *dans* (French). In this section, I will briefly summarize Vandeloise's findings, and later additions by other scholars, using examples from English and Homeric Greek, in which the preposition *en* largely corresponds to English *in* (a more detailed description of Greek will be provided in § 4).[4]

According to Vandeloise, three possible sets of descriptions are available for the relation denoted by *in*:

a) geometric, whereby the preposition *in* envisages a three-dimensional relation;

b) topological, focusing on the inclusion relation expressed by *in*;

c) functional, describing the landmark as a container exerting dynamic control over the trajector.

---

3. See further Chantraine (1979: 330-334) and Schwyzer (1950: 531-532).
4. A slightly modified version of this discussion can be found in Luraghi (2003 § 3.1).

The container schema in Homeric Greek   29

The geometric descriptions cannot explain frequent occurrences such as English:

(6)   *the cow is in the meadow*;

and Greek:

(7)   *hoi   dè theoì   pàr Zēnì*
      ART.NOM.PL PTC god:NOM.PL by Z.:DAT
      kathémenoi
      sit:PART.PRS.M/P.NOM.PL
      ēgoróōnto   khruséō   en dapédōi
      talk:IMPF.M/P.3PL golden:DAT in floor:DAT
      "the gods, seated by Zeus, were discussing on the golden floor"
      (*Il.* 4.1-2);

where the landmark is bi-dimensional (see further below, example (39)). The topological description, in turn, disregards occurrences in which *in* or *en* denote partial inclusion, such as:

(8)   *he has an umbrella in his hand*;
(9)   *ērtúnanto   d' eretmà   tropoîs   en dermatínoisi*
      tie:IMPF.M/P.3PL PTC oar:N/A.PL strap:DAT.PL in leather:DAT.PL
      "they tied the oars with the leather thole straps" (*Od.* 4.782).

Having analyzed various examples of this type, Vandeloise concludes that the only possible analysis is the functional one. In a similar vein, Tyler and Evans (2003: 181) remark that "the lexeme *in* is associated with a functional relation".

The notion of (dynamic) control is especially important in the case of Greek because it provides one of the links between the notion of containment and the way in which instrumentality is conceived: a landmark that exerts control over a trajector can also be an instrument that holds the trajector, as I have already remarked above.

Having said this, one should not overlook the spatial properties of possible landmarks. In this connection, Tyler and Evans (2003: 178) call attention on the fact that "humans have the capacity for construing spatial scenes from a variety of perspectives; this ability appears to extend to how the dimensionality of any given entity is construed for the purposes at

30   *Silvia Luraghi*

hand". The same landmark can be conceptualized in different ways, as the occurrence of different spatial prepositions with the same landmark shows. Tyler and Evans (2003: 178-179) mention possible use of the prepositions *at*, *on*, and *in* in locatival expressions; their examples can be compared with some evidence from Greek:

(10)   *there is a lot of traffic **on** this street*;
(11)   *tòn   Lukóorgos épephne ... steinōpôi   **en** hodôi*
       DEM.ACC *L.*:NOM   kill:AOR.3SG narrow:DAT.F   in path:DAT.F
       "Lykurgos killed him on a narrow path" (*Il.* 7.142-143);
(12)   *there are several potholes **in** the street in front of my house*;
(13)   *hós te   sphêkes ...   eè   mélissai   oikía*
       as   PTC wasp:NOM.PL PTC bee:NOM.PL.F home:N/A.PL
       *poiésōntai   hodôi   **épi** paipaloéssēi*
       make:PRS.M/P.NOM path:DAT.F   on rugged:DAT.F
       "like wasps or bees that have made their nest in a rugged path"
       (*Il.* 12.167-168).

A further addition to Vandeloise's description of *in* and related prepositions is the notion of physical coincidence, as elaborated by Cuyckens (1993: 304), who writes that containment implies "coincidence between a target and a container landmark". The relevance of coincidence can be demonstrated by the behavior of human landmarks with *in*. In order to denote location with singular count nouns with human referents, we cannot use a preposition that denotes inclusion, because the relation between a trajector and a human landmark is not normally one of inclusion. This seems an obvious remark, but, as we will see below in the discussion of Greek prepositions, the possible occurrence of a preposition that normally denotes inclusion with a human landmark hints at the beginning of semantic bleaching.

Based on evidence from English, Tyler and Evans (2003: 186-198) single out six clusters of senses accounting for the various meanings of English *in*, all based on the proto-scene (p. 184), which highlights the feature of containment. In English, the use of *in* does not provide any clues for the extension of the notion of containment to instrument. Ancient Greek grammar, as we have already seen in § 2, provides various pieces of evidence. In the next sections, I will describe the use of prepositions of containment in Homeric Greek, and show how, especially in the case of *en*, instrumentality and containment interact with certain types of landmark.

4. Homeric prepositions and the container schema

In Homeric Greek there are three preposition for which the container schema is relevant:[5] *en*, 'in', 'inside'; *ek* (or *ex*), 'out of'; and *eis* (or *es*), 'into'. Etymologically, *en* and *ek* are related to similar prepositions in other ancient Indo-European languages; *eis*, on the other hand, is a Greek innovation: it was created from *en* with the addition of an affix *–s*. Contrary to what we see in the other Indo-European languages, in which cognates of *en* allow case variation in connection with locatival or allative meaning of the preposition (as for example in Modern German, see Tyler & Evans 2003: 198-199), in Greek *eis* only takes the accusative, and has allative meaning. *En*, instead, takes the dative and denotes location in Homer and in later authors.

Limited to Homeric Greek, *en* can also have allative meaning, and profile the endpoint of motion. This second usage derives from the original locatival meaning of *en* by a gestalt effect: as remarked in § 3, inclusion in a landmark implies coincidence between a trajector and a portion of the landmark. The allative usage of *en* does not derive from the container schema: it is only a feature of this schema that is extracted and highlighted, but the notion of inclusion is not relevant. This does not mean that *en* cannot mean 'into', when used in allative sense: it frequently does, but not always. Crucially, the only important feature of the relation expressed by allative *en* is final contact. This special meaning of *en* built a second opposition with *eis*, whereby both prepositions implied the existence of a trajectory, but with different profiling: whereas *en* profiles the endpoint, *eis* profiles the trajectory itself. As we will see in § 4.3 this has important consequences for the meaning of *eis*, because the container schema becomes increasingly irrelevant with this preposition.

4.1. EN

In its locatival usage, *en* occurs with landmarks "viewed as a volume or demarcated area ('with contents') at which some other object is located" (Horrocks 1981: 198). Examples include objects typically used as containers:

---

5. For a survey of the use of these prepositions in Homer and in Classical Greek, see Luraghi (2003 § 3.1, 3.2, 3.3).

32   Silvia Luraghi

(14) *kérukes   d' anà ástu ...   phéron ...   oînon ...*
      herald:NOM.PL PTC over town:N/A carry:IMPF.3PL wine:ACC
      askôi   en aigeíōi
      bottle:DAT in of.goat:DAT
      "heralds were carrying all around in the town wine in a goat-skin
      bottle" (*Il*. 3.245-247).

Example (14) also demonstrates the double nature of the landmark: a
bottle is a container for wine, but it is also an instrument that allows
people to carry around a liquid.

Other landmarks typically occurring with *en* are buildings or shelters
(*en megároisi*, 'in the palace', *en klisíēi*, 'in the hut'). Cities are consistently conceived as containers and occur with all three prepositions *en*, *ek*,
and *eis*. Groups of human beings and other plural entities are possible
landmarks with *en* as well. As Lakoff (1987: 428) remarks, "[t]here is a
point at which you cease making out individuals and start perceiving a
mass". A mass of people or cattle is perceived as a bounded area, and
the notion of containment applies, as in

(15) *tòn   d' hōs oûn enóēsen   Aléxandros ... en*
      DEM.ACC PTC thus PTC know:AOR.3SG *A*.:NOM   in
      promákhoisi   phanénta
      champion:DAT.PL appear:PART.AOR.M/P.ACC
      "Alexander saw him, as he appeared among the champions (*Il*. 3.31).

On the abstract plane, events or states can be conceived as containers,
and be possible landmarks with *en*, in much the same way as with English
in, as in the frequent expression *en polémōi*, 'in war', see further

(16) *arkhoì   d' aû dúo moûnoi ...   en nóstōi*
      chieftain:NOM.PL PTC PTC two alone:NOM.PL in return:DAT
      apólonto
      die:AOR.M/P.3PL
      "the two chieftains alone perished on their way home" (*Od.* 4.496-497).

Example (17) demonstrates the allative use of *en*:

The container schema in Homeric Greek   33

(17) *hoi*   *d' órnunto*   *kaì en teúkhessin*
      DEM.NOM.PL PTC arise:IMPF.3PL and in armor:DAT.PL.N
      édunon,   *àn d' éban*   *en díphroisi*
      get.in:IMPF.3PL up PTC go:AOR.3PL in chariot:DAT.PL
      paraibátai   *hēníokhoí*   *te*
      warrior:NOM.PL. driver:NOM.PL PTC
      "they arose and put on their armor and mounted their chariots, war-
      riors and charioteers alike" (*Il.* 23.131-132);

The first occurrence of *en* in the above example demonstrates the use of
prepositions of containment with pieces of clothing: as in other languages,
wearer and piece of clothing lend themselves to be conceived in accordance with the container schema (cf. Tyler & Evans 2003: 182).

As a consequence of the requirement for coincidence between the
trajector and a portion of the landmark, single human beings cannot be the
landmark of *en* in its locatival function. They can occur with allative *en*,
whereby the endpoint of motion is construed to be in contact with the
landmark. Note that this mostly happens with abstract motion, as in (18): [6]

(18) *en soì*   *mèn léxō,*   *séo   d' árxomai*
      in 2SG.DAT PTC cease:FUT.1SG 2SG.GEN PTC start:FUT.MID.1SG
      "with you will I begin and with you make an end" (*Il.* 9.97).

4.2. EK

Horrocks (1981: 235) remarks that *ek* "is naturally used to describe
movement to the exterior of towns and countries, and of groups of people
or things considered to form a coherent mass (i.e. with 2/3-dimensional
locations generally).

Ek occurs with the same types of landmark that I have already surveyed above with *en*; an example, which also contains an instance of
allative *en*, is given below:

---

6. Singular human landmarks can occur with locatival *en* in the abstract sense: in this
    case the preposition denotes control, and the resulting expression 'to be *in* somebody'
    means 'to depend on somebody'. See Luraghi (2003 § 3.1) for this usage.

34   *Silvia Luraghi*

(19) *ēè   pesòn   ek   nēòs*
      PTC fall:PART.AOR.NOM out.of ship:GEN.F
      apophthímēn   enì póntōi
      perish:OPT.AOR.MID.1SG in sea:DAT
      "whether I should fling myself from the ship and perish in the sea"
      (*Od.* 10.51).

Human landmarks with *ek* do not represent the source for concrete
motion: much in the same way as *en*, *ek* implies coincidence of the
trajector with a portion of the area occupied by the landmark. Consequently, when human landmarks are presented as the source of concrete
motion other prepositions are used, such as *apó*, 'from', or *pará*, 'near',
'by', which do not imply coincidence. Instead, human landmarks with *ek*
are viewed as origins in a more abstract sense, as in

(20) *Hippólokhos dé m'   étikte,   kaì   ek   toû*
      H.:NOM   PTC 1SG.ACC generate:IMPF.3SG and out.of DEM.GEN
      phēmi   genésthai
      declare:PRS.1SG originate:INF.AOR.MID
      "but Hippolochus generated me and of him do I declare that I am
      sprung" (*Il.* 6.206).

Similar to *en*, *ek* too can co-occur with nouns denoting events. Events
conceived as containers are viewed as causes, based on a common metaphor by which causes are origins (see Lakoff & Johnson, 1980):

(21) *ex   aréōn   mētròs   kekhōloménos*
      out.of curse:GEN.PL mother:GEN.F be.angry:PART.PRF.P.NOM
      " angry at his mother's curses" (*Il.* 9.566).

Note that the notion of dynamic control implicit in the container schema is
relevant to the extension of *ek* to origin and cause: a cause is something
from which a consequence originates, so it controls the actual coming into
being of the consequence. In much the same way, an origin is a necessary condition for what is originated, so a landmark viewed as the origin
of a trajector controls the trajector, because it conditions its existence.

A survey of all occurrences of *ek* in Homer shows that the container
schema is as relevant for this preposition as it is for *en*. Things change in

later Greek, when the notion of containment starts to lose relevance, and *ek* becomes increasingly synonymous with *apó*, 'from'.[7]

4.3. EIS

The allative preposition *eis* can take the same landmarks as *en* and *ek*, such as cities or entities shaped like containers, as in

(22) *hè   d' es díphron   ébainen*
      DEM.NOM.F PTC to chariot:ACC go:IMPF.3SG
      "and she went into the chariot" (*Il*.5.364);
(23) *es klisíēn   elthóntes   epì klismoîsi   káthizon*
      to hut:ACC.F go:PART.AOR.NOM.PL on chair:DAT.PL sit:IMPF.3PL
      "they went into the hut and sat down on chairs" (*Il*. 11. 623).

On the abstract plane, when *eis* occurs with a noun that denotes an event, it expresses purpose, based on a frequent metaphor according to which purposes are destinations (see Lakoff & Johnson 1980):

(24) *oúte pot' es pólemon háma laôi   thōrēkhthênai*
      NEG ever to war:ACC with people:DAT arm:INF.AOR.P
      "never have you had courage to arm for battle" (*Il*. 1. 226).

Beside similarities, there are also differences between the usage of *en* and *ek* on the one hand, and *eis* on the other. As remarked by Chantraine (1953) and Horrocks (1981), *eis* occurs in Homer in passages in which the trajector moves on a trajectory that does not end inside the landmark. I have shown in Luraghi (2003 § 3.3) that there are occurrences in which it is specifically stated that the trajectory ends without the trajector being in contact with any portion of the landmarks. This peculiarity of *eis* also explains why, contrary to *en* and *ek*, this preposition can occur with singular human landmarks and denote concrete motion, as in

---

7. See Luraghi (2003 § 3.2 and 3.4).

36   *Silvia Luraghi*

(25) *hoì*   *d' es Panthoḯdēn agapénora Pouludámanta*
      DEM.NOM.PL PTC to *P.*:ACC   kind:ACC   *P.*:ACC
      pántes   epesseúont'
      all:NOM.PL rush:IMPF.M/P.3PL
      "and they all rushed toward the kindly Polydamas, son of Pantoos"
      (*Il.* 13.756-757).

Occurrences such as the above show that the container schema had already started to become irrelevant for *eis* in Homeric Greek.

5. Means of transportation

Languages offer various types of evidence for the similarity of the notions of container and instrument. In the field of prepositions and cases, we often find occurrences where a certain entity is encoded as instrument in some languages, and as a bounded location in others. A readily available example comes from means of transportation. From a functional point of view, means of transportation serve as instruments for human beings; from the point of view of their structure, most of them are also shaped as containers. Languages may focus on either of these aspects. So in English and German we find instrumental prepositions in sentences such as

(26) *I'll go to London by car*;
(27) *ich fahre nach London mit dem Auto*;

while in Spanish we find the preposition *en*, 'in':

(28) *voy a Londres en coche.*

In Russian, a language which has an instrumental case, normally used to encode instrument, means of transportation are also regarded as containers, as shown by the use of *na*, 'in':

(29) *poedy v London na mašine.*

In Homeric Greek the same happens with the word for 'ship', with which the preposition *en* regularly occurs in sentences where we find motion verbs, as shown in

The container schema in Homeric Greek   37

(30) *Argeîoi   d' en nēusì   phílēn   es*
Argive:NOM.PL PTC in ship:DAT.PL.F their:ACC.F to
patríd'   ébēsan
homeland:ACC.F go:AOR.3PL
"the Argives had gone back in their ships to their native land" (*Il.*
12.16).

Note that this is very likely to be taken as the expression that corresponds
to English 'by ship': indeed, when a local relation needs to be expressed,
Homer instead uses *epí*, 'on': in other words, the spatial relation between
a human trajector and a ship as a landmark in Homer focuses on the
upper surface of the landmark, rather than on inclusion.[8] The plain
instrumental dative usually does not occur with the word for ship, a
notable occurrence being:

(31) *eis Áidos   d' oú pó tis   aphíketo*
to Hades:GEN PTC NEG PTC INDEF.NOM come:AOR.M/P.3SG
nēḯ   melaínēi
ship:DAT.F black:DAT.F
"no man ever reached Hades by means of a black ship" (*Od.*
10.502).

6. Body parts

We have already seen in § 2.1 that body part nouns in the plain dative
may denote a type of relation that often cannot be classified as locatival
or instrumental, because it fits both interpretations, as in examples (3)-(5).
More often however, body part nouns occur with the preposition *en* in
passages similar to those of (3)-(5). Consider for example:

---

8. See Chantraine (1953: 107) on the meaning of *epí* with the word for 'ship' in Homer
and case vatriation, whereby the genitive denotes location upon and the dative
location nearby the landmark.

38   *Silvia Luraghi*

(32) *allà sú   g' en kheíressi   láb'*
PTC 2SG.NOM PTC in hand:DAT.PL.F take:IMPR.AOR.2SG
aigída   thussanóessan
aegis:ACC.F tasselled:ACC.F
"but do take in your hand the tasselled aegis" (*Il.* 15.229).

Here we find the same state of affairs as in (3); the fact that the hands
are conceived as containers is further demonstrated by the occurrence of
ek in passages where it is said that something is lost from one's hands:

(33) *ek   d' ára kheirôn   hēnía ...   khamaì péson*
out-of PTC PTC hand:GEN.PL.F rein:N/A.PL ground fall:AOR.3PL
and the reins, white with ivory, fell from his hands to the ground in
the dust (*Il.* 5.582-583).

The eyes are also usually viewed as containers, as shown in:

(34) *epeì oú pō tlésom'   en ophthalmoîsin horâsthai*
since NEG PTC bear:FUT.MID.1SG in eye:DAT.PL   see:INF.PRS.M/P
marnámenon   phílon huiòn ... Menelâōi
fight:PART.PRS.ACC dear:ACC son:ACC M.:DAT
"since I can in no way bear to behold with my eyes my dear son
doing battle with Menelaus" (*Il.* 3.306);

to be compared with (5). That sight is conceived as containing the things
that are seen is not infrequent, as remarked by Lakoff (1987: 272): "[t]he
visual field is understood as a container: things *come into* and *go out of
sight*". Movement of things from the visual fileds is also denoted by *eis* in
Greek:

(35) *ainôs   athanáteisi   theêis   eis ópa*
wondrously immortal:DAT.PL.F goddess:DAT.PL.F to eye:ACC
éoiken
seem:PRS.3SG
"wondrously she is similar to the immortal goddesses to look upon"
(*Il.* 3.158);

however in Greek it is not sight that contains the entities perceived, but
rather the organs of sight, i.e. the eyes.

The container schema in Homeric Greek   39

Another body part consistently conceived as containers is the breast, which contains the soul or spirit of humans:

(36)   *hòs pháto,*   *toîsi*   *dè thumòn enì*
thus speak:AOR.MID.3SG DEM.DAT.PL PTC heart:ACC in
stéthessin   *órine*   *pâsi*
breast:DAT.PL.N stir:AOR.3SG all:DAT.PL
"so he spoke, and roused the hearts in the breasts of all" (*Il.* 2.142-143);

(37)   *hè*   *d' epeì oûn émpnuto*   *kaì es phréna*
DEM.NOM.F PTC when PTC revive:AOR.MID.3SG and to breast:ACC
thumòs   *agérthē*
spirit:NOM wake:AOR.P.3SG
"but when she revived, and her spirit was returned into her breast" (*Il.* 22.475);

(38)   *khalkòn enì stéthessi*   *balòn*   *ek*
spear:ACC in breast:DAT.PL.N cast:PART.AOR.NOM.SG out.of
thumòn   *héloito*
spirit:ACC take.out:OPT.AOR.M/P.3SG
"(so that nobody could) hurl a spear of bronze into his breast and take away his life" (*Il.* 5.346).

An interesting example is also:

(39)   *arnôn*   *ek*   *kephaléōn támne*   *tríkhas*
lamb:GEN.PL out-of head:GEN.PL.F cut:IMPF.3SG hair:ACC.PL
"he cut hair from off the heads of the lambs" (*Il.* 3.273);

where obviously *ek* cannot mean 'from inside': it shows how the notion of inclusion can be construed without necessarily implying inclusion in a three-dimentional landmark (similar examples are (6) and (7), where the landmark is a flat surface).

The above examples show that body part nouns are construed with prepositions of containment, regardless of the specific semantic role that we assume in order to give an English translation: if we sometimes use 'with' as a translation for *en* it is because the meaning of the whole sentence denotes an instrumental relation, i.e. because we know that a specific relation of containment implies that the container also serves as an instrument.

40   *Silvia Luraghi*

7. Conclusions

In the course of this paper I have surveyed a number of features implicit in the relation denoted by prepositions of containment in Homeric Greek. Based on evidence found elsewhere in the Greek grammar, from case syncretism and derivational morphology, I have argued that the notion of containment provided a possible way for conceptualizing instrumental relations in Ancient Greek. Similar to English *in*, Greek prepositions of containment imply dynamic control of a bounded landmark over a trajector but, contrary to what happens in English, the notion of dynamic control also extends to instrument. This is especially clear in Homer in the case of ships used as a means of transportation, and body parts. In the case of body part nouns that consistently occur with all three prepositions of containment, it often makes little sense to distinguish between location and instrument: it is the meaning of the whole sentence in which one finds a specific occurrence that conveys the precise nature of the relation.

References

Chantraine, Pierre
  1953   *Grammaire homérique.* Tome 2: *Syntaxe.* Paris: Klinksiek.
  1979   *La formation des noms en grec ancien.* Paris: Klinksiek.
Cuyckens, Hubert
  1993   Spatial prepositions in French revisited. *Cognitive Linguistics* 4/3: 291--310.
Horrocks, Geoffrey C.
  1981   *Space and Time in Homer. Prepositional and Adverbial Particles in the Greek Epic.* New York: Arno Press.
Johnson, Mark
  1987   *The Body in the Mind.* Chicago: Chicago UP.
Lakoff, George
  1987   *Women, Fire and Dangerous Things.* Chicago: Chicago UP.
Lakoff, George & Mark Johnson
  1980   *Metaphors we live by.* Chicago: Chicago UP.
Luraghi, Silvia
  2001   Some remarks on Instrument, Comitative, and Agent in Indo-European. *Sprachtypologie und Universalienforschung* 54: 385-401.
  2003   *On the Meaning of Prepositions and Cases.* Amsterdam/Philadelphia: Benjamins.
Schwyzer, Eduard
  1950   *Griechische Grammatik.* Band 2.: *Syntax.* München: Beck.

Stolz, Thomas
    1996   Some instruments are really good companions - some are not. On syncretism and the typology of instrumentals and comitatives. *Theoretical Linguistics* 23: 113-200
Tyler, Andrea, & Vyvyan Evans
    2003   *The Semantics of english Prepositions.* Cambridge: Cambridge UP.
Vandeloise, Claude
    1991   *Spatial prepositions: A case study in French.* Chicago: Chicago UP.
    1994   Methodology and analysis of the preposition *in. Cognitive Linguistics* 5/2: 157-184.
Wackernagel, Jakob
    1922   *Vorlesungen über Syntax.* Band 2. Basel: Birckhäuser.

The experiential basis of motion language

Teenie Matlock, Michael Ramscar and Lera Boroditsky

Abstract

People's mental experience with physical motion has been shown to influence their understanding of time, but what about fictive motion, a tacit kind of motion expressed in sentences such as *The road runs along the coast*? The results of our study show that fictive motion *does* influence temporal understanding, providing additional evidence that cognitive simulation figures into language understanding and that people draw on spatial knowledge to ground their understanding of relatively abstract domains.

Keywords: conceptual structure, fictive motion, motion verbs, metaphor, psycholinguistics.

1. Introduction

People use motion verbs to describe situations in which something changes position in physical space. In their descriptions, an entity moves by its own volition, as in *Julia runs from Cardiff to Del Mar every morning*, by another's volition, as in *Our tour bus went over a mountain range*, or by no volition at all, as in *The ball floated across the pool*. People also use motion verbs to describe various manners of movement, as in *The solider crawled across the field*, *A squirrel dashed up the tree*, or *The lost hikers meandered through the desert*. Though these literal uses of motion verbs differ on what moves or how it moves, each sentence incorporates these schematic elements: space, path, and state change (Miller & Johnson-Laird 1976, Slobin 1996, Talmy 1975). For instance, in *The ball floats across the pool*, the ball moves from one location to another, forming a path via its movement. Or in *Our tour bus went over a mountain range*, the bus moves from location to location, but we construe it as having traveled on a highway or some other unspecified path.

People also use motion verbs to describe situations that appear to have little or nothing to do with physical motion. This includes emotional

44   *Teenie Matlock, Michael Ramscar and Lera Boroditsky*

or cognitive states, as in *He went from utter ecstasy to deep despair in less than five minutes* or *Her thoughts were racing*, as well as domains that lack actual physical structure, such as the internet, as in *Let's go to your web site*, or *I came back to Yahoo* (Maglio & Matlock 1999). It also includes motion verb uses that refer to time, as in *Christmas went by quickly this year* or *Have we passed Christmas yet?* In the first case, known as the *time-moving* perspective, we construe *Christmas* as "moving" while we remain stationary. In the second, known as the *ego-moving* perspective, we construe *Christmas* as a stationary landmark while we "move" forward in time. (For discussion of the conceptual metaphors underlying these motion verb uses, and motivations for their semantic extensions, see Clark 1973, Gentner 2001, Lakoff 1987, Lakoff & Johnson 1980, Radden 1996, 1997).

In the same vein, people also use motion verbs when they talk about static spatial scenes, especially when describing where an object is relative to other objects. For instance, in *The road follows the coast*, the road is aligned with a coastline, or in *The tattoo runs along his spine*, the tattoo is adjacent to the spine. These motion verb uses fall under Talmy's (1996, 2000) broad conceptual semantic category of *fictive motion*. In this paper, we focus on sentences instantiated with *co-extension path* fictive motion. Other types of fictive motion are seen in sentences such as *There is a bench every now and then in the park* (said while somebody is walking through a park), *The countryside rushed past us* (said by passengers on a train), and *His girlfriends get taller every year* (see also Langacker 1999, Sweetser 1997).

Fictive motion sentences include physical space as part of their semantic profile, but not physical motion or not any observable state change. For instance, nothing moves or changes in *The DSL line runs across the field,* or even in *The railroad tracks follow the dry creek bed.* Despite the lack of any explicit motion, Talmy (2000), in addition to Langacker (1986) and Matsumoto (1996), argues that fictive motion sentences involve dynamic construal, whereby simulated movement or scanning proceeds from one part of a scene to another (e.g., along the road in *The road goes from San Diego to LA*). This type of construal is said to be subjective, depending on factors such as the conceptualizer's vantage point (e.g., conceptualizer in San Francisco) in the scene being construed. This is not to say that fictive motion construal necessarily involves vivid imagery (Langacker 1987, 1999). The conceptualizer need not "see" itself or any other entity moving inch by inch along a DSL line or a road.

The experiential basis of motion language 45

Finally, the subject noun phrase referent in fictive motion sentences is conceptually primary or *profiled* (see Langacker, 1987). That referent is often inherently linear, as is *road* in *The road goes from San Diego to LA*, and if not, it is linearly extended by virtue of appearing in the construction, as is *table* in *The table runs along the wall*, or *mirror* in *The mirror goes from the door to the light switch* (see Matlock in press a, in press b).

So, people regularly use motion language to describe all sorts of things that have little or nothing to do with physical movement. The question is *why* do people do this? Why is such language so pervasive and so consistent? Our research seeks answers to these questions. In this paper, we first provide background of our earlier work, including work on metaphor and temporal understanding as well as fictive motion processing. We discuss a new experiment on fictive motion and metaphoric reasoning about time, and draw conclusions based our results.

1.1. Earlier experimental work on figurative uses of motion verbs

In many experimental studies, Boroditsky (2000) and Boroditsky and Ramscar (2002) have explored the intimate connection between space and time, one component of which is the metaphoric construal of time as space. In one study, Boroditsky and Ramscar (2002) investigated whether thinking about motion would influence thinking about time. In one of their experiments, people were first asked to imagine themselves moving toward an object or to imagine an object moving toward them, and then to answer this ambiguous metaphorical question about time: *Next Wednesday's meeting has been moved forward two days. What day is the meeting now that it has been rescheduled?* When people had thought about themselves moving, they were more likely to say "Friday" because they were primed to move "forward" in time, but when they had thought about something moving toward them, they were more likely to say "Monday". The results showed that the way people construed the meeting date was influenced by the way they had thought about physical movement. Namely, imagining doing the moving themselves encouraged forward temporal "movement" further away from themselves, while imagining something moving toward them while they remained stationary encouraged temporal movement toward themselves. The findings from this study and the others by Boroditsky (2000) and Boroditsky and Ramscar (2002) demonstrate that people draw on what they know about physical space and motion to understand relatively abstract domains such as time.

Matlock (2001) has also conducted experiments on the construal of non-literal motion, including the way people process fictive motion language in the context of real motion language. In one study, Matlock investigated how people understand sentences such as *The trail goes through the desert*, after reading different types of travel stories, for instance, about a person driving quickly versus a person driving slowly across a desert. The results indicated that the way people imagined motion while reading the story later influenced the way they understood relevant fictive motion sentences, such as *The trail goes through the desert*. Precisely, the time it took to read the fictive motion sentence depended on the way travel had been described in the story, including travel rate (fast versus slow), distance (far versus not far), and terrain (easy versus difficult). For example, overall reading times were faster after stories about travel through easy terrain (e.g., flat, smooth) than about travel through difficult terrain (e.g., bumpy, cluttered), or faster after stories about fast travel (e.g., 100 miles per hour) than about slow travel (e.g., 25 miles per hour). Matlock (2001) argued that differences in reading times resulted from differences in construal. People were not (necessarily) imagining any real motion while processing the critical fictive motion sentences that followed the stories, but they *were* simulating movement along a path in a way that was consistent with the way real movement had transpired along that same path in the mental model they had built from reading the story. So, for instance, people slowed down when they read sentences like *The trail goes through the desert* after reading about difficult terrain because they had to activate information about the original travel along the trail, including having to go over bumps, gullies, and so on. In follow-up work, Matlock (in press c) showed that the differences in reading times were not simply because of lexical priming or because people imagined more or less information in the scene. People were no slower or faster to read sentences such as *The trail is in the desert* in different contexts.

Matlock (in press b) provided additional evidence that people simulate motion when they attempt to understand fictive motion sentences. For instance, when people were asked to draw a picture to represent a sentence such as *The lake runs between the golf course and the railroad tracks*, the figure (e.g., lake) was consistently longer than when they had been asked to draw a picture to represent the meaning of a semantically similar non-fictive motion sentence, such as *The lake is between the golf course and the railroad tracks*. People also drew longer arrows when representing a static figure described by a fictive motion sentence with a fast-manner motion verb, such as *The road jets from one vista point to another* than one with a slow-manner motion verb, such as *The road crawls from one vista point to another*. Critically, in none of these drawing tasks were people asked to think about motion, and on the surface, no motion is believed to have transpired with these sentences (see Matlock in press b).

2. Experiment: Does fictive motion influence temporal reasoning?

In the current work, we investigate whether priming people with fictive motion would influence the way they reason about time when asked the ambiguous question from Boroditsky (2000) and Boroditsky and Ramscar (2002), namely, *Next Wednesday's meeting has been moved forward two days. What day is the meeting now that it has been rescheduled?* Would having people engage in thought about fictive motion – by having them draw a picture of what a sentence such as *The road goes along the coast* conveys to them – encourage them to say Friday (versus Monday)? If so, it would suggest that fictive motion encourages an *ego-moving* perspective whereby people conceptualize forward temporal movement construal. And as a control, we could also give non-fictive motion sentences as primes, such as *The road is next to the coast*, to see if the same effect would arise. If there are more Fridays than Mondays after fictive motion primes but not after non-fictive motion primes, then we can conclude that people recruit elements of their understanding of fictive motion into their understanding of time. Such a result would provide additional evidence that fictive motion includes dynamic construal, specifically simulated motion, and additional evidence that people draw on their understanding of space and motion to make sense of relatively abstract domains such as time.

2.1. Method

In our experiment, 138 Stanford University undergradutes were asked to (a) read a single fictive-motion sentence (e.g., *The road runs along the*

48   *Teenie Matlock, Michael Ramscar and Lera Boroditsky*

coast) or non-fictive motion sentence (e.g., *The road is next to the coast*), (b) sketch what they imagined, and (c) then answer the ambiguous question, *Next Wednesday's meeting has been moved forward two days. What day is the meeting now that it has been rescheduled?* The instructions for the drawing task read as follows: "In the space below, please sketch the image conveyed to you by the following sentence." All volunteers completed the task and were given credit for their participation. All volunteers were native speakers of English or were highly proficient in the language. Hereafter, we will refer to all fictive motion sentences as *FM-sentences* and all non-fictive motion sentences as *NFM-sentences*. See Table 1 for a list of the 10 sentences used in the experiment. Five of these were FM-sentences and five were comparable NFM-sentences. Before the experiment, all were judged to be sensible English sentences (see Matlock, Ramscar & Boroditsky 2003).

2.2. Results

The task provided two sources of data. We analyzed participants' answers to the ambiguous question about when the meeting would be held, and we analyzed the way people depicted their understanding of the meaning of the sentences. Together, the two provided insights into how people processed fictive motion language, and what effect that had on the subsequent understanding of time.

2.2.1 Question data

As predicted, the primes we gave people influenced their responses to the ambiguous question about time. As shown in Figure 1, people were more likely to respond Friday than Monday after being primed with FM-sentences, but this was not the case when they were primed with NFM-sentences. Specifically, of all the participants primed with FM-sentences, 68% said the meeting was Friday while only 32% said it was Monday, but of all the participants primed with NFM-sentences, 51% said it was Friday, and 49% said it was Monday, $\chi^2(1) = 4.23$, $p < 0.04$. The results suggest that engaging in thought about fictive motion, like engaging in thought about real motion, affects temporal reasoning. People were more inclined to conceptually "move" forward in time after they had been

The experiential basis of motion language 49

thinking about roads, tattoos and other static entities that "run" than they were after thinking about some non-fictive motion spatial arrangement. (For additional statistics, see Matlock, Ramscar & Boroditsky 2003).

2.2.2 Drawing data

We also analyzed people's sketches. Here we were interested in how people would depict figures (i.e., subject noun phrase referents) such as roads and tattoos in both FM-sentences and NFM-sentences (see Tversky 1999, for excellent discussion of what drawings reveal about construal). We were especially interested in whether the figures in sketches of FM-sentences would be longer than those in sketches of NFM-sentences even though our FM- and NFM-sentences were judged to be highly semantically similar (see Matlock, Ramscar & Boroditsky 2003). The rationale is that if mentally simulated motion or visual scanning is part of fictive motion we should see more linear extension of the figure. That is, we should expect the road in a depiction of *The road runs along the coast* to be longer than the road in a depiction of *The road is next to the coast* (see also Matlock in press b).

First, we calculated a length score for every figure by measuring in centimeters length and width, and then dividing length by width. Three drawings were discarded because the figure was an animate being "in motion". In all three cases, participants drew an "alive" bookshelf that was "literally" running. Then whe we compared length scores for figures in the two types of sketches. We found that figures in FM-sketches were longer ($M = 9.45$) than those in NFM-sketches ($M = 4.50$), $t_{(138)} = 5.09$, $p < .0001$, as shown in Figure 2. Table 1 lists the sentences along with figure lengths averaged across participants.

We were also interested in whether people would include explicit motion elements in their drawings, for instance, a bicycle on a bike path, or a car on a road. The logic was that if people simulate motion or activate motion information while comprehending FM-sentences (even though there is no actual motion involved), then they would be likely to include explicit motion objects (e.g., bikes, cars, people) in their FM-sketches. Specifically, we would expect more motion elements in a FM-depiction than we would in a NFM-depiction. To see if this was the case, we counted all motion elements (e.g., bicycle) in sketches that depicted sentences with traversable paths as subject noun phrase referents, precisely, *The bike path runs alongside the creek, The bike path is next to the creek, The highway runs along the coast,* and *The highway is next to the coast.* Of all drawings, 25% contained motion elements. Overall, 76% appeared in FM-sentence depictions, and 24% in NFM-sentence depictions. Figure 3 shows the proportion of motion elements by sentence type and response. Figure 4 displays two sample drawings.

Taken together, the drawing results, longer figures and more motion elements for FM-sentences versus NFM-sentences, provide further support for the claim that fictive motion includes simulated motion. What makes the motion element results especially compelling is that both the fictive and non-fictive sets of data mentioned traversable paths.

3. Discussion

The results reported here show that fictive motion processing influences temporal reasoning. When people drew pictures to represent their understanding of a fictive motion sentence such as *The road runs along the coast,* they were much more likely to construe the meeting shift in our ambiguous question as forward movement in time (more Friday than Mondays). In contrast, they did not do this when they read and drew a sketch to depict a non-fictive motion sentence, such as *The road is next to the coast* (no more Fridays than Mondays). In addition, it is significant that figures (e.g., road) were longer in fictive motion depictions (than in non-fictive motion depictions) and that more motion elements were included in those depictions (see also Matlock, Ramscar & Boroditsky 2003).

Our results accord with our earlier work on fictive motion comprehension (Matlock, 2003). Again, we see that people simulate motion or build some kind of dynamic representation when they attempt to comprehend fictive motion sentences. Not only did fictive motion encourage more Fridays in responses, it encouraged greater linear extension of the figure, which suggests more motion or scanning related to the figure, for instance, a longer road because of more scanning or motion relative to that figure. In addition, fictive motion led to more motion elements in people's depictions. If there were no motion simulated in fictive motion comprehension, it is unlikely we would have seen the differences we did. There should have been no difference in Monday and Friday responses, or length of figures in drawings, and number of motion elements in drawings.

The results are congruent with Boroditsky and Ramscar's (2002) work on space and time. As mentioned, in one of their studies people imagined themselves or something else moving, and that influenced how they reasoned about time. This required consciously thinking about motion through physical space. However, in several other studies conducted by Borodistsky and Ramscar (2002), people were not necessarily consciously engaged in thought about motion, but the results were consistent. For instance, in a study conducted in an airport, the ambiguous question was posed to people who had been traveling or waiting to pick somebody up. The travelers were more likely to say Friday than Monday, but the non-travelers were at chance. In the current study, just as in the airport study (and others not discusssed here), people were not asked to process motion information. Moreover, when asked to judge whether fictive motion sentences involve any motion, people uniformly say no (see Matlock in press b). Thus, our results provide evidence that fictive motion includes a tacit kind of motion simulation, one that is robust enough to influence the understanding of time.

What are the implications of our work? What do our results suggest about mental representation and meaning understanding? Many linguists and psycholinguists continue to promote the view that language is a separate module and that it includes several sub-modules. This view, which maintains that processing meaning requires accessing a word in a lexicon and activating a *static* mental representation underlying that word, is not amenable to the idea of dynamic construal or mentally simulated motion along a path. Jackendoff (2000), for instance, argues that no mentally simulated motion transpires with sentences such as *The road runs along the coast*. He claims such sentences involve a static and atemporal representation whereby all points along a path schema (e.g., *road*) are simultaneously activated.

Our results challenge Jackendoff's claims or any other linguistic theories that do not allow for some kind of dynamic construal. If people really do always activate all points along a path with a sentence such as *The road runs along the coast*, then we should not have seen the differences we did in our experiment. That is, participants primed with fictive motion should have been no more likely to say Friday than Monday than those not primed with fictive motion. Nor should they have been any more likely to have drawn longer figures or to have included more motion elements in their sketches. A linguistic theory that maintains that mental representations are static and that meaning is divorced from non-linguistic

52 *Teenie Matlock, Michael Ramscar and Lera Boroditsky*

processes such as imagination and dynamic construal cannot explain the differences that we observed in our controlled experiment (or many others not reported here).

Based on the results presented here and against the backdrop of our other work, we come to the following conclusions. People readily simulate motion with fictive motion just as they do in all sorts of other cognitive domains. Here we see that it influences people's reasoning about "movement" in time, and the way they depict static spatial scenes. Our findings are not bizarre or unusual in the context of cognitive semantic theories or recent psychological research on language and embodied experience. The bottom line is that people cannot help but mentally simulate motion and incorporate mental simulation into their reasoning about time and other relatively abstract domains.

Author's note

We thank Augusto Soares da Silva, the editor and conference organizer. We also thank Herbert Clark, Leonard Talmy, Danny Oppenheimer, Dan Yarlett, Lauren Schmidt, and Paul Maglio for offering useful insights, and Laura Nowell for helping with coding. A portion of this work was presented at the 25th Annual Conference of the Cognitive Science Society in Boston in July, 2003.

Appendix

Table 1. Sentences used in the experiment along with their mean figure lengths in the drawings.

	FM Sentences
12.56	The bike path runs alongside the creek
7.73	The highway runs along the coast
11.68	The county line runs along the river
8.4	The tattoo runs along his spine
2.77	The bookcase runs from the fireplace to the door
7.73	The bike path is next to the creek
6.21	The highway is next to the coast
4.81	The county line is the river
1.3	The tattoo is next to his spine
1.19	The bookcase is between the fireplace and the door

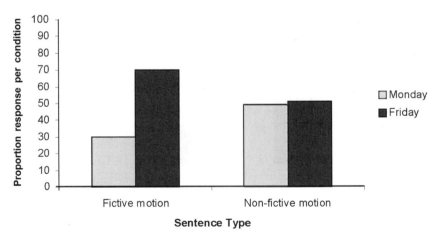

Figure 1. How did people answer the ambiguous question about time? Responses are grouped by sentence type (fictive motion versus non-fictive motion) and by response (Friday versus Monday).

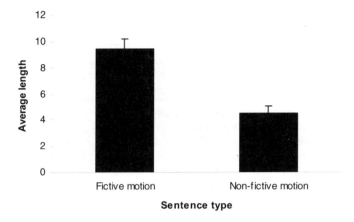

Figure 2. How did people construe the figure and depict it in sketches after being primed with fictive or non-fictive motion? Reported here are average lengths of figures.

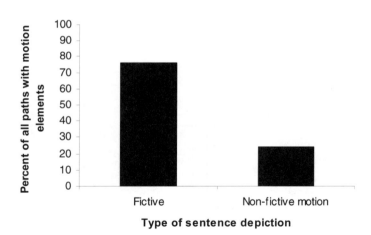

Figure 3. Did people include motion elements (e.g., bicycles) in their sketches of paths? When they did, did those elements occur more often in fictive motion depictions than in non-fictive motion depictions?

(1) Non-fictive motion

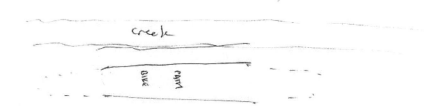

(2) Fictive motion

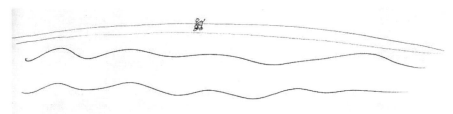

Figure 4. Examples of sketches for (1) *The bike path is next to the creek* and (2) *The bike path runs alongside the creek.*

References

Boroditsky, Lera
   2000   Metaphoric Structuring: Understanding time through spatial metaphors. *Cognition* 75: 1-28.
Boroditsky, Lera & Michael Ramscar
   2002   The Roles of Body and Mind in Abstract Thought. *Psychological Science* 13: 185-188.
Clark, Herbert.H.
   1973   Space, time, semantics, and the child. In: Timothy E. Moore (ed.), *Cognitive development and the acquisition of language.* San Diego: Academic Press.
Gentner, Dedre
   2001   Spatial metaphors in temporal reasoning. In: M. Gattis (ed.), *Spatial schemas in abstract thought,* 203-222. Cambridge, MA: MIT Press.
Jackendoff, Ray
   2002   *Foundations of language.* New York: Oxford University Press.

56 *Teenie Matlock, Michael Ramscar and Lera Boroditsky*

Lakoff, George.
1986   *Women, fire, and dangerous things: What categories reveal about the mind.* Chicago, IL: University of Chicago Press.
Lakoff, George & Mark. Johnson
1980   *Metaphors we live by.* Chicago, IL: Chicago Universtity Press.
Langacker, Ronald W.
1986   Abstract motion. *Proceedings of the Twelfth Annual Meeting of the Berkeley Linguistics Society,* 455-471.
1987   *Foundations of cognitive grammar, Vol. 1: Theoretical Prerequisites.* Stanford, CA: Stanford University Press.
1999   Virtual reality. *Studies in the Linguistic Sciences* 29: 77–103.
Maglio, Paul Philip & Teenie Matlock
1999   The conceptual structure of information space. In: Alan Munro, David Benyon & Kia Hook (eds.), *Social navigation of information space,* 155-173. Springer Verlag.

Matlock, Teenie
2001   How real is fictive motion? Ph.D. dissertation, Department of Psychology, University of California, Santa Cruz.
in press a   The conceptual motivation of fictive motion. In: Gunter Radden and Rene Dirven (eds.), *Motivation in grammar.* Amsterdam: John H. Benjamins.
in press b   Depicting fictive motion in drawings. In: June Luchenbroers (ed.), *Cognitive Linguistics: Investigations across languages, fields, and philosophical boundaries.* Amsterdam: Benjamins.
in press c   Fictive motion as cognitive simulation. *Memory & Cognition.*
Matlock, Teenie, Michael Ramscar & Lera Boroditsky
2003   The experiential basis of meaning. Manuscript.
Matsumoto, Yo
1996   Subjective motion and English and Japanese verbs. *Cognitive Linguistic* 7: 183-226.
Miller, George & Phillip Johnson-Laird
1976   *Language and perception.* Cambridge, MA: Harvard University Press.
Radden, Gunter
1996   Motion metaphorized: The case of 'coming' and 'going'. In: Eugene Casad (ed.), *Cognitive Linguistics in the Redwoods: The Expansion of a New Paradigm in Linguistics,* 423–458. Berlin, New York: Mouton de Gruyter.
1997   Time is space. In: B. Smieja and M. Tasch (eds.), *Human Contact through Language and Linguistics,* 147–66. New York, NY: P. Lang.
Slobin, Daniel.
1996   Two ways to travel: Verbs of motion in English and Spanish. In: M. S. Shibatani & S. A. Thompson (eds.), *Grammatical constructions: Their form and meaning ,* 195-220. Oxford: Clarendon Press.
Sweetser, Eve E.
1997   Role and individual readings of change predicates. In: Jan Nuyts and Eric Pederson (eds.), *Language and Conceptualization,* 116–136. Cambridge: Cambridge University Press.

Talmy, Leonard
  1975   Semantics and syntax of motion. In: J. P. Kimball (ed.), *Syntax and Semantics*, Volume 4, 181–238. New York, NY: Academic Press.
  1996   Fictive motion in language and "ception". In: Paul Bloom, M.A. Peterson, Lynn Nadel, & M.F. Garrett (eds.), *Language and space*, 211--276. Cambridge, MA: MIT Press.
  2000   *Toward a Cognitive Semantics, Volume I: Conceptual Structuring Systems.* Cambridge: MIT Press.
Tversky, Barbara
  1999   What does drawing reveal about thinking? In: S. Gero and Barbara Tversky (eds.), *Visual and Spatial Reasoning in Design*, 93–101. Sydney: Key Centre of Design Computing and Cognition.

Spatial cognition and language of space: a perspective from Japanese

Yoshihiro Matsunaka and Kazuko Shinohara

Abstract

This study explores the relation between spatial cognition and the meanings of words denoting space. It has been said that the frames of reference used to define spatial orientations can be classified into the intrinsic frame, the relative frame, and the absolute frame of reference, and in the relative frame there are three different patterns of projecting viewer's coordinate system: the reflection analysis, the translation analysis, and the rotation analysis (Levinson 1996, 2003). It has been previously argued whether these frames of reference are linguistically coded or chosen rather freely at the level of pre-linguistic cognition or perception. We aim to support Levinson's claim that human languages determine, at least to some extent, which frame(s) of reference should be adopted. Three Japanese frontal words, *mae*, *saki*, and *temae* will be analyzed for this purpose. By examining the spaces denoted by these words, we will argue that each of these words has a particular frame(s) of reference registered in its lexical meaning. This will contradict the view that frames of reference are independent of language, but support the view that at least some part of language determines which frame(s) of reference should be used.

Keywords: spatial cognition, frame of reference, intrinsic orientation.

1. Introduction

The concept of space has long been discussed in many different disciplines such as philosophy, physics, cognitive science, anthropology, and others. It is of course one of the most important concepts that researchers of language are interested in, because spatial concepts are related to a vast range of language uses, conceptualization of abstract concepts including time, and even the process of inferences. This paper deals with this much discussed concept of space from a cognitive linguistic perspective by making models of meaning, and at the same time paying attention to anthropological and cognitive scientific perspectives.

60 *Yoshihiro Matsunaka and Kazuko Shinohara*

Based on the previous studies on spatial cognition and its relation to languages by Levinson (1996, 2003), Levelt (1996), Svorou (1993), etc., this paper aims to discuss how spatial cognition and lexicon denoting space are related. More specifically, we argue what kinds of reference frames are used for what kind of spatial words. The language to be discussed is Japanese, and the spatial terms to be analyzed are three Japanese words denoting frontal space, *mae*, *saki*, and *temae*. It will be shown that these three words behave differently in terms of frames of reference and that they have certain frames of references incorporated as part of their meanings. Thus, frames of reference are considered not only to reside in cognition, but at least in some part reside in language or lexical meanings.

The outline of this paper is as follows. Section 2 introduces previous studies relevant to the present study and clarifies the research question and the method to be used. Section 3 discusses the distribution of the three Japanese 'front' words, *mae*, *temae*, and *saki* with respect to the major frames of reference and the subtypes. Section 4 concludes this paper.

2. Previous studies and the research question

2.1. Spatial cognition and frames of reference

Cognition of the spatial relationships of objects located in space requires (i) a referent (the object to be located), (ii) a relatum (the object relative to which the referent is located), and (iii) a coordinate system. ('Referent' and 'relatum' corresponds to 'Figure' and 'Ground' in Talmy's (1978: 627, 1983) terms.) As Levinson (2003: 24-61) extensively overviews, the notion of 'frames of reference' has been defined and classified in different ways in different disciplines. Among those different definitions, this paper follows Levinson's three-way classification of linguistic frames of reference: the intrinsic, the relative, and the absolute frames of reference. Each of these three has the following characteristics.

(A)   *intrinsic frame of reference*: the referent's location is expressed in terms of the relatum's intrinsic axes; that is, the relatum is the origin of the coordinate system.

(B)   *relative frame of reference*: objects, including those without intrinsic orientation, can obtain their orientation based on the conceptualizer's perspectives; that is, the conceptualizer's viewpoint is the origin of the coordinate system.
(C)   *absolute frame of reference*: neither the relatum nor the conceptualizer's viewpoint is the origin of the coordinate system but it comes from the visual horizon under canonical orientation or the outside landscape.

These frames of reference are illustrated in Figure 1-3.

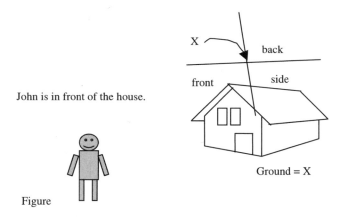

Figure 1. Intrinsic frame of reference (Levinson 2003: 40, revised)

Figure1 illustrates the intrinsic frame of reference. The expression 'John is in front of the house' is based on the coordinate system given by the house's intrinsic property such as the functional aspects of the house. For example, the side that has the door and provides the main access is conceived as the 'front' of the house. Other three spaces, 'back', 'right' and 'left' (or just 'sides') are derived from the 'front'.

Figure 2 illustrates the relative frame of reference. When we say 'John is to the left of the house,' the space referred to by this expression is determined by conceptualizer's perspective; that is, his or her own orientation. Thus, the conceptualizer's left is regarded as the left side of the house in this case, though in the intrinsic frame the same side of the house may be the 'front' side of the house.

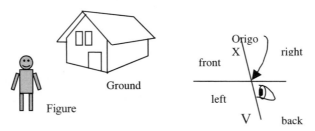

Figure 2. Relative frame of reference (Levinson 2003: 40, revised)

The third kind, the absolute frame of reference, is shown in Figure 3. In this frame, the coordinate system is determined by the absolute or non-relative, non-intrinsic factors such as orientations based on the earth's magnetic field. Thus, 'north of the house' is determined independent of the conceptualizer's viewpoint or the intrinsic orientation of the house.

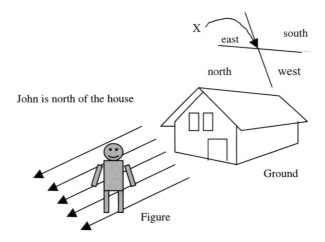

Figure 3. Absolute frame of reference (Levinson 2003: 40, revised)

According to Levinson (2003: 86-88), the relative frame of reference has three subtypes of projecting the coordinate system of the viewer onto the relatum: reflection analysis, translation analysis, and rotation analysis, which are illustrated in Figure 4-6. In reflection analysis, the coordinate system of the viewer is projected onto the relatum (the tree in Figure 4) in such a way that the front/bask axis is reversed but the right/left axis is not reversed. This is like reflection of the viewer in a mirror. When we say 'John is in front of the tree,' he is between the conceptualizer and the tree. English, Japanese, and perhaps many languages have this type of relative frame.

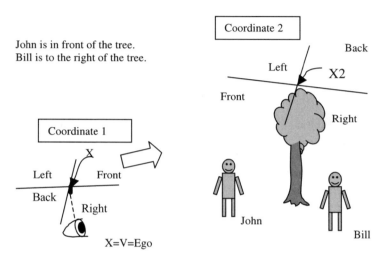

Figure 4. Reflection analysis (Levinson 2003: 86, revised)

In the second subtype of the relative frame, translation analysis, the conceptualizer's intrinsic coordinate system is translated without any reversal or rotation. Thus in Figure 5, 'front' of the tree is ahead of the tree (or the farther side of the tree) in the conceptualizer's point of view.

The third subtype, rotation analysis, is a rare case in world languages. In this type the conceptualizer's intrinsic coordinate system is projected onto the tree after rotated at 180 degrees. Thus, both right/left axis and front/back axis are reversed. In Figure 6, 'John is to the left of the tree' in this system may be equivalent to 'John is to the right of the tree' in English. It is said that Tamil has this system (Levinson 2003: 88).

64 *Yoshihiro Matsunaka and Kazuko Shinohara*

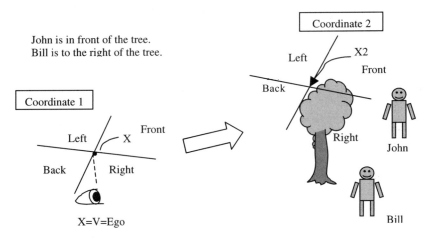

Figure 5. Translation analysis (Levinson 2003: 88, revised)

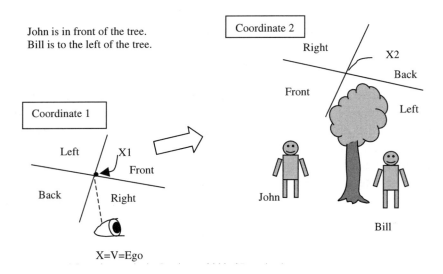

Figure 6. Rotation analysis (Levinson 2003: 87, revised)

2.2. The level at which frames of reference apply

Concerning frames of reference, there has been raised a controvercial question in some previous studies. Levinson (2003: 33-34) states this question as follows.

> In psycholinguistic discussions about frames of reference, there seems to be some unclarity, or sometimes overt disagreement, about at which level –perceptual, conceptual or linguistic – such frames of reference apply. ..... [W]e need to distinguish in discussions of frames of reference between at least three levels, perceptual, conceptual and linguistic, and we need to consider the possibility that we may utilize distinct frames of reference at each level.

Some researchers reject the possibility that frames of reference may apply at linguistic level. Svorou (1994: 23) states that "typically RFs are not coded linguistically in spatial expression" (RF stands for 'reference frame'). Carlson-Radvansky and Irwin, through studies on the spatial term 'above', find that frames of reference are not linguistically coded (1993: 242). However, Levinson (2003: 108) argues against these views.

> [I]n most languages there are many subtle details of the use of expressions that generally mark which frame of reference they are being used with - thus *at the truck's front* or *in the front of the truck* can only have an intrinsic reading, not a relative one - so this cannot be treated as an extralinguistic matter.

The existence of such examples as given by Levinson cannot be neglected, and the present authors expect that there can be found other examples of this kind in other languages too. Though, of course, it may not be easy to settle this controvercial question at once, but it may be a considerable contribution if examples of other languages that support Levinson's claim can be found. The purpose of the present study is to do this: it aims to present some more evidence of linguistically coded frames of reference. We will do this by analyzing Japanese spatial terms.

2.3. Research question and the method to be employed

As mentioned above, the purpose of this study is to provide evidence of linguistically coded frames of reference using some Japanese words denoting spatial concepts. The words to be analyzed are *mae*, *temae*, and *saki*, all of which refer to some kind of frontal space. Thus, our specific research question is the following.

66 *Yoshihiro Matsunaka and Kazuko Shinohara*

Are the Japanese frontal terms *mae*, *temae*, and *saki* regarded as examples of linguistically coded frames of reference?

The method we employ is to analyze the usages of these words to determine which part of the space they can refer to, and consider which of the frames of reference are applied. It will be demonstrated in the following sections that these terms have at least to some extent fixed frames of reference as part of their lexical meanings.

3. Japanese FRONT words and their frames of reference

This section analyzes three Japanese words denoting frontal space: *mae*, *temae*, and *saki*. We will examine which frames of reference are adopted for each of these words. As mentioned in the previous section, there are three major frames of reference: intrinsic frame, relative frame, and absolute frame of reference. Relative frame of reference has three sub-types of projecting the viewer's coordinate system: reflection analysis, translation analysis, and rotation analysis. We would like to see whether the frames of reference are coded in the three frontal words. For this purpose, the following sentence will be used as a test sentence to see the differences of meanings of these three words.

(1) *pooru-no   ( )-ni   neko-ga   iru*
     pole-Gen. ( )-Loc. cat-Nom. be
     'There's a cat in (   ) of the pole.'

In the parentheses in the above sentence, each of the three words will be inserted one by one. Thus we will have three different sentences below.

(2) *pooru-no mae-ni neko-ga iru.*
     'There's a cat in *mae* of the pole.'
(3) *pooru-no temae-ni neko-ga iru.*
     'There's a cat in *temae* of the pole.'
(4) *pooru-no saki-ni neko-ga iru.*
     'There's a cat in *saki* of the pole.'

(The word *mae* has some relation with a body part 'eye' which is *me* in Japanese. The word *temae* is morphologically complex: it consists of two units, *te* (hand) + *mae* (front), though in modern Japanese *temae* is not analytically understood as the combination of 'hand' and 'front'. The last word *saki* basically indicates the tip of a stick-like object.)

The question to be asked about the above three sentences (2) - (4) is where the cat is supposed to be in each case. We will check the possible spatial position(s) of the cat indicated by each sentence. (Note that more than one position might be possible for each case.) If each sentence assigns different positions for the cat, we can infer that different frames of reference are adopted by the words *mae*, *temae*, and *saki*.

There are in fact three different spaces related to the frontal words. Figure 7 illustrates these spaces.

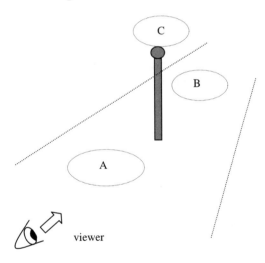

Figure 7.

In the middle, there is a pole. "A" is the space between the pole and the viewer, which may be the space "in front of the pole" in English. "B" is the space on the other side of the pole from the viewer's point of view, which may be "behind the pole" in English. "C" is the space just above the top of the pole, which may be "on top of the pole" in English.

If the space "A" is regarded as the 'front' side of the pole, it indicates that the reflection analysis or the rotation analysis is at work (see Figures 4 and 6). In order to distinguish between the reflection and the rotation analyses, it is necessary to know how the right/left axis is assigned. As some researches suggest, Japanese right/left interpretation is based on reflection analysis (Inoue 1998; Imai & Ishizaki 1999). Thus the space "A" for front words in this case indicates that the reflection analysis is adopted.

If the space "B" is chosen for the front, it indicates that the translation analysis within relative frame of reference is adopted. If "C" is chosen, it should be concluded that neither reflection nor translation analysis is adopted.

Now the sentences (2), (3), and (4) express different positions of the cat. In the case of (2), that is when the cat is 'in *mae* of the pole,' it is dominantly supposed to be at "A" (cf. Imai & Ishizaki 1999; Shinohara et al. 2003a, b; Yoshida 2002)[1]. Under certain conditions, however, the cat may be supposed to be at "B". This means that reflection analysis is dominantly adopted by *mae* though translation analysis can be chosen under certain conditions[2]. (The conditions that determine the shift from reflection analysis to translation analysis include the angle of the view: a higher angle contributes to the increase of the shift to translation analysis. Visibility of the farther side of the reference object also contributes to the increase of translation analysis (Odate et al. 2003; Shinohara et al. 2003a, b). It seems impossible to suppose that the cat is at "C" in the case of *mae*.

When the cat is 'in *temae* of the pole', it is supposed to be at "A" but not at "B" or "C". Though this use is the same as the dominant interpretation of *mae*, the difference is that *temae* basically does not allow the "B" position. Thus, it can be argued that *temae* adopts only reflection analysis but not translation or rotation analysis.

Saki behaves rather differently, though it is also a frontal word. If the cat is 'in *saki* of the pole,' it is either at "B" or "C". As the word *saki* is used for an object with a sharp tip, the top part of the pole may be interpreted as *saki* of the pole. Then, "C"-interpretation of the use of *saki* may suggest that intrinsic frame of reference (based on the shape of the pole) is adopted. Thus, it turns out that the word *saki* can be used both for translation analysis (in the case of "B") and intrinsic frame of reference (in the case of "C").

---

1. This is also the case for English and many other languages including Wolof (Moore 2000). However, in Hausa, the dominant frame of reference for the most unmarked frontal term is translation analysis (Hill 1978, 1982).
2. Harris & Strommen (1972) and McKenna & Hill (in press) have shown that English-speaking children have a greater tendency of using translation analysis than adults.

So far, we have checked which frames of reference can be adopted for the three Japanese frontal words in the sentence (1). This is, however, only a case of a specific sentence where the reference object is fixed as "a pole", so it may be helpful to have a look at other types of reference objects. As the word *saki* basically denotes a tip part of a stick-like, linear object, the same distribution of spatial interpretations about *saki* can be seen for the sentences with other linear objects with a tip such as 'a log', 'a clay pipe', 'a ladder', and so forth in lieu of 'a pole'. If the linear object is lying on a horizontal plane, the cat will be supposed to be on the same horizontal plane just next to the tip of the object, so that the position of the cat and the longer axis of the object may align. If the object is standing upright, the position of the cat will be understood in the same way as the case of a pole.

To examine the uses of the frontal words more in detail, consider the case where the reference object (Ground) is a chair, which has an intrinsic front/back axis based on the canonical orientation of a human being sitting on it. Figure 8 illustrates this situation.

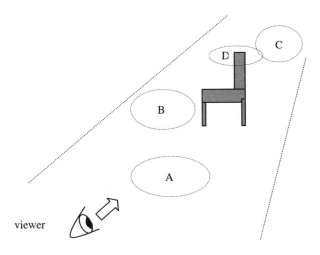

Figure 8.

"A" is the space between the chair and the viewer. "B" is the space to the side of the chair where one will be looking while sitting on the chair. "C" is the space on the other side of the chair from the viewer. "D" is the space on top of the back of the chair.

The relationship between the position of 'front' and the frames of reference involved is as follows. If the front of the chair is at "A", it is based on reflection analysis. If the front of the chair is at "B", it is based on intrinsic frame of reference derived from the canonical orientation of sitting. If it is at "C", it is based on translation analysis, and if "D" is the front of the chair, it is based on the intrinsic shape of the chair with a top.

Now where is the cat in Figure 8? In the case of 'in *mae* of the chair', "A" or "B" is possible, which means that reflection analysis or intrinsic frame of reference can be adopted. "C" does not seem natural in this case, which suggests that translation analysis may be suppressed by the chair's intrinsic orientation. In the case of *temae*, the cat is only at "A", just as in the case of the pole, which means that only reflection analysis is possible. In the case of *saki*, there are two possibilities; "C" and "D". Even though *saki* allows intrinsic interpretation, "B" is impossible. This may be because *saki* has 'tip' as its basic meaning and therefore when this word is used with intrinsic frame of reference, the tip becomes a crucial and salient characteristic of the object. The canonical orientation of a person who uses the object (in this case the chair) is a very different kind of intrinsic orientation, which does not seem to affect the interpretation of *saki*.

We have so far examined three Japanese frontal words, *mae, temae,* and *saki*. Table 1 shows the frames of reference and the subtypes that are adopted by these three words.

Table 1.

	Relative frame	Intrinsic frame
mae	Reflection > Translation	+
temae	Reflection	−
saki	Translation	+ (depend on shape)

Mae and *saki* allow both relative and intrinsic frames of reference, while *temae* adopts only the relative frame of reference. Within relative frame, *mae* mainly adopts reflection analysis, though in limited cases translation analysis is also possible. *Temae* is restricted to reflection analysis for relative frame. *Saki* is limited to translation analysis for relative frame, though it can also adopt intrinsic frame of reference, though the adoption depends on the shape of reference object.

The point is that each word under examination has some restriction in the choice of frames of reference, rendering it difficult to shift freely to other frames of reference or subtypes. These restrictions cannot be explained if we assume that frames of reference reside in pre-linguistic cognition or perception, independent of linguistic coding. We must assume that lexical items can at least in some cases determine which frames of reference they can relate themselves to. That is, at least in some cases, frames of reference are linguistically coded.

4. Conclusion

As discussed in the above section, the three Japanese frontal words, *mae*, *temae*, and *saki*, do not freely correspond to various frames of reference. Each word seems to have its own frame(s) of reference incorporated in its lexical meaning in some way, and speakers cannot choose other frames of reference at will for each word.

Based on the above result of our analysis, we can answer our research question positively as follows.

<Research question (in 2.3, repeated here)>
Are the Japanese frontal terms *mae*, *temae*, and *saki* regarded as examples of linguistically coded frames of reference?

<Answer>
Yes, the three Japanese frontal terms are regarded as examples of linguistically coded frames of reference.

Then, in general, at which level does the selection of frames of reference occur? The present study do not attempt to give a complete answer to this question, but it can be argued from the above analysis that the selection of frames of reference is not confined to the extralinguistic level. Though it may occur at the perceptual level or at the conceptual level too, we can at least conclude that the selection of frames of reference can occur at the linguistic level.

72 *Yoshihiro Matsunaka and Kazuko Shinohara*

References

Harris, Lauren J. & Ellen A. Strommen
    1972   Understanding "FRONT," "BACK," and "Beside": Experiments on the meaning of spatial concepts. In: Michael H. Siegel and Philip Zeigler (eds.), *Psychological Research: The Inside Story*, 198-212. New York: Harper & Row, Publishers.

Hill, Clifford
    1978   Linguistic representation of spatial and temporal orientation. *Proceedings of the annual meeting of the Berkeley Linguistics Society* 4: 524-539.
    1982   Up/down, front/back, left/right: a contrastive study of Hausa and English. In: Jurgen Weissenborn and Wolfgang Klein (eds.), *Here and there: Cross-linguistic Studies on Deixis and Demonstration*, 11-42. Amsterdam: John Benjamins.

Imai, Mutsumi & Shun Ishizaki
    1999   Mae, ushiro, migi, hidari-no imi (The meanings of front, back, right and left). *Keio SFC Review*: 81-88.

Inoue, Kyoko
    1998   *Moshi migi-ya hidari-ga nakattara* (If there were no rights or lefts). Tokyo: Taishukan.

Levelt, Willem J. M.
    1996   Perspective taking and ellipsis in spatial descriptions. In: Paul Bloom, Mary A. Peterson, Lynn Nadel & Merrill. F. Garrett (eds.), *Language and Space*, 77-107. Cambridge, Mass.: MIT Press.

Levinson, Stephen C.
    1996   Frames of reference and Molyneaux's questions: crosslinguistic evidence. In: Paul Bloom, Mary A. Peterson, Lynn Nadel & Merrill. F. Garrett (eds.), *Language and Space*, 109-169. Cambridge, Mass.: MIT Press.
    2003   *Space in Language and Cognition.* Cambridge: Cambridge University Press.

McKenna, Sheila. & Hill, Clifford
    in press   Language and Deictic Imagery: African and African-American Continuities. *Journal of Sociolinguistics.*

Moore, Kevin E.
    2000   Spatial experience and temporal metaphors in Wolof: point of view, conceptual mapping, and linguistic practice. Ph. D. dissertation, Department of Linguistics, University of California, Berkeley.

Odate, Jitsuko, Kazuko Shinohara & Yoshihiro Matsunaka
    2003   Nihongo-ni-okeru mae-to ushiro-no ninchi-to hyougen (Cognition and Expression of front and back in Japanese). Paper presented at the 11th conference of Japanese Association of Sociolinguistics, Rikkyo University, Japan.

Shinohara, Kazuko, Jitsuko Odate & Yoshihiro Matsunaka
    2003a   Mae-to ushiro-no imi-to sanshouwaku: taijiteki houryaku-to seiretsuteki houryaku-no arawarekata (The meanings of front/back and

Spatial cognition and language of space 73

frames of reference: ego-opposed strategy and ego-aligned strategy). Paper presented at the 20th Annual Meeting of the Japanese Cognitive Science Society, the University of Electro-Communications, Japan.

Shinohara, Kazuko, Yoshihiro Matsunaka & Jitsuko Odate

2003b   Cognition and expression of FRONT and BACK in Japanese. Paper presented at the 8th International Cognitive Linguistic Conference, Universidad de La Rioja, Spain.

Svorou, Soteria

1994   *The Grammar of Space*. Amsterdam: John Benjamins.

Talmy, Leonard

1978   Figure and Ground in complex sentences. In: Joseph H. Greenberg (ed.), *Universals of Human Language,* Vol. 4, *Syntax*, 625-649. Stanford, CA: Stanford University Press.

1983   How language structures space. In Herbert L. Jr., Pick and Linda Acredolo (eds.), *Spatial Orientation: Theory, Research and Application*, 225-282. New York: Plenum Press.

Yoshida, Ayumi

2002   Nihonjin-no kuukan-ninchi-to mae-no imi (Spatial cognition of Japanese and the meaning of *mae*). Senior thesis, Department of Computer, Information and Communication Sciences, Tokyo University of Agriculture and Technology.

Motion in language & cognition [*]

Stéphanie Pourcel

Abstract

This paper presents one way of testing the validity of ideas surrounding relativism in linguistic theory by looking at the domain of motion in French and in English. It compares the differing linguistic structures for motion expression in both languages with native speakers' cognitive conceptualisation of motion events. The question asked is whether different motion-framing structures entail different conceptualisation of motion. This paper reports cognitive and linguistic experiments using triad tests on a total of 139 native speakers of English and French. The results fail to support or to disprove linguistic relativity. A preliminary discussion will attempt to justify the reasons why this study – and others – fail to provide conclusive results in this particular domain of investigation. The paper eventually concludes that empirical work on the question of motion events requires a more thorough understanding and subsequent treatment of (a) linguistic typologies for motion encoding, and of (b) the domain of motion itself before it may hope ever to be conclusive.

Keywords: linguistic relativity, motion events, cognition.

1. Introduction

The present study investigates the relationship between language and thought. More precisely, the aim is to discover whether there may be an influence of language structures on thought patterns. In other words, this study attempts to provide a means of testing the validity of the linguistic relativity question (cf. Whorf 1956, Lucy 1992). It adopts a structural and a domain-based approach (cf. Lucy 1997), by focusing on the morphosyntactic encoding of the domain of motion in different languages.

---

[*] The present research has received approval from the Ethics Committee of the University of Durham, and is funded by the ESRC, research award R42200154377.

76 *Stéphanie Pourcel*

The paper starts with a brief outline of the existing linguistic typology for motion events (e.g. Talmy 1985), before detailing the experimental set-up of the present research and then presenting the results. Finally, it offers a discussion of the issues raised by the responses obtained.

2. Motion events

2.1. Talmy's typology

Following Talmy (e.g. 1985), it has generally been agreed that there are two main ways of talking about motion in the world's languages. Either, the main verb of the sentence encodes the Manner (or, cause) of the motion, as in satellite-framed languages, such as English, e.g.

(1)   a. *She **flew** across the Channel.*
      b. *He **kicked** the door open.*

Or the main verb encodes the Path (or, result) of the motion, as in a verb-framed languages, such as French, e.g.

(2)   a. *Elle **a traversé** la Manche en avion.*
         She   crossed   the Channel by plane.

      b. *Il **a ouvert** la porte d'un coup de pied.*
         He opened   the door   with a kick.

An additional feature of verb-framed languages is that Manner of motion tends to be an optional constituent and is typically left unsaid in discourse unless it is relevant to the semantic load.

2.2. Research question

Following Talmy's outline, the question posed in this study is whether speakers of satellite-framed and verb-framed languages conceptualise motion differently, in terms of either Manner or Path – or both – because of the restrictions imposed by their native language.

Taking English and French as two languages representing each lexicalisation type, this research questions whether

(i) motion is conceptualised more comprehensively by English native speakers, as the language emphasises both Manner and Path;

(ii) manner of motion is less cognitively salient to French native speakers, again because the language need not encode it;

(iii) French native speakers have a less dynamic and a more resultative appreciation of motion – given the alleged low codability of Manner in the French language.

2.3. Related research

2.3.1. Papafragou et al. (2002)

Departing from Talmy's typology, and asking similar questions, Papafragou et al. (2002) implemented cognitive experiments to test for language effects on memory and categorisation. The tasks included linguistic descriptions of photographed and drawn human motion scenes, recall and similarity judgements. Greek and English were the languages under focus – Greek being verb-framed and English satellite-framed.

The memory test proved inconclusive, whilst the categorisation task displayed similar responses in both language groups, with Path and Manner being equally selected for salience. This mixed performance did not appear to correlate with the language typologies of either Greek or English. In other words, the categorisation task did not offer support for linguistic relativity.

2.3.2. Gennari et al. (2002)

Gennari et al. (2002) tested for the same effects across English and Spanish speakers. Two non-linguistic tasks were administered using filmed human motion. One task tested the effects of language on memory and the other bore on categorisation. No language effect was found in the memory task. In the categorisation task, Spanish speakers who gave linguistic descriptions of the stimuli prior to making their similarity judgements gave more Path associations than English speakers. Yet, when no linguistic prompting was required in the task, subjects did not show greater preference for one dimension of motion over the other.

78   *Stéphanie Pourcel*

Furthermore, English subjects performed alike whether they had described the stimuli before or after the similarity judgements.

In this study, some effects of language on non-linguistic performance were found and these effects agree with Talmy's typology. They seemed to result from the explicit use of language prior to performing similarity judgements, and were found with the Spanish speakers only.

2.3.3. Zlatev & David (2003)

Zlatev and David (2003) tested the hypothesis, contrasting French (verb-framed) and Swedish (satellite-framed). The triads format was favoured again, yet the stimuli differed as motion scenes were performed by a computer prop in the shape of a smiling tomato (cf. elicitation tool devised by the Max Planck Institute for Psycholinguistics, Nijmegen, NL).

This study reports an overall preference for Manner (62% of French responses and 72% of Swedish responses). The study further makes an interesting suggestion concerning Path axis; indeed, the groups performed significantly differently in cases of vertical Paths. It finally suggests a mild Whorfian effect with regards to Path verticality.

2.3.4. Summary of existing research

The above studies diverge in their findings and conclusions. Memory is generally found to be unaffected by language typologies. With regards to categorisation effects, Papafragou et al. (2002) find an equal distribution of scores for Path and Manner in both the Greek and English groups. Gennari et al. (2002) make similar findings with Spanish speakers; however, they also observe that Spanish subjects display a preference for Path when the experimental setting involves the linguistic description of the stimuli prior to categorisation. Finally, Zlatev & David (2003) report an overall preference for Manner responses in tests with French and Swedish speakers. Note, however, that the latter study used non-human, 2-D computerised stimuli – a point I will later return to.

This brief review informs us that (a) results are not uniform across experimental research, and (b) methodology may account for a significant portion of this variability in responses.

Motion in language & cognition   79

3. Experimenting

3.1. Procedure

Two experiments on categorisation and language were implemented with native speakers of both language types ($N_{English}$ = 64, N_{French} = 75).[1] Test 1 was a similarity judgement test on triads of visual televised stimuli (N_{E1}=34, N_{F1}=35). Test 2 required subjects to provide written linguistic descriptions of the same stimuli prior to performing the similarity judgement task (N_{E2}=30, N_{F2}=40). To summarise, both tests comprised a cognitive task, yet there was no language used in Test 1, whereas there was elicited written language in Test 2.

3.2. Stimuli

Fifteen triads of mute video clips displaying simple motion events served as stimuli for the study, e.g.

(3)   a. a man running up a hill
        b. a man running down a hill
        c. a man walking up a hill

All forty-five video clips were made for the purpose of this study and depicted human motion in real-life settings. Note that the Figure and the Ground are the same throughout each triad, so that the only changing variables are the Manner and the Path of the motion events.

Several types of Path and Manner were incorporated in the stimuli. Path types were both telic and locative; and Manner types consisted of default, forced, and instrumental (see section 5. below). Besides actual, physical motion scenes, caused motion was also included. The types of Manner/ Cause ranged from *walking* to *running, limping, tiptoeing, kicking, pushing, pulling, cycling, sliding, diving, climbing*. The types of Path/ Result ranged from *up* to *down, across, towards, away, along, open, shut, into, out of*.

---

1. Subject samples are unrelated.

80   *Stéphanie Pourcel*

3.3. Hypotheses

As a rule, if Manner were perceived as more cognitively salient, then (3ab) would be the chosen association in the above triad; whereas if Path were perceived more salient, (3ac) would be the corresponding choice.

More specifically, in both tests, were linguistic typologies to have a Whorfian effect on cognition, responses would be expected to differ in predictable ways across the two language groups, with French speakers showing an overall weaker preference for Manner than English speakers.

In Test 2, the explicit use of language prior to the similarity judgements was expected to bias performance, resulting in an even weaker preference for Manner for the French group, and a greater preference for either Manner or Path associations for the English group – depending on which element of the verb phrase (henceforth VP) is cognitively more salient (i.e. satellite or verb); a more equal distribution of responses across Path and Manner could also be predictable in the English group.

4. Results

4.1. Item analysis

Contrary to the predictions, an overall preference for Path responses is noticeable across all four groups (see Table 1). The Manner/ Path response differences intra-test are not statistically significant in the second experimental set-ups (R_{E2}=252, N=15, 15, n.s.; R_{F2}=261, N=15, 15, n.s.). However, Manner/ Path score differences are statistically significant in the first experimental format (R_{E1}=287.5, N=15, 15, p=0.021; R_{F1}=286, N=15, 15, p=0.026).

Table 1. Proportions of association types in Tests 1 and 2.

		Manner Responses	Path Responses
Test 1	English	37%	59%
	French	37%	56%
Test 2	English	44%	52%
	French	42%	51%

Motion in language & cognition 81

This correlation unexpectedly shows that scores across language groups are near identical. In other words, French and English responses are strikingly similar in Test 1, and likewise in Test 2. This suggests that the hypotheses need reconsidering.

In fact, scores differ more across experimental set-ups. Indeed, E1 and E2 differ more in performance than E1 and F1; and likewise, F1 and F2 differ more than E2 and F2. This suggests a task-on-task effect, albeit a mild one as cross-test score differences are non-significant.

4.2. Subject analysis

The same patterns obtain at the individual level, and the difference between Manner and Path scores is statistically significant in three tests in the subject analysis (R_{E1}=1585.5, N_{E1}=34, 34, p<0.05; R_{E2}=1017.5, N_{E2}=30, 30, n.s.; R_{F1}=1619, N_{F1}=35, 35, p<0.05; R_{F2}=1913.5, N_{F2}=40, 40, p=0.005).

Individual dominance patterns show even more clearly the striking correlation between responses and experimental format, rather than between responses and linguistic motion typologies (see Table 2).

Table 2. Proportions of individual dominance patterns in Groups 1 and 2. [2]

		Manner dominance	Path dominance	No dominance
Group 1	English (N=34)	12%	67%	21%
	French (N=35)	14%	66%	20%
Group 2	English (N=30)	33%	47%	20%
	French (N=40)	25%	50%	25%

4.3. Linguistic analysis

As mentioned earlier, Group 2 produced linguistic descriptions of all 45 stimuli. This represents 1350 English sentences and 1800 French ones. The linguistic analysis reveals that 85% of the English sentences encoded

---

2. Dominance was established on the basis of at least two differential associations, which corresponds to a minimum of 60% of the individual's responses in terms of either Path or Manner.

82   *Stéphanie Pourcel*

Manner in the main verb, and that 65% of the French sentences encoded Path in the verb (see Table 3). These figures conform overall to the typology drawn by Talmy (1985). They are also concordant with similar empirical studies (e.g. Gennari et al. 2002).

Table 3. Motion elements conflated in the verbs used in Group 2's descriptions.

	Manner in verb	Path in verb
English Group 2	85%	15%
French Group 2[3]	33%	65%

The patterns are suggestive only however, and the data presents English sentences comprising of a Path verb with no Manner element, e.g.

(5)   *A man opens the door.*

Likewise, the data offers French sentences comprising of a Manner verb with no Path element, e.g.

(6)   *Un homme court.*
      A man is running.

The English Path-verb items may be accounted for in historical terms, in that English, though predominantly Germanic, is a mixed product of Germanic and Latin lexical and morphosyntactic resources.

However, the French data appears more complex to justify, as unexpected lexicalisation patterns appear in the sample. Indeed, not only can French speakers conflate Manner in the main verb without any Path elaboration as in (6) above, but they can also produce verb-framed reverse patterns, whereby Manner is conflated in the verb and Path is encoded in an adjunct, such as a gerund, e.g.

(7)   *Un homme   court   en traversant la rue.*
      A man   runs   crossing   the road.
      'A man is running across the road.'

---

3. The 2% unaccounted for were cases of nominalisation without a VP.

(8)   *Un homme   pédale   à vélo   en montant.*
      A man   pedals   on his bike   ascending.
      'A man is cycling up/ upwards.'

(9)   *Un homme   fait coulisser   la porte   pour la fermer.*
      A man   slides   the door   to shut it.
      'A man slides the door shut.'

The data obtained with Group 2 may not be considered representative of natural discourse practices as it was collected in controlled settings. However, it does reflect the linguistic means available and hence allowed to French speakers for expressing motion. These means are not accounted for in Talmy's typology for verb-framed languages. Furthermore, these patterns occurred in several instances across subjects.

At this initial stage, it may be suggested that these constructions could reflect several possibilities. They may be a dialectal variation from Mediterranean France where the data was collected; similar variations have been observed in North Italian dialects. Alternatively, they may suggest a latent language shift towards satellite-framed patterns, as has been observed with Latin (Slobin 2003a). Slobin (in press) has further suggested that a cline of Manner salience may better account for motion linguistic constructions than a structural typology, which would somehow forgive the loose fit of the data into the set preferential patterns. Finally, Kopecka (2003a, b) has voiced the idea of French as a hybrid system with regards to motion lexicalisation, so that, though preferentially verb-framed, French also displays satellite-framed patterns. Joint work in progress with Kopecka supports the idea of structural variation in French lexicalisation patterns for motion. At this early juncture, suffice it to say that the data indicate a much greater flexibility for motion expression than the typology suggests.

Furthermore, a token analysis of the French data revealed that Path was present in 84% of sentences, and that Manner was encoded in 81% of sentences (similar findings have been reported by Zlatev & David 2003). Though these are experimental settings, this high proportion of Manner tokens indicates that Manner is in fact easily codable in French, a verb-framed language – at least quantitatively. More importantly, the fact that Manner and Path were encoded with nearly equal frequency in the data might explain the similarity in responses.

The linguistic data also reveals the parallels between categorisation choices and linguistic categories (see Table 4).

84   *Stéphanie Pourcel*

Table 4. Proportions of matches between linguistic elements and associations.

	Main verb	Satellite	Optional constituent	Different constituent	Noun phrase	No parallel
English	38%	46%	8%	1%	0%	7%
French	42%	N/A	28%	6%	1%	26%

The fact that there is no consistent correlation between linguistic similarity and association choice suggests that explicit language has little effect on response patterns. In other words, language does not appear to have a pervasive influence over associative thinking. Similar research has reported that subjects tend to appeal to linguistic categories when prompted to perform categorisation tasks (e.g. Papafragou et al. 2002, Gennari et al. 2002). Yet the present data fails to reproduce these effects.

(10) and (11) below illustrate the inconsistent matching of linguistic prompts with subjects' responses. Indeed the data presents surprisingly high proportions of instances where there is no parallel between the elements encoded in language and the association made (in bold in (10) and (11) below), e.g.

(10) a. ***man walking down the road***
 b. ***man crossing the road***
 c. *man running down the road*

(11) a. *Un homme descend les marches en vitesse.*
  A man is descending the steps at speed.
 b. ***Un homme descend la route en trotinette.***
  A man is descending the road on a scooter.
 c. ***Un homme court le long de la piscine.***
  A man is running along the pool.

Another point supporting the inconclusive influence of language on cognitive performance is the direction of Manner and Path scores in Test 2. The typical expectation was to obtain more Path associations in the French data and maybe a more equal distribution of Path and Manner associations in the English data. Instead a more equal distribution of Manner and Path scores is obtained in Test 2 for both language groups.

In other words, some effects are present as a result of the extra task in Test 2 since statistics vary across Tests 1 and 2, but they do not match the linguistic typology, which suggests that language is not the factor influencing responses.

5. Explaining the patterns

One considerable aspect of the data, so far left unmentioned, is its variability. Responses are not random however, and a closer look indicates that this variability is internally patterned. Responses across test groups seem to correlate at the stimuli item level (see Graph 1). Indeed, an examination of responses across stimuli sets shows that they rank similarly across language and test groups from barely 20% of associations to almost 90%. This ranking is fairly consistent, at least across test groups, and deserves closer attention. In other words, there must be something in the stimuli triggering differential salience.

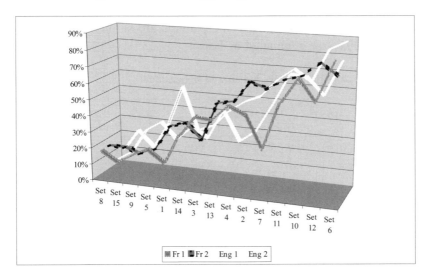

Graph 1. Ranked Manner responses.

In fact, it appears that responses may be explained by and large in terms of the intrinsic properties of the stimuli. These properties are not methodological but conceptual, and speak to discrete dimensions of motion, i.e. types of Path and types of Manner.

5.1. Path Types

As pointed out by Aske (1989), there are two distinct types of motion Path, namely locative (e.g. 12) and telic (e.g. 13). Telic Path types entail

86   *Stéphanie Pourcel*

the reaching of an endpoint (or the completion of a goal in caused motion), whereas locative, or atelic, Path types do not, e.g.

(12) a. *We walked along the beach.*
      b. *He cycled up the hill.*

(13) a. *We walked into the room.*
      b. *She slid the window shut.*

The present stimuli presented both types of Path. A clear correlation is observable in all test groups between telicity and response type, so that non-telic paths favour Manner responses, whereas telic paths receive Path preferences. Yet, note again that the patterns are similarly emphasised in Test 1, and likewise attenuated in Test 2.

Table 5. Proportions of responses in telic and atelic stimuli.

		Telic sets (N=10)		Atelic sets (N=5)	
		Path	Manner	Path	Manner
Test 1	English	67%	33%	49%	51%
	French	67%	33%	46%	54%
Test 2	English	60%	40%	41%	59%
	French	61%	39%	42%	58%

This suggests that directionality, and hence possibly agent intentionality, override the notion of Manner or Cause, as a general rule. Indeed, directionality, especially in telic cases, presupposes a purposeful attitude on behalf of the agent, in a sense that Manner does not, even when Path is partly inherent and invoked by the Ground. Human, and in general animal, behaviour is goal-driven, and it appears very likely that the pur-posely-loaded dimension of motion should therefore receive salience across language groups. The end justifies the means, in general, and this suggests that the means, or the Manner of motion in this case, are only secondary in human actions. In the case of a decontextualised task, such as the present tests, it is possible that subjects found an even greater need to reconstruct, or simply to identify or infer, agent intentionality in order to make sense out of the stimuli, and out of the task overall.

When directionality is unclear and intentionality is hence uninferable, it follows that Manner is granted higher salience. It is possible that Manner is never quite the most cognitively salient element in motion therefore. Rather, Path may always be salient, unless it is atelic and agent intentionality is unclear. This suggestion may be valid to the extent that the motion agent is human, or at least animate, on two grounds, (a) intentionality is a cognitive ability requiring a cerebral creature, and (b) the natural human tendency to self-project entails that empathy on an intentional level is possible so long as the self-projection recipient conforms to the original, i.e. it has to be animate, and human ideally. This possibility would predict that similar experiments on non-intentioned moving agents (e.g. inanimate agents) would fail to reproduce the Path salience reported in the present research. This is indeed the case with the study reported by Zlatev and David (2003), in which computer-generated tomatoes were used.

5.2. Manner Types

5.2.1. Actuality Features

We may consider Manner types to have 'actuality' features, in that a motion may be physical or actual as in (14), or a motion may be caused as in (15), e.g.

(14)   *He jumped over the fence.*
(15)   *She kicked the door open.*

The typology applies the same lexicalisation pattern to both types of Manner, as highlighted by Talmy (1985) in his conflation of Manner and Cause, and of Path and Result together. Yet the conceptual difference between actual and caused motion is obvious, and one may expect to obtain differing responses depending on the actuality of motion.

In the present experiments, the stimuli offered both types of motion. However, actuality and causality do not seem to produce different responses (see Table 6).

88   *Stéphanie Pourcel*

Table 6. Proportions of Manner responses in caused and actual motion stimuli.

		Caused Motion (N=5)	Actual Motion (N=10)
Test 1	English	35%	41%
	French	36%	42%
Test 2	English	47%	45%
	French	45%	45%

5.2.2. Force Features

There exist a tremendous number of manners of motion that the human body is capable of performing. These manners differ depending on various aspects, such as the body part(s) used, extra instrumentalities or vehicles, force dynamics, inherent directionality, the presence of an axis, actual displacement, agent intentionality, etc.

In this small-scale study, the stimuli have only been classified in three broad categories of force features, namely default, forced, and instrumental Manner types. Default Manner types refer to the expected Manner for performing a given motion, such as *walking* or *running* for human self-movement, or *pushing, pulling, sliding, picking* for moving an object, depending on its intrinsic properties, e.g.

(16)   *He walked into the house.*

Forced Manner types involve some conscious and intentional effort or some form of physical impediment, so that the Manner of motion involves a level of difficulty in performance, such as *hopping, skipping, kicking, throwing, limping, bouncing, marching, zigzagging*, e.g.

(17)   *She tiptoed up the stairs.*

Finally, instrumental Manner types involve an extra element besides the human body used to perform the motion, such as *cycling, rowing, ballooning, skating, driving*, e.g.

(18)   *We skied down the slope.*

The experiments comprised all three Manner types, and a fairly neat and consistent correlation may be observed between neutrality of Manner (i.e. default) and low Manner scores on the one hand, and force and instrumentality features of Manner and higher Manner scores on the other hand (see Table 7).

Table 7. Proportions of Manner responses in default, forced and instrumental stimuli.

		- FORCE - INSTRUMENT (N=5)	+ FORCE (N=6)	+ INSTRUMENT (N=4)
Test 1	English	23%	42%	54%
	French	25%	47%	47%
Test 2	English	26%	57%	65%
	French	26%	54%	58%

Indeed, Path and Manner score differences are statistically significant when default Manner types are used in the stimuli (R_{E1d}=40, N_d=5, 5, p=0.008; R_{E2d}=39, N_d=5, 5, p=0.016; R_{F1d}=40, N_d=5, 5, p=0.008; R_{F2d}=31, N_d=5, 5, n.s.).

In other words, Path of motion is more cognitively salient when the motion is performed with a default Manner; whereas Manner and Path are given equal cognitive salience when the Manner is forced; and finally, Manner is more cognitively salient when instrumental. Note, nonetheless, that cases of Manner salience only obtain consistently in the second experimental format, i.e. when explicit language is used in the task.

Interestingly, the correlation is consistent despite the small number of items in each category (N_d=5, N_f=6, and N_i=4). Further tests would be recommended to assess the reliability of this analytical feature.

6. Conclusions

To conclude, it appears that motion conceptualisation is by no means a unitary phenomenon whereby one dimension simply overrides the others in terms of the cognitive salience that it triggers. Both Manner and Path responses were found across items, and across individuals. There is no absolute categorisation at work. However, some patterns are identifiable when taking into account the telicity and the internal dynamics of specific motion events. The present findings report that telicity of Path and default Manner types foster Path preferences, whereas atelicity, force and in-strumentality do not, whilst causality does not appear to have any effect.

90   *Stéphanie Pourcel*

Secondly, there is no seeming effect of the linguistic typology on the cognitive appreciation of visualised motion. In other words, this study does not offer support for the idea of structural relativity in the domain of motion. However, two things must be remembered. First, Path and Manner appear to be highly codable in both English and French. This means that the original hypotheses lose their very bases. Second, this research contrasted absolute Manner and Path types (e.g. *walk* vs. *run* vs. *tiptoe*, vs. *limp* etc.), rather than discrete Manner types, e.g. different types of *walking*, or *running*, or other (see Oh 2003 for language effects on fine-grained Manner distinctions). Further, the present work did not exploit the contextualisation of motion (e.g. grounds, figures), which verb-framed languages expand on in discourse to ease Manner inferences and hence compensate for the poor codability of Manner. In short, these experiments do not provide evidence against linguistic relativity either.

Thirdly, explicit language was not found to have more overt effects by being used as a strategic tool for problem-solving tasks. Indeed, the score differences between Tests 1 and 2, though marked, are not significant, and the data followed the same direction for the two language groups. Instead the more marked responses may be a side-effect of having to describe the stimuli rather than being a result of explicit linguistic patterns. Indeed, subjects are faced with a more complex task, and naturally need to pay more attention to the various dimensions of the stimuli. The correlations between linguistic similarity and pair choice were too inconsistent for the argument to hold. The subject analysis also confirmed the inconsistence of strategies across and within individual performances – this also proved concordant with debriefing. In short, the difference between test scores is more likely to be a methodological effect.

Finally, it has been suggested that Talmy's typology for verb-framed languages may need reconsidering, either in terms of a discourse or domain approach (cf. Slobin in press) by suggesting a continuum of Manner salience, or again in structural terms by incorporating more possibilities of allowed constructions, for which the need for consistent spontaneous data focusing on the domain of motion is critical.

What transpires overall from this research is the need for more data – both linguistic and cognitive – from more language communities. Motion itself is in fact exceedingly complex and cannot afford to be experimented on in so naïve a light. A lot more understanding is yet to be acquired.

References

Aske, Jon
    1989   Path predicates in English & Spanish: A closer look. *Proceedings of the 15th Annual Meeting of the Berkeley Linguistics Society*, 1-14.

Gennari, Silvia P., Steven A. Sloman, Barbara C. Malt & W. Tecumseh Fitch
    2002   Motion events in language and cognition. *Cognition* 83: 49-79.

Kopecka, Anetta
    2003a   The semantic structure of motion verbs in French: Typological perspectives. Conference presentation, Space in Languages: Linguistic Systems & Cognitive Categories. Paris, 08.02.03.

    2003b   Different ways of talking about motion: Typological hybridisation in French. Conference presentation, 8th International Cognitive Linguistics Conference Logroño, Spain, 25.07.03.

Lucy, John
    1992   *Language Diversity & Thought*. Cambridge: University Press.

    1997   Linguistic relativity. *Annual Review of Anthropology* 26: 291-312.

Oh, Kyung-ju
    2003   Unpublished PhD dissertation, University of California, Berkeley.

Papafragou, Anna, Christine Massey & Lila Gleitman
    2002   Shake, rattle, 'n' roll: The representation of motion in language and cognition. *Cognition* 84: 189-219.

Slobin, Dan
    2003a   What makes Manner of motion salient? Conference presentation, Space in Languages: Linguistic Systems & Cognitive Categories. Paris, 08.02.03. http://ihd.berkeley.edu [click on Research].

    2003b   Language and thought online: Cognitive consequences of linguistic relativity. In: Dedre Gentner & Susan Goldin-Meadow (eds.), *Advances in the Investigation of Language & Thought*, 157-191. Cambridge, MA: MIT Press.

    in press   The many ways to search for a frog: Linguistic typology and the expression of motion events. In: Sven Strömqvist & Luno Verhoeven (eds.), *Relating Events in Narrative: Typological & Contextual Perspectives*. Mahwah, NJ: LEA Publishers.

Talmy, Leonard
    1985   Lexicalisation patterns: Semantic structure in lexical forms. In: Timothy Shopen (ed.), *Language Typology & Syntactic Description*, Volume III, 57-149. Cambridge: University Press.

Whorf, Benjamin Lee
    1956   *Language, Thought, & Reality*. Cambridge, MA: MIT Press.

Zlatev, Jordan & Caroline David
    2003   Manner vs. Path in the language and cognition of Swedish and French speakers. Conference presentation, Language, Culture & Cognition. Braga, Portugal, 18.07.03.

Front/Back (frente/trás): space and its verbalization The Portuguese case

José Teixeira

Abstract

We will try to prove that in European Portuguese, the spatial configuration in relation to the axis *front/back* can be described according to several models, each one based upon a mental scheme, in a certain way, always linked to the central original or prototypical model.

Stating that *front/back* is based upon a group of features, such as direction of gaze, direction of movement, direction of nutrition, etc., without suggesting their necessary appearance as a whole, (as pointed out by Vandeloise 1986:108) amounts to not saying much. We are left with the impression that an undetermined number of features exists, forming an essentially undefined group and that those features are uniformely allocated in the various spatial configurations of frontality. Our proposal for analysis contends that those features cannot be all considered in a group, but that some of them make up part of a group, whereas others integrate different models. Each one of these models is based upon only one or on very few features, the several submodels can focus opposed perspectives of spatial configurations, in this way permitting, for the same situation, verbalizations that can either contain the positive sense (*frente*) or the negative sense (*trás*) in the same axis of frontality.

Keywords: Portuguese spatial configuration, *front/back*, mental models.

1. Misunderstandings and apparent paradoxes

Each one of us, Portuguese people, has certainly experienced equivocal situations in which spatial references can be antithecally interpreted. As an example, take the following chart (figure 1) in which the perspective of the speaker is taken (SPEAKER)

(1)   *O gato está à minha frente.* (The cat is in front of me)
(2)   *Eu estou à frente do gato.* (I'm in front of the cat)
(3)   *A bola está atrás do gato.* (The ball is behind the cat)

Figure 1

(4) *A bola está à frente do gato.* (The ball is in front of the cat)
(5) *O rato está à frente da bola.* (The mouse is in front of the ball)
(6) *O rato está atrás da bola.* (The mouse is behind the ball)

A situation such as this not only proves the impossibility of univocally representing the axis of frontality, but also the possibility of opposing configurations, such as the verbalizations here provided (among the many possible ones) appear to show. This, clearly, shows the complexity of mental models that may be involved in the configurations related to the axis front / back (*frente/trás*).

From our standpoint, the models with which E(uropean) P(ortuguese) verbalizes the spatializations of the frontality axis (front / back) can be pictured in 4 models that we can name as static and one to be known as dynamical model.

2. Static Models

2.1. The Original Model

The first one, certainly the most "primitive", is the most prototypical and considered by everybody as being at the origin of the general configuration of the axis of frontality. Let's call it, therefore, Original Model. It is the model which opposes front/ back basing itself on the bodily constitution of the human being, such as presented in figure 2:

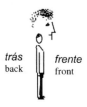

Figure 2

This model, through a process of projection, can be applied to any animate or inanimate reality, attributing an anthropomorphization that can be total (sculpture, a great deal of animals) or partial (a chair, a TV set).

This is the underlying model to phrases 1) and 2).

The notion front / back in all the languages of the world will necessarily have to be related to the physical reality of the human being. It is not strange, therefore, that very different language families show great coincidences in the selection of body parts that serve as referential marks for the constitution of the axis *frente/trás* (front / back).[1]

Portuguese and other languages derived from Latin (without considering other non-Latin languages such as English *in front of*) adopt as the structuring frame of this axis forms derived from *frons, frontis.* Despite the fact that this word in Latin could also make reference to *face, forehead*, the most prototypical sense, the main one was *forehead*, as we can see remembering that *fronto, onis* meant "that one whose forehead is large" and *frontem contrahere* meant "to knit one's brow".

In relation to the opposite vector, "(a)trás" (back) the back is the most common referential frame.

Now, if almost all languages make of face / breast the referential element of front, what elements of that body region are cognitively marking for the constitution of the notion *frente (front)*?

The question seems to be of so obvious an answer that, at first glance, appears of little or no pertinence. The most frequently found answer, and the one which seems to take care of that "evidence" is the one that shows the glace as the configurator of "frente": "devant: indique une position, à partir d'une référence où serait supposé se trouver le regard du sujet parlant, *orientée vers l'avant* dans le prolongement de ce regard. [...] derrière: indique une position à partir d'une référence où serait supposé se trouver le regard du sujet parlant, mais *orientée dans le sens opposé à l'axe du regard.*" (Charaudeau 1992: 430-431)

---

1. Svorou (1999: 249-251).

96   *José Teixeira*

Definitions such as this, which only take into account one of the intervening elements in each of the cognitive processes, may lead to the conclusion that the mentioned processes and the linguistic conceptualizations that decode them are simple and universal univocal realities. Well, it is not quite so.

Definitions such as Charaudeau's seem to forget a detail that may be taken as trifle but certainly is not: the direction of glance and all the facial organs can change at any moment without affecting the axis *front / back*. If it were not like this, syntagms like "look sideways" or "look back" would be completely "unintelligible"!

Since glance direction is mutable, other elements must intervene: other sensorial organs and the natural positions of repose and movement.

In this manner according to Cifuentes Honrubia, citing Fillmore: "Para un animal el «frente» es la parte o cara que tiene el mayor número de órganos de percepción, y que llega primero cuando se pone en marcha según su movimiento característico." (Cifuentes Honrubia 1989: 60)

Here organs and "positon" and "movement position" are already combined. However, we consider that it is obvious that "frente" (front) corresponds to the majority of organs. The "quality" of those organs of perception is a factor to be taken into account. Here too, some organs have more value than others. Vision, for instance, cannot be considered as an organ equal to other organs. If an animal had its ears turned backwards (many do) and a hole at the base of the skull through which it could sense smell, as long as it had the eyes and mouth in its normal position, it wouldn't be many doubts as to where to point out its "frente" (front). In such a case it would have one sense (two) turned to the front (the mouth represent sensorial organ?) and two sensorial organs turned backwards (trás).

In effect, the mouth is also fundamental determining ("frente"). All animals learn to recognize the localization of the mouth of their predators or enemies as a means of defense and survival. The position of the mouth is very important to "con-front" the other.

In order to verify the degree of importance or relative weight assumed by the various constitutive elements of the original model of frontality, we carried out the following inquiry. With a group of approximately 100 university students, we asked them to imagine an alien (ET!) shown in a picture. Each figure represented a being more or less similar to the human prototype in which the relations among the anthromorphical elements were to be considered as basis for the attribution of *front* to the human being. The relationships between each one of these parts diverged from figure to figure. The students had to point out only with a letter (A or B) what part seemed to be the front of that alien.

The results must be read according to the following manner: for instance; if for the figure representing the inhabitant Mercury the result shown is A 39% and B 61% that means that 39% of the inquired considered that the front of the figure was the part signaled with A and 61% considered that the front of the same figure was pointed out with B.

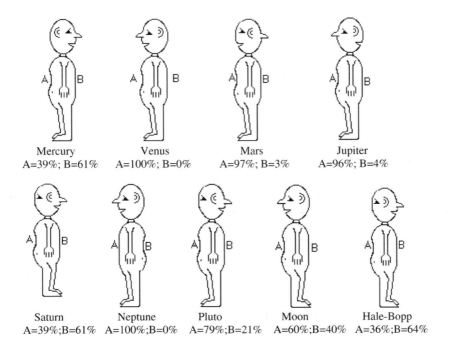

Mercury
A=39%; B=61%

Venus
A=100%; B=0%

Mars
A=97%; B=3%

Jupiter
A=96%; B=4%

Saturn
A=39%;B=61%

Neptune
A=100%;B=0%

Pluto
A=79%;B=21%

Moon
A=60%;B=40%

Hale-Bopp
A=36%;B=64%

Some conclusions, gathered from the answers are clear:

1) It is evident that the notion of *front* is not univocal among speakers;
2) The notion of *front* becomes more shared between speakers when the more similar the object (inanimate or animate) to the human prototype.

98   *José Teixeira*

3) Contrary to what a theory of sufficient and necessary conditions could state there is nothing that could make up a semic
   nucleus composed of necessary feactures in order to establish
   the front(a frente) of X.

Thus, considered individually one by one, there is no necessary
element in the attribution, even majority, of *frente*. One part can be the
front
  – without eyes (for Saturn, for 66% of the queried)
  – without ears (for Jupiter, for 96% of the queried)
  – without mouth (for Jupiter, 96% of the queried)
  – without feet in their proper orientation (in Mercury, for 61% of the
    queried)
  – being the relation belly/back not the proper (Neptune, for 100% the
    queried)

The fact that the notion of *front* does not necessarily have some of
these elements, some of them may be missing (but not all of them,
obviously) does not imply that all have the same weight. Out of the
results obtained we can conclude that in the configuration *front* the
several intervening parts don't share the same importance. We will
examine some results in order to prove this point.

Thus, it seems that ears are not taken into account, since there are
two figures exactly the same in everything but the ears (Saturn and
Hale-Bopp) the speakers not only diverged in their choice of *front*, as
it is, curiously, the figure that had "straight" ears had two points less.

The relation chest/back does not appear to be primordial importance either for determining the poles of frontality. In Neptune, the
back was positioned at the *front* by the totality of the queried. We
can also attest that by the other figures that for the speakers that what
language does (to identify back/behind and bodily backs) doesn't
imply that these will determine what is *frente* (front) and what is
atrás (back).

The position of the nose appears, on the other hand, to have more
importance. In the imaginary inhabitants of Mars only the orientation
of the nose and ears (taken as eyes?) it took some speakers (3%) to
assign *front* to that part.

In Pluto, the junction of mouth, nose and ears, was enough for
21% of the queried to consider that that was enough to indicate the

Front/back (frente/trás): *space and its verbalization* 99

front of that figure. Besides of corroborating what we mentioned about the relative importance of the nose it already points into the direction of a certain weight of the mouth as a configurating organ of the *front*. We can see that in Jupiter, where the mouth is in opposition to all the other facial organs and also in opposition to the feet, for 4% of the queried **only** the mouth was enough to attribute to that part the notion of *front*.

But, without doubt, the most important features for the demarcation of *front* in the human being are the eyes and... feet.

It is fully understandable the importance attributed to vision. When we look at somebody, towards the corresponding *front* we look at the eyes. This procedure is inscribed at the very deep level of our genetic code, it is not therefore something culturally acquired. Animals themselves share with us this instinctive behavior that considers the eyes the central point through which we confront the other. And this fact is so important, even for the survival of the species, that some animals develop false "eyes" at their backs (spots that imitate eyes) so that they can trick predators and in this way avoid being attacked even when turning their backs on them.

What may have caused some strangeness is the fact that the queried showed that for the attribution of *front* feet were of extraordinary importance. Evidently, and contrarily to the previous situations, what is determining is not the place where the feet are but the direction towards which feet are turned. Unconsciously, the inquired associated the two realities: the direction of the feet implies a direction of the movement. Nothing indicated this: let's look at the figure of the "inhabitant" of the Moon who happens to identical in everything to the human being except in the direction towards which the feet are turned. It could well happen that he could walk in the direction of the eyes, nose, mouth and chest and not in the opposing direction at which the feet are already pointing. Nothing was mentioned to the inquired about this. However, I consider legitimate to conclude that all unquestionably associated these two realities (direction of the feet and movement) and therefore the results obtained.

Let's consider that the direction towards which feet are pointed was almost always chosen towards the front. Only in two cases that did not occur: In Mercury, where the direction of the feet and chest opposed all other facial organs, and in the Moon, where the direction of the feet opposed all other elements (facial organs and chest). Even in this way, in these two cases, 40% of the speakers inquired found that the direction of the feet was sufficient to justify the feature *frente (front)*. And in Saturn, the feet, together with ears, the nose and mouth, won over the other part, constituted by the eyes and the chest, 66% to 34%.

This proves the fundamental importance that the notion of movement has in order to establish the opposition *frente/trás (front/back)*, even when that proof is the result of the indirect clues: the direction of the feet.

Summing up: the first model of frontality is prototypically given by the usual orientation of the human figure: *frente (front)* it is attributed, in canonical position, to where the feet, the eyes, the mouth, the nose and the chest are turned.

2.2. The Mirror Model (Model of Mirror Situational Orientation)

Some other model, which we can name "Model of Mirror Situational Orientation" originates from the first: when an object without intrinsic orientation acquires a situational orientation due to a process of mirroring of an object intrinsically oriented.

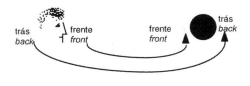

Figure 3

It is this model that justifies phrase 5).

The simplicity of this model solves the problems related to the configuration of objects, which due to their physical indifferentiation, lack the possibility of being attributed the features *frente/trás (front* and *back)*. A ball, a rock, a tree can become configurating because they acquire situationaly a particular orientation.

 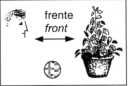

Figure 4   *Figure 5*

(7)   *A bola está à frente do vaso. (*The ball is in front of the vase.)
(8)   A bola está à frente do vaso. (The ball is in front of the vase.)

Besides this situational orientation, this model is responsible for the attribution of intrinsic orientations to objects that figuratively are not anthropomorphized: *the front* of a dressing cabinet, of an electrical appliance is attributed generally from the relation of confrontment (facing) that it may have with the human being.

2.3. The model of visibility

The opposition *front / back*, beyond the purely locative configuration, presupposes a determined set of varieties, secondary in principle, that may acquire a determining importance in certain varieties of mental models of frontality. Therefore in this case the aspects [visibility] and [accessibility] that the axis in question usually requires. Because *front* implies, prototypically, [visibility] and [accessibility] varies the acceptability in the following situations:

Figure 6

(9)   O pintainho está à frente do galo. (The chick is in front of the cock.)
(10)   ?O pintainho está à frente do galo (?The chick is in front of the cock.)

102   José Teixeira

Let's imagine that instead of a vase we had a wall (or a curtain) that didn't allow any visibility and separated the two fowl. We could not definitely state that one was *em frente (in front)* of the other.

It will be necessary, therefore, to admit a structuring model of the axis *front / back* that we may call **model of visibility** since it is based upon the presence or absence of the feature [visibility] / [accessibility]. In diagram:

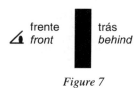

Figure 7

This is the model that supports, for instance, phrase 6). In certain circumstances, it may well be the model that imposes itself, to the point of attaining other areas of placement/localization beyond frontality. This is what happens when, for instance, it cancels out any intrinsic orientation that the configurating object has imposing its own spatial structuration of the axis of frontality.

In order to confirm the power of this model let's have a look at the result of the following test, carried out inquiring 134 people:

Complete the phrase that describes the figure:

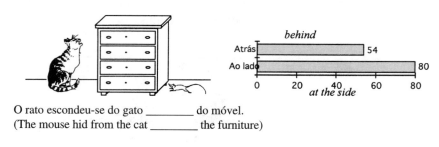

Figure 8

This proves that [non visibility] can be enough to cancel out the usual axis of frontality (in this case for 40% of the inquired). In fact, furniture is an object intrinsically oriented, having a *front* and a *back*: that which coincides with the part that usually interacts (interfaces) with human users, pull the drawers, and *back* the opposing part, generally inaccessible and against the wall. This, naturally, implies that if we have the axis *front/back* we also necessarily have the axis laterality *left/right*.

Thus, in this intrinsic perspective, the cat is at the right of the furniture and the mouse at the left. If we abandon the intrinsic perspective of the furniture and adopt one that has the observer/reader as configuring reference, the cat is on the left and the mouse on the right.

However, almost half of the speakers inquired eliminated both the perspective related to in *front of the furniture*, and the usually called deitic that takes the observer as Configurator. A great part of these speakers (40%) opted for changing the usual vectors of frontality/laterality.

We have, in this manner, to different axis of frontality in the same object: one that usually has and constitutes its intrinsic orientation; the other which is imposed by a model that cancels out the former axis:

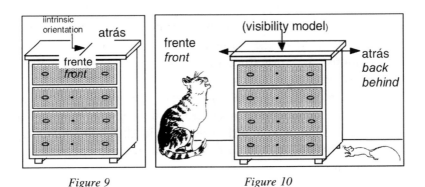

Figure 9   Figure 10

These results how important the concept of "occultation" is (or "inaccessibility"), within the antinomy visibility / non-visibility for the establishment of the opposition *front / back*. Such concept is so bounding that, as we can see, can impose the variety *atrás* (back) that presupposes and cancels out other special orientations even when intrinsic.

The relation that this model has with the original model is evident: it is a relation of functionality. In the original model, the *back* part also implies [non-visibility]/[non-accessibility] and the *front* one the opposite.

Compability and complementariness that this model of visibility has with the model of situational orientation in mirror or symmetry may lead us to confound them or to hint that both of them may be summarized into one. It may seem, at first glance, that this model is the same as the previous model, but with just one observer or focalizer.

This cannot be interpreted in this manner, since both models are based on different ingredients. What structures the model of situational orientation in symmetry is the mirror like attribution of an intrinsic orientation, everything occurring between the two basic elements of a spatial configuration: the Figure and the Configuring. In this other model, that of visibility, we can also talk, in a certain way, of an intrinsic orientation that the non-oriented element can gain. But that orientation does not work in mirrored symmetry. It is always attributed the facet *atrás (back)* in whatever the objects mirror oriented.

In truth, in this model of visibility there is not attribution of a situational orientation. Further: in the case that the Configuring-object has an intrinsic orientation such is ignored, being *front* the opposing part to the part that hides the figure. The cat-furniture-mouse test proves this. The mouse can only be behind *(atrás)* the furniture if we conceive the *front* of the furniture as the opposing side to the one where the mouse is, forgetting the intrinsic *frente (front)* that the furniture itself has.

The mental modelization that this model presupposes is particularly interesting for our analysis, it evidences how inside frontality there are cognitive models based and structured in differentiated perspectives. Observe that this model is the one that permits to verbalize the following situation:

Figure 11

(11) A – *Estou à (na) tua frente?* (Am I in front of you?)
      B – *Não. Não estás à (na) minha frente.* (No. You are not in my front.)

According to the original model, {A} is unquestionably *in front of / à frente de* {B}. According to the model of movement (See next, *The Dynamical Model*) it is also unquestionably that {A}is *na frente / à frente* de {B}. However, without falling into linguistic absurdity, in this models perspective, {B} can very well say that {A} is not *na frente* (in front) of his!

But the greatest difference of this model in relation to all the others we here propose, is that it requires not just only two elements for the configuration but three: to the Figure (Fg) and Configurator (Cfg), we need to join the element in relation to which the whole model configures itself. To this element, intervening in the situation and which is not the Figure and may not coincide with the Configurator we will call the focalizer. Thus, the diagram complements the previous one.

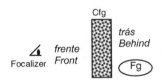

Figure 12

The fact of existing one focalizer does not mean that the model only works when this element exerts its visual prerogative, that is, when the focalizer "observes". On the contrary, prototypically, in this model, the focalizer does not exert its faculty of visualization that the mouse (Fg) is behind the furniture (Cfg) because its supposed that the cat (focalizer) is not seeing it.

The prove that this model is mostly a derived submodel based on the variety [(non)visibility] is the fact that it does not cover in the same form the two vectors of frontality. That is, it "specializes" itself only in the vector of retrospectivity *(a-/por/de-+trás)*, not serving in the same acceptability the opposing or complementary vector *(frente)*:

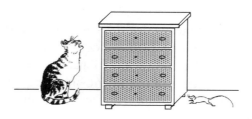

Figure 13

(12) *O rato está (escondido) atrás do móvel.* (The mouse is hiden behind the furniture.)
(13) **?O gato está à frente do móvel.* (*?The cat is in the front of the furniture.)

As we have also mentioned, for this model (non)visibility can be substituted for the equivalent direct (non) accessibility. Consequently, the focalizer can also, in non prototypical cases, lack the faculty of visualization, possessing, as counterpart, the one of power of accessibility. We can always imagine a smart mouse that can hide behind anything in order to escape from a blind cat, but with smell.

In any way, both the Figure, and the focalizer can possess the features [+-animate] and [+-instrinsic orientation], being this latter one prototypically [+animate] and intrinsically oriented. It may happen, however, being [-animate] and intrinsically non oriented. In this case, it is [+accessibility] that substitutes [+visibility] and the directionality of glance is substituted by the directionality of a movement. This implies that in these cases the substituting element of the focalizer is always provided with movement (real or intentional), which confers itself a certain orientation:

(14) *The placed ourselves behind (atrás) a dune to escape from the northerly wind.*
(15) *The missile did not hit the airplane because this hid itself behind (atrás) a mountain*
(16) *So that we could protect ourselves from the waves, we swam behind (atrás) the rocks.*

Even when in this model the movement can carry out substituvely the role of focalizer, it can not, however, globally be understood as a dynamic model. In truth, the intervening elements in the configuration, Figures and Configurators, are considered statically, without compulsory movement. The existing movement only substitutes directionality of the visualization of the focalizer, not having to be present in the spatial relations between the Figure and the Configurator.

Above all, what proves this is that this model continues to translate the spatial relations Figure-Configurator and not the temporal relations, as it usually happens when movement is introduced.

2.4. The Facing Model

Some other model to be proposed can be named the Facing Model. It prototypically requires two human "objects" facing each other, being one of these objects made up of several elements. Typical example: speaker / audience
In diagram:

Figure 14

In this model, *atrás (back)* is not visually opposed to *frente (front)*. Whoever is *back* can well be visible, at least for the figurant in relation to which the configuration is structured. For this reason, for the same situation, apparently antithetical phrases seem possible:

(17) *The teacher saw that back there (lá atrás) (=back rows) a couple were kissing.*
(18) *The teacher saw that in the classroom, in front of himself (à sua frente) (=before his own eyes, not hiding), a couple was kissing.*

Unquestionably, in a certain way, this model contradicts the prototypical model. In reality, in the original model *front* and *back* adscribe themselves in opposing directional senses, but in this the two elements of the positive couple seem to include themselves in the same sense.

The possible paradoxes of this model result from the fact that it does only not structure itself from just one intrinsically oriented object, but because of necessarily possessing, beyond the Figure, two "pre"-Configurators that originate a zone of configuration or action (that will eventually work as Configuratro).

Let's see what entity that serves as Configurator in this model. In the case of a classroom (one of the most prototypical examples) what does determine the relation *front/ back*?

The first answer to pop up is that this relation is only the usual: *à frente (front)* designates the act of "facing" the teacher, that is, whoever is face to face with him (first row); a pupil, a row of pupils, will be behind because will be facing the backs of others, who, obviously, are in the front.

Well, things are not so simple. The process is substantially different. Let's have a look at the following "map" of a hypothetical classroom.

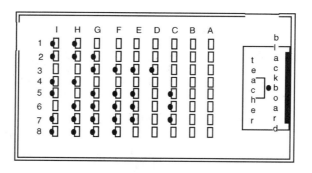

Figure 15

If the configuration *front/back* were structured, also here, only by the original model (a frente do professor= front of the teacher) , would be "*à frente*" (at the front) of a pupil that would have nobody before him. This does not happen: There are two students in row H (H1 and H4) who do not happen to have anybody in front of them and cannot be place, in the classroom in the front (*à frente*). That is why it is not acceptable:

(19) **In row H there are pupils who are at the front (à frente) and others at the back (atrás).*

Front/back (frente/trás): *space and its verbalization* 109

That is why all students in rows H and I would always be placed at the *back* even when in rows A,B,C,D,E,F,G nobody would be sitting there.

In the same order of ideas, the row at the front is not the first to have pupils. Hence it is not acceptable

(20) *Row, C is the row at the front (da frente).*

Since the "front" row is always the one closer to the area that serves as Configuranting place, whether it has people in it or not. Precisely, because of this it is acceptable.

(21) *Row A it is the front row (fila da frente) but it is empty.*

As we can see, it is not the people present (in this case pupils) that serve as reference to attribute the two facets of frontality *back / front* to the classroom. Will it be then the person presiding, taken as "agglutinating center" that projects its frontality to the classroom? It happens that the, *front* row always coincides with the *front* of the teacher.

It is not necessary, however, a very deep analysis to verify that it is not the human figure –in this case the teacher- who projects the totality of his intrinsic orientation over the classroom. Therefore it suffices to consider the acceptability of

(22) *The picture is on the front wall (parede da frente), behind (atrás) the teacher.*

We can immediately see that the *back* of the teacher does not coincide with *back* of the classroom but, rather, with the opposite. On the other hand, the axis *front* of the teacher does not only include the first rows, but the totality: in canonical position, all the rows and all the students are *in front* of the teacher, even the rows further to the *back*.

We will have to conclude, compulsorily, that besides the frontality of the possible human Configurator "teacher", there is other intrinsic frontality the room itself and which has as its own structuring point, if we can say so, not one Figurant, but a area of action which determines *front*:

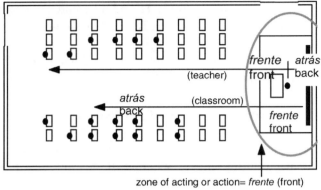

zone of acting or action= *frente* (front)

Figure 16

Thus, this model implies that there is always, presentially or virtually two prototypically human elements: one placed in the zone of action and others that are placed before that zone of action. An the word *before*(*diante*) is the key to this model, since it implies that the canonical position is compulsorily a position face-to-face between the element belonging to the zone of action and the other elements ordered in a relation *front/back* relatively to that same zone of action. From this the proposed representation (figure 14, shown before) for the scheme that translate this model:

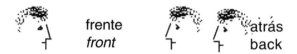

It is this same model that informs the configurative relations *à frent/atrás* in all human (or animal) groupings in which there is an order in relation to a zone of action, as the scheme tries to show. It can either be a classroom, a crow of people gathered in front of or around a speaker or simply a line of people waiting for hot cookies.

We can thus, see that in this model the opposition *front / back* is structured upon the opposition *proximity / further* from the zone of action. Precisely because of this, this model of frontality is "contradictory" to some extent with the other models (that of movement, for instance), in which a greater distance can correspond to the zone "closest to the front".

The fact that the configuring element of the *front* of this model cannot be a point belonging to a straight line, but rather a zone, it takes frontality not to be compulsorily to just one direction, as in all other models, but it may well be multidirectional (a bull ring may be an example in point).

We have just said that prototypically in this model, the zone of action (that may be equivalent to Configurator) is established from the facing of two human elements, being plural one of them. However, the model also works with other non human and non animated elements, provided that they can be configured in a situation of facing. It is exactly this fact that allows that this situation (figure 17) can be translated by the phrases:

Figure 17

(23) *Nestes rochedos cá da frente há pouco peixe. Nos que ficam lá bem atrás é que há muito.* (In these rocks up front there (cá da frente) is little fish. In the ones back there (lá atrás), there is a lot.)
(24) *Há muito peixe naqueles rochedos lá atrás.* (There is a lot of fish in the rocks back there (lá atrás).
(25) *Há muito peixe nos últimos rochedos, lá bem atrás.* (There is a lot of fish in the rocks, well in the back (lá bem atrás).

Note that this same situation could be worded exactly in opposite way.

112 *José Teixeira*

(26) *Nestes rochedos cá de trás há pouco peixe. Nos que ficam lá bem à frente é que há muito.* (In these rocks back here there is little fish. In the ones up front there (lá bem à frente) is a lot.)
(27) *Há muito peixe naqueles rochedos lá à frente.* (There is a lot of fish in those rocks over there at the front (lá à frente).
(28) *Há muito peixe nos últimos rochedos, lá bem à frente.* (There is a lot of fish in the last rocks, well in the front (lá bem à frente).

This is possible because there can be two models into play. Phrases 26)-28) are based upon the model of movement (see next The Dynamical Model) since they consider the distance to be covered between the fishermen and the rocks. The previous ones can only be understood from the facing model, which takes the sea as an oriented object and facing one person facing it on the beach. The beach, concretely the place where the waves break into the sand, is, in this manner, the place of action, making possible in this way, that the waves at the *front* to be the closest to the beach and the ones at the *back* to be the ones that are farther from them.

The applicability of this model to situations such as the one just analyzed helps us to better understand the way of working of the model itself. In a prototypical situation such as the one of the classroom, the first "obvious" justification to spring up is that one row of chairs / pupils is *atrás* (back) of others because it is at their backs. This is a correct argument, but it doesn't correctly explain the situation, since there are other elements involved that contribute to construct a localizing model that depends upon several factors and not just one. Now the, in the beach situation there no "backs", and the same model does not work. This proves, in the first place, that there is not just one configuring element (the backs of pupils in the prototypical model), but one model of configuration resulting form several elements. In the second place, we can see that the Configurating element in the model is the *zone of action* from which all the elements are configured, independently from the respective relative facing positions: one pupil can be sitting sideways or backing the classroom that does not run against *à frente* or *atrás*; whatever the orientation of the two fishermen on the beach may end up being, the six phrases (23)-28)) subtitling figure 17 are still valid.

2.5. The Dynamic Model

A fifth model that can describe the configurations of frontality is the one based upon movement. Apparently, it is the one, which in its working, is less linked to the previous models. In truth, for this model the position of the Speaker or any other observer is irrelevant. The only structuring vector is the one of the movement of the object(s), provided that that movement is just in one direction or sense. The figure 18 presents a typical situation: wherever the observer is placed, the cat *is* (always) *à frente* (in front) of the ball and this *à frente* of the cat:

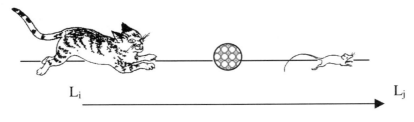

Figure 18

The beginning of *trás* coincides with L_i, that is, the initial place of movement, and *frente* with the most advanced point (the last carried out, L_j). As it is easy to see, and given the fact that the model only depends on the vector $[L_i \ ? \ L_j]$, the point of view of any Speaker or observer does not alter the configurations established by the model. Multiple observers can be present, or being one, change position but the relation *trás / frente* remains the same. The structuring movement of this model doesn't have to be necessarily physical; it can well be equally notional or intentional, the model behaves in the same manner.

This model which can be called **model of movement** is, in a certain way, inverse to the previous one, as we can see in the following comparative chart:

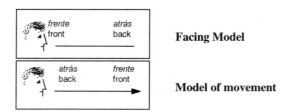

Figure 19

In the facing model, the area closest to the object that works as Configurator, better, of the object placed in the area of action, corresponded *à frente* and the space farthest to it corresponded to *atrás*. In this last model the contrary happens: the space closest to the place where the Configurator / Observer is (considering this the initial point of the process) corresponds to *atrás* and the space farthest from it corresponds to *à frente*.

It seems to be obvious that we must conclude that these two models have little or nothing to do with each other, since they end up configuring space in an antithetical way. However, this last model is nothing but the original model expanded by a projection. And it is movement which provokes that projection.

As the typical movement of the human being is carried in the direction of his front, if we conceptualize the space of that movement as a whole, in that space the coordinates that configure that (prototypically) human being who covers it are projected. That is: the space covered and the human being covering it are configured in the same way. Simply and efficiently. And instead of a contradictory model in relation to the original, we have, at the bottom, the same original model in some other perspective: now assimilating the space of movement. Figure 20 synthetizes, schematically the process:

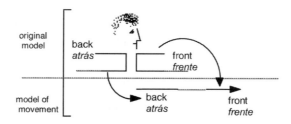

Figure 20

3. Semantic implications of the structuration of the Models of Frontality

Having reached this point, it would be interesting to be able to answer to the question: in the configuration *frent/trás* is there only one model that can develop into others, rearranging themselves in accordance to the wanted configurations for different situations or are there several models even different?

At this moment we have to point out a fact: whatever defines *frente* does not vary very much. It can be systematized into three items: 1) Frontal contiguity (in the Original Model, in the Mirror Model and in Facing Model); 2) Visibility (in the model designed in this manner); 3) More advanced point of Movement (in the Model of Movement)

We can deduce, therefore, that there is a certain stability amongst the several models, in the sense that there are no nuclear ruptures, being each one of them a result of the focalization of a determined aspect of the prototypical original model, based on the frontal contiguity of the face.

On the other hand, and this is also unquestionable, the focalization of one or other aspect of the original model means that the same spatial configuration may be presented in a determined form or in an inverse form: let's remember that in the situation taken as example, it was possible (for the Speaker) to state (figure 21):

(5) *O rato está à frente da bola.* (The mouse is in front of the ball.)
(6) *O rato está atrás da bola.* (The mouse is behind the ball.)

It is unquestionable that if these two configurations can be accepted as portraying the same real situation, it is so because they recur to different perspectives or models.

116   *José Teixeira*

We think that because of all of this reasons, if it is possible to talk of a certain unity in the several models in which the vector of frontality *frente/trás* is structured, it won't be less licit to understand this unity not in the sense of S(ufficient) and N(ecessary) C(onditions) theories, but rather in an organization type of the ones based upon similarities in family groups: that is, opposite features can exist between the several models and simultaneously shared features in virtue of a common origin.

We think that because all of this reasons, if it is possible to talk of a certain unity in the several models in which the vector of frontality *frente/trás* is structured, it won't be less licit to understand this unity not in the sense of CNS theories, but rather in an organization type of the ones based upon similarities in family groups: that is, opposite features can exist between the several models and simultaneously shared features in virtue of a common origin.

This seems to be the case. It will be appropriate to speak of several "brother models", begotten by a common father or mother. Rather than trying to reduce all the presented models into one, it seems to us more rational to understand them as semantically and pragmatically as divergent, different but simultaneously related.

The models that we presented try to prove that the variety of possibilities that they possess does not cancel out the existence of a common cognitive trunk. Anyway, we think that it is proper to globally speak of two big branches: the static models (Original, in Mirror Orientation, Visibility and Facing) and the Dynamic one (the Model of Movement). In this latter model, with the introduction of the time factor, other configurative implications are necessarily introduced.[2]

The relationship that exists between these (sub)models is not only diachronic. For language, as a communicative-cognitive system, whatever is diachronic, was, but no longer is –it does not exist anymore. And in synchronically functional language (using one pharse that we think still possesses validity) these models have intuitively recognized relationships. The "independence" between the above mentioned models has to be seen as "dependent independence" from the features that make up the prototypical model.

---

2. Teixeira (2001: chap. 7).

The most global conclusion (for us this is what is really important) to be drawn, offers a perspective in different shapes the way in which the markers of the vector of frontality, in a similar manner to other spatial configurators, are usually faced. To each one of them is attributed a "meaning" with nuclear with and compulsory semanteme (for the theory of S(ufficient) and N(ecessary) C(onditions)) or made up of a body of features organized as "family similarities". But whatever the case, each configurating spatial element is seen as having **one** meaning that can vary according to the so called contexts.

The analysis presented and we think that it is more in accordance with reality proves that the same vector of spatiality, in this case, the one of frontality, can be configured from several modes, each one based upon a mental model always linked, in a certain way, with the central, original or prototypical model.

References

Charaudeau, Patrick
  1992   La localisation dans l'espace. In: *Grammaire du sens et de l'expression*. Paris: Hachette.
Cifuentes Honrubia, José Luis
  1989   *Lengua y Espacio – Introducción al problema de la deíxis en español*. Secretariado de Publicaciones, Universidad de Alicante.
Svorou, Soteria
  1994   *The Grammar of Space*. Amsterdam/Philadelphia: John Benjamins Publishing Company.
Teixeira, José
  2001   *A Verbalização do Espaço: modelos mentais de* frente/trás. Braga: Universidade do Minho/Centro de Estudos Humanísticos.
Vandeloise, Claude
  1986   *L'Espace en Français*. Paris: Éditions du Seuil.

Three ways to travel:
Motion events in French, Swedish and Thai

Jordan Zlatev and Caroline David

Abstract

Talmy's influential binary typology of *verb-framed* vs. *satellite-framed* languages has been argued to be insufficient, in particular with respect to serial-verb languages (Zlatev and Yangklang 2003). We compare the way *motion events* are expressed in three languages: two clear representatives of Talmy's two types, French and Swedish, and a serial-verb language, Thai. As expected, Thai turns out to resemble French in some respects, Swedish in others but also to possess structural (i.e. syntactic and semantic) characteristics which distinguish it from the other two. Our analysis reinforces, but also clarifies pervious proposals for regarding Thai as belonging to a third "equipollent" type. Thus there are not two, but at least three different "ways to travel".

Keywords: motion events, typology, serial verbs, verb-framed, satellite-framed, equipollent.

1. Introduction

How do languages differ with respect to the way they express *motion events*, understood as events of *translocation*, in which "an object's basic location shifts from one point to another in space" (Talmy 2000a: 35)? Despite much cross-linguistic variation in the mapping from form-classes such as verb, noun, verb-particle, verb-prefix, adposition and case-marker to semantic categories such as trajector, landmark, frame-of-reference, path and region (see Zlatev 1997, 2003), Talmy (1991, 2000) discerned a generalization: languages either map *path* (or more generally "the core schema") to the *verb* or to a *satellite*, standing in "sister relation" to the verb, and on this basis can be divided in two major types:

120 *Jordan Zlatev and Caroline David*

Languages that characteristically map the core schema into the verb will be said to have a *framing verb* and to be *verb-framed*. Included among such languages are Romance, Semitic, Japanese, Tamil, Polynesian, most Bantu, most Mayan, Nez Perce, and Caddo. On the other hand, languages that characteristically map the core schema onto the satellite will be said to have a *framing satellite* and to be *satellite-framed* languages, and included among them are most Indo-European minus Romance, Finno-Ugric, Chinese, Ojibwa and Warlpiri. (Talmy 2000b: 222, emph. original)

Slobin (1996, 1997, 2000) confirmed the typological value of the *verb-framed* (V-language) vs. *satellite-framed* (S-language) distinction, in the sense that it predicts both structural characteristics such as obeying the boundary crossing constraint (Slobin & Hoiting 1994, see Section 7) and statistical discourse properties such as the degree to which landmark (or "Ground") expressions are used, and summarized in poignantly: there are "two way to travel". French and Swedish instantiate these two types fairly clearly, as shown in the translations of the English sentence *I swam across the river* given in (1) and (2).

(1) *J'*   *ai*   *traversé*   *le fleuve*   *(à la nage).*
     1sg   PAST   cross/PAST   DEF river   swimming
(2) *Jag* *simma-de* *(tvärs)igenom*   *(flod-en).*
     1sg   swim-PAST   across/through   river-DEF

In the French example (1) the main verb *traverser* ('cross') expresses path, while manner-of-motion is relegated to an optional adverbial phrase, which is most likely omitted in discourse if manner is predictable or can be inferred from the context (Khalifa 2001). On the other hand, in the Swedish sentence (2), the main verb *simma* ('swim') expresses manner while path is coded by the verb-particle/preposition *igenom* ('through') or *tvärsigenom* ('across').

But do all of the world's languages follow one of these two patterns in coding motion events? Particularly troublesome are *serial-verb languages* (Stahlke 1970; Thepkanjana 1986; Durie 1997) in which *a single clause representing the same general event, can contain two or more verbs with shared nominal arguments*. Consider the equivalent to (1) and (2) in Thai (3a).

Three ways to travel   121

(3) a. *chán*   *wâináam*   *khâam*   *mǽænáam.*
        1sg   swim   cross   river
     b. **chán*   *wâináam*   *mǽænáam.*
        1sg   swim   river
     c. *chán*   *wâináam.*
        1sg swim

Here we have not one, but two main verbs, the first one, *wâináam* ('swim') lexicalizing manner and the second *khâam* ('cross') path. While the second verb is necessary with a landmark nominal, as can be seen in the ungrammaticality of (3b), is is optional without a landmark expression (3c), showing that the first verb can express the main predication of the sentence.

Serial-verb languages like Thai are problematic for Talmy's binary typology since with their manner verbs they resemble S-languages and with their path verbs they resemble V-languages. Actual analyses have oscillated from one side of the typology to the other. Talmy (1991, 2000b) classified at least two serial-verb languages, Chinese and Lahu, as satellite-framed, while Slobin & Hoiting (1994) proposed that "serial-verb languages be reclassified as complex verb-framed types" (ibid: 502) similar to Sign Languages like ASL. More recently, Slobin (2000) suggested that "serial-verb languages like Chinese may represent a third type of lexicalization pattern, lying between S-languages and V-languages" (ibid: 134), but it remained difficult to explain in which sense they could be said to be "in between".

A strong case for regarding at least two Niger-Congo serial-verb languages, Ewe and Akan, as neither S- nor V-languages, but as instantiating a third type was made by Essegbey & Ameka (in press), the point being that since they share some features of both types, they cannot be said to properly belong to either. A similar argument, on the basis of an analysis of the structural characteristics and discourse patterns of motion event constructions in Thai was presented by Zlatev & Yangklang (2003). Finally, Slobin has in a recent publication reached the same conclusion and now attributes serial-verb languages to a third type, which he calls "equipollently framed languages" (Slobin 2003).

The goal of the article is to subject this conclusion to further scrutiny by comparing the expression of motion events in Thai with that in French and Swedish. If Thai indeed belongs to a distinct language type it should

122 *Jordan Zlatev and Caroline David*

be similar to Swedish in some ways, to French in others, but it should also have characteristics of its own, owing to its "equipollent" character. The lexical and grammatical features with respect to which the languages are compared are:

- Path expression (Sect. 2)
- Deixis expression (Sect. 3)
- Manner expression (Sect. 4)
- Combining the categories manner, math and deixis (Sect. 5)
- Scope and focus of negation (Sect. 6)
- The boundary crossing constraint (Sect. 7)
- Multiple path expressions is a single clause (Sect. 8)
- Conflation of path and manner in a single verb (Sect. 9)

The conclusion of the investigation is summarized in the final Section 10.

2. Path

The concept *path* is used in two very different ways in cognitive linguistic analyses of spatial semantics. The first and more common usage refers to the *trajectory* of actual or imagined motion of the trajector with respect to the landmark. The alternative is based on the cross-linguistic generalization that languages systematically distinguish between (at least) three components of a motion event: its beginning, middle and end (Jackendoff 1990; Zlatev 1997). On this view "full-fledged paths", or trajectories, are derived compositionally by combining the *minimal path* information (e.g. END) with region information (e.g. INTERIOR) to derive the meaning of a preposition such as *into*. Talmy (2000b) has recently proposed a similar analysis, distinguishing between the *conformation* and the *vector* which "comprises the three basic types of arrival, traversal and departure that a Figural schema can execute with respect to the Ground schema" (ibid: 53). Talmy's "vector" thus clearly corresponds to the notion of minimal path.

How is (minimal) path expressed in the three languages under analysis? The English sentence *I went into the room* is naturally rendered as (4) in French and (5) in Swedish.

(4) *Je   suis   entré   (dans   la pièce).*
    1sg   PAST   enter/PAST   in   DEF room

(5)   *Jag*   *gick*   *in*   *(i*   *rum-met).*
     1sg   go/PAST out/DIR out/DIR room-DEF

The contrast between "verb-framing" and "satellite-framing" is here quite evident: both examples have prepositional phrases expressing the region in which the trajectory ends – the INTERIOR of some particular room – and both can also be omitted if this region can be inferred. But path itself is lexicalized in Swedish by the verb-particle *in* while in French this is done by the main verb *entrer* 'enter'. What about Thai? The simplest way to render this motion event is given in (6).

(6)   *chán*   *khâw*   **(hɔ̂ŋ).*
     1sg   enter   room

This construction is more similar to the French (4) than the Swedish (5) since path is expressed by a main verb, but is even simpler than French in that it does not require a preposition. However, as shown, it is impossible to omit the landmark nominal even if the landmark is evident in context – unless a deictic verb *pay/maa* is added (see Section 3).

But there are even larger differences between Thai and French. Being a serial-verb language, Thai can "stack" two verbs expressing complementary path notions as in (7). If we define path to be always related to a landmark it is difficult to find Thai examples with more than two successive path verbs. But if we also consider verbs which express the shape of the trajectory, or what we can call *direction*, then we can easily construct a sentence with a series of four verbs, as in (8). As originally observed by Thepkanjana (1986), there is a requirement in this case for Direction verbs such as *won* ('circle') and *jɔ́ɔn* ('reverse') where the motion is not specified in relation to a landmark to precede the Path verbs proper, making e.g. (9) ungrammatical.

(7)   *chán*   *klàp*   *khâw*   *hɔ̂ŋ.*
     1sg   return   enter   room
     'I went back into the room.'

(8)   *chán*   *won*   *jɔ́ɔn*   *klàp* *khâw*   *hɔ̂ŋ.*
     1sg   circle   reverse   return enter   room
     'I returned circling back into the room.'

124   *Jordan Zlatev and Caroline David*

(9)   **chán   klàp   khâw   won jɔ́ɔn   hɔ̂ŋ.*
      1sg   return   enter   circle reverse room

This ordering constraint can be reasonably explained in terms of the *iconicity* of the serial-verb construction: in the represented motion event 'I' first 'circle', then 'reverse' and then 'return into' the room, rather than vice versa.

In sum, from our discussion of path expression in the three languages, we can conclude that Thai behaves like a V-language, albeit a rather peculiar one with its ability to "stack" path and direction verbs.

3. Deixis

In his most recent analysis, Talmy (2000b) not also distinguishes vector (minimal path) from conformation (region), but also *deixis* as separate components in the expression of the trajectory (full path). This separation is also important for our present comparison. The English sentence *He came out of the room*, with the *deictic center* (DC) defining the viewpoint positioned "outside the room" can be translated more or less directly into Swedish as (10).

(10)   *Han   kom   ut   ur   rum-met.*
       3sg/MASC   come/PAST   out/DIR   out/DIR   room-DEF

It turns out that this motion event can not be satisfactorily rendered in French! This is surprising, especially since as shown in (11) the verbs *venir/aller* code for a deictic contrast that is similar to the English pair *come/go* (Lebaud 1989; Chuquet & David in press).

(11)   a. *Il   est   venu   dans   la pièce.*
          3sg/MASC   PAST   come/PAST   in   DEF room
          'He has come inside the room.' (DC is in the room)
       b. *Il   est   allé   dans   la pièce.*
          3sg/MASC   PAST   go/PAST   in   DEF room
          'He has gone inside the room.' (DC is not in the room)

Three ways to travel 125

Note that in (11) neither the verbs nor the preposition *dans* ('in') express an *explicit* boundary crossing. Rather this crossing is pragmatically inferred, rather than semantically coded (Zlatev 2003). This becomes obvious if we attempt to reverse the direction of motion to the OUTSIDE region of the room using the same verbs, but changing the preposition: the result is ungrammatical/unacceptable (12).

(12) a. */??Il   est   venu   de   la pièce.
         3sg/MASC   PAST   come/PAST   from   DEF room
         'He has come from the room.' (toward DC)
      b. *Il   est   allé   de   la pièce.
         3sg/MASC   PAST   go/PAST   from   DEF room
         'He has gone from the room.' (away from DC)

The conclusion is that French does not allow the combination of the deictic verb *venir* with explicit mention of *boundary crossing*, at least in the indicative mode.[1] But even with a path verb, it turns out to be impossible to capture the exact meaning of *He came out of the room*, or the Swedish example (10) in French. As (13) shows, the path verb cannot be combined with the spatial deictic *ici* ('here'). The closest approximation to the English and Swedish sentences is the last option, using a non-spatial personal deictic *moi* ('me'). However, this does not fully capture the meaning of *come* and *komma*, which express movement towards the DC, which is not necessarily the speaker (Fillmore 1997). Thus *I came outside* would be untranslatable in French.

(13) Il   est   sorti   (de   la pièce)
      3sg/MASC   PAST   exit/PAST   from   DEF room
      *ici / *à ici / en s'avançant vers moi.
      here / to here / advancing towards me

---

1. In the imperative this seems to be possible, presumably due to support from the here-and-now context:
    (i) *Viens   hors de   la pièce.*
        come   out of   DEF room
        'Come out of the room.'

Turning to Thai, we can see that semantically (14) is much more similar to the Swedish (10) than the French (13): both path and deixis are expressed in separate simple morphemes in the same clause. However, unlike in Swedish they are both verbs in Thai. Together with the deictic verb *maa* ('come') the sentence is complete, and unlike the case with a "bare" path verb in (6), the landmark phrase can be omitted.

(14) *kháw* */ʔɔ̀ɔk* *maa* *(càak* *hɔ̂ŋ).*
3sg exit come from room

Another interesting generalization to be made about Thai deictic verbs is that they always appear in *final position* of the verb series of the (simple) motion event construction, i.e. following any path verbs as in (15).

(15) *chán* *klàp* *khâw* *pay/maa* *nay* *hɔ̂ŋ.*
1sg return enter go/come inside room

'I came back inside into the room.'

4. Manner

Like path, manner-of-motion is also a rather ambiguous concept, and can be interpreted either broadly, involving sub-categories such as body-motion (*running*), body-posture (*stooping*), vehicle (*by car*), speed (*in a hurry*), force-dynamics (*piercing*) and medium (*through water*). Alternatively, it can involve only the type of (human or non-human) bodily motion that leads to the translocation in a motion event, expressed in verbs such as *run, crawl, leap, trot, tiptoe* etc. In this section we consider manner only in the narrow sense, though in a later section, when discussing the possibility of conflating path and manner information in a single verb, we will also use the broader notion.

As pointed out by Talmy (1985) and Slobin (1996, 2003) it is characteristic for S-languages to have a large number of manner verbs (both in the narrow and broad sense) in their lexicons, while in V-languages this set is much more restricted. Thus, Swedish has many rather specific Manner verbs like *stöta* ('barge'), *kliva* ('stride'), *tassa* ('tiptoe'), *vada* ('wade through water'), *pulsa* ('wade through snow') etc. while French lacks corresponding specific manner verbs.

Three ways to travel 127

Thai is in this respect closer to Swedish than to French – having verbs making rather fine semantic distinctions similar to those in Swedish e.g. *kracoon* ('leap'), *jɔ̌ŋ* ('tiptoe'), *kâaw* ('stride'), *khajèŋ* ('limp'), *lúiaj* ('creep, for snake-like animals'), *luy* ('wade'), *bùŋ* ('rush'), *hὲε* ('parade'). Thus, the English sentence *He strode through the water* can be translated with Manner verbs in Swedish (16) and Thai (17), but requires an adverbial phrase in French (18).

(16)	*Han*	*vada-de*		*genom*	*vattn-et.*
	3sg/MASC	wade-PAST		through	water-DEF

(17)	*kháw*	*dəən*	*kâaw*	*khâam*	*nǎam.*
	3sg	walk	stride	cross	water

(18)	*Il*	*a*	*marché*	*à grands pas*	*dans*	*l'eau.*
	3sg/MASC	PAST	walk/PAST	with big steps	in	DEF water

5. Combining Manner, Path and Deixis

As shown earlier, it is very difficult to combine path and spatial deixis in a single clause in French. The case is the same for manner and deixis, unless manner is expressed in an optional adverbial as in (19). If a manner verb is used, deixis can only be expressed using a personal pronoun or a rather heavy prepositional phrase, as in (20).[2]

(19)	*Il*	*est*	*venu*	*en courant.*
	3sg/MASC	PAST	come/PAST	running
	'He has come running.'			

---

2. One may, of course, combine a manner verb and a spatial deictic as in (ii), but the interpretation is not one of translocative motion, and thus not a motion event.

(ii)	*Il*	*a*	*grimpé*	*ici.*
	3sg/MASC	PAST	climb/PAST	here
	'He climbed here.'			

128   *Jordan Zlatev and Caroline David*

(20) *Il   a   couru   en s'avançant vers moi*
      3sg/MASC   PAST   run/PAST   advancing towards me
      / dans   cette   direction.
      in   this   way
      'He ran toward me/in this way.'

Path with boundary crossing and manner can only be combined with the
path expressed by the main verb and manner in an adjacent adverbial, as
explained and shown earlier in (1) and similar to (19) above where deixis
is coded by the verb. Combining the three categories is possible only
using the strategies of personal pronoun or directional deixis, in the order
path > manner > deixis as shown in (21). [3]

(21) *Il   est   sorti   en courant   en s'avançant vers moi.*
      3sg   PAST   exit/PAST   running   advancing towards me
      'He ran out towards me.'

Swedish has the ability to combine deixis and path without relying on
adverbials, as was shown in example (10). However, if deixis and
manner are to be expressed in the same clause one must be coded by an
adverbial as in (22) and (23), very much like in English.

(22) *Han   kom   ut   springande.*
      3sg/MASC   come/PAST   out/DIR   running
      'He came out running.'

(23) *Han   sprang   ut   hit-åt.*
      3sg/MASC   run/PAST   out/DIR   here/DIR-toward
      'He ran out this way.'

In comparison, as shown in the previous three sections, serial verbs allow
Thai to combine the expression of the categories manner, direction (i.e.
"path" that is not related to a landmark), path and deixis in a single simple
clause. As already established, the categories must obey the order
manner-V > direction-V > path-V > deictic-V as in example (24).

---

3. The order path > deixis > manner is not ungrammatical, but is definitely marked
    compared to the "natural" one with manner preceding deixis.

(24) *kháw dəən jɔ́ɔn khâw maa.*
3sg walk reverse enter come
'(S)he walked back into the house.' (towards the DC)

There is no a priori reason to regard only one of these verbs as the *main* and the others as (grammatically) subordinate, and even less so as "satellites". However, this is often disputed, arguably on the basis of an analogy with S-languages like Swedish where only the manner verb is a main verb. This was presumably the basis for Talmy's (1991) analysis of Chinese and Lahu as S-languages. In a similar way Sak-Humphry, Indambraya & Starosta (1997) argued that in Thai and Khmer, when a manner verb leads the serial-verb construction as in (24), the following path expression(s) are not verbs but "deverbal adverbs". There are good reasons to doubt this:

a) Any one of the four verbs in (24) can appear alone without making the sentence incomplete; this is not the case with satellites: **John in.*

b) If the "deverbal adverbs" are more grammaticalized than the verbs they derive from, then their semantics should be more "bleached" (Traugott & Dasher 2002). But there is *no semantic difference* between the "truly verbal" uses of path expressions as in examples (6-8) without a preceding manner verb and those in (24) where there is.[4]

c) If the path verb occurs as a single verb in the clause the sentence nevertheless expresses a motion event, as in (6). However, if there is only a manner verb as in (3c), the most neutral interpretation is that of an activity, not translocative motion. Hence, the path verb can not be said to have any "adverbial", modifying function.

d) If only a single path expression could be added to the manner verb one could perhaps suspect that it is being reanalyzed as a verb-particle. But as shown above there can be at least four direction/ path expressions following the manner verb. Is it plausible that these expressions, classed as verbs when *not* following manner verbs, should be re-classed as "homonymous deverbal adverbs" when they do?

---

4. Some "bleaching" can however be admitted from the deictic verbs *pay/maa* which are also extremely frequent (Zlatev & Yangklang 2003), and often used with non-spatial meanings.

130   *Jordan Zlatev and Caroline David*

Thus we can conclude that the analogy from S-languages to serial-verb languages is only partial. One final argument against regarding Thai path verbs as satellites has to do with the scope and focus of negation, with respect to which we compare the three languages more explicitly below.

6. Scope and focus of negation

It has been noted by e.g. Givón (2001: 382) that the most strongly asserted element in an affirmative clause is also the one that "attract[s] the focus of negation" in a negative clause. An optional constituent most often takes on this double role (depending on whether the clause is affirmative or negative) – if there is no contrastive stress to mark some other element as the asserted/denied information. Thus, in (25) it is the prepositional phrase *with a gun* that attracts the focus of negation if the sentence is pronounced with neutral intonation.

(25)   *She didn't shoot him with a gun.* (Givón 2001: 381)

In the case of motion events, the situation is somewhat more complex. To some extent we can consider the landmark nominal phrase optional, as shown in (4) and (5) for French and Swedish. But in a neutrally pronounced (26a) the negation can involve not only the landmark (26b) but also the direction (26c). What negation can *not* focus on in (26) is manner, showing that in (26a) a "default" kind of manner has been presupposed rather than asserted.

(26)   a. *He didn't go up (the stairs)...*
　　　　b. *... he went up the **ladder**.*
　　　　c. *... he went **down** the stairs.*
　　　　d. **...he **crawled** up the stairs.*

This seems to change with "non-default" manner expressions such as that in (27), showing that it is at least as strongly asserted in an affirmative clause as the path itself, if not more.

(27)   a. *He didn't run into the house...*
　　　　b. *...he **walked** into it.*
　　　　c. *?...he **ran** out of it.*

The Swedish translation of (27) given in (28) is in this respect quite similar: To the extent that it (28a) can be pronounced neutrally, (28b) is likely to be the preferred continuation, showing that manner is strongly asserted in affirmative sentences, at least when it in some ways "deviates from the norm".

(28) a. *Han*   *sprang*   *inte*   *in*   *i*   *hus-et...*
    3sg/MASC   run/PAST   not   in/DIR   in/LOC   house-DEF
   b. *...han*   ***gick***   *in.*
      3sg/MASC   walk/PAST   in/DIR
   c. ?*...han*   *sprang*   ***ut***   *ur*   *det.*
      3sg/MASC   run/PAST   out/DIR   out/DIR   it

In French, the focus on manner is even clearer. This is unsurprising since as we saw repeatedly earlier, when combined with path it is expressed in an *optional* adverbial. Thus the focus on manner remains even in cases of "normal" manners of locomotion, as in (29).

(29) a. *Il*   *n'est*   *pas*   *entré*   *dans*
    3sg.masc   NEG/PAST   NEG   enter/PAST   in
    la maison   *en marchant...*
    DEF house   walking
    'He didn't walk into the room...'
   b. *... il est*   *entré*   ***en courant.***
      3sg/masc   PAST   enter- PAST   running
      '...he ran in.'
   c. ??*... il*   *est*   ***sorti***   *en merchant.*
      3sg/masc   PAST   exit/PAST   walking
      '...he walked out.'

In Thai, the negative operator for VP-negation *m̂ajdâj* contains the manner, path and deictic verbs in its scope logically, and Zlatev & Yangklang (2003) suggested this as further evidence for the *verbal* character of post-Manner verb expressions. However, as shown in (28) and (29), the negative operators *inte* in Swedish and *n + pas* in French hold much more than verbs in their scope.

What is necessary is to show that the path verb is equally much *in focus* with these other expressions – unlike the case with Swedish and especially with French where we saw differences. Indeed, this seems to

132   *Jordan Zlatev and Caroline David*

be the case. Both (30b) and (30c) are possible normal continuations to (30a) pronounced with a non-contrastive intonation, suggesting (again) that manner and path are expressed "equipollently" in Thai.

This is further supported by (30d), where both are interpreted as being negated in (30a). However, this is not the case for deixis, which can *not* be interpreted as the only element negated in (30a), as shown in (30e). For that last clause to be the continuation of the first, the speaker would have to be denying his or her viewpoint – not from the "outside" in (30a) but from the "inside" as in (30e). But clearly, this is the most weakly *asserted* and most strongly *presupposed* aspect in the Thai motion event construction, and consequently it cannot attract negation. This is also seen in (30c) where in negating the path – from "entering" to "exiting" – the deictic verb must change as well, allowing the viewpoint to remain unchanged.

(30) a. *kháw   mâjdâj   dəən   khâw   pay...*
          1sg   NEG   walk   enter   go
       '(S)he did not walk in' (away from DC)…

      b. … *kháw   **wîŋ**   khâw   pay.*
       '(s)he ran in.' (away from DC)
      c. … *kháw   dəən   ʔɔ̀ɔk   maa.*
       '(s)he walked out.' (toward DC)
      d. … *kháw   **wîŋ   phaan**   pay.*
       '(s)he ran by.' (away from DC)
      e. … **kháw   dəən   khâw   **maa.***
       '(s)he walked in.' (toward the DC)

This analysis, along with the fact of the high frequency and semantic generality of deictic verbs suggests the conclusion that if any Thai expressions are to qualify for the role of "satellites" it is these. But this does not hold for the path verbs proper.

7. The boundary-crossing constraint

Following Aske's (1989) work on Manner verbs in Spanish, Slobin & Hoiting (1994) identified the so-called boundary crossing constraint, according to which *manner verbs cannot be the main verb of a clause describing situations in which a boundary is crossed.* This generalization, supported through both grammatical analysis and corpus studies (Slobin 2000, 2003) is that V-languages obey this constraint while S-languages do not. Our two representative languages follow this prediction clearly. The Swedish example (31) uses a manner verb in a boundary-crossing context, while in French it is impossible to combine a manner verb with boundary crossing in a single clause: (32a) does not have translocative motion, (32b) attempting to combine manner and path is ungrammatical, while (32c) consists of *two* clauses.

(31)   *Han*   *sprang*   *in*   *i*   *hus-et.*
       3sg/MASC   run/PAST   in/DIR   in/LOC   house-DEF
       'He ran into the room.'

(32) a. *Il*   *a couru*   *dans*   *la maison.*
          3sg/MASC   run/PAST   in   DEF house
         'He ran inside the house.'
     b. **Il*   *a couru*   *en entrant* *dans la maison.*
          3sg/MASC   run/PAST   entering   in   DEF house
         'He ran entering the house.'
     c. *Il*   *a couru*   *pour entrer* *dans la maison.*
          3sg/MASC   run/PAST   to   enter   in   DEF house
         'He ran (in order) to enter the house.'

The only way to express the meaning of *run into* or *run out of* in French is by the (familiar) combination of a path verb and manner adverbial:

(33) a. *Il*   *est entré*   *dans la maison* *en courant.*
         3sg/MASC PAST enter/PAST in   DEF house   running.
        'He ran into the house.'

     b. *Il*   *est sorti*   *de*   *la maison* *en courant.*
         3sg/MASC PAST exit/PAST in   DEF house   running.
        'He ran out of the house.'

On the other hand, as obvious from (34), Thai does not have any problem whatsoever to use a manner verb with boundary-crossing – something that contradicts any claims to it being a V-language.

(34) *chán*   *wîŋ*   *khâw*   *pay nay*   *bâan.*
       1sg   run   enter   go in   house
      'I ran into the house.' (away from DC)

Furthermore, as example (35) shows, the manner verb *dɔən* 'walk' can combine not only with one but two boundary crossing verbs, and the sub-events described by them are in both cases within its semantic scope, something to which we will return in the next section.

(35) *chán dɔən khâam*   *thanŏn*   *khâw*   *pay*
       1sg   walk cross   road   enter   go
      nay   sŭan.
       in   park
      'I walked over the road (and) into the park.'

8. Multiple expressions of Path (in a single clause)

Another difference between S- and V-languages, related to but distinct from the boundary crossing constraint, is the ability to "stack" path-expressions in the same clause. In V-languages this is generally not possible, and French obeys this restriction. In order to combine two different path expressions, two different clauses are necessary: With a main clause (36a) and a subordinate clause (36b) or with two conjoined main clauses (36a) and (36c)

(36) a. *J' ai   traversé   la route...*
          1sg PAST   cross/PAST   DEF road
         'I crossed the road'
      b. *... pour   (r)entrer   dans   le parc.*
          in order to enter   in   DEF park
         '...(in order) to go in the park'.
      c. *... et puis je   suis   entré   dans   le parc.*
          and then   1sg   PAST   enter/PAST   in   DEF park
         '...and the I went in the park.'

In Swedish, as is generally the case for S-languages, this is unproblematic, as shown in (37).

(37) Jag gick   över   gata-n   in   i   park-en.
     1sg walk/PAST over   street-DEF   in/DIR   in/LOC   park-DEF
     'I walked over the road into the park.'

It may be objected that this sentence really consists of two clauses, with a silent conjunction and "elliptic verb", but such claims can be resisted. Evidence against such an analysis is not only the single intonation contour, but also the fact that the order of path expressions in single clauses can be predicted by their temporal iconicity, while this is not the case for separate clauses.

The same argument can be made for the Thai equivalent (35), which parallels the structure in (37) quite closely. While it is possible to "break up" (35) into different clauses by inserting a conjunction such as *lɔ́əw* ('and then') between the parts expressing component sub-events, and thus producing (38), this is not an argument for an underlying multi-clausal structure of (35) itself.[5]

(38) *chán*   *dəən*   *khâam*   *thanǒn*   *lɔ́əw*
     1sg   walk   cross   road   and-then
     khâw   *pay*   *nay*   *sǔan.*
     enter   go   inside   park
     'I walked over the road and then I went into the park.'

While the truth-conditional meaning of (35) and (38) may be the same, their conceptual and grammatical structure is different: in the first there is no explicit temporal separation and ordering of the sub-events, while in the second there it. Evidence for this is again that (35) is produced as one *intonational unit* (Chafe 1994) while (38) is produced as two. Semantically, the sequentiality between the two sub-events in (35) is implicit, and as observed with respect to Swedish above, the order of the verbs reflects this. In the bi-clausal variant, the temporal order is made explicit through the conjunction *lɔ́əw* ('and then').

---

5. Zlatev and Yangklang (2003) made this mistake in defining clauses in Thai, but fortunately this does not mar the major argument presented there: that Thai instantiates a distinct language type.

9. Conflation of Manner and Path/Direction

Zlatev & Yangklang (2003) suggested that apart from the major types of verbs in Thai discussed so far – manner, path and deictic verbs, as well as the direction verbs such as *won* 'circle', independent of a landmark – there is another class, combining aspects of manner and path, now construing these categories broadly. On close inspection, we can discern two subtypes within this class of manner-path (MP) verbs:

- Verbs of non-volitional downward motion: *tòk* 'fall', *lòn* 'fall', *lóm* 'collapse', *com* 'sink'...
- Verbs of (volitional) motion through a barrier, with degrees of suddenness and resistance ("force-dynamics"): *phlòo* 'pop-out', *thalú* 'pierce', *thîm* 'puncture'...

These verbs appear to form a category syntactically as well as semantically and their position in the clause is where it would be predicted on semantic grounds: following the manner verb, but preceding the path verb(s) as shown in (39a). Violations of this constraint, e.g. (39b) and (39c), result in ungrammaticality.

(39) a. *chán*   *dəən*   *phlòo*   *ʔɔɔk*   *pay.*
      1sg   walk   pop-out   exit   go
      'I walked out suddenly.'
    b. * *chán*   *phlòo*   *dəən*   *ʔɔɔk*   *pay*
    c. * *chán*   *dəən*   *ʔɔɔk*   *phlòo*   *pay*

It is also possible to combine MP verbs from the two subcategories:

(40) *chán*   *tòk*   *thalú*   *ʔɔɔk*   *maa.*
     1sg   fall   pierce   exit   come
     'I fell through (something) to the outside (of something).'

It seems to be more difficult to combine MP verbs and the (landmark-independent) direction verbs such as those discussed briefly in association with path verbs above. But this difficulty is not absolute, and at least in colloquial style (41a) it is possible, while the reverse order is ungrammatical, (41b). Thus the order of verbs within an intransitive motion event construction in Thai is: manner-V > direction-V > MP-V > path-V > deictic-V.

Three ways to travel   137

(41) a. *chán*   *won*   *phlòo*   *ʔɔ̀ɔk*   *maa.*
      1sg   circle   pop-up   exit   come
      'I came out suddenly in a circular motion.'
   b. * *chán*   *phlòo*   *won*   *ʔɔ̀ɔk*   *maa*

Turning to French and Swedish, we can only find a few verbs that appear to conflate manner (medium) with downward motion:

- *tomber* 'fall (over)', *couler* 'sink', *sombrer* 'sink (for a boat)' ...
- *falla* 'fall', *ramla* 'fall over', *sjunka* 'sink, move down through water'...

Despite their semantic near-equivalence these verbs are treated differently grammatically in the two languages. In Swedish, they fall in the same paradigm as manner verbs, and (usually) combine with the path satellite *ner* ('down'), as shown in (42). In French, however, they are treated as path verbs expressing translocation, combining with an optional manner expression as in (43).

(42) Han   ramla-de   ner   (på mark-en).
      3sg/MAS   fall-PAST   down   on ground-DEF
      'He fell down on the ground.'

(43) Il   est   tombé   (en courant).
      3sg/MAS PAST   fall/PAST   running
      'He fell while running.'

Thus, with respect to verbs that conflate path and (aspects) of manner, all three languages differ.

10. Conclusions

In this article we have compared Swedish, French and Thai motion event constructions with respect to a number of syntactico-semantic features, the goal being to establish whether Thai resembles mostly French, Swedish, or neither. Table 1 summarizes the results of the comparison.

138   *Jordan Zlatev and Caroline David*

Table 1. Comparison between French (V-language), Swedish (S-languages) and Thai (equipollent) along a number of grammatical (i.e. syntactic and semantic) characteristics.

Characteristic	French (Fr)	Swedish (Sw)	Thai	≈ Fr	≈ Sw
(a) path	path-V	path-Sat	path-V	+	-
(b) manner (with BC)	manner-Adv	manner-V	manner-V	-	+
(c) deixis	deictic-V	deictic-V	deictic-V	+	+
(d) deixis with BC	path-V + deictic-PP	deictic-V + path-Sat	path-V + deictic-V	-	-
(e) deixis + manner	deictic V + manner-Adv	manner-V + deictic-Adv	manner-V + deictic-V	-	+(?)
(f) manner + path + deixis	path-V + deictic-PP + manner-Adv	manner-V + path-Sat + deictic-Adv	manner-V + path-V + deictic-V	-	-
(g) negation focus (with unusual manner)	manner	manner	path or manner	-	-
(h) manner-V with BC	No	manner-V + path-Sat	manner-V + path-V	-	+
(i) several path-segments per clause	No	Yes	Yes	-	+
(j) manner-path conflation	≈ path-V	≈ manner-V	seperate category	-	-

As can be seem, Thai resembles French in only two respects: both languages use path verbs, especially for boundary crossing (BC) situations. Also both have deictic verbs – but so does Swedish, and on the whole this appears to be a near-universal property that can not help us determine the typological category of Thai. There are more similarities between Thai and Swedish: both use many detailed manner verbs, also in boundary crossing conditions. Similarly, both languages allow the combination of several path expressions with or without landmark arguments in the same clause.

But on closer analysis it has been shown that Thai differs from both French and Swedish, at least with respect to the following characteristics shown in Table 1:

(d) Deixis with BC. The combination of deixis and path with boundary crossing was most cumbersome in French, requiring a heavy deictic PP such as *dans cette direction* ('in this way'). In Swedish the

Three ways to travel 139

preferred way to express this is through a deictic verb and a path satellite *komma ut* ('come out'). Thai is like French in using a path verb, but different from both in also using a deictic verb. On the other hand, since this last verb seems to be undergoing grammaticalization, the similarity to Swedish can be said to be on the increase.

(e) Deixis + manner. In combining deixis and manner, French treats the deictic verb like a path verb, adding manner through an optional adverbial as usual. The Swedish pattern was rather the opposite with a manner verb and deictic adverb. Thai resembles Swedish in using a manner verb, but differs in following with a deictic verb/satellite – though admittedly the similarity to Swedish is clearer.

(f) Manner + path + deixis. In combining all three categories though, Thai clearly differs from both French and Swedish is using three verbs, always in the order Manner-V > Path-V > Deictic-V, where only the last shows some symptoms of deverbalization.

(g) Negation. The "focus of negation" test showed that path and manner were equally focal in Thai, while manner seemed to attract negation more in both French and Swedish. According to the principle "most-strongly-negated = most-strongly affirmed" this would imply that Manner and Path are more equally affirmed in Thai indicative clauses than in the other two languages, confirming their "equipollent" (Slobin 2003) status.

(j) Manner-path verbs. Finally, Thai has a more developed paradigm of verbs conflating Manner and Path/Direction than either French or Swedish, and treats these differently from the "pure" manner and path verbs grammatically, unlike French which treats verbs like *tomber* ('fall') like its path verbs, while Swedish treats such verbs (e.g. *ramlar*) as its major pattern, the manner verbs.

As pointed out in the introduction, it has been difficult to place serial-verb languages such as Thai within the binary typology of verb-framed languages such as French, and satellite-framed languages such a Swedish. The analysis presented in the article, and the differences summarized above confirmed this difficulty, and showed quite specifically why languages such as Thai do not fit the binary typology. Thai

140 *Jordan Zlatev and Caroline David*

resembles French in some characteristics, Swedish in others, but also clearly differs from both. This makes it also impossible to regard Thai as being on a "cline" between S-language and V-languages, as suggested by Slobin & Hoiting (1994): There is simply no consistent metric according to which Thai and languages like it can be positioned "between" S-languages and V-languages. Thus, the argument for assigning serial-verb languages to a third type, presented by Essegbey & Ameka (in press), Zlatev & Yangklang (2003) and Slobin (2003) has been supported.

Given the fact that the typology of S-languages and V-languages has been immensely productive for studies in language typology, "rhetorical style" and a weak form of linguistic relativity shown in "thinking for speaking" and language specific gesture (2000a, 2000b; Slobin 1996, 1997, 2000; Kita & Özyürek 2003; Strömquist & Verhoeven 2003), the existence of such a third "equipollent" type rises interesting research possibilities.

References

Aske, Jon
  1989   Path predicates in English and Spanish: A closer look. *Proceedings of the Fifteenth Annual Meeting of the Berkeley Linguistics Society*, 1-14. Berkeley, CA.
Chafe, Wallace
  1994   *Discourse, Consciousness and Time: The Flow and Displacement of Consciousness in Speech and Writing.* Chicago: Chicago University Press.
Chuquet, Hélène & Caroline David
  in press   *Come*: Point de vue et perception dans le récit. In: J. Chuquet (ed), *Verbes de Parole, Pensée, Perception: Études Syntaxiques et Sémantiques,* 209-244. Presses Universitaires de Rennes.
Durie, Mark
  1997   Grammatical structures in verb serialization. In: A. Alsina, J. Bresnan, and P. Sells (eds.), *Complex Predicates*, 289-354. Stanford: Standford University Press.
Essegbey, James & Felix Ameka
  in press   Serializing languages: Satellite-framed, verb-framed or neither? *Proceedings of the 32nd Annual Conference on African Linguistics.* University of California, Berkeley.
Fillmore, Charles
  1997   *Lectures in Deixis.* Cambridge: Cambridge University Press.
Givón, Tom
  2001   *Syntax.* Amsterdam: Benjamins.

Jackendoff, Ray
1990 *Semantic Structures*. Cambridge, Mass.: MIT Press.

Kita, Sotaro & Asli Özyürek
2003 What does cross-linguistic variation in semantic coordination of speech and gesture reveal?: Evidence for an interface representation of spatial thinking and speaking. *Journal of Memory and Language* 48: 16-32.

Khalifa, Jean-Charles
2001 Linguistique et traduction: le cas des verbes de déplacement. *Sigma-Anglophonia* n° 10: 199-213.

Lebaud, Daniel
1989 Veni, vidi... vici ? Elements d'analyse en vue d'une caractérisation générale du marqueur *venir*. In: J.J. Franckel (ed.) *La Notion de Prédicat*, 117-139. Paris 7, ERA 642.

Sak-Humphry, Chhany, Kitima Indambraya & Stanley Starosta
1997 Flying 'in' and 'out' in Khmer and Thai. In: A. S. Abarmson (ed.), *South Asian Linguistics Studies in Honour of Vichin Panupong*, 209-220. Bangkok: Chulalongkorn University Press.

Slobin, Dan
1996 Two ways to travel: Verbs of motion in English and Spanish. In: M. Shibatani and S. Thompson (eds.), *Grammatical Constructions: Their Form and Meaning*, 195-220. Oxford: Oxford University Press.

1997 Mind, code and text. In: J. Bybee, J. Haiman and S. A.Thompson (eds.), *Essays on Language Function and Language Type. Dedicated to T. Givón,* 437-467. John Benjamins.

2000 Verbalized events: A dynamic approach to linguistics relativity and determinism. In: S. Niemeier and R. Dirven (eds.), *Evidence for Linguistic Relativity*, 107-139. Amsterdam: John Benjamins. perspectives. Mahawah, NL: Lawrance Erlboum.

2003 The many ways to search for the frog: Linguistic typology and the expression of motion events. In: Strömqvist and Verhoeven (2003), 219-258.

Slobin, Dan & Nini Hoiting
1994 Reference to movement in spoken and signed languages. *Proceedings of the 20th Annual meeting of the Berkeley Linguistics Society,* 487-505. Berkeley, CA.

Stahlke, Herbert
1970 Serial verbs. *Studies in African Linguistics* 1: 60-99.

Strömqvist, Sven & Ludo Verhoeven (eds.)
2003 *Relating Events in Narrative: Crosslinguistic and Cross-contextual Perspectives*. Mahwath, N.J.: Earlbaum.

Talmy, Leonard
1991 Path to realization: A typology of event conflation. *Proceedings of the 17th Annual Meeting of the Berkeley Linguistics Society*, 480-519. Berkeley, CA.

2000a *Toward a Cognitive Semantics*, Vol. 1. Cambridge, Mass.: MIT Press.

2000b *Toward a Cognitive Semantics*, Vol. 2. Cambridge, Mass.: MIT Press.

142 *Jordan Zlatev and Caroline David*

Thepkanjana, Kingkarn
    1986   Serial verb construction in Thai. Unpublished Ph. D. Dissertation, University of Michigan.

Traugott, Elizabeth & Richard Dasher
    2002   *Regularity in Semantic Change.* Cambridge: Cambridge University Press.

Zlatev, Jordan
    1997   *Situated Embodiment: Studies in the Emergence of Spatial Meaning.* Stockholm: Gotab.
    2003   Holistic spatial semantics of Thai. In: E. Casad and G. Palmer (eds.), *Cognitive Linguistics and Non-Indo-European Languages,* 305-336. Berlin: Mouton de Gruyter.

Zlatev, Jordan & Peerapat Yangklang
    2003   A Third Way to Travel: The Place of Thai in Motion Event Typology. In: Strömqvist and Verhoeven (2003), 447-494.

PARTE V

Metáfora, Metonímia
e Integração Conceptual

More about blends: blending with proper names in the Portuguese media

Maria Clotilde Almeida

Abstract

This work dealing with blending with proper names of public figures (foreign or local politicians, international film or sport stars) in the Portuguese media aims at highlighting the role of proper names projected from the input spaces in the formation of these conceptual integration networks. In fact, by confronting blends with proper names in news titles with blends with common names in texts referring to (not for so long) virtual realities, it stands out that, whereas the latter characterized as on-line framed are context-dependent, the former featured as highly framed not only render context almost super-fluous but also neutralize vagueness to a certain extent.

Keywords: blending, frame structure, reference, proper names.

1. Conceptual integration – blending: an overview

Conceptual integration – blending – is a basic mental operation in all areas of thought and action including deciding, judging, reasoning and inventing whose study was launched by the work of Fauconnier (1994) on mental spaces, followed by other authors (Fauconnier & Turner 1998, 2000, 2002; Grady, Oakely & Coulson 2000; Turner 2001; Coulson 2001; Turner & Fauconnier 2003, among others). It is claimed that blending results from the intersection of two or more input spaces with a generic space through identity-integration-elaboration mental processes.

It is important to realize that the blending process is accomplished through the establishment of connective links, even a very minimal set, between elements of different input spaces in the light of the generic space. This set of connecting links is called a "counterpart mapping" between the input spaces. The resulting image, the blend, having emergent structure of its own, constitutes a tightly integrated whole that can

146   *Maria Clotilde Almeida*

only be manipulated as a unit, as is the case of the following utterance (cf. Grady, Oakely & Coulson 1999; Turner 2001) [1]:

(1) *This surgeon is a butcher*

From input space 1 the blend takes the surgeon figure and the whole operation frame. From input space 2 the blend inherits the butcher figure and the whole butcher frame. Having acknowledged the identity of the figures in the counterparts, in the integration phase a set of connective links is established between the prototypical image of the surgeon and the prototypical image of the surgeon through cross-space mapping in the light of the generic space, i.e. taking into account that "These professionals use cutting instruments on flesh". Through an elaboration process a new central feature emerges in the blend, namely – incompetence – that neither belongs to the frame of the prototypical surgeon nor to the frame of the prototypical butcher but characterizes the blended figure of "the-surgeon- butcher".

We wish to emphasize that in this blend whereas the surgeon figure is construed as a specific entity, identified by the speaker by the deictic "this", the butcher figure, represented as "a butcher" remains clearly unspecified.

The fact that the specific nature of one of the entities clearly plays a determinant role in this on-line blend formation led us to study blended titles with proper names due to the fact that there are traditionally considered as unique, i.e., referring only to one entity in the real world (Lyons, 1968, 1980; Tomasello 2003). According to these authors, proper names as such stand in opposition to common nouns that as category labels" need to be identified linguistically (e.g. the X in my room) or non-linguistically (e.g. pointing)" (Tomasello 2003:51).

Notice that, contrary to the opinions of the philosophers such as Kripke (1980, the uniqueness of proper names has recently been proved in psycholinguistic testing as pointed out by Hall (1999:352): "These results suggest that children readily interpret a novel word as a proper name if the word is applied to one object but are more reluctant to do so if it is applied to two objects". Hall's conclusions have also been corroborated by (Guimarães 2002:41) who atributes the uniqueness of proper names to

---

1. Grea (2003) outlined a critical approach to the conceptual integration network model.

the social process of the individual's subjectivization: "A unicidade, ou seja, o efeito de que não há nenhuma distância que separe o nome de uma pessoa dessa mesma pessoa, portanto seu funcionamento eminentemente referencial, é um efeito do funcionamento do nome próprio neste processo social de identificação de indivíduo, de sua subjectivização".

Furthermore, we shall insist on the fact that proper names of public figures are highly framed, in view of the fact that famous people play very specific roles in public life. By mentioning the name "Tony Blair" we activate in our minds the Tony Blair's frame: "British Prime Minister and Bush's coalition partner in the war in Iraq by his own decision" that can only apply to one entity in the real world.

Following these considerations, and in order to prove our point of view, we shall analyse blends with proper nouns of public figures separately from blends with common nouns for (not so long) virtual realities. The proper name *corpus* was obtained from several Portuguese newspapers (*Público, Expresso, a Bola*) and magazines (*Visão, Focus)* and TV channels (*RTP* 1, *RTP* 2, *SIC, Euronews*) in the period of January 2002 to July 2003. The small common noun blend *corpus* used as *tertium comparationes* resulted simply from random book reading.

We should emphasize that our ultimate purpose is to give a contributing to the clarification of the blends typology as postulated to Fauconnier & Turner (2002), according to which "on-line blends" are considered to differ from "formal blends". No doubt the above mentioned example (1) from Grady & Oakely & Coulson (1999) featuring as a context-dependent blended occurrence can be considered an on-line blend. Differently from these on-line blends, the formal blends are context-independent resulting from the morphological fusion of two concepts, as is the case of "Chunnel" (The Tunnel under the English Channel) (cf. Fauconnier & Turner 2002: 366).

1.1. Blends with proper names in the Portuguese media

In the group of the blends with proper names in news titles from the Portuguese press two groups of blends can be distinguished. The first group includes blends exclusively elaborated on the basis of the intersection of proper names with proper names. In the second group, blends arise out of the intersection of proper names with common nouns. In any case, the blending process is clearly influenced by the specific dimension of the input spaces containing the proper names.

148   *Maria Clotilde Almeida*

1.1.1.   Blends resulting from the intersection of proper names with other proper names

Notice that the following occurrences with proper names can be considered blends because they are featured as tightly integrated units with new emergent structures resulting from the intersection of several input spaces. In the following occurrence (2) a new hybrid entity arises a" British--American Blair", resulting from the intersection of two input spaces, namely the Tony Blair input space 1 and Holmer Simpson input space 2:

(2) *Blair Simpson*
     É de há muito um admirador confesso da série: Talvez por isso não tenha sido difícil convencer Tony Blair "uma perninha" num dos episódios dos Simpsons, dando voz aos seu personagem animado. (Expresso 18.4.2003).

It should be emphasized that through the intervention the generic space featuring a person's name (first name and family name)[2] a few topological constraints operate between the input spaces: both are good-intentioned manly public figures, fathers of several children. We should highlight that the funny feeling results from the asymetrical status of both figures: on the one hand Blair is the British Prime Minister and, on the other hand, Holmer Simpson is an American jobless clumsy cartoon character, the beer-loving father of the Simpson family.

Crucial here is the fact that although in the accompanying text the author's intentions are far from being clear (the use of the metaphor "perninha" to characterize Blair's actions is quite vague) the comprehension of the blend is not at all affected due to the highly framed features of the proper names of the involved.

In example (2), which, in fact, is not a headline, two public figures from two different spaces, i.e. from reality and fiction, are clearly intersected but this time through a morphological word formation process known as justaposition:

---

2. Guimarães (2202:34): "O que se observa é que o nome próprio de pessoa, que é apresentado como um noem único para uma pessoa única, é na verdade uma construção tal que um sobreneme determina um nome."

More about blends 149

(2) *Cresci no fascínio das gravatas generosas e pela gargalhada larga de Diane-Annie-Keaton-Hall.* Inês Pedrosa (Expresso 12.04.2003)

Notice that in this morphologically complex blend with proper names the public figure in input space 1 is represented in the blend as a discontinous morphem" Diane" and "Keaton" are separated in the complex formation; the same applies to the second public figure, the fictional character "Annie Hall". In other words, in the blend the first name of the actress (Diane) is followed by the first name of the fictional character (Annie) and then naturally followed, respectively, by the surname of the actress (Keaton) and by the surname of the fictional character (Hall). This blend intersecting reality with fiction leads us to believe that in the mind of the journalist there is a conceptual integration between the actress and the fictional character.

It should be emphasized that this blended formation is even more context-independent than the blended construction in example (2) and this is mainly due to the justaposition process that somehow freezes the input spaces intersected in the blend.

(4) *Michael "Air" Jordan, Peter Schmeichel, Leonardo Araújo e Carlos Valderrama: quatro estrelas que se apagam, por vontade própria, até ao final do ano.* (A Bola 18.04.2003)

In example (4), a headline of the sports newspaper, *a Bola*, the proper name of the famous basketball player, Michael Jordan, is intersected with the name of famous brand of basketball shoes, widely advertised by Michael Jordan himself, "Nike Air". So, the metonymically construed brand's designation *"Air"* features as the middle name of the famous basketball player. The result is an hybrid entity intermingling the figure of "Michael Jordan" with the image of Nike basketball shoes.

It should be taken into account that the integration and elaboration phases of the blending processes are successfully accomplished in view of the fact that a brand's name is semantically identical to a proper name, i.e. each of them singles out an unique entity in people's minds and therefore the resulting blend in view of the highly framed dimension of the proper names in question is rendered superfluous.

The following occurrence (5), already analized by Almeida (2003 a) can also be included in this group:

150   *Maria Clotilde Almeida*

(5) *Quando o escândalo rebentou, homem cujo percurso se confun-*
    de com a História da Alemanha e da Europa – tendo concretiza-
    do o sonho do seu patriarca, Konrad Adenauer, ao reunificar a
    Alemanha em 1990 – viu o título de "Chanceler da Reunificação"
    ser subtituído pelo de Dom Kohleone. (Expresso 5.10.2002)

This blended proper name results from the intersection of two input
spaces with proper names. In input space 1 we have the figure of "Dom
Corleone", the mafia leader of the forties, immortalized in the film "The
Godfather" and in input space 2 the figure of Helmut Kohl, the ex-
German chanceler.

In spite of the fact that the agglutinated form "Dom Kohleone" occurs
at the end of the text, its unpacking process is facilitated by parallelism in
the topological constraint, i.e. both public figures are leaders in different
worlds, which is emphasized by the phonological proximity between both
proper names "Corleone" and "Kohl". Notice that parallel to morphological fusion there is evidence of identity, time and space compressions.

The following occurrence counts as another example of a blend accomplished through an agglutination process between two proper names from
two different input spaces:

(6) *Tropas iraquianas desfilaram no Saddomodro.* (Carlos Fino,
    RTP 2 – 4.3.2003)

In (6) the blended word formation emerges out of the fusion of the the
proper name of Saddam Hussein, here simply referred to by his first
name "Saddam" with another proper name "Sambodromo", referring to a
stadium in Rio de Janeiro (Brazil) where samba schools defilés take place
during the Carnival festivities. Notice that the hybrid image arising out of
a phonological proximity between both proper nouns conveys the idea
that Saddam's troops are just participating in a show, in fact just showing
off for the media in the course of the militar defilés.

Once more there is strong evidence of space and time compression
since each of both entities belong to different space and time frames.
Above all, it should be noticed that in clear violation of the topological
constraint Saddam's identity is compressed with a stadium and that does
not prevent us from understanding the blend. In our opinion, this is motivated by the fact that both proper names projected from the input spaces
into the blend are very specific.

More about blends 151

1.1.2. Blends resulting from the intersection of proper names with common nouns

In this second group blending processes are obtained through the mingling of proper names with common names. Sometimes, the integration and elaboration processes include a morphological fusion between two proper names, as is the case of exemple (6):

(7) *Família Milandini*
No Milan, Paolo Maldini conseguiu o impossível, ser maior do que o pai. (A Bola 8.12.2002)

This blended construction results from the insersection of three input spaces, namely, input space 1: the famous football player of Milan, Paolo Maldini and his father, Pietro Maldini, the famous coach of Milan and in input space 2 the italian football club *Milan*. This explains the use of the blend "família Maldini" compressing identities in input space 1. Based on this first blend another blend is formed "Milandini" by intersecting their family name with a club's name, "Milandini".

Notice that although the morphologically agglutinated blend "Milandini" arises out of a phonogical proximity, i.e. an alliteration between both proper names, the complexity of "blend-on-blend process" creates the need for context reinforcement.

From our vast *corpus* we have also selected occurrence (8) in which meaning is conveyed through a sequence of blends. Because the blends are placed at the beginning and the end of the textual excerpt we can conclude that contextual information is indispensable, as our following analysis will reveal:

(8) *tratado de beckhamologia*
A entrevista que David Beckham sempre desejou dar e nunca soube. Ou como a ficção pode ser a melhor forma de encontrar a realidade no ruidoso universo que rodeia as paredes de Beckingham Palace. (A Bola 18.5.2003)

The first blend is formed by the intersection of the proper name "Beckham" with the vague science domain, represented both by "tratado" and by the greek suffix "-logia", a highly abstract instrument for word formation. It would be impossible understand the title's meaning

152 *Maria Clotilde Almeida*

without reverting to the text itself, namely to the definite noun "a entrevista", and the whole textual sequence which ends up with another blend "Beckingham Palace". No wonder that the ocurrence of this second blend clearly helps to realize the importance of the football player's achievement (a high quality interview) by intersecting the proper name "David Beckham" with the proper name" Buckingham Palace", the designation of the Queen's quarters in London.

It must be realized that the conceptual integration network in the second blend is somewhat intricate. In fact, we only know for sure that "Buckingham Palace" is used in this context mainly due to the phonological proximity between both proper names "Beckham" and "Buckingham" to emphasize Beckham's achievement. Therefore, from our point of view all possible cross-space mappings between the input spaces culminating in the somewhat vague meaning of "Beckingham Palace" are minimized simply by the agglutination of these two proper names.

In the following occurrences (9) and (10) the blended constructions resulted from the merge of proper names with common nouns, respectively, with an adjectives and a verb. The presence of category labels blended with the proper names in these agglutinated formations does not facilitate their comprehension. Therefore, the access to a larger context turns out to be indispensable.

(9) *Portas "blockheeado"*
    *A Lockheed – interessada na venda a Portugal dos seus C-130 J
    e também com participação no negócio da TV Digital Terrestre –
    admite que fez lóbi pelo ministro da Defesa.* (Expresso 8.3.2003)

The blended construction in the title features the Portuguese Minister of Defense "Paulo Portas" and his frustrated plans for purchasing Lockheed planes. The conceptual integration network is formed by the intersection of several input spaces, namely input space 1: Portas plans to buy Lockheed planes and the contrafactually construed input space 2 Portas's plans are aborted, here represented by "bloqueado". The blended title inherits from input space 1 the proper name "Portas" and the brand's name "Lockheed". From input space 2 the blend takes "bloqueado". Therefore, the noun-adjective blended sequence results from the conceptual and morphological fusion of a proper name "Lockheed" with a common name, the deverbal portuguese adjective" bloqueado".

From our point of view, comprehension of the blended title is virtually impossible without a larger context, mainly due to the indefinite nature of

More about blends 153

the common noun "bloqueado" that does not match the specific nature of the brand's name "Lockheed", i.e. the topological constraints are minimal. Moreover, it should be accounted for that, since there is a minimal phonological proximity between "Lockheed" and "bloqueado", the phonological structure of the blend itself is fairly artificial.

As mentioned before the following occurrence (10) is structurally similar to (9) since a proper name is fused with a common name:

(10) *(A)dorem-na*
      Dora Gomes é o maior símbolo do bodyboard português. (A Bola 10.11.2003)

Notice that the blended construction is obtained by the intersection of more than two input spaces: our bodyboard female champion "Dora Gomes" whose first name "Dora" is fused with the Portuguese verb "to adore" due to phonological proximity between them. Notice that the determinant "a" which accompanies first names in Portuguese is clearly detached from the blend by means of parentheses which helps to identify the blended construction.

Moreover, it should be emphasized that there is a counterfactual underlying the blend because the verb is not conjugated in the present but in fact in the subjunctive, which simply means that the journalist states that he wishes she should be adored by the public opinion.

Just like in example (9) comprehension of the blend is virtually impossible without the accompanying text, even if there is a phonological proximity between the proper name and the common noun. Therefore, on our opinion, the motive of this need for a context lies on the semantic differences between proper nouns and common nouns.

To sum up, proper name-proper name blends are easier to understand without a context than proper name-common noun blends because the former result from mappings from highly framed, clearly individualized entities, whereas the latter are elaborated on the basis of both highly framed, clearly individualized entities, represented by proper names, and not so highly framed entities, represented by common nouns, namely an adjective and a verb.

That is the reason why in the unpacking of proper name-proper name blends the larger context does not play a decisive role, whereas in the unpacking of proper name-common name blends a larger context than the blend itself is required.

154   *Maria Clotilde Almeida*

2. Other blends with common nouns

In order to prove our point some other blends with common names pertaining to (not for so long virtual realities) were analysed. These blends referring to recent advances in technology cannot be understood without a context because contrary to proper name- proper name blends they are not anchored in highly framed entities. In fact, they can be considered "theory-constitutive"[3], i.e. they themselves establish new frames anticipating future scientific advances in the light of recent technological developments, as shown in occurrences (11) and (12):

(11) *A partir de que fase, depois de ter substituído os seus órgãos vitais, depois de reabastecida de energia electroquímica a sua consciência, um homem ou uma mulher entrará naquilo a que se deu o nome de "bodynet".*
George Steiner, *Gramáticas da Criação*, Lisboa: Relógio D'Água, 2002, p.353

The blended formation "bodynet" anticipates technological evolutions in cloning and bio-physics that will enable human being to replace their vital organs and electrochemical energy in their bodies in the near future. The blended category results from the integration of two input spaces, intersecting the original body, referred to as simply "body", with the idea of organ replacements, metaphorically referred to as "net".

The unpacking of the blend is virtually impossible without a context because it is configurated on the basis of reuniting one common noun with another common noun used metaphorically whose meaning is only accessible through context activation. Thus, the blend itself possesses a vague meaning and therefore, for its unpacking access to a larger context turns out to be indispensable.

At first sight, one could anticipate that the analysis of blended occurrence (12) would yield similar results:

(12) *Poder-se-iam conceber e realizar "knowbots", criaturas imateriais "agentes autónomos inteligentes com corpos virtuais que seriam ensinados a aprender, realizariam tarefas nos bancos*

---

3. Term borrowed from the metaphor domain (cf. Boyd 1993:486).

de dados e ao longo de auto-estradas de dados, em espaços intangíveis, desprovidos de toda a corporeidade (e sem ligação com a realidade material dos robots). Os sentidos corporais – e, em particular a visão- necessários à recepção de informação seriam substituídos pelos "sentidos imateriais" (processos de recepção e trabalho de dados dos Knowbots).

José Gil, "Um virtual ainda pouco virtual" in *Revista da Comunicação e Linguagens. Imagem e Vida* nº 31, Lisboa: Relógio d'Água, 2003

In fact, the use of metalinguistic expressions in connection with the agglutinated formation "knowbots" seems to corroborate this hyphothesis. According to the canones of blending, we would have two input spaces and a generic space namely input space 1: artificial inteligence, represented by the verb "know" and input space 2: automata represented by the common noun "robots". Both are brought together by the generic space which depicts an autonomous intelligent creature. In the blend a new hybrid entity comes into existence " the knowbot" with emergent structure of its own, i.e. a bodiless intelligent virtual "thing", capable of working in data highways.

To sum up, blends for (not so long) virtual realities in this group that result from the intersection of two common nouns are vaguer than proper name-common noun blends, and certainly much vaguer than proper name-proper name blends.

Thus, we maintain that, in view of the fact that the alleged "formal blends" in examples (8) to (12) are context-sensitive, i.e. function as "on-line blends", any blend typology should rest on the different reference paradigms, taking into account the different semantic characteristics of proper names and common names mapped from the input spaces.

3. Final remarks

By confronting blends exclusively elaborated by intersection of different proper names from different input spaces in news titles not only with blends resulting from the intersection of proper names with common nouns in news titles but also with blends conflating exclusively common nouns in texts we have argued that the former are significantly less vague than the latter due to the fact that blends elaborated on the basis of

156 *Maria Clotilde Almeida*

proper names of public figures narrow down the vagueness degree of the utterances. This seems to corroborate Stephen Pinker's view (1995:77) that: "In the blending system the properties of the combination lie *between* the properties of its elements. Thus the range of properties that can be found in a blending system are highly circumscribed, and the only way to differentiate large numbers of combinations is to discriminate tinier and tinier differences."

Acknowledgements

I wish to thank several colleagues who have commented on an earlier version of this paper: José Pinto de Lima (Universidade de Lisboa), Heloísa Feltes (Universidade de Caxias do Sul-Brasil) and Margarida Basílio (Pontifícia Universidade Católica do Rio de Janeiro-Brasil).

References

Almeida, Maria Clotilde
    2003a   Processos de Compressão em construções mescladas: análise semântica de ocorrências do português. In: A. Mendes e T. Freitas (orgs.), *Actas do XVIII Encontro da Associação Portuguesa de Linguística*, 67-76. Lisboa: Colibri.
    2003b   *Mens facit saltus*: Elementos para uma arquitectura mental da poética. In: H. Gonçalves da Silva (org.), *A Poética da Cidade*, 75-92. Lisboa: CEAE/ Colibri.
    in press   Blend-Bildungen – und was dahinter steckt. In: J. Schmidt-Radefeldt (hrsg.), *Kontrastive Sprachbeschreibung Portugiesisch mit anderen Sprachen,* 'Rostocker Romanischer Arbeiten'. Berlin: Peter Lang.
    in preparation *Significados em contraste*. Colibri: Lisboa.
Boyd, Richard
    1979   Metaphor and Theory Change. In: Andrew Ortony (ed.), *Metaphor and Thought*, 481-532. Cambridge: Cambridge University Press,
Brandt, Per Aage
    1995   *Morphologies of Meaning*. Aarhus: Aarhus U. Press.
Coulson, Senna
    2001   *Semantic Leaps: Frame-shifting and Conceptual Blending in Meaning Construction.* Cambridge: Cambridge University Press.
Fauconnier, Gilles
    1994   *Mental Spaces. Aspects of Meaning Construction in Natural Language.* Cambridge: Cambridge University Press.
Fauconnier, Gilles & Mark Turner
    1998   Conceptual Integration Networks. *Cognitive Science* 22: 133-187.

2000	Compression and the Global Insight. *Cognitive Linguistics* 11 3-4: 283-304.
2001	*The Way We Think. Conceptual Blending and the Mind's Hidden Complexities.* New York: Basic Books.

Grady, Joseph, Todd Oakely & Senna Coulson
1999	Conceptual Blending and Metaphor. In: R. Gibbs & G. Steen (eds.), *Metaphor in Cognitive Linguistics,* 101-124. Amsterdam: John Benjamins.

Grea, Philippe
2001	Les limites de l'intégration conceptuelle. *Langages. La constitution extrinsèque du référent* 150: 61-74.

Guimarães, Eduardo
2002	*A Semântica do Acontecimento.* Campinas: Pontes.

Hall, D. Geoffrey
2002	Semantics and the Acquisition of Proper Names. In: R. Jakendoff, P. Bloom & K. Wynn (eds.), *Language, Logic and Concepts,* 337-372. Massachusetts: MIT Publications.

Johnson-Laird, Phillip
1983	*Mental Models. Towards a Cognitive Science of Language, Inference and Consciousness.* Cambridge: Cambridge University Press.

Kripke, Saul
1980	*Naming and Necessity.* London: Basil Blackwell, 2. Edition.
1968	*An Introduction to Theoretical Linguistics.* Cambridge: C.U.P.

Lyons, John
1980	*Semântica I.* Lisboa: Presença.

Pinker, Stephen
1995	*The Language Instinct. How the Mind Creates Language.* New York: Harper Perennial.

Searle, John
1979	*Expression and Meaning.* Studies *in the Theory of Speech Acts.* Cambridge: Cambridge University Press.

Sperber, Dan & Deirdre Wilson
1995	*Relevance, Communication and Cognition,* 2. Edition. London: Basil Blackwell.

Talmy, Leonard
2000	*Towards a Cognitive Semantics, V.II: Typology and Process in Concept Structuring.* Massachusetts: MIT Press.

Tomasello, Michael
2003	The Key is Social Cognition. In D. Gentner & S. Goldin-Meadow (eds.), *Language in Mind. Advances in the Study of Language and Thought,* 47-58. Massachusetts: MIT Press.

Turner, Mark
1995	Conceptual Blending and Counterfactual Argument in Social and Behavioural Sciences. In: Philip Tetlock & Aaron Belkin (eds.), *Counterfactual Thought Experiments in World Politics. Logical, Methodological and Psychological Perspectives,* 291-296. Princeton: Princeton U. Press.

158   *Maria Clotilde Almeida*

2001   *Cognitive Dimensions of Social Science.* Oxford: Oxford University Press.

Turner, Mark & Gilles Fauconnier

2003   Metaphor, Metonymy and Binding. In: René Dirven & Ralf Pörings (orgs.), *Metaphor and Metonymy in Comparison and Contrast,* 469-488. Berlin: de Gruyter.

Metonymy in discourse-pragmatic inferencing

Antonio Barcelona

Abstract

One of the most recent and promising contributions of the cognitive linguistic approach to metonymy is the realization of its fundamental role in pragmatic inferencing. As discourse unfolds, the participants – the reader (of a written text), or the speaker and listener (of a spoken conversation) – constantly draw all sorts of pragmatic inferences, in most cases automatically and effortlessly. Most of these inferences are invited, as is well-known, by the conventional form of sentences (which then constitute a clue, together with the context, to their illocutionary force) and / or triggered by basic cooperative principles (relevance in particular). Many indirect speech acts and implicatures, though, can also be regarded as the outcome of the application of metonymic mappings. Conceptual metonymies often provide "ready-made" pointers towards plausible inferential pathways in the interpretation of all sorts of discourse. These pointers, which are normally automatic, contribute greatly to the ease and speed of interpretation

The article will briefly survey some important recent research on the role of metonymy in pragmatic inferencing. The bulk of the paper is devoted to presenting, within the limited time available, two detailed case studies which provide strong evidence of the frequent metonymic motivation of discourse-pragmatic inferencing.

Keywords: Cognitive linguistics, metonymy, pragmatic inferencing, implicature.

1. Introduction

One of the most recent and promising contributions of the cognitive linguistic approach to metonymy is the realization of its fundamental role in pragmatic inferencing. As discourse unfolds, the participants – the reader (of a written text), or the speaker and listener (of a spoken conversation) – constantly draw all sorts of pragmatic inferences, in most cases automatically and effortlessly. Most of these inferences are invited, as is well-known, by the conventional form of sentences and by a number of pragmatic principles, relevance in particular. Many indirect speech acts and implicatures, though, can also be regarded as the outcome of the application of metonymic mappings.

160   *Antonio Barcelona*

In this introduction, I will very briefly present the notion of metonymy that I will be assuming throughout the article. In the second section, I will survey, again very briefly, some important recent research on the role of metonymy in discourse-pragmatic inferencing. In the third section, the bulk of the paper, I will present a brief report on two case studies that I carried out on the role of metonymy in implicature derivation. In the fourth section, I will briefly present some conclusions.

1.1. Metonymy

As is well known, the cognitive-linguistic notion of metonymy departs in important respects from the traditional rhetorical view, which simply regards it as a trope. However, cognitive linguists do not agree in every respect on the notion of metonymy; there is no space here to discuss those differences (such a discussion can be found in Barcelona 2003a). Therefore I will simply present and briefly discuss below my own notion of metonymy (Barcelona 2002a, 2003a, n.d.). This definition of metonymy is a broad, "schematic" definition:

> Metonymy is an asymmetrical mapping of a conceptual domain, the source, onto another domain, the target. Source and target are in the same functional domain and are linked by a pragmatic function, so that the target is mentally activated.

Some comment on this definition may be necessary.

The mapping has to be asymmetrical (i.e. not a systematic matching of counterparts, as in metaphor; see Barcelona (2003a, n.d.). On the other hand, metonymy does not have to be referential. Some examples of non-referential metonymies are provided below. The term "mental activation" means that the source is a reference-point providing mental access to the target (Langacker 1993, Kövecses and Radden 1998). Metonymies are "mappings" because the source domain is connected to the target domain by imposing a perspective on it.[1]   The term "functional domain"

---

1.   Take *Picasso is not easy to appreciate*. In this sentence, PICASSO'S ARTISTIC WORK is a metonymic target, and its activation is carried out *from* the source PICASSO, in his role as ARTIST, with the result that the hearer / reader is invited to conceptualize this artistic work primarily as the outcome of Picasso's artistic genius. i.e. as an extension of his personality, other aspects of this work being backgrounded.

(Barcelona n. d., 2002a) refers to a *frame*, in Fillmore's terms, or an "ICM", in Lakoff's terms.[2] A fundamental property of metonymy is the fact that the source maps onto and activates the target in virtue of the experiential (hence pragmatic) link between the roles each of them performs in the same "functional domain". This is why Fauconnier (1997: 11) regards metonymy as a "pragmatic function mapping". A "pragmatic function" (Fauconnier 1994, 1997) is a strong built-in connection between *roles* in a frame or ICM (CAUSE-EFFECT, AUTHOR-WORK, AGENT-ACTION, etc.).

If the link between the source and the target is a "pragmatic" link, then this link is *contingent*, that is, not "necessary" (Panther and Thornburg 2003b). This fact distinguishes a metonymic connection from a strictly "logical" connection (entailment, presupposition). Thus, though the proposition in the utterance *I would like you to close that window* does not presuppose the request "Please close that window", the above utterance can be used to activate this request metonymically (PRECONDITION OF REQUEST (DESIRING THAT ADDRESSEE DOES X) FOR EVENT (REQUESTING ADDRESSEE TO DO X).

The above definition is very general and includes many different phenomena. In Barcelona (2003a), a set of additional specific definitions are proposed for these various phenomena, which cannot be reproduced here for space limitations. Despite the breadth of the definition, the conceptual metonymies that I will be presenting in sections 2 and 3 will be relatively clear, "typical" instances, including both referential and non-referential metonymies, like those in (1) to (3):

(1) *Belgrade did not sign the Paris agreement.*
(2) *She's just a pretty face.* (Lakoff & Johnson 1980:37)
(3) *He walked with drooping shoulders. He had lost his wife.*

---

2. In Barcelona (n.d.) and Barcelona (2002a) I have recently proposed that the cognitive domain mentioned in the definition should be a "functional cognitive domain" (i.e. a frame or ICM), and not just a taxonomic domain. In both papers, and in Barcelona (2003a), I have also proposed that the mapping in metonymy is unidirectional and *asymmetrical*, whereas the one in metaphor is unidirectional and *symmetrical*. By "symmetrical" I mean that each source element has in its frame a structurally equivalent role to its counterpart in the target (e.g. in the LOVE IS A JOURNEY metaphor, the lovers have a role in the "romantic love frame" which is structurally equivalent to the role of the travelers in the "journey frame").

162   *Antonio Barcelona*

In example (1) there is a referential metonymy whose target is the Yugoslavian government. Examples (2) and (3) are not referential; the target in (2) is the concept PERSON, and that in (3) an emotional state, SADNESS.[3]

2. An overview of research on the role of metonymy in discourse-pragmatic inferencing

2.1. A brief survey

The role of metonymy in pragmatic inferencing has already been studied by a number of cognitive linguists, though much more has to be done. Lakoff's discussion of the role of metonymy in certain conversational conventions of Ojibwa and English was one of the earliest contributions in this direction (Lakoff 1987: 78-79). Gibbs (1994: Chapter 7) reviews this role of metonymy and examines the psychological reality of such a role: conceptual anaphors, conceptual tautologies, the mental reconstruction of texts previously read or heard, indirect speech acts, interpretation and reasoning in terms of eponymous verb phrases, film, drama and art conventions and techniques, even literary styles, like that of most 19th century historians, which can be defined as metonymic.[4]

Other linguists have underlined the metonymic basis of the implicatures motivating metaphorical lexical extension in grammaticalization processes. An oft-cited example is the extension of the spatial meaning of the verb *go* to the temporal and volitional domains, in its grammaticalization as the semi-auxiliary *be going to* (Hopper and Traugott 1993; Heine, Claudi and Hünnemeyer 1991). Recently, Traugott and Dasher (2002) have underlined the role of metonymy-based inference in semantic change, in their "Model of the Invited Inference Theory of Semantic Change".

Ruiz de Mendoza and Pérez Hernández (2001) also briefly discuss the role of metonymy in indirect speech acts, and Ruiz de Mendoza (1999, and other publications) suggests that metonymy it may be at the root of other types of pragmatic inferencing.

---

3. What is conventionally believed to be a possible behavioral effect of sadness (walking with drooping shoulders) activates its cause (the emotion itself), so that an automatic inference is that the person exhibiting this bodily behavior was sad.
4. Because they used to study a particular event as a model for the whole macrocosm of which it was just a part.

Metonymy in discourse-pragmatic inferencing   163

Panther and Thornburg are the two cognitive linguists that have paid most attention recently to the role of metonymy in various types of pragmatic inferencing. Apart from their important journal papers on the issue (Panther and Thornburg 1998; Thornburg and Panther 1997), they have recently edited a collection of papers (Panther and Thornburg 2003a), most of which are concerned with the role of metonymy in utterance interpretation, conceptual blends, metonymy-based grammatical inferencing and linguistic change, and the inferential role of metonymy in a cross-linguistic perspective.

2.2. Two examples

As an illustration of this growing body of literature in the topic, two brief examples are presented in this sub-section.

2.2.1. Indirect speech acts

This example is drawn from Thornburg and Panther (1997). It is an instance of an indirect speech-act, specifically an indirect offer:

(4) *"Don't be absurd, darling, I can advance you any amount you ask for," said Caroline. "Don't you know I am a very wealthy woman?"*

The inference of an indirect offer is motivated by the metonymy ABILITY TO PERFORM THE ACTION OFFERED FOR THE ACTION OF OFFERING (a manifestation of POTENTIALITY FOR ACTUALITY)

2.2.2. Implicatures

Gibbs (1994: 329-330) gives this example:

(5) *John was hungry and went into a restaurant. He ordered lobster from the waiter. It took a long time to prepare. Because of this he only put down a small tip when he left.*

164   *Antonio Barcelona*

On the basis of the RESTAURANT script or frame, an automatic inference is "John ate the lobster". The fact that he left a small tip leads to the inference that he paid, and if he paid, he must have eaten the lobster. This inferential chain can be shown to be metonymic.

3. Case studies

These two studies are simply aimed at
(i)   identifying the pragmatic inferences in two brief texts,
and
(ii) identifying the metonymies guiding these inferences

3.1. Case study 1

In narrative and / or descriptive discourse it is quite common to mention or to allude only to certain aspects, or certain subsets, of the event sequence to be narrated, or of the entities or the scenario to be described.

Jane cooks her breakfast every morning before dawn, at 5.30 a.m., and then goes to work. Today is a working day for Jane, but this morning no light comes through her kitchen window at 5.30 a.m.

It is now 6.00 a.m. and her kitchen is still dark. A neighbor of Jane's who knows her morning habits makes the following casual remark to another neighbor, equally aware of Jane's morning habits:

(6) *I got up at 5.30 a.m. and saw no lights coming through Jane's kitchen window. I wonder whether she's all right.*

Implicatures and metonymies [5]

The listener automatically perceives the connection between the speaker's two sentences (*I got up at 5.30 a.m. and saw no lights coming through Jane's kitchen window* and *I wonder whether she's*

---

5. An initial, very brief analysis of this text was presented in Barcelona 2002 b, and a fuller analysis was presented at the International Workshop *The Interrelation between Cognitive and Discourse Approaches to Metaphor and Metonymy,* Castelló de la Plana, Spain, April 3-4, 2003.

Metonymy in discourse-pragmatic inferencing **165**

all right), thanks to conversational implicature (a) "she's not been co-oking her breakfast", which prompts, *among others*,[6] these further implicatures:

(b) "maybe she's not got up"

and

(c) "maybe she's not all right".

Implicature (a): "Jane has not been cooking her breakfast"

Metonymy: Mention of a salient aspect of the scenario (the fact that Jane has to turn on the light in her kitchen at 5.30 a.m. every day) metonymically evokes (activates) the whole breakfast-cooking scenario. We have here an instance of PRECONDITION FOR WHOLE SCENARIO. Jane's turning on the light in the kitchen is a precondition for Jane being able to cook her breakfast; that is, it is a precondition in the highly specific scenario JANE COOKING HER BREAKFAST, which includes the preconditions (turning on the kitchen light at 5.30 a.m.), the central part (cooking the breakfast and consuming it), and maybe a final part (tidying up the kitchen after breakfast).

Now by what we might call *metonymic reasoning*, if it is true that Jane did not satisfy the precondition, then it might also be true that the remaining actions included in the scenario did not take place. Negating the proposition that Jane turned on the light in her kitchen at 5.30 a.m. invites the negating that she cooked her breakfast.

Since the other two inferences are factually and / or conceptually dependent on JANE COOKING HER BREAKFAST, the negation of this proposition automatically invites the negation of the propositions in these inferences ("maybe she's *not* got up", "maybe she's *not* all right", etc.).

Implicature (b): "Maybe she's not got up"

Metonymy: A precondition for being able to cook one's breakfast is to rise from bed previously. Thus activation of JANE NOT COOKING HER BREAKFAST activates JANE NOT GETTING UP (RESULT FOR PRECONDITION).

Implicature (c): "Maybe she's not all right"

Metonymy: A precondition for being able to get up is to be physically or emotionally fit to do so. Activation of the notion JANE GETTING UP causes

---

6. Other possible inferences, mentioned in Barcelona (2002b) and analysed in my Castelló presentation, are "maybe she's not gone to work", and "this is quite uncommon with her".

166 *Antonio Barcelona*

activation of its precondition JANE BEING PHYSICALLY FIT (RESULT FOR PRECONDITION). And activation of the opposite RESULT (JANE NOT GETTING UP) causes activation of the opposite PRECONDITION (JANE NOT BEING PHYSICALLY FIT).

The conceptual connection among the implicatures is presented below, next to the metonymies guiding them:

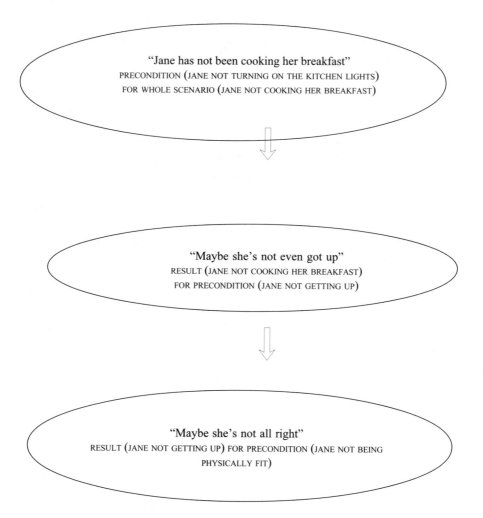

Figure 1. Inferences and metonymies in case study 1

Metonymy in discourse-pragmatic inferencing **167**

As can be seen, the inferencing work leading to the recognition of the pragmatic link between the two major sentences in this passage is crucially *guided* by the *chaining* of one PRECONDITION FOR SCENARIO metonymy with two RESULT FOR PRECONDITION metonymies.

3.2. Case study 2

The text analysed here is an anecdote taken from a best-selling book on medical anecdotes (Arana 2000: 22). I have translated and adapted it from its Spanish original. I hope it will also have an impact on speakers of other languages. An earlier, more detailed analysis of this text can be found in Barcelona (2003b).

As in the previous study some possible inferences are listed and then their their metonymic basis is explored.

The anecdote consists in a brief dialogue between a doctor and a patient. The patient, a woman, belongs to the kind that never trusts any doctor. She asks a very impolite question and receives an ironic reply, which she takes literally:

(7) Patient: *Excuse me, but have you been to medical school?*
　　Doctor: *No, madam, I just got my M.D. degree at a lottery.*

(After this, the patient asks for the complaints form at the surgery and writes on it, in all seriousness, that she cannot understand how a government-supported health center, "which is paid for with our tax money", has hired a doctor that obtained his degree at a lottery. As this case shows, the main thrust of an ironic remark may fail to be grasped by an obtuse addressee.)

Some possible implicatures

(a) Meant and conveyed by the patient:

1. The patient has serious doubts about the doctor's qualifications.

(b) Meant (ironically and metaphorically) and conveyed (non-metaphorically) by the doctor (to the patient):

2. Doctor's degrees can be obtained at a lottery.

c) Meant but not conveyed by the doctor (to the patient):

168   *Antonio Barcelona*

3. Believing that an M.D. degree can be given out at lotteries is an absurd belief.
4. Believing that an M.D. degree can be awarded to a person that did not attend medical school is an absurd belief.
5. The belief that a doctor can get his degree without going through a school of medicine is as absurd as the belief that a doctor can get his degree as a lottery prize. (Main implicature intended by the doctor.)

Inference 5 presupposes all the other inferences invited by the doctor (2-4). In fact inferences 2-5 would normally be derived simultaneously by most people, except by the literally-minded.

A number of conceptual frames are rapidly linked as the mental spaces (in Fauconnier's sense; see, e.g. Fauconnier 1994, 1999), invoked in the comprehension of this dialogue. The MEDICAL EDUCATION frame unexpectedly overlaps with the LOTTERY frame, to create a counterfactual *metaphorical* blend of both frames. This blend (Fauconnier and Turner 2002), in the REALITY frame or mental space, invokes the ABSURDITY frame. The main implicature is, thus, due to a shift to the latter frame. However, this shift, intended by the doctor, is not carried out by his literal-minded patient.

Implicatures and Metonymies:

Implicature 1: The patient has serious doubts about the doctor's qualifications.

Metonymy: The implicature arises on the basis of the metonymy CONDITION FOR RESULT. This metonymy operates within the MEDICAL EDUCATION frame. A condition for obtaining a medical degree (hence for having adequate professional qualifications) is attending medical school. On the basis of metonymic reasoning, if the fulfillment of the condition is questioned, so is the fulfillment of the result. In other words, the patient is not convinced that the man she is talking to is qualified for his job.

Implicature 2: Doctor's degrees can be obtained at a lottery.

Metonymy: The implicature arises on the basis of the metonymy RESULT FOR CONDITION. Obtaining a doctor's degree at a lottery (result) stands for its condition (the fact that medical degrees may be earned just by buying a lottery ticket). This metonymy operates within a counterfactual *metaphorical* blend between the MEDICAL EDUCATION and the LOTTERY frames. The blend is possible because there is an overlap (a subset of

Metonymy in discourse-pragmatic inferencing   169

correspondences) between both frames, created by the metaphorical mapping of LOTTERY onto MEDICAL EDUCATION:

- The medicine school corresponds to the lottery;
- Attending medicine school corresponds to participating at the lottery (by buying a lottery ticket)
- Getting an M.D. degree corresponds to getting a lottery prize; and, crucially,
- The condition-result connection between going through medicine school and getting an M.D. degree corresponds to the condition-result connection between participating at the lottery and getting a lottery prize. A condition-result connection can give rise to metonymy, so that the condition can activate the result and vice-versa. In the anecdote, the explicit mention of the result (getting an M.D. degreee *as a* lottery prize) metonymically activates the condition (i.e. that M.D. degrees as lottery prizes can be gotten by buying lottery tickets). This reasoning takes place within the metaphorical blend, but is *directly guided by metonymy.*

Implicature 3: Believing that a doctor's degree can be obtained at lotteries is an absurd belief.

Metonymy: The implicature arises on the basis of the metonymy ENTITY FOR ITS CONVENTIONALLY SALIENT PROPERTY. The entity here is a propositional entity (the plainly counterfactual belief that doctor's degrees can be given out as lottery prizes). The conventional property is a property (absurdity) that is definitionally predicated of this entity in the mental space of reality. This property is mentally activated by the mental activation of the entity. As a result the ABSURDITY frame is also invoked. [7]

Implicature 4: Believing that a doctor's degree can be awarded to a person that did not attend medical school is an absurd belief.

Metonymy: The implicature arises on the basis of the same metonymy, ENTITY FOR ITS CONVENTIONALLY SALIENT PROPERTY. The "entity" here is the propositional entity, i.e. the belief (a plainly counterfactual belief) that doctors can get their degree without going to medical school. And the conventional property of this belief is again ABSURDITY.

---

7. This metonymy often motivates personal stereotypes. For instance, in a recent interview in a regional newspaper in Spain (*La Verdad*, Murcia, 16/6/2000), David Byrne complains about being only known as the "ex-leader of *Talking Heads*", overlooking the rest of his career. That is, an entity can automatically invoke its conventionally salient property.

170   *Antonio Barcelona*

Implicature 5: It is a purely *logical inference* that arises on the basis of metonymy-based implicatures 4 and 5: if the belief that medical degrees can be obtained at lotteries is absurd, and if the belief that you can become a doctor without going to medical school is absurd, then both beliefs are *equally* absurd.

Figure 2 illustrates the foregoing analysis. It should be read from its bottom-most part upwards. The LOTTERY frame is reproduced here, to show that the connection between a condition and a result can be observed both in this frame and in the MEDICAL EDUCATION frame. This metonymic connection is preserved in the blend between both frames. Thin solid arrows indicate metonymies. Thin broken arrows indicate other sorts of correspondences. The thick solid arrow indicates the metaphorical mapping.

The MEDICAL EDUCATION and the LOTTERY frames are both included in the REALITY supra-frame. But when the metaphorical blend of these frames is confronted with the REALITY "supra-frame" or mental space, this frame shows that participating at a lottery is not equivalent to studying at a medical school as a condition for obtaining a medical degree (the confrontation between both frames is indicated by the double-headed broken arrow); therefore, implicature 2 is a counterfactual proposition in the REALITY frame. In this frame, the blend automatically invokes the notion of *absurdity*. One of the things that enter the ABSURDITY frame is the belief in the truth of counterfactual situations.[8] Two instances of this belief which metonymically activate the whole frame are the belief that doctor's degrees are given out at lotteries, and the belief that a doctor's degree can be awarded to a person that did not attend medical school.

As can be seen, the understanding of this conversation, as in the previous case study, hinges on a *chaining* of metonymies: the metonymy CONDITION FOR RESULT operating in the patient's question gets chained (via the partonymic anaphorical connection between *my M.D. degree* and

---

8. The ABSURDITY frame is a very general conceptual frame which includes people's knowledge of what qualifies as absurd: unreasonable, foolish, or ridiculous situations, behaviors, ideas, beliefs, etc. For instance, paying a lot of money for an object one does not need at all, or welcoming the Queen of England in one's pyjamas. Many absurd situations or beliefs are at the same time counterfactual, like the idea that people can fly simply by moving their arms up and down. This frame can be invoked directly by such words as *absurd, ridiculous, outlandish*, etc. or indirectly, as in this case, by mentioning a typically absurd situation.

medicine school) to the metaphor A MEDICAL SCHOOL IS A LOTTERY, and through this metaphor, to the metonymy RESULT FOR CONDITION, which, via the REALITY frame, is in turn linked to ENTITY FOR CONVENTIONALLY SALIENT PROPERTY.

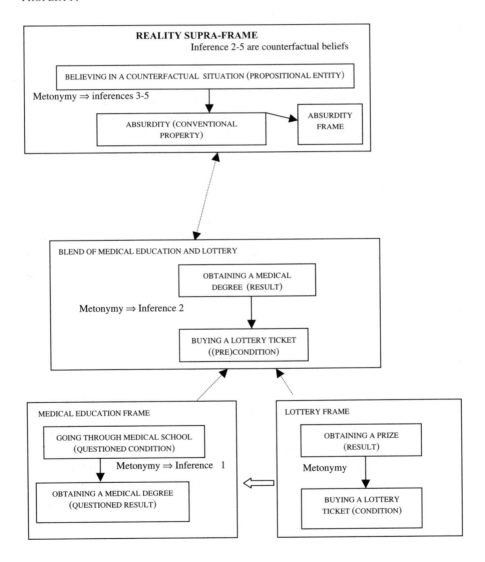

Figure 2. Implicatures and metonymies in case study 2.

4. Conclusions

Metonymy is a fundamental conceptual mechanism guiding pragmatic inferencing. As Panther and Thornburg (1998; Thornburg and Panther 1977) have claimed, metonymies are "natural inference schemas". Conceptual metonymies often provide "ready-made" pointers towards plausible inferential pathways in the interpretation of all sorts of discourse. These pointers, which are normally automatic, contribute greatly to the ease and speed of interpretation.

Panther and Thornburg's work has been mostly confined to the metonymic basis of speech acts. My own work (Barcelona 2003b) seems to provide systematic evidence for the claim that implicature derivation is also metonymy-guided, as Lakoff (1987) suggested long ago in his comment on Ojibwa conversational routines.

The referential function of metonymies is a useful (hence extremely frequent) consequence of their inference-guiding role, since what we do when we understand a referential metonymy is to *infer the referential intentions of others*. Of course, this inferencing may become completely routinized, so that the referent may be automatically accessible to the interpreter.

The motivational role of metonymy is also a side effect of its inference-guiding role. A metonymy has a *motivational* role when it plays a major role in the motivation of a constructional meaning or form, whose *entrenchment* then leads it to acquire *unit status* (Langacker 1987), that is, to be used in largely automatic fashion. For example, the conventional sense "manual worker" of the lexeme 'hand' is due to metonymy and it has acquired unit status in this lexeme. Motivational metonymies often create a new sense or form by inviting the correct *inference* of the referential intention of a speaker, or of the domain that is to be activated. When the sense "manual worker" of the lexeme 'hand' began to be used, the metonymy was inferential, besides being motivational and referential.

The inferential nature of metonymy, i.e. its role in activating the implicit pre-existing connection of a certain element of knowledge or experience to another, also explains its ubiquity in language and thought (Barcelona 2002b; Panther and Radden, eds. 1999).

Metonymy in discourse-pragmatic inferencing 173

References

Arana, José Ignacio de
 2000 *Diga treinta y tres. Anecdotario médico.* Madrid: Espasa Calpe.
Barcelona, Antonio
 2002a Clarifying and applying the notions of metaphor and metonymy within cognitive linguistics: an update. In: René Dirven and Ralf Pörings (eds.), *Metaphor and Metonymy in Comparison and Contrast*, 207-277. Berlin: Mouton de Gruyter.
 2002b On the ubiquity and multiple-level operation of metonymy. In: Barbara Lewandowska-Tomaszczyk and Kamila Turewicz (eds.), *Cognitive Linguistics Today*, 207-224. Frankfurt/Main: Peter Lang.
 2003a Metonymy in cognitive linguistics. An analysis and a few modest proposals. In: Hubert Cuyckens, Klaus-Uwe Panther & Thomas Berg (eds.). *Motivation in Language: Studies In Honor of Günter Radden,* 223-255. Amsterdam: John Benjamins.
 2003b The case for a metonymic basis of pragmatic inferencing: Evidence from jokes and funny anecdotes. In: Panther & Thornburg (2003a), (eds.), 81-102.
 n.d. The difference between metaphor and metonymy: A question of asymmetry? (Unpublished manuscript.). A paper presented at the Fourth Conference on Researching and Applying Metaphor. Tunis, 5-7 April 2001.
Fauconnier, Gilles
 1994 *Mental Spaces. Aspects of Meaning Construction in Natural Language.* Cambridge: Cambrige University Press.
 1997 *Mappings in Thought and Language.* Cambridge: Cambridge University Press.
Fauconnier, Gilles & Mark Turner
 2002 *The Way We Think. Conceptual Blending and the Mind's Hidden Complexities.* New York: Basic Books.
Gibbs, Raymond W, Jr.
 1994 *The Poetics of Mind. Figurative Thought, Language, and Understanding.* Cambridge: Cambridge University Press.
Heine, Bernd, Ulrike Claudi & Friederike Hünnemeyer
 1991 *Grammaticalization. A Conceptual Framework.* Chicago, etc.: University of Chicago Press.
Hopper, Paul & Elizabeth Closs Traugott
 1993 *Grammaticalization.* Cambridge: Cambridge University Press.
Kövecses, Zoltán & Günter Radden
 1998 Metonymy: Developing a cognitive linguistic view. *Cognitive Linguistics* 9, 1: 37-77.
Lakoff, George
 1987 *Women, Fire and Dangerous Things. What Categories Reveal About the Mind.* Chicago: Chicago University Press.
Lakoff, George & Mark Johnson
 1980 *Metaphors we live by.* Chicago: University of Chicago Press.

174 *Antonio Barcelona*

Langacker, Ronald W.
    1987   *Foundations of Cognitive Grammar. Vol.1: Theoretical Prerequisites.* Stanford: Stanford University Press.
    1993   Reference-point constructions. *Cognitive Linguistics* 4, 1-38.
Panther, Klaus-Uwe & Günter Radden (eds.)
    1999   *Metonymy in Language and Thought.* Amsterdam/Philadelphia: John Benjamins.
Panther, Klaus-Uwe & Linda Thornburg (eds.)
    1998   A cognitive approach to inferencing in conversation. *Journal of Pragmatics* 30: 755-769.
    2003a   *Metonymy and Pragmatic Inferencing.* Pragmatics and Beyond New Series. Amsterdam / Philadelphia: John Benjamins.
    2003b   *Introduction.* In: Panther and Thornburg (eds.), 1-20.
Ruiz de Mendoza, Francisco José
    1999   From semantic undetermination via metaphor and metonymy to conceptual interaction. Linguistic LAUD Agency. University of Essen. Series A. General and Theoretical Papers. Paper No. 492.
Ruiz de Mendoza, Francisco José & Lorena Pérez Hernández
    2001   Metonymy and the grammar: motivation, constraints and interaction. *Language and Communication* 21.4: 321-357.
Thornburg, Linda & Klaus-Uwe Panther
    1997   Speech act metonymies. In: Wolf-Andreas Liebert, Gisela Redeker and Linda Waugh (eds.), *Discourse and perspectives in cognitive linguistics,* 205-219. (Current Issues in linguistic theory 151.) Amsterdam / Philadelphia: Benjamins.
Traugott, Elizabeth Closs & Richard B. Dasher
    2002   *Regularity in Semantic Change.* Cambridge: Cambridge University Press.

Fatores funcionais e cognitivos na flutuação N/ADJ no Português do Brasil

Margarida Basilio

Resumo

O presente trabalho analisa diferentes manifestações do fenômeno de flutuação entre Substantivo e Adjetivo no Português do Brasil e mostra que este fenômeno é baseado na metonímia como processo cognitivo. Encarando o léxico como um sistema de armazenagem simbólica, a autora sugere que a flutuação Substantivo / Adjetivo é motivada por fatores funcionais na arquitetura do léxico.

Palavras-chave: metonímia, flutuação substantivo/adjetivo, português do Brasil.

1. Introdução

Em trabalhos anteriores focalizando construções lexicais específicas envolvendo processos de conversão ou de flutuação entre classes no português do Brasil (Basilio 1980, 1987, 1992, 1993, 1995), observei que, longe de se deverem a acidentes históricos ou corresponderem a instâncias eventuais, tais processos são, na maioria dos casos, motivados por fatores funcionais na arquitetura do léxico como estrutura de armazenagem a serviço de um sistema de comunicação que requer extrema flexibilidade. Adicionalmente, verifica-se que os processos mais corriqueiros de conversão ou situações de flutuação incidem em classes ou subclasses de construções lexicais que apresentam determinados aspectos em comum. Por exemplo, a conversão de Adjetivo para Substantivo ocorre em subclasses específicas de adjetivos; é comum a conversão de Adjetivo para Advérbio, mas não de Adjetivo para Verbo; e assim por diante.

Neste trabalho, pretendo mostrar que o uso sistemático de substantivos em função e posição adjetiva e adjetivos em posição e função de substantivo é baseado na metonímia como processo cognitivo. O trabalho focaliza, entre outras, as seguintes situações: a. uso de nomes de agente em função adjetiva; b. uso de instrumentais em função adjetiva; c. uso de

176   *Margarida Basilio*

adjetivos em posição/função de substantivo em contextos genéricos; e d. pares adjetivo/substantivo. Na primeira parte, faço uma descrição sucinta das propriedades relevantes de cada caso. Na segunda, argumento que todos os casos são manifestações de um processo metonímico subjacente.

2. Nomes de agente e Instrumentais

Nomes de agente podem ser definidos como palavras que denotam indivíduos por seus atos ou atividades específicos, permanentes, habituais ou eventuais, representados pelo verbo, como em *organizador* 'aquele que organizou" ou *visitante* 'alguém que está visitando'. No Português brasileiro, nomes de agente também podem ser usados como adjetivos, caso em que a forma *X-dor* ou *X-nte* atribui agentividade ao substantivo que modifica, como em *Comissão Organizadora* ou *Professor Visitante*. Mais especificamente, quando queremos denotar diretamente um indivíduo por uma atividade típica, usamos o substantivo. Quando o agente correspondente a uma atividade, seja ele um indivíduo, uma classe ou um grupo, é explicitado, o nome de agente passa a exercer função de adjetivo, atribuindo agentividade ao substantivo que o representa. Por exemplo, o termo *visitante* é usado para designar diretamente uma pessoa como agente do evento de visita; já em *professor visitante*, visto que o agente foi explicitado, o termo *visitante* atribui a agentividade do evento de visita a *professor*.

Em suma, nomes de agente categorizam pessoas por suas atividades típicas, ou, mais exatamente, por uma atividade emblemática que representa o conjunto de atividades correspondentes a uma profissão ou papel social; e seu uso adjetivo caracteriza seus substitutos explicitados como agentes: indivíduos, firmas, comissões, grupos, etc.

Nomes de agente também podem especificar outros nomes de agente em formações compostas, como em *sociólogo-presidente* ou *operário-presidente*. Neste caso, o foco está na dupla caracterização do agente. As propriedades de adjetivo estão patentes em exemplos como *candidato-empresário*, em que o segundo agente concorda em gênero com o primeiro, como os demais adjetivos. Talvez o exemplo mais interessante deste tipo de construção seja a famosa frase do escritor brasileiro Machado de Assis no início do livro Memórias Póstumas de Brás Cubas: "não sou um autor defunto, sou um defunto autor", em que *autor* é uma caracterização de *defunto* como agente. Neste exemplo fica patente o fato de que nestas construções, embora haja uma dupla caracterização agentiva, continua a haver um agente básico, diretamente designado e outro que atribui agentividade ao primeiro elemento da composição.

Também podemos designar instrumentos tomando por base sua função essencial, expressa pelo verbo, como em *liquidificador*, de *liquidificar*; *refrigerador*, de *refrigerar*; e assim por diante. As construções morfológicas mais utilizadas na formação de instrumentais são as mesmas utilizadas na formação de nomes de agente: *X-dor* e *X-nte*.[1] Sincronicamente, a construção *X-dor* é utilizada para a formação de instrumentais de natureza concreta, seja manuais (como *apagador*), elétricos (como *ventilador*) ou eletrônicos (como *computador*), seja abstratos (como *redutor, divisor*). Já a construção *X-nte* é usada para a formação de instrumentais químicos, como em *detergente, fertilizante, tranquilizante, solvente*, etc.

Ainda do mesmo modo que nomes de agente, no português do Brasil substantivos instrumentais podem ser usados como adjetivos, caso em que a forma *X-dor* ou *X-nte* especifica a instrumentalidade do substantivo com o qual ocorre. Assim, por exemplo, em *redutor* temos a designação de um elemento abstrato por sua função de redução; em *mecanismo redutor*, dado o elemento explicitado, *redutor* passa a especificar o substantivo em termos de sua função. Do mesmo modo, em *fortificante*, nomeia-se uma substância por sua atuação em fortificar; em *xarope fortificante*, dada a explicitação da substância, *fortificante* apenas especifica sua funcionalidade ou efeito.

3. Adjetivos substantivados e pares Adjetivo/Substantivo

No Português do Brasil, adjetivos podem ser usados como substantivos em contextos genéricos, como vemos abaixo:

(1)   a. *Bem-aventurados os mansos, porque eles herdarão a terra.*
      b. *Consolai os aflitos.*

---

1.   Por motivos óbvios. No nível da construção morfológica, poderíamos, inclusive, estabelecer uma descrição única, a de palavras que designam seres (indivíduos, objetos) através da caracterização de sua atividade ou função típica.

178 *Margarida Basilio*

Nesta circunstância, os adjetivos exercem sua função de qualificação não para predicar um indivíduo específico ou algo denotado pelo substantivo, mas para caracterizar qualquer indivíduo ou qualquer objeto que tenha a propriedade, estado ou condição expressa pelo adjetivo. Temos, pois, um mecanismo por meio do qual se designam seres através da propriedade atribuída pelo adjetivo. Por exemplo, *mansos* em (1a) designa todos os seres humanos que tenham a propriedade de mansidão. Do mesmo modo, *aflitos* em (1b) designa todos os seres que estejam na condição de aflição. Estas ocorrências são, portanto, adjetivos substantivados: são adjetivos que ocorrem em função de substantivo, isto é, em função denotativa, apesar de não perderem sua função de adjetivo, isto é, denotam seres através da atribuição de uma propriedade; e adquirem algumas propriedades de substantivo, mas não todas.

Existem algumas características típicas destas construções. Por exemplo, os adjetivos substantivados são via de regra utilizados no plural; mas o ponto mais relevante é que não há a habitual distinção entre singular e plural nestas construções, como vemos em (2):

(2) a. *Bem-aventurado o manso, porque herdará a terra.*
     b. *Consolai o aflito.*

Do mesmo modo, não há espaço para a flexão de gênero, como vemos em (3):

(3) a. *??? Bem-aventurada a mansa...*
     b. *??? Consolai as aflitas.*

Em suma, nessas formações temos adjetivos que são usados em função de substantivo, mas não chegam a ter as propriedades plenas do substantivo, na medida em que designam seres (função substantiva) a partir de sua qualificação (função de adjetivo); ocupam posição de núcleo de sujeito e complementos e determinam a flexão de número no verbo (propriedades de substantivo), mas só podem ocorrer nestes contextos genéricos. Daí a denominação de adjetivos substantivados.

Além da situação restrita de ocorrência de adjetivos substantivados em contextos genéricos, muitos adjetivos do Português Brasileiro, tais como *velho, brasileiro, vermelho, santo*, etc. podem apresentar um substantivo correlato, configurando uma situação de conversão plena, isto é, o substantivo formado por conversão pode ocorrer em todas as posições e exercer todas as funções que um substantivo exerce.

Quando nestes pares Adjetivo/Substantivo o adjetivo pode qualificar seres humanos, o substantivo invariavelmente denota uma pessoa caracterizada pela propriedade atribuída pelo adjetivo. Por exemplo, *velho* designa uma pessoa caracterizada como idosa, *santo* designa uma pessoa caracterizada pela santidade, e assim por diante.[2] O mecanismo, portanto, é semelhante ao que vimos acima em relação aos adjetivos substantivados em contextos genéricos. A diferença fundamental entre os dois casos é que nos pares Adjetivo/Substantivo, que existem em proporção relativamente reduzida, o substantivo é pleno. A diferença entre os dois casos é ilustrada em (5) e (6), abaixo:

(5) a. O velho atravessou a rua.
     b. Vi dois velhos conversando na calçada.
     c. Este velho tem mais fôlego do que eu.
     d. Preciso de um velho simpático para fazer um comercial.
(6) a. *O manso atravessou a rua.
     b. *Vi dois mansos conversando na calçada.
     c. *Este manso tem mais calma do que eu.
     d. *Preciso de um manso simpático para me ajudar nas palestras.

Ou seja, enquanto o substantivo *velho*, formado por conversão, pode ocorrer em diferentes posições próprias de substantivo, o adjetivo substantivado *manso* só ocorre em contextos genéricos, sendo inaceitável sua ocorrência em outras situações.

Vimos, até agora, diferentes instâncias de flutuação ou de conversão entre Substantivo e Adjetivo. Passamos a mostrar que o que se manifesta como um conjunto de diferentes instâncias resulta de um único mecanismo subjacente, baseado na metonímia como um processo cognitivo.

4. Metonímia: visão conceptual

Em termos gerais e etimológicos, a metonímia pode ser considerada como uma simples transferência de denominação. Mas a visão mais tradicional de metonímia em linguística focaliza a noção de contiguidade

---

2. A situação é diferente no caso de atribuição de qualidades a coisas. Por exemplo, um absurdo é alguma coisa absurda, mas um longo é um vestido, um brilhante é uma pedra, um agudo é um som, e assim por diante.

180   *Margarida Basilio*

entre dois conceitos ou referentes, de sorte que o nome de uma coisa seria substituído pelo nome de outra coisa a esta relacionada. Entretanto, conforme observam Panther e Radden (1999:9), a metonímia não é uma mera substituição de expressões linguísticas, mas um processo cognitivo que evoca um esquema conceitual. Neste enfoque, Panther e Thornburg (2002:280) preferem restringir a metonímia exclusivamente à contiguidade entre conceitos e acrescentam o requisito da contingência, no sentido de que relações de contiguidade a serem levadas em conta em casos de metonímia não seriam conceptualmente necessárias, mas contigentes.

Dentro da visão conceptual da metonímia (Radden e Kovecses 1999:21), o processo metonímico consiste no acesso mental a uma entidade conceptual (o alvo) por meio de outra entidade (o veículo) dentro do mesmo modelo cognitivo. Naturalmente, para uma entidade conceptual prover acesso a outra, é necessário que as duas entidades estejam rela cionadas de algum modo. Os exemplos mais frequentes de relações metonímicas em abordagens tradicionais são os de lugar por instituição, lugar por evento, resultado por ação, produtor por produto, recipiente por conteúdo, etc.

Metáfora e metonímia são processos de grande relevância na expressão de novos significados, mas seu papel tem sido largamente examinado sobretudo em relação à polissemia de palavras isoladas, nas abordagens tradicionais; em relação à função poética, em abordagens literárias; e em relação a efeitos pragmáticos, em abordagens mais recentes. Entretanto, muito pouco tem sido dito sobre o papel da metonímia em estruturas gramaticais ou lexicais.[3] Passo então, a focalizar o caráter metonímico do processo subjacente às instâncias de flutuação Adjetivo/Substantivo descritas brevemente nas seções anteriores.

5. O processo metonímico e a flutuação Substantivo/Adjetivo

Vimos, em resumo, que a metonímia é um processo cognitivo que provê o acesso mental a uma entidade conceptual (o alvo) através de outra entidade conceptual (o veículo). Vimos ainda que, para o processo ser considerado como metonímico, os elementos em questão deve ser associados de algum modo, e a relação entre eles deve ser contingente e não necessária.

---

3. Algumas indicações, entretanto, são apresentadas em Panther e Thornburg (2002).

Fatores funcionais e cognitivos na flutuação N/ADJ   181

Nos casos que aqui focalizamos, pode existir uma relação direta entre a denotação, a principal função semântica dos substantivos, e a qualificação ou caracterização, principal função dos adjetivos. Esta relação não é necessária: normalmente, a relação entre o significante e o significado é uma relação arbitrária. Entretanto, a qualificação, principal função dos adjetivos, pode ser usada como um modo de denotação, característica dos substantivos. De fato, a denotação por caracterização é um processo comum, eficiente e econômico de denotação.

Vejamos primeiramente o caso do uso de nomes de agente como adjetivos. Vimos que nomes de agente são construções que denotam seres por uma atividade ou ação característica, especificada pelo verbo que é base da construção morfológica. Assim, por exemplo, *organizador* denota um ser caracterizado por organizar alguma coisa. O conceito de "substantivo: denotação do ser (caracterizado por X)" é naturalmente associado ao conceito "adjetivo: caracterizador de X". Assim, em *Comissão Organizadora*, o processo metonímico provê automaticamente a interpretação "caracterização da comissão por organizar", dada a explicitação do ser e consequente posição de adjetivo.

Ou seja, substantivos que denotam via especificação são candidatos óbvios para uso adjetivo; este é o caso dos nomes de agente, que designam seres humanos através do que eles fazem tipicamente. Em outras palavras, nomes de agente já têm embutido, em sua estrutura lexical, um componente funcionalmente adjetivo, já que são construção lexicais construídas para denotar alguém como agente típico para algum tipo de ação ou atividade especificada pelo verbo.

Do mesmo modo, em *visitante* temos a designação de um ser humano pelo evento definido em *visitar*; a caracterização contida na designação fica disponível e é imediatamente accessível em *professor visitante*, em que se define idêntica situação, mas como especificação da relação agentiva do ser explicitamente denotado em *professor*.

A situação de formações do tipo *candidato-empresário* é ao mesmo tempo diferente e equivalente. Vejamos os termos *candidato, empresário, candidato-empresário, empresário-candidato*. Todos os termos são substantivos e designadores de seres humanos por atividade ou situação característica.[4] Assim, *candidato* designa um ser humano pelo ato

---

4. Estes exemplos também são de nomes de agente, embora não necessariamente deverbais.

182 Margarida Basilio

de candidatar-se e *empresário* designa um ser humano por dirigir uma empresa; em *candidato-empresário*, o segundo termo caracteriza como dirigente de empresa o ser humano denotado por *candidato*; e em *empresário-candidato* o segundo termo caracteriza como candidato o ser humano denotado por *empresário*. Novamente, temos a função prototípica de denotação por caracterização, a qual provê acesso para a função de caracterização adjetiva, a ser acessada sempre que a palavra ocorra em posição adjetiva.

O mesmo processo pode ser verificado no caso das formações de instrumentais como *redutor* e *fortificante*. O termo *redutor* designa uma entidade abstrata por sua ação de reduzir; e *fortificante* designa uma substância por sua propriedade de fortificar. Em *mecanismo redutor* e *xarope fortificante*, no entanto, em ambos os casos o instrumental passa a caracterizador da entidade já explicitamente nomeada, isto é, *mecanismo* e *xarope*. Ou seja, do mesmo modo que os nomes de agente, os instrumentais também são candidatos óbvios ao uso adjetivo, já que o processo metonímico proverá automaticamente a interpretação adequada à posição de adjetivo.

Os casos vistos até agora envolvem nomes de agente e instrumentais, ou seja, substantivos interpretados como adjetivos quando ocorrem em posição adjetiva, seguindo um substantivo que designa um ser ao qual atribuem agentividade ou funcionalidade típica, facilmente acessível a partir do significado do nome de agente através processo metonímico. A segunda possibilidade é a dos adjetivos serem usados como substantivos, quer em contextos genéricos, quer na situação de conversão plena.

No caso dos adjetivos substantivados em contextos genéricos, a substantivação é meramente funcional: a função predicativa do adjetivo incide não sobre um referente especificado, mas sobre todo e qualquer referente definido pelo próprio significado do adjetivo. Ou seja, a situação do adjetivo substantivado é funcionalmente a mesma situação do nome de agente, o qual, conforme dissemos anteriormente, já tem embutido, em sua estrutura lexical, um componente funcionalmente adjetivo.

Os pares Adjetivo/Substantivo constituem uma situação estruturalmente diferente, mas funcionalmente idêntica. A diferença estrutural é que nestes pares os substantivos são plenos, isto é, designam um ser por alguma qualidade relevante não apenas em contextos genéricos, mas em todo e qualquer contexto de ocorrência em que um substantivo normalmente ocorre. O aspecto funcional, entretanto, é o mesmo. A partir da função adjetiva de caracterização, temos a designação de um ser, configurando-se a denotação por caracterização; ou seja, a mesma relação

Fatores funcionais e cognitivos na flutuação N/ADJ 183

que vimos para os nomes de agente opera agora na direção inversa, permitindo facilmente o acesso da acepção designadora ao adjetivo que então se torna plenamente substantivo.

A metonímia se revela, portanto, como um instrumento fundamental para a eficiência do léxico como um sistema de armazenamento de símbolos: como podemos acessar mentalmente um entidade conceptual por meio de outra, é possível armazenar apenas uma entidade conceptual em vez de duas ou mais entidades parcialmente relacionadas. Assim, a flutuação Substantivo / Adjetivo nos permite estocar apenas um item lexical para ambas as funções de denotação e caracterização: o armazenamento é feito pela função prototípica, mas outras funções associadas são imediatamente accessíveis por meio de um processo metonímico, incluído num modelo cognitivo de caráter linguístico.

A metonímia como processo cognitivo permeia a maioria dos macroprocessos de formação de palavras. A presente análise de algumas instâncias da situação de flutuação entre substantivo e adjetivo no Português do Brasil constitui apenas uma pequena amostra da relevância dos processos metonímicos na constituição do léxico.

Referências

Basilio, Margarida
1980   *Estruturas Lexicais do Português.* Petrópolis: Editora Vozes.
1987   *Teoria Lexical.* São Paulo: Editora Ática.
1992   Flutuação categorial de base adjetiva no português falado. In: Rodolfo Ilari (org.) *Gramática do Português Falado, vol. II: Níveis de Análise Linguística*, 81-97. Campinas: UNICAMP.
1993   Verbos em –a(r) em português: derivação ou conversão? *DELTA*, v. 9, n.1: 295-304.
1995   O fator semântico na flutuação Substantivo/Adjetivo em Português. In: Jurgen Heye (org.), *Flores Verbais,* 177-192. Rio de Janeiro: Editora 34.
Panther, Klaus-Uwe & Gunter Radden
1999   Introduction. In: Klaus-Uwe Panther e Gunter Radden (orgs.) *Metonymy in Language and Thought*, 1-14. Amsterdam/Philadelphia: John Benjamins.
Panther, Klaus-Uwe & Linda Thornburg,
2002   The roles of metaphor and metonymy in English –er nominals. In: René Dirven e Ralf Porings (orgs.), *Metaphor and metonymy in comparison and contrast,* 279-319. Berlin/New York: Mouton de Gruyter.
Radden, Gunter & Zoltán Kovecses
1999   Towards a Theory of Metonymy. In: Klaus-Uwe Panther e Gunter Radden (orgs.), *Metonymy in Language and Though,* 17-59. Amsterdam / Philadelphia: John Benjamins

The taboo of war and WAR metaphoric conceptualisation: song lyrics of the Portuguese colonial war

Hanna Jakubowicz Batoréo

Abstract

Being part of a bigger research field perspectivising Language and Emotion, our present research focuses on European Portuguese metaphors produced in order to avoid belligerent conceptualisation of WAR reality in some song lyrics from the seventies dealing with the Portuguese colonial war (cf. Pinto, 2002) where two different systems of WAR metaphors are put in contact: the initial FAIRY TALE OF THE JUST WAR and the final vision of war in its moral dimension, WAR AS VIOLENT MORAL CRIME metaphorisation where what is highlighted are those aspects of war that would otherwise be seen as major crimes. Therefore, there is an initial "Us-Them" asymmetry between the public WAR-as-POLITICS and private WAR-as-CRIME metaphors. Pain, dismemberment, death, starvation, madness and psychological disturbances are not metaphorical ones; they are real. This initial metaphorical conceptualisation fades away giving way to a strong WAR AS VIOLENT MORAL CRIME metaphorization.

The results from the present study are compared with the studies of euphemistic strategies based on metaphorical conceptualisation gathered from Portuguese journalistic texts dealing with the Kosovo war (Abrantes 2001 & 2002) and Gulf War II (Silva 2003b). The comparison shows that the war reference is regularly avoided or hidden as a taboo concept and language designation, giving place to new conceptualisations and metaphor creation. This process seems to be quite productive and differentiated in Portuguese, depending on: (i) the type of text used – journalistic or poetic –, (ii) emotional engagement in the type of belligerent event referred to.

Keywords: war metaphorisation, metaphor conceptualisation, metaphors of WAR, metaphors in European Portuguese, metaphors in song lyrics.

0. Language and Emotion

There are two different ways of perspectivising Language and Emotion in Cognitive Linguistics: either (i) we centre on the language of emotions, trying to define how we express anger, joy, happiness, etc. or (ii) we research the way we deal with our emotions at the linguistic level, that is,

186   *Hanna Jakubowicz Batoréo*

e. g., how we conceptualise and express realities that are emotionally difficult to deal with, such as DEATH, ILLNESS, WAR, AGING, etc.

In the present study we follow (ii) an approach based on our experience of "difficult realities" of the world and the way we perceive and conceptualise them. The extreme case of realities difficult to deal with is the case of phenomena that we simply avoid to refer to, known as taboo.

Taboos are universal phenomena and exist in all known cultures, referring to certain acts, objects, or relationships (such as **SEX, SUPERNATURAL FORCES, EXCRETION, DEATH** and so on) which society wishes to avoid and – consequently – referring to the language used to label them. The word '*taboo*' has been borrowed (internationally) from Tongan, where it means '*holy*' and '*untouchable*'. The use of a taboo word or expression can lead to a variety of sayings, practices and responses such as shocked recrimination, physical violence, or legal action.

1. Presentation of the hypotheses – the taboo of DEATH

The usual way of coping with taboo words and notions is to develop euphemisms and circumlocutions which are based on metaphorical concepts, as we can observe in the following English and European Portuguese examples of DEATH (DEAD and DYING): '*to pass on*', '*to pass over*', '*kick the bucket*', '*sniff the candle*', '*go aloft*', '*cut the painter*', '*make one's bow*' in English and '*expirar*' '*ir-se*', '*falecer*', '*finar-se*' (→ '*finado*'), '*dar a vida*', '*acabar*', '*desamparar a loja*', '*fenecer*', '*perecer*', '*rematar*', '*terminar*', '*embarcar*', '*transitar*' (→ '*trânsito*'), '*passar*' (→ '*passamento*') in European Portuguese. It is interesting to notice that in both languages one basic common metaphor underlying the two groups of expressions can be found and that it is based on the image of transition from one existential space to the other: '*to pass on*', '*to pass over*', and '*transitar*' (→ '*trânsito*'), '*passar*' (→ '*passamento*') '*ir-se*' (= '*to go away*'). On the other hand, in both languages there is quite a number of expressions that imply the end of a certain phase i.e. that are based on the metaphor LIFE IS A JOURNEY and correspond to the idea of the death as the end of the path undertaken by a human being in the lifespan. In both languages the underlying image can be a *sea trip*: in English the corresponding image is that of cutting down the ties with the life space, and becoming independent: '*to cut the painter*' (= *to cut the rope fastened to the bow of the boat by which*

The taboo of war and WAR metaphoric conceptualisation **187**

it may be tied to a pier = to set (a boat) adrift) and to set free for a new existential space. The drifting image comes up as well in the expression *'go aloft', in* which the death is seen as the highest level of the life container reached by the dead body as if it were drown coming high up to the sea surface. In European Portuguese, on the other hand, the basic sea image schema is that of setting for a new space: *'embarcar'* (= *'to take a boat'*) meaning to cross the border line between the spaces of life and death. Nevertheless, in spite of this common metaphorical basis, the linguistic means used in other expressions of each of the exemplified languages are different. Whereas in English the expressions commonly used are perspectivising life as an unconventional metaphor + metonymy of an (INDIVIDUAL) CONTAINER or a part of it ($\rightarrow$ *bucket, candle flame, boat tied up to the pier, sea with a drown body on its surface*) but becoming not useful anymore when it comes to an end (*kicked over, blown down, cut, aloft when drown),* in European Portuguese it is more common to use synonymous designations of the final phase of the life trip (*'expirar', 'falecer', 'finar-se'* ($\rightarrow$ *'finado'), 'acabar', 'fenecer', 'perecer', 'rematar', 'terminar'*). The best known metaphorical expression used in this language is based on the (EVERYONE'S =/= INDIVIDUAL) CONTAINER metaphor: *'desamparar a loja' (= free the shop)* in which life is conceived as a big common container crowded with human beings some have to abandon in order to give space to the newcomers.

The short exemplification of the metaphors of DEATH used in English and European Portuguese shows that – first of all – we can hypothesise (i) some *generic common conceptualisations* that speakers of different languages are expected to share while experiencing life realities that from the human point of view are conceived as "difficult". These generic conceptualisations can be even apparently quite specific – as e.g. the boat metaphor shown above – but even then they are transculturally shared, profiling though different parts of the image schema (in the above example, cutting the life boat ties in English and getting into a new *'post-mortem'* boat, in Portuguese).

On the other hand, life in specific cultural and language realities is supposed to trigger (ii) different language operations to translate its basic experiential specificity turning the whole process to some extent language dependent.

The purpose of the present study will be to exemplify the European Portuguese (persistent) specificity of war experience on the basis of

188   *Hanna Jakubowicz Batoréo*

colonial song lyrics from the sixties and seventies (in a CD edition from the nineties). We will claim that the initial persistent "Us-Them" asymmetry between the public WAR-as-POLITICS and private WAR-as-CRIME conceptualisation blurs in song lyrics showing only the second image, in which CRIME is understood in broad moral terms concerning both the initial "heroes" and initial "villains". During the Portuguese colonial war pain, dismemberment, death, starvation, madness and psychological disturbances that are difficult to deal with and often impossible to speak about can stand metaphorically for WAR-as-CRIME perspectivisation but they are not only metaphorical ones; they are real and have afflicted hundreds of thousands of real human beings, whether African or Portuguese.

2. The taboo of WAR: Common conceptualisation of WAR reality

2.0. *General overview*

Generally speaking, there are two possible strategies of dealing with taboos. The first one is using avoidance strategies i.e. silence (leading to semantic gaps in discourse); the second one is applying euphemisms According to studies developed in this area – Cf. Lakoff (1992) for English and A. M. Abrantes (2001, 2002) for European Portuguese – the usual way of coping with taboo cultural phenomena is by euphemisms and circumlocutions which are based on metaphorical concepts. As defends Redfern "Euphemisms provide a way of speaking about the unspeakable" (1984: 1181).

If metaphors are not just stylistic ornaments, but a way of thinking (Lakoff & Johnson 1980), there is no reason why this potential should only be used to structure categories underlying certain abstract words, and why it should not show up in the way we approach the complex scientific or socio-political issues of our world. So cognitive linguists have joined philosophers in investigating these more general effects of conceptual metaphors.

According to Lakoff (1992), "Metaphorical thought, in itself, (...) is simply commonplace and inescapable. (...) There is an extensive, and mostly unconscious system of metaphor that we use automatically and unreflectively to understand abstractions." (1992:463). It is not only common to use metaphorical language but it is also common to manipulate

The taboo of war and WAR metaphoric conceptualisation 189

emotionally the choice of metaphors on a conscious level. Lakoff defends that "The use of a metaphor with a set of definitions becomes pernicious when it hides realities in a harmful way"(1992: 463) and "(...) metaphors backed up by bombs can kill" (1992:481).

Conceptual metaphors are rich in the sense that they do not just link up two isolated items but rather connect multi-faceted categories or cognitive models. All the characteristics of the *Origin Domain* can be mapped onto the *Target Domain* and may help us to conceptualise its (abstract) notions. Metaphors do not only describe the reality, rendering an abstract category most tangible. While helping to conceptualise it, they explain what otherwise seems "unexplainable". As a philosopher has put it, we arrive at a point where metaphors are "constitutive of the theories they express rather than merely exegetical" (Boyd 1993: 486).

Lately, to study taboos and to lead with them linguistically is dealt with in the research field of emotions in language usage (Geeraerts & Grondelaers 1998). In this area euphemisms are not just the question of lexical selection but the result of evaluation character of language choice and usage.

While facing the taboo, the speaker has power to make a rational option between an expression that can provoke emotionally negative reaction and all the other, less negative ones, often even deliberately positive or persuasive, sometimes blurring the difference between two different opposite meanings. Thus, in the most extreme case, when we refer to WAR, sometimes it is difficult to make distinction between '*war*' and '*peace*' ".... if one wants to name things without calling up mental pictures of them" (Orwell 1946/1994: 356).

Since the privileged field and purpose of politics or political rhetoric is persuasion (= manipulation of the public, exercising the LANGUAGE IS POWER metaphor), the explanatory potential of metaphors is often less important than their emotional impact. The metaphors favoured by many politicians combine a very simple explanation with strong emotional effects. Even if we assume that political metaphors which are designed to structure people's thinking are not necessarily shared by their creators and do not function as constitutive elements in their thinking, we cannot forget that they may be shared by the others. There are, in fact, many politicians, political journalists and opinion-makers whose thinking is influenced by their own or by other people's metaphors. This is the problem addressed by Lakoff (1992, 2003) in his analysis of metaphors used to justify the Gulf Wars I and II. What the author finds particularly interes-

190 *Hanna Jakubowicz Batoréo*

ting and – at the same time – highly dangerous (cf. the quotation 1992: 463, 481, in the previous page) is that not only the layman's thinking but also the experts' argumentation is structured by a set of conceptual metaphors.

2.1. The WAR IS POLITICS metaphor

At the centre of the system called by Lakoff (1992) 'expert metaphors' is a metaphor first coined by the Prussian general Clausewitz: WAR IS POLITICS. Closely linked to it is another metaphor: WAR IS BUSINESS. If we look at these two metaphors, we realise that they reduce horrible war reality we have difficulty to deal with to quite normal and essentially harmless human activities: politics and business.

Like *politics* WAR is a matter of: (i) formulating positions and defining opponents, (ii) finding allies, (iii) keeping opponents at bay (= prevent enemies from coming too near), (iv) and of convincing the public.

Like *business*, WAR is (i) providing the goods, (ii) negotiating the price, (iii) selling one's ideas, (iv) getting profit, and so on.

The two metaphors can be fused into one expert metaphor: WAR IS A COST/ BENEFIT ANALYSIS that – very conveniently – brings in the notion of (i) accountancy and (ii) sober economic evaluation. In this way we face (iii) harmlessness, and (iv) normality instead of WAR reality we do not want to see, (v) innocent give-and-take reasoning instead of enforcing sanctions, and (vi) game perspective instead of risks of war, which appear as controllable by mathematical probability calculation and game theory. This metaphor can be seen as instantiation of another metaphor: RATIONALITY IS PROFIT MAXIMIZATION (Lakoff 1992: 470).

2.2. THE STATE IS A SINGLE PERSON metaphor

A second WAR expert metaphor pointed out by Lakoff (1992) is the metaphor THE STATE IS A SINGLE PERSON. This metaphor shifts our interest from a notion of a state to a notion of a human being, justifying a claim that there is always an overriding unifying national interest that is often pursued at the expense of powerless minorities. As Lakoff puts it just in the very beginning of his article: "*Metaphors can* kill. The dis-

The taboo of war and WAR metaphoric conceptualisation 191

course over whether to go to war in the gulf was a panorama of metaphor. Secretary of State Baker saw Saddam Hussein as 'sitting on our economic lifeline'. President Bush portrayed him as having 'stranglehold' on our economy. General Schwartzkopf characterized the occupation of Kuwait as a 'rape' that was ongoing. The president said that the US was in the gulf to 'protect freedom, protect our future, and protect the innocent', and that we had to push Saddam Hussein back'. Saddam Hussein was painted as Hitler." (Lakoff 1992: 463).

2.3. THE FAIRY TALE OF THE JUST WAR metaphor

A third WAR expert metaphor is THE FAIRY TALE OF THE JUST WAR. The most natural way to justify a war on moral grounds is to fit this fairy tale structure to a given situation, as it has been done in referring to the Gulf War I and II in different languages (Lakoff 1992, 2003; Abrantes 2001, 2002; Silva 2003). The fairy tale brings up the asymmetry 'hero-villain' into its structure: (i) the hero is moral and courageous, while the villain is amoral and vicious; (ii) the hero is rational, while the villain may be cunning and calculating; (iii) heroes cannot negotiate with villains, i.e., villains cannot be reasoned with but must be defeated. The 'hero-villain' structural asymmetry gives way to a new asymmetry between two new metaphors: THE ENEMY-AS-VILAIN vs. THE HERO-AS-MORAL-FORCE which, on the other hand, results in two different scenarios: The Self-Defence Scenario and The-Rescue Scenario. Referring to Gulf War I, Lakoff exemplifies it in this way: "The-Self-Defence Scenario: Iraq is a villain, the US is hero, the US and other industrialized nations are victims, the crime is a death threat, that is, a threat to economic health. The Rescue Scenario: Iraq is villain, the US is hero, Kuwait is victim, the crime is kidnap and rape. The American people could not accept The Self-Defence Scenario, since it amounted to trading lives for oil. The day after a national poll that asked Americans what they would be willing to go to war for, the administration settled on The Rescue Scenario, which was readily embraced by the public, the media and Congress as providing moral justification for going to war." (Lakoff 1992: 467).

2.4. The WAR AS CRIME metaphor

On the basis of some nuclear WAR metaphors Lakoff (1992, 2003) shows that metaphors are not only rich conceptual contribution to our understanding. As the analysed WAR metaphors show, they can be generating a most inhuman view of war, disguising important aspects of the issue that should have been considered. However, this apparent discrepancy is only superficial: both "positive" and "negative" metaphors strengthen the view that metaphors are very powerful and natural cognitive processes which make us understand the complex issues by concrete categories.

If we bear in mind what is hidden by Clausewitz's metaphor (ch. 2.1.) we should consider an alternative metaphor: WAR IS VIOLENT CRIME, perspectivised from a profile different than that of the victorious, strong and rational: "WAR IS VIOLENT CRIME: MURDER, ASSULT, KIDNAPPING, ARSON, RAPE AND THEFT. Here the war is understood only in terms of its moral dimension, and not, say, its political or economic dimension. The metaphor highlights those aspects of war that would otherwise be seen as major crimes" (Lakoff 1992: 471).

If we compare now the two metaphors: WAR IS A COST/ BENEFIT ANALYSIS and WAR IS VIOLENT CRIME we can see two different faces of the same problem, two opposite ways of perspectivising the war phenomenon. If, for one belligerent side, war shows itself as business and politics, for the other, it is nothing else but crime: rape, theft, assault and murder. A clear Us-Them asymmetry emerges between the public use of Clausewitz's metaphor and its private counterpart. As Lakoff puts it: "The Iraqi invasion of Kuwait was reported on its terms of murder, theft and assault, and arson. Moreover, the US plans for war were seen, in Clausewitzian terms, as rational calculation. But the Iraqi invasion was discussed not as a rational move by Saddam Hussein, but as the work of a madman. We portrayed Us as rational, moral, and courageous and Them as criminal and insane." (Lakoff 1992: 471).

Though the political dimension of the war and the moral one are inseparable views of the same whole, they generally do not occur simultaneously in discourse. There is a chronological gap between them: gap that is very difficult to bridge if you are willing to overcome one-side analysis.

If WE are on the side of strength and rationality, the first one to appear is the Clausewitz's political metaphor. This is the one provided by the official media. It usually takes some time for the other sort of infor-

The taboo of war and WAR metaphoric conceptualisation   193

mation to come: THEIR point of view. It turns up in war reports, literature, cinematography, music and shows the other face of the political war: the private face of it.

3. The taboo of WAR: Specific conceptualisation of the colonial WAR reality in European Portuguese

3.0. Corpus of analysis

Our research focuses on European Portuguese metaphors from a *Corpus* of thirteen authentic war song lyrics from the sixties and seventies (before and after the end of the Portuguese colonial war 1961-1974), gathered and published (compiled in a CD) a quarter of a century afterwards by João Maria Pinto "*Canções Proibidas – O Cancioneiro do Niassa*" (*Prohibited songs – The Niassa Songs*), EMI, 2002 [*].

The most representative song of the whole Corpus seems to be the song *Taberna do Diabo* (*The Devil's Inn*), which we are going to analyse thoroughly.

3.1. Taberna do Diabo ('Devil's Inn')

(1)   *Um dia fui dar com Deus*
       'One day I went to see (I met) God'
(2)   *Na taberna do Diabo*
       'At the inn of Devil'
(3)   *Entre cristãos e ateus*
       'Among (between) Christians and atheists'
(4)   *Fizeram de mim soldado*
       '(They) made me a soldier'
(5)   *E eu sem querer fui embarcado*
       'Not willingly (by accident) I was embarked'
(6)   *Levei armas e um galão*
       'I took weapons and one stripe'

---

[*] Our acknowledgments go to Olga Pinto (our MA student in 2002 at Universidade Aberta in Lisbon) for conceding the CD and transcribing the Portuguese lyrics of the songs.

194   *Hanna Jakubowicz Batoréo*

(7)   *P(a)r(a) o outro lado do mar*
       'Over the sea'
(8)   *Quis levar o coração*
       'I wanted to take my heart'
(9)   *Não mo deixaram levar*
       'I was not let take it'
(10)   *E eu sem querer ia matar*
       'And not willingly (by accident) I was going to kill'
(11)   *Deram-me uma cruz de guerra*
       'I was given a war cross'
(12)   *Quando matei meu irmão*
       'When I killed one of my brothers'
(13)   *E a gente da minha terra*
       'And people of my country'
(14)   *Promoveu-me a capitão*
       'Promoted me to captain'
(15)   *E eu sem querer fiquei papão*
       'And not willingly (by accident) I became a bogey'
(16)   *Todos me chamam herói*
       'Everybody calls me a 'hero''
(17)   *Ninguém me chama "Manel"*
       'Nobody calls me 'Manel''
(18)   *Quem quer uma cruz de guerra?*
       'Who wants a war cross?'
(19)   *Que eu já não vou p(a)r(a) o quartel...*
       'I am not going to the quarters anymore ...

3.2. The analysis of The Devil's Inn data

The poem that serves as the song lyrics of The Devil's Inn is composed of 19 lines organised in four strophes. It is a narrative of a soldier who was enlisted into the armed forces of the Portuguese colonial war.

The first two strophes (lines 1-10) deal with the enlistment experience; whereas the two last ones (lines 11-19) narrate the experience of the 'war hero' coming back home. The real war happens somewhere in the middle of the traumatic experience: between lines ten and eleven. There is a clear caesura in the middle of the poem: the war is there in the

The taboo of war and WAR metaphoric conceptualisation   195

silence gap in the middle between the enlistment and the coming back. It is implied. The soldier seems unable to speak about this '*inenarrable time*', showing that the war for him is a traumatic experience he even cannot find euphemisms for. This '*inenarrable time*' can be approached only by narrating the "before" story and the "after" experience which "circumstand" the taboo of the real war.

In the first part of the poem (lines 1-10) the soldier narrator speaks about his enlistment experience. He went to '*the devil's inn*' where he met God. Metaphorically '*the devil's inn*' stands here for the quarters that – metonymically – represent the WAR. Meeting God at the quarters corresponds to the metaphor THE FAIRY TALE OF THE JUST WAR. This fairy tale was totally apolitical. The man who was made soldier (l. 4) was completely passive and did not identify himself politically with any sort of ideology. The only distinction he was taught was the one between the Christians and the Atheists (l. 3), being convinced that he was on the right Christian (God's) side. He was shipped off to the colonies "unknowingly": nobody asked his opinion about the embarkation (line 5). The reason for his enlistment was a strong political indoctrination – WAR IS POLITICS – represented – metonymically – by one military stripe he was given and the weapons (symbol of soldier's craftsmanship) he was carrying (line 6) overseas (line 7). At the human level the soldier wanted to take also his heart – metonymically the nucleus of his emotion and the source of his good will – (line 8) but he was not let to do so (line 9) and – again "unknowingly" and unwillingly (as in line 5) – he was meant to go and to kill. In this first part of the poem the soldier presents himself as a passive puppet (Passive thematic role on the semantic level) in the hands of the Devil made him believe he was acting on the right (= God's) side. The only Active thematic role comes out in carrying soldier's war symbols and in his intention of taking his heart with him, which he was forbidden to do.

Between lines 10 and 11 the real WAR happens but it is silenced. The taboo of WAR works fully: there is not even any space for euphemisms. The caesura in the poem is very strong and the semantic gap marked by persisting silence exposed prosodically.

Starting with line 11 the post-war period is narrated. The soldier was given a war cross (line 11) for having killed his brothers (line 12) and he was promoted to captain, becoming a bogey (line 15) – again unwillingly, submitting himself to passive experiences (as in lines 5 and 10). In this way the passive paradigm continues: the soldier was given the war cross, was promoted and became a centre of all attentions without showing any interest to do so. Worst than that: he became a hero (line 16), loosing his private identity and the right to be called by his own name (line 17). The only action performed – with the Agent thematic role of the soldier – was killing (lines 10 and 11). But here comes a new element for the WAR story: the one who was killed was not the prototypical enemy of WAR IS POLITICS metaphor, the villain who had to be exterminated. The one who was killed was emotionally conceptualised as the soldier's own brother (line 11). In this moment THE FAIRY TALE OF THE JUST WAR ends: the 'Us – Them' clear distinction fades away. There is no 'just' vs. 'wrong' belligerent confrontation, if the frontiers between the hero and the villain are blurred and both of them appear as 'brothers'.

THE FAIRY TALE OF THE JUST WAR gives place to WAR AS CRIME metaphor. A soldier who kills his own brother – another human being as himself – is a criminal, not a hero, as he was meant to believe by the big ones who set him for war. Also the quarters he was trained in for the war activity is not the place of meeting with God but a Devil's place: the source of all crime. Nobody wants really to come back to it even if belonging to it promotes you socially for a generally recognised hero. But it makes you kill another human being and this is the reason it is considered a CRIME. The soldier becomes conscious of the situation and this moment is the very first instance of taking his Active role and decision-making. At the end of the poem (lines 18 and 19) the soldier asks a rhetoric question: "who wants a war cross" and makes – for the first time – his decision: "I am not going to the quarters anymore!". The real victim of the WAR is not its initial enemy; it is the soldier himself who – at first – was withdrawn all his will and made act as a war machine. He becomes Agentive and Volitional only when he becomes conscious of his real role in the scenario. He decides he does not want to be an imposed hero, serving the interests of the '*Devil*', as he does not identify himself with the ideals of the war making him kill others and thus going against his own convictions.

The WAR IS VIOLENT CRIME metaphor is therefore reconceptualised. Killing is CRIME but making kill is even worst: it is VIOLENT MORAL CRIME.

The WAR is '*the Devil's inn*', seen as a metaphor of CONTAINER, reason and origin of all the moral, political and public evil, mistaken for God in the intentional period, represented metonymically as the source of all wicked, sinful and harmful events. The real belligerent conflict is not

The taboo of war and WAR metaphoric conceptualisation **197**

between the 'hero' and the 'war enemy' as it might have been thought initially. The real conflict is between the WAR machine and a simple soldier, its real victim. It is the WAR IS VIOLENT MORAL CRIME metaphor.

In a fairy tale or a game, victory is well defined. Once it is achieved, the story or game is over. Neither is the case of the colonial war. The war is over and some soldiers come back home promoted and made heroes. But this is not the victory. The real victory comes only when the war heroes understand that the only victory possible is the one that makes them win their own moral defeat in the criminal enterprise; when the catharsis makes them understand that killing brothers cannot make them heroes.

Clausewitz's metaphor requires a calculation of the "costs" and the "gains" of going to war. What, exactly, goes into the calculation and what does not? Certainly Portuguese causalities, loss of equipment and money spent on the operation count as costs. But the Portuguese colonial war, as all the other colonial wars, as Vietnam, as the Gulf wars I and II taught us that there are social costs: "trauma to families and communities, disruption of lives, psychological effects on veterans, long-term health problems, in addition to the cost of spending our money on war instead of on vital social needs at home, as well as the vast cost of continuing to develop and maintain a huge war machine. Barely discussed is the moral cost that comes from killing and maiming as a way to settle disputes. And there is the moral cost of using a "cost" metaphor at all. When we do so, we quantify the effects of war and thus hide from ourselves the quantitative reality of pain and death. But those are costs to us. ... The devalue of the lives of ... [the enemy], even when most of those actually killed will not be villains at all, but simply innocent draftees or reservists or civilians..." (Lakoff 1992: 479).

3.3. *Other songs analysis*

Another song of our *Corpus* titled *'Erva lá na picada'* (*'Grass there on the path'*) is another example of the real function of the machine war in the Portuguese African colonial reality. Seen, again, from the perspective of a simple soldier who steps on the high grass in order to open his path, THE WAR IS CRIME in which the poor are stepped on by their hierarchical superiors referred to as *"filhos da puta"* (*'sons-of-the-bitch'*) who enrich themselves and make the others fight, kill and be

198   *Hanna Jakubowicz Batoréo*

killed for them. In this poem simple soldiers have already become conscious of their situation. They feel hatred against those who "step on
them" and whish they could eat grass instead of bread, deserving even
"*shit*" ("*merda*" repeated many times at the end of the poem) instead of
grass. The usage of obscene language characteristic of this poem has
strongly cathartic effect. The soldiers who have to fight their lives through the high grass perspectivise it as the metaphor of the military hierarchy of the type MORE IS UP. Who is higher in the military graduation steps
on the others who are below them. The lowest positioned ones have
nothing else to step on but the real grass which becomes a symbol of
their moral devalue and the equivalent of "shit" they whish the "big ones"
should be fed with. Again, we deal here with the THE WAR IS VIOLENT
MORAL CRIME: soldiers who are humiliated by their life conditions and who
are made feel hatred against their superiors are violated in their moral
dimensions, being this the highest cost of any WAR that can be paid.

In anoher example of our *Corpus* titled "*Fado do desertor*"
('*Deserter's fado*'), another soldier's narration is presented. The soldier
is the same *Patient* hero from the "*Devil's inn*" sent for the war he
knew nothing about. What he met at the war was only the '*Grass on the
path*' reality: killing, poverty, and moral devaluation by the military hierarchy. In the middle of the poem the soldier says: "I was so fed up with the
war that one day while thinking about my own country I saw a lonely hut
and a nice black woman that became crying". This critical desertion
moment gave origin to a love story of the two different sorts of war
victims. The soldier and the African woman fled away, started their
happy life together far away from all the crimes and "happily they lived
ever after" with their son, fruit of the encounter of the two lonely human
beings, victims of WAR atrocities. The soldier's desertion in this story is
conceived not as a crime itself and the beginning of all unhappiness but –
on the contrary – as the cathartic moment of becoming aware of THE
WAR IS VIOLENT MORAL CRIME conceptualisation. To desert from a war
that is supposed to be a crime means to become free to start another
"activity" of building one's happiness together with another human being,
in spite of all frontiers and prejudices. Both the deserter (initially meant to
be a war hero) and his African lover (initially perspectivised as the war
villain prototypical enemy) are morally violated by the war. The only way
to survive the war reality is never to surrender to its violation of human
rights and to start building a new peaceful reality where a new human life
– made up on the crossroads of different war "fates" ('fado' in Portu-

The taboo of war and WAR metaphoric conceptualisation   199

guese) – is the very beginning of the NEW FATE. This desertion story that in fact is a 'new fate story' is worked out at the musical level as a 'fado song', traditional Portuguese song dealing with the future as decided by fate.

4. Conclusions

The cases of song lyrics of our *Corpus* illustrate two different systems of WAR metaphors: (i) the initial FAIRY TALE OF THE JUST WAR and (ii) the WAR IS VILENT MORAL CRIME final vision, where what is highlighted are those aspects of war that would otherwise be seen as major crimes. As the result of the first conceptualisation there is an initial "Us-Them" asymmetry between – on one hand – the public WAR-as-POLITICS metaphorical expressions of soldiers passivity of those unwillingly participating in the war, and obeying the military system imposed on them (*Patient* thematic role). On the other hand, we assist to the private WAR-as-CRIME full of pain, death, starvation, and madness. Becoming conscious of this reality goes through avoiding strategies (=> silence gap in the first analysed poem) and arriving at *Agentive* thematic role that drives at: (i) intention of revenge; (ii) intention of deserting as fleeing away from the destructive reality; (iii) deserting as emotional catharsis: beginning of new human life and starting of new human fate.

If we compare the results of the present study with the previous studies of euphemistic strategies based on metaphorical conceptualisation gathered from present Portuguese journalistic texts dealing with the Kosovo war (Abrantes 2002) and with Gulf War II (Silva 2003a, b), we realise that although in both types of studies the WAR reference is regularly avoided or hidden as a taboo concept and language designation, giving place to new conceptualisations and metaphor creation, the means used in each of these cases are different.

The metaphorical processes seem to be quite productive and differentiated in Portuguese, depending on: (i) the type of text used: (a) WAR-as-POLITICS metaphor in journalistic texts or (b) WAR-as-POLITICS/ FAIRY TALE vs. WAR-as- (MORAL) CRIME in poetic discourse (ii) emotional engagement in the type of belligerent event referred to: (a) still *emotionally* present colonial Portuguese war in the national consciousness (in spite of geographic distance of the overseas colonial "stages") and the persistence of *the cathartic need still commonly sought after* (b)

200 *Hanna Jakubowicz Batoréo*

psychologically and emotionally (quite) *distant* recent European war at Kosovo or actual Gulf War II European interventions in Iraq.

To close our conclusions we end making ours Lakoff's (1992) final remarks: "What metaphor does is limit what we notice, highlight what we do see, and provide part of the inferential structure that we reason with. Because of the pervasiveness of metaphor in thought, we cannot always stick to discussions of reality in purely literal terms. There is no way to avoid metaphoric thought, especially in complex matters like foreign policy. ... It is in the service of reality that we must pay more attention to the mechanisms of metaphorical thought, especially because such mechanisms are necessarily used in foreign policy deliberations, and because, as we are witnessing, metaphors backed up by bombs can kill." (Lakoff 1992: 481).

References

Abrantes, Ana Margarida

2001   Guerra, paz, ou pacificação? Aspectos semânticos e pragmáticos do eufemismo na imprensa. In: A. Soares da Silva (org.), *Linguagem e Cognição: A Perspectiva da Linguística Cognitiva*, 79-98. Braga: Associação Portuguesa de Linguística e Universidade Católica Portuguesa.

2002   *É a Guerra. O uso do Eufemismo na Imprensa. Um Estudo Contrastivo em Linguística Cognitiva.* Viseu: Passagem Editores.

Batoréo, Hanna Jakubowicz

2003a   Modes of culture, taboos, and metaphor production in Eropean Portuguese: What do we need WAR and WARIORS for?. *Presented at Researching and Applying Metaphor Conference – RAAM5 Conference*, University of Paris 13, September 3-5, 2003.

2003b   Guerra e Paz. In: D. Carvalho, D. Vila-Mayor e R. A. Teixeira (org.), *Livro em Homenagem a Maria Emília Ricardo Marque*s, Universidade Aberta (in press).

Boyd, Richard

1993   Metaphor and Theory Change: What is "metphor" a metaphor for?. In: Anthony Ortony (ed.), *Metaphor and Thought*, 481-532. 2nd edn. Cambridge: Cambridge University Press.

Geeraerts, Dirk & Stefan Grondelaers

1998   Vagueness as a Euphemistic Strategy. In: A. Athanasiadou & Elzbieta Tabakowska (eds.) *Speaking of Emotions*, 357-374. Berlin, New York: Mouton de Gruyter.

Lakoff, George

1992   Metaphor and War: The Metaphor System Used to Justify War in the Gulf. In: M. Pütz. (ed.), *Thirty Years of Linguistic Evolution. Studies in Honour of René Dirvin on the Occasion of his Sixtieth Birthday*, 463-481. Philadelphia, Amsterdam: John Benjamins.

The taboo of war and WAR metaphoric conceptualisation   201

2003   Cognitive Activism: the Importance of Cognitive Linguistics for Poli-
              tics. Communication presented at *Language, Culture, and Cognition.*
              An International Conference on Cognitive Linguistics, Braga, July 16-
              -18, 2003.
Lakoff, George & Mark Johnson
1980   *Metaphors we Live By.* Chicago: The University of Chicago Press.
Lakoff, George & Mark Turner
1989   *More than Cool Reason: a Field Guide to Poetic Metaphor.* Chicago:
              The University of Chicago Press.
Orwell, George
1946/1994   Politics and the English Language. In: *George Orwell, The Penguin
              Essays of George Orwell.* London: Penguin, 1994.
Silva, Augusto Soares da
2003a   O poder cognitivo da metáfora e da metonímia. *Revista Portuguesa de
              Humanidades* 7: 13-75.
2003b   Semântica Cognitiva e Análise do Discurso. *Língua e Discurso,
              Encontro em Homenagem a Joaquim Fonseca.* Porto: Faculdade de
              Letras da Universidade do Porto, Novembro 2003 (in press).
Pinto, João Maria (ed.)
2002   *Canções Proibidas – O Cancioneiro do Niassa, (Prohibited songs –
              The Niassa Songs* [Portuguese colonial war songs compiled in a Com-
              pact Disk]), EMI.
Redfern, W. D.
1984   Euphemisms. In: R. E. Asher & J. M. Y. Simpson (eds). *The Encyclo-
              paedia of Language and Linguistics.* Oxford, New York, Seoul,
              Tokyo: Pergamon Press, Vol. 3.

Thinking and seeing the world through metaphor: cultural constraints in architectural metaphors

Rosario Caballero

Abstract

This paper looks into metaphor's contribution to furnishing architects with a system for thinking and talking about space. It draws upon earlier research on the metaphors used by architects to assess architectural design in a corpus of building reviews. This research revealed the metaphorical motivation of a large part of architectural jargon as well as the important rhetorical role of figurative language in the building review genre. The study also brought to light the impact that the visual concerns of architects have on architectural metaphors, as illustrated by the large amount of figurative language in the corpus motivated by image metaphors. Indeed, this suggests that the differences customarily established in cognitive linguistics between conceptual and image metaphors may not illustrate what appears to be the case in certain discourse contexts. Taking the fuzziness and metaphorical continuity found in architectural texts as the starting point, this paper underlines the weight of culture in our figurative construal of the world, and the need to adopt a socio-cultural approach to metaphor research – starting with metaphor classification. The main assumption is that metaphorical competence cannot be solely explained as the result of neural activity. Rather, the figurative data in professional text corpora bring to light a shared and culturally specific ontology built upon metaphorical sets largely acquired through socialisation and repeated use. Hence the need to incorporate the cognitive, linguistic and cultural aspects of figurative phenomena in metaphor research aimed at explaining why and how people communicate through metaphor – the latter two inextricably linked to exploring which metaphors underlie a particular way of thinking the world.

Keywords: architectural metaphor, image metaphor, metaphor classification.

1. Introduction

Design scholars have underlined the visual quality of the cognitive operations involved in the complex process of thinking a building (Lawson & Ming Loke 1997; Casakin & Goldschmidt 1999). They have also stressed

204 *Rosario Caballero*

that the process is intrinsically analogical. Indeed, metaphor is considered an important design tool since "by means of metaphor in language and formal and other associations in the visual mode, things that are not buildings [...] get into the design for buildings" (Medway & Clark 2003: 267).

Given architects' *visual thinking*, the graphic slant of a large amount of their figurative language is not surprising. However, researchers dealing with architectural metaphors may find it difficult to reconcile the figurative data in architectural texts to prevailing classifications of metaphor. In fact, in the few discussions that exist in the cognitive literature visually informed or *image* metaphors have been described as fleeting metaphorical cases prototypical of highly creative discourses such as literature or advertising. The argument is that they are ad-hoc metaphorical cases which lack inferential structure, and are neither productive nor conventional in the way that conceptual metaphors are (Lakoff 1987; Lakoff & Turner 1989).

There are several problems with this view, many of which result from characterising metaphor types without taking into account the different cultural communities and discourse contexts where figurative phenomena may play a role or, in the case of image metaphors, be less fleeting. Architectural discourse appears to be one of those contexts where the proverbial unconventionality of image metaphors may be challenged, as illustrated by the recurrent presence of lexico-grammatical patterns informed by them and their important contribution to architectural communication (Caballero 2002, 2003a, 2003b).

The misunderstanding of the differences between image and conceptual metaphors may arise from the clear-cut distinction customarily established between conceptual and visual knowledge, and hence between types of metaphor. This might also lead us to think that only those metaphors labelled as *conceptual* are cognitively relevant or dramatically different from those involving knowledge of other sorts. Moreover, even assuming that a neat distinction between concepts and images may be established, this cannot be achieved by only focusing on how the projection of knowledge might take place at a conceptual level. The present paper attempts to show that discriminating between the diverse types of knowledge articulated by metaphorical language in discourse contexts requires taking into account the particularities of the specific discourse community and context where metaphorical language is used.

Thinking and seeing the world through metaphor 205

2. Classifying architectural metaphors

The natural sciences, linguistic description, and spatial mechanics are among the experiential domains that have supplied architects with a set of working models and their corresponding lexis, as shown below:

(1) *With this new home, Myers has added a new precedent to the edifice of steel architecture. In what would seem to be a tradition already crowded by modernist masters, the very literate Myers has succeeded through a process of commentary, reference, and cross-fertilization in writing a sequel chapter in steel house design. Contrary to first impressions, it is a book that remains suggestively open.*
(2) *Royally renewed Stockholm's Royal Library has had one of its periodic spurts of growth.*

These passages belong to a corpus of 95 architectural reviews retrieved from 6 architectural design magazines, and illustrate how two recurrent metaphorical schemas in architectural thinking (ARCHITECTURE IS LANGUAGE and BUILDINGS ARE LIVING ORGANISMS) appear textually instantiated. They also exemplify *conceptual* metaphor, that is, metaphor that involves the mapping of abstract knowledge across domains rather than physical properties or topology. On the other hand, the corpus yields many instances articulating visual information, that is, which equate buildings to non-architectural entities by virtue of their external resemblance, as shown in passage 3:

(3) *The building is a jagged fan of five overscaled concrete fins webbed together.*

If we compare these three passages we may conclude that, indeed, 1 and 2 deal with non-physical properties of the spatial artefacts at issue, whereas the expression in 3 deals with physical resemblance. They, therefore, clearly illustrate conceptual and image metaphor respectively. However, architectural texts incorporate numerous figurative cases that defy easy classification into the conceptual or image types. This is particularly the case with metaphorical language drawing upon the domains of textiles and motion, or that portrays buildings as human beings, as discussed in the following sections.

206   *Rosario Caballero*

2.1. Textile metaphors

Architects' work is often described in agreement with a metaphorical schema whereby designing a building is portrayed as cloth making – or, more specifically, as weaving, stitching or darning. This is shown in examples 4 and 5:

(4)   *The architect's interpretation of the spirit of the place is restrained and lyrical, and the delicacy with which he has stitched the new to the old recalls Foster's work at the Royal Academy.*

(5)   *The masterstroke is the light and elegant bridge over the museum forecourt. [...] It is, says Couvelas, 'a thread darning the hole caused by the excavation', and, in the darning, the pattern of the old weave of the city has been brought to the surface to take part in the modern tapestry.*

Of course, referring to building design in textile terms implicitly brings to mind a view of space as *cloth* or *threads* susceptible to be woven into different patterns. This is explicitly conveyed in example 5, extracted from a review suggestively titled *Tapestry Weaving*, and showing different realisations of the metaphor. Here a bridge is presented as a thread darning (i.e. traversing) the literal hole caused by the archaeological excavation, which the museum attempts to protect. This hole reveals the remains of the older city, whose plan or structure is referred to by means of a recurrent term in architectural discourse: *weave*. The new town is, in turn, referred to as *the modern tapestry*.

Examples like these may be used to call attention to the complex mixture of information conveyed by a good amount of figurative language in architectural texts. Thus, although terms such as *fabric, grain, weave/ weaving* or *tapestry* ultimately invoke architects' combinatory skills as reflected in their architectural products, they also stress their patterned quality, articulating how such organisation may be visually perceived and/ or imagined. In fact, diachronic and synchronic approaches to the same linguistic expressions may yield surprisingly different interpretations. The term *fabric* originally referred to the walls, floor and roof of a building in compliance with the Latin term from which it derives, i.e. *fabrica* meaning 'building', 'something made or manufactured'. 'Fabric' entered the English language via French *fabrique*, and its first sense was architectural (mid 17th century) until the 18th century when it acquired its current –

Thinking and seeing the world through metaphor 207

and primary – 'textile' sense. The original metaphor thus, seems to have started from architecture itself rather than the other way round. Architectural arrangements have provided the information mapped onto other experiential domains -either concrete or abstract – where the particular combination of elements into a final product calls to mind architectural fabric.

In this regard, not only cloth 'fabric' may be seen as deriving from an image metaphor, but also our metaphorical understanding of such abstract concepts as societies or theories, whose organised, yet abstract quality is often understood in more physically-grounded, visual terms (Grady 1997). This is further illustrated by *woven* in passages 6 and 7:

(6) *[cognitive grammar] represents just one of the numerous strands in the loosely woven fabric [of cognitive linguistics]*

(7) *[this timber screen] has, as Andresen says, "a warp and weft as if woven from the trees"'.*

In both cases, *woven* articulates how complex structure arises from arranging diverse elements into a whole However, whereas understanding the expression in 6 does not imply *seeing* the structure thus described, this is not the case of passage 7, which may be argued to keep the visual or *physical* origin of the metaphor even if it is architects' craft that appears to be the focus of the metaphorical expression. The latter example thus combines both abstract and visual information.

2.2. Personification

As is well known, architecture is characterised by a deeply entrenched anthropomorphic view of buildings, which can be traced back to Vitruvius (first century BC). Anthropomorphic metaphors are mainly concerned with the functional dimension of built artefacts – i.e. their *behavioural* properties, and, in this sense, may be discussed as basically informed by abstract knowledge rather than the actual resemblance of buildings to the human body. However, spotting the knowledge involved in many such expressions in the corpus is not always that easy, and depends largely on the way these appear in texts. By way of illustration, consider the following example:

208   *Rosario Caballero*

(8)   *[The music rooms] sit flush with the facade and fold open and back as necessary when the rooms are occupied and used in different ways: the mute box suddenly speaks of humanity.*

Here one of the buildings in a university campus is evaluated by means of an expression playing with both personification and visual information. This building, recurrently referred to as a *box* in the main text after its external appearance, is qualified as *mute* in this textual stretch, an adjective which may allude to its 'inexpressive' quality or may be understood in the same sense as a conventional term in architectural discourse, namely *blind* (as in *blind wall* or *blind building*), i.e. solid, closed to the exterior. The personification of this particular box appears reinforced by the expression *suddenly speaks of humanity*, yet, if we pay attention to the image accompanying the verbal commentary *mute* appears to refer to the building's keeping its mouth shut or lack of openings rather than to its ability to produce sound. Likewise, examples 9 and 10 below may be seen as both articulating a humanised view of the buildings at issue as well as the way these appear in their respective photographs -i.e. their physical appearance rather than social behaviour.

(9)   *Despite its size and location, the building doesn't engage its neighbors; rather, it politely turns its back to them.*
(10)   *The radio station sits ungainly over the south end.*

The pictorial quality of many figurative expressions in architectural texts not only is often strengthened by the photographs and drawings always provided with the verbal commentary, but in certain cases may be missed unless these visuals are taken into account. This being the case, analysts dealing with architectural metaphor must pay serious attention to such graphic data when identifying and classifying the figurative data found in texts.

2.3. Architecture that moves

A final metaphorical set draws upon the concept of motion as could not be otherwise since it is by moving in space that we largely understand it. Most lexis drawn from motion, however, portrays buildings as capable of moving rather than merely supplying people with spaces for interacting

Thinking and seeing the world through metaphor 209

among themselves. This kinetic view of buildings may be conveyed by verbs (e.g. *move, go, clamber, run, meander*), nouns (e.g. *progress, rotation, flow*), and adjectives explicitly qualifying built artefacts as *kinetic* or *dynamic* entities:

(11) *The masonry-framed building's interiors are as spatially complex as its outward form suggests: sliced, canted, jostling spaces that slide around and between the concrete sections like a bustling crowd.*

(12) *Based on a boomerang shaped plan, the new building steps down from a prow at its south end to embrace a new public space.*

(13) *Santiago Calatrava's kinetic building parts fold and unfold, spread and glide.*

Cognitive linguists have provided different, even if related explanations of the recurrent presence of motion verbs to describe intrinsically static scenes. For instance, in Lakoff & Turner (1989: 142-144) we find them as particular instances of the metaphor FORM IS MOTION, whereby motion is mapped onto form or shape. The pattern has also been explained within the broader phenomenon variously referred to as *fictive motion* (Talmy 1996) or *abstract motion* (Langacker 1986), whereby not only stationary spatial scenes, but also temporal experiences and problem-solving activities are construed -i.e. conceived and verbalised – in dynamic terms.

In the architectural context most motion verbs point to the presence of the aforementioned metaphor FORM IS MOTION, the information involved in the mapping being the 'shape' or image suggested by the way in which buildings are sited. In other words, the expressions are basically concerned with *perceived motion*, that is, with the illusion of motion created by the buildings' external appearance and siting, which, in turn, is congruent with architecture's visual concerns. By way of illustration, consider passages 14-18 below:

(14) *The interior is organized around a central circulation spine (below), which travels the entire 960-foot length.*

(15) *The massive warehouse runs along the north side of the site; to the south lies the compressed cigar-like volume of Takamatsu's ferry terminal.*

210   *Rosario Caballero*

(16) *Its scale is difficult to get to grips with: hexagons are about 9m across, and the larger biome [building volume] is almost as tall as the crag on which it climbs.*

(17) *A cluster of arched tensile canopies reaches out to embrace visitors to the Faith Zone, by Eva Jiricna.*

(18) *Not only do the masonry blocks inch out from the vertical plane as they rise, but the courses -exposed on the interiors and exteriors – are laid at an angle to the floor, recalling rock strata that have shifted over time.*

The difference between the expressions above and related constructions such as *the lane winds up the mountain* or *the road runs along the coast* is that whereas the fictive motion in these may involve the imaginary movement of an agent or entity (i.e. trajector) along a path, this is not necessarily the case in architectural texts. Saying that a given building *runs along* or *clambers up* its site does not entail imagining a person or entity doing so when inside the building. Rather, such expressions articulate in figurative, dynamic terms an intensive relationship between spatial artefacts (i.e. trajectors) and their sites (i.e. landmarks). In other words, motion expressions of this kind are used to qualify buildings according to what these look like in their respective sites. The relational predications exemplified in passages 14-18 are therefore motivated by visually informed metaphors whereby particular layouts or appearances (i.e. the targets in the mapping) are seen as reminiscent of the kind of movement encapsulated in the metaphorical sources (i.e. the motion verbs). In the architectural context, then, fictive motion constructions appear to be motivated by graphic metaphors mainly concerned with topological information. They exemplify an outstanding trait of a large amount of the metaphorical language found in architectural texts, namely its intrinsically visual quality in agreement with the discipline's visual concerns.

However, subsuming such expressions under the general formula FORM IS MOTION would give a poor account of what appears to be a fairly complex metaphorical transfer. In the first place, the verbs concerned with describing spatial arrangements are not equally *graphic* and *kinetic*. The first aspect may be evidenced by comparing verbs such as *crouch* or *hug* to *run* or *travel*, the former two somehow evoking clearer pictures of spatial arrangements than the latter. In the second place, the relationship building-site may be described in more or less dynamic terms

Thinking and seeing the world through metaphor   211

in agreement with the different verbs involved in the expressions. Buildings may be portrayed as static entities *sitting, standing, looming, resting, tucked* or *perched* in their sites, the verbs stressing diverse traits of such spatial arrangements like, for instance, bulk (*sit, rest*) or height (*loom, stand*). In turn, verbs such as *hover, poise* or *float* suggest some kind of motion or suspension in a prototypically aerial or liquid medium. Finally, motion verbs proper (e.g. *fly, rise, soar, heave, tumble*) appear to highlight particular characteristics of the building at issue like height plus verticality (*rise, soar*), or continuous, uninterrupted spatial presence (*run, meander*).

At the same time, many of those verbs may be seen as bringing to mind the entities (agents, inanimate entities and forces) whose prototypical movement helps describe spatial arrangements. This is the case of *step, settle, clamber, crouch* or *reach*, all of which may evoke the metaphor BUILDINGS ARE ANIMATE BEINGS since they require an agent whose body properties enable movement. Moreover, some of these verbs further specify the body limbs involved in the expressions like, for instance, *stand, step,* or *crouch* (incorporating legs in their semantics), and *reach, hug, punch,* and *embrace* (all typically performed by upper limbs). These are illustrated below:

(19) *The green prism [building] crouching among neo-Corbusian mediocrity.*

(20) *The different elements are articulated externally, with the IMAX which punches into the hub as a glass cylinder illuminated to become a beacon at night.*

In turn, *hover, oversail,* or *float* bring to mind boat or plane sources and, hence, a metaphor that may read BUILDINGS/BUILDING ELEMENTS ARE MOBILE ARTEFACTS:

(21) *Hovering like a gargantuan blancmange above the Greenwich Peninsula, the Millennium Dome is now an inescapable part of the London skyline.*

A third – and somehow related – group comprises the verbs *surge* and *flow*, which invoke the metaphor SPACE IS A FLUID, also implicit in the figurative expressions incorporating the verb *float*:

212   *Rosario Caballero*

(22) *In the Reyes-Retana House, rooms flow freely into each other along the inside edges of the L.*

(23) *A similar strategy informs the learning Resource Centre (or library), a free-standing inverted cone which floats on a polygonal timber deck within the lake.*

Other verbs invoke a MALLEABILITY schema, and characterise buildings and parts of them as pliable (*fold*, *unfold*), soluble (*melt*) or flexible solids (*stretch*, *splay*, *spread*, *flex*, *extend*, *expand*) whose movement results from the application of a(n) – external or internal – force of some sort causing a change of shape or state. Some of these are illustrated in passages 24 and 25:

(24) *Just behind the screen – a shading device that splays away from the building toward the river – are interstitial spaces.*

(25) *The entry is clearly defined in white frames at human scale and the glazed restaurant/café, designed by Bill MacMahon, seemingly melts out onto the surrounding concourse.*

Finally, the corpus yields combinations which, although also concerned with motion, are different from the instances discussed so far. These comprise verbs such as *rake*, *bunch*, *ramp*, *cascade*, *scissor*, *funnel*, *line*, *fan*, *triangulate* or *corbel*, as shown below:

(26) *The drainage slopes of the parking lot indicate an amphitheater-like arrangement that fans out from the base of the Umbrella.*

(27) *The circuit of shoppers' movements generated the form of the entrance hall: Customers descend to the store from the parking levels by elevators or by stairs that scissor down through the three-story space.*

(28) *Despite the external complexity, the basic parti of the bank building is a three-sided doughnut, with corridors that triangulate around a light well.*

(29) *The floor gently rakes up to the second level of the old building.*

Examples like these may be discussed as instantiating a metaphor which might be formalised as MOTION IS FORM to differentiate it from the metaphor FORM IS MOTION seen previously. In the new version of this

Thinking and seeing the world through metaphor 213

motion frame, the movement conveyed by means of adverbial complements is endowed with a specific shape or form thanks to the de-nominal
verbs co-occurring with them (and turned into verbs by such means).
Thus, in the expression *stairs that scissor down*, the particle *down* is
responsible for endowing prototypically static *scissors* with a motion sense (e.g. by turning the noun into a verb) conveying, at the same time, the
direction of the movement effected by the stairs. In turn, *scissor* specifies the shape evoked by the typical arrangement of stairs in shopping
centres.

In this regard, the main difference between MOTION IS FORM and FORM
IS MOTION is that in the latter the sense of motion is explicitly conveyed by
means of verbs (e.g., *meander*, *run*) whereas the adverbial complement
is basically concerned with specifying the direction of that movement (as
in "the massive warehouse *runs along the north side of the site*").
Nevertheless, both metaphors are similarly concerned with articulating
the relationship between buildings and their sites in dynamic and graphic
terms, qualifying the former in agreement with that relationship. For the
metaphors, not only call attention to the indispensability of motion to
understand and talk about space. They also exemplify an outstanding trait
of a large amount of the metaphorical language found in architectural
texts, namely its intrinsically visual quality in compliance with the
discipline's graphic concerns.

3. Conclusions

Architectural texts yield both clear cases of metaphor concerned with the
abstract properties of built artefacts, and clear cases of metaphors informed by visual knowledge – each responding to the complexity of architects' work, as well as to their idiosyncratic thinking eye. Nevertheless,
numerous figurative occurrences appear to be less easy to class as conceptual or image metaphors. For, although both may be crucial for discussing metaphor in architecture, the clear-cut distinction between visual and
conceptual knowledge informing each type is particularly troublesome
when examining the figurative data in architectural texts. In fact, these
yield numerous cases of figurative instantiations apparently motivated by
conceptual metaphor, yet tinted with imagistic overtones as well.

214   *Rosario Caballero*

One of the aims in this paper has been to draw attention to the impact that the visual concerns of architects have on the metaphors articulating their thought and language, as illustrated by the large amount of figurative expressions and architectural texts informed by both abstract and visual knowledge. In turn, this may well suggest that the differences customarily established between conceptual and image metaphors may be less dramatic than customarily thought, or that description of both types needs to be further refined in order to explain the metaphors found in particular contexts – architectural discourse being a case in point.

In short, although the idiosyncrasies of the knowledge projection involved in diverse metaphorical mappings may well be discussed in terms of concepts, the formal and contextual aspects intrinsic to its actual instantiation must be seriously considered if we want to gain some insight into metaphor. Furthermore, in the case of multimodal texts such as those characterising architectural discourse, classification may be facilitated by the information provided by both visual and linguistic data.

References

Caballero, Rosario
  2002   The lexicogrammar of metaphor in the discourse of architects. *Estudios Ingleses de la Universidad Complutense* 10: 43-66.
  2003a   Metaphor and genre: The presence and role of metaphor in the building review. *Applied Linguistics* 24 (2): 145-167.
  2003b   Talking about space: Image metaphor in architectural discourse *Annual Review of Cognitive Linguistics* 1: 89-107.
Casakin, Hernan & Gabriela Goldschmidt
  1999   Expertise and the use of visual analogy: implications for design education. *Design Studies* 20: 153-175.
Grady, Joseph
  1997   Theories are buildings revisited. *Cognitive Linguistics* 8 (4): 267-290.
Lakoff, George
  1987   Image Metaphors. *Metaphor and Symbolic Activity* 2(3): 219-222.
Lakoff, George & Mark Turner
  1989   *More than Cool Reason: A Field Guide to Poetic Metaphor*. Chicago and London: The University of Chicago Press.
Langacker, Ronald W.
  1986   Abstract motion. *Proceedings of the Twelfth Annual Meeting of the Berkeley Linguistics Society*, 455-471. Berkeley, CA: Berkeley Linguistics Society.

Thinking and seeing the world through metaphor   215

Lawson, Bryan & Shee Ming Loke
  1997   Computers, words and pictures. *Design Studies* 18: 171-183.
Markus, Thomas A. & Deborah Cameron
  2001   *The words between the spaces: Buildings and language.* London: Routledge.
Medway, Peter and B. Clark
  2003   Imagining the building: Architectural design as semiotic construction. *Design Studies* 24: 255-273.
Talmy, Leonard
  1996   Fictive motion in language and "ception". In: P. Bloom, et al (eds.), *Language and Space*, 211-276. Cambridge, MA & London: MIT Press.

Nem todas as cegonhas trazem bebés. Um estudo de metáforas com nomes de animais em falantes portugueses e chineses

Rosa Lídia Coimbra e
Urbana Pereira Bendiha

Resumo

Esta pesquisa tem como objectivo estudar as projecções metafóricas construídas a partir de nomes de animais em português e em mandarim. Nesse sentido, o estudo parte de um inquérito junto de informantes das duas línguas maternas, no qual são sugeridas, para cada nome de animal, várias possibilidades de associação metafórica. A hipótese de partida é a de que as escolhas serão determinantemente condicionadas por factores culturais e, como tal, apresentarão uma certa homogeneidade dentro de cada grupo e uma diferença marcada entre os dois grupos.

Os domínios fonte e alvo da linguagem metafórica com nomes de animais serão analisados e comparados com base no modelo teórico da Linguística Cognitiva, nomeadamente os estudos de George Lackoff, Mark Turner, Gilles Fauconnier e Mark Johnson sobre mapeamentos metafóricos e espaços conceptuais múltiplos.

A pertinência deste estudo prende-se com o papel fundamental que estas expressões polissémicas desempenham numa grande quantidade de situações discursivas, tais como provérbios, insultos, elogios, textos publicitários, textos literários, etc. e, em geral, no uso quotidiano da linguagem. Por outro lado, a crescente presença, em Portugal, de imigrantes chineses torna relevante o estudo de um fenómeno que, ignorado, poderá dar origem a graves mal-entendidos nas mais diversas situações de comunicação como, por exemplo, na vida quotidiana, em contexto escolar, em transacções comerciais e outras situações discursivas, como na interacção médico-paciente, advogado-cliente ou juiz-arguido.

Palavras-chave: metáfora, polissemia, línguas em contacto.

1. Introdução

No uso quotidiano da linguagem, a expressão metafórica assume um papel incontornável na expressão de conceitos, particularmente nos de

218 *Rosa Lídia Coimbra e Urbana Pereira Bendiha*

carácter abstracto (Lakoff 1987), de tal modo que se considera que a nossa concepção dos domínios abstractos da experiência é construída essencialmente a partir de projecções metafóricas. Assim, segundo a Linguística Cognitiva, os falantes tendem a estabelecer mapeamentos entre a estrutura de domínios fonte, concretos e conhecidos, e a estrutura de domínios alvo que, desse modo, se tornam conceptualmente mais acessíveis. Muitas destas metáforas tornaram-se tão omnipresentes na linguagem de todos os dias, que Lakoff e Johnson lhes chamaram *metaphors we live by* ou metáforas conceptuais (Lakoff & Johnson 1980).

As metáforas convencionais que nos ocupam nesta pesquisa são as que apresentam, no domínio fonte, um animal e, no domínio alvo, o próprio ser humano. Utilizando as mnemónicas destes autores (Lakoff & Johnson 1980)[1], uma vez que projectam animais em qualidades humanas, correspondem ao mapeamento HUMANO É ANIMAL. Esta metáfora conceptual assume diversas expressões, de acordo com o nome de animal escolhido e a correspondente qualidade humana metaforizada. A metáfora conceptual cria, segundo Fauconnier e Turner (1994), um espaço mental de mesclagem. Neste caso, qualidades animais e humanas surgem fundidas. O carácter simbólico, cultural e até certo ponto convencional destas projecções reflecte-se nas diferenças que encontramos nos mapeamentos que as diferentes culturas fazem[2].

Nesse sentido, escolhemos estudar as metáforas conceptuais estabelecidas com nomes de animais em falantes portugueses e chineses, por se tratar de duas línguas e duas culturas muito distantes mas cujo contacto nos interessa, uma vez que actualmente assistimos ao estabelecimento em Portugal de muitos imigrantes provenientes da República Popular da China que experimentam no seu dia-a-dia um contacto não só entre culturas, nas também entre as respectivas línguas.

---

1. Os autores utilizam a convenção das maiúsculas pequenas (versaletes) indicando que não se trata de uma expressão linguística mas de uma mnemónica que sugere os nomes respectivamente do domínio fonte e do domínio alvo da metáfora.
2. Nas palavras de Hilary Nesi (1995: 274): "Animal terms are heavily conventionalized in metaphor. In each culture, certain animal terms are strongly linked with certain attributes, and there is communal agreement about what these attributes are. This does not mean that such metaphors are 'dead'; on the contrary, they form a very vital part of the language and are frequently used to powerful effect. Conventional metaphors, however, do cause greater problems in cross-cultural communication than those of individual inspiration".

2. A metáfora HUMANO É ANIMAL

As expressões metafóricas que projectam nomes de animais na realidade humana são, em última análise, o oposto do processo retórico da personificação e ao contrário desta fazem com que a linguagem se afaste da velha máxima "o homem é a medida de todas as coisas" que se aplica normalmente nestes processos de metaforização. Por isso mesmo, podem revelar-se, em certos contextos, chocantes por despersonificarem o ser humano. Podemos inclui-las no que Lakoff e Turner (1989: 166-181) designam por METÁFORA DA GRANDE CADEIA (THE GREAT CHAIN METAPHOR). Segundo o ponto de vista desta metáfora conceptual de largo alcance, o falante tem um certo senso da ordem das coisas, bem como um conhecimento razoável acerca do lugar do Homem no universo. Assim, a Grande Cadeia dos seres é um modelo cultural que hierarquiza os seres e respectivas propriedades, colocando-os numa escala vertical na qual os seres "superiores" estão "acima" dos seres "inferiores" e que está subjacente à METÁFORA DA GRANDE CADEIRA. A forma básica da Grande Cadeia dos seres pode resumir-se na seguinte escala de "cima" para "baixo":

- HUMANOS: atributos e comportamento de elevada ordem (ex.: pensamento, carácter);
- ANIMAIS: atributos e comportamento instintivos;
- PLANTAS: atributos e comportamento biológicos;
- OBJECTOS COMPLEXOS: atributos estruturais e comportamento funcional;
- COISAS FÍSICAS NATURAIS: atributos e comportamento físicos naturais.

A METÁFORA DA GRANDE CADEIA pode funcionar através do mapeamento entre quaisquer degraus da escala, quer no sentido ascendente, quer no sentido descendente. Os autores (Lakoff & Turner 1989: 193) citam como exemplo os casos em que seres colocados em baixo na cadeia são entendidos em termos humanos, como acontece quando dizemos que determinado vinho tem carácter, por ex. "despretensioso", que uma sobremesa é "sedutora", que um perfume é "arrojado", etc. Nestas expressões metafóricas, o sentir humano é projectado em seres desprovidos de sentimentos, personificando-os.

As fábulas, ao atribuírem qualidades humanas a animais, fazem um mapeamento ascendente do segundo para o primeiro (a contar de cima) grau da escala também num processo de personificação. Já os insultos como "És um grande porco", "Que figura de urso", e os provérbios em que nomes de animais são metaforicamente utilizados para referir os seres humanos, como "Gato escaldado de água fria tem medo", fazem um mapeamento entre os mesmos degraus da cadeia, mas no sentido descendente, atribuindo qualidades dos animais aos seres humanos. Por outras palavras, teremos respectivamente as metáforas conceptuais ANIMAL É HUMANO e HUMANO É ANIMAL. É desta última que nos ocuparemos neste estudo.

Quando analisamos uma destas metáforas em línguas em contacto, verificamos que não basta, no entanto, que a metáfora conceptual actue sobre os mesmos dois degraus da escala e no mesmo sentido, ascendente ou descendente, para que o significado transmitido pelas respectivas expressões linguísticas metafóricas veiculem necessariamente o mesmo significado[3]. Ilustrando com um exemplo do nosso corpus, a metáfora MULHER É PEGA significa convencionalmente, para um falante português, que a mulher referida é promíscua ou mesmo prostituta, significado este que não é atribuído convencionalmente pelos falantes chineses, para quem o referido animal significa anúncio de felicidade. Estes significados convencionais são desenvolvidos dentro de cada cultura, de acordo com a sua história, costumes e vivências, mitos e intertextualidades e até, no caso do Chinês, de acordo com o som das palavras e respectivas relações de homofonia ou paronímia.

Assim, ainda que as mesmas expressões do mesmo domínio fonte sejam mapeadas nas mesmas expressões do mesmo domínio alvo, o significado transmitido difere, uma vez que as propriedades transferidas não são as mesmas. Em termos da teoria dos espaços múltiplos, diríamos que será o espaço genérico que as distingue, ou seja, as propriedades que são vistas como partilhadas pelo ser humano e por determinado animal não coincidem nas duas culturas. Por outras palavras, a mesclagem resultante da projecção metafórica não é elaborada conceptualmente do mesmo modo.

---

3. Isto explica a dificuldade que se encontra na tradução destas expressões. Hilary Nesi (1995: 272), a propósito do uso figurado de nomes de animais em diversas línguas, conclui que "Many common terms such as 'cat', 'cow' and 'mouse' were found to have a wide range of figurative meaning, and discussions with informants [from 38 geographical regions] revealed that even advanced learners tend to think in terms of the connotations of their first culture when they encounter or use these words in a figurative sense in English". Um dos recursos que certas expressões figuradas e idiomáticas exigem na tradução é, mesmo, o de uma paráfrase explicativa, como conclui Danielle Bault (1990: 62) a propósito da tradução para alemão da expressão francesa "Je ne suis pas dans mon assiette aujourd'hui": "Simplement la langue allemande ne possède pas cette image et on traduit le sens. C'est un cas de traduction-explication, la traduction étant parfois plus explicite que le text-source, puisqu'on l'a vu, le sens en ce cas, n'est pas dans les mots".

3. O inquérito

A presente pesquisa parte de um inquérito bilingue (cf. Anexo) ministrado em Junho de 2003 a falantes chineses e portugueses com 13 nomes de animais. A elaboração deste inquérito obedeceu a certos requisitos, dados os objectivos da pesquisa.

Numa primeira fase, percorremos um dicionário electrónico português[4] procurando todos os nomes de animais mais conhecidos e fizemos um levantamento de todos aqueles que continham, no verbete, um ou mais sentidos figurados registados. Deste modo, construímos uma lista com mais de uma centena de nomes, de "abelha" a "zorra". Em seguida, consultámos dicionários de símbolos (Biedermann 1994; Bruce-Mitford s.d.) e outra bibliografia sobre o simbolismo dos nomes de animais (Wang 1997, 2001) e seleccionámos apenas aqueles que tinham um valor simbólico marcado quer para os falantes chineses, quer para os portugueses, embora este valor não fosse geralmente o mesmo. Finalmente, a lista foi reduzida para 13 nomes de animais, um número que constitui uma amostra significativa sem constituir um inquérito demasiado longo. Os nomes escolhidos foram: dragão, tartaruga, cegonha, leão, tigre, cavalo, boi, cabra, pega, fénix, morcego, borboleta e aranha. Evitámos nomes de animais que, apesar de utilizados simbolicamente, seriam bem conhecidos por uma das partes mas não pela outra, como é o caso do bulbul chinês.

Para cada nome de animal foram escolhidas três características, pedindo-se ao informante que seleccionasse aquela que, na sua opinião, ele melhor simboliza. Nesta lista de três características, uma foi escolhida tendo em conta o simbolismo chinês, outra o simbolismo ocidental e, portanto, português e, por fim, adicionámos um distractor, uma característica que não é documentada em nenhuma das simbologias. As três hipóteses apareciam, em relação a cada animal, em ordem aleatória e eram as que constam do quadro apresentado no ponto 4.

Colaboraram neste inquérito 36 informantes, estudantes de pós-graduação na Universidade de Aveiro, 20 de nacionalidade chinesa e 16 de nacionalidade portuguesa. Quanto ao sexo, dos informantes portugueses, 13 são do sexo feminino e 3 do sexo masculino, e dos informantes chineses, 9 são do sexo feminino e 11 do sexo masculino. No que respeita à idade, 10 informantes portugueses têm até 30 anos, 5 situam-se entre os 31 e os 40 anos e um tem mais de 40 anos; 5 informantes chineses têm até 30 anos, 14 têm entre 31 e 40 anos e um tem mais de 40 anos.

---

4. Dicionário Porto Editora On-line, http://www.portoeditora.pt/dol/

4. Análise de resultados

Quadro 1. Resultados do inquérito

Animal	Características		Respostas dos informantes chineses	portugueses
dragão	imperador	Chinês	18	8
	diabo	Português	0	2
	longevidade	---	1	6
tartaruga	beleza	---	1	0
	marido traído	Chinês	3	0
	perseverança	Português	16	15
cegonha	maternidade	Português	0	15
	longevidade	Chinês	18	0
	prosperidade	---	2	1
leão	protecção	Chinês	5	3
	desonestidade	---	0	0
	rei	Português	14	13
tigre	rei	Chinês	11	1
	agressividade	Português	8	14
	lentidão	---	0	0
cavalo	fealdade	---	0	1
	êxito	Chinês	5	5
	velocidade	Português	14	8
boi	trabalho	Chinês/Portugês	19	13
	liberdade	---	0	0
	fertilidade	---	1	3
cabra	auspício	Chinês	9	3
	fortuna	---	8	4
	mulher promíscua	Português	0	8
pega	anúncio de felicidade	Chinês	19	4
	prostituta	Português	0	9
	riqueza	---	1	1
fénix	preguiça	---	0	0
	imperatriz	Chinês	17	2
	ressurreição	Português	3	14
morcego	noctívago	Português	14	15
	felicidade	Chinês	3	0
	liberdade	---	0	1
borboleta	longevidade	Chinês	4	4
	avareza	---	0	2
	prostituta	Português	6	3
aranha	boa notícia	Chinês	4	13
	pessoa desastrada	Português	8	1
	tristeza	---	2	2

Nem todas as cegonhas trazem bebés 223

Pela análise do quadro 1 e usando como critério a maioria das respostas obtidas (tendo sido excluídas respostas alternativas sugeridas por alguns falantes), verificamos que, das 26 respostas esperadas, 17 corresponderam às expectativas, ou seja, a maioria. Apenas o sentido simbólico de borboleta e de aranha se afastam do esperado quer em relação aos informantes chineses, quer portugueses. Em relação ao dragão, as respostas dos falantes chineses corresponderam ao esperado, mas não as dos portugueses. Já no caso da tartaruga, leão, cavalo e morcego, verifica-se a situação inversa. Nos casos da cegonha, tigre, boi, cabra, pega e fénix, a maioria das respostas nos dois grupos de informantes vieram ao encontro do significado convencional para as respectivas culturas.

É no nível cultural dos falantes que podemos encontrar uma explicação para os desvios constatados, nomeadamente no caso do dragão para os falantes portugueses, que terão conhecimento da simbologia para a cultura chinesa. Esta ligação poderá até ter sido favorecida pela apresentação conjunta das duas línguas no inquérito. Do mesmo modo, as influências culturais mútuas poderão explicar o facto de os informantes chineses terem escolhido a característica "rei" em relação ao leão provavelmente devido à influência do filme Lion King da Disney. Gera-se até uma incongruência na escolha posterior da mesma característica em relação ao tigre, sendo esta culturalmente motivada.

Devemos ainda destacar, a título de exemplo, um dos casos em que as expectativas foram largamente cumpridas, e que serve de título a este trabalho. A cegonha apresenta um significado simbólico muito diferente para os dois grupos de falantes nas respectivas culturas. Para os chineses, "a cegonha ou o grou era considerada uma ave divina e os imortais subiam ao céu montando numa cegonha, nas lendas. Era classificada pelos nossos antepassados como "ave de primeira categoria", logo inferior à fénix. Só os altos funcionários civis, de primeira categoria, podiam usar túnicas com a cegonha como decoração./ No simbolismo, a cegonha representa sobretudo a longevidade, juntamente com a tartaruga. Também serve de metáfora para se referir à pessoas honestas, com alta moral" (Wang 2001). Em relação aos portugueses, já na primeira metade do século XVIII, o dicionário de Bluteau referia que "Dizem, que as cegonhas ensinaraõ a invençaõ das ajudas", significando esta expressão o processo de clister, o que poderá explicar a sua relação cultural com os partos.

Logo, nem todas as cegonhas trazem bebés.

224 *Rosa Lídia Coimbra e Urbana Pereira Bendiha*

Referências

Biedermann, Hans
  1994   *Dictionary of Symbolism. Cultural Icons and the Meanings behind them*. New York: Meridian.
Bault, Danielle
  1990   Quand le Sens n'est pas dans les Mots. *Le Français dans le Monde* 234: 61-65.
Bruce-Mitford, Miranda
  s.d.   *O Livro Ilustrado dos Signos e Símbolos*. Dorling Kindersley/Livros & Livros.
Fauconnier, Gilles & Mark Turner
  1994   Conceptual Projection and Middle Spaces. *Cognitive Science Technical Report* 94/01.
Lakoff, George
  1987   *Women, Fire and Dangerous Things: What Categories Revela about the Mind*. Chicago/London: University of Chicago Press.
Lakoff, George & Mark Johnson
  1980   *Metaphors We Live By*. Chicago/London: University of Chicago Press.
Lakoff, George & Mark Turner
  1989   *More than Cool Reason. A Field Guide to Poetic Metaphor*. Chicago/London: University of Chicago Press.
Nesi, Hilary
  1995   A Modern Bestiary: A Contrastive Study of the Figurative Meanings of Animal Terms. *ELT Journa* 49/3: 272-278.
Wang, Suoying
  1997   Reflexões sobre Lexicografia Bilingue a partir do Dicionário Conciso Chinês-Português. Dissertação de Mestrado, Universidade Nova de Lisboa.
  2001   O Simbolismo Chinês. Texto não publicado apresentado no Centro Científico e Cultural de Macau em 14 de Novembro.

Agradecimentos

Agradecemos a preciosa ajuda da nossa colega e amiga Mestre Wang Suoying pelos conhecimentos transmitidos, disponibilização de material bibliográfico e pela tradução para Chinês do inquérito.

Agradecemos igualmente à Mestre Hong Lei, doutoranda no Departamento de Didáctica e Tecnologia Educativa da Universidade de Aveiro, a ajuda na localização e contacto com os informantes chineses.

Agradecemos ainda ao Lic.º João Paulo Silvestre, doutorando no Departamento de Línguas e Culturas da Universidade de Aveiro, a pesquisa efectuada no dicionário de Bluteau.

Agradecemos também a todos os informantes, chineses e portugueses, que colaboraram respondendo ao inquérito.

Nem todas as cegonhas trazem bebés   225

Anexo

INQUÉRITO
调查表

> Este inquérito é anónimo e destina-se a um trabalho de pesquisa
> com o fim de elaborar uma comunicação a apresentar num congresso de Linguística.
> Agradecemos a todos a disponibilidade e colaboração prestadas.
>
> 本次调查的目的是配合一项研究工作，以便撰文在语言学研讨会上作发言。
> 填表人无需填写姓名。
> 占用了您的时间，并得到了您的帮助，不胜感激。

Idade（年龄）_____   Sexo（性别）_____

Nacionalidade（国籍）_____   Escolaridade（文化程度）_____

Para cada um dos animais, assinale com um X uma (e uma só) característica que ache que ele melhor simboliza.

请在每个动物的后面选择您认为最有象征意义的一个特点（只能选择一个）打叉。

dragão 龙	imperador 皇帝		cabra 羊	auspício 吉祥	
	diabo 魔鬼			fortuna 财富	
	longevidade 长寿			mulher promíscua 淫妇	

tartaruga 乌龟	beleza 美丽		pega 喜鹊	anúncio de felicidade 报喜	
	marido traído 妻子有外遇者			prostituta 妓女	
	perseverança 坚韧不拔			riqueza 财富	

cegonha 鹤	maternidade 怀孕; 生孩子		fénix 凤凰	preguiça 懒惰	
	longevidade 长寿			imperatriz 皇后	
	prosperidade 欣欣向荣			ressurreição 新生, 复活	

leão 狮	protecção 保护		morcego 蝙蝠	noctívago 夜猫子	
	desonestidade 不诚实			felicidade 福	
	rei 国王			liberdade 自由自在	

tigre 虎	rei 国王		borboleta 蝴蝶	longevidade 长寿	
	agressividade 好斗			avareza 吝啬	
	lentidão 慢吞吞			prostituta 妓女	

cavalo 马	fealdade 丑陋		aranha 蜘蛛	boa notícia 喜事	
	êxito 成就			pessoa desastrada 笨手笨脚的人	
	velocidade 快速			tristeza 悲伤	

boi 牛	trabalho 勤劳	
	liberdade 自由自在	
	fertilidade 多产	

George Lakoff's Theory of Cognitive Models: a metatheoretical and methodological assessment based on an analysis of abstract concepts (W-C-PF)

Heloisa Pedroso de Moraes Feltes

Abstract

The research aims at (1) analyzing categorization structures in the WORK-COMPANY-PRO-FESSIONAL FULFILLMENT (W-C-PF) domain by means of George Lakoff's Idealized Cognitive Models Theory (ICMT), which we have named the research's application plan (AP); and, consequently, it also aims at (2) analyzing the categorization process via ICMT in order to assess the explanatory and descriptive potential of the theoretical model, which we have named the metatheoretical and methodological plan (MMP). The present discussion has been a major critical step to understand the explanatory and descriptive adequacy of Lakoff s Theory for studies in Anthropological Linguistics, and all the results found in this research are being applied to another research study named *Regional Culture: cognitive models structuring property, work, family and religion myths and beliefs in towns originally settled by Italians in the State of Rio Grande do Sul*. Concerning the application plan, the central goal of the research has been to verify if there was a prototypical conceptual organization underlying to the use of linguistic expressions referring to the conceptual domain WORK-COMPANY-PROFESSIONAL FULFILLMENT (W-C-PF). The specific objectives were the following: (a) to survey conventional linguistic expressions used in the reference domain W-C-PF; (b) to analyze the linguistic material by describing the idealized cognitive models underlying the use of the linguistic expressions; and (c) to infer the cognitive models that prototypically structure the domain W-C-PF.

Keywords: cognitive models, metaphor, metonymy, mental spaces, blending.

1. George Lakoff's Idealized Cognitive Models Theory

This research is placed in a domain today known as Cognitive Semantics (CS). Different lines of thought exist in CS, but the one we are interested in, in a central way, is the Prototypic CS developed by George Lakoff in the ICMT. This Semantics counts, on the one hand, with Cognitive Linguistics of experientialist base and, on the other hand, with the Proto-

228 *Heloisa Pedroso de Moraes Feltes*

typic Theory of categorization by Eleanor Rosch and collaborators, in the scope of Experimental Cognitive Psychology. Lakoff assumes that semantic questions must be dealt with by taking into consideration the categorization process.

Experiential Linguistics associated with Embodied Realism advocates the principle that a language theory must adjust to a general theory of cognition, human development and social interaction (Lakoff, 1982: 145). Lakoff holds some basic theses: (i) The language faculty is not independent of other faculties. (ii) The structures and processes of natural language, at least in some ways, depend on and follow from the structures and processes such as perception, memory, sensorimotor capacities, and social integration. (iii) Various aspects of language structure depend on cognitive processing and use. (iv) Natural languages relate utterances in discourse to meanings conveyed in context, and because of that it is not necessary to have any coherent concept of literal meaning.

To Lakoff, experience involves the totality of human experience and everything that plays a role in it - the nature of our bodies, our genetically inherited capacities, our ways of physically functioning in the world, our social organization, etc. (1987: 266). Embodied realism rejects a strict subject-object dichotomy, since there are no objects-with-descriptions-and-categorizations existing in themselves, and mere intersubjectivity, based on nothing more than social or communal agreement, leaves out our contact with the world. This kind of realism relies on the fact that human beings are coupled to the world through their embodied interactions (Lakoff & Johnson 1999:93).

When investigating the conceptual structures of domain W-C-PF from idealized cognitive models, we basically attempt to contribute to a better understanding of the semantic processes involved in the use of the language. These processes are manifested in several degrees of explicitness or implicitness in the discourses constituting everyday communicative interaction, and the speaker is not conscious of cognitive models articulated in the conceptual superstructure of his/her "popular theories".

2. Methodology

The research established the interview method for collecting data during corpus formation. These interviews were carried out with individuals who fit in one of the listed categories from A to Q, with pre-established questions, following a fixed order for concepts presentation focusing on the abstract domain W(1)-C(2)-PF(3). According to the interviewer, questions could be added or suppressed, aiming at the subject's best communication and understanding. All interviews were recorded on cassette tapes and later on transcribed literally and typed. After data collecting, these interviews were analyzed according to ICMT. Intracategorical and intercategorical analyses were developed from the following categories of subjects (5 subjects in each category): A: Entrepreneurs company owners; B: High ranking executives – non owners; C: Administrative employees; D: Organizational psychologists; E: Social assistants; F: Production sector employees; G: Public relations consultants; H: Technical students; I: Lawyers; J: High school students; L: Undergraduate students; M: Professors; N: Job applicants who have never worked; O: Job applicants who have worked previously; P: Retirees; Q: Adults who have never worked for a company.

According to Kearney & Kaplan (1997), open-ended interviews have some advantages as a method for measuring mental models, specially the fact that the subjects are constrained by the researcher. However, this method does not facilitate statistical analysis of the results; it takes time and the results are open to potential biases, over-interpretations, and misjudgments on the part of the researcher. Therefore, interviews consist of a qualitative procedure.

The interviews (speeches) were analyzed focusing on the process of construction of concepts via metaphorical and metonymic processes. According to Lakoff & Johnson (1999:73), our most important abstract concepts are conceptualized via multiple complex metaphors. Each complex metaphor is built up out of primary metaphors, and each primary metaphor is embodied in three ways: (i) It is embodied through bodily experience in the world, which pars sensorimotor experiences with subjective experience. (ii) The source-domain logic arises from the inferential structure of the sensorimotor system. And (iii) it is instantiated neurally in the synaptic weights associated with neural connections. In addition, our system of primary and complex metaphors is part of the cognitive unconscious, and most of the time we have no direct access to it or control over its use. Thus, abstract concepts structured by multiple complex metaphors exemplify the three aspects of mind: the cognitive unconscious, the embodiment of mind, and the metaphorical thought.

However, in this research we have tried to induce the use of metaphors by means of questions about possible analogies when the interview-

230   *Heloisa Pedroso de Moraes Feltes*

ee showed some kind of difficulty in expressing his/her thoughts about the concept in focus. The excerpts were analyzed and given a notation, for instance, (ET; I, A). This notation represents: (a) The initials of the interviewee (ET); (b) The mode of obtaining the metaphor (I: when it was induced by an specific question on comparisons or analogies made by the interviewer, or E: when it was spontaneous in his/her speech); and (c) The category to which the subject belongs (A). Therefore, when the subjects use induced metaphors, mapping from one conceptual domain to another, it is not to be presumed to be an unconscious process, to the extend that some kinds of metacognitive strategies are involved (for example self-regulation, monitoring, and connecting new information to former knowledge).

The basic questions formulated in the interviews were the following:

(a)What is work to you? What does work mean to you? (b) Give an example. (c) Compare work with something else. (d) What is the work function? (e) What is company to you? What does company mean to you? (f) Give an example. (g) Compare company with something else. (h) What is the company function? (i) What is professional fulfillment to you? What does professional fulfillment mean to you? (j) What does it mean to have professional fulfillment? (k) Compare professional fulfillment with something else. (l) What is another word or phrase that means professional fulfillment?

3. Metaphorical and metonymic models

In Lakoff & Johnson (1980) the term metaphor is applied to a series of phenomena that sometimes are not considered metaphors in a restricted sense. This degree of generality will be retained here, albeit not without considering a critical appreciation of the methodological problems the researcher or analyst must deal with when formulating the conceptual metaphor underlying subjects discourses.

Metaphorical cognitive models are constructed taking into consideration that: (i) There is a conceptual domain A well structuralized (directly significant) called source-domain.(ii) There is a conceptual domain B that lacks structure to be understood: the target-domain. (iii) There is a mapping that binds the source-domain to the target-domain: metaphorical projection. (iv) The metaphorical projection from A to B is motivated by a regular structural correlation that associates A to B. (v) The details of the mapping between A and B are motivated by the details of the structural correlation, being the relation specified from A to B.

In Cognitive Metonymic Models (Lakoff 1986: 84-5): (i) There is a concept (target-concept) to be understood for some purpose, in some context.(ii) There is a conceptual structure containing both concept A and another concept B. (iii) B is either part of A or closely associated with it in that conceptual structure. The choice of B will typically determine A in that conceptual structure.(iv) Compared to A, B is either easier to understand, easier to remember, easier to recognize, or more immediately useful for the situation. (v) A metonymic model is a model of how A and B are related in a conceptual structure, being the relation specified by a function from B to A (mapping). (vi) Types of this model are social stereotypes, typical examples, ideals, paragons, generators, submodels, and salient examples.

According to Lakoff & Turner (1989), the metaphor varies along two parameters: (1) It is conventionalized (more conventional or less conventional) "to the extent that it is automatic, effortless, and generally established as a mode of thought among members of a linguistic community" (p.55); and (2) It is conceptually indispensable (conceptual indispensability or basicness) to the extent that dispensing with it is, to some extent, changing the way of thinking.

From this theoretical brief, and by analyzing the categorization process via ICMT to assess the explanatory and descriptive potential of the theoretical model which we have named metatheoretical and methodological plan (MMP), certain things must be considered.

Jackendoff (1991), taking into consideration Lakoff & Turner (1989), affirms that this kind of analysis does not adequately argue why one particular metaphorical schema applies rather than another more general or more specific. The author claims that "intuitively, their strategy seems to be to choose the most general schema that preserves the details necessary for the metaphorical mapping. [...] But the absence of a general discussion of the problem leaves a major gap in the theory." (p. 324-5)

From our point of view, the most important issue is not a theoretical but an epistemological one. Embodied realism seems to be compatible with enactionism, since the enactive paradigm highlights the fundamental role of lived embodied action in all cognition, and according to Varela, Thompson & Rosh (1991): "Mind and world arise together in enaction." (p. 177) Enaction presents very important consequences to scientific method, because from enactionism any scientific description is a product

232   *Heloisa Pedroso de Moraes Feltes*

of our own cognitive system. As analysts, a certain environment influences our acts of reflection (e.g. beliefs, cultural and social practices).

But, in fact, when the analyst comes across the necessity to formulate the conceptual metaphor, as in the cases raised in the research presented below, it is noticeable that a more general discussion would be necessary to avoid excessive heuristic and "intuitive" analyses.

We show such results and illustrate them with an intracategorical analysis by formulating metaphors and metonyms.

3.1. Intracategorical analysis – metaphorical models

(I) WORK

(1) *Pode trabalhar em vários lugares [...] atividades e vários locais desde que tu* **coloques a tua energia a serviço de uma coisa transformadora**. *Isso pra mim é trabalhar, de uma maneira disciplinada, com objetivos e* **colhendo frutos**. (ET, E, A)

WORK IS TO PLANT
WORK IS REAPING THE FRUITS
WORK IS TRANSFORMATION
WORK IS PUTTING ENERGY INTO SOMETHING

(2) *O trabalho como uma* **religião**; **religião** *a gente tá vinculado a alguns* **mitos**, *alguns conceitos, algumas coisas inatingíveis e processa,* **tem rituais**, *tem uma série de coisas que te* **identificam e te credenciam naquela religião**. (ET, E, A)

WORK IS RELIGIONÆ WORK IDENTIFIES A PERSON
WORK HAS RITUALS
WORK HAS MYTHS
RELIGION INDENTIFIES THE PERSON

(3) *Do trabalho?[...] Trabalho serve pra pro produz bens. Pra que as otras pessoas precisam pra sobrevive de de de tudo que a gente consome alguém trabalhô em cima, né. Então você tem que trabalha, produzi, pra otra pessoa consumi outra pessoa trabalha, ela produz também, você consome o que ela, então que dize é um* **é uma engrenagem** *que vai até* **sem tê essa engrenage não funciona, nada**. (J, E, A)

WORK IS A GEAR ➜ WORK IS A MACHINE

(4) *Por exemplo um hobby,* **um esporte** *[...] Eu tô perguntando. É para compara com outra coisa? [...] Por exemplo no hobby a pessoa se entusiasma para fazer alguma coisa*

*e ela não ela não recebe por aquilo, mas ela vê sentido naquilo, ela se empenha porque ela sabe o que que ela tá fazendo. [...] No **esporte** porque a pessoa também sabe qual é o resultado final, ela sabe quando ela **ganha, quando ela perde** (A, I, F)*

(5) *Trabalho é como um **esporte** [...] Se eu gosto de fazê jogá vôlei porque eu gosto. [...] E tenho condições, né, pra fazê. **Se eu não gosto, eu não não faço.** (E, I, N)*

WORK IS SPORT
WORK HAS A RESULT (WINNER AND LOSERS)
WORK NEEDS ENTHUSIASM
WORK NEEDS EFFORT
WORK NEEDS PLEASURE

(II) COMPANY

(6) *Eu diria com a **família**. Empresa é fundamental só que são, **não tem parentesco**. Eu acho que, se a **família** vai bem, todos vão bem; e na empresa também, a empresa indo bem, todas as coisas irão bem. (AS, I, A)*

(7) *Com a **família**. [...] Com a **família**. A mesma **a mesma determinação** aqui tem uma empresa tem a **família**, a mesma a mesma coisa. Só que a família tem a emoção que a empresa não tem. A diferença taí a empresa as vez ela ela é mais **assim ela não tem aquela emoção da família**. Mas ã se tu pega uma família e uma empresa dentro da sociedade ela tem o mesmo papel só que não tem a emoção da família **ela é mais fria**. (W, I, A)*

(8) *Uma empresa. **a família**. Empresa com **a família**. [...] Porque acho que se não tivé, a empresa não ti, apesar de desistabilização uma entre aspas o conflito capital e trabalho, acho que vão vira um ambiente familiar um tipo de família e com **disciplina, respeito pelas pessoas**, com com convívio agradável, acho que a empresa tem que sê uma [...] Trabalha* como se fosse uma. não um ambiente familiar assim de. cada um faz o que qué mas um ambiente familiar assim no, no otro detalhe, **disciplina**, padrões de vida [....] Filhos recebendo apoio dos pais o aconselhamento que se dá se não acho que... **A comparação de uma empresa com a família é bastante importante.** (A, I, A)*

(9) *Hum guardadas as proporções, **uma empresa é uma família**. Porque tudo que acontece na casa da gente acontece numa empresa. Claro que aqui com muito mais gente e tudo né. Mas é a mesma coisa. Tem os mesmos problemas, as mesmas alegrias, os mesmos desafios. (MT, I, B)*

(10) *Acho que é um grupo, né. **Quase que ném uma família**. Porque a gente fica mais aqui do que em casa. (S, I, N)*

234   *Heloisa Pedroso de Moraes Feltes*

COMPANY IS FAMILY
COMPANY PLAYS THE SAME ROLE AS THE FAMILY DOES
FAMILY WITHOUT KINSHIP (3)
FAMILY WITHOUT EMOTIONS (4)
FAMILY HAS RESPECT (5)
COMPANY HAS RESPECT (5)
FAMILY SUPPORTS PERSON (5)
COMPANY SUPPORTS PERSON (5)
FAMILY HAS DISCIPLINE (5)
COMPANY HAS DISCIPLINE (5)
But FAMILY IS WARM AND COMPANY IS COLD (7)

(11) *Pra eles tê motivação, **eles precisam se sentir seguros**, eles precisam sentir eles precisam se senti que nesse emprego eles têm um apoio quando eles precisam, eles precisam sentir que que **a empresa é um segundo lar** pra eles, e que então numa necessidade, numa qualquer coisa que possa ter problemas eles têm um segundo apoio, além do **apoio familiar**.* (B; E, A)

COMPANY IS HOME
COMPANY IS FAMILY
HOME IS SECURITY
COMPANY MUST BE SECURE
COMPANY IS A SECOND FAMILY

(12) *Empresa? [...] Uma empresa ela é ela é ela é como se fosse **uma casa** que ela dá trabalho pra, dá emprego pros várias pessoas dela, do, do, da tem 10, 20, 30, 100 pessoas que trabalham milhares também.* (J, E, A)

(13) *Empresa com otra coisa? A empresa acho que deve sê a **segunda casa** da a pessoa sempre [...] Porque se se a pessoa não se sente bem no trabalho, que nem não se se sente bem em casa.* (J, I, A)

(14) *Compara a empresa assim, como se fosse assim o, **a casa da gente**, né. Porque a gente fica geralmente só na empresa, chega de noite **em casa**. [...] De manhã, fica o dia todo [...] **Então a gente compara empresa como se fosse uma em casa*** (M. I, O)

COMPANY IS A HOUSE (12)
COMPANY IS A HOUSE (13) ➥COMPANY IS A HOME
COMPANY IS A SECOND HOUSE (12, 14)

(15) *Acho que fundamentalmente é ser aglutinador, aglutinar esses vários recursos, várias forças; e a **função da empresa é caminhar em direção à transformação**. [...] Um trabalhador tem um compromisso com o **organismo ao qual ele está vinculado**, a suas*

George Lakoff's Theory of Cognitive Models **235**

idéias e valores e com o compromisso de realizar, de ser uma pessoa que vai realizar aquilo. [...] **Ele é uma parte desse organismo**, *a qual vai receber um conjunto de ordens, normas, procedimentos e ao mesmo tempo vai receber estímulos para a sua alternação com esse* **organismo**. (ET; E, A)

COMPANY IS AN ANIMATED BEING➜COMPANY IS AN ORGANISM
WORKER IS AN ORGAN

(16) *Uma cooperativa, um* **consórcio**. *Uma empresa* **é um consórcio, juntam-se forças,** *julgam-se habilidades. O que eu usaria para empresa é* **consórcio, cooperativa, união**. *Consórcio, a gente vai consorciar alguma coisa. Isso aí.* (ET, I, A)

COMPANY IS A COOPERATIVE
COMPANY IS JOINING FORCES
COMPANY IS COOPERATION
COMPANY IS UNION

(17) *Daquela empresa é o sai o* **fruto** *da da da daquelas pessoas que trabalham, daquelas que trabalham.* (J, E, A)

COMPANY IS A PLANT
WORKER IS A FRUIT

(18) *É. empresa daria pra comparar tipo assim uma que nem um um como é que eu vou te dizê? [...].* **É uma colméia**, *né, é um lugar onde todos trabalham, né,* **e o fruto é o mel**, *né, é a coisa deliciosa, né. Que bom que* **esse mel** *pudesse dividir com todos. Então, eu acho que todo mundo faz um pouquinho, né, e esse pouquinho de cada um se torna uma coisa grandiosa, [...] é um produto que é apreciado, que seria a mercadoria.* (B, I, A)

COMPANY IS A BEEHIVE
COMPANY PRODUCES HONEY

At this point we must observe that the subject is not suggesting directly that WORKER IS A BEE, a metaphorical entailment of COMPANY IS A BEEHIVE, but the discourse permits us to construct this entailment.

(19) *Com um* **clube** *pode ser um* **clube de futebol**, *por exemplo.* **É um time** *que tem o objetivo de ganhá de fazer gols de ganhá o campeonato, de é* **um time de futebol. Uma empresa é um time de futebol. [...] E quando eu tô falando em time de futebol é aquele aquelas pessoas que entram em campo com o seu treinador** *com o seu presidente do clube e com até a sua torcida, sim. É um time de futebol.* (T, I, B)

236   *Heloisa Pedroso de Moraes Feltes*

COMPANY IS A TEAM (A SOCCER TEAM)
WORKER IS A SOCCER PLAYER

(III) PROFESSIONAL FULFILLMENT

(20) *A realização se **compara ao esporte**, por exemplo; lá seria um trabalho também, mas se compara àquela chance de tu praticares **uma competição esportiva** e ter vencido. **Em que tu aplicaste concentração, treino duro, planejamento, usasse toda tua vocação, tua habilidade motora, teu intelecto e chegasse lá. Eu compararia ao esporte, ao vencer uma prova, uma disputa esportiva.** (ET, I, A)

PROFESSIONAL FULFILLMENT IS SPORT
SPORT IS WORK
(1) COMPETITION
(2) PRACTICE
(3) PLANNING
(4) HARD TRAINING
(5) A FULFILLED PROFESSIONAL IS A WINNER

(21) *Ela, **a visão dela a. ela é melhor ela consegue vê mais**.* (W, E, A)

(22) *É quando eu realmente consigo aprender neste processo de venda do meu trabalho, de troca do meu trabalho e que este meu trabalho consiga realmente ter um objetivo, tem uma intenção enquanto profissional [...] Mas que eu consiga crescer. **A realização profissional é uma medida em que eu vejo, me vejo crescendo, vejo eu** contribuindo com outras tantas pessoas crescendo [...]. Eu acho que realização profissional é **quando a gente vê o nosso projeto** de profissão que esse projeto de profissão também passa por coisas da gente, ser alcançado, eu vejo resultados, eu **visualizo ele**, ele tem consistência, ele é valioso [...] **É exatamente isso, eu me realizar é eu poder visualizar o meu projeto de profissão. É quando eu consigo visualizar, é quando eu consigo perceber que eu contribuí, que eu fiz crescer, que eu cresci, que outras tantas pessoas cresceram** [...]* (J, E, E)

PROFESSIONAL FULFILLMENT IS SEEING (BETTER)
PROFESSIONAL FULFILLMENT IS TO GROW

(23) *Pra gente se sentir bem toda pessoa tem que se se realizar profissionalmente, né. **Eu acho que é que é o ápice. Eu não sei se dá pra se dizer o ápice, o último degrau que você chega, porque daí,** de repente, pessoas conseguem logo e daí só só só resta morrer, né. [...]. **Eu acho que é sempre uma busca,** né. Então, sempre quando se chega num sempre estipula **um patamar**: a realização profissional [...]. Então, sempre tu coloca **degraus pra frente pra alcançar**. E sempre é uma realização[...]. Você atinge aquela e aquela mesma te joga, te força, te propõe **a você ir. pra frente**.* (J, E, F)

George Lakoff's Theory of Cognitive Models   237

(24) *Bom, que nem eu gostaria de me realizar profissionalmente, sendo uma boa química [...], tendo a minha linha de produtos que eu pudesse lançar, sabe. É um sonho pra mim que eu tenho de querer **chegar a essa meta**,sabe. Mas a linha de produtos que eu até queria ter, supondo assim, seria um. uma linha de produtos pra pele [...] Então tu tem que **tem que avançar junto com a humanidade**, tanto **o teu corpo avança como a empresa avança junto**. Tu não pode **querer passar à frente**. Acho que um realizar profissionalmente, **é tu correr atrás de alguma coisa**, tu ir atrás dela e sempre querer te expandir mais e melhorar mais.* (A, E, J)

PROFESSIONAL FULFILLMENT IS A SEARCH
PROFESSIONAL FULFILLMENT IS THE TOP
PROFESSIONAL FULFILLMENT IS THE LAST STEP
PROFESSIONAL FULFILLMENT IS GOING AHEAD

3.2. Intra-categorical analysis - metonymic models

(7) *Pra eles tê motivação, eles precisam se **sentir seguros**, eles precisam sentir eles precisam se senti que nesse emprego eles **têm um apoio** quando eles precisam, eles precisam sentir que que a empresa é um **segundo lar pra eles**, e que então numa necessidade, numa qualquer coisa que possa ter problemas eles têm um segundo apoio, além do apoio familiar.* (B; E, A)

COMPANY IS A HOME
COMPANY IS A FAMILY
HOME IS SECURITY (TO BE SECURE)
COMPANY IS A SECOND FAMILY

[COMPANY] ➜ [HOME]

[HOME $_{PLACE}$] ➜ [FAMILY$_{IN}$]

[FAMILY ➜ SUPPORT] ➜ [COMPANY ➜ SUPPORT]

(25) *Trabalho é, pra mim, é **uma realização pessoal**, você deve trabalhar em que gosta, se você trabalha no que gosta, você se realiza.* (AS, E, A)

(26) *Uma **forma de realização**. Pode transformar coisas, aplicar recursos transformando coisas. Fundamentalmente, o **trabalho é uma forma de realização** tão indispensável quanto o oxigênio ou qualquer outra coisa.* (ET, E, A)

(27) *Trabalho é além da sobrevivência é é **uma realização pessoal de cada pessoa**. Ã. Eu só acredito no trabalho. Eu acho que tudo que ã que desempenha ã ã tudo aquilo que desenvolve, que tu luta pra consegui, as meta só consegue com o trabalho. Acho que é tudo na na vida de uma pessoa o trabalho. **É uma realização da pessoa**.* (W, E, A)

238   *Heloisa Pedroso de Moraes Feltes*

WORK IS PERSONAL FULFILLMENT
[WORK $_{ACTIVITY}$ ➡ PERSONAL FULFILLMENT $_{RESULT}$]

(28) *É a primeira coisa que lhe vem em mente:* **Trabalho é Amor. Amor.** *[...] Amor é a mesma coisa, você tem que se reaa realizar, sentir; e o trabalho eu acho que é da mesma, mesmo nível.* (AS, E, A)

(29) **Trabalho é amor.** (W, I, A).

WORK IS LOVE
[LOVE$_{MOTIVATION}$➡WORK$_{RESULT}$]

(30) **Realização profissional é felicidade.** (B, E, A)

PROFESSIONAL FULFILLMENT IS HAPPINESS
[PROFESSIONALFULFILLMENT$_{MOTIVATION}$➡HAPPINESS$_{RESULT}$]

4. Categorization as a task-dependent construction

Although it had not been established as an objective of the research to analyze the general processes involved in the categorization, the studies empirically demonstrated central aspects of the conceptual processing. The segments below disclose cognitive aspects of the process of (re-) construction of the concepts. They are an evidence that (abstract) concepts are not "stored" in long-term memory, ready for use in reasoning in general. The mode in which the concepts are activated is highly dynamic and task-dependent, and are carried through intentions, proposals, etc. Irrespective of the fact that the subjects present verbal expression problems, worsened, among other factors, by the situation of asymmetrical communication typical of interview events (the interviewer having established the conversational topic and conducted the interlocution structure, it is possible to notice that such concepts, which are obviously part of the conceptual repertoire of the subjects, are not "ready" for "immediate application", when based on the (metaphorical) idea of memory as a "store". Pauses, hesitations, repetitions of segments and verbalization itself of the subject concerning the difficulty to carry through the task are cues of this operation, which is a process that operates on a metacognitive level. Some examples:

George Lakoff's Theory of Cognitive Models 239

(Interviewer) Give an example of what is WORK:

(31) *De, desenvolver uma atividade ã participa ã da sociedade [...] Desenvolve é seria di ã ã qual é o termo que usaria seria criar alguma coisa num determinado tempo [....] Não tô conseguindo me expressa direito, mas seria a criação de alguma coisa num determinado tempo. Onde* tu desenvolve nesse tempo ã realização de alguma meta que tem* (W, E, A)

(32) *Trabalhador é uma pessoa que que goste de da daquilo que tá fazendo, que que sinta do trabalho um necessidade não só por sucesso, mas pra coisa, acho que trabalho é isso aí, a pessoa definida, a pessoa trabalhadora. Um é mais trabalhador que [...] otro é menos que o otro afinal acho que um [...] grande empresário, um patrão da empresa não é um trabalhador que um operário que tá fazendo [...] a, a função que ã, desculpe, não, não deve, acho que trabalho, trabalhador é uma pessoa que cumpre aquelas obrigações dele, no trabalho dele naquilo que ele faz, não sei, o cara trabalha 8 hora lá na na brincadera na rua e acho que é o mesmo trabalhador que otro, acho que [...] o ganho, o ganho não é, não é o o define, que define quem é trabalhador, quem não é [...] mais ou menos isso aí, não sei.* (A, E, A)

5. Anchorage and Blending Theory

Attempting to construct a cognitive environment to deal with the concepts on which the subject is being asked, what seems to exist in a sufficiently evident way, is a process that can be called anchorage. The subject establishes different anchors, testing them, probably on an unconscious level, for productivity in order to achieve his/her objective. The anchorage can be understood as the search for an axle on which one can agglutinate ideas productively associated with the concept. What we call anchorage is a situation very close to the principle of abstractive economy (Brooks 1987: 160). Abstractive economy is a principle that operates by means of an automatic abstraction mechanism: If learners know or can find a rule or schema that provides satisfactory performance, then they will rely on it for classification and identification of tasks until it is proven insufficient (p. 160).

This operation has a clearly pragmatic nature; therefore, after having established the first anchor for the first concept, its application is followed for more concepts if its productivity is demonstrated. If this productivity stops working, a new anchor can be established. This process gives a direction to the treatment of the concept that is highly unstable. The anchor can be a heuristic, fortuitous and intuitive process, motivated by

240 Heloisa Pedroso de Moraes Feltes

previous processing contexts in short-term memory, selective attention, interests, intentions, among other factors. This means that the same subject, if asked these same concepts in a different interlocutive situation, or if the concepts were presented in a different order by the interviewer, could have carried through a different anchorage and, therefore, supplied different answers by applying different cognitive models. This explanation seems to confirm the nature of the cognitive models: they can be constructed in clusters, can be inconsistent among each other, are dynamic, experiential and typically pragmatic. Evidences found corroborate human cognition's isotropic, associative and pragmatic nature.

Some cases of anchorage are seen in subjects as (B, A, E):

(33a) WORK *É e se tratando de trabalho remunerado, aí, então, eu acho que é uma é uma **troca**, em que as pessoas propõem o oferecimento de um conhecimento, de experiência, da força física, intelectual, **em troca** de um de uma remuneração. Isso o trabalho pago.É trabalho hoje ele é mais ele é mais o conceito mais atualizado é em função do que se propõe **alguma coisa em troca de outra**. **É um negócio**. **Trabalho é um negócio**. Se eu trabalho e **em troca** disso eu ganho uma remuneração, eu estou oferecendo algo de mim de bom, **em troca de** bom, o trabalho ele ele vô te compará com o quê [...]O trabalho, na verdade, eu acho que **é um negócio**, tá, porque eu posso oferecê até o meu conhecimento intelectual e **em troca** disso eu ganho meu sustento. [...] O trabalho em geral, ele faz parte do ser humano [...]. O ser humano precisa pra se locomover ele ela tá exercendo fisicamente ele tá exercendo trabalho: ele tá gastando uma energia e e tá obtendo uma ação, tá, que é o trabalho, **em troca de um gasto** de energia ele é energético, [...] Quando ele tá respirando[...] né, ele tá **trocando** tá oxigenando o sangue, tá, e tá **trocando** oxigênio por gás carbônico e **tá realizando trabalho** [...] ele sempre existe, né, no estudo da física, trabalho é isso, né, é uma só **uma troca de energia** já é trabalho. Tá, daí que eu acho que ele é inerente do ser vivo, até uma árvore, ela trabalha; ela **troca** gás carbônico, faz a fotossíntese, né, ela gera oxigênio, tá **realizando trabalho**.[...] Se tu faz alguma coisa e ganha isso **em troca**, tu tá realizando alguma coisa de bem para alguém que, **em troca disso**, **tá te dando moeda ou satisfação**, tá te dando **alguma coisa em troca**.*

WORK IS EXCHANGE (KNOWLEDGE-EXPERIENCE-PHYSICAL AND MENTAL ENERGY FOR SOME PAYMENT)
WORK IS BUSINESS
BUSINESS IS EXCHANGE

(33b) COMPANY *Olha, **empresa também é um negócio, como o trabalho**. A empresa é um trabalho, onde eu proponho [...], num ramo de atividade oferecer pra pra outro seg pra um segmento qualquer [...] uma especialização, e esse pra eu obtê isso aí, eu preciso da ajuda de outras pessoas. [...]. E posso oferecer alguma coisa pra sociedade, trabalhá pra sociedade, oferecê emprego, oferecê o bem-estar, né. **Em troca** disso, a empresa oferece salários e a empresa gasta mão-de-obra especializada, somando todos*

George Lakoff's Theory of Cognitive Models 241

os pontos-chave torna seu produto ela [...] cria um produto que vende pra terceiro.
Então, é um negócio. Empresa é negócio.

COMPANY IS BUSINESS

(33c) PROFESSIONAL FULFILLMENT *Pra tê a essência do trabalho preci-
sa tê dá a impressão que precisa tê um emprego, né, que é uma das coisas que atualmente
é preocupante, né, porque com o desenvolvimento tecnológico, [...] tá envolvido o desemprego[...]. Aonde tu faz através do teu computador em casa tu faz a escolha do teu
produto, da loja Eles vão fazê uma. Vai dá uma redução de de espaço de 50 e poucos
por cento, porque vai tê uma agilização entre o fornecedor e o consumidor, né, e tão
prevendo a, a. o sumiço do intermediário [..] a tendência mundial é essa: o desemprego
vai sê violento, viu.* **Temos que buscar uma outra espécie de trabalho..**

PROFESSIONAL FULFILLMENT IS GETTING WORK

In the examples above, one can see that the anchorage in WORK IS
EXCHANGE BUSINESS IS EXCHANGE – WORK IS BUSINESS/EXCHANGE - COMPANY
IS BUSINESS/EXCHANGE leads transitively to an inferential reasoning that
reaches the proposition COMPANY IS WORK.

Taking anchorage as a reasonable hypothesis to explain those findings,
it remains an open question whether Lakoff's theory (LT) demands to be
associated with a more sophisticated version of mental spaces. Lakoff
(1987) claims that the idea of cognitive models takes Fauconnier's theory
of mental spaces as a source (p. 68), and he also affirms that CS should
make use of propositional, metaphorical, and metonymic models as a
theory of mental spaces (p. 464). However, Fauconnier & Turner (1994,
1998) have developed a new version of this theory: the Blending Theory
(BT). We agree with Grady, Oakley & Coulson (1999) concerning the
complementary nature between LT and BT.

According to Fauconnier & Turner (1994, 1998): (i) Blending is a
general cognitive process. (ii) Blending operates over mental spaces as
inputs. (iii) Blend is a separated space that is projected from two input
spaces, inheriting partial structures from theses spaces, and then forming
an emergent structure. (iv) When a blend is established, one operates
cognitively within that space, which permits someone to manipulate various events as an integrated unit. (v) The blend provides a structure, an
integration, and an efficiency not available in other spaces. (vi) During
blending, spaces, domains, and frames can proliferate and be modified.

242 *Heloisa Pedroso de Moraes Feltes*

(vii) Inventive actions, analogy, dramatic performance, counterfactuals, integrated meanings, and grammatical constructions are phenomena that give rise to blends. Therefore:

WORK IS EXCHANGE
BUSINESS IS EXCHANGE
WORK IS BUSINESS/EXCHANGE
COMPANY IS BUSINESS/EXCHANGE
EXCHANGE seems to be the blend domain

According to Grady, Oakley & Coulson (1999), in the BT the basic unit of cognitive organization is not the domain but the mental space, a partial and temporary representational structure which speakers construct when thinking or talking about a perceived, imagined, past, present, or future situation. Mental spaces are not equivalent to domains, but rather they depend on them: spaces represent particular scenarios, which are structured by given domains. While LT addresses recurring patterns in figurative language, and the phenomenon it accounts for consists of stable knowledge structures represented in long-term memory, the BT seems to focus on the particulars of individual cases, and seeks to model the dynamic evolution of speakers' on-line representations. All these considerations seem to fit in our findings, based on the W-C-PF domain analysis, since the procedure (interview) is a typical situation that requests an on-line effort to (re-) construct a conceptual domain. And anchorage is a clear evidence of this effort.

However, there is one special methodological point to discuss based on these findings. According to Strauss & Quinn (1997), metaphors are good clues to cultural understandings lying behind them because of what metaphors do: In drawing on cultural exemplars and using there exemplars metaphorically to clarify the speaker's meaning for the ordinary listener, they also spell out this meaning, and the cultural understanding behind it, to the analyst (156-7). From this point of view, the authors claim that it is necessary to take in consideration the usage of metaphors (and metonymies) in actual discourse in order to exploit the analytic potential of metaphors (and metonymies). It is fundamental for the analyst to examine an extensive discourse on the subject. They claim that considering metaphors out of the context of their actual use in discourse means they are not in a position to verify their analyses against the actual details of this use. On the other hand, Strauss and Quinn criticize some of

Lakoff and Johnson's studies claiming, for instance, that an ongoing journey is the central, and hence defining, metaphor for love relationships and for marriage in particular (p. 159). Strauss & Quinn, from their anthropological studies, have evidences that the journey metaphor is only one of a number of metaphors used to talk about marriage. There are a number of metaphors that draw on different cultural exemplars to call attention to different features of a given domain, and only a more systematic analysis could determine them.

Thus, the AP metaphorical and metonymic models have been rebuilt; among them a few with intercategorical prototypical force such as COMPANY IS A FAMILY, PROFESSIONAL FULFILLMENT IS A JOURNEY.

Our results, partially presented here, focus on two levels of analysis: the application plan (AP); and the metatheoretical and methodological plan (MMP). In Cognitive Linguistics these levels must be taken into consideration at the same time, since methodology and procedure overdetermine data and the interpretation based on them.

References

Brooks, Lee R.
    1987   Decentralized control of categorization: the role of prior processing episodes. In: Ulric Neisser, *Concepts and conceptual development: ecological and intellectual factors in categorization,* 141-174. New York: Cambridge University Press.

Fauconnier, Gilles & Mark Turner
    1996   Blending as a central process of grammar. In: Adele E. Goldberg (ed.), *Conceptual Structure, Discourse, and Language*, 113-129. Stanford, CA: Center for the Study of Language and Information.
    1998   Conceptual integration networks. *Cognitive Science*, 22:2, p. 133-187.

Fauconnier, Gilles
    1995   *Mental spaces*. Cambridge, Mass: MIT Press.

Jackendoff, Ray
    1991   Review: More than cool reason: a field guide to poetic metaphors, by Lakoff, George and Turner, Mark. Chicago: University of Chicago Press, 1989. *Language*, v. 67, n. 2.

Kearney, A. R. & S. Kaplan
    1997   Toward a methodology for the measurement of knowledge structures of ordinary people: the conceptual content cognitive map (3CM). *Environment and Behavior*. 29, 579-617.

244 *Heloisa Pedroso de Moraes Feltes*

Lakoff, George
    1982   Experiential factors in linguistics. In: T. Simon & Scholes R. (eds.), *Language, mind, and brain*. Hillsdale, 142-57. N. J.: Lawrence Erlbaum.
    1987   *Women, fire and dangerous things: what categories reveal about the mind*. Chicago: University of Chicago Press.

Lakoff, G. & M. Johnson
    1980   *Metaphors we live by*. Chicago: University of Chicago Press.
    1999   *Philosophy in the flesh: the embodied mind and its challenge to Western thought*. New York: Basic Books.

Lakoff, George & Mark Turner
    1989   *More than cool reason: a field guide to poetic metaphors*. Chicago: University of Chicago Press.

Varela, Francisco, Evan Thompson & Eleanor Rosch
    1991   *The embodied mind: cognitive science and human experience*. Cambridge, MA: MIT Press.

Metonymy-based metaphors in advertising [1]

Rafael Rocamora Abellán

Abstract

The present paper approaches the ways in which metaphor and metonymy interact in advertisements where the target domains are tourist products.

Every single marketing action is aimed at selling a product. When this product i.e. the destination of a holiday, is nothing tangible the image created and projected becomes essential. In this paper metaphor and metonymy are considered as highly effective image-creating tools used in creative and innovative advertising, both separately and when they interact. As many scholars have demonstrated, the interaction metaphor/metonymy has proved to be highly effective for conceptual purposes (see Barcelona a, Goosens and Turner & Fauconnier).

Right at the beginning of this paper must be considered certain intrinsic characteristics of the discourse of advertising which differentiate it considerably from standard communication. Advertising discourse differs from other types; it aims at selling rather than just at communicating a message. It ranges in styles and varieties from the merely informative to the more complex and demanding.

After a short introduction to marketing strategies in the discourse of tourism advertising, the paper explores how three different types of tourism products are advertised, namely: Tourist Destinations, Attractions for tourist and Airline Companies. For each type the paper analyses the role of figurative devices such metaphor, metonymy, blending and the interaction among them, especially the first two.

Keywords: metaphor, metonymy, advertising discourse, tourism, marketing.

---

1. This paper has been partly funded with a grant by the Ministerio de Educación y Cultura, Secretaría de Estado de Universidades, Investigación y Desarrollo. Project n. PB-98-0375.

246 *Rafael Rocamora Abellán*

1. Advertising discourse

In advertising there is only one direction in the communicative action. There is no communicative exchange as the only reference that the creative team behind an advert has of their effective communication is the selling results.

Another difference with the standard communicative situation is that those members of the creative department, the "senders" are professionals. They are not single individuals but rather a professional team, they are not naive and their goal is not merely communicative in the sense that they expect no linguistic reply. These senders are specialised since adverts get through to the audience only by means of artificial channels. One of such channels is the brochure, the most important single marketing effort in tourism advertising. Advertising, especially in newspapers and magazines, accounts for over half of the tourist industry's promotional expenditure and most of the consumer's literature, i.e. brochures, booklets, leaflets, etc. which are the basis of sales support published by tour operators.

In the advert, slogans – short sentences, easy to remember – highlight the positive concepts of the advertised item. But, however reasonable this may seem for brochures in general, regarding brochures for tourist destinations there seems to be a different behaviour. The brochure is not usually mailed or handed-out in the street. In fact, the customers themselves collect them from travel agencies, hotel receptions, etc

The final goal of all advertising is to provoke a reaction on the audience. In most cases this reaction results in the *Desire* that leads to an *Action*, a purchase. A certain type of tourists, those able to tour Europe in two weeks, are attracted by the kind of advert that offers an abridged version of the whole product: *"Discover the heart of England", "In the heart of Saimaa Lakeland", "Hampshire, Heart of Southern England"*. Finally, the message is carefully prepared in the advertisement; far more so than in conventional communication, in either written or oral interactions.

The combination of these three features of advert communication aims at stimulating the desire in the audience/receiver to the purchase of a given product. This is an intrinsic feature of advertising. However important functions such as informing, entertaining or even instructing might be, the main goal of advertising is a specific kind of communicative exchange: the influence on the audience's behaviour in favour of the

Metonymy-based metaphors in advertising   247

advertised brand. Such influence is both perceived and accepted by the audience, the potential consumers of the products advertised, since they are aware that advertising discourse is aimed at persuading and selling rather than at informing or establishing the truth.

Let us see an example of this taken from Angela Goddard. In 1996 the merge between Pickfords Travel and Hogg Robinson faced some problems when choosing the new brand name that would identify the new company. *"Destinations"* and *"Going Places"* were both in the final list. The former, of clear Latin/French origin, was said to suggest long-haul flights and, therefore, travel for the privileged class. The latter, on the contrary of Anglo-Saxon origin, *"was thought to describe all sorts of travel and therefore be more suitable for the mass market, which was the company's target"* (Goddard 1998:81).

As we can see in this example, connotations within a single language can involve complex aspects of meaning which professionals of marketing find hard to solve. The same goes for metaphorical expressions.

> Where there is no awareness that an expression is metaphorical or idiomatic, a translator may give a literal version and, in so doing, create a completely different meaning. This occurred when the Pepsi slogan, "Come alive with the Pepsi generation" was translated into Chinese as "Pepsi will bring your ancestors back from the dead"; Kentucky Fried Chicken's "finger lickin' good" did little better in Chinese as "eat your finger off. (Goddard, 1998:83)

Therefore, the key factor in the study of the relation between metaphor and metonymy and advertising discourse is the fact that this type of discourse is far from being the standard form of communication. The receiver of a message knows what to expect from it the moment this information is identified as an advert. The first message an advert transmits is precisely that it is a form of advertising. Especially in the slogans, inferences depend from the linguistic forms used, the social context and the audience's previous background knowledge. Mental images are the basis for the evaluation or selection process. All experiences are given mental ratings, positive or negative, and every individual, according to personal taste, has a preferential image, or prototype, of his/her ideal holiday. Personal images can therefore not only be influenced but can also be manipulated and even created by forces external to the individual.

The use of figurative language, including visual puns, metaphor and metonymy, has become a regular feature of contemporary advertising (See Forceville 1996). Figurative language has become a powerful tool in

248   *Rafael Rocamora Abellán*

marketing where semantic, stylistic, social and psychological criteria are at work. Metaphors and metonymies challenge the cognitive ability of the audience of carefully planned adverts. In fact, the most successful adverts are those which demand from the targeted audience the highest responsibility in decoding the message. The larger the number of inferences possible in a metaphor or metonymy in an advert, the more appealing, shocking and successful the advert will be (see Ungerer 2000). The use of metaphor and metonymy for advertising purposes had long ago been demonstrated. This paper tries to reinforce that view by narrowing the scope of advertising to tourist advertising, since in this field there is an added difficulty: the products advertised are not goods, but services and therefore too abstract to appear in an advert.

2. Marketing characteristics in the discourse of tourism advertisements

Adverts must result interesting for the target group without falling back to sensationalism. Traditional advertising techniques seem to have saturated the public's attraction and this has given rise to a new array of surprising or shocking adverts. An example of such variety of adverts in tourist marketing is the following: *Relive an age when fur coats were acceptable.* In order to be understood, the audience needs to activate different frames and at the same time, adverts should highlight the most relevant aspects of the product. The truth is that every advert has its own audience, whether interested in cultural ("Historium. Enter into history") or in more "standard" holidays (" Cuba. El color del silencio" (*The colour of silence*)). Similarly, slogans must support the message intended in the advert and be as clear and straightforward as possible. In some cases this is not quite understood by the creative experts of certain adverts ("Castilla La Mancha. Repetirás."(*You will repeat*) The combination of slogan and image is anything but welcoming, at least as far as the image in the advert is concerned, as it shows an old, light blue, closed door. Clearly, this image does not anchor the concept underlying the scenario, ICM or frame, implied in the slogan at all. Repeating refers to the success of a first visit or stay in the destination which results in a second visit. A close door does not precisely stand for any sort of invitation to enter anywhere).

Advertisements should provide information about the benefits that the product advertised provides. The search for systematic information (brochures, guides, personal references) is more frequent in tourist-related purchases than in most other kinds of products. However, the information provided must never be understood as any form of bluffing, otherwise it will be counter-effective. Potential customers will feel deceived and will reject the product without even trying it first. Advertisement puffery should be avoided. Slogans such as "Hastings Culloden Hotel. *Built for a Bishop... fit for a King*" may create certain expectations in the clients which, if not satisfied, may result in claims and headaches for the company.

Finally, and highly important, the message must be remembered as long as possible by the target group for the advertisement to be effective. In order to do so, most advertising techniques rely on effective slogans, which together with an eye-catching logo guarantee that the message, the idea and the brand name will be remembered.

3. Destinations

3.1. Metonymies

Metonymy is much more important among our conceptual tools than was usually accepted, and it is often at the basis of metaphor (see Kövecses and Radden). As Pauwels puts it (1999: 257):

> We are still aware of the metonymic basis in the metaphorical interpretation, a fact that Goosens (2002) calls "metaphor from metonymy". In these cases, the difference between metonymy and metaphor lies in the distinction between a "while" interpretation and an "as if" reading respectively. In most such cases it seems the "as if" reading is most likely, although the metonymic basis can not be discounted completely

Following Louis Goosens' metaphtonymy types, two of his types of interaction between metaphor and metonymy predominate: Metaphor from Metonymy and Metonymy within Metaphor.

Goosens also suggested a reduction of his own classification into two basic types of metaphtonymies: integrated metaphtonymy (when metaphor and metonymy are combined in the same expression) and cumulative metaphtonymy (which implies that a metaphor is derived from a metonymy or vice versa). The first of these categories includes metonymy within metaphor and metaphor within metonymy. The second is the case in metaphor from metonymy (where the end product is a metaphor) and metonymy from metaphor (where the result is a metonymy).

In the following instances the destination is the domain in which one of the salient categories, i.e. the most representative in each case, provides mental access to the whole domain. This synecdoche, part-for-whole, has traditionally deserved special attention in the literature. Especially in tourist advertising it is a must, as it is impossible to bring the real product into the advert. Therefore, especially as regards advertisements promoting destinations, it comes as no surprise that in the adverts analysed metonymies occur when the intention is to highlight the whole product by means of one of its most salient features: either culture, relax or excitement. Attention from the target group is obtained by stressing one of the components of the Ideal Cognitive Model of each destination above the rest.

Comparison is frequently used in advertising as it perfectly fits its aims. It highlights an improvement in the quality of a given product, or rather its superiority if compared to another brand. As Neese and Taylor (1994:57) put it:

> Consumers evaluate brands according to how well each meets their various functional and/or social-psychological needs. When consumers are analysing alternative brands during their decision-making process, feature-by-feature comparisons between competing brands should be more informative and therefore more useful than information concerning only a single brand's attributes.

A holiday is a high-risk purchase because, unlike most other products, the tourist can neither observe directly what is being bought, nor return it if not satisfied. For any individual the decision to take a holiday stems from needs and desires which, together, determine motivations. These motivations are somehow connected to the topic of the adverts, and specially to the slogans used to attract their market's attention.

Conceiving and promoting destinations as idyllic places has always been a safe method to advertise a destination. The only stumbling block is that because it is used often, this method has lost part of its power to surprise or even to obtain the attention of the audience. The following examples are the remains of what in the past constituted a standard style in advertising. Nowadays, advertising agencies search for more originality, or even risk, in order to make their products attractive.

The example chosen of the DESTINATION IS AN IDYLLIC PLACE metonymy finds some support in the image of the brochure. The slogan, in small prints, *"Papua New Guinea. Discover for yourself 'the living paradise'"* leaves most of the space for the images of a Paradise Kingfisher, a bird found only in SE Asia, and a *mud man*, a native of the islands covered in mud and wearing a mud mask. The exotic bird in the trees and the primitive look of the man recall the idea of the Garden of Eden, the paradise or prototype of heaven in some religions. The concept of *"living paradise"* in the slogan connects the source domain of idyllic and somehow unreal places to the real destination where the feeling of life in paradise can be obtained.

One of the most important INTEREST metonymies in terms of the number of times it occurs in the corpus analysed is DESTINATION IS MYSTERY. Destinations are thus characterised as mysterious, attractive or even dangerous places by constraining all the other conceptual attributes from the source domain.

Several instances of the DESTINATION IS MYSTERY metonymy rest upon the image to reinforce the message. This is the case of a promotional brochure of Papua New Guinea., whose slogan, *"Land of the unexpected"*, and the images of Melanesian natives with their traditional costumes and weapons intensify the effect of the metaphor. The image merely reinforces the idea of exotic, mysterious, unknown places.

3.2. Metaphors

The next example, THE DESTINATION IS A BUILDING metaphor offers a case of Metonymy within metaphor, that is, a metaphor where there is still some remnant of a metonymy.

The examples of this metaphor share the metonymic basis which motivates the source domain. In the DESTINATION IS A BUILDING metaphor the source domain, buildings, has a metonymic basis. The metonymy corresponds to the type PART FOR WHOLE and more particularly to the type PART OF BUILDING FOR WHOLE BUILDING.

Therefore the target domain of all these metaphors will be the destination, just like in the metaphors discussed above, and the source domain will be parts of buildings standing metonymically for whole buildings.

252   *Rafael Rocamora Abellán*

In the example the product promoted is an island, Grand Bahama island. The brochure shows a photograph of a young couple strolling along an enormous sandy beach. This image clarifies the meaning of the slogan: "*On our island the welcome mat stretches for miles*". The "*welcome mat*" in the metaphor is the sandy beach and the imaginary house that has such long welcome mat is the island itself. These correspondences help us understand the mapping process from the source, buildings, to the target, the island.

DESTINATIONS ARE LIVING BEINGS is another group of metaphors that are very frequently used in the tourist advertising brochures analysed. Destinations are this time conceptualised as part of living beings and, therefore, we have the case of a metonymy-based metaphor, or Metaphor from Metonymy. The source domain is the domain of humans and, as usual, the domain of the destination is the target domain, which is metonymically conceived as part of the body of a living being. The whole country is the organism itself.

In this case, Rovaniemi is to Finland what the heart is to a person; there is an enormous array of positive projections between both domains: the heart as container of human soul and feelings is mapped onto this part of the country as it represents the essence of the attractive features of the whole destination.

3.3. Blending

The following advert is really elaborate and shows a perfect harmony of visual and linguistic components.

The use of images anchoring the print and the creation of a blending space contribute to the complex interpretation of this ad. We have two Input Spaces. The first is "*Music styles*" and the second is "*Australia as a varied tourist destination*". In the blended space we have the destination projected from a Target Input space and we find the corresponding features of music styles projected from the Source Input. If the Blend stood alone, it would not be understood in the real world as in this case the destination is not particularly famous for its music, we are not in Brazil, New Orleans or Seville. Of course, the structure of the Blend itself is highly dependent on the unconventional metaphorical mapping of music to tourist destinations, which, at the same time is a PART FOR WHOLE metonymy where a few attractions stand for the whole country.

Table 1. Blending process in the case of Destinations

SOURCE	BLEND	TARGET
Input space I "Music styles"	*Blended space*	*Input space II* "Australia as a destination"
Rock and roll	Rock / Ayers Rock Roll / surfing	Ayers rock / surf
Hip hop	Hip hop / kangaroos hopping	Wildlife / kangaroos
Boogie	Boogie / life tribal shows	Mock wild aborigines
Happiness	Long distance travelling produces a positive feeling, just like music	Positive reaction towards long haul travelling
Variety of rhythm	As many attractions as music styles	Variety in activities and places to visit

The advert belongs to tour operator Globe Savers, which specialises in Australian packages. The images show a large photograph of one of the most popular tourist attractions in Australia's Northern Territory: Ayers Rock (the largest monolith in the world). The three smaller photographs show a surfer, kangaroos and some aborigines.

The slogan is divided into four parts, each of them connected to each of the photographs. The first part corresponds to the large photo of Ayers Rock and reads: "*Are you ready to rock...*" This is a classic opening at rock concerts and also a line in some songs. However, the message of the whole blended space seems to be understood when we see the second part of the slogan.   Next to the photograph of the surfer under a splendid wave we read "*...n'roll*". The music style is now complete: Rock'n'roll. The connection in the first part (Ayers Rock/rock) is supported by the second connection. The rolling component of the dance is visually aided by the "roll of water" on which the surfer rides as well as by the movements the surfer does to keep riding on the crest of a good wave.

The next photograph, the kangaroos, is also connected to music, as the slogan continues "*hip hop*". "Hip" refers to the latest fashion, especially in music and clothes; "hop" directly refers to the kangaroos' particular way of moving; "hip hop" is the name of a music style of black U.S. origin based on rap and electronic music. Hip hop is one of the current musical trends around the world and a fine reference for a destination willing to be fashionable among young people.

The last part of the slogan and the last photo are perhaps the most complicated part. The photo shows some aborigines with a look of feigned aggression. The slogan finishes: "*and boogie?*" Where is the

254 *Rafael Rocamora Abellán*

connection, this time, between Australia and music? Boogie refers both to a dancing style of pop or rock and a style of blues played on the piano. In spite of their link with the world of music, neither or these two meanings seems to connect with the image.

The most plausible possibility lies in interpreting "boogie" as a mis-spelling of "bogey", an evil spirit, and extending the idea to "bogeymen" in order to make reference to the mock aggressive-looking aborigines. There is no possibility of mis-interpretations because the image shows clearly they are pretending to be aggressive; they are far more funny than frightening. Thus, the bogeymen of the image, the kangaroos, the surfer and Ayers Rock together offer descriptive images of what Australia can offer its visitors. The Input of music classifies all these attractions and includes connotations of dynamism, action, rhythm, etc. Furthermore, it establishes the existence of an underlying metonymy in the blend: Australia, the Input Space II is understood by means of a series of images that correspond to just a few of its tourist features. Australia as a whole is understood through a selection of its virtues as a tourist destination.

As a conclusion, this type of blend, rather obscure and hard to grasp in principle, is highly rewarding for the audience once they have "decoded" the hidden message. This reaction by the audience results in a positive feeling towards the advert and metonymically towards the product advertised.

4. Attractions

4.1. Metonymy

The ATTRACTION IS CULTURE metonymy has, in most cases, history as the most salient characteristic inside the domain *Tourist Destinations*. The most representative historic events are mapped onto modern-day locations. The ontological correspondence that links both domains is the following: the abstract concept of history guarantees the interest of visitors on the destination which, in turn, guarantees widespread interest, protection and financial support to historical sites.

In all cases analysed, images represent the whole metonymical process. In a sense they stand for time (= history) and space (the city) in a metonymic fashion. Obviously, the rule that states that in advertising the product is only metonymically present in the ad is stressed even more in cases such as the ATTRACTION IS CULTURE metonymy, where we are dealing with abstract concepts such as culture or history.

An example of the ATTRACTION IS CULTURE metonymy deserves to stand alone for its complexity and originality. The slogan is "*Relive an age when fur coats were acceptable*". It appears right below an image of a hominid. The computer-generated image shows a heavily built, hairy, yeti-like being who is smiling. The brochure advertises "Our dynamic earth", an interactive history museum in Edinburgh.

The fact that the hominid has its own fur coat and does not wear any other animal's skin seems to be a *muting* strategy (see Ungerer 2000:329). The topic of fur coats is still too delicate, even taboo in advertising, to risk a negative response on the part of the target group. The hominid's smile, its sticking-out ears, wide open light-blue eyes and its hands behind the back present us the image of a good boy, a perfect complement for the slogan. Together, image and slogan manage to bring to life the concept of pre-history or history (and therefore culture). This domain activates immediately the target domain, the location of the exhibition, the destination of our trip.

The concept of "reliving" in the slogan is used metaphorically to convey the meaning of reviewing our knowledge of history, received at school. It is this term that causes the metonymy ATTRACTION IS CULTURE provoking the mapping from source (history) to target (exhibition), both inside the domain *features of a tourist destination*.

The term "acceptable" is an ironic understatement. In fact, fur coats were not just acceptable, they were essential, basic, to fight low temperatures. The fact that fur coats were "acceptable" implies, in the slogan, the existence of a complex social network that accepted or rejected certain customs, just like today's society.

4.2. Metaphor

Another example of metonymy-based metaphor, or metaphor from metonymy in Goosens' terms, is the example of the advertisement of the National Maritime Museum, in London.

The slogan goes: "*Dive into the largest maritime museum in the world*". Here the metaphor THE ATTRACTION IS THE SEA is back up by

256   *Rafael Rocamora Abellán*

the underlying (PART-FOR-WHOLE) A SEA ATTRACTION FOR THE WHOLE SEA metonymy which makes it possible for us to understand the concept of "diving" into the attraction where we will be completely surrounded by the exhibits.

4.3. *Blending*

To finish with the examples of advertisements of tourist attractions, let us look into another case of blending. This time Input Space I corresponds to the everyday routine of home stay, while the Input Space II is an activity-packed theme park, Pigeon Forge, in Tennessee, U.S. Thus, in the blended space, fun becomes part of everyday routine during the stay in the park. At the same time, action in the park is as safe as staying at home. In general the blend offers the chance for unique, adventurous, fun-packed experiences to become the ordinary during the visit and stay in the park.

Table 2. Blending process in the case of Attractions

SOURCE	BLEND	TARGET
Input space I "Home stay"	*Blended space*	*Input space II* "Pigeon Forge Theme Park"
Routine	Fun becomes routine	Fun
Security	Action is safe	Action
Home cooking Comfort	Table etiquette becomes part of the blend You get used to riding attractions	Dinning outside Riding

5. Airlines

The following examples were taken from Díez Arroyo (1999). These are examples of airlines adverts, specially for Business or First Class, being their target group, or potential clients, business travellers. Time, therefore, is an essential component of air travel purchase decision, before the flight at check in, during it, and after landing and collecting the luggage. Comfort is also another very important component when it comes to choosing one company or another. Offer ranges from specially wide seats, relaxing or working atmosphere, classy cuisine, and, of course, highly qualified flight assistants.

> "*Always a first class experience*" Lufthansa

> "*She holds a BA degree from Bangkok and has a BA degree from London. She speaks fluent English, Chinese and Thai. Little wonder our business class is so popular*". Thai Air

> "*It's the way we make you feel that makes us the world's favourite*" British Airways

> "*Ask us to go further yet still be close at hand*" Air France

> "*Ask us to give you the keys to the world through the heart of Europe*" Air France
> "*More flights. More destinations. Faster transfers. So KLM is the choice for choice*" KLM

5.1. Metonymy

In our first example of airline advertisements we have the case of Iberia. The slogan goes "Nada como Internet para conocer el mundo" (Nothing like Internet to know the world). What is being advertised here is a new service offered by the company that allows you to buy your ticket on-line, saving time and with a more flexible timetable.

Therefore, the slogan is based on a standard conceptual metonymy EVENT FOR SUBSEQUENT EVENTS, that is, the slogan focuses on the use of the net for practical reasons when, in fact, travelling away from home is supposed to be the best way to get to know the world. The picture of the aeroplane window and the panoramic view of Rio de Janeiro in Brazil anchor the meaning of the slogan. The first action after the decision to purchase a flight stands out for the whole array of actions that bring you to know the rest of the world.

5.2. Metaphor

In the following example of airline advertisements Singapore Airlines uses the slogan "Australia's most frequent visitor" to promote their 50 flights a week with 7 Australian cities. In this metonymy-based metaphor, or metaphor from metonymy, the company, or rather its aeroplanes, are

258 *Rafael Rocamora Abellán*

the most "frequent visitors" to a destination such as Australia. This is a term usually applied to those passengers who use the services of the air company regularly, but not necessarily to the same destinations. Similarly, in the hotel business jargon it is a regular guest who visits the hotel repeatedly, although not necessarily staying in the same room. So, not all the passengers inside an aircraft about to land in Australia can be said to be a frequent flyer or visitor. It is the company, and its aeroplanes, that is always present in the landing in Australia.

In the example, the aircraft becomes the visitor itself by means of a metonymy, in this case CONTAINER FOR CONTAINED. It is the company, and its planes, that fly to Australia more often than any other "visitors", that is, airline companies. Therefore the metaphor would be a subtype of the more general MACHINES ARE HUMANS, namely AEROPLANES ARE TOURISTS.

5.3. Blending

In this advert by AeroMexico flying with the company becomes something ordinary, something you do every day, just like brushing your teeth. The image of the text is itself a blend of both Inputs. The shape of aircraft that the toothpaste has is a visual representation of the blended space.

In the Input Space I we find "Things you do everyday", such as for example brushing your teeth. This is mapped onto the second Input space, namely, "Flying by means of an aircraft". In the resulting blended space flying is something that people do everyday, unlike in the real world, where this is done by ordinary people rather occasionally. This exaggeration can only be understood by means of a figurative, non-literal, interpretation provided by the blend.

Table 3. Blending process in the case of Airlines

SOURCE	BLEND	TARGET
Input space I "Things you do everyday"	*Blended space*	*Input space II* "Flying"
Teeth brushing	You fly everyday with this company	Everyday connections with 52 destinations.
Security at home	No effort, no inconveniences	Safety when flying

6. Conclusions

In the cases analysed, metonymies proved their efficacy as a low-risk advertising tool as compared to metaphors. There is little danger that the message might not get across when the metonymy highlights one of the concepts of the source domain above the rest. Consumers are used to this type of conceptual operation and therefore the message intended by the advertisers is adequate if not successful. Thus, the target domain, destinations, benefits from the attractive and communicative richness of the source domain. This conceptual support, also found in the use of metaphor in advertising, guarantees the effortless and positive interpretation of the message by the target group.

A great number of examples have shown the metonymical basis of many metaphors, as many scholars had demonstrated (see Barcelona 2000 a, 2000 b). In these cases, for example, destinations are recognisable by means of one of their most salient features, which metonymically stands for them. On the other hand, metaphors where the destination is the target domain are also abundant. In such cases, destinations are made to appear through recognisable, familiar entities that offer a positive background for the product, however distant may these concepts be from the concept of *tourist destination*.

As regards the relation between metaphor and metonymy, in all three groups analysed metonymy appears in its standard from, that is, without any interaction with metaphors. On the contrary, metaphors from metonymy, or metonymy-based metaphors, appear in all three types of adverts studied. In Goosens' terms, this type of "cumulative metaphtonymy" has the metaphor as the end product, but it needs the metonymy for the correct and interpretation, there is a metonymic reading at the basis of the metaphorical use. In his own words: *"argued that there is considerable interaction between metaphor and metonymy. The most frequent pattern is what I have called "metaphor from metonymy"..."* (Goosens 2002: 193)

From the above evidence, it can be further claimed the importance and accuracy of metonymy as a conceptual tool. This is something that many scholars have demonstrated in recent years (see Dirven and Pörings 2002; Barcelona 1997, 2000 a, 2000 b, 2000 c; Panther and Radden 1999) and that now this paper comes to support from a new approach. Marketing experts take care of choosing the right slogans for their campaigns. Slogans are perhaps the most relevant part in the adver-

260 *Rafael Rocamora Abellán*

tisement copy. They are used as the spearhead of the advertisement message, and that is the reason for their importance and careful design. Therefore a great deal of effort is paid at selecting and elaborating the concepts behind a good slogan.

References

Barcelona, Antonio
1997   Clarifying and applying the notions of metaphor and metonymy within cognitive linguistics. *Atlantis*. 19-1: 21-48.
Barcelona, Antonio (ed.)
2000 a   *Metaphor and Metonymy at the Crossroads. A Cognitive Perspective.* Berlin and New York: Mouton de Gruyter.
2000 b   On the plausibility of claiming a metonymic motivation for conceptual metaphor, In: Antonio Barcelona (ed.), 2000 a, 31-58.
2000 c   On the dominant notion of metonymy in cognitive linguistics. An analysis and a few modest proposals. In: *In Honor of Günter Radden*. Amsterdam: John Benjamins.
Díez Arroyo, Marisa
1999   *La retórica del mensaje publicitario*. Universidad de Oviedo.
Dirven René & Ralf Pörings
2002   *Metaphor and Metonymy in Comparison and Contrast.* Berlin and New York: Mouton de Gruyter.
Forceville, Charles,
1996   *Pictorial metaphor in advertising*. London. Rouledge.
Goddard, Angela
1998   *The Language of Advertising*. London and New York: Rouledge.
Goosens, Louis
2002   Metaphtonymy: the interaction of metaphor and metonymy in expressions for linguistic action. In: Rene Dirve *et al.* (eds), *Metaphor and Metonymy in Comparison and Contrast*. Berlin and New York: Mouton de Gruyter.
Kövecses, Zoltán & Günter Radden
1998   Metonymy: Developing a cognitive linguistic view. *Cognitive Linguistics* 9-1: 37-77.
Neese, W. & R. Taylor
1994   Verbal strategies for indirect comparative advertising. *Journal of Advertising Research* 34: 56-69.
Panther, Klaus-Uwe & Radden, Günter (eds.)
1999   *Metonymy in Language and Thought*. John Benjamins Publishing.
Pauwels, Paul
1999   *Putting Metonymy in its Place*. In: Panther K. and G. Radden, *Metonymy in Language and Thought*. John Benjamins Publishing.
Turner, Mark & GillesFauconnier

Metonymy-based metaphors in advertising   261

2000	Metaphor, metonymy and binding. In: Antonio Barcelona (ed.) 2000a, 133-145.

Ungerer, Friedrich

2000	*Muted metaphors and the activation of metonymies in advertising*. In: Antonio Barcelona (ed.), 2000 *Metaphor and Metonymy at the Crossroads. A Cognitive Perspective*. Berlin and New York: Mouton de Gruyter.

PARTE VI

Análise do Discurso

Dans la mémoire des N: introducteur de cadre discursif et espace mental – Réflexions sur un cas de *compression*

Guy Achard-Bayle

Résumé

Notre étude part de l'idée que la fonction des structures est de refléter la diversité des représentations cognitives. Nous voulons alors combiner la notion, cognitive, d'espace mental à celle, textuelle, d'introducteur (adverbe ou circonstant) de cadre discursif. Notre choix portera sur un "cadratif" temporel: *Dans la mémoire des* + N (nom propre collectif). Or, considérant que des contraintes sont attachées aux *images linguistiques* des représentations mentales, nous avons pu constater que cet introducteur a une influence particulière sur le recrutement du temps verbal... Nous nous pencherons enfin sur la notion de *mémoire collective*, qui prolonge et complète celle de mémoire, capitale dans les sciences cognitives.

Mots Clés: espaces mentaux, cadres discursifs, mémoire collective, compression.

O. Introduction

Nous disions dans notre résumé que notre étude repose tout d'abord sur cette idée, fondamentale en linguistique cognitive, que la fonction des structures est de refléter la diversité des représentations cognitives (*linguistic reflections* chez Sweetser & Fauconnier 1996). Nous nous appuyons en outre sur la notion pragma-sémantique d'espace mental (Fauconnier 1984, 1997...), que nous voulons combiner, dans la perspective de réflexion (*reflection*) envisagée dès l'abord, à celle, textuelle, d'introducteur (adverbe ou circonstant) de cadre (Charolles 1997, 2002a et b), dont nous donnerons une définition plus bas. Notre choix porte sur un cadre temporel:

266   *Guy Achard-Bayle*

(1)   a. ***Dans la mémoire des Français**, Reims c'est une ville, une cathédrale, une cérémonie...* (Le Goff, 1997: 649)

Or l'on sait – notamment après Fauconnier (1984: 19) – que des contraintes sont attachées aux images linguistiques des représentations mentales; on peut ainsi constater que l'introducteur *Dans la mémoire des* N a une influence particulière sur le recrutement du temps verbal:

(1)   b. ??*Dans la mémoire des Français, Reims **fut** / **était** / **a été** une ville, une cathédrale, une cérémonie...*

Notre objectif est ici de scruter les contraintes verbales attachées à ce type de saisie mémorielle, c'est-à-dire en termes d'historiographie contemporaine, à la saisie et la représentation de référents plus ou moins abstraits dans le temps long de l'histoire des mentalités.

Notre première – et courte – partie sera consacrée à la présentation de notions qui permettront de nous situer dans les deux domaines théoriques retenus: les espaces mentaux d'un côté, les introducteurs de cadres discursifs ou textuels de l'autre. Notre raisonnement ira ainsi de la cognition aux cadres sociaux et discursifs. Cette première grande partie comprendra plusieurs sous-parties que nous annoncerons le moment venu.

La seconde grande partie sera plus longuement consacrée à l'analyse de l'exemple cité, et donc aux contraintes liées au choix du temps verbal dans ce type d'énoncé, introduit par ce type d'adverbe ou circonstant cadratif. Mais il faudra, alors et auparavant, d'une part préciser ce que l'on entend par cadre temporel et mémoriel, d'autre part analyser le sémantisme de la préposition *dans* dans la perspective cognitive retenue.

1. Première partie: de la cognition aux cadres sociaux de la mémoire

Il y aura ici deux sous-parties: la première, assez courte, sera consacrée à rappeler quelques postulats de la linguistique cognitive et à les étendre soit à un cadre collectif, ou partagé, soit à la prise en compte d'une dimension textuelle; la seconde, plus longue, sera consacrée à la mémoire suivant les postulats et les cadres, cognitifs, collectifs et textuels, retenus.

Dans la mémoire des *N: cadre discursif et espace mental*   267

1.1. *Fondements et élargissement de la linguistique cognitive*

La linguistique cognitive postule l'existence de filtres, perceptifs, ou notionnels, dans notre expérience du monde, qui participent à l'élaboration de schémas cognitifs qui sont autant de représentations – catégorielles ou relationnelles – des entités ou des événements qui peuplent le monde, notre monde. La cognition humaine est ainsi et essentiellement constituée de domaines et de connexions entre ceux-ci. Les images linguistiques sont de la sorte et l'effet des représentations et un moyen d'accéder à celles-ci.

On dit un peu moins, en ces temps de "mondialisation", que les schémas et les connexions, donc que les images sont (dé)limités; autrement dit qu'ils sont propres à une communauté linguistique et culturelle (à une "conscience d'ensemble" selon Malraux [1]). Pour notre part, c'est aussi dans leur dimension collective que ces schémas, connexions et images nous intéressent (Achard-Bayle 2001 et 2002).

Les représentations linguistiques sont par définition plastiques ou déformables: soit parce qu'elles recourent à des opérations qui sont déformantes [2], soit par ce que la saisie dans la durée d'un texte y oblige; en général les deux vont ensemble (Achard-Bayle 2004 et à par. b).

1.2. *La mémoire*

La mémoire est un cadre cognitif reconnu mais paradoxalement peu étudié des sciences du langage en général et de la linguistique cognitive en particulier (voir ci-dessous 2.2, et Gibbs). Pourtant, elle est par sa constitution liée à des phénomènes ou des images purement linguistiques, comme le temps et l'identité.

La mémoire est autant une faculté individuelle que collective (Halbwachs [1925] 2001). Ses représentations sont donc pour partie, ou en grande partie, conventionnelles; elles sont ainsi comme le dit Sperber

---

1. *Appel* du 5 mars 1948, repris dans la Postface aux *Conquérants*. Voir dans la conclusion de ce même texte, un bel exemple de cadratif... mental: "Pour le monde, la France, c'est plus celle des cathédrales ou de la Révolution, que celle de Louis XIV..." (page 315 de l'édition du Livre de poche, Paris, 1987).

2. Voir: en sciences sociales la mémorisation ou "reconstruction du passé" (Halbwachs [1925] 2001, chapitre III), ou la "diffusion des représentations" (Sperber 1996); ou encore, en linguistique cognitive, la constitution des représentations par le "mélange" (*blending*) ou la "compression".

268   *Guy Achard-Bayle*

(1996), transmissibles, "contagieuses"[3].

Notre postulat est que ces cadres conventionnels de la mémoire sont au nombre des cadres cognitifs qui déterminent des représentations, y compris en termes linguistiques. Notre propos est dès lors de nous intéresser aux traces que laisse la mémoire dans la langue, *i.e.* les représentations dans le temps, et particulièrement, puisque l'on vise les représentations collectives, dans le temps long de la mémoire partagée, ou encore de ce que l'on pourrait appeler à la suite d'historiens des "lieux de mémoire" comme Nora (1997), une "mémoire nationale".

2. Deuxième partie: cadre mémoriel et représentation discursive

Avant d'analyser précisément l'un des énoncés que nous tenons comme exemplaire dans le cadre que l'on vient de définir et pour le propos que nous avons retenu, nous voudrions commencer par présenter la notion d'adverbe ou circonstant cadratif, qui est une notion définie par Charolles (2002a et b) dans une problématique qui combine linguistique cognitive et linguistique textuelle.

2.1. Les cadratifs

Nous rappellerons tout d'abord sa définition générale des cadratifs:

> Les adverbiaux cadratifs sont des constituants phrastiques... occupant une position extraprédicative... détachés en tête de phrase. [Ils] fixent un critère sémantique par rapport auquel la phrase en tête de laquelle ils apparaissent doit être interprétée. Ce critère fonctionne comme une marque d'indexation. Il peut valoir (et vaut très souvent) non seulement pour la phrase d'accueil de l'expression cadrative, mais aussi pour d'autres apparaissant dans la suite. Les phrases tombant sous le coup d'un même introducteur constituent des blocs homogènes, des cadres, qui sont des sortes de fichiers. (Charolles 2002a)

Il faut en retenir donc les aspects formels (leur place), sémantiques (ils sont extraprédicatifs), leur fonction pragmatique (ils donnent des instructions d'interprétation, des limites à la valeur de vérité d'un énoncé), et enfin leur fonction textuelle (ils déterminent des portées).

---

3. Voir pour une discussion de ce dernier point, Candau (1998: 24-47).

Dans la mémoire des *N: cadre discursif et espace mental*   269

Voyons maintenant l'exemple de cadratif temporel donné par Charolles (2002a):

(2)   a. *Le niveau absolu des mers fluctue, **au cours des temps** **géologiques**, en fonction du climat et de l'activité des dorsales océaniques. **En période de haut niveau marin**, les mers s'étendent largement sur les continents et les eaux se réchauffent, car la surface qui capte le rayonnement solaire est grande. Le plancton prolifère: les sédiments marins contiennent de la matière organique qui se transformera en hydrocarbures. **En période de bas niveau marin**, les mers régressent et le lit des fleuves se creuse à partir de leur embouchure...*

Dans cet exemple, on a souligné trois circonstants temporels, qui sont détachés soit en tête de phrase soit en incise. Ces expressions ont un "pouvoir cadratif" en ce qu'elles initient des cadres temporels (*Ct* ci-dessous) qui regroupent "des faits qui sont présentés comme se déroulant durant l'intervalle temporel spécifié par l'introducteur et donc vrais pour cet intervalle" (Charolles 2002a):

(2)   b. *Ct1 **Au cours des temps géologiques**, le niveau absolu des mers fluctue en fonction du climat et de l'activité des dorsales océaniques.*
        *Ct2 **En période de haut niveau marin**, les mers s'étendent largement sur les continents et les eaux se réchauffent, car la surface qui capte le rayonnement solaire est grande. Le plancton prolifère: les sédiments marins contiennent de la matière organique qui se transformera en hydrocarbures.*
        *Ct3 **En période de bas niveau marin**, les mers régressent et le lit des fleuves se creuse à partir de leur embouchure.*

Il se passe alors, en termes de limites et de clôture des cadres, que, par une suite d'opérations sémantiques ou lexicales et pragmatiques (nos connaissances organisées, catégorisées, et notre expérience du monde), nous associons inclusivement les *périodes* au *temps*, et que si les *haut* et *bas niveaux marins* sont inclus dans *le niveau absolu des mers*, ils s'excluent néanmoins l'un l'autre; et donc que si l'ouverture de Ct2 n'entraîne pas la fermeture de Ct1, inversement l'ouverture de Ct3

270   *Guy Achard-Bayle*

entraîne bien la fermeture de Ct2 (mais pas celle de Ct1)…

2.2. Représentation mémorielle et sémantique de dans

Il faut tout d'abord s'entendre sur l'expression "représentation mémorielle": pour ce qui nous intéresse ici, elle signifie les représentations **par** la mémoire, mais aussi les représentations **de** la mémoire elle-même. Nous reviendrons sur les premières dans la section suivante, consacrée à l'analyse de l'exemple (1a); ici, nous nous arrêterons sur les représentations **de** la mémoire − mais au travers du même exemple.

Il en effet intéressant de constater que *la mémoire* en tant que cadre discursif est dans cet exemple introduite par la préposition *dans*:

(1)   a. **Dans** *la mémoire des Français, Reims c'est une ville…*

Il s'agit donc d'une représentation métaphorique de ce qui est une capacité cognitive en un **contenant** ou en un **réceptacle**, si l'on reprend Lakoff & Johnson (1985: 38-41); mais ceux-ci ne traitent ni de la mémoire ni plus généralement de l'esprit; quant à Gibbs (1994: 174), il souligne que les métaphores abondent en psychologie expérimentale, parmi lesquelles: la mémoire est une tablette de cire, un ordinateur, une encyclopédie, un central téléphonique, et enfin, on y arrive, *a storehouse for ideas*, un magasin d'idées. On peut étendre cette métaphore du contenant à d'autres domaines de l'activité cognitive et discursive: *dans* peut être utilisé, quoique moins souvent que *suivant* ou *selon* (qui relèvent aussi du domaine spatial, mais encore du déplacement ou du mouvement), avec *raisonnement, idée, esprit, opinion, conception, théorie…*

En ce qui concerne la préposition *dans*, dans ce type d'emploi, il faut ajouter qu'elle a également, du moins dans le cas qui nous intéresse, une dimension ou un trait dynamique de mobilité, et non seulement statique d'inclusion (cf. Borillo, 1998: 88, *prendre sans ses bras*)[4]; on le voit bien si l'on opère les changements proposés précédemment, c'est-à-dire la substitution de *dans* par *suivant* ou *selon* (qui vient de *sub longus*, et signifiait "le long de" − puis "d'après" − au début du XIIIe siècle)[5].

---

4. Voir aussi *en* (Achard-Bayle à par. a).

Dans la mémoire des *N*: *cadre discursif et espace mental*   271

Or cette propriété dynamique est davantage perceptible si l'on considère la dimension temporelle de *dans* (Vandeloise, 1999: 154). En effet, il s'agit dans l'exemple (1a) de parcourir une période qui est conçue comme un espace dans la durée, et même ici la longue durée. Dans ce cas, le cadre temporel introduit par *dans* est substituable à un autre cadre temporel, introduit par *depuis*…:

(1)   c. *Depuis très longtemps, Reims, c'est, pour les Français…*

Dans est donc, devant *la mémoire*, et une marque d'inclusion, et la marque d'un parcours dans le temps; c'est que la mémoire n'est pas seulement un réceptacle ou un conservatoire (un "lieu" comme le dit Nora) mais un vecteur de déplacement dans ce lieu ou réceptacle. Par ailleurs, comme on le verra dans la section suivante, avec la question de l'emploi des temps verbaux, on peut dire que *dans* est le vecteur d'un déplacement orienté: du passé (lointain et indéfini) au présent, où le procès est encore vécu.

Il faut dire enfin que le lieu visé par la préposition n'a véritablement de raison d'être que par son expansion nominale qui réduit son extension et lui donne même tout son sens, si l'on considère en effet qu'est peu probable et même recevable:

(1)   d. ??*Dans la mémoire ∅, Reims, c'est…*

Dans la mémoire des Français est donc aussi un marqueur d'inclusion à un espace collectif, et à lui seul:

(1)   e. ??*Dans la mémoire de Paul, Reims, c'est…*

On peut alors "décompresser" la représentation spatio-temporelle instaurée par *Dans la mémoire de + NP de nationalité ou de communauté* en d'une part une inclusion, d'autre part un parcours: il s'agit en somme d'un déplacement dans un lieu collectif… mais dont il faut maintenant, grâce aux temps verbaux, déterminer les limites.

---

5.   Voir aussi Cadiot (2002), Cadiot & Visetti (2001), et finalement Katz (2001).

272   *Guy Achard-Bayle*

2.3. Portée et limites de l'espace mémoriel collectif Dans la mémoire
des Français...

Si l'on compare en effet:

(1)   a. *Dans la mémoire des Français, Reims c'est une ville, une*
        cathédrale, une cérémonie...

à

(1)   b. *??Dans la mémoire des Français, Reims **fut / était / a été***
        une ville, une cathédrale, une cérémonie...

nous aurons trois choses à considérer:

I. Le complément antéposé (locatif par sa préposition, temporel par sa
tête nominale) délimite un espace mental collectif tel que "Pour les
Français..." (voir déjà, note 1, l'exemple de Malraux). Mais cet espace
mental n'est pas réductible à une portée temporelle qui serait, elle, bornée
à gauche et / ou à droite. Si l'on considère la relation "Reims et sa
cathédrale = ville et lieu du sacre des rois de France" dans sa stricte
temporalité, ou si l'on veut dans sa durée exacte de vie, ce que ne
s'interdit pas l'historien des mentalités et de la longue durée:

(3)   *À mesure que le XIXe siècle se déroule, la mémoire de Reims*
        *s'éloigne [...] La cathédrale est **désormais** un cénotaphe où*
        errent les fantômes des rois et la mémoire toujours plus
        refoulée de l'alliance du trône et de l'autel, défunte peu
        *regrettée [...]. Ainsi semble **à jamais** muette la cathédrale de*
        Reims et arrêté dans la mémoire le sacre des rois. (Le Goff,
        1997: 649, 725 et 729)

on peut retrouver alors, par des tests sur (1a), différents temps du passé,
qui actualisent le procès dans divers types de récit: historique au passé
simple (Benveniste 1966) *vs* théorique ou scientifique au passé composé
(Simonin-Grumbach 1975 et Grange 1978); mais les deux types de récit
bornent le procès à droite:

(4)   a. *Jusqu'au XIXe siècle, Reims **fut / a été** la ville du sacre.*
        b. *Jusqu'au XIXe siècle, les rois de France **furent / ont été***
        ***sacrés** à Reims.*

Dans la mémoire des *N: cadre discursif et espace mental*   273

II. Avec des compléments qui introduisent non plus un cadre temporel comme en (5) mais un espace proprement mental, autrement dit un univers de croyance comme en (6), l'aspectualisation sécante (avec le passé simple) paraît plus difficile à accepter en mode d'énonciation historique que la non sécante (ou globale, avec l'imparfait):

(5)   ***Sous l'Ancien Régime***, *Reims **fut / était** la ville du sacre.*

(6)   a. ***Pour les historiographes des rois de France***, *Reims **??fut vs était** la ville du sacre.*
        b. ***Pour les Français de l'Ancien Régime***, *Reims **??fut vs était** la ville du sacre.*

La chose est plus vraie encore lorsque l'opinion est rapportée par une proposition dont le verbe exclut toute interprétation matérielle du procès (*le sacre*):

(7)   a. *Pour les historiographes des rois de France, Reims **??symbolisa vs symbolisait** le sacre.*
        b. *Pour les Français de l'Ancien Régime, Reims **??symbolisa vs symbolisait** le sacre.*

III. Mais revenons au présent; celui-ci pourrait aussi apparaître dans une saisie temporelle bornée à droite:

(8)   a. *Jusqu'au XIXe siècle, Reims **est** la ville du sacre.*
        b. *Jusqu'au XIXe siècle, les rois de France **sont sacrés** à Reims.*

et il serait alors ce qu'on a appelé un "présent de récit théorique" ou "scientifique", d'après l'analyse des plans d'énonciation benvenistiens (*cf.* Simonin-Grumbach 1975 et Grange 1978). Mais il ne serait plus celui de l'énoncé original, de longue durée, ou de mémoire:

(1)   a. *Dans la mémoire des Français, Reims c'**est** une ville...*

Ce qui semble donc caractériser ce dernier, c'est que s'il inclut une borne, implicite, à gauche − *les Français*, envisagés comme communauté, sont une personne morale qui a une origine, et sont caractérisés comme tels par un acte de naissance, fût-il symbolique: précisément le baptême, sacre s'il en est, de Clovis à Reims –, il n'en va pas de même pour la borne de droite: c'est que la mémoire collective, par définition, est perpétuation.

2.4. En deçà de la mémoire

Si nous avons caractérisé le présent de (1a) comme un tiroir verbal du *temps long*, il faut ajouter que dans le même texte de Le Goff un autre présent apparaît près d'un temps du récit, un passé simple, et qu'il est suivi de deux circonstanciels qui délimitent des portées temporelles différentes:

(9)　　a. *La ville **entre** dans l'histoire documentée par les textes dans les années 57-53 avant J.-C. [...] Une première cathédrale **fut** sans doute construite à la fin du IIIe siècle.*

Il semble alors que, par attraction et contraste, ce présent doive recevoir une description sémantique hybride, entre narratif événementiel ("présent de narration"), discursif ("est entré") et mémoriel ("continue d'être"):

(9)　　b. *Dans les années 57-53, la ville fit parler d'elle... Depuis lors, elle est dans la mémoire des hommes et les livres d'histoire.*

On se rend ainsi compte du caractère malléable et extensible du présent: il lui permet de paraître dans des contextes différents, mais aussi de les mettre en relation (voir l'anaphorique *Depuis lors*).

3. Conclusions et perspectives

Les prépositions spatiales – ou "dites spatiales" (Cadiot 2002) ou "spatio-temporelles" (Vandeloise 1999) – sont souvent étudiées en position prédicative ou argumentale; en position cadrative, elles sont particulièrement intéressantes pour l'étude des espaces mentaux; il faudrait donc prolonger cette étude dans cette direction...

Or, en ce qui concerne *Dans la mémoire des* N en position et fonction cadratives, les occurrences (dans le *Trésor de la Langue Française*, ou les archives du quotidien *Le Monde* en ligne depuis 1987) sont très rares; ce qui est peut-être un signe... mais un signe qui concerne plutôt l'anthropologie culturelle. Il faut donc poursuivre la constitution d'un corpus; ceci dit, au plan anthropo-cognitif précisément, l'étude comparée de ce type de cadratif dans diverses langues et cultures serait évidemment bienvenue.

Par ailleurs, le cadratif étudié nous semble être un bel exemple de ce que Fauconnier et Turner appellent la "compression des relations vitales"[6]; la compression concerne ici l'identité dans le temps et le changement (ou son contraire, sa négation: la permanence).

Enfin, l'étude de la préposition *dans* dans cet exemple nous a permis de vérifier que son sémantisme correspond bien à ce qu'en disent la plupart des analyses contemporaines; mais elle nous a aussi permis d'élargir ce sémantisme, de le "mettre en accord" avec le tiroir verbal employé dans le prédicat, et de donner à ce dernier une valeur de longue durée.

Références

Achard-Bayle, Guy

1999   Statut de réalité et modes de référenciation aux entités dans l'espace-temps long. *Travaux Linguistiques du CerLiCO* 12: 123-146. Rennes: Presses Universitaires.

2001   *Y a-t-il une ou plusieurs Provence(s) ?*: des représentations ordinaires aux discours savants. In: Georg Kremnitz, Barbara Czernilofsky & Peter Cichon (eds.), *Le rayonnement de la civilisation occitane à l'aube d'un nouveau millénaire*, 497-511. Wien: Præsens.

2002   Linguistique et didactique cognitives. De la grammaire du texte au lexique des désignations. In: Bernhard Pöll & Christian Ollivier (eds.), *Salzburger Beiträge zur Sprach- und Kulturwissenschatf* 2, 23-56. Wien: Præsens.

2003   Écrire l'histoire du *temps long*: plans d'énonciation, référence nominale et verbale, typologie textuelle. In: Céline Bénninger, Anne Carlier et Véronique Lagae (eds.), *Temps et texte* (Recherches Valenciennoises 11), 29-46. Valenciennes: Presses Universitaires.

---

6.   Fauconnier (2003), Fauconnier & Turner (2000, 2002).

276   *Guy Achard-Bayle*

2004   Point de vue, référents et plasticité des objets textuels. In: Jean-
-Michel Adam *et al.* (eds.), *Textes et discours: catégories pour
l'ánalyse.* Actes du Colloque International *Catégories descriptives
pour le texte*, 63-81. Université de Bourgogne, Dijon, 5-7 juin 2002.
Dijon: Éditions Universitaires.

à par. a   Métaphores et métamorphoses: polysémie de EN, diversité et
continuité des "changements". International Conference on
Adpositions of Movement. Leuven: Katholike Universiteit, 14-16
janvier 2002.

à par. b   The "Literary Mind" and Changes. Conceptual and referential
(dis)continuity in the construction of identities. Communication à la
8e Conférence internationale de linguistique cognitive ICLC'03.
Logroño: Universidad de la Rioja, 20-25 juillet 2003. *ARCL 2 (Annual
Review of Cognitive Linguistics)*, 2004. Amsterdam: Benjamins.

Benveniste, Émile
1966   *Problèmes de linguistique générale 1.* Paris: Gallimard.

Borillo, Andrée
1998   *L'espace et son expression en français.* Gap-Paris: Ophrys.

Cadiot, Pierre
1999   Espaces et prépositions. *RSP (Revue de Sémantique et Pragmatique)*
6: 43-70. Orléans: Supor (Presses Universitaires).

2002   Schémas et motifs en sémantique prépositionnelle: vers une
description renouvelée des prépositions dites "spatiales". In: Lucien
Kupfermann, Eva Katz & Maria Asnès (eds.), *La préposition*, 9-24.
(Travaux de linguistique 44). Bruxelles: Duculot.

Cadiot, Pierre & Jean-Marie Visetti
2001   *Pour une théorie des formes sémantiques.* Paris: PUF(Presses
Universitaires de France).

Candau, Joël
1998   *Mémoire et identité.* Paris: PUF (Presses Universitaires de France).

Charolles, Michel
1997   *Les cadres du discours. Univers, champs, domaines et espaces.*
(Cahiers de Recherche Linguistique 6). Université de Nancy 2: UFR
des Sciences du Langage. (Également sur le site *LaTTICe*:
http:www.ltm.ens.fr/siteACFT/).

2002a   *Les adverbiaux cadratifs: fonction et classification.* Site *LaTTICe*:
www.ltm.ens.fr/siteACFT/.

2002b   *Le fonctionnement textuel des adverbiaux cadratifs — Les adverbiaux
temporels: un exemple.* Site *LaTTICe*: www.ltm.ens.fr/siteACFT/.

Desclés, Jean-Pierre
1995   Les référentiels temporels pour le temps linguistique. *Modèles
linguistiques* XVI-2: 9-36.

Fauconnier, Gilles
1984   *Espaces mentaux.* Paris: Éditions de Minuit.
1997   Manifestations linguistiques de l'intégration conceptuelle. In: Catherine
Fuchs & Stéphane Robert (eds.), *Diversité des langues et représentations cognitives*, 182-193. Gap Paris: Ophrys.

Dans la mémoire des *N: cadre discursif et espace mental* 277

2003   *Compression de relations vitales dans les réseaux d'intégration conceptuelle.* Seminar Cognitive Science 253 (Spring 2003) *Mapping and Integration.* University of California at San Diego, Department of Cognitive Science: http://cogsci.ucsd.edu/~faucon/253/Phedre.pdf.

Fauconnier, Gilles & Mark Turner

1996   Blending as a Central Process of Grammar. In: A. Goldberg (ed.), *Conceptual Structure, Discourse, and Language*, 113-129. Stanford: Center for the Study of Language and Information (CSLI) [distributed by Cambridge University Press].

2000   Compression and global insight, *Cognitive Linguistics*, 11-3/4: 283-304.

2002   *The Way We Think.* New York: Basic Books [paperback 2003].

Gibbs, Raymond

1994   *The Poetics of Mind. Figurative Thought, Language and Understanding.* Cambridge: University Press.

Grange, André

1978   La dialectique récit / discours dans la stratégie de persuasion. In: *Stratégies discursives*, 243-255. Lyon: Presses Universitaires.

Halbwachs, Maurice

1925   *Les cadres sociaux de la mémoire.* [Rééd. 2001] Paris: Albin Michel.

1949   *La mémoire collective.* [Rééd. 1968] Paris: PUF (Presses Universitaires de France).

Katz, Eva

2002   Systématique de la triade *À, EN, DANS*. In: Lucien Kupfermann, Eva Katz & Maria Asnès (eds.), *La préposition*, 35-49 (Travaux de linguistique 44). Bruxelles: Duculot.

Lakoff, George & Mark Johnson

1980   *Metaphors We Live By.* Chicago, University Press.

1985   Trad. fr. de François Récanati, *Les métaphores dans la vie quotidienne.* Paris: Les Éditions de Minuit.

Le Goff, Jacques

1997   Reims, ville du sacre; la mémoire posthume. In: Pierre Nora (ed.), *Les lieux de mémoire* 1, 649-733. Paris: Gallimard [Rééd. 3 volumes collection Quarto].

Nora, Pierre

1997   *Les lieux de mémoire.* Paris: Gallimard [Rééd. 3 volumes collection Quarto].

Simonin-Grumbach, Jacqueline

1975   Pour une typologie des discours. In: Julia Kristeva, Jean-Claude Milner & Nicolas Ruwet (eds.), *Langue, discours, société. Pour Émile Benveniste*, 85-121. Paris: Éditions du Seuil.

Sperber, Dan

1996   *La contagion des idées.* Paris: Odile Jacob.

Sweetser, Eve & Gilles Fauconnier

1996   Cognitive Links and Domains: Basic Aspects of Mental Space Theory. In: Gilles Fauconnier & Eve Sweetser (eds.), *Spaces, Worlds and Grammar*, 1-28. Chicago: University Press.

Vandeloise, Charles

1999   Quand *dans* quitte l'espace pour le temps, *RSP* (*Revue de Sémantique et Pragmatique*) 6, 145-162. Orléans: Supor (Presses Universitaires).

Las marcas de primera persona en el debate electoral [*]

Àngels Campos, Maria Josep Marín y
Maria Josep Cuenca

Resumen

En este trabajo estudiamos las marcas gramaticales de primera persona en un debate electoral en catalán. Hemos clasificado las marcas según dos criterios: el referente extralingüístico al que remiten, lo que nos lleva a diferenciar el yo y ocho tipos de nosotros agrupados en tres clases (inclusivo, exclusivo y generalizador), y las funciones que realiza el emisor a través de la marca. Considerando que el debate electoral es un texto argumentativo no cooperativo que pone en juego dos espacios mentales discursivos, hemos diferenciado siete funciones: moderador, participante-organizador y participante-lucha (espacio del debate); declarante, analista, argumentador y atacante (espacio político). Los datos muestran que en ambos espacios discursivos se manifiesta la pugna y el enfrentamiento entre los oponentes, y en especial en el espacio político, donde el análisis de las marcas de persona permite identificar relaciones de poder discursivo que corresponden al contexto político del momento.

Palabras clave: deixis personal, marcas del emisor, argumentación, debate electoral, espacios mentales.

1. Introducción

El presente trabajo estudia las marcas gramaticales de la primera persona (desinencias verbales, posesivos y pronombres personales) en el debate electoral. Nuestro corpus está constituido por un debate electoral en catalán de dos horas y media de duración, emitido por la Televisión de Cataluña el día 10 de marzo de 1992, cinco días antes de las Elecciones Autonómicas.

---

[*] Este artículo forma parte de la investigación sobre las construcciones idiomáticas en textos audiovisuais del grupo groupo LINK coordinado por M. J. Cuenca (Universitat de València).

280 *Àngels Campos, Maria Josep Marín y Maria Josep Cuenca*

El contexto político nos muestra una Cataluña gobernada en mayoría absoluta por la coalición nacionalista Convergència i Unió (CiU), que ostenta el poder desde las primera elecciones autonómicas democráticas, celebradas en 1980. Su candidato es Jordi Pujol, presidente de la Generalitat desde 1980. El principal partido de la oposición es el Partit dels Socialistes de Catalunya (PSC), liderado por Raimon Obiols.

Los participantes y la posición ideológica de los partidos a los que representan son los que aparecen en la tabla 1:

Tabla 1. Posición ideológica de los partidos participantes en el debate

	Izquierda		Derecha	
Nacionalista	ERC Àngel Colom	CIU Jordi Pujol		
No nacionalista	IC Rafael Ribó	PSC Raimon Obiols	CDS Teresa Sandoval	PP Aleix Vidal-Quadras

Como podemos observar, IC, ERC y PSC son partidos de izquierdas, mientras que CIU, CDS y PP se sitúan ideológicamente en la derecha. Sólo ERC y CiU se definen como partidos nacionalistas.

El tema general del debate, la defensa de los programas electorales, se organiza en dos bloques temáticos: las prioridades de cada partido una vez alcanzado el gobierno, por una parte, y la autonomía y el grado de autogobierno, por otra.

Para el análisis de las marcas identificadas, hemos tenido en cuenta dos variables: el referente extralingüístico que identifican las formas correspondientes a *yo* y *nosotros*, y la función discursiva que realiza el emisor cuando las utiliza. Según el referente extralingüístico, distinguimos nueve tipos de marcas que incluyen el *yo* y ocho tipos de *nosotros*, que se clasifican en tres grupos según las personas que, además del emisor, incorporan a su interpretación: exclusivo, inclusivo y generalizador. Respecto a la función del emisor, hemos establecido dos grandes bloques: el de las funciones organizativas del discurso (moderador, participante-organizador o participante-lucha) y el de las expositivo-argumentativas (declarante, analista, argumentador o atacante).

2. El debate electoral

El debate electoral es, por su naturaleza, un texto argumentativo de estructura conversacional y de carácter no cooperativo. Un rasgo fundamental de este género es que el receptor aparece desdoblado:

- por un lado, existe un receptor inmediato, que se corresponde con el resto de participantes en el debate (receptor 1) y que comparte espacio enunciativo con el emisor;
- por otro lado, está el receptor final del mensaje, que es el telespectador entendido como posible votante (receptor 2); excepto en el caso de las 200 personas que están en el plató, no comparte coordenadas espaciales con los emisores y, en cualquier caso, no puede interactuar verbalmente con ellos.

En relación con el receptor inmediato (receptor 1), la actitud de cada participante es competitiva. Carácter aparte tiene el moderador, que aunque forma parte del receptor inmediato, establece una relación diferente con los participantes.

La función comunicativa del debate, convencer a los futuros votantes como receptores indirectos pero destinatarios reales del mensaje (Fernández Lagunilla 1999: 31), se lleva a cabo tanto a través de los argumentos y contraargumentos presentados como mediante ciertas marcas lingüísticas y estrategias discursivas, muy efectivas a la hora de imponerse dialécticamente al adversario. En este sentido, las marcas deícticas de primera persona, representaciones del yo y de la relación entre el yo y el tú, manifiestan una gran eficacia como mecanismos argumentativos (Cuenca 1995: 30).

Este desdoblamiento de los receptores y la propia naturaleza del debate televisado nos lleva a proponer, en la línea marcada por Zupnik (1994) en su análisis de un debate político televisado sobre el conflicto palestinoisraelí, un marco teórico que, partiendo del concepto de "espacio mental" (Fauconnier 1985), se concreta en el de "espacio discursivo", concepto que define como "the domain of reality focused on in any stretch of discourse" (Zupnik 1994: 432).[1]

---

1. Para Zupnik, la noción de "espacios mentales" se relaciona con la de "frame" (Goffman 1974) y la de "worlds of experience" (Chafe 1979, 1980). La aportación de Fauconnier consiste en introducir los "espacios mentales" como medios lingüísticos y cognitivos que permiten identificar *frames* y *worlds,* y que contribuyen a resolver la

282 *Àngels Campos, Maria Josep Marín y Maria Josep Cuenca*

Desde este punto de vista, en el debate electoral cabe diferenciar dos espacios discursivos: el espacio del debate (que implica una estructura participativa que incluye el papel de los participantes, de la moderadora y del receptor televisivo y tiene su centro deíctico en el espacio del debate) y el espacio político (que hace referencia a la situación política real, al contexto político del momento). En el espacio del debate, los participantes organizan el discurso y construyen el intercambio conversacional. En el espacio político, se muestran como candidatos a la presidencia de la Generalitat de Catalunya.

Como hemos dicho, analizamos las marcas de primera persona del debate analizado (796 casos) teniendo en cuenta dos variables: el referente extralingüístico que identifican y la función discursiva del emisor. Si consideramos, además, el espacio discursivo en el que se encuentra y los constructores de espacio (*space builders*) o marcadores lingüísticos que proporcionan dicha información, cada marca de nuestro corpus se puede caracterizar como representamos en el ejemplo (1):

(1) Moderadora: *[(un momentet)]*, **respectem** *l'ordre de paraules, perquè per al·lusions, però quedaven dues encara, dues paraules que [(no s'havien donat)]* [DC1, 36]
'[(un momentito)], **respetemos** el orden de palabras, porque por alusiones, pero quedaban dos todavía, dos palabras que [(no se habían dado)]'

referente: emisor + **receptor** (nosotros inclusivo, *Nos3*)
función: moderador
espacio: debate
constructor de espacio: *ordre de paraules* 'orden de palabras'

(2) Pujol: [...] *el més important de tots, és la convivència en el país. Això és lo més important. I* **entenem** *aquesta convivència, la* **defensem** *molt des d'un punt de vista, des d'una política, diguem-ne, de progrés paulatí, gradual* […]. [DC1,47]

---

ambigüedad lingüística de determinados elementos. En este contexto, los constructores de espacio (*space builders*) son, según Fauconnier, elementos lingüísticos que permiten establecer dichos espacios mentales.

'[…], el más importante de todos, es la convivencia en el país. Eso es lo más importante. Y **entendemos** esta convivencia, la **defendemos** mucho desde un punto de vista, desde una política, digamos, de progreso paulatino, gradual […].'

referente: emisor + políticos de CiU (nosotros exclusivo, *Nos*7)
función: argumentador
espacio: político
constructor de espacio: *política*

3. Tipos de marca de primera persona: referente extralingüístico

Las marcas de primera persona identifican, prototípicamente, al emisor del mensaje. Con todo, la primera persona del plural (*nosotros*) es polisémica o, en ocasiones, ambigua, puesto que el referente extralingüístico es variable y se determina contextualmente.[2] Así, hemos identificado un tipo de marca relacionado con la primera persona del singular (*yo*) y ocho tipos vinculados a la primera del plural.

La primera persona del singular tiene como referente extratextual al emisor del mensaje, que en nuestro corpus corresponde a un político invitado o bien a la presentadora del debate.

(3)   Pujol: [...] *vostè està d'acord amb els plantejaments que vostè fe(i)a a mes de setembre sobre el tema del nacionalisme, que **em** van semblar enormement agressius quant a la convivència de Catalunya.* (DC1, 41)

---

2. Zupnik (1994) habla de ambigüedad o imprecisión (*vagueness*) para dar cuenta de la polisemia de la primera persona del plural como consecuencia del hecho de que para resolver la referencia de dichas expresiones "one must be able to anchor such usage to a particular level of discourse or focus" (1994: 341). Aplicando el concepto a la teoría de los espacios mentales y los papeles (roles) que éstos determinan en el discurso político, la autora habla de uso deíctico impreciso para referirse a "an inability to identify at least one of the component spatial ROLES indexed by the pronominal. The failure of such identification is due to the lack of employment of sufficient linguistics indicators to facilitate pragmatic resolution of the Roles, and subsequently of the deictic pronouns" (Zupnik 1994: 367).

284   Àngels Campos, Maria Josep Marín y Maria Josep Cuenca

'[…] usted está de acuerdo con los planteamientos que usted hacía en el mes de septiembre sobre el tema del nacionalismo, que **me** parecieron enormemente agresivos en cuanto a la convivencia de Cataluña.'

La primera persona del plural tiene diferentes interpretaciones según las personas que incluye (emisor, receptor, tercera persona) y las relaciones que se establecen entre ellas. Hemos diferenciado tres grupos de nosotros: exclusivo, inclusivo y generalizador.[3]

a)   *Nosotros exclusivo*: no incluye al receptor. Su referente extralingüístico puede ser de tres tipos:

*Nos*0. Emisor + 3ª persona. Hace referencia al emisor y a una tercera persona, no presente en el intercambio comunicativo.

(4)   Vidal-Quadras: [...] *Jo, quan venia cap aquí, m'he trobat a un policia municipal de Sant Joan Despí, i com que no **trobàvem** la part d'enrera, per entrar per darrere del recinte de TV3, ens hem adreçat a ell perquè ens orientés.* (DC1, 29)
'[…] Yo, cuando venía hacia aquí, me he encontrado a un policía municipal de Sant Joan Despí, y como no **encontrábamos** la parte trasera, para entrar por detrás del recinto de TV3, nos hemos dirigido a él para que nos orientara'.

*Nos*1. Emisor. Se trata del llamado *plural de modestia* o *pseudo-inclusivo* (Haverkate 1984: 84). Su referente extratextual es el emisor, político invitado o moderadora, que desea ocultarse tras una pluralidad.

(5)   Colom: [...] *Dotze anys de govern del senyor Pujol han portat algun estancament en molts aspectes que **hem constatat** al llarg d'aquest debat.* (DC1, 50)

---

3. La propuesta de definición de los diferentes tipos de *nosotros* se basa en el estudio de Kuo (1998) referido a textos académicos. Kuo distingue cinco tipos de nosotros: we1 (emisor); we2 (emisor y receptores); we3 (emisor y otros investigadores); we4 (la disciplina como un todo); we5 (ambiguo).

'[…] Doce años de gobierno del señor Pujol han traído algún estancamiento en muchos aspectos que **hemos constatado** a lo largo de este debate.'

*Nos*7. Emisor – Receptor 1. Es una variante especial del nosotros exclusivo, ya que excluye total o parcialmente al receptor inmediato (receptor 1), es decir, a los otros políticos, pero no al receptor indirecto (receptor 2), los telespectadores. [4]

(6)   Vidal-Quadras: [...] *les **nostres**, i amb això acabo, la **nostra** prioritat és trencar amb això i: posar èmfasi en allò que fa progressar una societat* [...] (DC1, 5)
'[…] **nuestras**, y con esto acabo, **nuestra** prioridad es romper con eso y: poner énfasis en aquello que hace progresar una sociedad [...]'

b) *Nosotros inclusivo*: incluye al emisor y al receptor; la relación entre los interlocutores puede ser asimétrica o equilibrada, por lo que diferenciamos tres tipos:

*Nos*2. **Emisor** + Receptor. Corresponde a lo que Ciapuscio (1992: 197) denomina *plural inclusivo aparente*, que se caracteriza porque el yo predomina sobre los receptores y los induce a realizar la misma operación que él lleva a cabo como emisor. El referente extratextual son el emisor, como destacado, y los receptores (tanto 1 como 2) del mensaje, que se incorporan a la acción inducidos por el emisor.

(7)   Colom: [...] *Però hi ha una altra cosa, **tornem** a parlar del fet diferencial, fet diferencial de qui? De com? De quan? Què?* (DC1, 33)

---

4. La numeración de los tipos corresponde inicialmente a la tesis de Àngels Campos (2004), sobre las marcas de persona en textos académicos. En estos textos no aparece el *nosotros* que excluye al receptor inmediato (*Nos*7), por lo que no lo podíamos numerar consecutivamente respecto a los de su grupo si queríamos mantener en ambos trabajos la misma notación de los tipos. Esto permitirá en un futuro comparar resultados entre tipos de texto distintos.

286   *Àngels Campos, Maria Josep Marín y Maria Josep Cuenca*

'[…] Pero hay otra cosa, **volvamos** a hablar del hecho diferencial, ¿hecho diferencial de quién? ¿De cómo? ¿De cuándo? ¿Qué?'

*Nos*3. Emisor + **Receptor**. Es el caso contrario al anterior en el sentido de que los receptores se convierten en protagonistas destacados, mientras que el emisor queda relegado a un segundo plano. En los debates electorales, suele ir asociado a actos directivos, generalmente llevados a cabo por el moderador.

(8)   Pujol: *[(perquè ten_, perquè ten_)]*
        '[(porque ten_, porque ten_)]'
        Moderadora: ***deixem*** *acabar, en tot cas*
        '**dejemos** acabar, en todo caso'
        Sandoval: *el problema, aleshores, el pateix l'empresa*
        'el problema, entonces, lo sufre la empresa'
        Pujol: *què ha dit, perdó?* (DC1, 39)
        '¿qué ha dicho, perdón?'

*Nos*4. Emisor + Receptor. Identifica al *plural inclusivo* tradicional (Haverkate 1984: 89), ya que se establece un equilibrio entre el emisor y el receptor 1, es decir los receptores presentes en el acto comunicativo. Ambos participan de la acción al mismo nivel.

(9)   Moderadora: […] *peticions, havia estat el senyor Ribó i, en qualsevol cas, després seria Teresa Sandoval i **acabaríem** aquesta primera ronda perquè hauríem de fer una pausa per donar pas a l'avanç informatiu. Senyor Ribó.* (DC1, 22)
        '[…] peticiones, había sido el señor Ribó y, en cualquier caso, después sería Teresa Sandoval y **acabaríamos** esta primera ronda porque tendríamos que hacer una pausa para dar paso al avance informativo. Señor Ribó.'

c) *Nosotros generalizador*: incluye al emisor, al receptor y a una tercera persona genérica. En su análisis, Zupnik (1994: 357) destaca el uso de la primera persona del plural referida a toda una generación de jóvenes que presentan determinadas características relacionadas con el contexto histórico en que viven. En nuestro debate, distinguimos dos tipos

Las marcas de primera persona en el debate electoral   287

de nosotros generalizador, según que la tercera persona colectiva tenga un alcance más o menos amplio:

*Nos*5. Emisor + Receptor + 3ª persona colectiva. Se conoce como *nosotros global*, que incluye al emisor, al receptor y a una tercera persona no presente en el acto comunicativo. En el debate analizado se suele utilizar para referirse al conjunto de los catalanes.

(10)   Pujol: [...] *l'acord del vuitanta-sis pot no haver sigut prou bo, però li asseguro que ha millorat, sensiblement, però molt sensiblement, la situació que* **nosaltres teníem** *abans del vuitanta-sis, i això sí que l'hi puc assegurar.* (DC1, 16)
'[…] el acuerdo del ochenta y seis puede no haber sido bastante bueno, pero le aseguro que ha mejorado, sensiblemente, pero muy sensiblemente, la situación que **nosotros teníamos** antes del ochenta y seis, y eso sí que se lo puedo asegurar'

*Nos*6. Emisor + Receptor + 3ª persona universal. Presenta un carácter más general, corresponde al tipo *nosotros universal* y, por lo tanto, tiene como referente extratextual a toda la humanidad.

(11)   Pujol: [...] *Però: de tota manera, eh és un problema que ve de molt lluny, de fa trenta anys, entenem-nos, eh? I que ara* **ens** *explota a tots, aquí i a molts altres països* [...] (DC1, 16)
'[…] Pero: de todas maneras, eh es un problema que viene de muy lejos, de hace treinta años, entendámonos, ¿eh? Y que ahora **nos** explota a todos, aquí y en muchos otros países […]'

Contraponiendo el singular (yo) al plural (nosotros), cabe destacar que los participantes en el debate electoral (excepto la moderadora) se presentan predominantemente como representantes máximos de sus respectivos partidos y lo hacen mayoritariamente a través del nosotros (60,1%). Ahora bien, si consideramos los cuatro grandes grupos de marcas por separado (yo, nosotros exclusivo, inclusivo y generalizador), como se resume en la tabla 2, el tipo de marca mayoritaria a través de la que se manifiesta el emisor es la marca de primera persona del singular (318 casos: 39,9%), marca con la que se muestra como individuo:

288 Àngels Campos, Maria Josep Marín y Maria Josep Cuenca

Tabla 2. Frecuencia de las marcas según el referente extralingüístico

Tipo	Resultados Globales	Marca	Ocurrencias Parciales	Porcentaje
Yo	**318 (39,9%)**	Yo		
Nosotros	**478 (60,1%)**	Nos		
1ª sg.	231 (29%)	*Nos*0	16	2 %
Nosotros		*Nos*1	14	1,8%
exclusivo		*Nos*7	201	25,2%
1ª pl.	55 (7,1%)	*Nos*2	1	0,1%
Nosotros		*Nos*3	13	1,6%
inclusivo		*Nos*4	41	5,3%
1ª pl.	192 (24%)	*Nos*5	191	23,9%
Nosotros generalizador		*Nos*6	1	0,1%
Total	**796**			

De estos resultados globales, cabe destacar los siguientes aspectos:

a) Considerando los grandes tipos de marcas, destaca el uso del yo (39,9%), seguido por el nosotros exclusivo (29%), el generalizador (24%) y, por último, el inclusivo (7,1%). Estos resultados indican que en el debate electoral, un debate no cooperativo por definición, se busca marcar las diferencias con el adversario, tanto a nivel individual (uso del yo) como de grupo político (uso del nosotros exclusivo). Y resulta lógico, ya que el objectivo central del encuentro es defender los propios programas y desmarcarse del resto, con la finalidad básica de conseguir más votos. Además, como candidatos a la Generalitat, el uso del yo de los políticos participantes enfatiza la confianza en sí mismos y el compromiso personal que intentan transmitir a los electores. En este contexto, es esperable la baja frecuencia del nosotros inclusivo, que se interpreta en general como integrador del receptor 1, los oponentes políticos. Por el contrario, el resultado del nosotros generalizador, que casi iguala al exclusivo, muestra una clara voluntad entre los participantes de conectar con una tercera persona genérica, en este caso, como veremos, con el conjunto de los catalanes, es decir, los votantes o receptor 2.

Las marcas de primera persona en el debate electoral   289

b) Si observamos los resultados de cada marca por separado, constatamos una frecuencia elevada del nosotros que excluye al receptor inmediato, esto es, a los políticos oponentes (*Nos*7, 201 casos: 25,2%), y del nosotros global (*Nos*5, 191 casos: 23'9%), seguidos, a mucha distancia, por el plural inclusivo equilibrado (*Nos*4, 41 casos: 5'3%). En este género, el nosotros que deja fuera al resto de políticos presentes en el debate, *Nos*7, es el que manifiesta más fuerza exclusiva, ya que esta exclusión afecta también a los partidos que dichos políticos representan. Así pues, la alta frecuencia de esta marca confirma una clara voluntad de destacar las diferencias. El hecho de que la segunda frecuencia más alta corresponda al nosotros global, *Nos*5, manifiesta la intención de todos los participantes de asumir y destacar la personalidad del pueblo catalán, como no podía ser de otra manera en unas elecciones autonómicas. El resto de tipos queda muy lejos de los dos analizados y el único destacable es el plural inclusivo equilibrado, *Nos*4, que, según comprobaremos, se asocia mayoritariamente con la moderadora.

c) Los demás tipos de nosotros no superan el 2% de ocurrencias. Las marcas minoritarias, con un sólo caso (0,1%), son el nosotros inclusivo con predominio del emisor (*Nos*2) y el nosotros que incluye a toda la humanidad (*Nos*6). Es normal que el nosotros inclusivo aparente, *Nos*2, a través del cual el emisor pretende inducir al receptor a realizar la misma operación que él, tenga un uso muy bajo en este tipo de debate en el que no se busca convencer a los oponentes sino la confrontación con ellos. También es explicable la baja frecuencia del nosotros universal, en el que la personalidad catalana quedaría diluida.

Si analizamos ahora los resultados por participantes (tabla 3), destaca que la moderadora es la que menos marcas de persona suma (70), si bien no se separa mucho de la mayoría de los políticos (que se sitúan entre 82 y 95). Caso aparte constituye el presidente del gobierno de la Generalitat, Jordi Pujol, que representa un 33,7% del total, 268 marcas de las 796 analizadas.

290 *Àngels Campos, Maria Josep Marín y Maria Josep Cuenca*

Tabla 3. Uso de tipos de marcas por participantes

Tipos de marca	Totales	Participantes						
		Mdra.	Partidos de izquierda			Partidos de derecha		
		Àngels Barceló	Àngel Colom (ERC)	Rafael Ribó (EU)	Raimon Obiols (PSC)	Jordi Pujol (CiU)	Teresa Sandoval (CDS)	Aleix Vidal-Quadras (PP)
Yo	**318**	**19**	**25**	**38**	**48**	**122**	**37**	**29**
	(39,9%)	**(2,4%)**	**(3,1%)**	**(4,8%)**	**(6%)**	**(15,3%)**	**(4,6%)**	**(3,6%)**
*Nos*0	16	12	0	0	0	0	0	4
	(2%)	(1,5%)						(0,5%)
*Nos*1	14	2	7	1	0	2	2	0
	(1,8%)	(0,3%)	(0,9%)	(0,1%)		(0,3%)	(0,3%)	
*Nos*7	201	0	21	14	24	107	26	9
	(25,2%)		(2,6%)	(1,7%)	(3%)	(13,4%)	(3,2%)	(1,1%)
Nos. exclus.	**231**	**14**	**28**	**15**	**24**	**109**	**28**	**13**
	(29,0%)	**(1,8%)**	**(3,5%)**	**(1,8%)**	**(3%)**	**(13,7%)**	**(3,5%)**	**(1,6%)**
*Nos*2	1	0	1	0	0	0	0	0
	(0,1%)		(0,1%)					
*Nos*3	13	6	2	0	2	1	2	0
	(1,7%)	(0,7%)	(0,3%)		(0,3%)	(0,1%)	(0,3%)	
*Nos*4	41	15	4	10	2	8	0	2
	(5,1%)	(1,9%)	(0,5%)	(1,3%)	(0,3%)	(1%)		(0,3%)
Nos. inclus.	**55**	**21**	**7**	**10**	**4**	**9**	**2**	**2**
	7,1%	**2,6%**	**0,9%**	**1,3%**	**0,6%**	**1,1%**	**0,3%**	**0,3%**
*Nos*5	191	16	35	32	25	27	18	38
	(23,9%)	(2,0%)	(4,4%)	(4,0%)	(3,1%)	(3,4%)	(2,3%)	(4,8%)
*Nos*6	1	0	0	0	0	1	0	0
	(0,1%)					(0,1%)		
Nos. Gener.	**192**	**16**	**35**	**32**	**25**	**28**	**18**	**38**
	24%	**2,0%**	**4,4%**	**4,0%**	**3,1%**	**3,5%**	**2,3%**	**4,8%**
Total	**796**	**70**	**95**	**95**	**101**	**268**	**85**	**82**
	100%	**8,8%**	**11,9%**	**11,9%**	**12,7%**	**33,7%**	**10,7%**	**10,3%**

La moderadora destaca por el uso del *Nos*0, que sólo utilizan ella (12 marcas) y el representante del PP (4 casos), y por el uso del yo (19 casos), seguido del nosotros inclusivo equilibrado, *Nos*4 (15 marcas) y el global, *Nos*5 (16 marcas). En cambio, no usa ni el *Nos*7, que excluye al receptor inmediato, ni el *Nos*2, exclusivo con predominio del emisor, ni el *Nos*6, universal. Es lógico que la moderadora, que no busca resaltar diferencias ideológicas, utilice menos marcas de persona y, en concreto,

Las marcas de primera persona en el debate electoral   291

que no haga ningún uso de la más excluyente, el *Nos*7. Si, con todo, su índice de utilización de marcas no está muy por debajo del de los políticos, es porque debe intervenir a menudo, tanto para dirigir el debate como para distribuir el turno de palabra.

Entre los políticos, podemos destacar los hechos siguientes:

a) Todos los candidatos utilizan mayoritariamente la primera persona del singular (entre 25 y 122 ocurrencias), excepto el representante de ERC, Àngel Colom, y el representante del PP, Aleix Vidal-Quadras, que optan por el uso mayoritario del nosotros global, *Nos*5 (35 y 38 casos, respectivamente). Ya hemos indicado la voluntad de marcar individualidades (uso de la primera persona del singular), ligada a la voluntad de marcar diferencias entre partidos. Sin embargo, el hecho de que el representante de ERC opte por el nosotros global, vinculado al conjunto de los catalanes, se relaciona probablemente con la intención de acentuar su ideario nacionalista. En el caso del representante del PP, por el contrario, el predominio de esta marca se vincularía más bien a la voluntad de aplacar las críticas de antinacionalista de que es objeto su partido en Cataluña.

b) Pujol, además de destacar globalmente en el uso de las marcas analizadas, se desvía de la media en el uso del *Nos*7, que excluye al receptor inmediato (107 casos de los 201 totales), y del yo (122 ocurrencias de las 318 totales de esta marca). Como ya hemos indicado, Pujol utiliza un tercio del total de marcas de primera persona del debate. Esto se explica porque es el político que más interviene, ya que, al haber estado durante mucho tiempo en el gobierno, genera continuas alusiones y críticas a su gestión, a las cuales intenta dar réplica. Además, muestra una gran habilidad a la hora de solicitar, mantener y prolongar su turno de palabra. El uso que hace Pujol del yo y del *Nos*7, muy por encima del de sus oponentes, pone de manifiesto la seguridad personal del candidato de CiU y el deseo de demostrar ante la audiencia su superioridad frente a los adversarios, consciente de que ostenta el poder y las previsiones le son favorables (las encuestas previas al debate anuncian nuevamente su victoria, como así será).

292 *Àngels Campos, Maria Josep Marín y Maria Josep Cuenca*

4. Marcas de primera persona: función del emisor

Puesto que se trata de una construcción mental y comunicativa compleja, en el debate electoral los emisores se sitúan bien en el espacio político, como candidatos a la presidencia de la Generalitat de Catalunya, bien en el espacio del debate, como participantes en el intercambio conversacional. En el espacio político, las marcas de primera persona pueden desarrollar diferentes funciones expositivo-argumentativas[5]: *declarante* se utiliza para exponer acontecimientos de manera neutra (12); *analista* presenta hechos emitiendo una valoración sobre los mismos (13); *argumentador* se utiliza como defensa ante ataques o como manifestación de opiniones contrapuestas a las expresadas por otros participantes (14); *atacante* pretende atacar las palabras o las acciones políticas de los oponentes (15).[6]

(12) Obiols: *Ha repetit exactament les mat_ les **meves** mateixes paraules del mes de setembre.* (DC1, 43)
'Ha repetido exactamente las mis_ **mis** mismas palabras del mes de septiembre.'

(13) Obiols: *[...] des del **meu** punt de vista [...], una presència **nostra** en el govern i en la presidència de la Generalitat, significaria un avenç nítid.* (DC1, 36)
'[...] desde **mi** punto de vista [...], una presencia **nuestra** en el gobierno y en la presidencia de la Generalitat, significaría un avance nítido.'

(14) Ribó: *[...] però parlem a continuació de solidaritat, perquè **volem** tots els poders per resoldre els problemes de Catalunya*

---

5. La distinción de las funciones que proponemos está basada en el trabajo de Tang & John (1999) sobre textos de ámbito académico. Las funciones del emisor se ordenan teniendo en cuenta la manifestación del poder del autor. Así, de menor a mayor implicación, distinguen seis tipos de emisor: persona representativa o ejemplo, sujeto que guía la lectura, arquitecto que construye el texto, narrador del proceso de investigación, persona que aporta una opinión y, por último, el generador de nuevas aportaciones a la ciencia.

6. En la clasificación de Tang & John (1999: S34), esta función corresponde a lo que llaman *opinion-holder and originator*, que implica dar una opinión y exponer las ideas propias sobre un tema. Gallardo (2003) lo considera como función 'evaluación'.

aquí, polítics i econòmics, però **volem** *participar solidàriament amb àmbits superiors.* [...] (DC1, 36)

'[...] pero hablemos a continuación de solidaridad, porque **queremos** todos los poderes para resolver los problemas de Cataluña aquí, políticos y económicos, pero **queremos** participar solidariamente con ámbitos superiores.'

(15) Sandoval: *Sí, sí, sí, sí. Jo crec que és important que es normalitzi l'estat de les autonomies i que es normalitzi l'autogovern. En qualsevol cas,* **jo: li diria** *al senyor Obiols que realment l'eficàcia: del govern central no és, diguéssim, un model a tenir en compte* [...] (DC1, 44)

'Sí, sí, sí, sí. Yo creo que es importante que se normalice el estado de las autonomías y que se normalice el autogobierno. En cualquier caso, **yo: le diría** al señor Obiols que realmente la eficacia: del gobierno central no es, digamos, un modelo a tener en cuenta [...]'

En el espacio del debate, las marcas de primera persona organizan el discurso. La función prototípica es la de moderador, exclusiva de la persona que presenta la contienda y distribuye los turnos entre los participantes (16); a ésta se suman las de participante-organizador, que manifiesta la voluntad de organizar el discurso remitiendo a partes anteriores o posteriores o justificando el tipo de respuesta (17), y la de participante-lucha, en la que el emisor intenta mantener su turno de palabra (18).

(16) Pujol: *[(Bé, jo després contestaré per al·lusió també, al final)]*
'[(Bien, yo después contestaré por alusión también, al final)]'
Moderadora: *...li* **demano***, sobretot, brevetat en les intervencions.* (DC1, 11)
'...le **pido**, sobre todo, brevedad en las intervenciones.'

(17) Pujol: [...] *vostès tenen deu minuts, teòricament, i jo en tinc dos per contestar-los tots vostès,* **em permetran** *que els contesti globalment,* [...] (DC1, 5)
'[...] ustedes tienen diez minutos, teóricamente, y yo tengo dos para contestarles a todos ustedes, **me permitirán** que les conteste globalmente, [...].'

(18) Ribó: [...] *la zona volcànica d'Olot va ser destrossada per una empresa privada malgrat la protecció del parlament de Catalunya? Per exemple.*

'[...] ¿la zona volcánica de Olot fue destruída por una empresa privada a pesar de la protección del parlamento de Catalunya? Por ejemplo.'
Pujol: *Sí, [(li **contesto**, li **contesto**)]...*
'Sí, [(le **contesto**, le **contesto**)]...'
Ribó: *[(perdó, **deixi'm** parlar)] perquè [(jo no els he interromput a ningú de vostès [...] (DC1, 22)*
'[(perdón, **déjeme** hablar)] porque [(yo no les he interrumpido a ninguno de ustedes [...]'

Si observamos los resultados del corpus globalmente respecto a funciones (tabla 4), veremos que las expositivo-argumentativas son mayoritarias (80,3%) respecto a las organizadoras (19,7%), excepto en el caso de la moderadora, como es esperable. De hecho, ya hemos subrayado que el objetivo de los participantes políticos es presentar y defender los programas propios así como criticar los programas de los oponentes. La organización formal del debate está pactada de antemano y el encuentro queda, por consenso, en manos de la moderadora. Así pues, el espacio político se superpone al espacio del debate de manera evidente y en particular las funciones más argumentativas, factor que supone un claro indicio de la fuerte confrontación que caracteriza el debate analizado.

En concreto, la función mayoritaria es la de argumentador (302 casos: 37,8%), aunque la de atacante también alcanza resultados destacados (209 casos: 26,2%). Las funciones minoritarias son analista (37 ocurrencias: 4,6%) y, especialmente, participante-lucha (14 casos: 1,8%). La de moderador, que sólo se atribuye a uno de los participantes, representa el 8,3% de los casos (66 ocurrencias).

Las marcas de primera persona en el debate electoral 295

Tabla 4. Uso de funciones según participantes

Tipos de marca	Totales	Mdra. Àngels Barceló	Partidos de izquierda Àngel Colom (ERC)	Rafael Ribó (EU)	Raimon Obiols (PSC)	Partidos de derecha Jordi Pujol (CiU)	Teresa Sandoval (CDS)	Aleix Vidal-Q (PP)
Declarante	93 (11,7%)	2 (0,3%)	8 (1%)	12 (1,4%)	19 (2,4%)	24 (3%)	6 (0,8%)	22 (2,7%)
Analista	37 (4,6%)	0	3 (0,4%)	7 (0,9%)	6 (0,8%)	7 (0,9%)	9 (1,2%)	5 (0,6%)
Argumen- tador	302 (37,8%)	1 (0,1%)	40 (5%)	20 (2,5%)	37 (4,6%)	152 (19%)	33 (4,2%)	19 (2,4%)
Atacante	209 (26,2%)	1 (0,1%)	40 (5%)	46 (5,7%)	24 (3%)	40 (5%)	28 (3,5%)	30 (3,9%)
funciones expositivo- argument.	**641 80,3%**	**4 0,5%**	**91 11,4%**	**85 10,7%**	**86 10,8%**	**223 28,0%**	**76 9,5%**	**76 9,5%**
Moderador	66 (8,3%)	66 (8,3%)	0	0	0	0	0	0
Participante- organizador	75 (9,6%)	0	3 (0,4%)	5 (0,6%)	13 (1,6%)	39 (4,9%)	9 (1,2%)	6 (0,8%)
Participante- lucha	14 (1,8%)	0	1 (0,1%)	5 (0,6%)	2 (0,3%)	6 (0,8%)	0	0
funciones organizat.	**155 19,7%**	**66 8,3%**	**4 0,5%**	**10 1,2%)**	**15 1,9%)**	**45 5,6%**	**9 1,2%**	**6 0,8%**
Total	**796 100%**	**70 8,8%**	**95 11,9%**	**95 11,9%**	**101 12,7%**	**268 33,6%**	**85 10,7%**	**82 10,3%**

La distribución de las funciones entre los candidatos nos lleva a afirmar que la mayoría de participantes utiliza principalmente la función de argumentador. Únicamente el candidato de EU y el del PP usan más la función de atacante y el representante de ERC hace uso en la misma proporción de la función de atacante y de la de argumentador.

Es lógico que en un debate no cooperativo como el que analizamos la defensa ante los ataques de los oponentes y la manifestación de opiniones enfrentadas (función de argumentador), de un lado, y los ataques a los argumentos y acciones rivales (función de atacante), de otro, ocupen los puestos preferentes entre las funciones del emisor.[7]

Al igual que en el caso del tipo de marcas, Jordi Pujol destaca entre todos los participantes, en esta ocasión por el amplio uso de la función de argumentador (19% frente a una media del 3,8% entre los demás políticos) y de las funciones organizativas, y en particular la de participante-organizador (4,9% frente a una media del 0,92%). Recordemos que Pujol debe justificar sus actuaciones como presidente del Gobierno catalán y contraargumentar continuamente ante el aluvión de críticas procedente de los representantes de los demás partidos. Ello da cuenta de la alta frecuencia obtenida tanto en la función de argumentador como en la de participante-organizador. En concreto, ésta última le permite remitir a otras partes de su propio discurso y de esta manera agilizar y entrelazar sus intervenciones. La superioridad de Pujol también en funciones organizativas vinculadas generalmente al papel del moderador es una muestra de que el poder evidente de este candidato en la vida política no sólo se manifiesta discursivamente en el espacio político sino también en el espacio del debate.

5. Análisis global y conclusiones

El debate electoral analizado muestra que las marcas de primera persona, como indicadores lingüísticos enunciativos, son muy relevantes en la construcción de los espacios mentales del texto. Según las personas a las que identifica y las relaciones que se establecen entre ellas, hemos diferenciado cuatro grupos: el yo, el nosotros exclusivo, el inclusivo y el generalizador, que vehiculan funciones organizativas y expositivo-argumentativas.

---

7. La función de moderador, pese a que únicamente es realizada por uno de los participantes, no presenta una de las frecuencias de aparición más bajas, porque, como corresponde a su papel y ya hemos indicado, la moderadora debe intervenir a menudo. Precisamente el hecho de que en nuestro debate la moderadora marque de manera eficaz las pautas y turnos a seguir por los invitados podría explicar la baja incidencia de la función participante-lucha.

En nuestro debate, el espacio político predomina claramente sobre el espacio del debate, aunque en los dos niveles se establece una pugna. El análisis cuantitativo demuestra que el yo tiene un papel fundamental, si bien, en términos absolutos, predomina el nosotros, y en concreto el nosotros exclusivo, seguido del nosotros global. Esto indica que los políticos se presentan como individualidades, como representantes de un grupo que se opone a otro y como representantes de un grupo definido (su partido, el conjunto de los catalanes, etc.) [8]. En cuanto a las funciones, predominan claramente las argumentativas.

Los resultados según referente y según función muestran claramente el carácter no cooperativo del debate electoral y el hecho de que predomina la lucha por demostrar que se es mejor que los demás partidos ensalzándose y atacando. En este punto, observamos algunas diferencias significativas en el comportamiento de los partidos. Jordi Pujol, presidente de la Generalitat en ese momento y tras las elecciones a las que precede el debate analizado, aparece como el participante que despliega más poder en el debate, asumiendo incluso funciones de la moderadora. El partido en el gobierno, en general, tiende a argumentar como defensa de los ataques, que provienen de la oposición y sobre todo de algunos partidos de la izquierda. Así pues, las marcas de persona nos ofrecen una radiografía de la situación política en el eje partido en el gobierno-oposición y en el eje derecha-izquierda. En cambio, la variable nacionalista-no nacionalista no ofrece resultados significativos.

Podemos concluir que, en el debate analizado, a diferencia de lo que se observa en el estudio de Zupnik (1994: § 7), las marcas de persona se usan sobre todo para crear distancia y no para crear solidaridad, usos más típicamente asociados con los plurales inclusivos y en segundo término con los generalizadores.

---

8. En efecto, como hemos mostrado en nuestro análisis, los diferentes tipos de nosotros pueden incluir o excluir a diferentes grupos: "first-person plural deictic pronous may fulfill a powerful persuasive function since they have the potential to encode group memberships and identifications: speakers may index different groups as included in the scope of the pronom 'we' while excluding others" (Zupnik 1994: 340).

298 *Àngels Campos, Maria Josep Marín y Maria Josep Cuenca*

Referencias

Campos, Àngels
2004 La inscripció de la persona en el discurs acadèmic: estudi contrastiu català-castellà-anglès. Tesis doctoral. Universitat de València. http://www.tdx.cbuc.es.

Chafe, Wallace L.
1979 The flow of thought and the flow of language. In: Talmy Givón (ed.), *Discourse and Syntax,* 159-184. (Syntax and semantics 12.) New York: Academic Press.
1980 The deployment of consciousness in the production of a narrative. In: Wallace Chafe L. (ed.), *The pear stories: Cognitive, cultural, and linguistic aspects of narrative production,* 10-50. Norwood, NJ: Ablex.

Ciapuscio, Guiomar E.
1992 Impersonalidad y desagentivación en la divulgación científica. *Lingüística Española Actual* 14/2: 183-205.

Cuenca, Maria Josep
1995 Mecanismos lingüísticos y discursivos de la argumentación. *Comunicación, Lenguaje y Educación* 25: 23-40.

Fauconnier, Gilles
1985 *Mental spaces: Aspects of meaning construction in natural language.* Cambridge, MA: MIT Press.

Fernández Lagunilla, Marina
1997 *La lengua en la comunicación política I: El discurso del poder.* Madrid: Arco/Libros.

Gallardo, Susana
2003 La inscripción de los interlocutores en artículos científicos y libros de texto. *Congreso Sociedad Argentina de Lingüística*, Córdoba, noviembre 2002. [CD-Rom]

Goffman, Erving
1974 *Frame analysis.* New York: Harper and Row.

Haverkate, Henk
1984 *Speech Acts, Speakers and Hearers.* Amsterdam: John Benjamins.

Kuo, Chih-Hua
1999 The use of personal pronouns: role relationships in scientific journal articles. *English for Specific Purposes* 18/2: 121-138.

Marín, Maria Josep
2003 Discurs i gramaticalització: verbs de percepció usats com a marcadors discursius en el debat electoral. Tesis doctoral Universitat de València. http://www.tdx.cbuc.es.

Tang, Ramona & Sughanti John
1999 The 'I' in identity: Exploring writer identity in student academic writing through the first person pronoun. *English for Specific Purposes* 18: S23-S39.

Zupnik, Yael-Janette
1994 A pragmatic analysis of the use of person deixis in political discourse. *Journal of Pragmatics* 21: 339-383.

Speakers, hearers and Cora *ku*

Eugene H. Casad

Abstract

This paper presents an analysis of one of the evidential particles common to Amerindian languages, such as those discussed in Casad (1992) and Floyd (1996). These particles, used much in Cora discourse, reflect a variety of Speaker and Hearer relationships to the content of what is being said and to the degree of subjectivity vs. objectivity with which situations and states are being construed. I adopt here Langacker's model of the viewing arrangement as well as his approach to the notions of grounding and subjectivity (Langacker 1999, Ch 7). Cora *ku* basically means that the Speaker and Hearer have some prior shared knowledge of what the Speaker is saying, both in ordinary conversation and in narrative discourse. The shared knowledge is not fully mutual, however, as the speaker will ordinarily have many details in mind that the hearer does not. For example, a Cora describing an elephant that he saw in a zoo, stated that it looked like a hill. He stated it this way because he knew his hearer knew what hills looked like and he used that knowledge as a stepping stone to convey his entire description to his hearer. This means that the *ku* construction is a reference point construction (cf. Langacker 1993; 1999, Ch 6).

In this paper, I illustrate the numerous usages of *ku*. These include long and short forms of the particle, as well as three kinds of constructional schemas that pair *ku* with other grammatical elements. I provide examples taken from active conversation, as well as those culled from a corpus of recorded texts. I attempt to provide a descriptively and explanatorily adequate account of these Cora data, relating the basic idea of shared Speaker-Hearer knowledge to various of the constructs that Langacker groups under his viewing arrangement model.

Keywords: conversation, evidential, grounding, narrative, objectivity, subjectivity, viewing arrangement

0. Introduction

Evidential particles, common to Amerindian languages, such as those discussed in Aikenwald and Dixon (2003), Casad (1992), Chafe and Nichols (1986), Floyd (1996, 1999) and Willett (1988), are used much in

300   *Eugene H. Casad*

Cora discourse and reflect a variety of Speaker and Hearer relationships to the content of what is being said and to the degree of subjectivity vs. objectivity with which situations and states are being construed. In the account of Cora *ku* that I present here, I adopt Langacker's approach to the notions of grounding and subjectivity as well as his model of the viewing arrangement that relates speakers and hearers to linguistic expressions in diverse ways. Cora *ku* basically means that the Speaker and Hearer have some prior shared knowledge about what the Speaker is saying. Reflecting a distinction much observed in the world's languages, this knowledge may either derive directly from one's experience, or be imparted indirectly to the speaker (cf. Grimes [1975: 235]; Willett [1988:68]; Floyd [1999:161], also Aikenvald [2004, in press]). The speaker invokes this as a means for enabling the hearer to make sense of something else (cf. Traugott and Romaine (1985:19, 22, 25). Thus , a Cora describing an elephant that he saw in a zoo, stated that it looked like a hill. He stated it this way because he knew his hearer knew what hills looked like as well as what size they generally are vis à vis their surroundings. He used that knowledge as a stepping stone to convey his entire description to his hearer. This means that *ku* is a grounding predication and that the *ku* construction is a reference point construction (cf. Langacker 1993). There is more to the story, however.

Specifically there are numerous usages of *ku* which evoke the relationship between the ground and the the entity that it profiles. *Ku* takes the entire grounding relationship as its base and selectively profiles distinct processual and stative configurations within that relationship. A descriptively and explanatorily adequate account of the Cora data must take all of these into consideration and relate them to the basic idea of shared Speaker-Hearer knowledge. In order to show this, I begin with an overview of Langacker's approach to grounding and the viewing arrangement.[1]

1. Grounding and the viewing arrangement

In Langacker's view, the Speaker, Hearer and attendant circumstances to a given speech event constitute the ground of the utterance (Lang-

---

1. I am very indebted to Ron Langacker for his comments that have greatly improved this paper.

acker (1990:122; 1999:22, 218-19). The ground specifies a variety of relationships between the speech act participants and the speech act itself. These specifications include notions of the temporal, modal and verificational status of profiled processes and entities (1990: 205-6). In particular, issues of reality, existence, distinctness from other perceptible entities and Speaker-Hearer knowledge all are part and parcel of the grounding relationship. Grammatical morphemes that evoke the grounding relation as its base and profile the grounded entity are termed "grounding predications" (Langacker 1990:122; 1999:284). For English, the items that function as grounding predications that derive nominals include deictics such as definite articles, demonstratives, relative quantifiers and subject and possessor pronouns. Tense and modal elements, in contrast, "effect the grounding of finite clauses in English" (Langacker 1990:321).

Although the presence of *ku* in a clause is not what determines that the clause is finite, nonetheless, the manner in which *ku* evokes shared knowledge of both the speaker and the hearer in its usages, as well as its status as a grammaticalized element, leads me to characterize it as as a grounding predication. The degree to which the roles of the speaker and hearer are generally construed highly subjectively also fits. Thus, my usage of the term here is a bit more broad than what Langacker originally intended. I claim that the Cora evidentials such as the quotative *yee*, discussed in Casad (1992), *ku*, described herein , and the reported narrative *nu'u*, which occurs in some of the examples given later in this paper constitute another class of grounding predications, albeit ones that are not prototypical .

Grounding predications are both dependent and ubiquitous: they are dependent because they make inherent internal reference to some profiled entity, be it a THING or a PROCESS (Langacker 1990:124). Grounded expressions that profile things are, of course, nominals, whereas those that profile processes are prototypically finite clauses (Langacker 1990:321). There are significant and numerous parallels between the grounding of nominals and that of finite clauses. This is true for both English and Cora. In the first place, the grounding predication may not be realized phonologically, eg. tense and modality may be marked by zero in certain contexts. Secondly, we also likely need to restrict our candidates for grounding predications to "grammaticalized" items in contrast to pure "lexical items". Certainly Cora *ku*, *nu'u* and *yee* fit here. An implication of this is seen in the kind of meanings that characterize grounding predications : the meanings are relative to the ground, conveying notions such

302   *Eugene H. Casad*

as 'known to the speaker', 'near to the speaker' or 'prior to the moment of speaking', among others (Langacker 1990:322). Finally, grounding predications typically convey a highly subjective construal of the Speaker and Hearer. As the data in this paper will also show, there are degrees of subjectivity vis à vis objectivity in these construals from usage to usage.

Langacker states that all nominals and finite clauses are grounded. This certainly holds for the Cora data that we will examine in this paper. Virtually all noun phrases of Cora include a definite article or a definite article plus a demonstrative pronoun. Furthermore, the evidential particles *ku*, *nu'u* and *yee* are liberally sprinkled throughout Cora narrative texts.

Implicit in much of the foregoing is the fact that the Speaker and Hearer have a privileged role in the grounding of nominals and clauses: they are the "viewers" on the platform from which an ongoing situation is being observed and described (Langacker 1999:218).

As Pike noted several decades ago,

...items as experienced take some of their perceived characteristics from that experience. The individual is unable to experience his background coldly and interpret it completely neutrally. All phenomena, all "facts," all "things," somehow reach him only through perceptual and psychological filters which affect his perception of the structuring of and relevance of the physical data that he observes. (1960:115)

Pike's view as expressed here underscores the point that Langacker repeatedly makes that semantics does not reflect objective reality but rather speakers construe situations and events in the world around them in a myriad of alternate ways (Langacker 1999:5).

Langacker notes that the viewers on the platform may also include some third party conceptualizer whose mental experience is being described (1999:218). This is a crucial point for the analysis of all the Cora evidentials, including *ku* and *nu'u*.

I now discuss briefly the protypical viewing arrangement as described in Langacker 1990 and 1999. Langacker's characterization of this for language use includes two isomorphic sets of constructs; these relate both to the visual perception situation and to its conceptual counterpart. For the prototypical visual perception situation, he posits the VIEWER, who is the SUBJECT of perception. The viewer's protypical viewing stance finds him facing in a particular direction and scanning a MAXIMALLY EXTENDED FIELD of vision with an indeterminate periphery and a central region of high visual acuity. Langacker invokes a theater model at this point and states that the central region of visual acuity is the "onstage" region of the overall field of vision. This "onstage" region encompasses the speaker's general locus of attention and includes within its scope a more restricted and specific focus of attention which is the OBJECT of perception (Langacker 1999:204-205). These elements are represented diagrammatically in figure 1.[2]

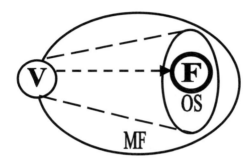

Figure 1. The canonical perceptual viewing arrangement

The notational conventions employed in Figure 1 include the following: (V) = Viewer, (MF) = Maximal Field of Vision, (OS) = Onstage Region and (F) = Focus. In addition, the dash lined arrow running between the Viewer and the Focus in this context represents the perceptual relationship between the Perceiver and the Perceived Entity. This is the prototype for a variety of possible configurations, each of which can be termed a VIEWING ARRANGEMENT (Langacker 1999:205).

The conceptual counterpart to the prototypical viewing arrangement of Figure One is more general and more widely applicable in semantic analysis than the strictly visual one. The constructs in this case include the CONCEPTUALIZER (C), who is also the SUBJECT of conceptualization. The MAXIMAL SCOPE of the conceptualization (MS) includes the full range of conceptualized content, both central and peripheral. The analogue of the "onstage" region of the visually based viewing arrangement is the set of central notions that we have in focus. In this case, Langacker uses the

---

2. I would like to thank Anke Beck of Mouton de Gruyter for permission to reprint figures 7.1 and 7.2 from Langacker (1999) in this paper.

term IMMEDIATE SCOPE (IS) to designate the general locus of attention. This IS comprises the full set of elements which *potentially* can be put in focus as the OBJECT of perception, the entity that Langacker terms the PROFILE of the conceptualized situation (P) (Langacker 1999:5). The profile, then, is the SPECIFIC focus of attention within this general region. This distinction reflects the fact that there are numerous parts of a given linguistic expression which are not profiled in its conventionalized usages. The conceptual counterpart to the perception relationship of figure 1 is the construal relationship, indicated by the arrow that relates the Conceptualizer to the entity he holds in focus. This represents the full range of ways that the speaker has at his disposal for structuring what he has to say and how he is going to say it. In short, the overt inclusion of the construal relationship in this arrangement effectively opens the door for accounting for all of the components of value, meaning, purpose and belief that Pike specified in his work (1960:113, 115, 118). The elements of the conceptual viewing arrangement are depicted diagrammatically in figure 2.

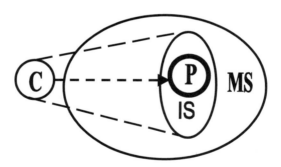

Figure 2. The conceptual viewing arrangement

2. The usages of *ku*

The use of the particle *ku* in a Cora sentence reflects knowledge shared by both the speaker and the hearer in conversational and narrative speech situations. The shared knowledge is not exhaustive, however; the speaker will ordinarily have a lot of details in mind that the hearer does not. For

Speakers, hearers and Cora ku   305

example, the usage of *ku* illustrated by sentence (1) comes from a speaker recounting to me an incident of which I was well aware, precisely because I was involved in some of the events that related to it.

(1)   Tahkái   tɨ   kú   a'anáh ayán
        yesterday SUBR S-HK   once   PROCOMP

        ti-n-áa-ruu[1]
        UNSPEC:S-me-COMPL-happen
        'That which, as you know, happened to me yesterday'

The shared knowledge, in this case consisted of the speaker's getting stung by a scorpion, making his way back to his home in the village of Jesús María, then waking me up to give him an injection of anti-venin and his subsequent recovery. The speaker's knowledge that was not shared was the full set of details related to the time, place and circumstances of the injury, the events that transpired during the speaker's return trip to the village and a number of the events that followed that return. All of this information is given in the text from which sentence (1) was taken. A diagrammatic representation of this usage of *ku* is given below in Figure Three.

---

3. I use the following abbreviations for simple glosses of the individual morphemes in the examples of this paper: ABL: Ablative, ABS: Absolutive, ACC: Accusative, APPLIC: Applicative, ART:Definite Article, ASSR: Assertive Mode, CAUS: Causative, CNJ: Conjunction, COMPL: Completive, CMPLZR: Complementizer, COND: Conditional, CONTRA: Contraexpectation, DEM: Demonstrative, DIST: Distal, DISTR: Distributive, DUB: Dubitative, DUR: Durative, EXT: Extensive, FUT: Future, HORT: Hortatory, IMP: Imperative, IMPERF: Imperfective, INSTR: Instrumental, MED: Medial, NARR: Narrative Mode, NEG: Negative, PAST: Simple Past, PAUS: Pausal, PERF: Perfective, PL: Plural, PROX: Proximal, PROCOMP: Procomplement, PRTC: participle, Q: Question, QUOT: Quotative, RDP: Reduplicated, REFL: Reflexive, Rep.NR: Reported Narrative Event, SEQ: Sequential, SG: Singular, S-HK:Shared Speaker-Hearer Knowledge, SIMUL: Simultaneous, STAT: Stative, SUBJ: Subject, SUBR: Subordinator, TRNS: Transitive, UNR: Unrealized, UNSPEC: Unspecified, UNSPEC:S: Unspecified Subject, 1SG.OBJ: First singular Direct Object, 3:SG: Third person singular

306 *Eugene H. Casad*

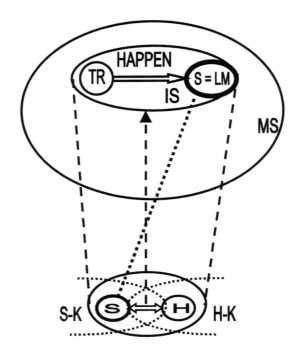

Figure 3. Cora *ku: ayáa pú tináaruu* 'Thus it happened to me.'

The above usage of *ku* is grounded in the joint knowledge of the Speaker and Hearer. Their conversational interaction is depicted in the lower oval by the double headed arrow connecting the abbreviations S and H. The open dotted ovals overlap at the apex. This mnemonically represents their shared knowledge. The open-endedness of the two ovals represents the intrinsic expansiveness of the overall fields of knowledge, labelled S-K (Speaker knowledge) and H-K (Hearer knowledge), respectively. The process that is profiled by *ku* is depicted as a single headed arrow that relates the Trajector (TR) to the entity that is affected by the energetic activity that is instigated within a given spatio-temporal setting. This process is labelled "HAPPEN" in the diagram, The portion of the setting that subsumes the particular activity itself constitutes the immediate scope of the expression. The maximal scope for this usage is the full range of conceptual content invoked by the linguistic expression (Langacker 1999:49). This may or may not include the ground (Langacker 1990:319). In the usage illustrated by sentence (1), the Speaker is inclu-

Speakers, hearers and Cora ku   307

ded within the "onstage" area, but the Hearer is not. This inclusion of the Speaker is indicated in the diagram by the label S = LM in the circle located at the head of the arrow. The dotted line that connects S in the lower oval with S = LM in the upper one shows that the speaker as part of the ground is identical to the S that serves as the landmark of the profiled process.

2.1. *Some distributional matters*

Distributional patterns that accompany the usages of *ku* provide additional clues for our analysis. I begin by illustrating several simple *ku* constructions, i.e. those usages of *ku* in either preverbal position or in final position within a clause.

Within the bounds of a clause or sentence, *ku* is ordinarily placed in 2nd position in that clause and holds within its scope the rest of the clause or sentence that contains it. This is true both for main clauses, as in sentence (2), and relative clauses, sentences (3)-(4).

(2)   ha'a¢ú   ku   rí ' rɨ   n-   aa-   ríh
       somewhat S-HK good. condition 1SG.OBJ- COMPL- get.well
       'Then, as you know, I got a bit better'.

In sentence (2), *ku* follows the quantifying adverb that functions as the sentence opener. Its scope, then, takes in that quantifier and proceeds rightward to the end of the sentence. The shared Speaker-Hearer knowledge was that the speaker had recovered a bit from the scorpion bite.

This same scope relation can be seen in sentence (3).

(3)   A'anáh nʸáh   ku   tʸu-hú'-u- vaɨ
       once   I:SUBR   S-HK   DISTR-NARR-COMPL-serve

       mʷayahtúumʷa'a kɨme'e ta-yá'u   hemí.
       mayordomo   as   our-father with

'[Concerning] that which once I, as you well know, served as a mayordomo before Our Father'.

308   *Eugene H. Casad*

In (3) what was shared by both Speaker and Hearer was that fact that the speaker had taken a year long position in the Cora Civil-Religious Hierarchy (cf. Grimes and Hinton 1969:805). What was not shared was an extensive knowledge of what that obligation entailed for the Speaker. The text itself specified a fair amount of detail, but obviously did not exhaust the speaker's knowledge of the ritual system. Again, the scope of *ku* extends both ways to include the introductory lexical items of the clause and all the rest of the clause that follows *ku*. As (3) also illustrates, relative clauses may follow a temporal adverb in the introductory sentence of Cora narratives. The relative clause itself is introduced by a subordinating pronoun marked to agree in person and number with the subject of the clause. In (3) the subject is first person singular. The shared knowledge particle *ku* directly follows that subordinating pronoun in the relative clause. This was illustrated earlier in sentence (1).

A given usage of *ku* may reflect what everyone knows about the physical characteristics of some entity. In (4), what everybody knows is that herons have long beaks.

(4)   Ah-tí   he¢é   mú   m-ahtá   m-eyán
       Slope-uphill towards they they-also they-thus

       tí-tʸe-ré'e-vaa-ka'a   ɨ   kʷaašuh
       DISTR-RDP-side:to:side-stand-IMPERF   ART   heron

       mah   pá'u, máh   ku   títi'ɨh-mé'en
       they:SUBR   red,   they:SUBR   H-SK   long-PRTC:ACC-ABS

       we-íšɨ'ɨ,
       their-beaks
       'Heading off to the side slope,there were standing around the red herons, who, as you well know, have long beaks'.

In (4), the Speaker is describing for the hearer a particular variety of bird, which he labels as a red heron (= flamingo) that he saw at the Mexico City zoo. He selects as his mental reference point Cora encyclopedic knowledge about the shape of the heron's beak. The common variety of heron familiar to the Coras is white, so the hearer would not of his own know what kind of bird the Speaker really has in mind with his usage of the term "red heron". But, as the Coras know, all herons have

Speakers, hearers and Cora ku   309

long beaks. The speaker therefore draws on this knowledge as a means to stimulate the hearer to use his own imagination in order to apprehend the meaning of the expression "red heron".

2.2. An alternate form –iku

When *ku* occurs in final position in a clause, it takes a long form *iku*. This is marked to agree in person and number with the subject of the clause in which *iku* occurs. It is used frequently in conversation and in narrative texts to confirm to the hearer some bit of knowledge he already had. The semantic contribution of *i-* to *ku* is hard to pin down. In some ways *i-* acts like a higher verb meaning 'be' to which the preceding clause is embedded. This is one mechanism by which Cora can emphasize that a particular bit of objective content represents the true state of affairs. The usages of *iku* seem to approach the prototypical grounding predicate in which that grounding predicate derives a finite clause.

To characterize *iku*, I note that just like the shorter variant, in all of the cases I have examined thus far, its usage evokes some bit of shared knowledge about a situation that is mentally accessible to both speaker and hearer. Sometimes *iku* reflects the situation in which the speaker is reminding the hearer, "I just told you about something" and goes on to emphasize to him, "There it is." (5) is a typical example of this.

(5)   Ní kaí   nʸá'u, n-iku
        Q NEG well   I-S-HK
        'Now, isn't that what I was just saying to you?'

In this case, I had been in a house at night visiting a friend of mine when he said we should go check the outside of the house to make sure there were no scorpions on the wall. He picked up a flashlight, we went outside and, sure enough, there was one. His immediate response is given in (5). Notice that here, *iku* is marked with a 1st person singular prefix *n-*. This prefix is, in part, what motivates my glossing this expression as 'isn't that what I was just saying to you?'. Note also that this sentence shows that the scope of the long variant *iku* spreads leftward to include the verbal content of the full expression that precedes it. This expression is also something of a sentence fragment. This particular usage puts part of

310 *Eugene H. Casad*

the ground, that is the Speaker, "onstage" as the Trajector of an implied speech event, the knowledge of which the hearer was fully aware. The placing of the Speaker "onstage" is indicated in Figure 4 by a dotted correspondence line that links S in the lower oval with TR in the upper one. It is reinforced by the label S = TR placed in the circle at the tail end of the arrow. I have also labelled that arrow with an uppercase SAY in order to show that the specific process profiled by iku is a verb of speaking.

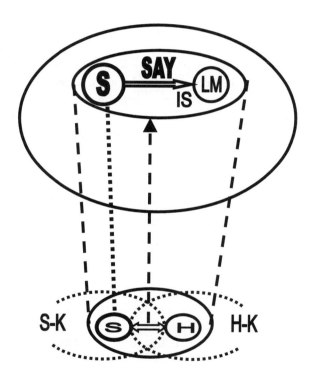

Figure 4. Ni kaí nyá'u nikú   'Isn't that just what I was saying to you?'

An additional example of this leftward spreading scope emerges from a Cora cultural pattern in which the elders meet together in the Casa Fuerte and send a summons for someone to come to meet with them.

Speakers, hearers and Cora ku   311

(6)   a.   Yá   nu'u-rí,   n-i -ku
             here:out   I:PAUS-now   I-SEQ-H-SK
             'Here I am, [as you can see]'

       b.   Pí-   či' –i -ku,   nʸá'u
             you-   HORT -SEQ-H-SK   well
             'Come on in, then [we are expecting you, as
             you can see]'

When the summoned person comes to the door of the meeting house, he announces his arrival as illustrated by (6 a). The elders, seated inside, see him step into the doorway and hear him announce his arrival: "Here I am now, as you can see." The elders, in response use the expression given in (6 b). This response is framed as a hortatory expression : "Come on in, as you know, we are expecting you." In both of these sentences, *iku* holds within its scope all of the verbal content that precedes it in left to right order. Again there is no overt verb in this expression.

One could say at this stage that the difference in directionality of the scope spreading is due to the differential placement of the *ku* variants in the sentence - the shorter *ku* is in second position and is pre-verbal, the longer version is post-verbal and is either clause-final or sentence-final. That seems correct insofar as it goes, but it does not explain why the placement and morphological structure are different. More likely, the levels at which the grounding takes place and the distinct degrees of subjectivity which attaches to these usages is reflected iconically in the morphosyntax of these constructions. In both cases, part of the ground is placed on stage. In the case of (6a.), the grounding is just like that of sentence (5): the Speaker is the trajector in the speech event that is profiled by *ku*. In Figure 5, on the other hand, the Hearer is the trajector of the motion event that falls under the scope of *ku*.

312   Eugene H. Casad

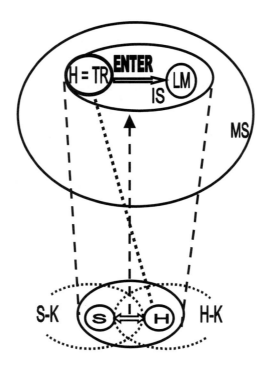

Figure 5. Pí či'iku! Come in! We're expecting you, as you know.

In figure 5, the placing of the hearer "onstage" is indicated by the label H = TR in the circle placed at the tail of the process arrow. The process itself is identified as ENTER, a motion verb. Finally, the Hearer within the overall ground is identified with the trajector of the profiled process by a dotted integration line.

A 3rd person plural marking is seen in (7).

(7)   Ma-h-waúu,   m-iku,   ha'ukí káh
      they-it-look:for   they-H-SK   where   bit

   t^{y}á-há'-ah-m^{w}aa
   UNSPEC:S-DIST-slope-lay:flat
   'As you can imagine, they looked for a place
   where there was a little bit of water.'

The sequence *m-i-ku* in sentence (7) represents the speaker's telling the hearer, "You know that anyone dying of thirst would go around looking

Speakers, hearers and Cora ku   313

for a water hole; well, that's just what they did." Note also that the use of *m-i-ku* in (7) does not reflect an eyewitness' version of the events. Instead, it reflects shared inferences: both speaker and hearer know that anyone in a particular situation would probably respond in a certain way.

2.3. Complex viewing arrangements

Some usages of *ku* and *iku* imply a complex viewing arrangement. Determining the scope of *ku* for such cases is not always simple. Sentence (8) provides us with an example of this. This sentence also illustrates multiple grounding that arises from the use of more than one grounding predication in a single clause or sentence.

(8) Aɨ   pú   nú'u   ¢í   pɨ- hí' i- rɨkɨ   ɨ   hah,   hi-ku,
     DEM 3:SG REP.NR SEQ ASSR NARR-be ART water SEQ-H-SK

     víite   máh   watáuhm^{w}a'a.
     Rain   they:SUBR   COMPL-PERF-REFL-know
     'That, so they say, is what the rain is, as you know,
     those who are called the Rain Gods.'

In (8), the Speaker, as narrator is telling the hearer, "You already know what, so they say, the rain really is, [it is] those who are called the Rain Gods". Sentence (8) is doubly grounded: it draws on both the Reported Narrative *nu'u* and the Shared Speaker-Hearer Knowledge clitic *ku*. Each grounding predication evokes distinct aspects of the ground and profiles overlapping segments of the sentence. In the case of *nu'u*, what is being evoked is the body of common knowledge about the spiritual world and its physical manifestations in this world in which we live. What is profiled is the stative relationship of identity holding between a perceived meteorological phenomena and a conceptual entity within the Cora belief system. This is reflected by entire clause that we can translate as "The rain that falls on the earth is really the Rain Gods [at work]". The use of *ku* in this sentence adds the information that both the Speaker and the Hearer are cognizant of the Cora folk belief connection between the Rain Gods and the rain that waters the ground. In terms of scope, the

314　*Eugene H. Casad*

entire sentence falls under the scope of *nu'u*. At the very least, the leftmost clause of sentence (8) falls under the scope of *iku*. This is analogous to the account given above for examples (5) and (6)(a and b). The relative clause of (8), i.e. "those who are called the Rain Gods" can thus be taken to be the target for the hearer to mentally access via the clause that falls under the scope of *ku*.

Another complexity of *ku* arises because the viewing arrangement, with the narrator and his audience on the viewing platform, often places quoted speakers on stage. In such cases, the shared knowledege signalled by *ku* is that of speaker and hearer participants in a narrative. In sentence (9), which follows, the shared knowledge is between the quoted speaker and the reported listener.

(9)　Harí tɨ　　pʷá'a　pa-kaí　　mʷáa, ta-kʷi'i-níi-če'e　　tú.
　　　CNJ　SUBR　COND　you-NEG　you　　we-die-FUT-CONTRA　we

　　　Tʸé-'iku, t-i-ku.
　　　we-thirst　we-SEQ-H-SK
　　　'And if it had not been for you, we would have died.
　　　We were, as you well know, dying of thirst.'

In this folklore text, the onstage scenario consists of the elders making their case for bestowing upon the hearer, Mrs. Toad, the responsibility of being the Caller of the Rains. In this example, *iku* carries a 1st person plural subject prefix. As with previous examples, *-iku* has a leftwards spreading scope. The immediately preceding clause also has a 1st person plural subject prefix. The shared knowledge, of course, is the dire straits that the community was in with respect to having an accessible and adequate source of water. Mrs. Toad knew full well what the situation had been.

2.4. Primary discourse junctures and ku

Primary discourse junctures such as starting points and ending points frequently include *ku* as a grounding predication in the sentence that functions in that slot. Sentences (1) and (3), discussed above, illustrated the use of *ku* in the opening statements of narrative texts. Sentence (2) illustrated the use of *ku* in an episodic termination point within the body of a text. In other usages, *ku* is also optionally used in phrases to let the hearer know that a narrative has ended, as illustrated by (10).

(10) Yáa   nú nîh   tí'i-ša   ínʸaa, n-iku.
      PROCOMP I   I-SEQ DISTR-say I   I-H-SK
      'This, as you well know, is what I am telling you.'

In effect, the speaker is telling the hearer, "And so I have told you this story; now you know it." This statement thus implies "The End" of the story or episode. A similar example is given in (11).

(11) Ayáa   mú   tí-ná-'iša   íneetzi
      PROCOMP they UNSPEC:O-me-tell   to:me

      nʸí-yaaxúh-mʷa'a-kɨ'ɨ,   áhka'iwá-'ɨmɨ, nʸah
      my-grandpa-PL-Deceased around:hill-far   I:SUBR

      wa'-i-wá-namuahri-'i,   n-iku.
      them-NARR-COMPL-hear-STAT   I-H-SK
      'This is what my deceased grandfathers told me a long
      time ago, while I listened to them, as you know kids do.'

In example (11), the speaker is evoking the shared knowledge that pre-industrial society cultural beliefs are ordinarily spread by word of mouth. He is putting his own self on stage as the hearer, or recipient of oral tradition. In addition, he is also placing on stage his now deceased grandfathers and specifying them as the source of the account he has just given. In short, what was one of the things that all the young folks did in past decades? As the narrator's Cora audience knows, in their childhood, they listened to the Elders tell the stories that constituted the body of folk beliefs that governed Cora daily life.

3. Complex *ku* constructions

Ku occurs in more complex constructions in combination with a variety of other predications. In the following, I discuss *ku* constructions involving

316   *Eugene H. Casad*

the pairing of *ku* with the Narrative Mode *jí'i*, the cognitive process verb *xuée* and the Quotative *yée*.

3.1. Ku *with the Narrative Modal* hí'i

The first construction I discuss pairs *ku* with *i'i* 'narrative mode', in preverbal position. The combination of *ku* + *i-i* invariably results in emphatic meanings for those sentences in which it occurs. Sentence (12) begins with a pausal phrase.

(12) Aí   pu'u, áih   nu'u   kʷí'i
      DEM   3SG:S DEM:ACC   I:PAUS H-SK:NARR

      tʸá-hámua-a-tá-'išaa-te-'e-sin
      UNSPEC-you:PL-COMPL-PERF-tell-CAUS-APPLIC-DUR
      'Just this, this, as you know, is all that I am telling you.'

Sentences (13)(a)-(b) illustrates the contrast between simple and emphatic negation.

(13) a. ka=nú   ra-mua'aree
          NEG=I   it-know
          'I do not know'

      b. ka=nú kʷí'i   ra-mua'aree
          NEG=I H-SK:NARR   it-know
          'As is evident, I really do not know'

(13a) presents a simple negation as a response to someone's question. The role of *kʷí'i* in (13b), on the other hand, indicates that the speaker's negative response to the hearer not only denies the original assertion, but also tells the hearer, "As you well know, that's all there is to it, so don't bother to ask any more about it."

Both *ku* and *ku* + *i'i* can also indicate emphasis in positive statements. By emphasis I mean a strong, or heightened assertion by the Speaker with respect to some state of affairs. This does not necessarily imply any kind of irritation on the part of the speaker. For example, in the

Speakers, hearers and Cora ku   317

early days of trying to learn to speak Cora, on one occasion, when I expressed my doubt about ever learning to be able to speak it, my Cora companion responded: *¡Kapáh kʷi'iwa!* This meant: "Don't talk like that; you certainly will learn it." Example (14) provides another instance of the strong assertive use of the shared knowledge *kʷi'i.*

(14) Tíh   kʷí'i   pá-'a-nʸaiiči-ve'e
      DUB   S-HK:NARR   you:SG-REFL-marry-come:around
      'It looks to me as though you are wandering around,
      looking for a Cora wife.'

Sentence (14) is a statement made to me by a Cora who was watching me as I was on my way to the town center in Jesús María a number of years ago. This Cora speaker, in jest, was telling me, "You know you' re going around looking for something and I'm telling you what it is."

3.2. Ku with the Cognitive Process verb xuée *'seem'*

The second constructional schema that I discuss pairs *ku* with the cognitive process verb *xuée,* meaning 'it seems like X'. It is clear that this usage of *ku* is based on shared knowledge that the Speaker draws on as a landmark for enabling the hearer to establish mental contact with the message he is trying to convey. Thus, in (15) and (16) the speaker appears to be saying, "You know what X is like; well, that's just the way Y seemed to be."

(15) Yáa   pú   ku   šuée   kánʸa'ah na'a m-ú   há'a
      PROCOMP 3SG S-HK seem   sheep   be   Med-in DISTAL

      ha'a-ta-hí'iwa.
      DIST-straight-bawl
      'From the way it cried out, it sounded just like a
      sheep.'

In (15), the narrator is describing a seal in terms of the perceived sound of its bark. Again, the shared knowledge is what the sound of a sheep's call is. The role of the cognitive verb *šuée* tells the listener that the perceived sound was not exactly the same as that of a sheep, but it

318   *Eugene H. Casad*

was sort of like a sheep bleating somewhere off yonder. In this usage, the speaker's role as perceiver is highly evoked, but nonetheless is being construed highly subjectively.

(16) Kú   šuée   hɨríh na'a
      H-SK   seem   hill be
      'It really looked like a mountain (in size)!'

In example (16), the Cora is describing an elephant that he saw in the Mexico City zoo. He was duly impressed by its size and to convey his astonishment, he stated that it looked like a hill. He stated it this way precisely because he knew his hearer knew what hills looked like. He thus used that shared knowledge as a stepping stone to convey his entire description to his hearer successfully. In other words, the hearer's knowledge of the shape and size of hills allowed him to access mentally the idea that the speaker was conveying to him. This again suggests that this *ku* construction is a reference point construction (cf. Langacker 1993).

The final example of this construction, sentence (17) comes from a folktale about how Possum tricked Coyote. The final scene of this trickster tale finds Possum and Coyote standing at the edge of a cliff looking at the reflection of the moon in a pool of water at the foot of the cliff. Possum tells Coyote that it is a big cake of cheese and and convinces Coyote to jump off the cliff together with him. But, Possum has tied his tail around a branch of a tree. The result of their jump is given in (17) and (18).

(17) Aɨ   pú -'i   pɨ́-ty- é'e-seijre'e   héèri-'i
      DEM   3:SG –SEQ ASSRT-UNSP:S DIST-see   be.said-STAT

      í   máškɨra'i jetse, tɨ   kú   há'a- seijre'e
      ART   moon   in   SUBR S-HK DIST-see

      ɨ   waave'e, tɨ́   kú   yée   seijre'e.
      ART   coyote   SUBR S-HK here.out see
      'That one is said to be seen in the moon, the Coyote
      who is seen there, that one who is plainly visible.'

The first clause of sentence (17) specifies the location where Coyote is said to have fallen and in each each of the two following subordinate clauses the usage of *ku* signals that both Speaker and Hearer are privy to the folk belief that what is seen is located on the surface of the moon and that what is seen is a Coyote. Sentence (18), in turn, specifies the nature of the perception.

(18) ku   šuée a-ká- kʷá -ša'a.
      S-HK seem outside-down-eat-like
      "It seems as though he is openening his mouth
      as if to eat"

In short, (18) highlights the perception of the posture of Coyote. He is perceived as having his mouth opened as though he were going to eat something. The fact that there is no subject or object prefix on the verb meaning "seem" argues for a highly subjective construal of the role of the subject of perception, although the object of perception (a perception in its own right) is presented highly objectively and is presented as common knowledge. In this construcion, *ku* holds its scope over everything that follows it, i.e. its scope is rightwardly expansive.

3.3. Ku *with the Quotative* yée

The third constructional schema that includes *ku* pairs it with a following Quotative Particle *yée*, which I have described in an earlier publication. Its usages include an "instructional usage in which the Speaker is tells the Hearer that he should say a particular word (cf. Casad 1992). Sentence (19) is typical of narrative closures with a comcomitant shift to a following section of explanatory text. In this context, *kuh yée* alerts the hearer to the reality that the narrative has indeed come to an end.

(19) Aíi   pu'u   kuh   yée.
      DEM:PROX 3SG: PAUS S-HK QUOT
      'This, as you must know, is all there is.'

The last example I discuss in this section is an inverted *ku xuée* construction, one which also involves a usage of the quotative *yee*. here Shared Speaker-Hearer Knowledge *ku* is discontinuous from *xuée yee*.

320   *Eugene H. Casad*

(20) šuée yée   tí   kú   n-   u-   'u- ká-
      seem Q: that que obviamente 1SG.OBJ- that:way- inside-down-

      -'itu'up^waa -' e   -sime   -'en
      lid   -applicative -progressive –Unrealized
      'It seems as though something is clogging my throat.'

In this situation, the Speaker is evidencing some discomfort in his throat. The Hearer, noticing this, would in turn respond by asking what the problem was. The speaker's response, given in (20), reflects a shared Speaker-Hearer awareness of something being out of kilter. The use of the mental process verb *xuée* tells the hearer that the origin of the perception or sensation is with the speaker himself. The placement of *ku*, within the subordinate clause, places the statement of the perceived sensation within the scope of *ku*. The speaker may even be talking to himself, as example (21) below illustrates.

(21) *áa   pú   nú'u hí   tíkín: Húumpi, n^y-áú*
      DIST:spec 3Sg:SUBJ N:Rep SEQ CMPLZR Man!   1SG-still

      ha'a¢ú wá-n-sá'upe-'e-n.   Nu'u-rí k^wi'i
      bit   COMPL-REFL-rest-APLIC-UNR 1SG:Paus-now

      wá-k^wa' ana-ší.
      COMPL-tired-PAST
      'Right then and there, so they say, he said to himself: 'Man!
      I'm going to take myself a bit of rest. As I can tell, I'm
      really tired.'

Sentence (21), taken from a text I call "The Two Compadres" recounts one compadre taking the trek alone from a city located on the coast back to his home in the mountains. This example details the comment that he makes to his own self as he approaches the top of a long grade uphill and is experiencing extreme tiredness. His use of the shared Speaker-Hearer Knowledge *ku* in this context simply reflects that in sililoquy, the speaker himself is both speaker and hearer.[4]

---

4. I am indebeted to Ron Langacker for this observation.

Speakers, hearers and Cora ku   321

Sentence (22), however, shows that direct knowledge is not a prerequisite for the use of *ku*.

(22) Húumpi, ayáa   nu'u   kuh   kaí   čé'e   rí'i
     Man!   PROCOMP I:PAUS S-HK   NEG   still   really

     tí'i-h- mua'aree   ti'ití   nʸah   m-áa
     DISTR-DISTR:SG-know   what   I:SUBR   MED-there

     wa-séij.
     COMPL-see
     'Man, as you can guess, it was just as though I no
     longer knew what I was really seeing.'

Here the speaker signals the idea of "as you can well imagine" or "as you might expect". In this case, the speaker was recounting to his hearer his impressions of a trip to the Mexico City zoo. This was his way of conveying that the number of different animals that he saw there was so overwhelming that he could not comprehend it all. What he could expect his hearer to know was that there are lots of animals in the zoo. What his hearer could not be expected to know was what the narrator would see and how it would affect him.

4. An anecdote: To have a pointed snout is BEING HUNGRY

Cora has a conventional metaphor used to refer to some who is really hungry. It can be used with hilarious effect around meal time. The interchange opens with the question given in (23 a.). The response is given in (23 b.) and illustrates the use of *ku* with the quotative *yée*.

(23) a. Ní pe-rí   jéekan ámpiti
         Q you-now lots   have.snout
         'Do you now have a long, pointed snout like a pig?

      b. Ka-nú kuh   yée
         NEG-I S-HK QUOT
         'Not at all, look!'

322   *Eugene H. Casad*

The expression is *ámpiti* , a predicate adjective consisting morphologically of the locative prefix *án* 'on top' and the stative predicate *piti* 'to be pointed'. Given that *án* has an extended meaning of "at the tip of X", it reinforces the meaning of *piti* and highlights the very tip of the extended entity that the speaker has in mind. Conventionally this adjective has taken on the extended meaning of 'have a long and pointed snout like a pig". This is based on a Cora cultural conceptual metaphor "To have a pointed snout is BEING HUNGRY". Speaker One, i.e. the author, opened the interchange with this innocuous, but teasing question at meal time. The respondent immediately broke out laughing and covered her face with both hands before responding with the statement in (23b). Her use of the particle *yée* signalled to me to look for myself , whereas her use of *ku* was intended to convey the idea that we both knew she did not have a long pointed nose. One could gloss this sentence as "Look for yourself, it is obviously not the case [that I have a long pointed snout]". In passing, this instructive use of *yée* was not included in the earlier discussion of *yée* given in Casad (1992).

5. Conclusion

As we have seen, we can characterize the Cora evidential *ku* in the following way: it locates shared knowledge somewhere within the speaker-hearer conceptual range of knowledge and relates it in some way to some distinct objective content which will be encoded as a linguistic unit. The protoypical usage of *ku* also construes the speaker and hearer in a maximally subjective way. This version of *ku* is illustrated below in Figure 6.

There are additional wrinkles to this account. Specifically, the hearer's knowledge that he shares with the speaker is not identical to the content of the speaker's assertion that a given *ku* sentence represents. Rather, the shared knowledge between speaker and hearer is the landmark upon which the speaker bases his own comment. That comment may include many details not included in the sphere of shared knowledge. Thus a *ku* sentence represents a doubly-grounded assertion. One part of the grounding lies in the information the speaker and hearer share The other lies in some peculiar association that may be found only in the speaker's mind; e.g., the speaker may well have made an inference of his own that he encodes and directs to the hearer. This entire configuration reflects

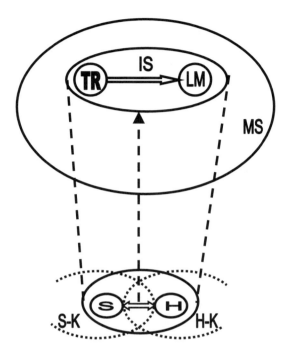

Figure 6. Prototypical usage of Cora *ku*.

the reference point construction model given in Langacker (1999:173-74). Other aspects of the story are related to the morphological variants of *ku*. The short version *ku* occurs preverbally in a sentence and its scope spreads rightward to the end of the sentence. The longer version *-iku* occurs in sentence final position and has a leftward spreading scope that takes in everything back to the start of the utterance in which it occurs. Finally, we have described several complex constructions in which *ku* combines with other grammatical elements.

References

Aikenwald, Alexandra Y.
    2004   *Evidentials*. London/New York-Melbourne: Oxford University Press.
Aikenwald, Alexandra Y. & R. M. W. Dixon (eds).
    2003   *Studies in Evidentiality*. Typological Studies in Language #54. Amsterdam/Philadelphia: John Benjamins Publishing Co.

324   *Eugene H. Casad*

Casad, Eugene H.
    1992   Cognition, History and Cora yee. *Cognitive Linguistics* 3:151-186.
Chafe, Wallace L. & Johanna Nichols (eds.).
    1986   *Evidentiality: the Linguistic Coding of Epistemology.* Norwood, NJ: Ablex.
Floyd, Rick
    1996   The Radial Structure of the Wanka Reportative. In: Eugene H. Casad (ed.), *Cognitive Linguistics in the Redwoods*, 895-941. Berlin/New York: Mouton de Gruyter
    1999   *The Structure of Evidential Categories in Wanka Quechua.* Dallas, TX: The Summer Institute of Linguistics and the University of Texas at Arlington.
Grimes, Joseph E.
    1975   *The Thread of Discourse.* Janua Linguarum, Series minor 207. The Hague: Mouton.
Grimes, Joseph E. & Thomas B. Hinton
    1969   The Huichol and Cora. In: Evon Z. Vogt, (ed.), *Handbook of Middle American Indians,* Volume 8: 792-813. Austin, TX: University of Texas Press.
Langacker, Ronald W.
    1990   *Concept, Image and Symbol.* Cognitive Linguistics Research 1. Berlin/New York: Mouton de Gruyter
    1993   Reference-point constructions. *Cognitive Linguistics* 4:1- 38.
    1999   *Grammar and Conceptualization.* Cognitive Linguistics Research 14. Berlin/New York: Mouton de Gruyter
Pike, Kenneth L.
    1960   *Language in Relation to a Unified Theory of the Structure of Human Behavior. Part III. Preliminary Edition.* Glendale, CA: Summer Institute of Linguistics.
Traugott, Elizabeth & Suzanne Romaine
    1988   Some questions for for the definition of "style" in socio-historical linguistics. *Folia Linguistica Historica* 6: 7-39.
Willett, Thomas
    1988   A Cross-linguistic survey of the grammaticalization of evidentiality. *Studies in Language* 12: 51-97.

Translating interjections: an approach from grammaticalization theory*

Maria Josep Cuenca

Abstract

This article presents an analysis of the expressive secondary interjections found in the film *Four Weddings and a Funeral* and their equivalents in the Spanish and Catalan dubbed versions. Being grammaticalized elements, secondary interjections have suffered semantic and morphosyntactic changes which are highlighted by the contrastive analysis. The comparison between the original expressive secondary interjections in English and the translated forms in Spanish and Catalan clearly shows that secondary interjections pose specific problems for translation derived from their linguistic and discursive nature as grammaticalized elements. The conflict between their original form and the grammaticalized constructions sometimes leads to a non-identification of the interjection or to a mistranslation, especially in the Spanish version. The recognition of the effects of the grammaticalization process is a good way to avoid literal translation.

Keywords: grammaticalization, secondary interjections, translation strategies.

1. Introduction

In this work I present an analysis of the expressive secondary interjections found in the film *Four Weddings and a Funeral* and their equivalents in the Spanish and Catalan dubbed versions.

Interjections are idiomatic units or routines syntactically equivalent to a sentence. They are idiomatic because "they are frozen patterns of language which allow little or no variation in form and [...] often carry

---

* This paper is part of the research on idiomatic constructions in audiovisual texts done by the group LINK coordinated by M. J. Cuenca (Universitat de València).

326   *Maria Josep Cuenca*

meanings which cannot be deduced from their individual components"
(Baker 1992: 63). On the other hand, interjections are a peculiar part of
speech since their form corresponds to a word (i.e., *hey, right, absolutely...*) or a phrase (i. e. *good Lord, for God's sake, good point...*),
but syntactically they behave like sentences.[1] In other words, "they correspond to communicative units (utterances) which can be syntactically
autonomous, and intonationally and semantically complete" (Cuenca
2000a: 332).[2] In summary, the nature of interjections make them rather
peculiar items, apparently peripheral to language (see Ameka 1992;
Cuenca 2000a; 2002a; Goffman 1981).

The classification of interjections in two groups –primary and secondary– (section 2) is based on the fact that secondary interjections result
from a grammaticalization process, i.e., a categorial transformation and
semantic modification from a literal meaning to a subjective one. Being
grammaticalized, secondary interjections have suffered:

(i)   a process of semantic change from their literal meaning to a
      pragmatic meaning related to interjective values (emotions in the
      case of expressive interjections);

---

1. Wilkins (1992) considers interjections as a unified class, despite their heterogeneous
    form.
      Using a formal definition of interjection [...], it is possible to identify cross-
      linguistically, a form class of items which are simple lexemes that are
      conventionally used as utterances. [...] it is clear that this is a unified category
      both morphologically and syntactically, given that interjections host no
      inflectional or derivational morphemes, and given that they do not enter into
      construction with any other lexemes. Furthermore, it has been shown that the
      class of items thus identified share important semantic and pragmatic features.
      They are all context-bound items which require referential arguments to be
      provided by the immediate discourse context. (Wilkins 1992: 153)
2. Ferguson (1981) explains the idiomatic nature of politeness formulae, which are
    frequently expressed by means of interjections, as follows:
      The greeting *good morning* is an excellent, uncomplicated example of a
      politeness formula. It is highly stereotyped and can be altered only with the
      definite recognition on the part of the speaker and the hearer that it is being
      altered for some special effect. The adjective must be *good*, just as with
      birthday it is *happy*, or with *Christmas* it is *merry* in American English.
      Substitutions of one of these adjectives for another in such formulas would
      mark intended humorous effect, or recognizable attempt to avoid a cliché, or
      the dialect of another part of the English-speaking world. (Ferguson 1981: 25)

Translating interjections 327

(ii) a process of grammatical change implying reanalysis from different categorial sources, and optionally morphological and phonetic modifications.

These two aspects will be discussed (section 3 and 4, respectively) as the basis for the comparison between the original expressive secondary interjections in English and the translated forms in Spanish and Catalan (section 5). The main hypothesis of the analysis is that secondary interjections pose specific problems for translation derived from their linguistic and discursive nature as grammaticalized elements. This will be shown by comparing the translation strategies applied to the three interjective constructions identified: primary interjections, secondary interjections and combinations (section 6).

2. Grammaticalization at work: secondary vs. primary interjections

Secondary interjections, such as *Good Lord, fuck, damn* or *great*, are relatively complex constituents as compared to primary interjections such as *oh, ah, uh*. Complexity is derived from the fact that secondary interjections are the result of a grammaticalization process from words (mainly nouns, verbs and adjectives) or phrases. This difference in nature helps explain differences in translation strategies and translation errors (cf. Cuenca 2002b).

Primary interjections are simple vocal units, sometimes very close to nonverbal devices.

(1)
Charles: *Hen, you know me. Most of the time I don't think at all, I just, you know, potter along.*
Henrietta: **Oh**, *Charlie.* **Oh**, *God, the way you used to look at me. (FW, 54:51)*

Charles: *Hen, tú me conoces. La mayor parte del tiempo no pienso. Simplemente... voy, voy, tirando.*
Henrietta: **Oh**, *Charlie.* **Oh**, *Dios, ¡cómo solías mirarme!*

328   *Maria Josep Cuenca*

Charles: *Hen, tu em coneixes. La major part del temps no penso sinó que... només el perdo.*
Henrietta: ***Oh**, Charlie. **Ah**, Senyor, aquella manera de mirar-me.*

The example in (1) shows the two uses of the English interjection *oh* translated into Spanish as *oh*, and as *oh* in Catalan in the first case and as *ah* in the second case, when it combines with a secondary interjection. The written form *oh* exists, with different pronunciations, in English, Spanish and Catalan, where it exhibits similar expressive meanings. However, its frequency and context of use are different cross-linguistically and the literal translation of the form leads to pragmatic errors.

In fact, the main problem for translating primary interjections is literal translation when there are identical or similar forms in the target language with different conditions of use and/or frequency.

Secondary interjections are words or phrases which have suffered a process of grammaticalization (that is, semantic change by pragmaticization of meaning and syntactic reanalysis; see Hopper & Traugott 1993 and the synthesis included in Cuenca & Hilferty 1999).

(2)   *Charles: [looking at his watch] Oh, **bollocks**! Help me, please, please! (FW, 1:04:06)*

Charles' exclamation is by no means a reference to any particular part of the anatomy, but an expression of surprise and fear that he will be late to his own wedding.

Secondary interjections, and sometimes other non interjective elements, can combine with a primary interjection, as in the previous example (2), or with an affirmation or a negation (3).

(3)
Charles: *Perhaps you were right, Hen. Perhaps we should have got married.*
Henrietta: ***God, no**. Marry you and I'd have to marry your friends not quite sure I could take Fiona. (FW, 1:13:03)*

Translating interjections 329

Secondary interjections and their combinations are highly language-specific and, as a consequence, literal translation often means a pragmatic error.[3]

3. Translating secondary interjections and semantic change

Interjections can be characterized as idiomatic units which are language-specific in form and, mostly, in use: many languages share identical or similar forms or word-formation processes, but the conditions of use of the interjections are not the same. Secondary interjections, as grammaticalized items which have undergone a process of semantic change, imply two meanings: the literal and the interjective. This polysemy favors misinterpretation and, thus, errors in translation.

As Baker (1992) points out, there are two major problems for translating any idiomatic unit, namely identifying a sequence as idiomatic and finding its equivalent.[4] Misinterpretation is likely to occur (Baker 1992: 65-67) in two cases:

a) when an idiomatic unit offers a reasonable literal interpretation.
b) when an idiom in the source language has a close counterpart in the target language, but has a totally or partially different meaning, context or frequency of use.

Most secondary interjections can be related to these two problems because they have an interjectional idiomatic interpretation –associated with a non-compositional semantic structure– and a phrasal non-idiomatic interpretation –associated with a literal, compositional semantic structure–. To keep the equivalence, secondary interjections must be translated focusing on the interjective meaning, as we can see in (4), and not in the literal meaning.

---

3. On pragmatic errors, see Nord (1997).
4. See Corpas (2000; 2001) and Cuenca (2000b) for a discussion on errors in translating phraseologic constructions, and Gómez Capuz (1998; 2001) on the influence of Spanish in dubbing.

330   *Maria Josep Cuenca*

(4)

[A man is looking for Carrie and asks Charles if he has seen her. Charles denies.]

Man: **Damn**. **Blast**. *I thought she was. Look, if you do see her, could you tell her I've gone up to my room? (FW, 28:07)*

Man: **Joder**. **Mierda**. *Creí que estaba aquí. Oye, si la ves, dile que he subido a mi habitación.*

Man: **Colló**. **Casson**. *Pensava que hi era. Si la veus, digues-li que he pujat a la meva habitació.*

In (4), there are two interjections, *damn* and *blast*, which have been translated into two interjective forms in Spanish and Catalan which do not correspond literally to the meaning of the English interjections: Sp. *joder* ('fuck'), Cat. *colló* ('bollock') and Sp. *mierda* ('shit'), Cat. *casson* (euphemism for 'I shit on X'). Still, the expressive meaning and the connotations are equivalent: all of them express anger and contribute to picture the character as rude.

4. Translating secondary interjections and syntactic change

Expressive interjections are those sentence-equivalent items which manifest the speaker's feelings such as joy, surprise, admiration, anger, sadness and so on. [5]

The secondary interjections found in the film have different origins (table 1). From a morphosyntactic point of view, they are the result of grammaticalizing nouns and noun phrases, verbs, adjectives, adverbs, clauses and exceptionally other constituents.

---

5. Two interjections which are prototypically related to a phatic meaning have been included, namely *absolutely* and *right*. The uses selected have an expressive component.

Translating interjections 331

Table 1. English secondary interjections according to their categorial origin

category	number of forms	forms	cases uncomb	comb	total
nouns	7	shit, bugger, God (golly, gosh), Christ, bollocks	8	9	17
noun phrases	3	good Lord, great God, my God	5	5	10
verbs	3	fuck, damn, blast	12	5	17
adjectives	9	splendid, fantastic, excellent, brilliant, lovely, fabulous, great, bravo, right	29	3	32
adverbs	1	absolutely	2	1	3
clauses	3	fuck it, heaven preserve us, blimey	6	-	6
others	3	for God's sake, fuckity fuck, fuck-a-doodle-do	2	1	3
total	**29**		64	24	88

Adjectives are predominant in the list (9 items) and the most frequent forms (32), followed by nouns (7 different forms used 17 times). However, if we add nouns and noun phrases, they are more varied and almost as frequent as adjectives (10 forms used 28 times). It is worth noticing that adjectives express positive feelings, while the rest of the grammaticalized constituents usually convey negative feelings. This fact is related to the literal meaning of the source construction. Adjectives indicate positive qualities, whereas the rest of the interjections derive from sexual and eschatological words, which are interpreted as negative, and religious expressions mainly used in relation with negative events, though they can also express positive emotions such as joy or surprise.

Specifically, from a semantic point of view, expressive interjections can be classified into three groups: (i) sexual and eschatological words, (ii) blasphemes and religious expressions, (iii) qualities (table 2).

332 *Maria Josep Cuenca*

Table 2. Semantic classification of the interjections

Type	English	Spanish	Catalan
sexual and eschatological words	Fuck (fuck it, fuckity fuck, fuck-a-doodle-do),	Joder	A fer-se fotre
	shit	Mierda (jodida mierda)	Merda
	bollocks		Colló
	bugger		recony
			caram
			casson
Blasphemes and religious expressions	damn		Osti (òndia, ostres)
	God (golly, gosh, great God, my God)	Dios (Dios mío)	Déu meu (Déu del cel)
	Good Lord	Santo Dios	Senyor
	Christ		
	For God's sake	Por el amor de Dios	Per l'amor de Déu
	Heaven preserve us	Santo cielo (cielo santo)	Verge Santa (Verge Santíssima)
	Blimey[6]	Cielos	mare meva (mare, la mare)
qualities	splendid	estupendo	esplèndid
	fantastic	fantástico	fantàstic
	excellent	excelente	excel.lent
	brilliant	brillante	genial
	fabulous	fabuloso	
	bravo	bravo	bravo
	lovely		
	great		perfecte
	right	bien, muy bien	que bé, molt bé
	absolutely		
			sort

a) Sexual and scatalogic words refer to the sexual act, sexual organs or excrements. The basic interjection of this group in English, *fuck*, exhibits variants (*fuck it, fuckity fuck, fuck-a-doodle-do*)[7] which increase its expressivity, progressively lost because of the effect of repetition and semantic bleaching.

---

6. This interjection derives from the old expression *Cor Blimey* (*God blind me*) (ref.).

7. This is a disphemistic form for the onomatopeic cry of hens (*cock-a-doodle-do*).

Translating interjections   333

b) Blasphemes and religious expressions in English refer to God or heaven or to damnation. In this group, there are a number of variants resulting from a process of euphemism (*golly, gosh*; and perhaps also *blast, blimey*), on the one hand, and of intensification (*great God, my God, good Lord*), on the other hand.

c) Qualities refer to positive emotions by a process of metaphorization applied to adjectives of the field of goodness, bigness, completeness or excellence. These forms are sometimes intensified by means of repetition (5).

(5)
Gareth:	*He'll ask her to marry.*
Matt:	***Brilliant. Brilliant.***
Gareth:	*Suddenly, they've got something to talk about for the rest of their lives. (FW, 41:46)*

It is worth noticing that English the interjections corresponding to the first and the second group show processes of modification by means of euphemism and intensification, related to their semantic and pragmatic nature as taboo words. The process of euphemistic transformation can be also observed in Catalan but not in Spanish, due to the fact that the literal Spanish counterparts of the English interjections do not exhibit this kind of modification. [8]

From a contrastive point of view, it is possible to observe further interesting facts:

a) Sexual and eschatological words. The Spanish translator has preferred literal translation, where possible, and has excluded the great variety of forms used in colloquial Spanish to express the same emotions. On the contrary, the Catalan translator has used a wider variety of forms, has avoided literal translation and has selected forms corresponding to sexual organs, which include variants resulting from intensification

---

8. The only case of modification is that of *jodida mierda,* which is by no means conventional in Spanish.

334 *Maria Josep Cuenca*

(*recony*) and euphemism (*caram, casson*). The most frequent interjection in English, *fuck*, has often been translated in Catalan into *osti*, which belongs to the group of blasphemes and religious expressions.

b) Blasphemes and religious expressions have been translated by parallel forms in Spanish. Catalan units are more varied and richer. The translator has included a number of intensified and euphemistic forms (*òndia, ostres, mare meva, mare, la mare*). Some cultural specific forms, those correspondent to the consecrated wafer (*osti* and its euphemistic variants) and to Mother Mary (*Verge Santa, Verge Santíssima*), have been used in Catalan.

c) Qualities. There are a slightly higher number of forms in English than in the dubbed versions. Spanish has preferred literal translation, while some non-literal adjectives have been used in Catalan (*genial, perfecte, sort*) and some literal possibilities have been avoided in contrast with Spanish (*brillante, fabuloso*). Just in the case of *splendid*, the solution goes in an opposite direction (Sp. *estupendo*, Cat. *esplèndid*).

As a conclusion, the Spanish translation is directly tied to the original, whereas the Catalan translation is more dynamic and, thus, more natural.

5. Translation strategies

In a previous work (Cuenca 2002b), I have differentiated six different strategies for translating interjections, either primary or secondary: literal translation (strategy a); translation by using an interjection with dissimilar form but the same meaning (strategy b); translation by using a non-interjective structure with similar meaning (strategy c); translation by using an interjection with a different meaning (strategy d); omission (strategy e); addition of elements (strategy f).[9] Let us illustrate the most frequent ones by comparing the beginning of the film (table 3).[10]

---

9. This classification is based on the distinction between four different mechanisms for translating idioms by Baker (1992: § 3.2.4): (i) using an idiom of similar meaning and form, (ii) using an idiom of similar meaning but dissimilar form, (iii) translating by paraphrase, (iv) omitting the idiom.

10. For exemplification of all the strategies with secondary interjections, see annex 1 at the end of the paper.

Translating interjections 335

Table 3. Translation strategies used at the beginning of the film

Character	English	Type	Spanish	Strategy	Catalan	Strategy
Charles:	*Oh, fuck.*	comb.	*¡Oh!*	a	*Oh! No!*	f
	Fuck.	secondary	*¡Joder!*	a	*Osti, osti!*	b
			¡Joder!		*Mira*	
Scarlett:	*Fuck.*	secondary	*¡Joder!*	a	*Osti!*	b
Charles:	*Oh, fuck.*	comb.	*Joder.*	e+a	*Ø*	e
Charles:	*Fuck.*	secondary	*¡Joder!*	a	*Osti!*	b
	Right -we		*Bien iremos*		*Bé, agafem*	
	take yours.		*en el tuyo.*		*el teu.*	
Scarlett:	*It only goes*		*Sólo coge*		*El meu*	
	40 miles an		*70 por*		*només*	
	hour.		*hora.*		*va a 70.*	
Charles:	*What turn*		*¿Qué des-*		*Quina*	
	-off?		*vío es?*		*desviació?*	
Scarlett:	*Uh...*	primary	*Eh...*	b	*Ehm...*	b
Charles:	*It'd better*		*¿No será el*		*La B359?*	
	not be the		*B359?*			
	B359.					
Scarlett:	*It is the*		*Espera. Es*		*Espera. La*	
	B359.		*el B359*		*B359*	
Charles:	*Fuck it.*	secondary	*¡Joder!*	a	*Osti!*	b
Scarlett:	*Fuck.*	secondary	*¡Mierda!*	b	*Osti!*	b
Charles:	--		--	-	*Osti!*	f

Just analyzing the first forty-five seconds of the film it is noticeable that the Spanish translator has preferred the use of the literal translation (strategy a) in most of the cases, while the Catalan translator prefers using an interjection of similar meaning but dissimilar form (strategy b) or other strategies like omission (strategy e) and even addition (strategy f). As a consequence, the Spanish version follows directly the English structure, which can produce pragmatic interference. On the contrary, the Catalan version tends to avoid literal translation, makes use of different strategies and, in my opinion, sounds more natural.

The use of the six strategies by the Spanish and the Catalan translators are summarized in table 4.

336   *Maria Josep Cuenca*

Table 4. Strategies used to translate secondary interjections

Strategy		Spanish			Catalan		
		uncombined	combined	total (%)	uncombined	combined	total (%)
a		25	15	**40**	7	5	**12**
	a+b		(3)	**(40%)**		(4)	**(11.6%)**
	a+e		(1)				
	a+f	(1)					
b		24	2	**26**	47	9	**56**
	b+d			**(26%)**	(4)	(1)	**(54.4%)**
	b+e		(1)			(2)	
c		7	-	**7**	5	-	**5**
				(7%)			**(4.9%)**
d		9	-	**9**	9	-	**9**
				(9%)			**(8.7%)**
e		4	10	**14**	3	12	**15**
	e+a		(6)	**(14%)**		(7)	**(14.6%)**
	e+b		(2)				
f		4	-	**4**	5	1	**6**
	f+a			**(4%)**		(1)	**(5.8%)**
Total		73	27	100	76	27	103

Five general conclusions can be deduced from the previous table:

(i)   Strategy a is more frequently used in Spanish than in Catalan, where it is even less frequent than omission (strategy e).

(ii)   Conversely, strategy b is the most frequent in Catalan since it implies more that 50% of the cases (54.4%).

(iii) Strategies c, d, e and f are scarcely used as compared to a and b, which together imply more than 65% of the cases in both languages.

(iv)   Strategy e is very frequent with combinations, whereas strategies c, d and f do not apply to combinations (except for one case of strategy f plus a in Catalan).

(v)   Strategy e tends to occur with a and b in combinations.

6. Traslation strategies according to types of interjection

The analysis of the results related to the type of interjective construction, as shown in table 5, highlights interesting facts.

Table 5. Traslation strategies according to interjective construction

Strategy	Spanish				Catalan			
	Prim I	Sec I	Comb	Total	Prim I	Sec I	Comb	Total
a	21	25	26	**72** (39.6%)	10	7	7	**24** (13.1%)
b	11	25	2	**38** (20.9%)	24	48	14	**86** (47%)
c	2	7	-	**9** (4.9%)	2	5	1	**8** (4.4%)
d	-	9	-	**9** (4.9%)	2	9	2	**13** (7.1%)
e	21	4	18	**43** (23.6%)	18	3	21	**42** (22.9%)
f	7	4	-	**11** (6.0%)	4	5	1	**10** (5.5%)
Total	**62**	**74**	**46**	**182** (100%)	**60**	**77**	**46**	**183** (100%)

The overall results further confirm the conclusions that have been pointed out previously:

a) The Spanish translator has preferred strategy a (39.2%), strategy b (20.9%), and strategy e (23.6%), aften used with interjections primary and combinations.
b) The Catalan translator has preferred strategy b (47%) followed by strategy e (22.9%), and strategy a (13.1%).
c) Strategies c, d and f are exceptional and mostly used with secondary interjections.

Comparing the three interjective constructions distinguished, the following conclusions can be drawn:

a) Primary interjections are literally translated or omitted in Spanish (21 cases out of 62 each strategy, 67.7%), whereas in Catalan dynamic translation (strategy b) and omission (strategy e) are the preferred strategies (24 and 18, cases respectively, which adds up to 70%).

338   *Maria Josep Cuenca*

b)   Secondary interjections are evenly translated by strategy a and b in Spanish, which total 66% of the cases. In Catalan secondary interjections are preferably translated by strategy b (47 cases out of 76, 54.4%), while the other strategies range from 3 cases (strategy e) to 9 cases (strategy d).

c)   Similarly, combinations are translated by strategy a (26 cases out of 46) and strategy e (18 cases) in Spanish, in contrast with Catalan, where strategy b (14 cases) and strategy e (21 cases) are predominant, while strategy a represents just 7 cases out of 46.

To sum up, it can be stated that:

a)   Interjections have been predominantly translated literally in Spanish in contrast with Catalan, whose version has preferred dynamic translation (strategy b). Assuming that interjections are idiomatic grammaticalized units, literal translation is not expected to be the best option in a high proportion of cases. This hypothesis is consistent with a similar study made by Valero on written narrative texts. After having analyzed the translation of interjections in a narrative corpus, Valero (2001: 637) concludes that literal translation is not the most frequent nor adequate strategy.

b)   As for secondary interjections, literal translation focuses on the source meaning of the grammaticalized construction and obviates the pragmaticization of meaning and the specificities of frequency and use associated with each form. As a consequence, the prevalence of literal translation suggests the presence of pragmatic interference and error in translation.

c)   Omission is frequently used with primary interjections and combinations (usually applied to a primary interjection, too). Secondary interjections are seldom omitted. This fact has to do with the phonetic and the semantic nature of the constructions: primary interjections are simple vocal units and exhibit a very general meaning. In contrast, secondary interjections are more complex and they somehow activate the complexity of meaning of the source construction. Thus, omission can cause a mismatch with the lips of the characters in dubbing, and the translator can have the feeling that (s)he is omitting some content, though discursively primary and secondary interjections convey similar meanings.

Translating interjections   339

8. Concluding remarks

Secondary interjections imply specific difficulties for translation. The conflict between their original form and the grammaticalized construction sometimes leads to a non-identification of the interjection or to a mistranslation. The interjection can be interpreted as the word or the phrase it derives from, and it is then translated as if it was not an interjection but a lexical word or phrase.

The differences between secondary interjections, as grammaticalized constructions, and primary interjections, as non-grammaticalized ones, map onto the strategies used to translate them. Thus, it is possible to observe that the strategy activated by the translator is not only dependent on his/her skills or on audiovisual requirements, such as the ones derived from dubbing as a complex modality of translation, but also on the type of interjective construction:

- Secondary interjections are mainly translated into a different interjection having a similar meaning (strategy b).
- Primary interjections tend to be omitted (strategy e) or translated by strategy b.

The translation focusing on form (strategy a), especially activated whenever there is a close counterpart in target language, can result in a pragmatic transfer. This is the case in a number of secondary interjections because of their polysemous nature as grammaticalized items. Literal translation leads to the use of an interjection with a different connotation, context of use or frequency, or even to the use of a form which is not an interjection in the target language. On the contrary, translation by using an interjection with dissimilar form and literal translation but the same or similar meaning (strategy b) seems to be the best option for translating a secondary interjection since it focusses on the pragmaticized meaning.

340   *Maria Josep Cuenca*

References

Ameka, Felix
1992   Interjections: The universal yet neglected part of speech. *Journal of Pragmatics* 18, 2/3: 101-118.

Baker, Mona
1992   *In Other Words. A Coursebook on Translation.* London / New York: Routledge.

Corpas, Gloria
2000   Fraseología y traducción. In: Vicent Salvador and Adolf Piquer (eds.) *El discurs prefabricat. Estudis de fraseologia teòrica i aplicada,* 107-138. Castelló: Publicacions de la Universitat Jaume I.

Corpas Pastor, Gloria
2001   La traducción de unidades fraseológicas: técnicas y estrategias. In: Isabel de la Cruz, Carmen Santamaría, Cristina Tejedor and Carmen Valero (eds.), *La lingüística aplicada a finales del siglo XX. Ensayos y propuestas,* 779-787. Volume 2. Alcalá: Universidad de Alcalá.

Cuenca, M. Josep
2000a   Defining the indefinable? Interjections. *Syntaxis* 3: 29-44.
2000b   L'estudi de les construccions idiomàtiques des de la lingüística cognitiva i l'anàlisi contrastiva. In: Vicent Salvador and Adolf Piquer (eds.), *El discurs prefabricat. Estudis de fraseologia teòrica i aplicada,* 33-48. Castelló: Publicacions de la Universitat Jaume I.
2002a   Els connectors textuals i les interjeccions. In: Joan Solà, M. Rosa Lloret, Joan Mascaró and Manuel Pérez Saldanya (coords.), *Gramàtica del Català Contemporani,* 3173-3237. Volume 3, *Sintaxi.* Barcelona: Empúries, chap. 31.
2002b   Translating interjections for dubbing. *Studies in Contrastive Linguistics. Proceedings of the 2nd International Contrastive Linguistics Conference,* 299-310. (Santiago de Compostela, October, 2001). Santiago de Compostela: Servicio de Publicacións e Intercambio Científico, Universidade de Santiago de Compostela.

Cuenca, M. Josep & Joseph Hilferty
1999   Grammaticalization. In: *Introducción a la lingüística cognitiva.* Barcelona: Ariel, chapter 6.

Ferguson, Charles
1981   The structure and use of politeness formulas. In: Florian Coulmas (ed.), *Conversational Routine. Explorations in Standardized Communication Situations and Prepatterned Speech,* 21-35. The Hague: Mouton. First published *Language in Society* 5: 137-151 [1976].

Goffman, Erving
1981   *Forms of talk.* Oxford: Blackwell.

Gómez Capuz, Juan
1998   Pragmática intercultural y modelos extranjeros: la interferencia pragmática en los doblajes al español de películas y seriales norteamericanos. In: Antonia Sánchez Macarro, Vicent Salvador Liern

Translating interjections 341

and Josep-Ramon Gómez Molina (eds.), *Quaderns de Filologia. Estudis Lingüístics* 4: 135-151.

Gómez Capuz, Juan

2001   Usos discursivos anglicados en los doblajes al español de películas norteamericanas: hacia una perspectiva pragmática. In: Isabel de la Cruz, Carmen Santamaría, Cristina Tejedor and Carmen Valero (eds.), *La lingüística aplicada a finales del siglo XX. Ensayos y propuestas,* 809-814. Volume 2. Alcalá: Universidad de Alcalá.

Hopper, Paul and Elizabeth C. Traugott

1993   *Grammaticalization.* Cambridge: Cambridge University Press.

Nord, Christiane

1997   *Translating as a Purposeful Activity. Functional Approaches Explained.* Manchester: St. Jerome.

Valero Garcés, Carmen

2001   Las fórmulas rutinarias en la comunicación intercultural: la expresión de emociones en inglés y en español y su traducción. In: Isabel de la Cruz, Carmen Santamaría, Cristina Tejedor and Carmen Valero (eds.), *La lingüística aplicada a finales del siglo XX. Ensayos y propuestas,* 635-639. A. Volume 2. Alcalá: Universidad de Alcalá.

Wilkins, David P.

1992   Interjections as deictics. *Journal of Pragmatics* 18. 2/3: 119-158.

Annex 1

English expressive secondary interjections and their translations into Spanish and Catalan

English		Spanish		Catalan	
Fuck	9	Joder	6	Osti	6
		Joder, joder	1	Osti, osti	1
		Joder. Vamos	1	Osti. Va!	1
		Mierda	1	Merda	1
Fuck, fuck	1	Joder, joder	1	Osti, osti	1
Fuck it	2	Joder	1	Osti	1
				Merda	1
Fuckity fuck	1	Jodida mierda	1	Osti. Merda	1
Fuck-a-doodle-do	1	Hay que joderse	1	A fer-se fotre	1
Shit	1	Ø	1	Merda	1
Bugger	1	Mierda	1	Merda	1
Bugger. Bugger	1	Joder. Joder	1	Merda. Merda	1
Blast	1	Mierda	1	Casson	1
Damn	1	Joder	1	Colló	1
Blimey	3	Vaya	1	Òndia	1
		Un baile	1	Ostres	1
		Menudo follón	1	Quin merder	1
God	3	Dios	2	Ostres	1
		Ah, dios	1	Acs	1
				Ø	1
Golly	1	Santo Cielo	1	Òndia	1
Gosh	1	Ø	1	Òndia	1
Good Lord	4	Santo cielo	3	Verge Santa	2
		Vaya	1	déu meu	1
				Ø	1
Great God	1	Santo Dios	1	Verge Santíssima	1
Christ	1	Oh, cielos	1	Ostres	1
Heaven preserve us	1	Cielo santo	1	Déu del cel	1
Splendid	2	Estupendo	1	Esplèndid	1
		Encantado	1	Tant de gust	1
Fantastic	1	Fantástico	1	Fantàstic	1
Excellent	9	excelente	5	perfecte	3
		Qué suerte	1	que bé	2
		vaya	1	excel·lent	1
		ah	1	ah, sí és clar	1
		adelante	1	som-hi	1
				Ø	1
Excellent, excellent	2	excelente, excelente	2	excel·lent, excel·lent	1
				excel·lent	1
Bravo	1	Bravo	1	Bravo	1
Bravo! Bravo!	1	Bravo! Bravo!	1	Bravo	1
Brilliant, brilliant	1	Brillante, brillante	1	Genial. Genial	1
Lovely	3	estupendo	1	fantàstic	1
		qué bien	1	que bé	1
		muy amable	1	gràcies	1
Great	5	estupendo	1	perfecte	1
		encantado	1	Molt de gust	1
		Sí, claro	1	Sí, molt bé	1
		Ø	2	hola	1
				ah	1
Absolutely	2	Por supuesto	1	Totalment	1
		sí	1	del tot	1
Right	4	bien	3	bé	2
		claro	1	vinga	1
				és clar que no	1
All right	1	Hola	1	caram	1

Annex 2

English expressive secondary interjections combined and their translations into Spanish and Catalan

English		Spanish		Catalan	
Oh, fuck	5	Joder	3	Osti	2
		Ø, joder	1	Ø	1
		Oh, joder	1	Oh, no. Osti	1
				Ah. Osti	1
Oh, bollocks	1	Mierda	1	Ah! Recony	1
Oh, God	5	Oh, Dios	3	Ah, Senyor	1
		oh	1	Ai, mare	1
		Ø	1	Ø	3
Oh, my God	4	Oh, Dios mío	2	Oh, Déu meu	1
		Dios mío	2	Oh, mare meva	1
				mare meva	1
				Ai, la mare	1
Oh, for God's sake	1	Por el amor de Dios	1	Per l'amor de Déu	1
Oh, good Lord	1	oh	1	Ø	1
Oh, gosh	1	oh, cielos	1	oh, ostres	1
Uh, gosh	1	Uf, Dios	1	Eh Ø	1
Oh, fabulous	1	Oh, fabuloso	1	Genial	1
Oh, excellent	1	Oh, excelente	1	Que bé	1
Ah, excellent	1	Oh, excelente	1	Ah, genial	1
Uh, great	1	Ø	1	Ah	1
Oh, absolutely	1	Oh, desde luego	1	Oh i tant que sí	1
God, no	1	No	1	Apa aquí	1

344   *Maria Josep Cuenca*

Annex 3

Strategies to translate interjections

Strategy a: literal translation.
(1)
| | |
Charles: You're joking.
Carrie: Oh, no. (<R>)
Charles: **God**, for a moment there I thought I was in "Fatal Attraction". (FW, 34:15)

Charles: Bromeas.
Carrie: [laughing] (<R>)
Charles: **Dios**, por un momento me he visto en Atracción Fatal.

Strategy b: translation by using an interjection with dissimilar form but the same meaning.
(2)
Tom: Well, do sit, do sit there, Deirdre. [Talking to himself] **Golly**. Thunderbolt
           City. (FW, 1:35:57)

Tom: Pues siéntate. Siéntate aquí, Deirdre.
           Talking to himself] **Santo cielo**. Ha sido un flechazo.

Tom: Doncs, doncs seu, seu aquí, Deirdre. [Talking to himself] **Òndia**. A primera
           vista.

Strategy c: translation by using a non-interjective structure with similar meaning.
(3)
[The friends are commenting on Charles' frustrated wedding]
Scarlett: **Blimey**.
Tom: At least, this one we won't forget. I mean a lot of weddings just blend into
            each other, don't they? (FW, 1:46:37)

Scarlett: **Menudo follón**.
Tom: Seguro que ésta no la olvidaremos. Porque uno termina mezclando unas bodas
            con otras.

Scarlett: **Quin merder!**
Tom: D'aquest, ens en recordarem. Tots els casaments al final s'acaben confonent.

Translating interjections 345

Strategy d: translation by using an interjection with a different meaning.

(4)

Barman:	Your whisky, sir.
Charles:	Thanks.
Barman:	And the one for the...
Charles:	...road. **Lovely**.　　(FW, 28:23)

Barman:	El seu whisky, senyor.
Charles:	Gràcies.
Barman:	I un altre per...
Charles:	pel camí. **Gràcies**.

Strategy e: omission.

(5)

Charles:	**Shit**. Find a... Find a doctor.
Tom:	Right. Okay. (FW, 1:19:43)

Charles:	Llamad, llamad a un médico.
Tom:	Bien. Enseguida.

Strategy f: addition of elements, generally a primary interjection.

(6)

Carrie:	And how about you? How many have you slept with?
Charles:	**Christ**. Nothing like that many. (FW, 1:03:32)

Carrie:	Y tú, ¿con cuántas te has acostado?
Charles:	¡**Oh, cielos**! Yo no llego a tanto.

Visual viewpoint, blending, and mental spaces in narrative discourse

Barbara Dancygier

Abstract

The paper applies some concepts of the theory of conceptual integration (Fauconnier & Turner 2002) to the analysis of narrative discourse. In particular, it is shown how compressions and decompressions of concepts offer possibilities of assigning narrative viewpoint to aspects of the discourse context and character representation. It is further argued that the mechanisms of conceptual integration can also explain narrative discourse style which uses visual viewpoint as the main narrative viewpoint. Such viewpoint phenomena are also accounted for within the theory of conceptual integration. Specifically, it is postulated that they can be explained in terms of *viewpoint compression*. Finally, it is shown that the structure of narratuve discourse relies not only on mental space set-up, but also on *mental space evocation.*

Keywords: narrative discourse, narrative viewpoint, mental spaces, blending.

1. Visual viewpoint, narrative viewpoint, and viewpoint compression

Written narrative discourse has often been described as displaying a specific style in which characters' utterances and thoughts are represented in ways which affect the choice of grammatical forms. The style, usually referred to as Free Indirect Style (or Represented Speech and Thought) (cf. Genette 1980; Banfield 1982; Bal 1985; Fludernik 1993), involves characteristic shifts of deictic expressions (Galbraith 1995; Wiebe 1995), mainly in the choice of tense forms, personal pronouns, and adverbials. For example, a character's utterance such as *I live in Paris now* might be represented in a third-person past-tense narrative as *She lived in Paris then*. Such narrative phenomena have been at the centre of attention of narratologists, but are also being re-formulated within frameworks based in cognitive linguistics theories, such as mental space

348   *Barbara Dancygier*

theory (Fauconnier 1994, 1997) or the theory of conceptual integration (Fauconnier & Turner 2002). In particular, free indirect discourse (FID) and similar deictic shifts in spoken language have also been presented as specific cases of mental space configurations (cf. Fauconnier 1994; Sanders & Redeker 1996; Rubba 1996; Sweetser 1996; Oakley 1998). More specifically, it has been noted that narrative discourse, and especially FID, involves cases of mental space embedding, where the mother space is not explicitly set up lexically (as it would be in *She said that she lived in Paris then*), but the narrative viewpoint of that space (represented by the past tense and third person forms) has been maintained (cf. Dancygier 2003b). It has further been noted that speech and thought are not the only aspects of narrative discourse where specific stylistic features are present, but that the domain of perception could give rise to similar forms (Brinton 1980), as in *(She saw that) the sky was blue.*

This paper argues that although the phenomena related to FID are particularly interesting cases of mental space embeddings (because they are clearly marked by shifts in the use of deictic expressions), there are other uses similar to FID which are also instances of mental space embeddings and which are not marked by grammatical forms. Instead, they involve the use of lexical items in ways which can only offer a relevant interpretation against the background of higher narrative spaces. The examples to be considered below all require that the discourse offered be interpreted as representative of a character's visual (or perception-based) viewpoint, rather than as descriptive of the discourse setting or of the narrated events. In other words, when a character "sees" a situation in a way that may not coincide with what an independent observer would see, the character's viewpoint is taken as the primary narrative viewpoint. Consequently, situations are presented strictly as the character views them.

Example (1) illustrates the type of narrative discourse to be considered.

(1)   *It was a summer afternoon in 1917. My father hung upside down in the little lozenge of glass; my mother's chair was stuck in a canopy of flowers where my beautiful brother Orlando's toes were planted, [...] PT.PP 45* [1]

---

1. All the examples in this paper are quoted from narratives (fiction as well as non-fiction). They are annotated with acronyms of the book's author and title, followed by page numbers. All texts quoted are listed at the end of the paper.

Visual viewpoint, blending, and mental spaces in narrative discourse 349

The example describes a situation which does not sound realistic at all. In fact, it represents what the narrator/character saw through the lens of her camera. The memory of her first camera is a very broad context for this description, and there aren't any usual expressions of mental space embedding. The only reminder of the 'camera' space is the expression *the little lozenge of glass*. The date, *1917*, may remind the reader that old-fashioned cameras gave the viewer an upside-down image of the situation.

The fragment in (1) presents what the character sees (*visual viewpoint*) as the primary focus of the narrative. The images portrayed do not represent the main narrative space, as it could be described by any objective observer. Instead, the content of the character's visual field is what the narrative focuses on. In other words, a character's visual viewpoint, which is located in a mental space of 'seeing' embedded in the main narrative space, is temporarily chosen to be the main narrative viewpoint. It should also be noted that the embedded visual mental space is not in fact set up in the fragment. It has been signalled earlier in the discourse, when the topic 'my first camera' was first brought up, but it is only brought into focus in the second sentence of (1), *My father hung upside down in the little lozenge of glass*, where the image created *evokes* the 'my first camera' space set up earlier.

There are several features of the mental space set-up which motivate this type of discourse in the narrative. First, there is the now classic concept of the multiplicity of viewpoints in the narrative and of the possibility of shifts from on viewpoint to another. Secondly, all the phenomena related to FID rely on what we can now describe as mental space embedding, one of the formal consequences of which is the use of deictic forms which anchors the embedded space to the current viewpoint space (cf. Dancygier 2003b). Thirdly, examples like (1) require that we include the possibility for a mental space not only to be directly embedded in another space (as in FID), but also to evoke a space set up much earlier in the discourse (for a discussion of space evocation see Dancygier and Sweetser 2000). Even if there are no formal signs of mental space embedding, the use of discourse which is only interpretable against the background of a space set up earlier is a signal of this weaker form of embedding. Finally, the possibility of temporarily substituting a locally established visual viewpoint for the main narrative viewpoint can only be explained as a case of blending, and, more specifically, as what I will refer to as *viewpoint compression*.

350 *Barbara Dancygier*

Compression is what underlies most of the so far identified mechanisms of conteptual integration. To use one of the most telling examples given in Fauconnier and Turner (2002), a contemporary philosopher who says *Kant disagrees with me on this point* is blending two mental spaces: one, temporally and spatially remote, where Kant could be seen as arguing with his opponent, and the other, present and deictically anchored to the philosopher, where his comment is made. In order to set-up the blended space in which the debate with Kant could take place, one has to *compress* the temporal and spatial parameters of the two input spaces, so that Kant and our contemporary philosopher could inhabit the same time and space and exchange ideas. A similar form of compression is necessary to process examples like (1). There are two mental spaces (the main narrative space and the character's visual space), each of which gives the story a different viewpoint. In (1), the two spaces are seen as one and the same. They have been blended, but the dimension that required compression first of all was viewpoint. As a result of viewpoint compression, the local visual viewpoint takes the role of the main narrative viewpoint. It is not just a matter of a viewpoint shift (from the main story space to a local one); it is in fact a substitution of one for the other, in a way that assumes that one *is* the other.

2. Compressed perception of motion and change

The use of visual viewpoint as narrative viewpoint yields interesting results when what is being observed is not a static image, as in (1), but objects in motion and gradual changes in the appearance of objects. Example (2) describes the perception of land from the viewpoint of a person sailing on a boat:

(2)   *Yet I could see the land creeping past the wheelhouse window. I shut my left eye and squinted, lining up a coppice of dead elm trees against the steel rigging of the mizzen shrouds. The trees were making definite but slow progress while the boat stayed still.* JR.CO 92

Here the narrator, located on a moving boat and observing land, perceives the trajector-landmark relation is reversed. As he sees it, and he

Visual viewpoint, blending, and mental spaces in narrative discourse 351

even tries to check to make sure he is right, the land is moving, while the boat is stationary. This common illusion, known to most people who have been on boats, is presented as the actual state of affairs in the story. The narrator knows, of course, that he is describing an illusion, but the whole point of the fragment is to let the reader 'see it through his eyes'. The effect is achieved through viewpoint compression, in the same way as in (1).

Even more interesting are the effects of viewpoint compression in descriptions of gradual change. Examples (3) and (4) illustrate the point:

(3)   *We were shrinking. [...] With nothing to measure itself against now except the open Atlantic, the ship, so enormous in Liverpool, so lordly on the Irish sea, was dwindling into a dot.* JR.HMH 32

The fragment presents the change in the writer's perception of the ship he is on. The change, represented by the verbs *shrink* and *dwindle*, is the change in how he *sees* the ship against its background, as nothing is in fact changing its size. It is also interesting to consider the significance of the subjects of the two verbs in question. The first subject, *we*, is not meant to portray the writer/passenger as affected by the change, even though it is the first-person pronoun, but to deictically anchor the viewpoint space to him. It makes it clear that it is the change *he* observes. With the subject *the ship* in the next sentence the reader receives a confirmation that the object observed is seen as changing.

(4)   *But the motorways which had been built in the 1960s and 1970s had shrunk England to a country less than half the size of the one in which I grew up.*

Example (4) is similar to (3) in that it uses a verb of change to describe the visual perception of change. The difference, though, is that the sentence in (4) also identifies the source of the perceived change – *the motorways*. The *source* of the perception of change (the new roads, which make travel faster, which in turn makes the country feel smaller) is presented as the *cause* of change. The viewpoint compression is thus accompanied by a metonymic compression "source of experience of change for cause of change".

352   *Barbara Dancygier*

Representing the source of the perceived situation as its cause seems to be common in the examples involving visual viewpoint. For example, the description offered in (1) further continues with the sentence *I had stood them on their heads, but nothing dropped out of their pockets.* The narrator, who is also the 'viewer' and conceptualizer in this case, sees herself not merely as a receiver of an upside-down image offered by the camera, but as an agent who puts the people viewed in their awkward position, with their heads down. Another example of the same type of metonymic compression is (5):

(5)   *The cops are huge. They make the room tiny, filling it with black.* DE.AHWOSG 266

While the first sentence can be ambiguous (either the cops *are* huge as compared to average men, or they *seem* huge to the perceiver), the second sentence uses a causative construction which suggests that the *perception* of the policemen as huge (the source) coincides with the *perception* of the room as smaller (the perceived change), by describing the policemen as *causing* the change in the size of the room.

3. Visual viewpoint and representation

The viewpoint compression which allows the narrator to tell the story from a visual perspective brings interesting results in the cases where representations of objects, rather than objects themselves are involved. In the cases where the objects being represented are people, the story typically engages in the issues of identity as well. In each of the examples below, the story involves a character looking at her/his reflection in the mirror:

(6)   *She gave me a man's jacket, a pair of striped trousers, a derby hat. I put them on and looked in the mirror. I was a man.* PT.PP 97

Example (6) describes a situation where the narrator, a woman-photographer, dresses up as a man to be able to enter a restricted area and take pictures. The result is that the woman-photograper looks like a man, while retaining her understanding of herself as a woman. This is what a

Visual viewpoint, blending, and mental spaces in narrative discourse   353

disguise is always meant to achieve, but in this case it inspires the narrator to *identify* herself as a man.

Interpreting this example requires a reference to the vital relation of Identity, as described by Fauconnier and Turner 2002. The relation is unusually prone to a variety of compressions and decompressions.[2] Everyone's sense of self is ordinarily understood as unique, although it is in fact the result of compression along a number of dimensions: space, time, role, physical appearance, etc. The unique sense of one's identity can be talked about as decompressed for a number of reasons. Comparing one's appearance or mental ability along the temporal dimension may result in a person saying *I am not the same person I was ten years ago*. Also, as was described by Lakoff (1996), all kinds of inner conflicts between different aspects of our understanding of self also result in using language suggesting decompression (as in *I'm not myself today, I have to reward myself for all that work, I am at war with myself over what to do*, etc.).

Examples like (6) also suggest decompression, but in a way which additionally reflects the narrative viewpoint. The photographer's personality, occupation, etc., remain the same and are anchored to the main narrative space through the first-person pronoun *I*. Her appearance is now that of a man due to her disguise – but what she sees in the mirror is still herself. At the same time, by looking at the reflection, she can also take the viewpoint of anybody else who might be looking at her, and in the eyes of any viewer, she is convinced, she *is* a man. In other words, her identity has not been decompressed (she has not become someone else), but she is now presented from two points of view: her own inner sense of self, which is not affected, and a viewer's perception (the viewer being herself looking into the mirror or anybody else looking at her), which sees her as a man.

In another narrative, the writer/narrator presents his own reflection in the mirror as if it were another person:

(7) *[...] and on the way we were ingeniously tormented with mirrors [...]. I kept on barging into a figure who darkly resembled Henry James's inconceivable alien. I first spotted him in the Victorian men's club.* JR.HMH 57

---

2. For a number of examples of identity compressions and decompressions in the narrative see Dancygier (2003a) and (2003b).

354   *Barbara Dancygier*

Here, the decompression marking the viewpoint is complete. The writer talks about his own reflection as if it belonged to another person – in a way, he does not recognize himself. The decompression of the person from his appearance is complete, but it is only possible as a narrative 'trick', so that the reader looks at the writer with an eye of a stranger. The ensuing description of the 'figure' is not favorable at all, which suggests that the writer is looking at himself with a completely objective and cold eye. Typically, we are too used to our own appearance to be so ruthlessly critical.

It is also possible that what is presented as 'seen' in the mirror is in fact a mental, rather than strictly visual representation, and that it involves another level of blending:

(8)   *Putting the phone down, he noticed his face reflected in the dark uncurtained window. [...] What was upsetting was that, at first glance, it wasn't his own face. The hair and the beard were his, but not the plummeting cheekbones, the sunken eye sockets, [...]. They were his father's.* JR.FL 215

The sentence suggesting that the face the man sees in the glass pane is not his is another instance of viewpoint compression – what the character sees (or thinks he sees) is now presented as the narrative viewpoint. But when he describes the image in the mirror, it appears to be a blend of his own facial features and those of his father. Naturally, the reader will not interpret the image literally as a blend of two faces. The physical similarity is not part of what the narrative is about, but the character's feeling that he is getting to be more and more like his father as he gets older is actually the point of the fragment.

Finally, the reflection in the mirror could show a face of another person, not the one standing in front of the mirror, as in (9);

(9)   *His father's solid, ruddy presence. [...] He met it each morning in the shaving mirror of the various modest hotels where they stayed. [...] He'd turn his eyes slowly toward the mirror, creeping up on his face, and there the old man would be, [...].* CS.LP 22

In (9), the viewpoint compression works the same way: what the charac-

Visual viewpoint, blending, and mental spaces in narrative discourse   355

ter sees in his mind while looking in the mirror is narrated as what he actually sees. On the blending side of things, though, the example is different, because the person reflected is not the same as the person who looks. The decompression of the object and the representation is complete, and the point about the character being haunted by his father's image is made.

Examples (6)–(9) show interesting correlations between viewpoint compression and the blending mechanisms underlying the concepts of identity and representation. In (6), identity is not really decompressed, but the difference between the person and the person's representation allows for the decompression of viewpoint between the character and the character-as-viewer. In (7), the identity of a character is fully decompressed, and the representation is presented from the viewpoint of the character-as-someone-else. The fragment in (8) maintains the character's viewpoint and presents the representation as a blend. Finally, in (9) the person and the representation belong to two different people, while the viewpoint remains that of the character. In each of these cases the specific choice in the description of the relation between the person and the person's reflection is then used as the visual viewpoint, to be further used as the narrative viewpoint. As a result, all the mental constructs and blends that the reflections create in the minds of the viewers are further presented as the proper, not at all illusory, elements of the story. The resulting stylistic effect of the prose in each case is quite striking, as the presentation of mental images as visual images gets the writer's message across much more forcefully. The mechanisms of conceptual integration offer broader and more interesting possibilities for viewpoint selection and underlie powerful stylistic effects.

4. Space evocation and viewpoint

In the examples discussed above what was presented as a visual image was in fact a reflection of the mental state of a character whose viewpoint was being represented. There are also instances where the reader is presented with a character's mental space as though it were in a fact an event in the narrative space, without any mediating expressions suggesting mental space embedding. I will discuss three such examples below. It is worth noting that in each case the fragment quoted appears at the very beginning of a new section or chapter, so that the reader is

356 *Barbara Dancygier*

quite unexpectedly 'plunged' into the character's mental state. In fact, if taken out of the context of a specific fragment of the novel, these initial sentences would be interpreted as false or even absurd. What seems to be happening is that the very absurdity of the section opening fragments as they stand forces the evocation of the specific aspect of the story which gives them coherence.

(10) *Harmony Cottage was out at sea. Diana felt the floor roll away under her feet and steadied herself by leaning on a joist as her kitchen tilted and yawed.* JR.FL 186

This passage starts with a sentence presenting Diana's house as located at sea and continues with the description of her feeling of not having any solid ground under her feet. The passage can only be understood if the reader remembers that in the preceding chapter Diana was in fact out at sea, on a boat with a friend in rather bad weather. People who have some experience with sailing often report that after a prolonged time on rough seas they stop feeling the deck moving under their feet. However, once back on land, they experience the ground under their feet as rolling. That is the feeling that Diana experiences and also the topic of the passage. But the language used gives no indication of her going through an illusion. On the contrary, all that she feels is presented as an event in the main narrative space. It seems to be another instance of viewpoint compression, where a character's inner mental and physical state is the viewpoint chosen.

What is also interesting in the passage is that the 'sea-going' space in which the space of Diana's experience is embedded, is not set up or even reinstated anywhere in the passage. Comprehension of the passage is only possible if the reader recalls one of the narrative spaces set up earlier and uses it as a frame against which the new narrative space is to be understood. In other words, the sea-going space set up in previous discourse has to be *evoked*, not set up. Diana's mental state space in which the cottage is at sea (rather than being simply experienced in this way) is thus embedded in a space which is evoked, which in turn is embedded in the main narrative space. The viewpoint compression here is thus even more striking (and it seems it is meant to be striking, because it happens across the span of more than one space).

Let me also note that it would be difficult to interpret the sentence *Harmony Cottage was out at sea* as an instance of FID. It does not

Visual viewpoint, blending, and mental spaces in narrative discourse 357

represent Diana's thought, but her bodily experience. She does not think for a moment that her cottage has changed its location and she is merely presented as physically experiencing a state identical to the one people have when at sea. It is the narrator's viewpoint, compressed with her 'bodily experience' viewpoint that the reader is offered here.

The next example is somewhat similar, in that the first sentence of the chapter, *Adam Rich doesn't want his death to be suicide*, is not meant to suggest that Adam Rich is in fact contemplating taking his own life.

(11)   *Adam Rich doesn't want his death to be suicide. Doesn't jibe with his persona. He wants to be murdered. We settle on his being killed by an unemployed dinner theatre stagehand in the parking lot of Asp Club, a fabulous Los Angeles nightspot.* DE.AHWOSG 331-2

The fragment has to be understood as embedded in a mental space set up earlier and evoked again here. The novel is narrated by its main character, Dave, who works for a magazine. The magazine wants to run a story about a celebrity, saying that the person is dead, and then reveal the truth after gauging the public reaction. Adam Rich is the celebrity who agreed to pretend to be dead (much earlier in the novel), and now the decision has to be taken about what kind of death the story will talk about. The decision about suicide or murder presented in (11) is thus not a decision about how Adam Rich will die in the main narrative space (in the novel's reality space), but what kind of made-up story the magazine will tell. The 'magazine' space is thus evoked here through the name of Adam Rich, and the rest of the paragraph is interpreted in that context. Again, what is interesting here is that the wording in (11) presents Rich's death as a possible event in the main narrative space, without overt signs of embedding. This is only possible because of viewpoint compression and space-evocation, both of which are necessary for the reader to comprehend the fragment as it was intended.

The next example opens with a sentence about Doming's death. At this point in the novel the reader already knows that Doming died much earlier in the story, in his own house, so the sentence cannot possibly be descriptive of any event in the main narrative space.

(12)   *Doming died at the gates of the graveyard. Everywhere else – the house, the road to the church, the church itself – he had*

358   *Barbara Dancygier*

> *been alive. In the same way that nobody is about to leave until they reach the bus depot and see the bus: alive. And characteristically quiet. But at the gates of the graveyard he died, suddenly, and Rosa was overwhelmed by the understanding.*
> AG.TT 169

The second sentence of the fragment reinforces the meaning suggested in the first one: that something important related to Doming's death occurred at the gates of the graveyard, not at any of the earlier stages of the funeral procession. The next sentence (*In the same way...*) suggests that Doming's being alive until he reached the gates of the graveyard is to be understood in a special sense, comparable to the 'bus depot' situation. It is only in the final sentence that it becomes clear that what occurred at the gates of the graveyard was that Doming's daughter, Rosa, was finally struck with the realization that her father was irrevocably dead.

The last sentence re-frames the first one as a description of Rosa's mental state. At the same time, it re-frames the viewpoint from that of the main narrative space, to that of Rosa's mind. We are thus dealing with another case of viewpoint compression. However, the difference between this fragment and those quoted in (10) and (11) is that there is no specific mental space in the earlier parts of the narrative which is being evoked here. The first sentence of (12) has to be understood based on what will be said later, not what has been said earlier.

However, the narrative effect achieved in (12) is also a result of a form of space evocation. In all three cases, a description is being offered, ostensibly as a part of the main narrative space, but it clashes with the content of the main story in some way. The reader has to assume, then, that the information offered is in fact presented from a viewpoint of another narrative space, although there are no signals of mental space embedding because of viewpoint compression. If there is an earlier narrative space which could serve as an anchor to the sentence in question, the structure of mental space embedding becomes clear immediately. This is the case of (10) and (11). If, however, no such space is available to the reader, the ensuing discourse will have to clarify the nature of the mental space to which the sentence is anchored.

Visual viewpoint, blending, and mental spaces in narrative discourse   359

5. Conlusion

Throughout the paper, the examples analysed present statements which would seem untrue or even absurd if taken out of their specific narrative context (the photographer's father did not hang upside down, cops didn't change the size of the room, reflections in mirrors were reflections of people looking into them, not of other people, Diana's cottage remained on land, etc.). As I tried to show, their interpretation is achieved through two powerful conceptual mechanisms: blending (via compression as well as decompression) and mental space embedding. Both mechanisms are necessary to the comprehension of any narrative, but, as the examples above show, are best visible in the cases where comprehension would fail if the mechanisms were not available to readers.

Narratives are particularly intricate configurations of mental spaces. Even though most stories are told in ways which involve a number of different spatial, temporal, or psychological spaces, the relations among all of those spaces have to be maintained in the reader's mind in order for the narrative to remain coherent and interpretable. What seems to be the case, though, is that readers maintain the whole network of narrative spaces until the story comes to its conlusion, and are able to locate any given space at any point in the reading, not only by recovering its position in the sequence of events, but also by identifying its level of embedding with respect to the main story line. This makes space-evocation a possible and necessary tool in narrative comprehension. In fact, space evocation seems to be pervasive enough to narrative comprehension that it is used as a tool even in the cases where the space to be evoked has not been set up in earlier discourse. The readers continue to develop the space which has been set up in discord with the main narrative space, knowing that there has to be a space in the network (if not earlier, then presumably later) which will give the space being developed its required frame.

At the same time, readers do not need explicit expressions of mental space embedding (*he said...*, *he felt...*, *he saw...*, *he knew...*, etc) to be able to recognize which of the narrative spaces provides an anchor to what is being said. What is more, they can use space evocation to interpret viewpoint compression. If an expression anchored to an embedded space is presented as if it belonged to the main narrative space, its

360   *Barbara Dancygier*

interpretation will be arrived at via viewpoint compression. The compression in such cases allows the reader to bring a lower space viewpoint up to the main narrative level, while also allowing him/her to maintain its being anchored to its original input space (of visual perception, mental state, bodily experience, etc.).

To sum up, the mechanisms of mental space embedding and conceptual integration offer an explanation of how complex narratives are constructed and understood. As the data in this paper suggest, a number of different narrative phenomena (including FID) can be interestingly accounted for if we look for general cognitive principles underlyng narrative discourse production and comprehension.

References

Bal, Mieke
    1985   *Narratology. Introduction to the theory of narrative.* Toronto: University of Toronto Press.
Banfield, Ann
    1982   *Unspeakable sentences, narration and representation of the language of fiction.* Boston: Routledge and Kegan Paul.
Brinton, Laurel
    1980   Represented perception: a study in narrative style. *Poetics* 9: 363-381.

Dancygier, Barbara
    2003a   [in press] Identity and perspective: the Jekyll-and-Hyde effect in narrative discourse. In: Michel Achard & Suzanne Kemmer (eds.), *Language, culture, and mind.* Stanford: CSLI Publications.
    2003b   Personal pronouns, blending, and narrative viewpoint. Paper presented at the Georgetown University Roundtable on Language and Linguistics, February 2003.
Dancygier, Barbara & Eve Sweetser
    2000   Constructions with *if, since* and *because*: Causality, epistemic stance, and clause order. In: Elizabeth Couper-Kuhlen & Bernd Kortmann (eds.), *Cause, condition, concession, contrast,* 111-142. Berlin: Mouton de Gruyter.
Fauconnier, Gilles
    1994   *Mental spaces.* Cambridge: Cambridge University Press [originally published by MIT 1985].
    1997   *Mappings in thought and language.* Cambridge: Cambridge University Press.
Fauconnier, Gilles & Mark Turner
    2002   *The way we think: Conceptual blending and the mind's hidden*

Visual viewpoint, blending, and mental spaces in narrative discourse   361

complexities. New York: Basic Books.

Fludernik, Monika
1993   *The fictions of language and the languages of fiction.* London and New York: Routledge.

Galbraith, Mary
1995   Deictic Shift Theory and the poetics of involvement in narrative. In: Judith Duchan, Gail Bruder & Lynne Hewitt (eds.), *Deixis in narrative: A cognitive science perspective*, 19-59. Hillsdale, New Jersey: Lawrence Erlbaum Associates.

Genette, Gerard
1980   *Narrative discourse.* Oxford: Basil Blackwell.

Lakoff, George
1996   Sorry, I'm not myself today: The metaphor system for conceptualizing the self. In: Gilles Fauconnier and Eve Sweetser (eds.), *Spaces, worlds, and grammars*, 91-123. Chicago: University of Chicago Press.

Oakley, Todd
1998   Conceptual blending, narrative discourse, and rhetoric. *Cognitive Linguistics* 9-4: 321-360.

Rubba, Jo
1996   Alternate grounds in the interpretation of deictic expressions. In: Gilles Fauconnier and Eve Sweetser (eds.), *Spaces, worlds, and grammars*, 227-261. Chicago: University of Chicago Press.

Sanders, Jose & Gisela Redeker
1996   Perspective and the representation of speech and thought in narrative discourse. In: Gilles Fauconnier and Eve Sweetser (eds.), *Spaces, worlds, and grammars*, 290-317. Chicago: University of Chicago Press.

Sweetser Eve
1996   Mental spaces and the grammar of conditional constructions. In: Gilles Fauconnier and Eve Sweetser (eds.), *Spaces, worlds, and grammars*, 318-333. Chicago: University of Chicago Press.

Wiebe Janyce
1995   References in narrative text. In: Judith Duchan, Gail Bruder & Lynne Hewitt (eds.), *Deixis in narrative: A cognitive science perspective*, 263-285. Hillsdale, New Jersey: Lawrence Erlbaum Associates.

Texts Quoted

Eggers, Dave
2001   *A heartbreaking work of staggering genius.* New York: Vintage Books. (DE.AHWOSG)

Garland, Alex
1999   *The tessaract.* New York: Riverhead Books. (AG.TT.)

362   *Barbara Dancygier*

Raban, Jonathan
    1981   *Old glory*. New York: Vintage Books. ((JR.OG.)
    1985   *Foreign land*. Picador Books. (JR.FL.)
    1986   *Coasting*. Picador Books. (JR.CO.)
    1990   *Hunting Mister Heartbreak*. Edward Burlingame Books/Harper Collins (Advance Reading Copy). (JR.HMH.)
Shields, Carol
    1997   *Larry's party*. Viking Penguin. (CS.LP.)
Theroux, Paul
    1978   *Picture palace*. New York: Penguin Books. (PT.PP.)
Tyler, Anne
    1985   *The accidental tourist*. New York: Berkely Books. (AT.AT.)

Spanish *ya*: a mental space account

Nicole Delbecque

Abstract

Unlike deictic markers, *ya* does not situate events, relations, entities or attributes by projecting them onto an objective socio-physical or temporal axis. It rather gives them a dynamic orientation by mapping them onto a programmatic base, often a cyclic one. While making the sequence it punctuates stand out against the surrounding ones, it at the same time converts it into a stage within a larger action or event chain. *Ya* is therefore best analysed as a meta-linguistic focus marker that influences the conceptualisation of the underlying base: it acknowledges progression within a process conceived of as globally oriented.

In oral speech, *ya* is typically used to frame perception and propositional attitude predicates. In written language, it contributes to the framing of discourse structure at various levels of organization, especially when it comes to reflect the intertwining of parallel scenarios. The subjective perspective manifested by *ya* primarily relates to the course of time – the universal programmatic base *par excellence* -; however, it also expresses more sophisticated time managing capacities and the specific mental ability of bridging gaps in linguistic representation.

Keywords: focus marker, profile/base distinction, mental space, framing, meta-linguistic device, programmatic base, subjective perspective.

1. A unitary hypothesis

The aim of this paper is to offer a unitary explanation of the meaning and usage of *ya*. It alternately translates as 'already', 'yet', 'now', 'yeah', or nothing. The existing descriptions are fragmentary and scantly explicative. In the latest general descriptive grammar of Spanish, e.g., *ya* first figures among the "quantitative" adverbials (Kovacci, GDLE 1999, Ch. 11: 707). In the chapter on temporal subordination, it is taken to enhance the aspectual dimension already present in the past tense and to underpin especially the perfective reading of the pluperfect (García Fernández,

364 *Nicole Delbecque*

GDLE 1999, Ch. 48: 3181). And finally, it is characterized as "metadiscursive conversational marker" (Martín Zorraquino & Portolés Lázaro, GDLE 1999, Ch. 63: 4191). This so called "neuter" discourse organizer does not simply indicate that the interlocutor's words have been registered and that conversation can go on, it is also said to be interpreted sometimes as a sign of non-cooperativity, lack of interest, irony, incredulity, irritation, etc. (ibid.: 4192).

As autonomous utterance (1) or as part of a larger one (2), *ya* punctuates the flow of discourse making it more dynamic and more coherent altogether. Its interaction with the surrounding speech elements and contextual factors, e.g. intonation, event structure, setting, discourse context, and idealized cognitive models (ICMs), makes it difficult to sort out what its proper contribution is. My hypothesis, however, is that there is a common denominator to the array of apparently quite different uses, and that the cognitive framework – complemented with the mental space theory – provides us with the necessary tools to account for it by incorporating the profile/base distinction in the analysis. In what follows I will review the most representative uses in the light of the overall cognitive-functional definition given in (3):

(1)   Ya.
       'Yeah.'
(2)   *{Ya nos vamos. / Nos vamos ya.}*
       {Yet REFL-1PL are going / REFL-1PL are going now}
       'We are getting on our way.'
(3)   *ya*: dynamic progression along a programmatic base

This shorthand definition characterizes *ya* as a meta-linguistic profiling device committed to bringing in a dynamic and oriented conceptualisation of the base. Like other focus markers, *ya* renders the instantiation salient in contrast with an implicit, subjacent base. In *mental space* terms, *ya* highlights the ease or self-evidence the speaker wants whatever falls under its scope to be accessed in relation to the base it is being projected onto. Cognitively speaking, *ya* thus triggers a process of mental scanning similar to the ones presented in Langacker (2003). Beyond the actual setting of the apprehended situation, *ya* conveys the instruction to view its base in *programmatic* terms and calls for subjective adjustments along that base. Insofar as the prominence obtained often holds at the expense of alternate stages, the use of *ya* paves the way for all sorts of discourse inferences as to the dynamics of the progression involved.

In (1) *ya* 'yeah' counts as minimal acknowledgement of participation in a face-to-face interaction: by uttering this one-syllable reaction, the speaker shows willingness to take up a turn in the evolving dialogue. The programmatic base transcends the interlocution proper. A specific performative application of (1), for instance, is that it can count as the signal to start a race. In (2), the insertion of *ya* softens the announcement: it implies we had a number of things planned, so that time has come for us to leave.

The common denominator of the sequences focused on by means of *ya*, is that they are not singled out just for their own sake, but in view of a larger pattern, script or scenario. The snapshot gets projected onto a phased, scaled, oriented structure. This kind of space linking contributes to creating a network of spaces as discourse unfolds. The cultural or experiential background knowledge brought into play reaches beyond the actual utterance and enriches it with a procedural meaning.

Ya fits all temporal contexts and can modify any kind of verb.[1] It is especially frequent in oral speech and although it manifests the typical mobility of adverbs, it differs from e.g. temporal adverbs in that it cannot be focused by cleft constructions (4a) or by other focus markers (e.g. *precisamente* 'precisely', *mismo* 'even', *sólo* 'only (4b)). In other words, it is not a dependent temporal locating adverbial since it is not associated to a reference point, neither in terms of utterance time nor of event time in discourse.

(4)   a.   *Fue {entonces / *ya} cuando vimos la película.*
           *Was-3*SG {then / *yet} when saw- 1PL the movie
           'It was then when we saw the movie.'

      b.   *Precisamente {ayer / *ya} no estaba en casa.*
           Precisely {yesterday / *yet} not was-1SG in house
           'Precisely yesterday I was not at home.'

---

1. Cf. the extensive lists of examples given in Girón Alconchel (1991).

366   *Nicole Delbecque*

Its autonomy suggests that it functions as a subjective expression. Linear distribution somewhat varies according to the type of discourse.[2] Yet, linear ordering does not disambiguate the intended scope, nor does it set apart specifically temporal readings. In written discourse, utterance internal position is more frequent; this has to do with a higher degree of elaboration. The frequent combination of *ya* with quantifying expressions that bear clause-internal focus, further warrants the hypothesis that *ya* conveys a distinct focal dimension.

In what follows, I will try to unveil the procedural meaning conveyed by means of *ya* and the communicative logic behind its use. To do so, I will show that it is best analysed as an epistemic monitoring device to make the scene viewed as part of a more global structure, granted by world knowledge, commonly held belief systems or a personal view on things. To explain the difference *ya* makes in accessing the overt and covert information structure, I will first reflect on the meta-linguistic nature of *ya* (section 2), before dwelling on the notion of programmatic base (section 3). Lack of space prevents me from rounding up the analysis by showing that the same notions are at work when *ya* is used in more complex linking devices, viz., *ya... ya...* 'either... or...', and the causal conjunction *ya que* 'since'. I must also leave for another occasion the confrontation of the present analysis with explanations in terms of aspect, discontinuity, presupposition or expectation.[3]

2. Meta-linguistic framing

Unlike deictic markers, *ya* does not situate events, relationships, entities or attributes by projecting them on the objective socio-physical or tempo-

---

2. In oral discourse *ya* occurs twice as often in utterance-initial as in utterance-internal position (60% vs. 30%), and is only marginally found in final position (10%). Even in the latter case, *ya* does not bear heavy stress but leans on the intonation contour of the preceding element. The predominance of the leftmost position is typical of formulas in which *ya* forms a close-knit unit with the following element, especially with perception verbs. This distributional pattern probably lowers what could otherwise be qualified as a "fronting effect". However, it surely warrants the definition of *ya* as a *sui generis* focus marker, i.e. as a special kind of pragmatic particle.

3. The studies of García Fernández (1999), Garrido (1992), Girón Alconchel (1991), Kovacci (1999), Martín Zorraquino & Portolés Lázaro (1999), and Ocampo & Ocampo (2000) deserve more than a simple citation in passing.

Spanish ya: *a mental space account* 367

ral axis. It rather makes their conceptualisation dynamically oriented as part of an evolving program, thus revealing a specific aspect of higher-level representation. The reflexive dimension added to speech shows that the speaker is not taken in but knows better and convokes a structured understanding of what is being evoked, to say it with Goffman (1974) and Fillmore (1985): (s)he is invoking a broader 'frame'. The idea that *ya* makes a meta-linguistic connection to an underlying frame is especially clear with some rather conventionalised formulas involving perception and propositional attitude verbs (2.1.). On the same grounds, *ya* is grace-fully and efficiently used as a discourse structuring device on a more ample scale (2.2.).

2.1. Framing perception and propositional attitude predicates

In oral speech, three verbs compete for the highest rank of co-occur-rence with *ya*: *ver* 'see', *saber* 'know' and *creer* 'believe'. They often come in the first (or second) person singular of an imperfective tense.[4] Although we face a highly conventionalised co-occurrence pattern, *ya*-insertion is by no means obligatory. Yet, under the proposed hypothesis, the contention is that there is more at stake than simple emphasis in reaction to a situational context. Indeed, if *ya* were a simple marker of subjective awareness, it would be semantically redundant, since the con-cept of acknowledgement is also inherently part of the meaning structure of the perception and propositional attitude verbs.

An approach in terms of profile/base and mental spaces helps clarify-ing the meaning *ya* is susceptible of adding even to verbs that are already intrinsically epistemic. Without *ya*, the viewpoint is confined to the cur-rent discourse space (5b, 6b). The focus added by means of *ya* reflects access to a more amply structured base space: (5a) signals that the speaker is not just referring to the out-there reality but at the same time takes into account – or makes a cast at – some kind of complementary, more extensive virtual or fictive canvas for that reality. To put it simply:

---

4. The frequence of the second person of *ver* 'see' and *saber* 'know' is especially striking in the present and in the future. The use of other perception and propositional attitude verbs is more restricted to written language, where less tense restrictions seem to hold.

368   *Nicole Delbecque*

by saying *Ya veo* I signal I am aware there is something beyond face value that I am supposed to understand. The virtual extension of the underlying base is thus the proper meaning contribution of *ya*. In simple examples, and out of context, the programmatic character of this underlying base structure admittedly remains vague and undefined. But even so, the mental representation conveyed by the verbal predicate is taken to a higher-level processing: (5a) and (6a) make the hearer conceive the scene alluded to, as fulfilling a number of pre-established conditions, imposed by some pre-existing cycle, scenario or frame, so that the broader base structure comes into sight.

(5)   a.   Ya *veo.*   b.   *Veo.*
             yet see-1SG   see-1SG
             'I see.'
(6)   a.   Ya *ves.*   b.   *Ves.*
             yet see-2 SG   see-2 SG
             'You see.'

This definition of the meaning contribution of *ya* should not be confounded with whatever argumentative value the utterance can take on in ongoing discourse. The variants of (5) and (6) can both express adherence to a generally held opinion (an ICM) or refer to a more privately shared view on things. Which option is actually taken does not depend on the use of *ya*, but is to be pragmatically inferred from the larger context. Likewise, the interpretation of the utterance in attitudinal terms of, e.g., approval, relief, irritation, deception, is a matter of evolving interaction, to be decided, at best, at the level of conversational *implicature* (in the Gricean sense). In other words, the discursive and argumentative values operate at inferential level and do not as such belong to the meaning structure of *ya*.

Examples taken from modern fairy tales illustrate but two possible discourse exploitations: in (7), *ya ves* underlines the idea that the fact selected by the character supports his global positive opinion on the girl; in (8), the surprise expressed by the first character is recast by the second one as part of a higher design. The awareness that there is no stable view on things, and thus that anything remains (relatively) open to possibly divergent interpretations, is precisely part of the meaning structure of *ya*.

Spanish ya: a mental space account   369

(7)   *– Mujer, a mí me parece una chica muy buena – dijo con los ojos cerrados –. Ya ves cómo la cuidó cuando tuvo el tifus. (Martín Gaite 1999: 69)*
'Woman, to me it seems a very good girl – he said with the eyes closed -. You (yet) see how she took care of her when she had typhus.'

(8)   *– (...) No sé qué hubiera sido de mí si no caigo en ese pueblo perdido y no le encuentro a usted.*
– Ya ve, así son las cosas que no se esperan. Por ejemplo encontrar algo en un pueblo perdido. (Martín Gaite 1999: 265)
'– I don't know what would have been of me if I do not fall in this lost village and find you.
– You see, this is the way things are one does not expect. For instance find something in a lost village.'

While *ver* 'see' can be construed without overt coding of the viewed entity (6b, 8), this is not the case of *saber* 'know' (9b, 10b). Unlike with *ver* 'see', the entity that falls under the scope of *saber* 'know' is necessarily propositional and cannot as such emerge from the surrounding scene; therefore it cannot remain implicit.[5] However, this principle ceases to hold in association with *ya*. The reason why *lo* 'it' is not required for (8a) and (9a) to be well formed, while it cannot be left out of (8b) and (9b), is that *ya* activates some kind of scrolling through a programmatic base thus providing the anchoring space for the knowledge predicate. The message conveyed can be paraphrased as follows: access to the piece of knowledge involved is not punctual, immanent or isolated, but embedded in a larger knowledge base the conceptualizer takes part in.[6]

---

5. This explains the labor division between *saber* 'know' as "mastering a(n abstract) domain" (i) and *conocer* 'know' as "acquaintance (with an image representation)":
    (i)   {Sabe / *Conoce} inglés.
              'He knows English.'
    (ii)   {*Sabe / Conoce} Madrid.
              'He knows Madrid.'
6. The instruction conveyed by *ya* is to be distinguished from possible conversational implicatures, e.g. those mentioned by Martín Zorraquino & Portolés Lázaro (GDLE 1999: 4192), quoted at the beginning of section 1.

370   *Nicole Delbecque*

Without putting the conceptualizer onstage (this would require explicit personal subject pronouns), *ya* signals however that the conceptualizer is not an outsider with respect to a, be it unspecified, cluster of ordered propositions. We could perhaps even say that *ya* attributes 'insider'–status to the conceptualizer. Without *ya*, no instruction is given in that sense.

When an anaphoric marker adds up to *ya* – e.g. in the form of the neuter clitic *lo* 'it'–, the speaker at the same time "wraps up" the currently relevant propositional content into a packaged whole. What remains without *ya* is a bounded image representation that is not explicitly linked to a programmatic base (9b, 10b).

(9) a. Ya *(lo) sé*   b. {*Lo* / *∅*} *sé*
         yet (it) know-1SG   {It / *∅} know-1SG
         'I know (it)'   'I know it'

(10) a. Ya *(lo) sabía*   b. {*Lo* / *∅*} *sabía*
         yet (it) knew-{1/3} SG   {It / *∅} knew-{1/3} SG
         'I knew (it)' / '(S)he knew (it)'
     'I knew it' / '(S)he knew it'

The mental space analysis takes one step further the intuitive comments given under some of the corresponding verb entries. Lexicographers draw attention to the communicative functionality of some of these expressions, but fail to recognize the specific import of *ya*. In DUE and DEA, to take but two of the most authoritative dictionaries, (11a) is assimilated to (11b).

(11) a. Ya *veremos*   b. *Veremos*
         yet see-1PL   see-1PL
         'We will see'

(12)   i. *Expresión muy frecuente con que se deja al tiempo el descubrir, aclarar o resolver cierta cosa consabida.*
         ii. *También se emplea para eludir una respuesta inmediata.* *(DUE)*
         'i. Very frequent expression with which it is left to time to discover, clarify or resolve a given matter. ii. Is also used to elude an immediate answer.'

(13)   *Se usa frecuentemente para aplazar la resolución de algo, sin afirmarlo ni negarlo.* *(DEA)*
         'often used to postpone the resolution of something, not acknowledging nor denying it'

Spanish ya: *a mental space account*   371

While in DEA the denotative and connotative values are pulled together (13), DUE distinguishes between simply letting time do its job (12.i.) and intentionally exploiting it (12.ii.). The mental space analysis of *ya*, for its part, predicts that while future tense just moves perception to an indeterminate future point in time without overt connotation (11b), *ya* brings to mind the idea that the matter will fit in a broader scenario (11a). More specific inferences can emerge from context: besides a way of eluding present responsibility (12.i.) or postponing decisions (13), it can be perceived as a means of silencing worries, evoking firm intention (14) or even a promise (15). And there are certainly quite a few more possibilities.

(14)   *acaba de heredar no sabemos aún cuánto dinero de unos parientes lejanos y solterones (quizá gente de iglesia,* ya *averiguaremos cuánto.) (Marías 1998: 297)*
'he has just inherited we don't know how much money from remote and unmarried parents (perhaps clergymen, we will find out yet how much).'

(15)   Ya *veremos con más detalle qué significan exactamente todas las partes de un identificador.*
'We will see yet with more detail what the exact meaning is of all the parts of an identifier' (taken from a computer tutorial on the internet). '

The same remark holds for (16). While comment (17.i.) supposedly alludes to the framing function of *ya*, the ironical connotation, signalled in (17.ii) and (18), is, again, but one of various possible discourse exploitations. The formula can reflect self-confidence in a prospective context (19a), and resignation in a retrospective one (19b).

(16)   a.   Ya *se ve.*   b.   *Se ve.*
            yet 3CLIT.REFL sees   3CLIT.REFL sees
            'That is clear.'

(17)   i. *Expresión con que se denota que algo que otro afirma está a la vista.*
        ii. *Con más frecuencia se emplea irónicamente para expresar que no hay ninguna muestra de lo que el otro afirma. (DUE s.v.* ver)
        'i. Expression denoting that something another affirms is self-evident. ii. More frequently used ironically to express there is no evidence for what the other affirms.'

372   *Nicole Delbecque*

(18)   *Fórmula con que se replica irónicamente a lo que se acaba de afirmar. (DEA s.v.* ver)
'Formula used to reply ironically to what has just been affirmed.'

(19)   a. *A cuatro años del 2000, que* ya *se ve sólo será un cambio de cifras y punto, (...) (*Caretas *1431, 12.09.96)*
'At four years of 2000, that we can already see will only be a change of figures and full stop.'
b. *Es curioso. Cuando uno está afuera e imagina que, por una razón o por otra, puede pasar varios años entre cuatro paredes, piensa que no aguantaría, que eso sería sencillamente insoportable. No obstante, es soportable,* ya se ve. *Al menos yo lo he soportado. (M. Benedetti,* Primavera con una esquina rota, *Uruguay 1982: 15)*
'It is curious. When one is abroad and imagines that, for one reason or another, he can stay various years between four walls, he thinks that he would not stand it, that that would be simply unbearable. However, it is bearable, as you see. At least I have endured it.'

In qualifying the conventionalised formula (20) as a vigorous expression of assent, the lexicographical definitions (21) and (22) reach beyond the truth-conditionally defined notion of belief: rather than simple recognition of a piece of reality, adherence suggests willingness to support and perhaps otherwise participate in a system-based organization of that reality. Our analysis also makes sense of the subjective modality present in these definitions ('energy' (21) and 'emphasis' (22)) by stating that the underlying knowledge structure is taken for granted by the speaker. At inferential level, *ya* makes the 'believed' scenario so natural and unquestionable, that it precludes any idea of disagreement.

(20)   Ya *lo creo.*
Yet it believe-1P.SG
'You may well say so' / 'Of course'

(21)   *exclamación frecuente con que se asiente enérgicamente a algo (DUE s.v.* creer)
'frequent exclamation energetically signifying assent'

(22)   *fórmula de asentimiento o confirmación enfáticos (DEA s.v.* creer)
'emphatic assent or confirmation formula'

Spanish ya: *a mental space account* 373

The programmatic base need not be activated on a purely individual level. In association with the so-called impersonal "*se* REFL"-passive of *saber* 'know', *ya* widens the scope of the supposed agreement far beyond the currently described state of affairs (23, 24). And combined with the second-person epistemic modal *puedes* 'you can', *ya* implies "I don't have to tell you, since we share (access to) the same programmatic base"(25).

(23)   Ya *se sabe.*
       yet REFL.CLIT knows
       'Indeed, of course.'

(24)   *Zenón trató de consolarla; le dijo que Balbina, la vieja curandera, tenía un poco perdido el seso,* ya *se sabía, y que, cuando se emborrachaba, cosa que ocurría con frecuencia, decía disparates sin pies ni cabeza; (...). (Martín Gaite 1999: 125)*
       'Zenon tried to console her, he told her that Balbina, the old healer, had a bit lost her mind, it was well know, and that, when she got drunk, what happened with frequency, she said stupidities with beginning nor end.'

(25)   *En la actualidad, una de las formas de valorarse a sí mismos de los profesores universitarios norteamericanos consiste en contar el número de veces que aparecen sus nombres en las publicaciones de otros profesores universitarios (el "recuento de menciones"),* ya *puedes imaginarte los escandalosos favores mutuos y la inflación de citas injustificadas, que lo hacen todo aún más ilegible). (Marías 1998: 104)*
       'In the actuality, one of the forms the North-American university professors have to valorize themselves consists in counting the number of time their names appear in the publications of other university professors (the "index"), you can imagine the scandalous mutual favors and the inflation of unjustified quotations, which make it all even more illegible.'

The programmatic base *ya* activates in association with perception and propositional attitude predicates, also applies more extensively to discourse structuring.

374   *Nicole Delbecque*

2.2. *Framing discourse structure*

To develop a larger discourse structure, one has to rely on quite a few strategies to enable the reader to put the information in the right perspective, beyond the limits of the linearity of speech. Inconspicuously interspersed in a text, *ya* is among the most discrete, yet very efficient discourse markers. While often passing unnoticed, it makes us read "between the lines" and access the specific programmatic base needed to make sense of the overt text form, and adequately process the relationships between the text elements.

It is probably in the endeavor of writing a book that reflection on the proper discourse production is most developed. Beyond style, genre, and word selection, one has to face lots of redundancy problems. Hence, we can expect *ya* to punctuate discourse in an extremely significant way when the role of the writer and the choices he makes are at the heart of the matter. To exemplify such meta-linguistic uses of *ya*, I have chosen a book that stands midway between fiction and essay prose, viz. *Negra espalda del tiempo* 'The black back of time' (1998). Javier Marías reflects in first-person form upon the relation between fiction and reality on the background of time passing by. The true protagonist is "time" and its relation to literary creation, "time management" in the hands of the novelist, so to say.

The abundant use of *ya* testifies to the auto-evaluative activity in the writing process. The creative speech production is seen in the perspective of various, more or less far reaching, true or supposed requisites. They are situated at the level of intertextuality, discourse genre, word choice, redundancy rate, synchronization of various scenarios, intertwined programmatic bases. Let me briefly illustrate the meta-linguistic dimension *ya* adds to discourse building in a couple of cases.

2.2.1. Intertextuality and text typology

Texts, as discourse in general, often repeat elements already contained in other texts. When the author wants the former discourse to be recognized as reference space for the current discourse space, he usually signals it by a formula with a verb of saying, of the type "as I said before", "as stated by my colleague", etc. With *ya*, an extra linking takes place between the quoted and the actual discourse: they are both con-

Spanish ya: *a mental space account* 375

ceived of as the cyclic manifestation of an insight that transcends both the grounding of the initial conceptualizer and that of the actual one. In other words, the reiterated statement ceases to be separated from the anterior one, and both are integrated in an encompassing programmatic base.

Especially in recalling former sayings (of oneself), adding *ya* is crucial to get across the idea that one is not vacuously repeating, caught in sterile obsessions, but that the vision one holds is, on the contrary, so consistent that it deserves to be unwaveringly taken up again for further or renewed elaboration. In reporting (26), for instance, Marías suggests he is not being gratuitously redundant, but coherently goes on depicting the character's traits in accordance with the overall schematic contour the reader is supposed to have in mind. Whether a text is amplifying a story already told before (27), or takes up a subject already treated in the past (28), *ya* brings former and new writings together by mapping them on a large-scale programmatic base, viz. that of the novelist's conception of his trajectory.

(26)   *Porque lo cierto es que, como* ya *he dicho, era incapaz de contestar a una sencilla pregunta. (Marías 1998: 138)*
Because the sure is that, as yet have-1SG said, was-3SG unable of answering to a simple question
'Because what is certain is that, as I already said, he was unable to answer a simple question.'

(27)   *Lo que viene a continuación lo conté* ya *parcial y concentradamente en un artículo. (Marías 1998: 180)*
That what comes to continuation it told-1SG yet in a partial and concentrated way in an article
'What comes next I already told in a partial and concentrated way in an article.'

(28)   *tema,* ya *dije, tan apasionante entonces como candente ahora. (Marías 1998: 238)*
theme, yet said-1SG, so exciting then like compelling now
'theme, I already said, as exciting then as compelling now'

J. Marías also positions himself with respect to standards of genre and style. Well acquainted with text typology and very lucid about the role of literary tradition, he acknowledges that, regardless of whether a book conforms to a literary model or not, it will unavoidably be situated with

376   *Nicole Delbecque*

respect to a longstanding tradition. Adding *ya* makes the evaluation of (29) rely on a programmatic base, thereby ascertaining non-arbitrariness, if not inter-subjective agreement, as to the distance separating 'chronicles' from 'meditations'.[7]

(29)   *De él he encontrado también un retrato y un libro, pero es mejor acabar primero con el relato de la condena berlinesa a muerte, cuyo final se aleja ya leguas de lo que debería ser una crónica de tribunales, para adentrarse decididamente en el territorio de la meditación y el lamento. (Marías 1998: 342)*
         'Of him I have also encountered a portrait and a book, but it is better to finish first with the history of the Berlin condemnation to death, the end of which is already miles away from what ought to be a chronicle of tribunals, in order to enter decidedly into the territory of meditation and lamentation.'

Inserting *ya* conveys the idea that whatever characterization or evolution is being commented upon, it is "basically" motivated by the choice of a particular frame or scenario, i.e. some kind of program.

2.2.2. Tracing the course of things

Ya mobilizes conceptual resources far beyond the overt text level. By reminding us that we have to take into account the course of things, it avoids possible misfits, tautologies and other trivialities. In (30), *ya* confers a dynamic character to the evocation of post-Oxford life: rather than categorizing a subclass of students at a well determined reference time, it evokes them as ineluctably becoming adult and growing old. In (31), we also would fail to recognize the cyclic dimension without *ya*.

(30)   *(...) en Oxford (...) tantos hombres (...) pasan sus días (...) sin preocupación alguna por lo que pueda venir u ocurrir tras ellos −(...) -, cuando sus alumnos ya adultos o viejos no miren*

---

7. Adjunction of the range (*leguas* 'miles') to the first movement verb (*alejarse* 'move away') and of subjective modality (*decididamente* 'decidedly') to the second one (*adentrarse* 'enter') further enhances the contrast.

Spanish ya*: a mental space account*   377

nunca hacia atrás desde sus lejanías dispersas y así no los recuerde nadie (...). (Marías 1998: 109)
'in Oxford so many men (…) pass their day without any preoccupation for what can come or happen after them – (…) -, when their students already adult or old do not ever look back from their dispersed distances and thus nobody remembers them.'

(31)   *los hechos y las coincidencias incrementaron su ritmo que* ya *no ha cesado ni quizá cese nunca (Marías 1998: 301).*
'the facts and the coincidences incremented their rhythm which (yet) has not ceased and perhaps will never cease.'

Ya can also signify programmed *closure* of a process: disappearance then becomes destiny. The dramatic tension *ya* establishes in (32) between the preceding and the following sequence confirms that the character was right in bearing few illusions as to his chances of immortality. The *pre-programmed* cycle of coming into existence to go back to inexistence suggested by *ya* also allows the reader to make sense of the apparently superfluous specification *tras su acontecer* 'after its happening', which thus gets conceived of as "soon after", or even "right after". In (33), the idea that one is born to die is envisaged in terms of a determinate amount of time: *ya* makes us interpret the seemingly redundant *no más tiempo* 'no more time' against the background of the ineluctability of annihilation.

(32)   *lo que vino antes (...) no tenía importancia ni el propósito ni la esperanza ni el ánimo de dejar huella de ninguna clase y* ya *se estaba difuminando, tras su acontecer. (Marías 1998: 209)*
'what came before (…) had no importance nor the purpose nor the hope nor the will to leave a trace of any sort and it was already blurring, after it had happened.'

(33)   *(...) a veces he pensado que sólo vivió esas horas y* ya *no más tiempo porque (...) (Marías 1998: 212)*
'sometimes I thought that he only lived these hours and (yet) no more time because (…)'

In (34), *ya* signals that the scene at the cemetery is made up of two convergent scripts: on the one hand, the throwing of white roses in sign of goodbye, on the other, the descent to earth of the coffin. Without *ya*, we would fail to see the point of mentioning the latter movement.

378   *Nicole Delbecque*

(34)   *Ella llevó rosas blancas y las dejó caer sobre el largo ataúd
        cuando* ya *iniciaba su descenso (Marías 1998: 245)*
        'She carried white roses and let them fall on the large coffin
        when it already initiated its descend'

In sum, *ya* invites us to look beyond apparently redundant, absurd or tautological statements to turn them into the instantiation of underlying scenarios.

3. The notion of programmatic base

As illustrated above, *ya* is an epistemically rooted monitoring device that mobilizes our knowledge and belief systems in a very peculiar way. It guides our interpretation by encoding the information conveyed as embedded in a larger global structure that counts as reference space and is inherently dynamic and procedural, i.e., crucially related to the conceptualisation and organization of the flux of time. This is why I have called it "programmatic".

The conditioning implied by the notion of "program" is defined by step-by-step progression following an overall plan or scheme, with a schedule for the different stages. The sequences are ordered according to an underlying scale. Since the intervals derive their full sense from one another, their conception is rather complex. Therefore, knowledge of the program involves different dimensions: how it is segmented, how many intervals it counts, which are the central ones, which are liable to be skipped, which cannot be dispensed with, how are they ordered, which is the habitual rhythm at which they succeed each other, etc. Moreover, many programs do not stand alone, but evolve in parallel with others, and can be sub-programs of some vaster program.

The way we perceive programmatic issues is very much rooted in internalised cognitive models. Beyond the flux of time and the universal experience of natural cycles (e.g., planetary, botanic, biological or genetic ones), our internalised cognitive models filter the way we conceptualise the course of time and the cyclic processes that surround us and in which we are ourselves involved. Notions as evolving time, time constraints, time management, and the like, vary from one culture to another. Even within one's own culture it may be difficult to discern whether some structuring is given by nature, inherited by tradition, or part of a personal

Spanish ya: a mental space account   379

life style. It remains to be investigated whether there are languages that distinguish the source or level at which the programmatic base is operational. Spanish *ya* solely acknowledges that some kind of programmatic structuring is going on: it functions as a "space opener".[8]

Frames imposed by nature, habit or culturally entrenched conventions are easy to identify. The clearest case in point is that of co-occurrence patterns related to the course of time (3.1.). For knowledge and belief systems that involve more complex adjustments, the mental calculus may be harder to pinpoint. Still, the same logic is at work in modelling time management (3.2.) and bridging gaps in linguistic representation (3.3.).

3.1. Acknowledging the effects of the course of time

The course of time constitutes a universally given programmatic base. One need not be a philosopher to be profoundly impressed by the way evolution over time interferes with our attempts to make sense of our experiences. Among the phenomena the beginning and endpoint of which are beyond reach figure the rhythm of the days and the seasons, the perpetual flux of biological and botanic cycles, etc.

Turning to *ya* is a way of showing awareness of the cyclic nature of a phenomenon, no matter when it occurs, at an unusual or at the habitual time (35a). When there is no need to signal this awareness, as is the case in definitional statements, *ya* is not used (35b-c). If *ya* were to simply mark temporal precedence, it should be compatible with the temporal adverb *antes* 'before'; however, (c) behaves in exactly the same way as (b), with the opposite temporal orientation.

(35)　a.　{Ya / *?Ø} *oscurece.*
　　　　　　Yet obscures
　　　　　　'It's getting dark'
　　　b.　*En verano* {Ø / *ya} *oscurece más tarde que en invierno*
　　　　　　'In summer it darkens later than in winter'
　　　c.　*En invierno* {Ø / *ya} *oscurece antes que en verano*
　　　　　　'In winter it darkens sooner than in summer'

8.　By analogy with the notion of "space builder" introduced by Fauconnier (1985).

380   *Nicole Delbecque*

Our conception of a cycle is that of a program: we perceive a complex dynamic and ordered structure, built up according to a specific internal logic and gradually evolving at its proper pace. It can, therefore, also be schematically conceived of as a trajectory going from start to endpoint. The human life span, for instance, is conditioned by a biological cycle, going from birth to death, passing over a number of stages: childhood, adolescence, adulthood, etc. The course of life naturally evolves from less to more maturity, from young to old age, and, culturally speaking, from less to more knowledge, authority, wisdom. With time, experience adds up, for better or for worse, i.e., the underlying scale can be connoted either positively or negatively, according to specific cultural standards. To determine the evaluative orientation, we turn to context. Leaving aside the intricacies of the nature-nurture dilemma, human appearance and behaviour is clearly marked by numerous expectations throughout lifetime.

In fairy tales, for instance, age is easily invoked to evaluate a character's behaviour: in (36a) the girl finds herself too big to keep playing around, in (36b) the mismatch discerned by the mother is also justified by her daughter's age. The presence of *ya* converts age into part of a pregiven scenario in which there is a time for everything. In other words, by focusing on age, *ya* turns it into a scaled domain to figure out the desirability of some behaviour. More than just suggesting that one is, e.g., '(un)ripe' for her age, *ya* evokes age as a conditioning factor for all sorts of scenarios. Age thus becomes a criterion for licensing or rejecting specific behaviour.

(36) a.   – Ya *estoy yo grandullona para andar saltando a los dubles – le explicaba luego a su madre. (Martín Gaite 1999: 83)*
'– I am already big to spring with the skipping-rope – she later explained to her mother.'

 b.   – *La niña me preocupa, Eduardo.* Ya *va a hacer once años y está en estado salvaje. (Martín Gaite 1999: 68)*
'– The girl preoccupies me, Eduardo. She is nearly eleven and she is in a salvage state.'

These examples show that, rather than being confined to one sole dimension, the underlying programmatic base often puts into play various dimensions that mutually condition one another.

Spanish ya*: a mental space account*   381

3.2. Framing time management

Human life is characterized by the enactment of all sorts of processes: cyclic ones (sleeping, eating, working, etc.) and also non-cyclic ones (travelling, shopping, meeting someone, etc.), the time rate of which is susceptible of being subjectively extended or reduced. It is therefore tempting to endow *ya* with various time management functions. In single statements, however, *ya* does not necessarily map a particular event on a general life style, nor does it directly relate to the ability to speed up or slow down the rhythm at with an action chain gets instantiated. There are other means for inducing generalization and for modulating rhythm. The way *ya* frames time management is by relating an activity to a programmatic space. Nothing more, nothing less.

In (37), all *ya* suggests is that the buying is part of a plan, viz., that of bringing the execution of the recipe to a good end. Hence, it would be awkward to add 'but I don't know why'. However, this does not imply that one regularly bakes cakes, or that this step has been taken in a quick fashion, let alone quicker than expected. Nor does it warrant the inference that one is going to proceed any further. The latter inferences depend on further contextualization, and are just as possible without *ya*.

(37)   Ya *he comprado los ingredientes (??pero no sé por qué).*
          Yet have.1SG bought the ingredients (??but no know.1SG for what).
          'I already bought the ingredients (??but I don't know why').

Likewise, in (38), the presence of *ya* converts the reading into a procedural process; hence, the awkwardness of adding 'but now I stop'. However, it does not guarantee that one will respect the linearity of the book (from chapter one onwards) and will end up reading the whole book. This kind of implicatures does not rely on *ya* but on other contextual cues.

(38)   Ya *he leído dos capítulos (??pero ahora lo dejo).*
          Yet have.1SG red two chapters (??But now it leave.1SG).
          'I already have red two chapters (??But now I stop).

Ya maximizes a statement's informativity by convoking a programmatic frame. It is a way of signalling that some scrolling is going on beyond a possibly isolated observation. As such, it helps one transcending triviality

382   *Nicole Delbecque*

and can function   a powerful face-enhancing device. Adding *ya* to (39), indeed, makes even a person without any flying experience look acquainted with the habitual procedures.

(39)   {Ya / Ø} *han asentado la cerradura de la puerta.*
{*Ya* / Ø} have-3PL fixed the lock of the door.
'They have closed the door lock yet.'

For (40) different scenarios are imaginable. The change of state can be the effect of a diet, illness, age, etc. Using *ya* postulates an overall schematic structure with an internal logic and orientation. The dynamic dimension it adds to quantification suggests that the ulterior stages (after 'ten kilos') will be 'more of the same', i.e., more kilos to lose.

Preverbal position tends to put the burden of focalisation on the mental calculus of the predication time: it yields as default implicature that locking the door (39) and losing weight (40a) only took a relatively short lapse of time. Postverbal and utterance final position, on the other hand, rather maximize the focus on the stage or amount reached. Highlighting the significant character of the progress is then likely to trigger evaluative inferences in terms of advance on a schedule.

(40)   a.   *Paco* {ya / Ø} *ha perdido diez kilos*
Paco {yet / Ø} has lost ten kilos
'Paco has {already / Ø} lost ten kilos
b.   *Paco ha perdido* {ya / Ø} *diez kilos*
'Paco has lost {already / Ø} ten kilos
c.   *Paco ha perdido diez kilos* {ya / Ø}
'Paco has lost ten kilos {already / Ø}

However, no matter which of the two aspectual dimensions is most salient – the event-internal or the resulting one–, *ya* by itself does not warrant any conclusion as to the valorisation of the change of state, e.g., too quick or too much of a change to be healthy.

3.3. Bridging gaps in linguistic representation

Without *ya*, the choice of depicting a glass as half full or as half empty can be done irrespective of whether it is the result of an emptying or a

Spanish ya: *a mental space account*   383

filling process. Adding *ya*, however, necessarily links the filling scenario to 'half full' and the emptying one to 'half empty' (41). Again, projection onto a dynamic base is susceptible of yielding additional inferences concerning rhythm and type of behaviour, but these mechanisms have to be separated from the very meaning structure of *ya*.

(41)   *El vaso* {ya / Ø} *está medio* {*lleno* / *vacío*}
        'The glass is {already / Ø} half {full / empty}

In (42), *ya* qualifies the readiness of the girl as no coincidence. From the successive actions it can be induced as fitting the "dating scenario". In (43), *ya* alludes to the effect of a significant move of lady Krig toward the protagonist, thus activating the "seduction scenario".

(42)   – *Hará como una hora, cuando vino el señorito de la oficina. Ella* ya *estaba arreglada y se fueron. (Martín Gaite 1999: 105)*
        'I'll be about an hour, when the young lord came from the office. She was already prepared and they went off.'

(43)   *Protestó:*
        – *No es la oportunidad...*
        Pensó que debía irse, pero sin saber por qué se quedó.
        – *Oh, sí, es la oportunidad – afirmó con dulzura la señorita Krig, y él* ya *le sintió el aliento–. Quiero que sepa todo, desde el principio, lo mejor y lo peor. (Bioy Casares 1999: 170)*
        'He protested:
        – It is not the opportunity…
        He thought he should be leaving, but without knowing why he stayed.
        – Oh, yes, it is the opportunity – sweetly affirmed lady Krig, and he already felt her breath–. I want you to know everything, from the start, the best and the worst.'

The proposed analysis also solves the apparent temporal paradox of combining *ya* with present tense for future reference and past tense for present reference. The discrepancy between verb tense and temporal reference testifies to our capacity of mentally scrolling over the time vector to change viewpoint. *Ya* manifests awareness of the representational glidings and justifies them by projection onto a programmatic base.

384 *Nicole Delbecque*

Ya typically occurs with the anticipatively used present tense of move-ment verbs. The action presented as about to happen is then seen as a move within a larger scenario. In an overtly programmatic context, it would therefore be awkward not to use *ya*, e.g. (44), no matter whether the train arrives upon schedule or not. We need not have a cue on the exact nature of the next move, however, to understand that readiness to open the door, attend the phone, etc., extends to further participation in an evolving script (45a). Without *ya*, on the contrary, the actualisation of an isolated event does not imply that one is concerned by what is coming next (45b). To announce imminent action, the speaker can also use, e.g., *ahora mismo* 'right now' (45c), *enseguida* 'immediately' (45d). Howev-er, the latter do not relate to a programmatic base, and are therefore incompatible with *ya*.

(44)   {Ya / *∅} *viene el tren.*
        'The train is coming.'

(45)   a.   Ya *voy.*   b.   *Voy.*
              yet come-1SG   come-1SG
              'I'm coming.'   'I come.'

        c.   {Ya / *Ahora mismo* / ?*Ya *ahora mismo*} *voy.*
              'I'm coming right now.'

        d.   {*Ya / ∅} *voy* {*enseguida* / *dentro de 5 minutos*}
              'I'm coming {immediately / in 5 minutes}.'

The effect of enhancing performativity is especially salient in (46): by this ritual question the shop assistant displays awareness of the script; hence, the politeness formula keeps its reciprocal face-preserving value even when the customer has been waiting for quite some time.

(46)   *¿Ya le atienden?*
        'Are they already attending you?'

The mental calculus introduced by means of *ya* invites the hearer to subjectively construe temporal unfolding in order to make sense of mis-matches between tense and realisation time. A result that is still to come thus gets conceived of as already attained (47). Without *ya*, it would be nonsensical to project into the utterance time the temporal perspective of an event that is still to happen. Example (48) is another such conventional

Spanish ya: *a mental space account*   385

formula that actualises a potential future event: it implies volitional intervention for something that, strictly speaking, remains out of control at the moment of speech.

(47) Ya *está.*
      'It's over.' / 'It's alright'
(48) {Ya / Ø} *nos vemos.*
      {yet / Ø} REFL.CLIT see-1PL
      {'We'll be seeing each other.' / 'Bye bye.'}

When using *ya* with future tense, the speaker expresses commitment to the realization of (part of) a program: without further specification, the default interpretation of (49) is "on time" for what is supposed to happen next. Hence *ya* also typically enhances words of consolation (50).

(49) *Ya me levantaré. (= a tiempo)*
      'I'll get up.' (= on time)
(50) *–¿Apenado? Ya pasará. (Bioy Casares 1999: 170)*
      '–Hurt? It'll go over.'

Using the past perfect is even more forceful, since it turns prospect into retrospect. The speaker then does as if (s)he were picking up an event from the narrated world. By projecting the programmatic perspective into the past, it is as if the event were already realized as part of a program one need not bother about any more. While *ya está* (51b) envisages an ulterior stage as already reached here and now, *ya pasó* (51a, 51c) relegates it outside the realm of the speech moment to put it behind us and making it feel as fully overcome.[9]

(51) *Dura todo demasiado o no hay forma de acabar con nada,*
      cada cosa concluida es abono para la siguiente o para otra
      inesperada y lejana y quizá por eso nos fatigamos tanto, al
      sentir que la precaria solución de las madres no es verdad en
      modo alguno, 'Ya (a) pasó, ya *(b) está,* ya *(c) pasó'. Más*
      bien nada pasa ni nada está ni nada pasa, y nada hay que

---

9. For something that has just happened, the past perfect signals one has left it behind and is already in the following stage.

386   Nicole Delbecque

> *no sea como el lento relevo de luces que veo a veces desde*
> *mis ventanas mientras no me duermo o* ya *(d) estoy despierto*
> *y miro hacia la plaza (...) (Marías 1998: 280)*
> 'Everything lasts too long and there is no way of putting an end to
> anything, every thing that ends is manure for the following or for
> another unexpected and remote one, and that's perhaps why we
> feel so bad when seeing that the precarious solution of the moth-
> ers is by no means truthful, 'It's over yet (a), it's okay now (b),
> it's alright now (c)'. In fact nothing gets over, nothing is okay nor
> alright, and there is nothing that is not like the slow takeover of
> lights that I sometimes see from my windows when I do not sleep
> or when I am already (d) awake and look toward the plaza (…)'

Ya makes mismatches between reference time and verbal tense perfectly
coherent. More than just inflecting verbal aspect (as e.g. Ocampo &
Ocampo 2000 hold), it institutes a programmatically construed vision. The
type of predicate, its tense, and context further orient the subjective
adjustments having to do with aspect (e.g., resulting state vs. inception of
a change of state), rhythm (speeding up or slowing down), and expectations (e.g., hopes vs. fears).

4. Conclusion

Ya is a focus marker which induces a programmatic reading. Besides
making the sequence it punctuates more prominent than the surrounding
ones, and beyond the seemingly redundant reinforcement of temporal,
aspectual, and modal values already conveyed by other elements of the
utterance and/or speech context, *ya* brings in a dynamic profile/base
structure which can be nicely grasped in mental space terms: it situates
the scoped proposition (or attribute) in the perspective of a more ample
programmatic base, thus inviting the hearer/reader to look beyond the
threshold of the current discourse space and its immediate base, to map it
onto a higher-level oriented structure.

This programmatic base is often far more complex than the simple
binary contrast between *before* and *after*. It does not require the stages
to be clearly delineated nor distinct from one another, and various subrou-
tines may be running at the same time. The fact that *ya* embraces a
wider scope explains why it is not aprioristically submitted to temporal

Spanish ya: *a mental space account* 387

contrast with respect to an immediately preceding stage (unlike the ety-mologically related French form *déjà* 'already'). In other words, the achieved "positivity" expressed by means of *ya* holds regardless of whether the threshold is crossed contrastively – at the expense of a "negative" counterpart (in (5), e.g., "not seeing") -, or hyperbolically, i.e. with respect to a simple, non-marked positivity ("seeing without instantiating the setting").[10]

Whether there is discontinuity primarily depends on the predicate, not on the presence of *ya* (pace Resano 2000). The idea of boundary crossing is present in both versions of (52): by mapping the attribute value *ser perceptible* 'be perceptible' on a dynamic base, *ya* signals that the subject entity *efervescencia* 'effervescence' is chosen *en connaissance de cause*, in connection with a military ICM. The inference that more is to come operates independently from any specific expectation pattern on the part of the speaker, the hearer or the inhabitants of the location.

(52)   *La efervescencia militar era {ya / ∅} perceptible.*
        'The military effervescence was {already / ∅} perceptible.'

By itself *ya* does not indicate whether the matter it highlights corresponds to a common or individual belief system, or whether it comes as a surprise for any of the involved parties. What *ya* invariably adds to the picture, though, is a dynamic perspective. This is rhetorically very handy since vague, movable and sliding boundaries allow for great flexibility and different sorts of adjustments. *Ya* does not impose an absolute view, nor does it stringently orient towards any kind of clear-cut inference. It indicates that a state of affairs is being conceived of in terms of progress and understood in relation to a naturally or conventionally structured and oriented process. Example (53) is therefore particularly illustrative: this well-known Spanish antiterrorist slogan appeals to both public opinion and to the terrorists. The stress *ya* bears in this marked linear ordering leans on the intonation contour of the preceding element.

---

10. For *ya no* 'yet not / not anymore' the terms "positivity" vs. "negativity" are reversed.

388   *Nicole Delbecque*

(53)   *¡Basta ya!*
       Suffices yet
       'It's enough now!'

What does the focus marker add to the "attainment of a culmination point", a meaning already conveyed by the predicate *bastar* 'suffice'? It renders the message more consensual by showing awareness that there is no inherent endpoint to the spiral of violence and that it takes some counterforce to stop it. At the same time *¡Basta ya!* is less harsh than *¡Basta!*, because it does not refer to the endpoint in absolute terms, but gives way to possible disagreement as to the gravity and quantity of the actions perpetrated by the separatist movement. In other words, the stage reached may be evaluated differently among the citizens, depending on their ideas and on how well they are informed. Yet, all will understand that the process has gone "far enough" and that the tolerance level should be put at the stage reached. *Ya* is thus a most effective argumentative tool!

Literary sources

Bioy Casares, Adolfo
    1999   *Historias fantásticas*. Madrid: Alianza 1999.
Marías, Javier
    1998   *Negra espalda del tiempo*. Madrid: Alfaguara.
Martín Gaite, Carmen
    1999   *Cuéntame*. Madrid: Espasa Calpe.

References

DEA
    1999   *Diccionario del español actual, elaborado por Manuel Seco, Olimpia
                    Andrés y Gabino Ramos*. Madrid: Aguilar, 2 vols.
DUE
    1996   *Diccionario de uso del español, realizado por María Moliner*. Madrid:
                    Gredos (cd-rom).
Fauconnier, Gilles
    1985   *Mental Spaces*. Cambridge (Mass.): M.I.T. Press.
Fillmore, J. Charles
    1985   Frames and the Semantics of Understanding. *Quaderni di Semantica* 6
                    (2): 222-254.

Spanish ya: *a mental space account* 389

García Fernández, Luis
 1999   Los complementos adverbiales temporales. La subordinación temporal. GDLE, Chapter 48, 3129-3208.

Garrido Medina, Joaquín
 1992   Expectations in Spanish and German Adverbs of Change. *Folia Linguistica* 26, 3-4: 357-402.

GDLE
 1999   *Gramática Descriptiva de la Lengua Española*. Dir.: Bosque, Ignacio & Demonte, Violeta. Madrid: Espasa.

Girón Alconchel, José Luis
 1991   *Tiempo, modalidad y adverbio*. Salamanca: Ediciones Universidad de Salamanca.

Goffman, Erving
 1974   *Frame Analysis*. New York: Harper and Row.

Kovacci, Ofelia
 1999   El adverbio. GDLE, Chapter 11, 705-786.

Langacker, W. Ronald
 2003   Dynamicity, Fictivity, and Scanning: The Imaginative Basis of Logic and Linguistic Meaning. *Korean Linguistics* 18: 1-64.

Martín Zorraquino, Mª Antonia & José Portolés Lázaro
 1999   Los marcadores del discurso. GDLE, Chapter 63, 4051-4214.

Ocampo, Alicia M. & Francisco A. Ocampo
 2000   Un hito en el discurso: significado y mensajes de 'ya': Evidencia del español rioplatense. *Foro Hispánico* 17: 83-94.

Resano, Antoine
 2000   *Aún* et *ya*: du continu au discontinu. In: Resano, A. (ed.): *Linguistique hispanique*, 305-316. Nantes: Université de Nantes.

Delocutividade e gramaticalização

Miguel Gonçalves

Resumo

Tomando como exemplo *olha!,* interjeição cuja classe é bastante produtiva em português (Gonçalves 2002), considera-se tal formação, de acordo com a perspectiva que Anscombre (1982) adopta para caracterizar certas locuções verbais, como um *delocutivo formular,* já que a sua formação assenta numa expressão S1 que serve para realizar um acto ilocutório a propósito dum certo conteúdo, e cuja enunciação constitui um comportamento, ou marca uma atitude que não se reduz a tal acto em si mesmo. A expressão S1 origina, então, o nascimento duma nova expressão (formalmente idêntica a S1 ou ligeiramente diferente) que funciona como marcador deste acto ou desta atitude.

Ora, confrontando a mudança de sentido operada e a forma como ela se processa, sobretudo no que toca aos resultados pragmático-discursivos obtidos, com a doutrina estabelecida quer por funcionalistas quer por cognitivistas para caracterizar o processo de *gramaticalização* – invariavelmente associada a uma mudança semântica (sob a forma de des-referencialização, abstracção e *subjectificação*), e também a uma recategorização sintáctica ou morfossintáctica (Hopper & Traugott 1993) –, se a referida interjeição é, a um só tempo, não só um claro exemplo deste processo de *gramaticalização* e até de *pragmatização,* é ainda, pelo menos no que toca aos exemplos convocados, igualmente ilucidativa de como os conceitos em questão, apesar de provenientes de modelos linguísticos diversos, problematizam, neste particular, se não nítida complementaridade, pelo menos assinalável e inesperada convergência.

Palavras-chave: delocutividade, fórmula, gramaticalização, subjectivização, pragmatização.

392   *Miguel Gonçalves*

1. O fenómeno da delocutividade [1]

1.1. Derivação e delocutividade

Foi para responder a algumas objecções que a *hipótese ascritivista* [2] coloca que Anscombre e Ducrot introduziram o conceito de delocutividade.

Em termos genéricos, o processo delocutivo ou, se preferirmos, a derivação delocutiva, pode ser apresentada como um caso particular da própria derivação em geral, bastando um só aspecto para distinguir os dois conceitos: se em "carrinho" é o sentido S_1 de "carro" que intervém no sentido S_2 da palavra derivada, na derivação delocutiva, ao contrário, S_2 é construído, não a partir do sentido, mas antes baseado em certas enunciações da expressão E_1. Com efeito, o conceito de delocutividade é assim definido por Anscombre & Ducrot (1983: 173):

> Une expression E_2 est dérivée par délocutivité d'une expression E_1, si d'une part le signifiant de E_2 est formé sur celui de E_1, et d'autre part, si le signifié S_2 de E_2 fait intervenir non pas le S_1 de E_1, mais une valeur pragmatique liée à l'énonciation de E_1 [3].

---

1. Retomamos, neste particular, o trabalho já desenvolvido em (Gonçalves 2002); aqui, porém, como se infere do próprio título da comunicação, fazemo-lo com um intuito algo diverso: articulá-lo com o processo de gramaticalização/pragmatização.
2. Entre as teorias linguísticas às quais a Teoria da Argumentação na Língua se opõe podemos contar, para além do *descritivismo* (Geach 1972, Lewis 1972)) e do *ascritivismo*, ainda os *minimalistas da argumentação* (Fauconnier 1976, Nølke 1983, Cornulier 1984, Martin 1985) e a *concepção lógica da argumentação*. Ducrot (1986: 127) define o *ascritivismo* como

   > [...] la théorie selon laquelle des adjectifs comme *gentil, bon*, etc, ne véhiculent aucune propriété. Ce sont des mots qui fondamentalement servent seulement à effectuer des actes de langage ou à rendre possibles des attitudes. Par exemple, dire *Pierre est gentil*, c'est effectuer à propos de Pierre un acte de recommendation.

   Sobre o debate entre o ascritivismo e o *descritivismo* para além de Geach (1972), veja-se ainda Searle (1969). Complementarmente, e em particular sobre a delocutividade e a argumentação, tenha-se presente Anscombre & Ducrot (1983) e Ducrot (1990).
3. Como o conceito de delocutividade é assumido de forma quase recorrente pelos autores, ora de forma individual ora em conjunto, assim é possível referenciá-lo, sob a forma de definição, não só noutros estudos (cf. Ducrot 1990: 36; Ducrot & Schaeffer (1995: 609), mas também nos próprios Seminários de Ducrot na EHESS (1995-1996 e 1996-97).

Delocutividade e gramaticalização 393

Apresentado o fenómeno da delocutividade como um caso particular de derivação, vejamos como se articulam os conceitos de derivação sincrónica e de derivação diacrónica com os seus correspondentes em termos de delocutividade, fixando-nos, para tal, na seguinte representação: $M = (F, S)$.

M = lexema simples ou complexo

F = uma "forma linguística"

S = um "sentido"

← = derivado de

Qualquer tipo de relação (sincrónica ou diacrónica) que se estabeleça entre um M_1 e um M_2 pode dizer respeito a F, a S, ou a ambos.

Derivação sincrónica:

$M_2 = (F_2, S_2)$ ← $M_1 = (F1, S_1)$ e desde que sejam satisfeitas duas condições fundamentais:

    a) F_2 ← F_1 em termos morfológicos (incluindo os casos de derivação imprópria).

    b) No momento em questão, M_2 deve ser compreendido a partir de M_1 e não o inverso.

Derivação diacrónica:

M_2 ← M_1 se:

    a) Na história da língua em questão, M_2 é posterior a M_1.

    b) Aquando da sua formação, M_2 era um derivado sincrónico de M_1 [4].

Delocutivo sincrónico:

M_2 ← M_1 se:

    a) Morfologicamente M_2 ← M_1, mesmo em caso de derivação imprópria.

    b) O sentido de S_2 de M_2 se compreende relacionado com o acto produzido através de certas enunciações específicas de M_1.

---

4. Uma das ilações a tirar desta definição é a de que todo o derivado diacrónico não é necessariamente um derivado sincrónico, mesmo que num dado momento o tenha sido.

394   *Miguel Gonçalves*

Delocutivo diacrónico:
$M_2 \leftarrow M_1$ se:
a) M_2 é posterior a M_1.
b) No momento da sua aparição, M_2 é um delocutivo sincrónico de M_1.

1.2. Tipos de delocutivos

Na esteira de Benveniste, para quem o fenómeno da delocutividade compreende apenas os verbos cujo valor semântico deriva do sentido de uma locução, como *'salutare'* = dizer *Salus!*, *'negare'* = *Nec!*, *'autumare'* = *Autem!*, *'to encore'* = dizer *Encore!*, *'to okey'* = dizer *Okey*, *'saluer'* = dizer *salut!*, *'remercier'* = dizer *merci!*, mas verificando que este tipo de derivação não se limita apenas a esta categoria gramatical[5], e sem deixar de criticar algumas insuficiências quer em termos de análise quer até no tocante ao estabelecimento do próprio quadro metodológico, Anscombre (1979) não deixa, no entanto, de reconhecer a novidade e o interesse da proposta, mas vai apresentar outros tipos de delocutivos.

• *Delocutividade lexical:* locução ou fórmula → lexema
Compreende um processo de derivação cuja base (derivante) é uma fórmula ou uma locução e o derivado um lexema (ou morfema lexical): M_2 "désigne des objects, des propriétés ou des actions en rapport avec le fait d'énoncer" M_1 (Anscombre 1985: 176).
Integram-se aqui os delocutivos benvenistianos[6] – mas a fórmula pode aplicar-se também a substantivos, advérbios, etc. – tais como: *'bisser'* = *dire bis!*, *'pester'* = *dire peste!*, etc.

---

5. Os exemplos de formações delocutivas que antes comentámos são disso prova suficiente. Mais: como teremos oportunidade de repetir, admitida esta via de derivação, os exemplos tornam-se praticamente infindáveis (cf., por exemplo, "enxotar", formado a partir de *Xô!*).

6. Em definitivo, o problema que Benveniste não resolve cabalmente é este: ao alicerçar o conceito que introduz na destrinça fundamental entre *'dire'* e *'faire'* — só é delocutivo o verbo que estiver numa relação de *'dire'* e jamais numa de *'faire'* com a locução (*X -er = dire : 'X'!'*, que estatuto é atribuído a *'dire'* nesta formulação? *'Remercier'* consistirá apenas em dizer *'Merci!'* É a partir da manifesta diversidade de interpretações que a forma *'dire'* pode receber, e que o texto de Benveniste não distingue nem esclarece, que Anscombre, para a desambiguizar, fala de *'dire$_1$'*, e *'dire$_2$'* (delocutividades lexicais diacrónica e sincrónicas), *'dire$_3$'* (menção) e *'dire$_4$'* (citatividade) (cf. Anscombre 1985a).

Delocutividade e gramaticalização   395

Apresentado o conceito de delocutividade lexical, e a partir deste tronco comum, Anscombre propõe duas novas formas de delocutividade: a *formular* e a *generalizada*.

• *Delocutividade formular:* lexema → fórmula

Neste caso, estamos em presença dum processo inverso do anterior: nas palavras do próprio Anscombre, trata-se duma derivação a partir do valor lexical, para se criar "une valeur énonciative différente de celle que laissait prévoir la valeur lexicale" (1981: 89): M_2 "est un délocutif formulaire si M_2 d'une part est un délocutif, et d'autre part est une formule" (1985: 175).

Entre os delocutivos formulares apresentados por Anscombre, salientaremos os performativos usados numa fórmula do tipo '*Je x que / de p*', em que *x* é um verbo no presente do indicativo e *p* uma proposição: '*Je te promets de venir demain*'. Mas a delocutividade formular, conforme deixámos antever, diz também respeito à passagem duma fórmula a uma outra fórmula, assim como a fórmulas de cortesia, interjeições e frases completas em uso formular.

• *Delocutividade generalizada:* lexema → fórmula → lexema

Este tipo de delocutividade representa um ciclo completo, composto por cinco[7] estádios, a partir da combinação possível duma delocutividade formular e duma delocutividade lexical:

A – Os morfemas m_1, m_2, ..., m_n duma língua podem ter, entre outros, os valores semânticos s_1, s_2, ..., s_n.

B – Por força do hábito, passamos a utilizar uma certa expressão ou fórmula F $(m_1, m_2, ..., m_n)$ que tem o seu valor semântico S_1 e na

---

7. Em "Délocutivité benvenistienne, délocutivité généralisée et performativité" (1979a: 72 e ss), Anscombre menciona apenas quatro etapas mas, voltando ao assunto logo na publicação seguinte, postula a existência de mais uma, número que manterá posteriormente, como se verifica em "Voulez-vous dériver avec moi?" (1980: 115) e nomeadamente em "Marqueurs et hypermarqueurs de dérivation illocutoire: notions et problèmes" (1981).

É claro que não é indiferente postular a existência de quatro ou cinco etapas, sobretudo se tivermos em conta as dificuldades que experimentamos para distinguir entre o *Estádio C* e o *D*.

O esquema que Anscombre propõe tem algumas afinidades com algumas ideias já antes avançadas por Cornulier, e sobretudo por Ducrot (1972).

396 Miguel Gonçalves

enunciação da qual m_1, m_2,..., m_n, possuem os valores semânticos S_1, S_2,..., S_n, para realizar um acto ilocutório alusivo I, sob a forma *conversacional*, através do concurso duma lei de discurso L.

C – É construído um morfema complexo F^* cujo valor semântico S^* contém uma alusão ao uso de F $(m_1, m_2,..., m_n)$ citado em B.

D – Os usos de $F(m_1, m_2, ...m_n)$, citados no estádio anterior, são relidos dando a F o valor de S^*.

E – Os usos de $F(m_1, m_2,..., m_n)$ do estádio C são relidos atribuindo a F o valor S^*.[8]

• *Sobredelocutividade:* [lexema → fórmula → lexema]

Como se depreende do esquema anterior, este tipo de delocutividade consiste na formação dum novo delocutivo a partir da base dum delocutivo generalizado.

Expostos, sucintamente, os diversos tipos de delocutividade, vejamos agora como eles operam relativamente ao fenómeno interjectivo.

2. *Olha!* como delocutivo formular

A ajuizar pelo número de interjeições facilmente recenseáveis – *safa!*, *desanda!*, *livra!*, *toma!*, *andar!*, *basta!*, *calou!*, *jejuarás!*, *vá!*, *morra!*, *vamos!*, *vejamos!*, *viva!* – e não obstante poderem derivar de modos ou tempos verbais diversos –, *olha!* corresponde a um processo de formação bastante produtivo em português.

De acordo com a tipologia estabelecida por Anscombre para caracterizar certas locuções verbais, esta interjeição pode ser definida como um *delocutivo formular*. A formação de tais delocutivos, assenta, como vimos, numa expressão S_1 que serve para realizar um acto ilocutório

---

8. Em Gonçalves (2002: 311 e ss) exemplificamos como se processa tal evolução, por exemplo com verbo (francês) *"supplier"*.

A combinação de delocutividades de que fálamos dá-se nos seguintes estádios: entre *A* e *D* (inclusivé) a delocutividade é de tipo formular; de *D* (inclusivé) a *E*, temos uma delocutividade lexical. Quer isto dizer que o *Estádio D* é comum a ambos os tipos de delocutividade.

Este tipo de delocutividade processa-se, frequentemente, sob a forma de evolução diacrónica. Assim, se um morfema vence as três primeiras etapas teremos como resultado um derivado delocutivo, ficando reservada a designação de *auto-delocutividade* para as etapas *C* e *D*.

Delocutividade e gramaticalização 397

a propósito dum certo conteúdo; é sabido, também, que este acto pode ser uma ordem, um pedido, uma informação, etc; o facto de realizar este acto (i. é, a enunciação) constitui um comportamento ou marca uma atitude que não se reduz a este acto em si mesmo. A expressão S_1 origina então o nascimento duma expressão nova (formalmente idêntica a S_1 ou ligeiramente diferente) que funciona essencialmente como marcador deste comportamento ou desta atitude[9].

Com efeito, também *olha!* antes de atingir o estádio de interjeição que marca uma certa forma de reprovação, indignação, incredulidade, cepticismo, tinha o sentido do imperativo do verbo *olhar*, *observar*, *ver*, sentido que ainda encontramos no seu emprego sob a forma de verbo transitivo quer o complemento directo esteja explícito quer apenas implícito. Este deslocamento (deslize) de sentido ter-se-á operado em duas etapas fundamentais e progressivas:

S_1 (*Olha*: imperativo do verbo "olhar") – ao utilizar esta forma verbal L_1 pode veicular através dela, genericamente, a realização de diversos actos de discurso. Aqui, ordena a L_2 que examine um objecto, um problema, uma situação. S_1 tem pois por sentido a realização dum acto ilocutório particular.

S_2 (*olha!*: interjeição) – L_1 manifesta uma atitude de contestação, de desacordo, de reprovação, de ameaça, mais ou menos veladas, perante L_2, (convocando-o a alterar ou a inflectir o seu ponto de vista sobre um determinado problema, assunto, etc.).

Esta passagem de S_1 a S_2 explica-se pelo facto de, uma vez que uma ordem nunca é totalmente gratuita, L_1 serve-se desta prerrogativa para, enquanto ordena a L_2 que examine consigo uma questão (pondere uma questão), não deixar escapar a oportunidade de, em simultâneo, fazer com que ele adopte uma nova atitude. A finalidade do acto ilocutório efectuado em S_1 torna-se assim o sentido de S_2.

---

9. Entre outros, podemos incluir aqui *bom dia* que originariamente teria o significado de desejar um bom dia a alguém e que hodiernamente, perdido este sentido, apenas serve para saudar (como fórmula de saudação). É ainda este processo que está presente na formação de interjeições como *diabo!*, *viva o rei!*.

398 *Miguel Gonçalves*

3. De *olha* a *olha*!: Graus de delocutivização ou de gramaticalização/pragmatização? [10]

(1) – *O professor ainda não chegou.*
     – *Olha!* (C. A.) [11]

Se estivermos de acordo com os pressupostos teóricos adoptados no tocante à forma de podermos apreender o(s) sentido(s) de determinado enunciado, prefiguram-se como continuações plausíveis para a réplica de L_2 – *Olha!* – certamente estas:

   a. – *Olha!* (É-me indiferente... Já não tencionava mesmo ir à aula)
   b. – *Olha!* (Ora vê? / Disseste muito bem, '*ainda não chegou*', mas...)
   c. – *Olha!* (É verdade. Quem diria!... Logo ele que é um acérrimo defensor da pontualidade kantiana).
   d. – *Olha!* (Não é possível!)

Com efeito, podemos atribuir quatro sentidos diferentes à intervenção de L_2: expressão de surpresa sincera (c.), de eventual ironia (d.), de desinteresse pela observação/constatação (a.) e, até, de refutação/correcção dela mesma (L_2 vendo, entretanto, o professor a aproximar-se, *corrige* L_1, assinalando-lhe de imediato a chegada) (b.).

A diversidade de sentidos aqui patenteada por *olha!* inviabiliza, pois, qualquer tentativa de lhe atribuirmos, nestas circunstâncias, um conteúdo lexical ou explícito próprios [12]. A especificidade de sentido radicará, ou

---

10. Damos como adquirida a estabilidade definicional que os últimos conceitos apresentam, a partir dos estudos quer de funcionalistas quer de cognitivistas. Veja-se Cifuentes Honrubia (2003), Hopper & Traugott (1993), Traugott & König (1991) .
11. Assinalamos desta forma (C. A.) os exemplos construídos pelo autor.
12. O facto de estar vedada às interjeições a possibilidade de representação conceptual bem assim como o de não possuírem um núcleo significativo que lhes pertença especificamente, não as inibe de poderem indicar ou de manifestar alguma coisa. Lembremos que elas se apresentam como uma espécie de *'grito arrancado'* pela situação ou pela representação duma situação e que é aqui que elas vêm não só buscar o seu potencial significativo, mas, em definitivo, a sua própria significação; e das duas propriedades complementares que segundo Ducrot et al. (1980: 133) podemos evidenciar como individualizadoras da interjeição, esta constitui a primeira, e é positiva. Cf. também Gonçalves (1997).

Delocutividade e gramaticalização 399

advirá antes, do posicionamento operado pelo locutor em relação à própria situação de enunciação. Por isso dizemos que o *conteúdo manifestado* pela interjeição se refere antes de mais, e muito particularmente, à própria forma como o enunciador, qual actor, representa, assume o seu próprio papel; teatralização / encenação que se alimenta, em termos de sentido, da singularidade e da irrepetibilidade que definem, por natureza, cada situação.

Em definitivo, a interjeição individualiza-se, por um lado, pela apetência que manifesta para veicular uma determinada atitude do enunciador e, por outro, enquanto não se afirma como destinada a transmitir uma informação [13] (não obstante muitas vezes, o fito implícito do enunciador seja o de comunicar exactamente uma informação).

Não obstante os traços antes arrolados já configurarem, de certo modo, o semantismo da própria interjeição, resta saber se esse leque pode ser dilatado de forma a matizar e a atestar-lhe ainda outros efeitos de sentido[14]. Passemos a outros exemplos:

(2)   – *Olha, (tens aqui) a tua prenda!* (C. A.)

---

13. Relevada anteriormente (nota anterior) a primeira propriedade identificadora da interjeição, apresentemos agora a segunda (negativa): é ainda a propósito de determinados *'mots du dicours'* e muito concretamente em relação a 'décidément': *la classification dissimulée* que Ducrot et al., ao reafirmar que as principais preocupações deste capítulo se inscrevem na mesma linha das já manifestadas a propósito 'mais': *occupe-toi d'amélie* (cap. anterior), a enuncia logo em 1.:

> [...] nous étudions des mots qui ne sont pas destinés à apporter des informations, mais à marquer le rapport du locuteur et de la situation. (1980: 131)

Acrescente-se que, apesar de nem todas as expressões aqui estudadas integrarem, rigorosamente, o fenómeno interjectivo — ao contrário de *eh bien!* e de *décidément!* (também assimilado, com propriedade, a interjeição) — todos os restantes "mots du discours" servem para construir uma imagem da enunciação; constituem aquilo que por outras palavras — e à imagem do papel que desempenham *'les gestes de la parole'*, isto é, determinadas formas de entoação, de que fala Bally —, podemos designar por autenticadores do discurso: ao pronunciá-las fazemo-lo com tal investimento pessoal que facilmente fazemos perigar, ou desarmamos até, qualquer tentativa de desautorização (Ducrot & Schaeffer 1995: 607 e ss).

14. Nesta procura adoptaremos uma metodologia idêntica à utilizada por Hérique (1986).

400   Miguel Gonçalves

(3)   – *Houve um ponto em que eu, farto de tanto dinheiro lhes dar,
numa reunião virei-me para o Palma e disse-lhe assim: 'Olha,
está aqui, os meus últimos 100 francos'.* (Expresso R 97/5/24: 26)

(4)   – *Na casa de Brighton, uma portuguesa que em tempos servira
os pais de Mme. Henriette* [...] *é que a recomendara para
criada de sala. Cozinheira, vivia lá há uma dezena de anos e
falava como se fosse inglesa, sem saber escrever. Propôs-lhe:
"Se me ensinares dou-te um broche de oiro". Pois não ensinou*
[...]. *E vingando-se talvez de ter sido subalterna na casa dela, a
toda a hora a dar-lhe ordens, a recriminá-la. Bem dizia o
ditado: "Não sirvas a quem serviu nem peças a quem pediu".*
– *Olhe, das portuguesas que encontrei nesse país nenhuma foi
boa para mim.* (Braga: 47)

Nenhum dos sentidos anteriormente referenciados se encaixa na prática do locutor que pronuncia (2). Aqui, assistimos, antes de mais, a um
acto de oferta, de entrega presencial, dum objecto concreto a L_2, por
parte de L_1, que é acompanhada, simultaneamente, da indicação expressa, para o receber, e/ou segurar nas mãos, e que tem na forma *toma* um
substituto preferenciável [15]. Ao colocar no início da sua intervenção, estrategicamente, *olha*, L_1 muito mais do que de chamar a atenção de L_2 para
a importância do que vai ser dito imediatamente a seguir, visa, sobretudo,
e fundamentalmente, convocá-lo para participar na materialização duma
determinada *troca*, neste caso de algo que se supõe ser do agrado do
interlocutor, ainda que não necessariamente esperada por ele, mas desde
logo identificada como destinada a si.

Por sua vez, em (4) não há qualquer designação dum objecto concreto, nem qualquer outro tipo de referência material. Neste caso L_2 pontua
ou enfatiza o seu discurso, chama a atenção para algo, recorrendo a uma
fórmula de insistência.

---

15. Compare-se com:

Valinhas tirou umas tantas moedas da palma da mão:
— *Toma. E, se quiseres o resto, já sabes…* (Fonseca: 77)

Delocutividade e gramaticalização   401

Comparemos agora os dois exemplos seguintes:

(5)   – *Como eu desejava ter-te de volta! Sossega-me enviando-me uma lembrança, um objecto que estimes particularmente. Ou então, uma carta, mas perfumada...Olha! seja apenas um simples postal, mas teu!* (C. A.)

(6)   – *Olha, desde que aqui cheguei ele deve ter as orelhas a arder! Aquilo não é um homem, é o diabo!...* (C. A.)

Confrontada com a ausência prolongada de L_2, e prisioneira tanto das saudades crescentes como da nobreza do amor que lhe dedica $L_{1, em (5)}$, implora que este lhe testemunhe também a reciprocidade dos seus sentimentos. Como? Consciente da impossibilidade de lhe apressar o regresso – essa seria a prova maior – vai paulatinamente cedendo no tipo sinal de que roga. Entre o ideal impossível e o satisfatório tangível, consente na realização deste. Estamos perante uma ocorrência em que *olha* veicula um determinado acordo, uma anuência e, simultaneamente, introduz uma espécie de exemplo. Enquanto se presta ao primeiro tipo de desempenho aproxima-se dum ressumptivo de resignação ou de anuência, mas, cumulativamente, serve também de apoio a um exemplo, a uma prova. Com efeito, dos diversos exemplos de amor que L_1 gostava de receber *olha* anuncia aquele que em definitivo, lhe basta; daí, poder ser, sem dificuldade, parafraseado exactamente por *em suma, seja* e até pela estrutura anterior *ou então*.

À semelhança do exemplo anterior, também o *olha* presente em (6) poderá introduzir uma prova, um exemplo, uma opinião ou o simples recordar dum facto. Então, porque o dizemos distinto de (5)? Fundamentalmente, porque o sentido que aqui invoca ou reclama tem um nítido valor polémico; acrescenta um argumento, aponta um exemplo passível de alimentar ou até de exacerbar o desenrolar duma polémica, atira para o debate uma prova destinada a refutar. Com efeito, neste contexto, é-lhe conferido um semantismo com valor opositivo relativamente ao interlocutor e o enunciado que lhe serve de suporte deve também apelar a uma réplica, a uma crítica, a uma reposta que prossiga e prolongue a polémica. Em definitivo, um enunciado introduzido por este tipo de *olha* coloca-se, estrategicamente, numa dupla fronteira: evita funcionar como alavanca que favorece o início duma argumentação, mas esquiva-se também a pôr-lhe ponto final.

402 *Miguel Gonçalves*

Fixemos agora a nossa atenção em

(7)   *O Ambrósio era, decididamente, um abusador. Por isso, quando naquele dia, à saída do autocarro, dirigiu um piropo mais obsceno a Amélia, esta não esteve com meias medidas e zás:*
– Ai sim! Olha! – E deixou-lhe os dedos cravados na cara...
(C. A.)

Poderemos incluir o sentido que *olha!* apresenta aqui no conjunto dos já relevados ou urgirá antes continuar a alargar esse leque? Para encurtar caminho, adiantaremos que a resposta que propomos passa, antes de mais, por recuarmos até (2) e pelo confronto deste com o exemplo de que nos ocupamos agora. Tal como na altura afirmámos, também aqui se impõe como substituto de *olha!* a forma *toma!*, mas agora com um sentido algo diverso. Enquanto em (2), podemos falar da forma *olha* com complemento directo subentendido (Olha [isto], ...) (e daí aceitar *toma* como equivalente não interjectivo), aqui o uso de *olha!* (e por conseguinte de *toma!*), inviabilizam a sua interpretação transitiva. Se L_2 [(7)] (Amélia) ao sentir-se ofendida na sua qualidade de mulher, tivesse respondido à provocação optando antes pela explicitação do objecto que iria fazer intervir imediatamente a seguir à pronta resposta que contrapôs (– *Olha isto!* – enquanto estendida uma mão dirigida na direcção de L_1, e pronta a passar da ameaça à prática), faria perigar certamente os seus próprios intentos em termos de eficácia accional, pois alertaria previamente o interlocutor, que não deixaria escapar a oportunidade de interceptar a bofetada que ia a caminho. Em tais circunstâncias, seria de admitir que L_2, ainda possuidor de bons reflexos, e assim avisado das intenções de L_1, aceitasse o desafio segurando-lhe ou não o braço, e replicasse *(Ora / Então) dá?*, fazendo cair por terra, ou até ridicularizando, as intenções iniciais de L_1.

O que nos importa aqui realçar é que, tal como vimos em (2), continuamos a estar perante um acto de dar (uma bofetada a alguém), só que desta feita este sentido é *abstracto* pois não se trata mais dum objecto. Assim sendo, podemos falar dum sentido forjado a partir duma abstracção do primeiro (2), visto que L_1 recorre ao sentido concreto deste para operar uma transposição que lhe permita atingir o sentido de (7), ou seja, um sentido abstracto.

Delocutividade e gramaticalização 403

Trilhámos todo este caminho na busca de identificarmos as semelhanças mas também de destacarmos as diferenças que matizam os exemplos em confronto, porque, à primeira vista, a resposta que procurávamos, podia, em nosso entender, orientar-se, teoricamente, para as seguintes possibilidades: estarmos perante duas manifestações de sentido a partir dum traço ou tronco comum; tratar-se de dois sentidos de todo diversos que podíamos, sem mais, acrescentar ao conjunto já existente; apontar para sentidos diferentes mas apenas em termos de grau, ou, finalmente, lidarmos com a afirmação dum sentido primeiro a partir do qual se forja, por deriva, outro. Consequentes com a análise que propusemos, claro está que nos inclinamos para perfilhar a última hipótese.

Regressemos de novo, entretanto, ao nosso exemplário:

(8) *A situação, entre irmãos, precisava de ser negociada. Por um lado, a escapadela até ao jogo de futebol entre colegas de turma não podia chegar aos ouvidos dos pais – e é por isso que, neste particular, precisava de obter o silêncio do mais velho – , mas, por outro, também tinha ficado claro que a arrumação da cozinha e a passagem do aspirador na sala seria tarefa daquele. Só que o Pedro para fechar os olhos exigiu ao André a assunção da substituição da tarefa da criada, o que o deixou francamente exasperado:*
Pedro– Podes ir jogar ou fazer o que bem entenderes, mas antes de saíres já sabes o que te espera!
André – Olha!!! (C. A.)

Convocámos este exemplo porque a diferença de sentido que dissemos distinguir (7) de (2) nos suscitou mais uma pergunta: será possível encontrar outros usos de *olha!* baseados em processos diferenciadores análogos?

Recuando à descrição que avançámos para (5) e (6), temos novamente algumas indicações que autorizam e validam a nossa indagação, porquanto numa primeira aproximação ambos os sentidos de *olha!* se parecem confundir, não obstante a nítida diferença que depois lhes apontámos. Todavia, abandonando intencionalmente (5) e comparando apenas o segundo (6) com (8) a nossa hipótese ganha redobrado interesse.

O triplo sinal (ponto) de exclamação posposto a *olha!* e a pronúncia deste acompanhada dum forte investimento mímico, isto é, dum acentua-

404   *Miguel Gonçalves*

do (exacerbado) menear da cabeça – que pode perfeitamente substituir, ou então introduzir, um comentário do tipo: – *Não querias mais nada... Vai mandar outro! Então prefiro ficar em casa...* – conferem à interjeição uma autonomia absoluta, pois pode perfeitamente funcionar, ou melhor, funciona mesmo, como um enunciado independente.

L_2 reage assim clara e energicamente, sem ambiguidades e sem rodeios, à *proposta* considerada inaceitável; é, certamente, a forma de reacção que mais se aproxima do *'cri arraché'*, a mais espontânea, e por conseguinte aquela que melhor encontra a sua própria auto-justificação: "não podia reagir doutra forma…". Eis como se manifesta a atitude de locutor face a um enunciado. Mais: a resposta pronta, frontal, e até musculada que L_2 deu a L_1, constitui, por si só, um obstáculo a qualquer tentativa de réplica, à continuação do diálogo. Se isso eventualmente se verificasse, estaríamos por certo, em face duma ripostação de grau ainda maior e de consequências algo imprevisíveis: ameaça latente, do género: *Eu dou-te o olha!... E já que és mal educado, agora ainda que queiras, não sais mesmo e, de castigo, vais fazer a limpeza...*

Articulemos agora o exposto com a análise avançada para (6). Em nosso entender, a diferença que os individualiza aponta, novamente, para uma questão de nível ou de natureza gradativa: (8) acentua o sentido exibido em (6); neste, teríamos um sentido argumentativo faseado, gradual, progressivo; naquele, uma argumentação extrema, absoluta. Por outras palavras, o sentido de (8) condensa ou concentra, se assim podemos dizer, o sentido de (6). Em suma: argumentativo *normal* vs argumentativo *absoluto* parece ser a resposta para questão.

(9)   – *Julguei abrandá-lo com lhe explicar, suavíssimo, o encontro combinado. Era o Sena que tinha o pai no palco; era aderecista. E não fazia mal que eu fosse com ele ver aquilo: os camarins, a máquina... Mas Esteves formalizou-se de novo e então entrámos na bicha, na bilheteira. Estava o Bruno à vez:*
       – *Olha, quem! – exclamou, com um olhar simiesco, ao avistar--me.* (Nemésio:77)

O facto de (9) ser um dos sentidos mais comuns – usa-se, como tradicionalmente se afirma, para manifestar surpresa, admiração, espanto

Delocutividade e gramaticalização 405

– só em parte justificará a sua retoma, neste momento, de novo[16]. Ao fazê-lo agora, temos em mira a possibilidade que vislumbramos de o relacionar, exactamente, com o último sentido que a nossa incursão comporta. Seja, então:

(10) *O rompimento do namoro não tinha sido totalmente pacífico e, pior do que isso, Gilberto nunca compreendera bem o porquê dessa separação.*
Fazia já alguns anos, é certo, mas nem por isso podia deixar de lembrar, sobretudo, a injustiça das suas últimas palavras: "– Odeio-te! Estou farta de aturar! Sai da minha vida! Desaparece!..."
Quando, naquela noite, em pleno Algarve, se esbarrou com Patrícia à porta duma discoteca, não pôde deixar de exclamar: – Olha! Olha! Como o mundo é pequeno! Eu bem te dizia que ainda nos voltaríamos a encontrar... (C. A.)

Sabido que é que a repetição (de *olha!*) pode funcionar como um recurso opcional e/ou indicial cuja finalidade se reparte entre a intensificação de sentido e o auxílio interpretativo, e sem descartarmos a possibilidade latente de *olha!* veicular aqui também uma reacção de surpresa, não nos parece ser esse, nem de forma exclusiva, nem tão pouco principal, no entanto, o sentido da interjeição: a surpresa é certamente superada pela ironia (e quiçá até por alguma insinuação). Ao soltar este *olha!*, o locutor como que parece reler e por conseguinte reinterpretar, de forma particularmente crítica, a situação que motiva o uso da interjeição; diz uma coisa mas, em simultâneo, deixa antever, indicia que o seu pensamento não coincide com o que efectivamente disse. Como? Servindo-se, de forma simples ou combinada, da entoação, duma pausa ou, como no caso vertente, da repetição.

Antes de avançarmos mais na busca de evidenciarmos os diversos valores que podemos atribuir a *olha!*, aproveitemos os exemplos já co-

---

16. Trata-se, efectivamente, de uma retoma se tivermos em atenção o que afirmámos a propósito dos diversos sentidos que podemos atribuir a *olha!* de (1), nomeadamente, em d.), que dissemos ser de manifestação irónica.
É ainda o mesmo sentido, misturado com alguma ironia, que encontramos a seguir: *Olha o meu amigo Silva! Então, a fazer compras?* (T. & Q., 1998/02/06: 19)

406 *Miguel Gonçalves*

mentados para alinhavar uma primeira tentativa de síntese. Apontemos, pois, as principais distinções ou oposições de sentido encontradas: resulta claro que (2) e (7) se distinguem de todos os outros porque ao contrário destes, designam algo de material, um objecto; oposto é também, como vimos, não só o sentido de *olha!* em (6) e (5), mas ainda entre o daquele (6) e o de (4) – aqui trata-te duma pontuação funcional e assim admitida por L_1 e L_2; ao contrário, em (6) o sentido de *olha!* é fortemente modalizado –; finalmente, e a ainda a propósito do sentido de *olha!* em (6), este opõe-se a (2) pois, enquanto neste, como vimos, tem invariavelmente como referente um objecto material próximo, o sentido patente em (6) assenta antes numa abstracção, à imagem, aliás, do que se constata também em (4) e em (5). (23) distingue-se de (6) em termos de grau, enquanto o sentido deste se afasta de todos os demais ao chamar a si a manifestação extrema da subjectividade, de instaurar, inclusive, uma ruptura discursiva.

Convocados um-a-um, e independentemente de outros valores que ainda possamos atribuir a *olha!*, foram recenseados, até ao momento, oito sentidos que, mesmo segundo graus diversos, atestam uma relativa independência entre si. Atribuindo a cada um dos sentidos o respectivo número, teremos: *olha!*$_1$, *olha!*$_2$,.... *olha!*$_8$. Como definir, ou que critério utilizar, entretanto, para identificar cada um desses sentidos? Se prestarmos atenção ao tipo de acto efectuado pelo locutor na situação em que enuncia *olha!* veremos, ainda que de forma necessariamente muito esquemática, e quiçá reducionista até, que os oito sentidos seleccionados correspondem, *grosso modo*, aos seguintes actos do locutor; sigamos a ordem da apresentação que fizemos:

Tabela 1. Principais sentidos de *olha!*

(2)	o locutor dá, entrega, oferece (acompanha uma dádiva, uma entrega)
(4)	o locutor estabelece um contacto
(5)	apresenta uma justificação
(6)	defende uma opinião, um ponto de vista, uma ideia
(7)	activa uma situação
(8)	contesta, rebate o seu interlocutor
(9)	manifesta surpresa
(10)	ironiza, insinua

Delocutividade e gramaticalização   407

O passo seguinte podia consistir em designar, arbitrariamente, a ocorrência de *olha!* a que corresponde cada um dos presentes actos do locutor por um número, ou seja: (53) – *olha!*$_1$, (7) – *olha!*$_2$,...(43) – *olha!*$_8$.

Esta decisão, como aparentemente qualquer outra, podia ser aceite sem mais comentários. É apriorística, convenhamos, mas assim explicitada resguardar-se-ia de eventuais detractores. Porém, não resistimos à tentação de propor ou pelo menos esboçar outra alicerçada em argumentos mais elaborados. Para tal, vamos socorrer-nos, fundamentalmente, da descrição que propusemos para (2) e para (8). Conforme tivemos oportunidade de verificar, os sentidos que *olha!* assumem aí, representam, podemos dizer, os pólos extremos dos binómios objectivo (idade) / subjectivo(idade); concreto(ude) /abstracto(ção). Também relevámos a proximidade de sentido que existe entre *olha* enquanto forma verbal e o sentido patenteado em (2), o que nos autoriza a colocação do sentido deste no primeiro lugar da escala da objectividade; por sua vez, desnecessário será repetir que consideramos o sentido de *olha!* em (8) como aquele sobre o qual recai a maior carga de subjectividade, de *gramaticalização* – e por que não se *pragmatização* –, de entre todos os sentidos elencados; semantismo que o guinda, sem dificuldade, para o último ponto da escala. Por outro lado, tentámos compreender as afinidades e até a filiação de sentido que podemos encontrar entre (2) e (7), o que justificaria a sua inclusão em segundo lugar. Depois, utilizámos idêntico procedimento não só em relação a (5) e a (6), mas sobretudo entre este e (8), para finalizarmos a falar do confronto entre (9) e (10). Em face do exposto, configura-se a seguinte ordenação e a respectiva representação esquemática:

Tabela 2. Ordenação dos sentidos recenseados

(2)	o locutor dá, entrega, oferece	*Olha!*$_1$
(7)	activa uma situação	*Olha!*$_2$
(4)	o locutor estabelece um contacto	*Olha!*$_3$
(9)	manifesta surpresa	*Olha!*$_4$
(10)	ironiza, insinua	*Olha!*$_5$
(5)	apresenta uma justificação	*Olha!*$_6$
(6)	defende uma opinião, um ponto de vista, uma ideia	*Olha!*$_7$
(8)	contesta, rebate o seu interlocutor	*Olha!*$_8$

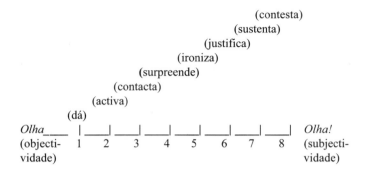

Figura 1. Graus de delocutivização/pragmatização de *olha*

4. Observações finais

Não obstante o resultado do percurso trilhado, e nomeadamente da proposta anterior, nos parecer satisfatório, apresentaremos ainda, à guiza de reflexão, outro enfoque cuja efeito também pode ser esclarecedor.

Sempre que *olha!* nos surge na estrutura de superfície dum enunciado, parece predestinado ou reservado a manifestar a ideia de algo que não podemos evitar, contornar, de algo particularmente rígido e fixo. Nestas circunstâncias, o papel do locutor face à situação enunciadora parece alinhar, para posterior exploração, por esta noção genérica de realidade delimitada e objectiva. Assim o vemos a agir de forma mais deliberada em *olha!*$_7$ e *olha!*$_8$, como já antes se havia assumido, mas agora de forma mais mitigada em *olha!*$_2$, *olha!*$_3$ e *olha!*$_4$, ou seja: o locutor ora apresenta uma coisa como inevitável por sua própria iniciativa, como nestes exemplos, ora a apresenta como objectiva, independente do seu próprio desejo, como acontece em *olha!*$_1$, *olha!*$_4$ e *olha!*$_5$. Este sentido de objectividade precede o querer do locutor e é precisamente aqui, a este sentido primeiro, originário, do ser das coisas, desta sua indiscutível existência, que ele vem buscar a *autoridade* para fundamentar a sua argumentação como acontece em *olha!*$_7$ e *olha!*$_8$.

Quer isto dizer que, recorrendo a este ângulo de observação, se perfila uma nova oportunidade de abordagem e, consequentemente, outra hipótese de estruturação dos diversos sentidos em presença.

Delocutividade e gramaticalização 409

Corpus

Braga, M. O. – *Estação Morta*. Lisboa: Editorial Vega, s/d.
Expresso (Revista) – Jornal Semanário. Edição de 95/5/24.
Fonseca, M. – *O Fogo e as Cinzas (Contos)*. Lisboa: Portugália Editora, 1965.
Nemésio, V. – *Obras Completas. Varande de Pilatos*. Lisboa: IN-CM, 1992.
Tal & Qual – Jornal Semanário. Edição de 98/02/06.

Referências

Anscombre, J.-C.
    1979   Délocutivité generalisé et rapports syntaxe/semantique. *Recherches Linguistiques* 8: 5-43.
    1979a   Délocutivité benvenistienne, délocutivité généralisée et performativité. *Langue Française* 42: 69-84.
    1980   Voulez-vous dériver avec moi? *Communications* 32: 61-124.
    1981   Marquers et hyparmarqueurs de derivation illocutoire: notions et problèmes. *Cahiers de Linguistique Française* 5: 75-125.
    1982   Un éssai de caracterisation de certaines locutions verbales. *Recherches Linguistiques*: 5-37.
    1985a   Onomatopées. Délocutivté et autres blablas. *Revue Romane* 20/2: 169-207.
    1985b   De l'énonciation au lexique: mention, citativité, délocutivité. *Langages* 80: 9-34.
Anscombre, J.-C. & O. Ducrot.
    1983   *L'Argumentation dans la Langue*. Bruxelles: Pierre Mardaga.
Austin, J. L.
    1962   *How to Do Things with Words*. Oxford: Oxford Press.
Benveniste, E.
    1966   *Problèmes de Linguistique Générale* I. Paris: Gallimard.
Cifuentes Honrubia, J. L.
    2003   *Locuciones Prepositivas. Sobre la gramaticalización preposicional en español*. Alicante: Universidad de Alicante.
Cornulier, B. de
    1984   Pour l'analyse minimaliste de certaines expressions de quantité. *Journal of Pragmatics* 8: 661-691.
Ducrot, O.
    1972   *Dire et ne pas Dire*. Paris: Mame.
    1986   Quand le langage ordinaire se donne comme langage scientifique. In: P. Quellet (ed.), *Les discours du Savoir*.
    1990   *Polifonía y Argumentación*. Colombia: Universidad del Valle.
Ducrot et al.
    1980   *Les Mots du Discours*. Paris: Minuit.

410   *Miguel Gonçalves*

Ducrot, O. & J. -M. Schaeffer
1995   *Nouveau Dictionnaire Encyclopédique des Sciences du Language.*
                Paris: Seuil.
Fauconnier, G.
1976   Remarques sur la théorie des phénomènes. *Semantikos* 1/3: 13-36.
Geach, P. T.
1972   *Logic Matters.* Oxford: Blackwell.
Gonçalves, M.
1997   Interjeição: o regresso à Gramática. *Actas do XII Encontro da APL*:
                139-148. Lisboa.
2002   *A Interjeição em Português. Contributo para uma abordagem em
                semântica discursiva.* Lisboa: FCT/FCGulbenkian.
Hare, R. M.
1970   Meaning and speech acts. *Philosophical Review* 79.
Hérique, E.
1986   Etude de l'interjection 'Tiens!': Contribution à l'étude de phénomène
                interjectif. Thèse pour le doctorat de Linguistique. Nancy: Université
                Nancy II.
Hopper, P. & Elisabeth C. Traugott
1993   *Grammaticalization.* Cambridge: Cambridge University Press.
Larcher, P.
1983   Dérivation délocutive, grammaire arabe, grammaire arabisante et
                grammaire de l'arabe. *Arabica* 30-3: 246-266.
Lewis, D.
1972   General semantics. In: D. Davidson & G. Harman (eds.*), Semantics of
                Natural Languages*, 169-218. Dordrecht.
Martin, R.
1985   Argumentation et sémantique des mondes possibles. *Revue Interna-
                tional de Philosophie* 155-4: 302:321.
Nølke, H.
1983   *Les Adverbs Paradigmatisants. Fonction et Analyse.* Copenhague:
                Akademic Forlag.
Ryle, G.
1978   *La Notion d'Esprit.* Paris: Payot (trad. franc. *de The Concept of Mind.*
                London, 1949).
Searle, J. R.
1969   *Speech Acts. An Essay in Philosophy of Language.* Cambridge: Cam-
                bridge University Press.
Traugott, E. C. & Ekkehard König
1991   The semantics-pragmatics of grammaticalization revisited. In:
                E. Traugott & B. Heine (eds.), *Approaches to Grammaticalization*,
                189-218. Amsterdam: John Benjamins.

Marcadores discursivos, aspecto y subjetividad

María Jesús González Fernández y
Ricardo Maldonado Soto

Resumen

El presente análisis se centra en un grupo de marcadores discursivos del español (*finalmente, al fin, por fin*) cuya base lexemática se desprende de la raíz *fin*. Dichos marcadores comparten el significado básico de cierre, así como la función de focalizar la fase terminal del evento. En concordancia con distintas aproximaciones cognoscitivas que reconocen el movimiento de lo referencial a lo discursivo y a lo pragmático (Bybee 1998; Sweetser 1990; Trauggott 1982; Hopper y Trauggott 1993; Langacker 1990), este trabajo explora la manera en que la ubicación específica del conceptualizador (C) determina distintos cambios de significado que van del valor referencial espacio-temporal hacia funciones de cohesión y secuenciación textual y, posteriormente, hacia valores de expectación y modalización discursiva. Nuestro análisis propone que son tres los factores léxicos, semánticos y sintácticos que determinan el desarrollo de valores modales de expectación y valoración en estas formas: a) el grado de transitividad del evento; b) la existencia de situaciones que presuponen un 'conflicto de fuerzas dinámicas' y c) el grado de telicidad del evento. El proceso se estructura como un continuum de acuerdo con un proceso de subjetivización que genera una progresiva incorporación del conceptualizador desde el exterior del evento al interior de la escena objetiva.

Palabras clave: conceptualizador, subjetivización, gramaticalización, transitividad, telicidad.

1. Introducción

Como propósito fundamental, este trabajo pretende mostrar la interrelación entre las nociones de secuencialidad temporal, aspectualidad perfectiva y expectación desde una perspectiva semántico-cognitiva. Nuestro análisis se centra en un grupo de marcadores discursivos del español que comparten la misma raíz lexemática (*finalmente,*

412 María González Fernández y Ricardo Maldonado

al fin, por fin[1]) cuya función semántico-pragmática básica es la de focalizar la fase terminal del evento.

Sin embargo, la noción de punto de vista terminal no es suficiente para explicar el hecho de que estas formas, y no otras relacionadas semánticamente con la noción de terminalidad (*por último, en fin, al fin y al cabo* y *al fin de cuentas*), hayan desarrollado un significado modal de expectación. A lo largo del trabajo se mostrará que la noción semántico-pragmática de expectación viene determinada por la configuración secuencial del evento y por la naturaleza aspectual perfectiva y completiva que poseen estas tres formas adverbiales. Mostraremos también que la configuración sintáctico-semántica del evento (particularmente las situaciones que presuponen un "conflicto de fuerzas dinámicas" y un alto grado de transitividad) es determinante para que dicha extensión pragmática pueda emerger.

La noción esquemática de **terminalidad** –"punto o porción terminal del discurso que cierra o concluye una enumeración, proceso o balance de ideas"– puede desglosarse en significados más específicos que se corresponden con valores discursivos concretos:

(1)   Cierre temporal de un evento organizado secuencialmente.
(2)   Cierre discursivo de una enumeración ordenada.
(3)   Cierre satisfactorio de un evento largamente esperado.
(4)   Cierre conclusivo/valorativo de una situación previa.

La siguiente serie de ejemplos[2] da cuenta de los cuatro valores anteriormente propuestos:

---

1. Las formas mencionadas se han clasificado tradicionalmente dentro de la categoría de los "adverbios de orden" (RAE 1924: §166g; 1931: §169g; Alonso y Henríquez Ureña [1938] 1971: §207) o en la amplia categoría de las locuciones adverbiales (RAE: 1931: §172. Otros modelos más recientes han reconocido su valor de "ordenadores del discurso" (Alcina y Blecua 1975: §4.9.1.1), de "enlaces extraoracionales" o "supraoracionales" (Gili Gaya [1943] 1990: cap. XXIV, §251; Fuentes Rodríguez 1987, 1996) o su incidencia oracional deíctica como "enumerativos" (Egea 1979: 209-212). Para una revisión detallada sobre el tema (Portolés Lázaro 1994;. Martín Zorraquino y Montolío Durán 1998).

2. Los ejemplos que aparecen citados a lo largo de este trabajo pertenecen, en su mayor parte, al *Corpus del español mexicano contemporáneo* (Cemc) elaborado para el Diccionario del Español de México (DEM), 1975.

Marcadores discursivos, aspecto y subjetividad 413

(1) *Si los procesos coordinados del desarrollo tienen lugar donde hay suficiente agua, oxígeno...se puede esperar que la planta crezca y **finalmente** se reproduzca (Cemc 4044260139)*

(2) *En primer lugar debes organizar los datos, después clasificarlos y establecer categorías. **Finalmente** establecerás los patrones generales de comportamiento.*

(3) *No sé si acabará por ocurrir algo que saque a nuestros escritores del letargo en que se encuentran sumidos y se decidan, **finalmente/por fin/al fin**, a tomar una participación más activa...*

(4) a. *...entonces se trata de encauzar todas estas inquietudes en un sendero... y ha sido, **finalmente**, que se formen una ideología propia, mexicana. (Cemc 665393182)*

      b. *Sí, perdimos, ya sé, pero **finalmente** no fue tanto dinero.*

Los ejemplos (1-4) responden a un **continuum de gramaticalización** que se estructura como sigue:

Escala 1. continuum de gramaticalización

> **1. cierre espacial > 2. cierre temporal > 3.** resultado previsible de un proceso secuencializado **> 4.a. consecución de una meta** tras ciertos impedimentos **(expectación) > 4.b. balance final que** contradice una serie de expectativas previas **(contraexpectación)**

De acuerdo con ciertas aproximaciones cognoscitivas (Traugott 1982, 1985, 1988, 1995), la emergencia de significados pragmáticos en partículas cuyo dominio de origen es el espacio-temporal puede explicarse como un proceso de gramaticalización que sigue un patrón básico de cambio semántico: 1. significado proposicional (externo) > 2. significado textual > 3. significado de tipo expresivo/ evaluativo que involucra activamente al hablante en la situación descrita.

La escala 1 parece coincidir, aunque con mayor detalle y especificidad, con los tres pasos señalados por Traugott, pero además confirma las repercusiones que el cambio origina en el alcance sintáctico-semántico de los marcadores: 1. modificador adverbial (dominio espacio-temporal) > 2. conector de secuenciación textual > 3. marcador pragmático supraoracional como cauce de las expectativas del hablante. Lo que tenemos, en definitiva, es un **proceso de subjetivi-**

414   *María González Fernández y Ricardo Maldonado*

zación que refleja la progresiva incorporación del Conceptualizador (C), que representa el punto de vista del hablante, desde su posición externa de observador al espacio del discurso ('setting') y, posteriormente, al interior de la escena objetiva (Langacker 1985, 1990: 326)

Este trabajo explora la manera en que la ubicación específica del conceptualizador (C) determina los cambios de significado señalados, resolviendo de este modo la polisemia semántica señalada para estas formas en algunos trabajos sobre el tema que, aunque exhaustivos en su clasificación de los valores, no ofrecen una explicación del cambio que subyace a la semantización de los significados generados en el discurso.[3]

Nuestro análisis propone que son dos los factores léxicos, semánticos y sintácticos que determinan el desarrollo de valores modales de expectación y valoración en estas formas: a) el grado de transitividad del evento (Hopper & Thompson 1980), determinado fundamentalmente por los parámetros de agentividad y volicionalidad y b) la existencia de situaciones que presuponen un "conflicto de fuerzas dinámicas" (Talmy 1985, 2000).

2. El dominio espacio temporal: configuración serial/secuencial

De acuerdo con el significado prototípico de terminalidad propuesto –punto o porción terminal del discurso que cierra o concluye una enumeración o un proceso de acciones secuenciadas –, *finalmente, por fin* y *por último*, comparten la función común de introducir el elemento que, en relación con una serie ordenada precedente, ocupa el último lugar en el discurso. Así lo muestro en (5), donde *finalmente* y *por fin* no muestran ningún problema para ser conmutados con la forma *por último*[4] en su función de "ordenadores discursivos":

---

3. Se han señalado sus diferentes valores discursivos como "marcadores de cierre" (Portolés 1994: 154), "conectores conclusivos y reformulativos" (Fuentes Rodríguez 1994, 1996; Vázquez Veiga 1994/95), etc.
4. Los corchetes indican que el marcador no pertenece originalmente al ejemplo del *corpus. Por último,* cuyo único valor es el de ordenador discursivo de cierre, constituye una prueba de contraste significativa para determinar valores adicionales para el resto de las formas que, en tales contextos, *por último* no puede cubrir o expresar.

(5) a. *Primero elaboró la idea, luego escribió el texto y **finalmente/ [por último]** lo envió por fax al periódico.*
b. *El director comenzó explicando el funcionamiento general de la nueva empresa, después habló de la cuestión de las contrataciones y **por fin/ [por último]** se refirió al proceso de selección de candidatos.*

Sin embargo, como se muestra en (6), tal conmutación no es posible, cuando la marcación del cierre tiene un carácter resultativo, es decir, cuando implica la culminación de un proceso que está sujeto a una secuenciación temporal:

(6) a. *Estuve horas esperándolo y **finalmente / [*por último]** no llegó.*
b. *Todavía no sé por qué no quisieron acompañarme a la fiesta, pero **al fin [*por último]** decidí no rogarles más e irme.*
c. *Me levanté a las ocho para llegar a tiempo al autobús de las nueve y **por fin [*por último]** acabé yéndome en el de las 10.30.*

Las Figuras 1 y 2 ilustran el contraste señalado anteriormente.

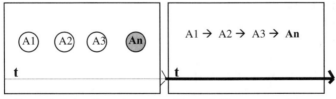

Figura 2. Orden discursivo   *Figura 3.* Cierre temporal

Como se muestra en la Figura 1, cuando el evento posee una **configuración serial** y el conector se comporta como un ordenador discursivo, su función es la de poner en prominencia el elemento que, en una serie ordenada A1 / A2 / A3....**An**, ocupa el último lugar en el discurso. Dicho elemento no constituye un fin temporal intrínseco con respecto a los elementos precedentes. De ahí que su significado sea básicamente "deíctico discursivo" y pueda considerarse al margen del eje temporal (Traugott 1978: 379; Egea 1979: 209; Levinson 1989: 76-80).

416 *María González Fernández y Ricardo Maldonado*

Cuando, por el contrario, como se muestra en la Figura 2, el evento se articula **secuencialmente** a lo largo de un eje temporal (t), el conector genera una lectura resultativa de cierre, pues existe una secuenciación encadenada de elementos o estados cuyo punto final constituye su culmen o resultado (A1→A2→A3.→**An**). Obsérvese que, mientras en la Figura 1, el tiempo permanece en la base de la predicación como elemento que organiza la progresión discursiva, en la Figura 2, el tiempo es parte relevante de la predicación.

Como muestra de la transición entre los valores de orden y cierre, obsérvense los ejemplos que ofrezco en (7) :

(7) a. *Las copias azules se lavan en agua, después en una solución química de potasa y **por último**, otra lavada en agua. **Finalmente** la copia tiene que secarse. (Cemc 545087042)*
  b. *Las copias azules se lavan en agua, después en una solución química de potasa y **finalmente**, otra lavada en agua. **?Por** último la copia tiene que secarse.*

En (7a), *finalmente* y *por último* desempeñan funciones complementarias dentro del discurso: mientras que *por último* señala la fase del proceso que ocupa el último lugar en relación con la enumeración precedente, *finalmente* introduce la acción que cierra y concluye la totalidad del proceso. Si, como se muestra en (7b), probamos a intercambiar la posición contextual de ambas formas, *finalmente* acepta sin problemas la lectura de orden, pero *por último* manifiesta cierta resistencia a funcionar como marca de cierre del proceso.

Todo parece indicar, pues, que la forma *por último* carece de ciertas especificaciones semánticas que le impiden operar en los mismos contextos en que *finalmente, al fin y por fin* actúan como marcas de cierre temporal. El contraste entre una y otras formas se fundamenta en:

a) **el eje aspectual**: *finalmente, al fin* y *por fin* poseen un valor perfectivo-resultativo en relación con un proceso secuencializado temporalmente; *por último*, en cambio, ubica el elemento final de una serie discursiva, cuyos elementos componentes pueden considerarse al margen del eje temporal.

b) **el grado de elaboración del proceso**: *por último* requiere que el proceso lleve una *elaboración* por fases independientes, mientras que *finalmente, al fin* y *por fin*, señalan el cierre de un proceso *esquemático*, sin elaboración de sus fases intermedias.

3. Significado de expectación y contraexpectación

El valor de expectación que han desarrollado las formas *finalmente*, *al fin* y *por fin* constituye una extensión semántica de su valor aspectual perfectivo. Lo que resulta determinante en la configuración del evento es la conceptualización que el hablante hace de la situación resultante, si bien la noción de terminalidad permanece en la base. Las expectativas que se generan en torno al resultado de la acción adquieren especial relevancia cuando se da una situación de conflicto de fuerzas (Talmy 1985; González Fernández 1996a, 1996b, 2000; González Fernández y Maldonado Soto *en prensa*), es decir, cuando durante el curso del evento se han dado ciertas fuerzas adversas que contravienen o demoran el desarrollo natural del proceso esperado por el hablante. Así lo muestro en (8):

(8)   a. ***Finalmente/*** *[*por último] me dieron esa beca.*
       b. *¡**Al fin /Por fin** [*por último] comprendí lo que querías decirme!*

La situación contraria, el valor de contraexpectación ejemplificado en(9), surge cuando una hecho adverso a las expectativas del hablante contraviene el desarrollo esperado del evento o contradice una presuposición previa compartida por hablante y/u oyente. De ahí se deriva el significado valorativo que adquieren los marcadores en este tipo de contextos, pues todo resultado conlleva un balance de la situación en relación con los implícitos precedentes:

(9)   a. *...oírla murmurar, tú, **finalmente** [*por último], no has sido lo más importante de mi vida, responderle nada, decidir no verla jamás... (Cemc 108020156)*
       b. *Sí, perdimos, ya sé, pero **finalmente/** [al fin y al cabo] no fue tanto dinero.*

En las Figuras 3 y 4, aparecen representados ambos valores. Obsérvese que en los dos esquemas se mantiene la configuración secuencial y la prominencia terminal (A1, A2... **An)** que deriva del esquema básico de cierre. Sin embargo, lo determinante para el valor de expectación es a) que el conceptualizador (C) imponga su visión subjetiva del evento, desde el momento en que se desplaza de su posición canónica, "fuera de escena", al interior de la "escena objetiva" y b) que haya confrontación entre dos fuerzas (><) que representan, respectivamente, las expectativas del hablante y la fuerza adversa que bloquea el desarrollo natural del evento. Eso trae como consecuencia un cambio de perfil en la predicación: la dimensión espacio-temporal de cierre pasa a un segundo plano y el triunfo de las expectativas del hablante (+>) se convierte en el aspecto focal de la predicación. El significado valorativo, en cambio, se caracteriza por el enfrentamiento de dos ideas o acciones (A1 ← → A2) que presupone una reorientación de las expectativas iniciales de hablante u oyente (>), y el triunfo de una contraexpectativa (<+).

Nótese también que, frente al valor de cierre, la única porción temporal puesta de relieve (en trazo grueso) es aquella que transgrede el período marcado por la norma de expectación del hablante. En el caso de la valoración, en cambio, el tiempo no constituye un elemento prominente de la predicación (en trazo discontinuo), puesto que esta no conlleva una linealidad intrínseca, sino un balance global de la totalidad del evento.

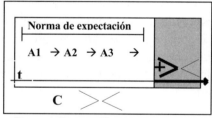
Figura 4. Expectación

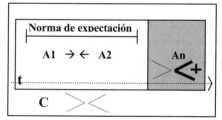
Figura 5. Contraexpectación (Valoración)

4. Expectación y grado de transitividad

Lo que mostraremos en el presente apartado es la existencia de una correlación entre un alto grado de transitividad y el desarrollo de valores pragmáticos de expectación, de acuerdo con los parámetros señalados en el trabajo de Hopper & Thompson (1980).

Marcadores discursivos, aspecto y subjetividad   419

Nuestra propuesta establece la siguiente generalización:

Un alto grado de transitividad determina un alto grado de expectación. Un grado de transitividad bajo disminuye su potencial prominencia. Cuando sucede esto último, lo que opera es el significado de cierre / resultado.

Sin embargo, es preciso aclarar que el grado de lexicalización de las expectativas no se da por igual en los tres marcadores, como lo muestra el hecho de que , en un contexto de baja transitividad como el que se presenta en (10), sólo *por fin* y *al fin* activen preferentemente la lectura de expectación, mientras que *finalmente* tiene como lectura preferente la de orden o cierre discursivo:

(10)   a. *-Oye, ¿y que pasó con tu tío Juan?*
         *-Nada, que **finalmente** le dieron el trabajo y se fue.*
       b. *-Nada, que por fin/ al fin le dieron el trabajo y se fue.*

Lo que mostraremos en los apartados siguientes es que la activación del significado de expectación no queda determinada libremente por factores contextuales, sino por ciertos parámetros semántico-gramaticales inherentes a la estructuración interna del evento.

4.1. *Situaciones con conflicto de fuerzas dinámicas*

Consideraremos, de acuerdo con el análisis planteado en Talmy (1985, 2000), que los verbos cuyo estructura semántica involucra un conflicto de fuerzas, es decir, un alto grado de interacción entre sujeto y objeto, manifiestan un alto grado de transitividad. De acuerdo con nuestra hipótesis, es predecible, por lo tanto, que su aparición determine un contexto favorable para la emergencia de una lectura de expectación.

En este tipo de situaciones dos fuerzas (*fuerza agonista* y *fuerza antagonista*) compiten por imponerse sobre la contraria, intentando bloquearla o sobreponerse a ella. Lo anterior favorece que el nivel de involucramiento del hablante en la escena descrita sea mayor, puesto que este elige una de esas fuerzas como centro de perspectiva y como foco de sus expectativas.

420   *María González Fernández y Ricardo Maldonado*

Tal es el caso de los ejemplos que se presentan en (11) y (12), donde los verbos *llevarse* y *decidirse* llevan incorporado en su significado alta agentividad y conflicto de fuerzas dinámicas.

(11) a. *La cuarteta española de polo «Puerta de Hierro»,* **se llevó finalmente** *la serie internacional que se jugó en dos semanas en el campo Marte, al imponerse ayer al Selección Jalisco por 7 a 6 metas, en un encuentro en que se impuso la experiencia de los europeos a la juventud, velocidad y buen juego de los tapatíos. (Cemc 287254008)*

b. *La cuarteta española de polo «Puerta de Hierro»,* **se llevó** *la serie internacional que se jugó en dos semanas en el campo Marte... (Cemc 287254008)*

(12) a. *Francamente el pronóstico no es muy bueno, pero el mero hecho de que nuestros funcionarios* **se hayan decidido finalmente** *a sentarse y a hablar es muy alentador. (Cemc 435060034)*

b. *Francamente el pronóstico no es muy bueno, pero el mero hecho de que nuestros funcionarios* **se hayan decidido** *a sentarse y a hablar es muy alentador. (Cemc 435060034)*

En (11), la fuerza oponente es de tipo físico, mientras que en (12), el conflicto se da en un nivel intrapsicológico. En ambos casos, el marcador *finalmente* pone en foco una lectura de expectación que involucra al hablante en tanto que identificado con la fuerza triunfante que constituye su centro de perspectiva. Nótese que en los ejemplos b. de cada par, donde está ausente el marcador, si bien se mantiene el conflicto de fuerzas ya lexicalizado en los verbos *llevarse* y *decidirse*, desaparece la lectura de expectación. Nada parece indicar que el hablante se comprometa explícitamente con el resultado del evento.

Cuando se da la situación opuesta y el resultado del conflicto de fuerzas es contrario a la fuerza agonista, con la que naturalmente se identifica el hablante, se cancela la lectura de expectación y se mantiene la lectura prototípica de cierre discursivo. Los ejemplos planteados en (13) retratan este tipo de situación: en (13a), hay una resistencia a un cambio de opinión que termina por imponerse y, en (13b), el protagonista, tras un conflicto interno, se decanta por una

Marcadores discursivos, aspecto y subjetividad 421

opción contraria a su expectativas iniciales. En ambos casos, la trayectoriedad espacio-temporal que introduce el marcador es la que genera la lectura de conflicto de fuerzas:

(13) a. *Dictado por la ambición o por la admiración, el ardor cívico parece genuino y uno **por fin**/∅ reconoce la sabiduría práctica de los políticos... (Cemc 053318047)*

b. *Nunca le escribí a mi familia, porque nunca supe escribir una carta, y no quería que supieran de mí. Me imaginaba que si sabían, mi papá iría y me mataría de una paliza. Estos eran mis pensamientos, pero **al fin**/ ∅ regresé. (Cemc 930078011)*

4.2. Agentividad y volicionalidad

Entre los parámetros que permiten medir la transitividad del evento, la agentividad y la volicionalidad de los participantes en la acción son determinantes para el caso que nos ocupa, puesto que el hablante suele elegir como centro de perspectiva preferentemente entidades humanas, animadas y volitivas (DeLancey 1981: 645).

Obsérvese a este respecto el contraste que se muestra en (14a) y (14b): en el primer caso, la presencia conjunta del marcador *finalmente* y un agente explícito en primera persona determina una lectura de expectación, lectura que queda automáticamente cancelada, en el segundo ejemplo, donde el marcador no aparece.

(14) a. *... el Turco. ¿Quién?, ¿Cómo?, ¿Cuál?, el Turco, el Chino. Total, este, por medio de... del Chino **finalmente di con** el Turco, ¿no?, y desde ese día me aprendí su nombre.(Cemc 745003742)*

b. *... el Turco. ¿Quién?, ¿Cómo?, ¿Cuál?, el Turco, el Chino. Total, este, por medio de... del Chino **di con** el Turco, ¿no?, y desde ese día me aprendí su nombre.(Cemc 745003742)*

Por lo que respecta a *al fin* y *por fin*, el significado de expectación se hace más transparente cuando van acompañados de verbos alta-

422 *María González Fernández y Ricardo Maldonado*

mente agentivos que llevan lexicalizado un conflicto de fuerzas en su significado, como es el caso del verbo *superar* en el siguiente ejemplo. En tales casos, el agente consigue imponerse sobre una fuerza adversa que frena o bloquea el curso de la acción.

(15) *Primero los niños eran libres y felices en el Kindergarten, donde la libertad no parecía peligrosa; durante mucho tiempo este tipo de niños no se encontraba en ninguna otra parte, puesto que la rígida disciplina de las escuelas primarias bloqueaba ese progreso. Pero **por fin/** ∅ **la superaban.** (Cemc 347032027)*

Pudiera pensarse que en el ejemplo precedente el significado de expectación que compromete al hablante con el resultado del evento no es responsabilidad directa del marcador *por fin*. Es evidente, sin embargo, que, si eliminamos esta marca (∅) de modalización, nos quedamos simplemente con un enunciado asertivo en el que la idea de "consecución" no desaparece, pero sí la actitud de contento manifestada por el hablante ante un desenlace largamente esperado.

La presencia de un agente esquemático, marcada en español a través del clítico impersonal *se,* impone un bajo grado de transitividad en el evento que obstaculiza el involucramiento del hablante (Maldonado, 1992, 1999). De acuerdo con nuestra hipótesis, la baja transitividad de este tipo de eventos bloquearía la lectura pragmática de expectación y, de hecho eso es lo que sucede en los ejemplos que aportamos en (16), donde los marcadores activan su lectura prototípica de cierre temporal. La sensibilidad a estos parámetros es especialmente significativa en el caso del marcador *por fin* que, como vimos con anterioridad, tiene altamente lexicalizado el significado de expectación.

(16) a. *Varios remedios para curar el dolor de muelas.*
      Como sea éste un mal de raro humor, es preciso tener a mano muchos remedios y experimentarlos todos, porque **finalmente se dará con** *alguno que surta efecto. (Cemc 730025018)*

Marcadores discursivos, aspecto y subjetividad 423

> b. *Los estados naupliares son seis, después de los cuales la larva se convierte en el llamado copepodito, fase en la cual ya se puede reconocer el aspecto del adulto. Hay cinco copepoditos, cada uno de los cuales es de mayor talla y perfección que el anterior, hasta que **por fin** se alcanza la sexta fase, que es la adulta.(Cemc 408111033)*

Analizaremos a continuación el segundo parámetro de transitividad que consideramos determinante para el desarrollo pragmático del significado de expectación.

4.3. Telicidad

Parece ser un hecho comprobado que las lenguas tienden a marcar la adopción de un punto de vista terminal mediante el aspecto perfectivo (DeLancey 1981: 647). Dado que los marcadores tratados imponen un punto de vista terminal sobre el evento, parece lógico pensar que un alto grado de perfectividad en el verbo condicionará positivamente la lectura de expectación.

Proponemos, pues, que el proceso de extensión semántica desde un valor de cierre a un valor de expectación responde a una escala espacio-temporal-aspectual del siguiente tipo:

Escala 3. Escala espacio-temporal-aspectual

> **(1) último elemento o fase > (2) cierre temporal > (3) proceso perfectivo > (4) expectativas culminadas**

La escala se explica como sigue: el último elemento o fase de una serie ordenada se concibe como el cierre temporal de una cadena secuenciada de acciones. Si el resultado del evento implica, además, la culminación de sus fases previas, por extensión el proceso se concibe como perfectivo. Por último, la consecución del proceso se concibe como consecución de las expectativas del hablante, en virtud de un proceso de subjetivización que conlleva un desplazamiento del foco de atención desde un significado proposicional – la aspectualidad del proceso – hacia un significado modal, es decir, hacia la percepción y actitud que el hablante muestra hacia el resultado del evento.

424   *María González Fernández y Ricardo Maldonado*

Hay que decir que, mientras que *finalmente* se ubica prototípicamente en el punto (3) de la escala, como marcador aspectual de perfectividad en relación con el desarrollo interno del proceso, *al fin* y *por fin* se ubican con preferencia en el punto (4) de la escala: como marcas de expectación en relación con el tiempo externo de espera del hablante.

La escala propuesta permite establecer la siguiente generalización: si el valor de un marcador de cierre se sitúa en el punto (4) de la escala, necesariamente su significado presupone los contenidos semánticos que están a su izquierda, pero no viceversa. El valor de cierre temporal no implica necesariamente la perfectividad del proceso, ni la perfectividad conlleva en todos los casos expectativas.

4.4.1. Fase y factitividad

Como bien puede deducirse de todo lo anterior, la consecución de un proceso orientado hacia un fin es requisito fundamental para que las expectativas adquieran prominencia.

Así, pues, las nociones de *fase* y *factitividad* son determinantes para la lectura aspectual de los marcadores de cierre. Entenderé por fase el punto o porción, a lo largo de una secuencia temporal, en el que se concentra el foco de atención. La factitividad tiene que ver con el hecho de que determinadas porciones de esa secuencia lleguen a ocurrir o no y qué conocimiento tiene el hablante de ello (Talmy 1985: 314-316).

Lo predecible es que, con verbos que concentran su atención en la fase inicial del evento y que además son de naturaleza imperfectiva, los marcadores no admitan una lectura aspectual (como se señala con el asterisco) y, en consecuencia, tampoco las expectativas del hablante desempeñarán un papel focal en su significado. Para que éstas puedan adquirir prominencia, el hablante ha de tener conocimiento sobre la globalidad del evento y, en particular, sobre su fase terminal. El contraste aludido se muestra en los ejemplos (17), (18) y (19):

(17)   a.   *__*Finalmente*__ lo impulsé a tomar la decisión más radical: renunciar a su cargo.*

     b.   *__Finalmente__ lo convencí para que tomara la decisión más radical: renunciar a su cargo*

Marcadores discursivos, aspecto y subjetividad 425

(18) a. ***Por fin*** intenté sacarlo yo mismo de ahí.
  b. ***Por fin*** conseguí sacarlo yo mismo de ahí.
(19) a. ***Al fin*** le sugerí que pidiera una indemnización.
  b. ***Al fin*** lo persuadí para que pidiera una indemnización.

Lo señalado con anterioridad no implica en absoluto que los marcadores *finalmente*, *por fin* y *al fin* no admitan una lectura alternativa de cierre temporal, si los enunciados en que aparecen van precedidos de un contexto previo, en relación con el cual la acción que cierra es la que ocupa secuencialmente el último lugar en el discurso:

(20) *Juan estaba muy indeciso. Estuve casi dos horas hablando con él y tratando de convencerlo de que tenía que tomar una postura comprometida.* **Finalmente** *lo impulsé a tomar la decisión más radical: renunciar a su cargo.*
(21) *Cuando Juan se cayó en aquel hoyo, lo primero que hice fue tratar de buscar ayuda. Como no encontré a nadie, traté de animarlo a que utilizara sus propias fuerzas para salir.* **Por fin** *intenté yo mismo sacarlo de ahí.*
(22) *No había modo de hacerlo entrar en razón. Estaba furioso y también decidido a renunciar a su trabajo. Al principio sólo trate de calmarlo. Después le pedí que me contara con calma lo sucedido.* **Al fin** *le sugerí que pidiera una indemnización.*

El valor culminativo de expectación puede darse, sin embargo, cuando el verbo admite una lectura de carácter ingresivo, como es el caso de *empezar* en (23), puesto que el inicio de la acción se concibe como el cierre de una etapa anterior, durante la cual han ido cobrando fuerza las expectativas del hablante:

(23) ***Al fin/ Por fin/ Finalmente*** empezó el concierto.

Por otro lado, tenemos los verbos cuyo foco se concentra en la fase terminal del evento. Con este tipo de verbos cualquiera de las tres formas mencionadas permite una lectura aspectual perfectiva. No obstante, puede ocurrir que el resultado del evento suponga la no consecución de un plan previsto por el hablante. Cuando eso ocurre, el marcador simplemente señala cierre, como muestro en (24a), en contraste con la lectura de expectación que se obtiene en (24b) y (24c):

426 *María González Fernández y Ricardo Maldonado*

(24) a. ***Finalmente*** *fracasé con el proyecto.*
      b. ***Por fin*** *logré vender el terreno del Ajusco.*
      c. ***Al fin*** *conseguí abrir el tanque del gas.*

Veremos a continuación de qué modo la naturaleza aspectual del verbo condiciona el valor semántico de los marcadores.

4.4.2. *Aktionsart* verbal

Las formas *finalmente, al fin* y *por fin* permiten recuperar esquemáticamente la trayectoria espacio-temporal que precede a una nueva situación o cambio de estado y es, precisamente, en ese período previo en el que cobran realidad las expectativas. De este modo, **eventos de carácter puntual** intrínseco designados prototípicamente por verbos de *achievement,* como es el caso de *llegar* en (25), puedan ser vistos como procesos de carácter terminativo, al tenderse un puente entre el estado preparatorio previo y el ingreso en una nueva situación. Así, en (25), *llegar* se concibe como terminativo de *ir,* puesto que por efecto de los marcadores de cierre queda incorporado en el evento el rastreo subjetivo que el observador de la escena efectúa desde un punto inicial a uno final:

(25) ***Al fin/Por fin/Finalmente*** *llegué a la cima de la montaña.*

Igualmente, cuando se trata de **situaciones ingresivas** que capturan el momento inicial de la acción, la presencia de los marcadores permite introducir en escena el proceso preparatorio previo, con lo cual el ingreso en un nuevo estado se concibe como la culminación de una etapa precedente. Así lo muestro en (26):

(26) a. ***Finalmente*** *se durmió/De repente se durmió.*
      b. ***Finalmente*** *oscureció./Ya oscureció.*

Los verbos de carácter incoativo *oscurecer* y *dormirse,* acompañados por una expresión adverbial que refuerza el carácter puntual de la acción (*de repente, ya*), dejan fuera del marco de atención las etapas previas a la consumación del proceso. Con *finalmente, al fin* y *por fin*, en cambio, se recupera la serialidad y gradualidad del proceso que da pie al desarrollo de expectativas.

Cuando se trata de **estados**, caracterizados por su imperfectividad y su falta de dinamicidad, la presencia de alguno de estos marcadores de cierre, permite nuevamente recuperar el estado preparatorio previo que da pie al ingreso en un nuevo estado. Ello hace posible que con verbos naturalmente estáticos y durativos, como *tener* y *saber* en (27), pueda darse una lectura aspectual perfectiva que desencadena la aparición de expectativas en el evento:

(27) a. *Finalmente tengo una casa propia/Tengo una casa propia.*
      b. *Finalmente sé la verdad de lo ocurrido/Sé la verdad sobre lo ocurrido.*

Mientras que *tener* y *saber*, por sí solos, simplemente designan la posesión de una propiedad o de un conocimiento acerca de un hecho, acompañados de *finalmente*, adquieren una lectura ingresiva y dinámica, que se concibe como la superación de una serie de dificultades para lograr una meta prefijada.

El **carácter perfectivo/imperfectivo del verbo** es determinante para la lectura aspectual. Así en (28) y (29), los verbos *ver* y *ir*, que en pretérito perfecto admiten una lectura ingresiva, toleran la interpretación aspectual resultativa de los marcadores de cierre. Dicha lectura, como se señala con el asterisco, no es posible, con los verbos de naturaleza imperfectiva *mirar* y *caminar*:

(28) a. *Finalmente/Por fin/Al fin vi a Manolo*
      b. **Finalmente/*Por fin/*Al fin miré a Manolo*
(29) a. *Finalmente/Por fin/Al fin fui a casa de María*
      b. **Finalmente/*Por fin/*Al fin caminé a casa de María*

Asimismo, como se señala en (30) y (31), la **completividad de la acción**, es requisito para que pueda darse una lectura aspectual perfectiva. Cuando la lectura completiva queda bloqueada, como sucede en (30b) y (31b), se cancelan las expectativas y simplemente se da una lectura de cierre temporal:

(30) a. *Finalmente/Por fin/Al fin casi lo terminé*
      b. *Finalmente/Por fin/Al fin lo terminé*
(31) a. *Finalmente/Por fin/Al fin lo vi*
      b. *Finalmente/Por fin/Al fin apenas lo vi*

428   *María González Fernández y Ricardo Maldonado*

De todo lo visto anteriormente, parece deducirse que la estructuración semántico-sintáctica del evento aporta parámetros decisivos para el análisis de los significados pragmáticos que se han planteado en este trabajo.

5. Conclusiones

A lo largo del análisis precedente hemos mostrado que el significado modal de expectación de los marcadores de cierre *finalmente, al fin y por fin* puede ser explicado a partir de su valor aspectual terminativo y perfectivo.

Igualmente se ha mostrado que los procesos de cambio semántico que dan pie a significados modales o pragmáticos, como la expectación y valoración, siguen patrones de cambio predecibles y acordes con procesos de subjetivización semejantes en otras lenguas cuya fuente son generalmente elementos espacio-temporales (Traugott 1982, 1985, 1988, 1995).

Por último, se ha mostrado que ciertos factores inherentes al evento de naturaleza semántico-gramatical generan contextos propicios para que tales significados se activen: alta transitividad, conflicto de fuerzas dinámicas y telicidad.

A lo largo de toda la ejemplificación ha podido verse que la ruta de extensión semántica sufrida por estos marcadores tiene un claro reflejo en su alcance sintáctico-semántico: modificador adverbial (dominio espacio-temporal) > conector de secuenciación textual (ordenador discursivo) > marcador pragmático supraoracional como cauce de las expectativas del hablante.

Como ya sugerimos al inicio de este artículo, lo que parece subyacer al patrón de cambio es un **proceso de subjetivización** (Langacker 1985, 1990: 326): el Conceptualizador (C) se incorpora progresivamente desde su posición externa de observador al espacio del discurso (setting) y, desde ahí, al interior de la escena objetiva El proceso se corresponde perfectamente con los tres valores señalados para los marcadores: El valor espacio-temporal se limita a señalar la prominencia terminal del evento. El conceptualizador no queda incorporado en la predicación. El valor ordenador discursivo de cierre incorpora al conceptualizador en el marco del discurso (*setting*), en cuanto que parte activa de la organización textual. Por último, en los valores más pragmaticalizados de expectación y contraexpectaión, el conceptualizador se incorpora al interior de la escena objetiva. El esquema espacio-temporal de terminalidad permanece en la base y pasan a un primer plano el hablante y las expectativas que este impone. Se trata de aquellas situaciones en las que, como hemos visto, hay presencia de alta transitividad y conflicto de fuerzas dinámicas que favorecen el involucramiento del hablante en la situación descrita.

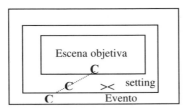

Figura 6. Proceso de subjetivización

Referencias

Alcina Franch, J. & J. M. Blecua
    1975   *Gramática española*. Barcelona: Ariel.
Alonso, A. & P. Henríquez Ureña
    1971   *Gramática castellana*. Segundo Curso. First published Buenos Aires: Losada [1938].
Bybee, J. L.
    1988   Semantic Substance vs. Contrast in the Development of Grammatical Meaning. In: *Proceedings of the Annual Meeting of the Berkeley Linguistics Society* 14: 247-264.
DeLancey, S.
    1981   An interpretation of Split Ergativity and related patterns. *Language* 57, 3: 626-657.
Egea, E. R.
    1979   *Los adverbios terminados en -MENTE en el español contemporáneo*. Bogotá: Instituto Caro y Cuervo.
Fuentes Rodríguez, C.
    1987   *Enlaces extraoracionales*. Sevilla: Alfar.
    1994   Conclusivos y reformulativos. *Verba* 20 (1993): 171-198.
    1996   *La sintaxis de los elementos supraoracionales*. Madrid: Arco/Libros.
Gili Gaya, S.
    1990   *Curso de sintaxis española*. First published Barcelona: Vox [1943].

430   *María González Fernández y Ricardo Maldonado*

González Fernández, M. J.
1996a   Finalmente: determinación de las expectativas y del conflicto de fuerzas. In: Z. Estrada Fernández, M. Figueroa Esteva y G. López Cruz (eds.), *Memorias del III Encuentro de Lingüística en el Noroeste,* Vol. 2. 41-61. Hermosillo, Sonora: Universidad de Sonora.
1996b   Conectores discursivos, con especial referencia al español de México (Orden, expectativas y valoración). Unpublished Ph.D. dissertation, Universidad de Salamanca.
1999   La transitividad y las expectativas en los marcadores de cierre. In: J. Fernández González, C. Fernández Juncal, M. Marcos Sánchez, E. Prieto de los Mozos y L. Santos Río (eds.), *Lingüística para el siglo XXI,* Vol. 2, 851-860. Salamanca: Ediciones Universidad de Salamanca.
2000   Transitividad y expectativas. In: R. Maldonado (ed.), *Estudios cognoscitivos del español,*131-152. (Special Issue of the *Revista Española de Lingüística Aplicada.*) Revista Española de Lingüística Aplicada-Universidad Autónoma de Querétaro.
In press   'Force Dynamics' in Spanish discourse markers. Paper presented at the *XI Seminario Susanne Hübner,* Departamento de Filología Inglesa y Alemana, Universidad de Zaragoza.
González Fernández, M. J. & R. Maldonado
1998   La perfectividad como fuente de contraexpectativas: *Resulta que 'X' finalmente 'Y'.* In: A. Acosta Félix, Z. Estrada Fernández, M. Figueroa Esteban y G. López Cruz, *Memorias del IV Encuentro Internacional de Lingüística en el Noroeste,* Vol. 2, 61-82. Hermosillo, Sonora: Universidad de Sonora.
In press   Organización léxica y marcadores discursivos en español. In: E. Matute and F. Leal Carretero (eds.), *Introducción al estudio del español desde una perspectiva multidisciplinaria,* Cap. 17. México: Fondo de Cultura Económica.
In press   Syntactic Determinants of Pragmatic Markers of "Closure".
Hooper, P. J. & S. Thompson
1980   Transitivity in Grammar and Discourse. *Language* 56, 2: 251-299.
Hopper, P. J. & E. C. Traugott
1993   *Grammaticalization.* Cambridge: Cambridge University Press.
Langacker, R.
1985   Observations and Speculations on Subjectivity. In: J. Haiman (ed.), *Iconicity in Syntax,* 109-150. Amsterdam: John Benjamins.
1990   Subjectification. In: *Concept, Image and Symbol,* 315-342. Berlin/New York: Mouton de Gruyter.
Levinson, S. C.
1989   *Pragmática.* Barcelona: Teide.
Maldonado, R.
1988   Energetic Reflexives in Spanish. In: *Proceedings of the Annual Meeting of the Berkeley Linguistics Society* 14: 153-165.
1993   Dynamic Construals in Spanish. *Studi Italiani di Linguistica Teorica e Applicata* XXII, 3: 531-566.

Marcadores discursivos, aspecto y subjetividad 431

Martín Zorraquino, M. A. & E. Montolío Durán (eds.)
1998   *Los marcadores del discurso.* Madrid: Arco/Libros.
Portolés Lázaro, J.
1994   La distinción entre los conectores y otros marcadores del discurso en español. *Verba* 20 (1993): 141-170.
Real Academia Española
1924   *Gramática de la lengua española.* Madrid: Perlado, Páez y Compañía.
1931   *Gramática de la Lengua Española.* Madrid: Espasa-Calpe.
Sweetser, E.
1990   *From Etymology to Pragmatics. Metaphorical and cultural Aspects of Semantic Structure.* Cambridge: Cambridge University Press.
Talmy, L.
1985   Force Dynamics in Language and Thought. In: W. H. Eilfort *et al.* (eds.), *Papers from the Parasession on the Causatives and Agentivity,* 293-337. Chicago: Chicago Linguistics Society.
2000   Force Dynamics in Language and Thought. In: *Toward a Cognitive Semantics,* Vol. 1, 409-470. Cambridge: The MIT Press.
Traugott, E. C.
1982   From Propositional to Textual and Expressive Meanings: Some Semantic-Pragmatic Aspects of Grammaticalization. In: W. P Lehmann and Y. Malkiel (eds.), *Perspective on Historical Linguistics,* 245-271. Amsterdam: John Benjamins.
1985   On Regularity in Semantic Change. *Journal of Literary Semantics* XIV/3: 155-173.
1988   Pragmatic Stregthening and Grammaticalization. In: *Proceedings of the Annual Meeting of the Berkeley Linguistics Society* 14: 406-416.
1994   Subjectification in grammaticalisation. In: D. Stein and S. Wright (eds.), *Subjectivity and Subjectivisation Linguistic Perspective,* 31-54. Cambridge: Cambridge University Press.
Vázquez Veiga, N.
1994/95   Una aproximación a algunos marcadores con función textual de 'resumen', 'conclusión' y 'cierre'. *Estudios de Lingüística. Universidad de Alicante* 10: 349-390.

A polifuncionalidade de *bem* no PE contemporâneo

Ana Cristina Macário Lopes

Resumo

Nesta comunicação, descrevem-se os diferentes valores que *bem* pode assumir no PE contemporâneo, a partir de dados empíricos recolhidos no Corpus de Referência do Português Contemporâneo. Como ponto de partida, analisam-se os contextos sintácticos de ocorrência do item lexical em análise, de modo a evidenciar a incidência de constrições formais na activação de interpretações distintas. Segue-se a caracterização dos valores semântico-pragmáticos identificados – avaliação positiva de circunstâncias de Modo/Maneira, quantificação de grau e marcação de funções discursivas (mitigação de acto ilocutório ameaçador da face do interlocutor, início de turno de fala, mudança de tópico). Os resultados da análise comprovam as seguintes assunções, defendidas no âmbito da Linguística Cognitiva e nos estudos sobre o processo de gramaticalização: (i) as categorias não são discretas e ostentam uma estrutura interna estratificada, que envolve uma zona focal e derivações/extensões periféricas, cognitiva ou pragmaticamente motivadas; (ii) é possível tratar de forma integrada os diferentes usos sincrónicos atestados de um item lexical, num quadro teórico que contemple diferentes domínios de significação (no caso em apreço, são relevantes os domínios epistémico-avaliativo, interaccional e (meta)textual).

Palavras-chave: advérbio, marcador discursivo, gramaticalização, polissemia.

1. Contextos sintácticos de ocorrência

Partimos de exemplos em que *bem* funciona como advérbio de modo e se insere na estrutura frásica, fazendo parte integrante do conteúdo proposicional do enunciado.

1.1. Vejam-se, então, os seguintes enunciados:

(1)   *O João portou-se bem.*[1]

---

1. No *corpus*, aparece um exemplo com o mesmo verbo: "Porque querem dar lições aos outros se não se portaram nada bem?" [J14951].

434 *Ana Cristina Macário Lopes*

(2)   *"Os jogadores receberam bem a mensagem que a equipa técnica transmitiu..."* [JC13736]

Sintacticamente, em (1) *bem* é um advérbio subcategorizado pelo verbo, funcionando, portanto, como complemento obrigatoriamente seleccionado. Se o suprimirmos, obtemos uma construção agramatical, como se prova em (3):

(3)   **O João portou-se.*

Aplicando o teste da clivagem, verifica-se que *bem* se desloca obrigatoriamente com o verbo, o que prova a sua função de complemento do verbo. Confrontem-se os exemplos (3a) e (3b):

(3)   a. *Portar-se bem foi o que o João fez.*
       b. **Portar-se foi o que o João fez bem.*

Já em (2), *bem* comporta-se como um adjunto a SV, expandindo por modificação a predicação nuclear, e, como tal, pode ser suprimido sem que tal acarrete agramaticalidade [2]:

(4)   *Os jogadores receberam a mensagem que a equipa técnica transmitiu.*

Recorrendo de novo ao teste da clivada, verifica-se que o adjunto a SV não é obrigatoriamente deslocado com o verbo:

(4)   a. *Receber a mensagem que a equipa técnica transmitiu foi o que os jogadores fizeram bem.*
       b. *Receber bem a mensagem que a equipa técnica transmitiu foi o que os jogadores fizeram.*

---

2.   Em contextos deste tipo, a posição típica do advérbio é imediatamente à direita do verbo, seguido do constituinte com a função de OD. Ou seja, *bem* quebra normalmente a adjacência entre V e OD. No entanto, há ocorrências atestadas em que a adjacência não é quebrada pelo advérbio: "Agora depois de se habituar já faz as coisas bem" [20-14-S01-001-19-F-H-1-2-00].

A polifuncionalidade de bem *no PE contemporâneo* 435

Se convocarmos o teste da pergunta /resposta com o verbo *fazer*, comprovamos que em (1) *bem* tem um estatuto argumental, ao passo que em (2) o mesmo advérbio se comporta como adjunto:

(5) a. *O que é que o João faz bem? Porta-se.*
     b. *O que é que os jogadores fizeram bem? Receberam a resposta da equipa técnica.*

Apesar das diferenças de comportamento sintáctico, o valor semântico de *bem*, nos dois exemplos que temos vindo a analisar, mantém-se idêntico. Tanto em (1) como em (2), *bem* pode ocorrer como resposta a uma interrogativa parcial introduzida pelo morfema interrogativo 'como', parafraseável por 'de que maneira/modo'. Assim, em ambos os casos *bem* exprime circunstâncias de Modo relevantes ao nível da predicação. Veja-se o par pergunta/resposta em (6):

(6) *P – Como é que o João se portou?/ Como é que os jogadores receberam a mensagem que a equipa técnica transmitiu? R – Bem.*

Por outro lado, quer o complemento subcategorizado, quer o adjunto a SV admitem a chamada negação de foco, ou seja, a negação que tem escopo sobre um constituinte particular:

(7) *O João não se portou **bem**, portou-se pessimamente.*
(8) *Os jogadores não receberam **bem** a mensagem que a equipa técnica transmitiu, receberam-na pessimamente.*

Acrescente-se, ainda, que o advérbio *bem* pode ocorrer em interrogativas alternativas, o que significa que está sob o escopo da interrogação:

(9) a. *O João portou-se bem ou mal?*
     b. *Os jogadores receberam bem ou mal a mensagem que a equipa técnica transmitiu?*

Os dois últimos testes convocados provam que se trata em ambos os casos de um constituinte que integra a estrutura predicativa da frase, fazendo, portanto, parte do conteúdo proposicional expresso. O que dis-

436   Ana Cristina Macário Lopes

tingue as duas ocorrências é o maior ou menor grau de integração na frase, reflectido na estrutura argumental do predicador. Embora em ambos os casos *bem* faça parte do conteúdo proposicional, em (1) é um argumento interno do V, indispensável em termos de boa-formação sintáctico-semântica do enunciado, e em (2) é um adjunto que expande a predicação nuclear, expressando circunstâncias de Modo.[3]

Há no *corpus* muitas construções em que *bem* funciona como complemento subcategorizado, comutável por outros sintagmas, adverbiais ou preposicionais, com valor de Modo – 'mal', 'pessimamente', 'de forma extravagante', etc.).[4] Vejam-se os seguintes exemplos:

(10)   *"Imagine (...) quanto esta barriga não terá digerido – e como lhe soube bem!"* [J16969]

(11)   *"Nós, que constantemente invocamos a nacionalidade e o nacionalismo – e acho muito bem! –, não podemos admitir que se espanholize a corrida à portuguesa"* [A0041]

(12)   *"Apesar dos tempos conturbados, tudo aponta para que Marcelo se mantenha até às eleições autárquicas. A não ser que as guerras intestinas subam de tom dia a dia. Santana desafia Marcelo: "Não está a correr bem"*[J19877]

(13)   *"Essa gravata fica-te bem."* [R1065]

(14)   *"(...) ele tem duas vezes mais dinheiro que eu e o dobro dos privilégios. Não acho bem."* [R1083]

(15)   *"Todos os Deuses de todas as verdades morreram e por isso sinto-me muito bem."* [R2564]

A estes exemplos atestados, podem ainda acrescentar-se outros, construídos, susceptíveis de serem produzidos por qualquer falante nativo do PE:

---

3. Sublinhe-se que este adjunto de modo parece resistir à anteposição, nomeadamente quando existe um advérbio de negação na frase: (i) **Bem, o João não lavou o carro.*

4. Nestes casos, a posição pós-verbal é inamovível, salvo eventualmente em contextos muito marcados, nomeadamente construções de tópico contrastivo exemplificadas em (i): *(i)Bem, portei-me, mas falei muito mal.*

A polifuncionalidade de bem no PE contemporâneo   437

(16)   Parece-me bem cancelar a reunião.
(17)   O João comeu / bebeu bem.
(18)   A Ana veste-se bem.
(19)   O Rui procedeu bem.
(20)   O João sente-se bem.

Em todos os casos, bem funciona como argumento interno do predicador verbal e a sua supressão gera agramaticalidade, do ponto de vista sintáctico e semântico.[5]

1.2. Vejamos agora um outro contexto de ocorrência de bem, sintacticamente distinto dos anteriores e muito frequente no corpus:

(21)   "Olha que isto não está bem." [328P135]

Em contextos deste tipo, bem parece ocupar a posição dos sintagmas adjectivais que, em frases com verbos copulativos, desempenham a função sintáctica de predicativo do sujeito. Se optássemos pela análise sintáctica referida, a construção seria algo surpreendente, tendo em conta que os advérbios não são prototipicamente, em termos lógico-semânticos, predicadores de primeiro grau.[6]

---

5. É verdade que alguns dos verbos que ocorrem nos exemplos acima mencionados podem surgir noutros contextos sem complementação adverbial, como atestam os seguintes enunciados:
(i) O João correu 100 metros em 50 segundos.
(ii) Achei um anel de ouro.
(iii) Ele sabe muitos provérbios.
(iv) O João comeu e saiu apressado.
Face aos dados, parece possível afirmar que verbos formalmente idênticos admitem diferentes estruturas argumentais e assumem significados distintos em função justamente das grelhas de subcategorização e de selecção semântica que se lhes podem associar. Por outras palavras, diremos que 'correr + SAdv. de Modo', ou 'achar + SAdv. de Modo', por exemplo, são configurações sintácticas estáveis na gramática, que envolvem uma conceptualização global própria, distinta daquela que associamos a 'correr+SN' ou 'achar + SN'. Estamos, pois, perante casos de alternâncias sintácticas que afectam o próprio significado do verbo.
6. Veja-se, a este propósito, Ilari (1996: 117): "Na afirmação tradicional de que o advérbio modifica tipicamente o sentido do verbo ou do adjectivo está implícita a hipótese de que de um ponto de vista lógico ele expressa uma predicação de grau superior: assim como o verbo ou o adjectivo atribuem uma ação ou uma propriedade ao sujeito, o advérbio predicaria uma propriedade da qualidade ou ação que se atribui ao sujeito".

438 *Ana Cristina Macário Lopes*

Contextualizando o exemplo (21), concluímos que no enunciado em causa se verifica uma elipse de um particípio passado (PP) recategorizado em adjectivo (*engraxado*), recuperável no discurso anterior, o que implica uma análise sintáctica dessa ocorrência de *bem* em termos de modificador adjectival, tópico a que voltaremos em 1.3.. Veja-se então o contexto discursivo mais lato em que se insere o enunciado em causa:

(21) *"Olha, agora bota mais um bocadinho de pomada, olha que isto não está bem". E eu digo assim: "Olhe, o senhor então quanto mais fala, leva uma farinheira". Quer dizer, no nosso calão, no Porto, uma farinheira é mal engraxado, eles no fim julgam que está bem engraxado e passam por levar os sapatos na mesma sujos".*

Julgo que em contextos deste tipo se descreve o estado subsequente à culminação de um evento e se avalia o resultado final. O PP do verbo 'fazer', verbo que hiperonimicamente anaforiza situações eventivas, representando de forma subespecificada qualquer tipo de evento, é um candidato sempre disponível para preencher lexicalmente o lugar vazio no escopo do advérbio, em construções homólogas a (21). Trata-se, repetimo-lo, de um PP recategorizado em adjectivo, um PP predicativo formado a partir de verbos transitivos ou intransitivos ergativos/ inacusativos, que mantém intactas as propriedades léxico-sintácticas do verbo de base.

Importa, no entanto, assinalar que, com o verbo 'estar', nem todas as construções gramaticais no PE contemporâneo se podem reconduzir ao esquema sintáctico Vpred.+[bem+ PP]. Veja-se o exemplo (22):

(22) *O João está bem.*

Em construções deste tipo, representa-se um estado e *bem* funciona como predicativo do sujeito, parafraseável por 'em bom estado físico ou psíquico'.[7] Há, pois, evidência de que um item tradicionalmente classifi-

---

7. Como se afirma em Mateus *et al.* (2003:424), são muito poucos os advérbios que ocupam esta posição. A autora refere os advérbios de modo *bem* e *mal* (aos quais penso que se deveria acrescentar *assim*) e ainda os advérbios de localização *perto* e *longe*. Estes advérbios de natureza predicativa co-ocorrem com verbos como *estar, parecer, ficar, continuar.*

A polifuncionalidade de bem *no PE contemporâneo*   439

cado na classe 'advérbio' não manifesta um comportamento sintáctico (e sintáctico-semântico) uniforme.[8] Assim sendo, parece revelar-se problemática a própria definição da categoria 'advérbio' segundo critérios uniformes de base sintáctica configuradores de uma categoria discreta, que implique um binómio de pertença/não pertença à categoria. Mais fecunda se afigura uma categorização em termos prototípicos, em que se possam contemplar instâncias centrais e instâncias periféricas da categoria, em função dos comportamentos atestados das suas diferentes ocorrências.

1.3. Ainda no quadro dos contextos em que *bem* integra a estrutura frásica, fazendo, portanto, parte do conteúdo proposicional do enunciado, encontrei no *corpus* frequentes ocorrências de *bem* como modificador de adjectivo. Vejam-se os exemplos (23) e (24):

(23)   *"As recordações persistiam bem vivas, na memória dos de Valmurado"* [LO273P00X]

(24)   *"É silvado e daquele bem alto, que é preciso a gente olhar para cima que é para ver onde é que ele acaba"* [666-08-TD0-008-40-F-L-1-4-00]

Comutável por 'muito', *bem* funciona nestes contextos como intensificador, perdendo em absoluto o seu valor adverbial primitivo de natureza avaliativa.[9] Nestes contextos, *bem* funciona de modo similar aos advérbios quantificadores de grau e o adjectivo que modifica é automaticamente interpretado em termos de propriedade escalar. Com esta função, *bem* coocorre com adjectivos qualificativos, sendo incompatível com adjectivos relacionais (veja-se o contraste de gramaticalidade entre 'homem bem alto' e '*comentário bem editorial'[10]). Nestes contextos, o sintagma adjectival 'bem+adjectivo' não admite ser modificado pelo intensificador 'muito'('*muito bem alto'). Note-se, entretanto, que *bem*

---

8. A heterogeneidade da categoria tem sido amplamente reconhecida, sendo mesmo questionável o seu estatuto de categoria primitiva. Veja-se, a este propósito, Mateus *et al.* (2003: 417, nota (107)).

9. Note-se que o advérbio de modo *mal* não admite este tipo de uso (*memórias mal vivas). Este facto foi já assinalado, para o castelhano, por Delbeque (1994).

10. Utilizamos a distinção 'qualificativo' vs. 'relacional' tal como é definida em Bosque e Demonte (1999).

440 *Ana Cristina Macário Lopes*

pode incidir sobre sintagmas adjectivais que expressam grau comparativo (*bem mais/menos* alto).

Acrescente-se que quando *bem* antecede uma forma de particípio passado com valor adjectival[11], em construções do tipo 'uma mulher bem arranjada/preparada/vestida', a comutação com *mal* é possível, e *bem* preserva o seu valor avaliativo. O processo de conversão que preside à formação deste tipo de adjectivos explica, a meu ver, o bloqueio de uma interpretação em termos de intensificador: com efeito, a base verbal eventiva admite uma modificação adverbial de modo, e os adjectivos participiais herdam essa propriedade. Por outras palavras, estes particípios adjectivais modificados por *bem* admitem ser parafraseados por uma frase relativa em que reaparece o verbo de base : 'uma mulher bem arranjada/ uma mulher que se arranja bem'.[12] O sintagma adjectival 'bem+ PP adjectival' admite ser modificado por 'muito' ('muito bem arranjada'). Assinale-se, ainda, que *bem* pode incidir sobre sintagmas adjectivais que expressam grau comparativo e cujo núcleo é um PP adjectival ('bem mais/menos arranjada').

Em síntese, neste parágrafo recensearam-se usos de *bem* como modificador adjectival, tendo sido destacados dois casos distintos: quando *bem* modifica um adjectivo puro, não deverbal, tem um comportamento sintáctico homólogo ao dos quantificadores de grau, sendo comutável por *muito*; quando o mesmo item modifica um adjectivo deverbal, preserva tipicamente o seu estatuto adverbial de Modo.

1.4. O *corpus* também nos facultou exemplos de *bem* a funcionar como modificador de advérbios. Veja-se a título de ilustração o exemplo (25):

(25) *"Momento de decisões históricas que quase passavam para segundo plano depois da morte de dois soldados israelitas na zona de segurança junto ao Líbano – bem perto de Haifa."* [J3890]

---

11. Estes adjectivos são designados pela expressão 'particípios predicativos adjectivos' em Bosque e Demonte (1999). Contrariamente aos adjectivos puros, estes particípios adjectivais só ocorrem em posposição nominal.

12. Há em português muitos adjectivos compostos formados pela junção de *bem* a adjectivos que resultam do processo de conversão de particípios passados: *bem-aventurado, bem-educado, bem-mandado, bem-intencionado*, entre muitos outros.

A polifuncionalidade de bem *no PE contemporâneo*   441

Comutável por 'muito', *bem* funciona claramente, neste contexto, como advérbio quantificador de grau.

1.5. Vejamos finalmente alguns contextos de ocorrência em que *bem* manifestamente não integra o domínio sintáctico da predicação. Atente--se nos seguintes exemplos:

(26)   *"B: (...) se calhar a carne dos coelhos também agora não é saborosa, não é altura de a comer, ou não? X: Bem, quer dizer, não é, não é ser saborosa, não é, que agora andam a fazer criação"* [854P212]

(27)   *"A: Que é que se arranja aqui melhor agora no inverno, laran-jas e bananas, naturalmente? X: Bem, a a, as bananas nem sempre, há alturas em que se quer comprar bananas e não há, agora a maior fartura nesta altura é a maçã (...)"* [129P104]

(28)   *"Aqui o palácio do governo foi construído no tempo dos Filipes. O Forte de S. João acolá em cima, também. (...) Não quer dizer que fossem os espanhóis que os construíssem, mas foi construído na época deles. Bem, aqui naturalmente predo-minou muito o algarvio"* [1340-08-U00-023-48-M-D-3-6-0]

(29)   *"A: E...que mais é que elas fazem? B: Bem, agora estão a lavar as grelhas, depois para o tempo da...da sardinha descabeçam as sardinhas(...)"* [147P107]

Em todos os enunciados precedentes, *bem* não desempenha nenhuma função sintáctica no quadro oracional, nem faz parte do conteúdo proposicional da frase. Com efeito, *bem* não subsiste no discurso indirecto, como se comprova em (29 a):

(29)   a. *Ela disse que naquele momento estavam a lavar as grelhas.*

Por outro lado, *bem* resiste à focalização, à negação e à interrogação. Contraste-se (29 b) com (1 a), (29 c) com (1b) e (29 d) com (1c):

(29)   b. **Mesmo bem, agora elas estão a lavar as grelhas.*
(1)   a. *O João porta-se mesmo bem.*
(29)   c. **Bem, agora elas não estão a lavar as grelhas.*[13]

---

13. O asterisco significa apenas que *bem* não está no escopo da negação.

442 *Ana Cristina Macário Lopes*

(1) b. *O João não se porta bem, porta-se pessimamente.*
(29) d. *Bem, agora elas estão a lavar as grelhas.*
   – *Como é que elas agora estão a lavar as grelhas?*
   – **Bem.*
(1) c. *O João portou-se bem.*
   – *Como é que o João se portou?*
   – *Bem.*

Estes testes provam o estatuto periférico ou exterior de *bem* relativamente ao conteúdo proposicional do enunciado. O seu comportamento sintáctico-semântico é idêntico ao dos marcadores discursivos (cf. Portolés & Zorraquino1999; Renzi 1995). Também a nível prosódico, as ocorrências de *bem* acima atestadas parecem manifestar propriedades típicas dos MD: demarcação por pausa à esquerda e à direita, o que implica o seu funcionamento como constituinte prosódico independente. Note-se que a demarcação prosódica evidencia e reforça a sua dissociação sintáctica relativamente à estrutura oracional. Enquanto MD, *bem* é um operador cuja análise requer a tomada em consideração do plano enunciativo-pragmático: ocorre basicamente na oralidade dialógica, com funções de natureza interactiva e metadiscursiva. Voltaremos a esta questão no parágrafo seguinte.

2. Elementos para uma análise semântica integrada

Importa agora caracterizar o funcionamento semântico de *bem* e, na medida do possível, apreender a rede de sobreposições e "parecenças de família" que interligam os seus diferentes usos.[14] A hipótese central que se coloca é a seguinte: não estamos perante um caso de homonímia, mas sim perante usos distintos de um mesmo item lexical. Assim sendo, compete-nos provar, ou pelo menos argumentar a favor da existência de um centro prototípico da categoria, em torno do qual se organizam os diversos valores atestados. Importa-nos igualmente apreender os mecanismos/factores que intervêm na codificação de valores e/ou funções mais afastadas do centro prototípico, de modo a demonstrar que a variação de uso

---

14. A expressão 'parecenças de família' surge em Wittgenstein no âmbito de uma reflexão pioneira sobre o carácter vago do significado lexical. Com essa expressão, sublinham-se as similaridades parciais que interligam em contiguidade, numa cadeia de parecenças, diferentes membros de uma categoria

A *polifuncionalidade de* bem *no PE contemporâneo*   443

é motivada e não aleatória. Começaremos pela caracterização da semântica do advérbio de Modo, que admitimos como valor prototípico pela sua frequência de uso.

Do ponto de vista semântico, o advérbio *bem* (subcategorizado pelo verbo ou adjunto a SV) expressa simultaneamente uma circunstância de Modo (ou de Maneira) e uma avaliação positiva. Por outras palavras, predica algo sobre a situação descrita no enunciado em que ocorre, situação essa que denota prototipicamente um evento. O seu valor predicativo envolve sempre um juízo valorativo favorável por parte do enunciador.[15] Considero, pois, que a polaridade avaliativa faz parte intrínseca do significado de *bem*. Se considerarmos o verbo 'fazer' como hiperónimo da acção/processo que *bem* complementa ou modifica qualificando, então 'fazer bem/fazer bem x' significa fazer (x) de uma maneira que o falante avalia como positiva/boa, em função da conformidade em relação a um parâmetro contextual, uma norma, e/ou dos resultados obtidos. Tal como o adjectivo *bom* subsume um conjunto de termos que especificam uma polaridade valorativa em domínios distintos da experiência humana (*saboroso, lucrativo* e *saudável,* por exemplo, especificam o significado de *bom* respectivamente no domínio da comida, dos negócios e do ambiente)[16], também o advérbio *bem* parece funcionar como termo genérico susceptível de subsumir um conjunto de termos (*adequadamente, correctamente, justamente, satisfatoriamente, eficazmente*, etc.) que se interpretam contextualmente como especificações de circunstâncias de Modo, com polaridade positiva. No mesmo paradigma lexical de *bem* insere-se o advérbio *mal*, em estreita relação semântica de antonímia, e ainda a locução adverbial *mais ou menos*, que codifica um ponto intermédio de avaliação entre o pólo positivo e o pólo negativo. Faz parte da semântica deste advérbio de Modo a possibilidade de graduação: através das formas *melhor* e *pior* lexicaliza-se o grau comparativo (de superioridade e de inferioridade, respectivamente); o grau elevado é expresso por *muito bem.*

---

15. Contrariamente a muitos dos advérbios de Modo deadjectivais formados com o sufixo *mente* (como, por exemplo, *cuidadosamente*), *bem* não me parece susceptível de activar diferentes interpretações (uma leitura de modo, uma leitura orientada para o sujeito, uma leitura orientada para o falante), em função da sua posição na frase. Sobre esta questão, veja-se Jackendoff (1972) e Costa (1997). Julgo que, prototipicamente, *bem* activa uma interpretação inerentemente vaga, em que se expressa avaliação positiva por parte do falante relativamente ao modo como foi realizado um evento.

16. Para um estudo aprofundado da semântica de 'bom', veja-se Lima (1989).

444 *Ana Cristina Macário Lopes*

A avaliação expressa por *bem* pode ancorar em padrões ou normas éticas, estéticas, de comportamento social, de perfeição técnica, legais, etc. Assim, o núcleo conceptual invariante de avaliação positiva sofre modulações contextuais em função do significado lexical do verbo (ou do SV) a que o advérbio se aplica. É ainda a semântica inerente do verbo que condiciona o padrão implícito convocado pelo acto de avaliação: 'conduzir bem' significa conduzir adequadamente, de acordo com as regras vigentes, 'falar bem (uma língua)' significa falar com fluência, 'proceder bem' significa proceder de forma justa, 'conhecer bem x' significa conhecer x de modo profundo, exacto ou preciso, 'ver bem' significa ver com nitidez, etc.[17] A semântica de *bem* parece ser intrinsecamente vaga (indeterminada ou subespecificada): só num contexto discursivo específico e no quadro de determinados modelos culturais interindividualmente partilhados se pode precisar a informação sobre circunstâncias de modo predicada pelo advérbio *bem*.[18] O que une as diversas modulações contextuais do significado de *bem* parece ser a polaridade valorativa e a pressuposição de que há uma relação de conformidade entre o modo de realização de um processo ou de uma acção e o padrão de referência assumido pelo falante. Uma outra hipótese de abordagem da semântica de *bem* envolve o recurso à noção de polissemia. Sendo já longo o debate em torno da delimitação de fronteiras entre vagueza e polissemia[19], mantêm-se como testes relevantes o teste lógico proposto por Quine (1960) e o teste da identidade, de Zwicky e Sadock

---

17. Utilizo o termo modulação na acepção de Cruise (1986: 52): [the] effect of a context on an included lexical unit (...), the variation within a sense caused by modulation is largely continuous and fluid in nature".
     Note-se que as paráfrases propostas são ainda intrinsecamente vagas, já que não parece possível definir com precisão as situações do mundo correspondentes à extensão do predicado complexo 'ver bem'.
18. Importa talvez matizar o peso atribuído aos modelos culturais que configuram *backgrounds* de conhecimento largamente socializados. É também possível que a avaliação positiva expressa por *bem* resulte de uma norma individual: posso considerar que um indivíduo procedeu bem, de acordo com os meus princípios éticos/com a minha competência ideológica, independentemente da norma de avaliação dominante. No entanto, mantém-se intacta a ideia de que a avaliação qualitativa envolve implicitamente uma comparação com um modelo, uma norma. Quando essa norma estritamente individual é convocada, funcionando como critério de atribuição do termo predicativo, é habitual o recurso a *hedges* do tipo 'na minha opinião/em meu entender, x fez/procedeu bem'.
19. Para uma síntese sobre este debate, veja-se Silva (1999: 605-624).

A polifuncionalidade de bem *no PE contemporâneo* 445

(1975). O primeiro, baseado num critério lógico, diz-nos que um item lexical é polissémico se puder ser ao mesmo tempo verdadeiro e falso quando aplicado ao mesmo referente. Assim, "an ambiguous term such as *light* may be at once cleary true of various objects (such as *dark feathers*) and clearly false of them" (Quine 1960:129). Este teste prova que *light* é uma palavra polissémica. Se tentarmos aplicar este teste a *bem*, obtemos resultados não concludentes. Veja-se o seguinte exemplo:

(30) *O João portou-se bem e não se portou bem.*

Trata-se de uma frase contraditória, o que nos levaria a afastar a hipótese de que *bem* é um termo polissémico. No entanto, não nos parece anómalo o exemplo (31):

(31) *O João comeu bem e não comeu bem.*

Este último enunciado admite uma interpretação parafraseável do seguinte modo: 'O João comeu de forma adequada no que diz respeito à quantidade de alimentos ingeridos, mas não comeu de modo conveniente, segundo as normas que devem ser respeitadas à mesa'. No entanto, não parece rigoroso falar-se de dois sentidos distintos de *bem*: o que está em jogo, neste exemplo, é uma ambiguidade entre uma leitura resultativa do SV, que pressupõe pragmaticamente um padrão de natureza quantitativa, e uma leitura que focaliza o processo no seu decurso, sendo a avaliação balizada por uma norma distinta, de natureza sócio-comportamental.

O teste linguístico da identidade envolve o recurso à anáfora: se um determinado item lexical tiver duas interpretações, essas interpretações constituem dois significados distintos quando, num enunciado, a retoma anafórica do item exigir uma interpretação em termos de identidade, sendo excluída uma leitura cruzada. Num enunciado do tipo *O João empurrou a secretária e a Ana fez o mesmo*, é possível interpretar *secretária* como 'objecto/móvel' ou como 'pessoa com determinadas funções'. No entanto, se seleccionarmos a primeira interpretação, condicionamos automaticamente a leitura da frase coordenada, que se fará por retoma do mesmo significado. Qualquer interpretação cruzada é inaceitável. Podemos então concluir que o item em apreço é polissémico. Vejamos o que acontece com *bem*:

(32) *O João escreve bem e o irmão também.*

446 *Ana Cristina Macário Lopes*

É possível interpretar *bem* como sinónimo de 'correctamente, sem erros', ou seja, de acordo com um padrão de correcção ortográfica, mas é também possível interpretar *bem* em termos de adequação a uma norma estética. Não é possível uma leitura cruzada. No entanto, o teste não me parece concludente relativamente à natureza polissémica de *bem*: perante uma palavra tipicamente polissémica como 'secretária', os dois significados são nitidamente demarcáveis; já no que toca às duas interpretações possíveis de *bem* acima assinaladas, julgo que indiciam variação dentro de um mesmo significado subespecificado, resultante de uma indeterminação intrínseca de *bem* no que toca a uma especificação contextual. Tal como a palavra *estudante* é vaga relativamente à dimensão sexo, também *bem* me parece uma palavra vaga quanto à especificação do padrão de referência ou parâmetro contextual que sustenta a predicação.

A opção pelo tratamento da semântica de *bem* em termos de vagueza ou de subespecificação ao nível da representação conceptual parece ser apoiada pelo critério analítico que remonta a Aristóteles. Com efeito, é possível encontrar uma definição maximamente genérica de *bem* que inclua todas as instâncias do seu uso enquanto advérbio de modo – avaliação positiva do modo de realização de uma acção/processo.[20]

Até aqui, contemplámos exemplos em que o advérbio de Modo *bem* se aplica a predicadores verbais que denotam acções/processos. Utilizámos estes termos sem uma definição prévia rigorosa, para designar situações dinâmicas que envolvem prototipicamente um agente. Recorrendo agora à clássica tipologia de classes aspectuais proposta por Vendler (1967), vejamos de forma mais aprofundada quais as compatibilidades de *bem* com os diversos tipos de situações. Atente-se nos exemplos (33) e (34):

(33)   ??*A Ana gosta bem de cinema.*
(34)   ??*O Rui acredita bem em bruxas.*

São exemplos construídos, que visam testar a compatibilidade de *bem* com predicadores estativos.[21] As interrogações sinalizam um certo grau

---

20. A avaliação positiva envolve uma comparação implícita com uma norma, sendo que essa comparação pode envolver o resultado ou produto final da acção ou o desenrolar de um processo.

21. Note-se a total ausência, no *corpus*, de enunciados deste tipo. Há, no entanto, um provérbio em que *bem* co-ocorre com um predicador basicamente estativo: *Quem bem ama faz chorar*. Julgo que a ocorrência de *bem* promove uma comutação aspectual: a situação descrita pela relativa livre é interpretada em termos de actividade, e não de estado.

de anomalia dos enunciados, o que revela que a combinação de *bem* com a descrição de estados não é inteiramente feliz. Sendo um estado uma situação estática, uma situação que não envolve mudança – de estado, de lugar ou de posse – dos participantes nela intervenientes, facilmente se compreende a incompatibilidade assinalada. As circunstâncias expressas pelos advérbios de Modo especificam prototipicamente maneiras de realização de situações intrinsecamente dinâmicas. Daí a plena aceitabilidade dos enunciados (35) e (36):

(35) *O João nadou bem.*
(36) *O João desenhou bem a circunferência.*

Combinado com descrições de actividades (*activities*, na terminologia de Vendler) ou de eventos prolongados (*accomplishments*) – respectivamente em (35) e (36) – *bem* dá origem a enunciados semanticamente bem-formados. Em (35), o advérbio incide no modo de realização do processo. Em (36), infere-se que a circunferência ficou bem desenhada, o que nos permite dizer que o advérbio qualifica o resultado do evento.

A compatibilidade de *bem* com descrições de eventos pontuais (*achievments*) é mais problemática. Vejam-se os exemplos (37) e (38):

(37) **O João desmaiou bem.*
(38) *O João nasceu bem.*

A anomalia de (37) deve-se, a meu ver, não ao tipo de situação representada, mas sim à ausência de um padrão ou de uma norma de desmaio face à qual se possa expressar, através de *bem*, um juízo de conformidade. Em (38), a ocorrência de *bem* parece legitimada pela existência de um padrão – o parto normal. Note-se, entretanto, que a ocorrência de *bem*, neste último exemplo, força/induz uma interpretação do enunciado em termos de representação de um evento prolongado.

A análise dos exemplos permite-nos evidenciar traços prototípicos da semântica do advérbio de Modo *bem*: aplica-se a situações dinâmicas, predicando um modo de realização que envolve conformidade relativamente a um padrão e que (por isso mesmo) é avaliado positivamente. Quando se representam eventos prolongados, eles são considerados globalmente, na sua realização total, e, consequentemente, o advérbio qualifica (metonimicamente) o resultado desses eventos. Quando se representam actividades, a própria natureza aspectual da situação determina a incidência do advérbio no desenrolar do processo.

448   *Ana Cristina Macário Lopes*

Deste valor prototípico parece derivar, por um processo de extensão, o valor de *bem* exemplificado em (22). Com efeito, em posição predicativa, *bem* retém os traços de 'avaliação positiva' e 'conformidade em relação a um padrão': dizer que o João está bem significa dizer que o seu estado de saúde (física ou psíquica) é bom, e tal avaliação positiva pressupõe um padrão, uma norma (no domínio da saúde). Assim, por uma relação de similaridade, *bem* permite conceptualizar e expressar avaliação positiva relativamente ao modo de realização de um evento e avaliação positiva relativamente ao modo de manifestação de um estado temporário.

A questão que agora se coloca é saber se é possível estabelecer algum nexo conceptual entre a semântica de *bem* como advérbio de Modo e a semântica de *bem* como advérbio de Intensidade ou quantificador de grau. Parece-nos possível analisar esta variação de uso, no plano sincrónico, como um caso de gramaticalização, entendida como processo de recategorização ou reanálise sintáctica, acompanhado de uma perda do significado lexical primitivo[22]. Estes dois critérios são verificados no caso de *bem*, pelo menos parcialmente: o advérbio de Modo e o quantificador de grau não têm a mesma distribuição, pelo que pertencem a sub-classes sintácticas distintas. Do ponto de vista semântico, há claramente uma perda da polaridade avaliativa e do significado categorial inerente aos advérbios de Modo; o quantificador *bem* expressa intensidade de uma determinada propriedade, no interior de uma escala, significação que tradicionalmente é considerada de tipo gramatical.[23] Como vimos no ponto 2., parecem claramente diferenciados os contextos sintácticos de ocorrência que activam as duas interpretações de *bem* (posição tipicamente pós-verbal, posição pré-adjectival). É, no entanto, curioso verificar que, em determinados contextos, a ocorrência do advérbio de Modo suscita uma interpretação preferencial não canónica, que se afasta da significação prototípica assinalada. Vejam-se os exemplos (39) e (40):

(39)   *"sempre (...) gostei de pagar bem ao pessoal"* [79P091]
(40)   *Ontem, choveu bem cá em Coimbra.*

---

22. Cf. Tabor e Traugott (1998).
23. Assinale-se que habitualmente se afirma que os adjectivos flexionam em grau, sendo os afixos flexionais considerados portadores de significação gramatical, por oposição aos afixos derivacionais, portadores de significação lexical.

A polifuncionalidade de bem *no PE contemporâneo* 449

Em (39), *pagar bem* significa pagar uma boa quantidade de dinheiro, ou seja, uma quantia que está acima de um padrão médio, e em (40), *chover bem* significa chover muito. Neste último caso, o antónimo de *bem* já não é *mal*, mas sim *pouco*.

Noutros contextos, nomeadamente quando *bem* antecede adjectivos com um valor perfectivo, formados por conversão a partir de particípios adjectivais, verifica-se frequentemente uma ambiguidade entre uma leitura qualitativa e uma leitura quantitativa. Vejam-se os casos apresentados em (41):

(41) *um cinto bem apertado, uma comida bem apurada, uma massa bem amassada, uma roupa bem torcida, umas claras bem batidas, uma resina bem entranhada*

Nestes exemplos, a leitura pode ser intensiva (*muito apertado, muito torcida*, etc.) ou de avaliação qualitativa. Parece-me que casos deste tipo, que manifestam uma sobreposição de valores, funcionam como zona de transição para o valor quantitativo de advérbio. Ou seja, há contextos em que a valoração positiva do estado resultante induz uma leitura intensiva. Numa perspectiva neo-griceana, a interpretação intensiva pode ser considerada uma implicatura conversacional, pragmaticamente activada pelo nosso conhecimento de *background* acerca da situação descrita. Esta implicatura pode ter-se convencionalizado, dando origem ao significado associado ao advérbio de intensidade *bem*, sistematicamente comutável por *muito*.

Prototipicamente, este advérbio, ao modificar um adjectivo puro, sempre em posição de adjacência à esquerda, expressa um grau elevado da propriedade denotada pelo adjectivo: sendo escalar, tal propriedade admite graduação.[24] Como qualquer quantificador de grau, *bem* é interpretado como operador que liga variáveis, sendo que estas variáveis são níveis ordenados numa escala. O quantificador situa o elemento quantificado num determinado nível no interior de uma escala, sendo a ordenação ou

---

24. Note-se que, como quantificador de grau, este advérbio não é compatível com adjectivos que denotam propriedades não escalares: *uma mesa bem triangular, *uma faca bem eléctrica.

orientação dessa escala estabelecida por factores pragmáticos.[25] *Bem*, comutável por *muito*, integra a sub-classe dos quantificadores de grau ditos proporcionais (na qual se incluem termos como *bastante, pouco, demasiado*), cujo comportamento semântico se diferencia dos quantificadores comparativos (tão, mais, menos).[26] Os quantificadores não comparativos expressam uma dimensão de quantidade ordenada de menor a maior (*pouco, bastante, muito/bem*). *Bem* situa o elemento quantificado num ponto indeterminado da parte alta da escala e indica que um ponto médio dessa escala foi ultrapassado. Tal como *muito*, *bem* combina-se com quantificadores comparativos – *bem mais, bem menos* –, permitindo deste modo exprimir a maior ou menor amplitude do intervalo existente entre os dois pontos comparados.

Temos, assim, dois domínios escalares: um domínio qualitativo, no qual operam os advérbios de Modo valorativos *bem* e *mal*, pólos opostos num *continuum* que admite valores intermédios (lexicalizados por expressões do tipo *razoavelmente / mais ou menos/ assim, assim*), e um domínio quantitativo, no qual operam os advérbios quantificadores de grau *muito/ bem, bastante, pouco*. A escalaridade subjacente à avaliação qualitativa e à quantificação de grau configura uma semelhança estrutural entre os dois domínios, sendo que tanto o modificador verbal como o modificador adjectival ocupam uma posição similar na ordenação linear dos valores que delimitam nas respectivas escalas.

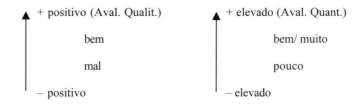

---

25. Significa isto que um enunciado do tipo (i) *O João é muito/bem alto* pressupõe um valor considerado como norma, sendo esse valor variável, determinado social e culturalmente ou condicionado por critérios que podem ser explicitados. Assim, o grau elevado da propriedade altura expresso em (i) avalia-se em função de parâmetros contextuais (por exemplo, para a média de altura do homem português, para um rapaz de 5 anos).
26. Os quantificadores comparativos situam o elemento quantificado dentro de uma escala marcada pela ordenação relativa de dois pontos: aquele que o elemento comparado ocupa e aquele que é ocupado pelo termo de comparação. Utilizamos a terminologia de Bosque e Demonte (1999).

A polifuncionalidade de bem *no PE contemporâneo* 451

Parece haver uma estruturação isomórfica de dois domínios, eventualmente ancorada em metáforas conceptuais do tipo "Good is up, bad is down" e "More is up" (cf. Lakoff & Johnson 1980).[27] Note-se que em ambos os casos a representação semântica escalar pressupõe um parâmetro contextual, uma norma, ou uma média, que funciona como ponto de referência implícito.

Bem, em relação de oposição semântica com *pouco*, expressa um grau elevado de uma propriedade escalar. *Bem*, em relação de oposição semântica com *mal*, aplica-se a aituações dinâmicas, explicitando modos de realização ou estados resultantes situados num ponto alto de uma escala avaliativa. Muito provavelmente, os contextos de coocorrência de *bem* com particípios adjectivais em que as leituras qualitativa e quantitativa são igualmente aceitáveis (ver ex. 41) funcionam como zona de transição para a derivação do sentido intensificador, que se torna exclusivo quando no escopo do advérbio se encontra um adjectivo puro. A construção sintáctica *bem + adjectivo* é semanticamente coercitiva, ou seja, a coocorrência, em anteposição, de *bem* com um adjectivo não deverbal que expressa uma propriedade escalar força uma interpretação em termos de quantificação de grau. O valor semântico de avaliação positiva perde-se, sendo substituído por um valor de quantificação. De qualquer modo, mantém-se o isomorfismo entre dois domínios escalares.

Vejamos agora se é igualmente possível descortinar algum nexo entre os valores até aqui comentados e os valores de uso de *bem* como marcador discursivo. Ao deixar de operar no domínio do conteúdo, ou seja, no domínio do conteúdo proposicional expresso, passível de uma análise verocondicional, *bem* cumpre essencialmente as seguintes funções: no discurso dialogal, marca/sinaliza (i) discordância/não aceitação relativamente ao que foi dito ou implicitado na intervenção anterior, (ii) mero início de turno de fala, desempenhando, assim, um papel ao nível da gestão do 'turn-taking' conversacional, ou (iii) mudança de tópico discursivo, actuando ao nível da estrutura temático-informacional do texto.

---

27. A investigação sobre a metáfora foi continuada por Lakoff (1987), que analisou diferentes estruturações metafóricas da experiência humana a partir de um conjunto restrito de 'esquemas imagéticos', ou seja, padrões que resultam da actividade sensório-motora e perceptiva do homem. No caso que nos interessa, a orientação 'em cima-em baixo' parece estruturar metaforicamente noções como 'mais' e 'menos' (veja-se a expressão subida dos preços), 'bom' e 'mau' (valores altos/baixos), entre outros.

452   *Ana Cristina Macário Lopes*

Voltemos então aos exemplos (26) a (29), aqui retomados:

(26)   *"B: (...) se calhar a carne dos coelhos também agora não é*
       saborosa, não é altura de a comer, ou não? X: Bem, quer
       dizer, não é, não é ser saborosa, não é, que agora andam a
       fazer criação" [854P212]
(27)   *"A: Que é que se arranja aqui melhor agora no inverno, laran-*
       jas e bananas, naturalmente? X: Bem, a a, as bananas nem
       sempre, há alturas em que se quer comprar bananas e não há,
       agora a maior fartura nesta altura é a maçã (...)" [129P104]
(28)   *"Aqui o palácio do governo foi construído no tempo dos*
       Filipes. O Forte de S. João acolá em cima, também. (...) Não
       quer dizer que fossem os espanhóis que os construíssem, mas
       foi construído na época deles. Bem, aqui naturalmente predo-
       minou muito o algarvio" [1340-08-U00-023-48-M-D-3-6-0]
(29)   *"A: E...que mais é que elas fazem? B: Bem, agora estão a lavar*
       as grelhas, depois para o tempo da...da sardinha descabeçam
       as sardinhas(...)" [147P107]

Em (26) e (27), *bem* ilustra uma função de mitigação do desacordo ou da
não aceitação, por parte do locutor, do que foi anteriormente afirmado ou
implicitado pelo interlocutor. *Bem* opera claramente no plano interactivo,
atenuando a força ilocutória do acto que está a ser realizado: por cortesia,
reforça-se através de *bem* a face positiva do falante e protege-se a face
negativa do ouvinte. Em (30), *bem* funciona como marcador conversacional, sinalizando início de turno de fala. É ao nível da interacção que se
satura o valor semântico de *bem*, em contextos deste tipo. Em (31), *bem*
marca mudança de tópico no interior da intervenção do mesmo falante.[28]

No primeiro caso, o recurso ao marcador inscreve-se numa estratégia
de atenuação/mitigação da expressão de desacordo. Os estudos realizados no âmbito da Análise da Conversação[29] evidenciam que na interacção verbal há sequências 'preferidas', sequências que configuram normalmente o segundo membro de um par adjacente e que correspondem
às expectativas normais de uma troca conversacional cooperante. São

---

28. Por vezes, a ocorrência de *bem* no interior da intervenção do mesmo falante assume
    uma função de mitigação/matização da asserção anterior: *"É, desejava trabalhar na*
    costura, não é? Bem, aqui não." [1304-20-I05-021-19-F-D-1-2-0].
29. Para uma síntese destes trabalhos, veja-se Levinson (1983).

A *polifuncionalidade de* bem *no PE contemporâneo*   453

sequências preferidas ou não marcadas aquelas que envolvem uma reacção verbal esperada. Ora é sabido que a aceitação e a concordância são consideradas como segundas partes preferidas de um par adjacente. Quando surge um segundo membro não preferido, o locutor procura normalmente reparar ou mitigar a sua intervenção através de preliminares mais ou menos longos e complexos. Como afirma Levinson, "dispreferred seconds are marked by various kinds of structural complexity. Thus dispreferred seconds are typically delivered: (a) after some significant delay, b) with some preface marking their dispreferred status, often the particle *well*; (c) with some account of why the preferred second cannot be performed" (1983: 307).[30] Naturalmente que o conceito de 'preferência' se prende também com necessidades decorrentes das convenções e rituais sociais que presidem à interacção verbal. Neste âmbito, inscrevem-se as estratégias que visam a gestão adequada das faces [31] dos participantes no acto comunicativo e que envolvem/convocam o princípio da cortesia. Quando um falante opta por um segundo membro não preferido, discordando, por exemplo, de uma asserção anterior, utiliza frequentemente o marcador *bem* como "face-threat mitigator". Ao atenuar a expressão do desacordo, o falante reforça a sua imagem positiva e protege, simultaneamente, a face negativa do interlocutor. Trata-se de uma estratégia remediadora, que visa minimizar/reparar potenciais efeitos negativos de uma intervenção não preferida. Como assinala Levinson (1983: 334), "the particle *well* ... standardly prefaces and marks dispreferreds". Note-se que *bem* é o marcador ideal para a realização desta função discursiva, dado o seu valor semântico primitivo. Com efeito, ao prefaciar a expressão de desacordo com *bem*, o falante recorre a um item com um traço inerente de valorização positiva, o que desde logo implica uma não rejeição absoluta da intervenção anterior; assim, o falante realiza um trabalho de figuração que mitiga a carga negativa da não aceitação do que foi dito previamente. Deste uso deve ter derivado o de mera sinalização de início de turno de fala, pela dessemantização total do advérbio. Nos dois usos descritos, *bem* opera no domínio pragmático da

---

30. No seu estudo sobre marcadores discursivos do inglês, Schiffrin analisa o item *well* em termos idênticos. Assim, estuda as ocorrências de *well* nos pares pergunta/resposta e pedido/resposta ao pedido e conclui que os falantes recorrem ao marcador "when answers diverge from the ideational options offered by a prior question" e sempre que expressam "non-compliance with a request" (1987: 114).
31. Sobre o trabalho de figuração e teoria das faces, veja-se Brown e Levinson (1987).

454   *Ana Cristina Macário Lopes*

significação, na medida em que as instruções que carreiam relevam da dimensão socio-interactiva do discurso – gestão da interlocução e distribuição de turnos de fala.

No discurso monologal, ou no interior da intervenção de um dos participantes de uma interacção verbal (veja-se o exemplo (31), *bem* é utilizado para sinalizar uma mudança de tópico ou uma digressão, contribuindo deste modo para a marcação da estrutura temático-informacional do texto. Trata-se de uma função metadiscursiva, típica do uso oral mais espontâneo e não planeado, escassamente documentada no *corpus*. Este uso periférico pode eventualmente ser explicado em termos transposição, para o plano metadiscursivo ou metatextual, da função de marcação da estrutura do texto dialogal anteriormente comentada.[32]

---

32. Importa ainda fazer uma referência breve às ocorrências de *bem* em expressões cristalizadas, que funcionam discursivamente como fórmulas algo ritualizadas no plano da interacção verbal. Vejam-se os exemplos seguintes:

   (i) *"portanto o sumário será...características...da paisagem agrária... da europa mediterrânica (...) **ora bem** – o nosso mapa... vai-nos continuar a fazer... companhia"* [0P44B90005XPP24N989PXXXXX]]

   (ii) *"– Eu, (... para lhe ser franco, aceitar professores do liceu, hoje tenho muitas dúvidas (...). – **Muito bem** – disse eu – Procuro então outra pensão"* [L0044P0017X]

   (iii) *"– Dás-mo ? – **Está bem!**"* [L0750P0218X]

   (iv) *"A: Olá bom dia Helena x: bom dia A: **tudo bem?**"* [0P17N7G0038XPP24N989PXXXXX]

   Em (i), encontramos o sintagma cristalizado 'ora bem', com uma função metadiscursiva idêntica à que encontrámos em (ii), ou seja, marcação de mudança de tópico.

   Em (ii), é a expressão 'muito bem' que funciona globalmente como marcador discursivo, com uma função ao nível ilocutório: o locutor sinaliza que processou a informação previamente comunicada e, simultaneamente, aceita a proposta/sugestão implícita comunicada pela intervenção anterior (no caso vertente, o primeiro locutor sugere implicitamente a procura de um outro alojamento, sugestão essa que o segundo locutor aceita).

   Em (iii), 'está bem' é uma expressão cristalizada, que em PE funciona recorrentemente como fórmula de marcação de um acto ilocutório reactivo de aceitação/resposta positiva a um acto ilocutório directivo realizado pelo interlocutor.

   Em (iv), 'tudo bem' é igualmente uma expressão ritualizada que se utiliza, em registo informal, como fórmula fática em sequências de saudação.

3. Considerações finais

A hipótese que coloco, cuja validação envolve um estudo diacrónico, é a seguinte: os diferentes usos sincrónicos de *bem* parecem poder ser enquadrados no âmbito do fenómeno da gramaticalização, entendida como um processo de recategorização sintáctica e semântica, motivada cognitiva e/ou pragmaticamente (cf. Tabor & Traugott 1998; Traugott & König 1991). A reanálise ou recategorização sintáctica está presente, já que o comportamento sintáctico do advérbio de Modo se distancia claramente do comportamento sintáctico do advérbio quantificador de grau e do MD, como assinalámos. Semanticamente, verifica-se uma alteração da significação lexical primitiva em ambos os casos: o quantificador de grau, ao funcionar como intensificador, perde o traço [+qualitativo] presente no significado prototípico, substituindo-o por um traço [+quantitativo], sendo a afinidade conceptual garantida pela manutenção do traço [+avaliação] nos dois usos [33]; o MD, ao especializar-se na sua função básica de "face-threat mitigator", torna salientes instruções de tipo pragmático, reguladoras da interacção locutor/interlocutor, estando a eficácia da estratégia garantida pelo significado lexical entretanto "backgrounded". As duas outras funções discursivas atestadas (mera sinalização de início de turno de fala e marcação de mudança de tópico), mais periféricas relativamente ao protótipo/"core meaning", parecem derivar do uso mitigador do MD. Com efeito, a ocorrência sistemática do mitigador em início de turno de fala viabiliza, por extensão metonímica, a convencionalização de uma rotina conversacional. Por outro lado, a marcação de intervenção não preferida (expressão de desacordo, rejeição de um pedido, dilação de uma resposta relevante, etc.) e a sinalização de mudança de tópico no interior de uma intervenção são funções discursivas que visam monitorizar o processamento da informação por parte do interlocutor, quando este é confrontado com uma sequência discursiva menos previsível em termos de expectativas.

Parece haver evidência empírica para afirmar que se assiste basicamente a uma transposição de significação que releva do domínio da avaliação interna do falante para significação que releva do domínio da interacção e da estruturação textual/discursiva.

---

33. Sublinhe-se a existência de contextos em que os dois valores se sobrepõem. Cf. exemplos em (41).

456   *Ana Cristina Macário Lopes*

Referências

Brown, P. & S. Levinson
1987   *Politeness. Some universals in language use.* Cambridge: Cambridge University Press.
Cruise, D. A.
1986   *Lexical Semantics.* Cambridge: Cambridge University Press.
Delbecque, N.
1994   Las funciones de así, bien y mal. *Revista Española de Lingüística*, Año 24, fasc. 2: 435-466.
Hansen, Maj-Britt Mosegaard
1996   Some common discourse particles in spoken french. *Etudes Romanes* 35 (*Le discours: cohérence et connexion*): 105-149.
Ilari, Rodolfo
1996   A categoria Advérbio na gramática do Português Falado. In: Inês Duarte & Isabel Leiria (orgs.), *Actas do Congresso Internacional sobre o Português*, vol. I, 107-140.
Jucker, Andreas H.
1993   The discourse marker *well*: a relevance-theoretical account. *Journal of Pragmatics* 19: 435-452.
Quine, Willard van Orman
1960   *Word and object.* Cambridge, Mass: The MIT Press.
Lakoff, George & Mark Johnson
1980   *Metaphors We Live By.* Chicago/London: The University of Chicago Press.
Lakoff, George
1987   *Women, fire, and dangerous things. What categories reveal about the mind.* Chicago: The University of Chicago Press.
Levinson, Stephen C.
1983   *Pragmatics.* Cambridge: Cambridge University Press.
Lima, José Pinto de
1989   "Significado avaliativo": para uma clarificação à luz de uma semântica prática. Dissertação de Doutoramento, Faculdade de Letras de Lisboa.
Mateus, Maria Helena Mira, Ana Maria Brito, Inês Duarte & Isabel Hub Faria
2003   *Gramática da Língua Portuguesa*, 5.ª ed. (revista e aumentada). Lisboa: Caminho.
Martín Zorraquino, María Antónia & José Portolés Lázaro
1999   Los Marcadores del Discurso. In: Ignacio Bosque Muñoz & Violeta Demonte Barreto (orgs.), *Gramática Descriptiva de la Lengua Española*, vol. 3, 4051-4213. Real Academia Española, Madrid: Espasa.
Renzi, Lorenzo, Giampaolo Salvi & Anna Cardinaletti (Orgs.)
1995   *Grande grammatica di consultazioni*, vol. 2, Bologna: Il Mulino.
Schiffrin, Deborah
1987   *Discourse markers.* Cambridge: Cambridge University Press.

A polifuncionalidade de bem no PE contemporâneo   457

Silva, Augusto Soares da
   1999   *A semântica de 'deixar'. Uma contribuição para a abordagem cogniti-va em semântica lexical.* Lisboa, Fundação Calouste Gulbenkian e Fundação para a Ciência e a Tecnologia.

Tabor, W. & Elizabeth Closs Traugott
   1998   Structural scope expansion and grammaticalization. In: Ramat & Hopper (eds.), *The Limits of Grammaticalization*, 229-272. Amsterdam/ Philadelphia: John Benjamins.

Traugott, Elizabeth Closs & Ekkhehard König
   1991   The semantics-pragmatics of grammaticalization revisited. In: Elizabeth C. Traugott & Bernd Heine (eds.), *Approaches to grammaticalization*, 189-218. Amsterdam: Benjamins.

Vendler, Zeno
   1967   *Linguistics in philosophy.* Ithaca: Cornell University Press.

Zwicky, A. & J. Sadock
   1975   Ambiguity tests and how to fail them. In: J. Kimball (ed.), *Syntax and Semantics* 4:1-36. New-York: Academic Press.

Ainda ontem aconteceu uma coisa muito engraçada. A introdução de enunciados narrativos em situação de interacção oral

Armindo José Baptista de Morais

Resumo

O objectivo da presente comunicação é identificar e caracterizar as estratégias discursivo-pragmáticas utilizadas pelo futuro narrador na preparação da passagem para o Enunciado Narrativo. Referimo-nos ao desenvolvimento de Actividades Preparatórias (Rehbein, 1981) que asseguram o interesse e focalizam a atenção do interlocutor para o acto comunicativo seguinte, ao mesmo tempo que lhe permitem activar os seus conhecimentos esquemáticos sobre a actividade comunicativa em causa. No caso do anúncio de um turno narrativo, tal conhecimento permite ao alocutário a activação de um esquema de referência para a sua interpretação, recorrendo, para tal, à actualização de um modelo textual prototípico culturalmente adquirido (Adam, 1985, 1990).

Palavras-chave: enunciado narrativo, actividades preparatórias, anúncios e pré-anúncios.

1. Apresentação do trabalho: objectivos e corpus de análise

1.1. A introdução de um Enunciado Narrativo em interacção oral

Na interacção oral, a introdução de uma Narrativa obriga o futuro narrador a negociar com o interlocutor o Acto de Enunciação Narrativo que pretende realizar. Para tal tem que
- anunciar a sua vontade de narrar algo;
- motivar o interlocutor a aceitar a sua narração;
- prepará-lo para a sua realização;
- e justificar a sua pertinência para a interacção em curso.

Procurando ganhar o interlocutor para uma nova situação de enunciação, a que é inerente uma redistribuição assimétrica de papéis e poderes (Bres, 1994), e, ao mesmo tempo, para uma conceptualização pessoal do

460 *Armindo José Baptista de Morais*

que vai ser narrado, o futuro narrador vai ter um cuidado especial na fase de introdução da sequência narrativa [1]. É seu intuito, por um lado, realizar a sua vontade de narrar com a aceitação e envolvimento do seu interlocutor, e por outro, estimular a activação de esquemas e categorias que facilitem a recepção do enunciado a produzir. Nesse sentido vai desenvolver um conjunto de Actividades Preparatórias cuja identificação e caracterização são o objectivo central do presente trabalho.

1.2. A noção de Actividades Preparatórias

Partindo dos trabalhos de Rehbein (1981) e Kallmeyer (1978), consideram-se Actividades Preparatórias (a partir de agora referidas como A.P.) as actividades desenvolvidas pelo locutor com o intuito de assegurar o interesse e focalizar a atenção do interlocutor para o acto comunicativo seguinte. Como realça Kallmeyer (1978) estas A.P. envolvem, simultaneamente, locutor e alocutário na medida em que orientam as actividades de ambos para o que vai ser construído na conversação:

- O locutor, orientando o alocutário quanto ao valor ilocutório, conteúdo proposicional e interesse da actividade comunicativa planeada, procura obter dele a atenção e a compreensão dos seus planos, bem como criar condições para a sua recepção (Rehbein, 1976: 60).
- Da parte do alocutário, as A.P. facilitam a sua preparação para a actividade anunciada activando os seus conhecimentos esquemáticos [2]. No caso do anúncio de um Enunciado Narrativo (a partir de agora referido como E.N.), tal conhecimento permite-lhe a activação de um esquema de referência para a sua interpretação, recorrendo, para tal, à actualização de um modelo textual prototípico culturalmente adquirido (Adam, 1985, 1990).

---

1. A esta primeira fase da sequência narrativa, identificada por Labov (1972) como Resumo, são atribuídas quer funções interaccionais – de gestão de turnos – quer funções configuracionais – de construção intencional do sentido do Enunciado Narrativo que introduz.
2. Segundo Van Dijk (2002 [1992]: 74-98) a compreensão de enunciados envolve conhecimentos gerais organizados em esquemas conceptuais. Esses esquemas (*frames*) são unidades de conhecimento de natureza mais ou menos convencional organizadas segundo um certo conceito que pode ser de cariz comportamental ou epistemológico. A activação destes esquemas, associada às informações derivadas de actos comunicativos imediatamente precedentes e à informação global sobre esse tipo de actos, permitem um processamento rápido e funcional da informação.

A introdução de enunciados narrativos em situação de interacção oral 461

1.3. O Corpus analisado

Para o presente trabalho foi analisado um *Corpus* de E.N. em interacções informais e semi-formais recolhido nos seguintes *corpora* da oralidade:

> *Subcorpus* Oral do *Corpus* de Referência do Português Contemporâneo do Centro de Linguística da Universidade de Lisboa;
> *Corpus* Faria (1983) in *Para a Análise da Variação Sócio-semântica*, vol. II.

No conjunto, seleccionaram-se 25 interacções orais que incluíam 27 E.N. [EN27]. Daquelas 25 interacções, foi constituído um *Subcorpus* de 16 que inclui 18 E.N. que serão analisados detalhadamente [EN18]. As restantes 9 interacções constituem um *Corpus* de Controle [EN9].

1.4. O enfoque da análise

Nos E.N. seleccionados levantaram-se as A.P. que orientam a atenção do ouvinte para o tema, para o valor ilocutório ou para a intencionalidade do acto comunicativo que se segue, bem como aquelas que introduzem a própria sequência narrativa. Posteriormente, procedeu-se à sua caracterização, tomando em consideração quer a sua função discursivo-pragmática quer a sua forma linguística e respectiva localização textual. Consideraram-se também as estratégias de cariz avaliativo associadas às A.P. estudadas, através das quais o locutor procura conduzir, à priori, a interpretação do enunciado que anuncia.

2. Tipos de Actividades Preparatórias

2.1. O Anúncio Introdutório de Enunciado Narrativo (I)

O Anúncio Introdutório de Enunciado Narrativo corresponde a uma A.P. que, como o próprio nome indica, anuncia um E.N. numa situação de interacção. Em termos funcionais:

> (i) Revela a vontade de narrar de um dos interlocutores bem como a sua capacidade para o fazer (exothesis);

462 *Armindo José Baptista de Morais*

(ii) Resume e avalia, de uma forma genérica, o que vai ser narrado, ao mesmo tempo que promove a adesão, o interesse e o envolvimento do alocutário em relação ao seu conteúdo à intencionalidade;

(iii) Rompe com a situação de enunciação actual, avançando com uma nova situação caracterizada pela atribuição de novos papéis aos interlocutores e pela redistribuição assimétrica do espaço/ tempo de enunciação daí resultante → Contrato Comunicacional.

Veja-se o seguinte exemplo retirado da interacção com o Código 1071 do *Corpus de Referência do Português Contemporâneo* (CRPC).

Exemplo (1): CRPC 1071
Numa conversa informal sobre a vivência do dia 25 de Abril de 1974, um dos interlocutores introduz uma Narrativa através da qual procura exemplificar a alegria e a adesão do povo português à revolução. Durante a sua narração é apoiado por um dos presentes.

X *e... e o meu sobrinho foi dos oito que, que foram, que foram para lá.* **E então ele conta cenas deliciosas, que é**: *a mulherzinha da limpeza andava lá no trabalho dela, e os soldados depois entravam e saiam com as botas sujas e não sei... e, se mais coisas sujas – calças e tudo! – salpicavam aquilo tudo, e então a... um dos s(...) um deles, ou o np, ou lá um dos camaradas, disse para os soldados, lá para um dos soldados: "é pá, tomem cuidado, vocês vêm para aí com as botas todas sujas, a, a senhora, pá, tá aqui a limpar!", ela disse: "olhe, é a primeira vez na minha vida que eu limpo com gosto! sujem para aí!"*

B *"sujem à vontade!"*

X *"sujem à vontade!"*

B *"os senhores podem sujar à vontade, que eu limpo com muito gosto."*

X *e até a pobre da mulher tava encantada com aquilo.*

Como se pode verificar, o locutor X não só exprime a vontade de narrar o episódio da mulher da limpeza como, pela relação que tem com a pessoa que o viveu e lho relatou, está apto para fazê-lo (ver acima ponto (i)). Assim, ele resume e avalia a história que vai contar como uma das

A introdução de enunciados narrativos em situação de interacção oral 463

"cenas deliciosas" presenciadas pelo sobrinho, sem, no entanto, fazer qualquer referência ao seu conteúdo. Desta forma procura despertar a curiosidade e o interesse do alocutário, bem como obter a sua adesão para uma nova situação de enunciação (ver acima ponto (ii)). Como não encontra oposição por parte do interlocutor, assume o papel de narrador, passando, logo de seguida, a contar o episódio que anunciou (ver acima ponto (iii)).
Observando a realização linguística deste acto comunicativo, é possível identificar as unidades que lhe dão corpo:

E então	*ele*	*conta*	*cenas deliciosas*	*que é:*
1	2	3		4

1. Na posição de Sujeito é referido o Narrador – *ele* (aqui o 1° narrador, porque é ele que assegura a veracidade do narrado);
2. O Predicado Verbal – *conta* – é um Verbo Declarativo típico da narração;
3. No Complemento Directo surge uma Referência Genérica à Narrativa – *cenas* –, acompanhada de uma Avaliação – *deliciosas* – que:
   (i) enfatiza a unidade total do acto comunicativo anunciado, marcando-o subjectivamente a um nível emocional;
   (ii) focaliza a atenção do alocutário para o enunciado subsequente.
4. Surge um conector discursivo – *que é* – que introduz o Enunciado Narrativo e que, ao mesmo tempo, funciona como Elemento de Ruptura [3] com a situação de enunciação actual.

Observem-se ainda outros exemplos recolhidos no *corpus* analisado:

Exemplo (2): Faria N 1.16
Na presente interacção o locutor aproveita o tópico dado pela locutora – o pessoal da limpeza e a distribuição sexual de papéis – para introduzir um episódio que vivenciou.

---

3. Rehbein (1981) refere este tipo de elementos como 'caesura elements'.

464   *Armindo José Baptista de Morais*

Ø   *queria-lhe contar*
1   2
[suj. nulo]   [v. modal]   [v. declarativo]

uma história que eu acho giríssima, giríssima!
                            3
[indef.+nome] [relativa restritiva com dupla superlativização]

Destaque para a modalização de cariz volitivo através do verbo *querer* e para o uso do pronome dativo – *lhe* – com valor apelativo, bem como para a dupla superlativisação da relativa restritiva que qualifica a história. Destaque também para a realização do pronome sujeito nesta última frase, associado ao atenuador discursivo – *que eu acho.*

Exemplo (3): CRPC: COD 93
O E.N. vai ser introduzido no final de um turno longo em que a locutora fala das suas opções e estratégias pedagógicas nas aulas de poesia.

e depois   Ø   *relatava   exactamente*
                         1   2
                         [suj. nulo]   [v. declarativo + adv. modo]

uma experiência pessoal.
        3
[indef. + nome + adjectivo]

Destaque para a marcação emocional do adverbial de modo – *exactamente* – que focaliza semanticamente[4] a unidade 3.

Exemplo (4) CRPC 932
Um jornalista relata um episódio de visita de padres que propõem levar os seus filhos para o seminário:

---

4. Retomando a proposta feita por Rodrigues (1998: 76-78), considera-se focalização semântica uma actividade de orientação do alocutário para o que vai ser dito através de elementos que, pelo seu valor semântico, destacam o foco, o tópico ou a actividade comunicativa que se segue. Incluem-se aqui quer adverbiais (p. ex: *ainda*), quer partículas escalares (p. ex., *até*) quer sintagmas verbais de cariz apelativo (p. ex., *veja lá*).

A introdução de enunciados narrativos em situação de interacção oral 465

Eu   posso   referir   até,   um, uma   asneira
1   2   3
[pron. suj.][modal + v. declarativo][part. escalar + pron.ind. +   nome]

Destaque para a focalização semântica de – *uma asneira* – realizada pela partícula escalar – *até.*

Uma primeira leitura do fenómeno em estudo permite concluir que as Actividades Preparatórias analisadas e que denominámos Anúncios se caracterizam por:
- terem um carácter metacomunicativo;
- surgirem em posição anterior ao acto comunicativo anunciado;
- revelarem a vontade e/ou capacidade do locutor de concretizar o acto comunicativo seguinte;
- focalizarem a atenção do interlocutor para esse mesmo acto;
- referirem a história a narrar de uma forma genérica e avaliativa;
- serem caracterizáveis em termos de constituintes, elementos de ligação e respectivas relações:
    Agente na Posição de Sujeito - futuro narrador;
    Predicado Verbal Declarativo (frequentemente modalizado);
    Referência Genérica e Avaliativa à História, na posição de complemento;
    Elemento de Ruptura (não obrigatório).

Considerando a matriz dos exemplos anteriores como base paradigmática de uma A.P. que introduz um E.N. numa interacção oral, o levantamento realizado nos *corpora* estudados permite identificar variações que se vão progressivamente afastando desta matriz.

2.2. *O Anúncio Introdutório de Enunciado Narrativo (II)*

Uma primeira variação destas A.P., ainda dentro dos Anúncios que se referem avaliativamente à unidade discursiva a introduzir sem explicitar o seu conteúdo proposicional, corresponde àqueles em que o locutor associa a Referência Genérica e Avaliativa à História ao seu Tempo de Ocorrência. Neste caso podem identificar-se dois movimentos de base:

466 *Armindo José Baptista de Morais*

1. Predicação Verbal com Ancoragem Temporal do Modo Narrativo (através de adverbial temporal e/ou tempo verbal)
2. Referência Genérica Avaliativa do E.N. que se segue.

Exemplo (5): CRPC 24
A locutora inicia um E.N. a pedido do entrevistador que havia dado o tópico de conversa: as relações pai-filho.

ainda ontem isso, aconteceu   *uma coisa muito engraçada:*
                1   2
[adv.][loc. temporal][pret. per. simples][indef.+ nome +superlativização]

Destaque para a focalização semântica do localizador temporal – *ontem* – realizada pelo adverbial – *ainda*. Refira-se também a indefinição da referência ao ocorrido – *uma coisa* – e a sua predicação no superlativo com valor emotivo-apelativo.

Exemplo (6): CRPC 18
Numa outra interacção o locutor, conversando sobre o tópico lugar de trabalho, acusa os portugueses de não respeitarem o espaço laboral de cada um. Para exemplificar a sua opinião introduz um episódio pessoal.

(a)*inda outro dia*   *aqui*   *fiz*   *uma experiência*
                                1   2
[adv.][loc. temporal]   [deíctico] [pret. per. simples]   [indef. + nome]

tínhamos aqui uns assuntos...
Início da Narrativa → Orientação: Personagens, Tempo e Espaço

Realce para o valor incerto do localizador temporal – *outro dia* –, colocado em destaque pelo adverbial – *ainda* –, e que serve de âncora para o imperfeito – *tínhamos* – da Orientação da Narrativa[5]. Destaque também para o valor semântico da referência à história – *uma experiência.*

---

5. Na construção do texto narrativo, a Orientação corresponde à macroproposição que define o mundo diegético dos acontecimentos a narrar. Nesta fase, o narrador apresenta a Situação Inicial destacando (ou apagando) informações referentes ao Tempo, ao Espaço e às Personagens. Enquanto o Resumo é uma macroproposição que prepara pragmaticamente a entrada na Narrativa, a Orientação faz já parte dela. Para um desenvolvimento destes conceitos ver Adam (1985).

A introdução de enunciados narrativos em situação de interacção oral 467

Aparentemente sem carga apelativa, acaba por atribuir valores de exemplaridade e exactidão ao episódio a narrar.

Os exemplos (5) e (6) permitem concluir que a introdução do E.N. é realizada textualmente através da ancoragem temporal da acção a narrar num intervalo de tempo anterior ao da situação de enunciação. Ao mesmo tempo, surge uma referência genérica e avaliativa da história a narrar em posição de complemento ao predicado verbal que faz essa ancoragem temporal. Como no caso anterior, a A.P. realizada visa orientar a atenção do interlocutor para o E.N. que é introduzido logo de seguida e, como tal, aparece também em posição anterior a este.

2.3. Actividades Preparatórias centradas no envolvimento do interlocutor: Resumo + Pré-Anúncio

Outro tipo de A.P. é aquela em que o locutor refere, de forma enfática, conteúdos temáticos do enunciado a introduzir com o objectivo de prender a atenção e obter o acordo do interlocutor para a narração. Nestes casos é possível identificar dois movimentos de base:
1. Referência do (Sub)Tópico e/ou Foco;
2. Interpelação directa do alocutário através de focalização semântica com expressões apelativas. Entre estas destacam-se:
   (i) Expressões Apelativas com Verbos de Actividade Mental que funcionam como Pré-anúncios (Rehbein, 1981)
   (ii) Vocativos ou formas de interpelação com valor idêntico.

Exemplo (7): CRPC 894
A locutora está a falar da sua visita ao filho em África e introduz um subtópico sobre a viagem de avião que teve que fazer.

fui de avião,   mas quando me meti   no avião,
              1
Subtópico   desenvolvimento do Subtópico

meu senhor,   não   calcula...!   se eu   soube[sse]...
    2(i)   2(ii)   2(ii)
[vocativo] [adv. negação+v. activ. mental]   [v. activ. mental]
              Pré-anúncio   Pré-anúncio

468 *Armindo José Baptista de Morais*

Neste exemplo o desenvolvimento do subtópico ocorre numa frase adversativa que situa temporalmente uma ocorrência a narrar. No entanto, esta sequência é interrompida por uma interpelação directa do alocutário através de um vocativo, seguido por dois enunciados intercalados de teor claramente apelativo. Destaque-se o valor de exagero da expressão apelativa composta por um advérbio de negação e por um Verbo de Actividade Mental – *não calcula*. Com o mesmo valor de exagero, destaque também para a condicional elíptica com um verbo do mesmo tipo – *se eu soubesse*. Rehbein (1981) refere-se a este tipo de actividade comunicativa de cariz apelativo como Pré-anúncio, na medida em que enfatiza a totalidade do enunciado subsequente pedindo a atenção e acordo do alocutário para acompanhar o seu desenvolvimento[6], sem conter qualquer explicação sobre o seu valor ilocutório ou conteúdo semântico.

Exemplo (8): CRPC 1338
Nesta interacção o tópico de conversa é o jornalismo feito nas agências noticiosas. O locutor defende o jornalismo de redacção por oposição ao jornalismo de reportagem no exterior. Depois de recusar as correrias do jornalismo de rua considerando-o, por vezes, pouco exacto e *"fatigante"*, vai narrar um episódio dramático que vivenciou na agência onde trabalha.

você   não pode imaginar   o que foi, por exemplo,
           Pré-anúncio
2(i)   2(ii)

o levantamento da Hungria.(...)
           1

Na construção desta A.P. destaque para:
O uso enfático de um pronome de tratamento com valor de vocativo – *você*;

---

6. Segundo Rehbein (1981) a função central do Pré-anúncio é focalizar a atenção do interlocutor para a relevância da unidade discursiva a introduzir. "A pre-annoucement therefore contains a demand for the hearer to give an explicit and positive point of view about the planned action, in this way, to enable the speaker to make his resolution of execution" (243). Na mesma linha Rodrigues (1998) contrapõe o Pré-anúncio ao Anúncio Anteposto na medida em que, ao contrário deste último, não contém qualquer explicitação sobre ilocução, modalidade ou tema, concentrando-se no apelo à atenção e à vontade do interlocutor de receber o discurso que anunciado. (Rodrigues, 1998: 81).

A introdução de enunciados narrativos em situação de interacção oral 469

O valor de exagero da expressão apelativa com função de Pré-anúncio – *não pode imaginar* – que é composta por um advérbio de negação associado a uma perífrase verbal com o verbo modal *poder* e o infinitivo de um Verbo de Actividade Mental;
O valor focalizador do conector de explicitação – *por exemplo.*

2.4. *Actividades Preparatórias centradas na manutenção da coerência temática*

Um terceiro tipo de A.P. são aquelas que se desenvolvem com a preocupação de sublinhar a pertinência do enunciado a introduzir na estrutura temática (ou macroestrutura) da conversação em curso. Estas actividades caracterizam-se por ter um carácter mais discursivo e interactivo-argumentativo, podendo identificar-se dois subtipos:

2.4.1 O tópico do acto comunicativo anunciado é relacionado com tópicos anteriores através de elementos de coesão (1) identificáveis na superfície textual do enunciado que faz essa retoma.
Segue-se-lhe ou uma Referência Genérica à História (2a) ou um Localizador Temporal do Modo Narrativo (2b).

Exemplo (9): Faria, N2 1.16
em relação à limpeza,   queria-lhe contar uma história ...
        1   2a

Exemplo (10): CRPC 879
agora vinha a propósito de   contar, de contar de contar o seguinte...
        1   2a

Exemplo (11): CPRC 1201
a propósito de velatórios,   uma ocasião ...
        1   2b

Exemplo (12): CRPC 339
agora por causa de romper, há tempos...
        1   2b

470 *Armindo José Baptista de Morais*

2.4.2 O locutor aproveita a Macroestrutura criada pelo tópico da pergunta do interlocutor para introduzir um E.N. na resposta:
  (i) Entrando directamente na Orientação da Narrativa através da referência ao tempo dos acontecimentos – Exemplo (13)
  (ii) Entrando na Narrativa através do seu Resumo, que pode corresponder ao Resultado da Acção. – Exemplo (14)

Exemplo (13): CRPC 31
A   *pois mas quem é que lhes ensinava assim por exemplo, o que era a comunhão? quer dizer assim... os miúdos pequenos não sabem, não é? vão, pensam que vão ali só.*
X   *até numa ocasião um, um catraio e era pequenino inocência! (...)*

Exemplo (14): CRPC 485
A   *e castigá-los e isso assim? que género de castigos é*
X   *castigos... olhe, ainda sexta feira castiguei uma.*
Resumo

(es)távamos a fazer um jogo e ela (...)
Orientação

2.5. Actividades Preparatórias que introduzem um Enunciado Narrativo que confirma ou atenua uma asserção feita

Um outro tipo de A.P. são aquelas que introduzem um E.N. que se segue a um comentário ou tomada de posição do locutor sobre um determinado tema. A sua função principal é, como nos exemplos anteriores, de cariz interactivo-argumentativo, mas acentua-se a ocorrência de Estratégias Modalizadoras e de Atenuadores. Neste caso, os episódios introduzidos estão directamente relacionados com o trabalho de face que o locutor sente a necessidade de realizar após uma asserção mais veemente, podendo confirmá-la ou atenuá-la. Dada a não-preparação prévia de tais enunciados, a passagem caracteriza-se também por marcas de hesitação e reformulação.

Exemplo (15): Faria N 1.16
Ao pedido da entrevistadora para descrever como seria uma fotografia que representasse a sua situação laboral, o entrevistado focalizou a sua atenção em apenas um elemento da questão, a fotografia pessoal, resultando daí o seu comentário.

A introdução de enunciados narrativos em situação de interacção oral 471

ah... quer dizer isto agora já estamos, já estamos a entrar na área particular e pessoal.
Hesitação seguida de comentário à pergunta da entrevistadora

a...eu considero-me   a pessoa menos fotogénica do mundo.
[pron. suj.+v. act. mental]   [superlativo]
Tomada de posição sobre o tema proposto

nunca vi um retrato meu que dissesse assim: "Eh, pá!"
Reforço da posição expressa anteriormente → especificação

que(r) d(i)zer,   talvez no princípio da minha vida de trabalho,
Hesitação/Reformulação [atenuador] [localizador temporal impreciso]

havia... fui trabalhar para o (NP), foi um jornal que se lançou em 1956
          Reformulação
Início da Narrativa → Orientação: Tempo; Espaço

O locutor inicia o seu turno com marcadores de hesitação que lhe permitem preencher o tempo do planeamento do acto comunicativo. Quanto ao conteúdo proposicional, faz uma declaração de carácter geral com valor hiperbólico, realizada por uma forma superlativa – *eu considero-me a pessoa menos fotogénica do mundo* – seguida de uma outra, de cariz igualmente avaliativo, que a vem confirmar. Destaque, neste caso, para a realização fonética do sujeito. Repare-se também no carácter elíptico da construção frásica seguinte. Esta elipse vem reforçar a posterior focalização (feita através de um verbo declarativo seguida de advérbio de modo – *dissesse assim* – realizada sobre a interjeição avaliativa puramente emocional – *"eh, pá"*. Chegado aqui, o locutor sente a necessidade de atenuar a veemência dos enunciados anteriores, recordando um episódio de uma fotografia tirada no início da sua vida de trabalho. O marcador de hesitação / reformulação – *quer dizer* – seguido do atenuador – *talvez* – introduzem o E.N. anunciado pelo marcador temporal indefinido – *no princípio da minha vida de trabalho. A construção da Orientação da Narrativa inicia-se com uma reformulação que refere o espaço da acção.

472 *Armindo José Baptista de Morais*

*2.6. Actividades Preparatórias centradas na construção de conheci-
mento partilhado com o interlocutor*

O último tipo de AP. identificado no *Corpus* corresponde a um procedimento discursivo centrado na construção de um conhecimento partilhado
com o interlocutor de forma a assegurar uma interpretação conforme à
intenção da Narrativa. Na sua realização vão encontrar-se fortes marcas
de processamento não planeado (hesitações, reformulações, pausas preenchidas, etc.).

Exemplo (16): CRPC 1729
O tópico de conversação é o espírito desportivo do futebol e as condições
de prática do desporto. O entrevistado – A – coloca a tónica no
contraste entre os tempos em que o entrevistado – X – era jovem e a
actualidade. Este último aproveita para realçar o espírito de apoio e de
desinteresse do seu tempo, contrapondo-os ao espírito mercantilista em
que árbitros e jogadores se "*vendem*" e os últimos ganham demais.

a)   *portanto, eles que não venham com essas desculpas. agora o
     que eles deviam era sabê-lo poupar, que eles esbanjam o
     dinheiro. o dinheiro é lançado fora. e   eles só têm vícios **e...
     isso é que está mal. porque** m[...], há, há atletas que estão
     muito bem na vida, e mesmo aqui em Famalicão, aqui não
     conheço nenhum que esteja mal, que aqui as pessoas
     conseguiam sempre dar-lhes emprego, tinha, todos bem. não
     conheço nenhum que acabasse aqui na miséria. também as
     pessoas não deixavam.*

b)   *há um caso em Famalicão,*
     Anúncio

c)   *foi dum jogador   que foi irradiado,*
     [focalização sintáctica: pseudo-clivada]   [passiva]

d)   *era o Francisco Pires, que veio do Benfica.*
     Identificação da personagem

e)   *foi um grande atleta, um jogador famoso.*
     Avaliação

f)   *e há um suborno aqui no Famalicão,*
     Anúncio

A introdução de enunciados narrativos em situação de interacção oral 473

O locutor inicia o seu turno (ver unidade de transcrição *a*) com o marcador de transição com valor argumentativo – *portanto* – que introduz um desenvolvimento do tema do salário dos jogadores acusados de esbanjarem o dinheiro e de terem vícios. Segue-se uma avaliação sobre todo o enunciado anterior – *e isso é que está mal* – construída sobre uma focalização sintáctica com pseudo-clivada invertida de "é que", que marca um fim de tema. O marcador de transição – *porque* – introduz um novo subtópico – *há, há atletas que estão muito bem de vida* –, orientando a conversa para Famalicão e para a situação dos ex-profissionais do futebol na cidade. O comentário avaliativo realizado vai servir de macroestrutura semântica para o E.N. que vem logo a seguir (ver unidade de transcrição *b*), introduzido pelo Anúncio – *há um caso em Famalicão* – seguido da explicitação de quem se trata – *foi dum jogador que foi irradiado, era o Francisco Pires que veio do Benfica. foi um grande atleta, um jogador famoso* – e de um segundo Anúncio que explicita o que se trata - *e há um suborno aqui no Famalicão, que é com o Oriental.*

Repare-se que este alargamento dos conhecimentos do alocutário sobre o contexto do ocorrido não é isento: há claramente uma avaliação intencional das informações partilhadas no sentido de construir uma imagem positiva da personagem referida, apesar de a história que se segue revelar que o jogador aceitou, com a concordância do dirigente do clube, um suborno. Para tal, o locutor serve-se de estratégias como focalização sintáctica seguida de passiva - *foi dum jogador que foi irradiado* – e adjectivação – *foi um grande atleta, um jogador famoso.* O segundo Anúncio – *e há um suborno aqui no Famalicão* – explicita já, distinguindo-os, o espaço geográfico e o espaço cénico da Narrativa.

Na unidade de transcrição (a), destaque ainda para a realização fonética do sujeito de terceira pessoa do plural identificando enfaticamente os jogadores que *"esbanjam dinheiro"* e *"só têm vícios"*. Apontando os prevaricadores, o locutor prepara a avaliação que desencadeia o Enunciado Narrativo: *e isso é que está mal.*

3. Considerações Finais

(i) Dentro das Actividades Preparatórias acima descritas foram identificados dois tipos de Marcadores Conversacionais denominados **Anúncios** a partir da terminologia proposta por Rehbein (1981) e aplicada ao Português Europeu por Rodrigues (1998). Estes

474 *Armindo José Baptista de Morais*

marcadores de cariz metacomunicativo, que correspondem a expressões de maior ou menor grau de convencionalidade, surgem em posição anterior ao acto comunicativo que introduzem e referem-se quer ao seu valor ilocutório quer ao seu conteúdo quer à sua intencionalidade. Há ainda casos em que nenhum dos elementos enumerados está presente, embora haja uma referência ao Enunciado Narrativo enquanto um todo de interesse para o interlocutor. Para estes últimos adoptou-se o nome de **Pré-anúncios** proposto por Rehbein (1981).

(ii) Nos **Anúncios** e **Pré-anúncios** de Narrativa analisados, foi possível verificar que a referência genérica à história é marcada avaliativamente. Intencionalmente, o futuro narrador prefere apagar referências explicitas ao seu conteúdo proposicional dando ênfase à sua avaliação. Assim, na maioria dos casos, há uma indefinição do conteúdo semântico do lexema que refere a história, contrapondo-se à forte carga avaliativa da sua predicação. (ver Quadro 1)

Quadro 1

Determinante + indefinido	Lexema esvaziado + Avaliação semanticamente		
uma	*história*	*que eu acho giríssima,*	Faria N1.16
uma	*coisa*	*muito engraçada*	CRPC 24
uma	*experiência*	*pessoal*	CRPC 93
Forma plural do Lexema + Avaliação			
cenas	*deliciosas*		CRPC1071
Lexema sem determinante +Avaliação			
caso	*curioso*		Faria N1.16

Nalguns casos, em que não há predicação, a avaliação resulta do próprio valor semântico do lexema que refere a história, podendo ser antecedido de um determinante definido ou indefinido:

Determinante indefinido + Lexema avaliativo		
uma	*experiência*[7]	CRPC 18
uma	*asneira*	CRPC 932
Determinante definido		
a	*nossa aventura*	CRPC 122
a	*anedota do dia*	CRPC1376

---

7. Neste caso, o valor avaliativo do lexema depende do cotexto de enunciação. O locutor pretende provar "cientificamente" a sua teoria à cerca dos portugueses através da "experiência" que realizou e que resultou no episódio que vai relatar.

A introdução de enunciados narrativos em situação de interacção oral 475

(iii) Em todas as actividades preparatórias foi possível identificar um conjunto de estratégias enfáticas locais directamente relacionadas com o destaque do elemento proposicional subsequente. Assim, foram levantados os seguintes exemplos de Focalização:

1. **Focalização Semântica** com:
   - (i) partícula escalar: *até numa ocasião* (CRPC 31)
   - (ii) adverbial: *ainda outro dia* (CRPC18);
     (a)inda hoje aconteceu-me (CRPC 885),
   - (iii) sintagma verbal de cariz apelativo:
     olhe, ainda sexta feira ...(CRPC 485)
2. **Focalização Sintáctica** com
   pseudo-clivada: *e isso é que está mal* (CRPC 1729);
   foi de um jogador que foi irradiado (CRPC 1729)

(iv) Uma última estratégia de cariz enfático recorrente em todo o *Corpus* analisado prende-se com a realização fonética do sujeito em casos em que:

1. corresponde ao narrador ou ao narrador-locutor, destacando a sua capacidade para narrar:
   ele conta cenas deliciosas (CRPC 1071)
   e eu ainda me lembro que uma vez (CRPC 106)
2. corresponde ao locutor em enunciados avaliativos:
   uma história que eu acho giríssima, giríssima (CRPC 1201);
   eu tinha muito serviço e também saía daqui muito tarde eu talvez tivesse... a professora dizia que (es)tava bem preparada mas eu quanto a mim acho que andava um bocado cansada (Faria N. 5.6)
3. corresponde ao interlocutor numa expressão apelativa:
   você não pode imaginar o que foi (CRPC 1338)

Um comentário final dos resultados obtidos leva-nos a sublinhar a intercepção de elementos discursivo-pragmáticos e cognitivos nas actividades de preparação e introdução de um E.N. em situação de interacção oral, bem como a sua vinculação ao contexto e cotexto de enunciação.

476   *Armindo José Baptista de Morais*

Referências

Adam, Jean.-Michel
    1985   *Le Texte Narratif.* Paris: Ed. Nathan Université.
    1990   *Eléments de Linguistique Textuell.* Liège: Mardaga.

Batoréo, Hanna
    2000 [1996]   *Expressão do Espaço no Português Europeu.* Lisboa: Fundação Caloustre Gulbenkian.

Bres, Jacques
    1994   *La Narrativité.* Louvin-la-Neuve: Éditions Duculot.

Labov, William
    1972   *Language in the Inner City.* Philadelphia: University of Pennsylvania Press.

Morais, Armindo
    2002   O Género Narrativo em Interacções Orais Autênticas, Dissertação de Mestrado em Estudos Portugueses, Universidade Aberta, vol. I e II, Lisboa.

Faria, Isabel
    1983   Para a Análise da Variação Socio-Semântica, Dissertação de Doutoramento em Linguística Portuguesa, Faculdade de Letras de Lisboa, vol. I e II, Lisboa.

Kallmeyer, Werner
    1978   Fokuswechsel und Fokussierungen als Aktivitäten der Gesprächskonstitution. In: R. Meyer-Hermann (ed.), *Sprechen-Handeln-Interaktion,* 191-241.Tübingen: Max Niemeyer Verlag.

Nascimento, Fernanda. & Lúcia Marques, L. Cruz (eds.)
    1987   *Português Fundamental,* Volume II: *Método e Documentos.* Lisboa: I.N.I.C./C.L.U.L.

Rehbein, Jochen
    1981   Announcing – On Formulating Plans. In: Florian Coulmas (ed.), *Conversational Routine,* 215-258. The Hague: Moutin Publishers.

Rodrigues, Isabel
    1998   *Sinais Conversacionais de Alternância de Vez.* Porto: Granito Editores.

Van Dijk, Teun
    2002 [1992]   *Cognição, Discurso e Interação.* São Paulo: Editora Contexto.

Elementos para uma descrição semântico-pragmática do marcador discursivo *já agora*

Maria da Felicidade Araújo Morais

Resumo

Neste trabalho, propõe-se uma descrição do funcionamento discursivo de *já agora*, um marcador da estruturação textual que tem a particularidade de assinalar a introdução de segmentos discursivos de carácter digressivo. Além desta função ao nível da estrutura temático-informacional, *já agora* participa na inscrição do falante no discurso. Os seus valores discursivos envolvem o domínio (meta)textual.

Adoptando uma abordagem sincrónica, procurar-se-á evidenciar os nexos semânticos que interligam os valores deste marcador discursivo e os valores adverbiais, temporo-aspectuais e discursivos dos itens *já* (Lopes 2000) e *agora* (Lopes 1998). Os usos discursivos de *já agora* no Português Europeu contemporâneo manifestam uma tendência semântica para a subjectivização (*subjectification*) do significado, associada a uma gradual semantização de inferências pragmáticas (Traugott & Dasher 2001). A característica de marcação de subjectividade de *já agora* evidencia-se na comparação com o funcionamento do marcador discursivo *a propósito*.

Palavras-chave: marcador discursivo, subjectivização, gramaticalização, rede semântica.

1. Introdução

Neste estudo, pretendo descrever, numa perspectiva sincrónica, os valores semântico-pragmáticos do marcador discursivo *já agora*, no português europeu contemporâneo. Este trabalho inscreve-se numa investigação mais ampla em torno de um conjunto de advérbios de tempo que adquirem, em determinados contextos discursivos, valores que, não pertencendo já à esfera semântica temporo-aspectual, contribuem para a construção de conexões discursivas de natureza diversa [1].

---

1. Este projecto de investigação decorre no âmbito do CELGA (I&D 17/287).

478 *Maria da Felicidade Araújo Morais*

No português europeu contemporâneo, *já agora* aparece em contextos como[2]:

(1) *Referia eu, no princípio desta reflexão, que muitas e muitas iniciativas culturais e artísticas estão a ser oferecidas a todos,* **já agora**, *e por este ano todo, para assinalar as «bodas de Prata» do 25 de Abril.* [Natura / Minho: par 15396]

(2) *A: ? Este fim-de-semana vou ao Teatro São Carlos assistir a uma ópera. Emprestas-me o teu casaco de peles e as tuas jóias?*
     *B: – **Já agora**!...*

(3) *Existe igualmente um quiosque na praia (**já agora**, aproveite para falar com o dono, um homem que não esconde o seu gosto pelas coisas do espectáculo) e, bem perto – porque, finalmente, tudo fica perto –, restaurantes para diversos gostos e bolsas.* [CETEM Público: Ext 15389 (soc, 96b)]

No primeiro segmento, *já agora* realiza valores de tipo temporo-aspectual; cada um dos itens da expressão é analisável separadamente: o valor de *já* é conversamente oposto ao de "ainda", que também se pode combinar com *agora* ("ainda agora" pode substituir *já agora* em contextos idênticos ao de (1)); quanto ao deíctico temporal *agora*, pode ser substituído por outras expressões que remetam para um intervalo de tempo que abranja o momento da enunciação, também elas combináveis com o operador aspectual *já* (por exemplo, "já neste momento").

No segundo segmento, *já agora* pode ser parafraseado por (ou co-ocorrer com) expressões como *"Não querias mais nada!"*, *"Não faltava mais nada!"* ou *"Isso é que seria bom!"*. Em contextos deste tipo, *já agora* exprime, de forma holofrástica, uma resposta negativa ou recu-

---

2. Para a constituição do *corpus* de análise, recorreu-se a materiais e ferramentas disponibilizadas na *internet* pelo Centro de Linguística da Universidade de Lisboa (http://www.clul.ul.pt/frames.html – projecto "Recursos linguísticos para o Português: um *corpus* e instrumentos para a sua consulta e análise") e pelo grupo do projecto Linguateca / Processamento Computacional do Português (http://www.linguateca.pt). Os textos fornecidos pelo primeiro são identificados com a etiqueta "CLUL" no início da referência; para os da Linguateca, indica-se directamente o sub-corpus de onde foram extraídos.
Como exemplos do uso de *já agora*, neste estudo serão usados preferencialmente textos retirados destes *corpora*.

Elementos para uma descrição semântico-pragmática de já agora   479

sa do falante relativamente a um pedido apresentado pelo seu interlocutor no co-texto precedente.

Por fim, em (3) *já agora* realiza uma função de natureza eminentemente conectiva: prefacia um segmento discursivo, assinalando a sua integração na estrutura temático-informacional em desenvolvimento. É precisamente sobre este tipo de usos que incide o trabalho presente. Trata-se de um marcador discursivo[3] que tem a particularidade de assinalar a introdução de um segmento de carácter parentético que configura um breve desvio, digressão, aparte ou parêntese, relativamente ao tópico em desenvolvimento. Pela função que desempenha, classificamos este *já agora* como marcador discursivo digressivo.

Começaremos pela descrição das características que envolvem o uso deste marcador discursivo (doravante, MD). De seguida, procurar-se-á destacar os nexos semânticos entre os valores discursivos de *já agora* e os valores temporo-aspectuais e discursivos associados aos itens *já* e *agora*. Posteriormente, para uma maior aproximação às especificidades de *já agora*, procurar-se-á confrontá-lo com *a propósito*, um outro MD também de tipo digressivo. Por fim, procurar-se-á extrair conclusões sobre as marcas de gramaticalização e subjectivização e avança-se a hipótese de uma possível diferenciação (escalonamento) no seio do subgrupo dos MDs digressivos com base no envolvimento ou implicação do falante no seu discurso.

2. Características do uso do MD *já agora*

Para a constituição do *corpus* de análise, fez-se a pesquisa e extracção das ocorrências de *já agora* nos seguintes *corpora*: Jornal e Revista (do CLUL); Natura/Público, Natura/Minho, Diaclav, Avante e Cetem Público

---

3. Seguindo as propostas de Fraser (1988, 1990, 1999), uso a designação "marcador discursivo" para expressões que "[they] impose a relationship between some aspect of the discourse segment they are part of, call it S2, and some aspect of a prior discourse segment, call it S1. In other words, they function like a two-place relation, one argument lying in the segment they introduce, the other lying in the prior discourse" (1999: 932). Por outras palavras, os marcadores discursivos caracterizam-se por realizarem uma função metatextual e por assinalarem a estratégia discursiva do sujeito falante.

480 *Maria da Felicidade Araújo Morais*

(da Linguateca).[4] Na maior parte das ocorrências extraídas, *já agora* funciona como marcador discursivo.[5]

Além de (3), considerem-se os seguintes exemplos de uso do MD *já agora* nestes *corpora*:

(4) *Já ninguém acredita quando Tina anuncia a sua retirada dos concertos para uma mais exclusiva dedicação ao namorado (um alemão com quase 20 anos menos) e aos seus hobbies. Ou seja, começa a acreditar-se que esta «pedalada» nasce de uma pilha sem prazo de validade pré-determinado. **Já agora**: David Bowie, o «padrinho» do contrato de Tina com a Capitol, há muito tempo que foi forçado a mudar de editora, por falta de resultados comerciais significativos. Tina, essa parece de pedra e cal, por muito «tia Turner» que seja, 40 anos depois do arranque da aventura.* [CLUL: R3308]

(5) *O programa quinzenal de Judite de Sousa (**já agora**, não podia ser semanal?) veio «preencher uma lacuna no figurino da televisão pública», diz a ATV.* [Cetem Público: Ext 6706 (clt, 98b)]

(6) *No «Independente», a referência vinha no meio de uma notícia sobre a decisão da Câmara de Lisboa no sentido de ceder uma sede para a ILGA (**já agora**: parabéns, João Soares).* [Cetem Público: Ext 65281 (opi, 96b)]

Nas sequências textuais (3) a (6), *já agora* prefacia um segmento que interrompe momentaneamente o desenvolvimento temático-informacional do texto. Este segmento corresponde à inserção de infor-

---

4. A pesquisa nos *corpora* do CLUL apresenta a vantagem de possibilitar o acesso a um co-texto relativamente alargado – aspecto de grande importância para este trabalho, na medida em que o funcionamento da expressão em apreço envolve unidades discursivas relativamente extensas, de nível supra-oracional. Por outro lado, o contributo dos *corpora* da Linguateca revela-se extremamente útil sobretudo pelo elevado número de ocorrências – pese embora o facto de, em muitos casos, o co-texto apresentado ser demasiado reduzido ou ambíguo para apurar as características semântico-discursivas que envolvem o uso do item em estudo.

5. A título de curiosidade, apresenta-se o número total de ocorrências de *já agora*, resultantes da pesquisa *on-line*, realizada a 29 de Outubro de 2002 – CLUL-Jornal: 28 ocorrências; CLUL-Revista: 3; Natura/Público: 32; Natura/Minho: 4; Diaclav: 12; Avante: 41; e Cetem Público: 927. A análise destas extracções revelou que, nestes *corpora*, o uso com valor de MD é preponderante: respectivamente, *já agora* funciona como MD digressivo em 27, 3, 24, 2, 11 e 40 segmentos (a análise do Cetem Público não foi ainda concluída).

Elementos para uma descrição semântico-pragmática de já agora   481

mações paralelas e subsidiárias relativamente ao tópico discursivo em curso – na terminologia de alguns autores, o segmento-desvio é um tipo de "frase-hóspede" (Jefferson 1972; Jubran 1993). Em (4), o desvio manifesta-se pela inserção de um tópico discursivo diferente; nos restantes exemplos, a interrupção resulta da inserção de um acto ilocutório diferente – directivo, em (3) e (5), e expressivo, em (6).

Da inserção deste pequeno segmento, resulta uma certa descontinuidade topical, na medida em que se verifica uma suspensão momentânea do tópico principal em desenvolvimento. A divisão do tópico em segmentos descontínuos é mais evidente em textos do tipo de (4), em que o segmento-desvio configura uma nova unidade topical.

Esta interrupção não parece afectar, todavia, a coesão e coerência discursivas. Antes de mais, porque a brevidade do fragmento inserido não chega a provocar propriamente uma cisão do tópico em partes distintas: por ser geralmente breve, a retoma do tópico principal surge próxima do seu ponto de suspensão. Além disso, as fronteiras do segmento-desvio encontram-se frequentemente bem demarcadas, o que reforça o carácter parentético deste fragmento e a percepção, por parte do leitor/ouvinte, do regresso ao tópico principal. No nosso *corpus*, os sinais de pontuação evidenciam claramente os limites do segmento-desvio na linearidade discursiva. Nos textos em que se trata de um segmento relativamente curto, como nos exemplos atrás, os limites são geralmente destacados pelo uso de parênteses ou de travessão; em certos casos, como em (4), o segmento-desvio constitui um período autónomo. Nos textos em que o desvio se expande numa sequência mais extensa, a demarcação relativamente ao co-texto é preferencialmente assinalada por ponto final, eventualmente com mudança de parágrafo. Em discursos orais, notam-se efeitos equivalentes, como resultado da conjugação de pausas antes e depois do segmento-desvio e de diferenças prosódicas (entoação e, eventualmente, velocidade de elocução), que distinguem e delimitam esta unidade topical no âmbito da estrutura em desenvolvimento. Assim, a brevidade e as marcas de delimitação do segmento-desvio contribuem para que não se quebre a construção da macroestrutura topical.

Por outro lado, a descontinuidade topical é apenas relativa, não se chegando a uma ruptura de facto – exemplificando, em (3), (4) e (6), o leitor/ouvinte é capaz de reconhecer ou construir relações entre referentes designados por expressões do co-texto anterior e expressões do segmento-desvio (respectivamente, *quiosque / dono, Tina* [Turner] / *David Bowie, o «padrinho» do contrato de Tina com a Capitol e Câmara de Lisboa / João Soares*); em (5), a relação torna-se mais evidente

482 *Maria da Felicidade Araújo Morais*

graças ao uso de expressões do mesmo domínio (*quinzenal / semanal*). Nestes exemplos, existem, pois, marcas de coesão referencial que contribuem para o reconhecimento de uma certa continuidade topical.

Por fim, mas não menos importante, é de destacar a ocorrência do MD *já agora* logo no início do segmento digressivo. A presença do MD não é absolutamente necessária para a compreensão da função e papel do segmento-desvio na estrutura temático-informacional em curso. O uso deste MD tem, no entanto, a particularidade de tornar mais explícita a relação que (na perspectiva do enunciador) une o segmento em causa ao respectivo contexto linguístico. Esta é, aliás, uma das características da categoria dos MDs – o uso de um MD orienta o leitor/ouvinte para a construção de uma relação específica: aquela que o falante tem em mente no momento da produção. A ocorrência à cabeça do segmento conectado – posição preferencial para a colocação dos MDs – indica desde logo ao leitor/ouvinte qual é a relação intendida pelo falante, orientando-o deste modo na tarefa de identificação do segmento e na integração do mesmo na estrutura temático-informacional global.

A posição inicial é claramente preponderante no nosso *corpus*; registam-se, todavia, alguns exemplos de ocorrência em posição medial e final, como nos seguintes segmentos:

(7) *E qual é o alcance da farpa, **já agora**?* [Diaclav: DC-N1687-1]
(8) *Sublinhando que a investigação «exige um trabalho de muitos meses», o responsável do TPI fez notar que «não avançamos com nenhum número porque não o temos». De assinalar, **já agora**, que até à data o TPI nunca se tinha dado ao trabalho de corrigir o número de vítimas insistentemente apontado pela NATO, o que não deixa de ser significativo.* [Avante]

Da análise do *corpus*, conclui-se que o uso de *já agora* em posição medial e final se verifica sobretudo na conexão de segmentos bastante reduzidos e de fronteiras bem demarcadas, como em (7), e em estruturas que envolvem expressões de comunicação, como em (8), do tipo *Acrescente-se, Recorde-se, É de salientar*, entre outras [6]. Assim, a ocorrência em posição não inicial não parece prejudicar o papel deste MD na regulação do processamento da informação.

---

6. É de notar que em textos do tipo de (8) a posição do MD é quase inicial, surgindo entre o predicador e o respectivo complemento.

Elementos para uma descrição semântico-pragmática de já agora   483

Importa ainda destacar que a função estrutural de *já agora* é reforçada, em grande número de textos do *corpus* analisado, pela combinação deste MD com o uso do MD aditivo *e*, que o antecede[7]. Vejam-se, por exemplo:

(9)   *Os ingleses andam atentos e descobriram mais um problema para a sua selecção. Desta vez, estudaram bem o regulamento, o que é natural depois do empate com a Suíça, e verificaram que as formas de desempate têm um ponto que os desfavorece. E,* **já agora**, *que também não ajuda nada Portugal. As formas de desempate são as seguintes:* [CLUL: J62969]

(10) *Como sintetizou, com raro brilho, glória e sentido de oportunidade, o eng. Luís Todo-Bom, o nosso objectivo é sobreviver na Europa e,* **já agora**, *acrescentamos, no mundo.* [Natura/Público: par 75970]

(11) *Não deveriam os empresários tomar uma posição clara e dizerem ao Governo – e* **já agora** *à opinião pública, se fizessem favor – qual a política que gostariam que fosse tomada?* [Cetem Público: Ext 81633 (opi, 98b)]

Nesta combinatória – que parece ser utilizada sobretudo em sequências de tipo enumerativo e para conexão de segmentos não frásicos – penso que o MD *e* funciona como uma marca ou sinal de forte continuidade topical (ou seja, a sua presença assinala um maior grau de continuidade). Da combinação do MD aditivo com o MD digressivo *já agora* não resulta, em sequências do tipo de (9) a (11), um efeito paradoxal precisamente porque o segmento-desvio não interrompe de forma total a estrutura em curso: apresenta, antes, uma perspectiva diferente.

Os exemplos apresentados parecem-me ilustrar bem o uso do MD *já agora*. Procurarei agora salientar os valores semântico-pragmáticos que envolvem o seu uso, retomando os exemplos atrás, numa perspectiva global.

---

7. No que se refere às possibilidades de combinação com MDs de outros tipos, a combinatória "e(,) já agora" é bastante frequente: mais precisamente, aparece em cerca de 58% das ocorrências de *já agora* nos sub-corpora analisados. Embora muito escassos, encontram-se também alguns casos em que *já agora* é precedido pelo MD contrastivo "mas". De resto, não se registam outras combinatórias.

484 Maria da Felicidade Araújo Morais

Já agora é um MD cuja função se inscreve ao nível da articulação de tópicos discursivos. O seu funcionamento envolve aspectos que dizem respeito especificamente à organização ou estrutura temático-informacional – equivalente ao "nível sequencial" de Redeker (1991)[8]. Neste âmbito, *já agora* tem a particularidade de assinalar a introdução de um segmento que configura um desvio ou digressão relativamente ao tópico do co-texto anterior. Embora aduza elementos informativos novos e se configure à margem da estrutura temático-informacional em desenvolvimento, o segmento prefaciado por *já agora* apresenta-se, todavia, numa linha de continuidade ou grande proximidade topical relativamente a aspectos da macroestrutura textual. Nestes termos, *já agora* é um sinal ou marca de conexão de tipo digressivo.

A inserção do segmento digressivo parece ser suscitada pelo (sub)tópico discursivo anterior. Penso que se poderá afirmar que, na perspectiva do falante, a referência a determinado(s) aspecto(s) do tópico em desenvolvimento parece constituir uma oportunidade ou ocasião para introduzir elementos à margem do objecto de comunicação principal. Por outras palavras: *já agora* pode ser parafraseado por "*porque se falou de x, então é pertinente inserir o segmento y*". Nestes termos, penso que se pode considerar que o resultado da avaliação que o falante faz do discurso em desenvolvimento é a causa da inserção do segmento digressivo – ou seja, estamos perante uma relação causal em que o antecedente é um estado epistémico e o consequente é a realização de um determinado acto discursivo. Em maior ou menor grau, parece-me que esta característica é comum a todos os exemplos apresentados.

Este traço semântico associado ao digressivo *já agora* poderá estar relacionado com determinados usos em que este MD assinala uma conexão conclusiva. Veja-se, por exemplo, (12) e as correspondentes propostas de paráfrase:

(12)   – *Vais ficar em casa toda a tarde?* **Já agora**, *podias emprestar-me o teu carro...*

---

8. No modelo da coerência discursiva de Redeker (1991) – em que se discriminam estruturas de tipo ideacional, retórico e sequencial –, considera-se que duas unidades discursivas mantêm entre si uma relação de tipo sequencial quando se trata de uma relação paratáctica (as concernentes à transição entre diferentes tópicos) ou uma relação hipotáctica (as que iniciam ou terminam um comentário, uma digressão, um aparte, uma paráfrase ou uma interrupção).

Elementos para uma descrição semântico-pragmática de já agora   485

(12) a. *Vais ficar em casa toda a tarde? Então / Nesse caso / Assim sendo, podias emprestar-me o teu carro...*
      b. *Porque / Como sei que vais ficar em casa toda a tarde, peço-te que me emprestes o teu carro.*
      c. *Dado que / Visto que / Já que vais ficar em casa toda a tarde, peço-te que me emprestes o teu carro.*

O falante de (12), considerando que o seu interlocutor não tenciona sair de casa, infere que ele não precisará, por conseguinte, de utilizar o seu automóvel. Estes dados funcionam como premissas que legitimam ou justificam a formulação do pedido expresso no segmento introduzido por *já agora*.[9] A realização do acto discursivo deste segundo segmento depende, portanto, da verificação de premissas expressas e/ou premissas implicitadas no co-texto precedente. As paráfrases propostas, que ilustram melhor a conexão causal que une as duas unidades discursivas, evidenciam as afinidades semânticas entre as formas de expressão da causalidade em que o MD introduz o segundo segmento (isto é, o termo dependente, como em (12) e (12a)) e aquelas em que a marcação recai sobre o primeiro segmento (o termo que apresenta a(s) premissa(s), como em (12b) e (12c)).

Em contextos do tipo de (12), o valor de *já agora* parece-me muito próximo do da locução causal / explicativa (cf. Lopes 2000) *já que* (veja-se a paráfrase (12c)). O nosso *corpus* não apresenta exemplos idênticos a (12) que me permitam aprofundar presentemente a descrição deste tipo de usos [10]. Penso que se poderá, todavia, avançar desde já a hipótese de que o uso exemplificado em (2) – em que *já agora* exprime uma recusa categórica às pretensões do interlocutor – deve estar relacionado com o uso de *já agora* em contextos como o de (12): de facto, enquanto em (12) introduz um termo que o falante apresenta como dependente de uma

---

9. A realização do acto ilocutório directivo expresso em (12) poderá apoiar-se ainda em diversas premissas não explicitadas pelo falante, mas que farão parte do saber compartilhado – por exemplo, sobre as razões que levam o falante a precisar de um carro emprestado nessa tarde. Sejam quais forem as premissas, importa notar que o falante as considera condições válidas para justificar a inserção do segmento prefaciado por *já agora*.

10. O alargamento da análise a um *corpus* oral poderá eventualmente colmatar a falta de representatividade deste tipo de usos no *corpus* agora em estudo.

486   *Maria da Felicidade Araújo Morais*

conclusão válida, em (2) o falante nega terminantemente a validade dessa conclusão. Valerá a pena, por certo, investigar esta questão. Por último, importa notar que o segmento inserido por *já agora* em (12), à semelhança do que se observou nos textos de (3) a (11), também se caracteriza por apresentar elementos novos, embora entroncados em aspectos do co(n)texto topical e enunciativo. *Já agora* mantém, portanto, a função de assinalar a introdução de um segmento discursivo de desvio e o seu funcionamento inscreve-se ao nível metatextual.

Por fim, uma característica que parece ser comum a muitos dos exemplos analisados: frequentemente, o uso de *já agora* aparece ligado a diversas marcas de envolvimento ou implicação do sujeito falante no seu discurso. Revendo os textos analisados, constituem formas de inscrição do falante no discurso, por exemplo: o uso da primeira pessoa (em (10) e, embora de forma indirecta, em (9)), o uso de verbos de comunicação no início do segmento digressivo (em (8)) e, principalmente, os casos em que o segmento-desvio corresponde a um acto ilocutório expressivo (como em (6)) ou directivo (em (3), (5), (7), (11) e (12)). Noutros textos que não é possível aqui transcrever, o MD digressivo *já agora* aparece associado ao uso do discurso directo e a expressões de tipo avaliativo ou epistémico. O significado de *já agora* reveste-se, nestes termos, de uma forte componente de subjectividade – que se torna mais flagrante quando, por exemplo, se compara o seu uso ao do MD digressivo *a propósito* (aspecto que se explora mais à frente).

De um modo mais global, poder-se-á afirmar que o uso de *já agora* implicita sempre que o falante, tendo em conta certos elementos cognitivos partilhados pelos intervenientes no acto de comunicação, considera ou avalia como pertinente a inserção do segmento digressivo. Assim, o significado de *já agora* veicula sobretudo uma atitude ou comentário metatextual acerca da estratégia discursiva adoptada pelo falante.

Embora não dispondo de elementos sobre a formação diacrónica de *já agora*, é importante realçar que o seu funcionamento no português europeu contemporâneo se inscreve principalmente no âmbito da expressão de atitudes metatextuais. Como tem sido notado a propósito da evolução de diversos MDs (e de outras unidades linguísticas), parece provável que estas características do funcionamento do MD digressivo *já agora* resultem da actuação de tendências semântico-pragmáticas que têm como efeito uma maior orientação do significado no sentido do sujeito falante e, consequentemente, uma maior subjectivização do significado (*vide*, e.g., Traugott 1995, 1997; Traugott & Dasher 2001).

Elementos para uma descrição semântico-pragmática de já agora   487

3. Nexos semânticos com *já* e *agora*

Já agora é uma locução cristalizada que funciona como termo singular na marcação da conexão digressiva. É possível encontrar alguns nexos semânticos bastante nítidos entre os valores associados ao uso do MD digressivo *já agora* e valores discursivos dos itens *já* e *agora*. [11] Os valores discursivos destes itens derivam dos valores associados a usos temporo-aspectuais. Nesta secção, procurarei descrever, de entre os traços do uso de *já* e *agora*, aqueles que persistem mais nitidamente nos valores do MD *já agora* – para uma análise detalhada do uso destes itens, cf. Lopes (1998, 2000).

O uso predominante de *já* inscreve-se no âmbito do significado temporo-aspectual: por um lado, como adjunto adverbial temporal, *já* contribui para a localização da situação representada num intervalo de tempo que se encontra muito próximo do intervalo de tempo da enunciação (ponto de referência para a localização instaurada pelo deíctico *já*) [12]; por outro lado, como operador aspectual, *já* marca uma transição entre estados de coisas [13] e funciona como um activador pressuposicional [14] que tem a propriedade de focalizar aspectos da proposição expressa, deixando implícita (numa proposição facilmente recuperável) uma comparação com uma situação em que não se verificam esses aspectos – neste quadro, encontra-se associado a *já* um valor de contraste, possivelmente derivado do seu valor de focalização. Em síntese, são de destacar fundamentalmente três aspectos: *já* pode assinalar distância mínima, transição e contraste.

---

11. Em vez de uma comparação dos valores do MD *já agora* com o uso da expressão temporal correspondente, optou-se por fazer um confronto com os valores associados aos itens que entram na sua formação; as razões que justificam esta opção decorrem do facto de, como se salientou na introdução, o uso temporal ser pouco representativo no *corpus* em análise e, por outro lado, de ser possível uma descrição semântica independente de cada um dos itens.
12. O advérbio temporal *já* pode ser parafraseado por "daqui a muito pouco tempo", como no seguinte enunciado:
    (i) – *Voltamos já.*
13. Vejam-se os seguintes exemplos:
    (i) *A Ana já vive em Coimbra.*
    (ii) *Quando o telefone tocou, o João já tinha chegado.*
14. Exemplificando com o primeiro enunciado da última nota: a asserção de que a Ana já vive em Coimbra pressupõe a existência de um intervalo de tempo em que a Ana ainda não vivia em Coimbra.

488 *Maria da Felicidade Araújo Morais*

Estes valores associados ao uso temporo-aspectual persistem no funcionamento de *já* no âmbito discursivo. Em enunciados como os seguintes,

(13)   *O Pedro é preguiçoso;* **já** *o irmão é trabalhador.*

(14)   *Mas se as situações do filme trauteiam em passo de dança,* **já** *o seu verbo não se coíbe de ir entrar na contradança do chiste, inspirado ou a lembrar a pujança literária de um Valle-Inclan, de um Torrente Ballester ou mesmo de um Camilo José-Cela.* [Natura/Público: par 77053]

já marca a introdução de um segmento discursivo que se constitui em torno de um novo sub-tópico frásico. Trata-se, portanto, de uma função ao nível da estrutura temático-informacional. Nestes exemplos de uso de *já*, ressaltam as características que foram destacadas atrás: antes de mais, a transição para uma nova etapa no desenvolvimento do discurso; é ainda de notar, por um lado, a proximidade conceptual entre o sub-tópico do segmento prefaciado por *já* e o sub-tópico do segmento anterior – apresentando-se ambos como sub-partes de um tópico mais global – e, por outro lado, a relação de contraste entre aspectos destas duas unidades topicais.[15]

Por último, impõe-se ainda uma referência ao uso de *já* em conexões de tipo causal. Retomando um exemplo analisado atrás (cf. (12c)), veja-se o seguinte enunciado:

(15)   *Já que vais ficar em casa toda a tarde, peço-te que me emprestes o teu carro.*

Em enunciados deste tipo, a locução conjuncional prefacia um segmento discursivo que apresenta a razão ou causa que justifica, na perspectiva do falante, a realização do acto ilocutório expresso no outro segmento discursivo desta relação (aqui apresentado em segundo lugar, mas a ordem pode ser invertida sem que daí resultem diferenças significativas).

---

15. Note-se que a relação de contraste envolve termos estreitamente relacionados entre si. Em princípio, só se podem contrastar entidades ou situações se entre elas for possível estabelecer uma comparação, no quadro de um determinado domínio semântico. Assim, do ponto de vista semântico, a seguinte sequência é agramatical, em virtude de os predicadores não pertencerem ao mesmo domínio cognitivo:
(i) **O Pedro é preguiçoso; já o irmão é alto.*

Elementos para uma descrição semântico-pragmática de já agora   **489**

Embora não sendo possível aprofundar aqui a comparação com o digressivo-causal *já agora*, é de registar, todavia, uma semelhança: o facto de o funcionamento de ambos parecer circunscrito à conexão de carácter metatextual, não sendo aceitável a sua utilização na marcação de relações de causalidade entre estados de coisas.

Quanto a *agora*, também este item é utilizado no domínio temporal e no domínio discursivo. Como advérbio, *agora* é um deíctico de localização temporal: é uma expressão referencial dependente, indexada ao contexto da enunciação.[16] O intervalo de tempo localizado pode ou coincidir com o da enunciação, ou abrangê-lo – em casos em que *agora* identifica um intervalo de tempo mais amplo e vago, como nos seguintes exemplos:

(16)   *A lei previa que a idade mínima para os titulares da prestação fosse de 18 anos, mas as novas disposições abrangem **agora** situações de menores grávidas, com filhos, ou emancipadas pelo casamento.* [CLUL: J65338]

(17)   *A viagem de Braga ao Porto pode fazer-se **agora** em cerca de 40 minutos.*

Nos usos temporais de *agora*, é de destacar uma característica fundamental que subsiste nos usos discursivos: o valor de contraste. Como atestam os exemplos seleccionados, *agora* marca uma relação contrastiva entre o intervalo de tempo identificado e um intervalo de tempo disjunto, com base numa comparação – explícita (16) ou implícita (17). Nesta relação, perfila-se como informacionalmente relevante o intervalo de tempo localizado por *agora*. Em síntese, penso que se devem destacar dois aspectos: *agora* contribui para a marcação de uma relação de contraste e para assinalar a introdução de informação nova.

Os usos de *agora* na conexão de segmentos discursivos manifestam claramente a persistência destes traços.[17] Vejam-se, por exemplo:

---

16. Nos usos de *agora* com valor temporal, predomina a referência deíctica *stricto sensu*; registam-se, todavia, alguns casos em que o ponto de referência corresponde, não ao momento da enunciação, mas a um outro centro de deixis construído pelo discurso (ver Lopes 1998).

17. Como MD, *agora* ocorre preferencialmente em contextos argumentativos e comparativos – discursos em que o tempo não funciona como tópico discursivo principal.

490 Maria da Felicidade Araújo Morais

(18) Gomes deixou ontem bem claro que o metro não vai passar já pela Exponor. "Nesta fase, não vai passar de certeza absoluta; **agora** o que pode acontecer é que depois, durante a fase de construção, já depois de adjudicado, se consiga encontrar com as partes e com o Governo uma forma de financiamento para podermos de alguma maneira fazermos uma extensão do projecto", admitiu o presidente da EMP. [CLUL: J63199]

(19) – O excesso de confiança de alguns condutores nas suas máquinas, as distracções, o álcool e o excesso de velocidade são muitas vezes a causa dos acidentes rodoviários. **Agora**, não podemos esquecer o problema do estado de muitas das nossas estradas...

Nestes enunciados, *agora* marca a inserção de um novo segmento discursivo e a sua ligação a um segmento do co-texto precedente, assinalando a progressão discursiva dentro de uma série de unidades sequenciais. Em (18), o segmento prefaciado por *agora* apresenta informação que contrasta com a do primeiro segmento. Em (19), *agora* marca a introdução de um novo sub-tópico discursivo, enquadrando-se o seu funcionamento no âmbito da organização temático-informativa. Neste último caso, trata-se de um MD de *shift*, que assinala a transição para um novo sub-tópico, o qual deverá ser integrado, a par de outro(s), num tópico discursivo mais global. Em ambos os enunciados, o segmento introduzido pelo MD apresenta-se como pragmaticamente mais relevante ou saliente. Esta proeminência informacional do segmento conectado por *agora* poderá decorrer do valor deste item na deixis temporal: na transposição do domínio temporal para o domínio textual, *agora* pode preservar a propriedade de marcação de proximidade relativamente ao sujeito da enunciação.

Para concluir, esta breve descrição sincrónica da polissemia de *já* e *agora* evidencia que os valores destes itens formam uma estrutura radial de sentidos e funções que se sobrepõem e implicam, numa organização multidimensional. Entre os diferentes valores e os usos em domínios diferentes – designadamente, o do "mundo real", o epistémico e o dos actos de fala, no sentido de Sweetser (1990) –, evidenciam-se relações que manifestam a actuação de fenómenos ou processos de base metonímica e de transposição metafórica.

No MD digressivo *já agora*, combinam-se valores discursivos de ambos os itens que entram na sua formação, sendo de realçar a persis-

Elementos para uma descrição semântico-pragmática de já agora   491

tência dos traços de transição, proximidade e novidade informacional (informação nova).

4. *Já agora* e *a propósito*

A descrição dos valores de *já agora* exige uma comparação, ainda que breve, com outros MDs que também podem assinalar a conexão discursiva de tipo digressivo. Para este trabalho, seleccionou-se *a propósito*, um MD de uso bastante frequente quer na oralidade quer na escrita.[18]
Num trabalho experimental que realizei com o objectivo de testar as circunstâncias que envolvem a preferência por um destes dois MDs em detrimento do outro, os resultados apontam inequivocamente no sentido de uma maior especialização de *já agora* na expressão da subjectividade do sujeito falante. Com efeito, a maior parte dos inquiridos optou pelo uso de *já agora* em textos em que é mais manifesta a implicação ou envolvimento do falante. O caso que mais evidencia esta característica do uso de *já agora* verifica-se em segmentos discursivos que envolvem a realização de um acto ilocutório expressivo. Ao completarem os segmentos textuais que se seguem[19],

(20)   *Portugal, entalado entre o mar e a panela de ferro castelhana (_____, que Deus proteja a regionalização espanhola), tem na força aérea e na marinha os multiplicadores de poder e os elementos dissuasores:* ... [CLUL: J65835]

---

18. *Já agora* e *a propósito* parecem-me ser os MDs mais próximos do protótipo de MD digressivo. Penso que a conexão digressiva também pode ser assinalada pelos MDs *por sinal* e *por acaso*, como nos seguintes exemplos:
   (i) *As operações foram acompanhadas pelo presidente da Câmara Municipal, Fernando Carvalho, que esteve no local (**por sinal** a aldeia onde foi criado, segundo nos disse uma moradora) e enfatizou a necessidade de meios em todos os limites da povoação.* [Diaclav: par DC-N3870-1]
   (ii) *A parte da humanidade a que pertencemos – **por acaso**, mais ou menos uma modesta quarta parte da população mundial – anda tão excitada com o acontecimento, que nem repara que as «restantes» três quartas partes dos nossos camaradas de planeta continuam sossegadamente a medir o tempo de outra maneira.* [Avante]
19. Nos exemplos aqui apresentados, transcreve-se apenas o segmento mais relevante; os participantes na experiência tiveram acesso a um co-texto mais alargado. Os textos (21a) e (21b) foram apresentados a diferentes grupos experimentais.

492 Maria da Felicidade Araújo Morais

(21) a. *"Quer renunciar ao seu escudo favorito, herdeiro daquele com que Afonso Henriques se defendeu dos – por certo injustos – tabefes da mãe?"* (_____, *parabéns ao escudo nacional pelo seu octogésimo aniversário!*) [CLUL: J64960]

  b. *"Quer renunciar ao seu escudo favorito, herdeiro daquele com que Afonso Henriques se defendeu dos – por certo injustos – tabefes da mãe?"* (_____, *o escudo celebra este ano o seu octogésimo aniversário.*)

a preferência por *já agora* em (20) e (21a) foi indiscutível: respectivamente, 91% e 83% dos participantes preencheram o espaço em branco com *já agora*. Em contrapartida, dos participantes confrontados com (21b) – em que o segmento-desvio realiza um acto ilocutório assertivo –, só 20% optaram por *já agora*, tendo a maioria preferido *a propósito*. Parece, pois, muito clara a tendência para usar preferencialmente *já agora* na realização de actos de natureza expressiva.

Os resultados deste estudo evidenciam ainda outros casos em que também se torna manifesto o maior grau de subjectividade de *já agora*, designadamente: quando no segmento-desvio se exprimem opiniões pessoais ou é realizado um acto ilocutório directivo, assim como quando o discurso envolvente se apresenta na primeira pessoa e/ou inclui lexemas com traços semânticos de tipo avaliativo e/ou valorativo. Em suma, a opção por *já agora* parece preferencial para a expressão da dimensão interpessoal (no sentido de Halliday 1985). A preferência por *a propósito*, em compensação, verifica-se sobretudo em casos em que o desvio se configura mais estritamente no plano topical, em discursos orientados sobretudo para a descrição objectiva do mundo exterior ao sujeito falante.[20]

Em síntese, poderá afirmar-se que as diferenças entre os MDs digressivos *já agora* e *a propósito* envolvem fundamentalmente o grau de inscrição do sujeito falante no seu discurso. Estas conclusões corroboram uma hipótese de Degand e Maat (1999) segundo a qual é possível distinguir diferentes MDs de um determinado subgrupo (no caso, os MDs que assinalam conexões de tipo causal) em termos de um escalonamento

---

20. Embora não tenha sido objecto de apreciação neste estudo, penso que a opção por um destes MDs poderá ser influenciada também pelo grau de formalidade das circunstâncias da enunciação.

quanto ao grau de implicação ou envolvimento do sujeito falante. O *corpus* analisado sugere, de facto, que *já agora* e *a propósito* ocupam posições diferentes numa escala do envolvimento do falante.

A explicação do maior grau de subjectividade associado ao uso de *já agora* deverá contemplar a relação desta expressão com os valores realizados pelos itens que entram na sua formação, *já* e *agora*. Apesar de dispor apenas de dados da sincronia actual, penso que, adoptando uma perspectiva integrada da significação linguística, os valores deícticos associados a estes termos poderão explicar a especialização do MD digressivo *já agora* na expressão de um maior envolvimento do sujeito falante.

5. Observações finais

No *corpus* analisado, constituído por textos da imprensa escrita contemporânea, *já agora* marca uma conexão de tipo digressivo, no âmbito da marcação da estrutura temático-informacional do texto. É sobretudo no plano da organização textual que se inscreve o funcionamento desta expressão.

Já agora assinala a introdução do segmento digressivo e a relevância do mesmo no contexto da situação de comunicação em curso. Este MD inscreve-se, pois, ao nível do significado metatextual ou metadiscursivo, no sentido em que assinala a estratégia discursiva do falante, exprimindo um comentário do falante relativamente à estrutura topical do texto.

Os nexos semânticos observáveis em sincronia entre os valores de *já agora* e, por outro lado, entre estes e os de *já* e *agora* manifestam uma estrutura radial na derivação dos valores discursivos. A constatação desta rede semântico-conceptual e as particularidades de *já agora* relativamente a *a propósito*, nomeadamente no que diz respeito ao grau de envolvimento do sujeito falante no discurso, convergem para a hipótese de que o significado claramente metatextual de *já agora* decorra da actuação de processos de gramaticalização de estratégias discursivas.

A análise do uso de *já agora* em textos da imprensa escrita suscitou-nos estes elementos para a descrição semântico-pragmática deste MD. Para uma compreensão mais cabal do funcionamento e usos de *já agora* será essencial alargar o *corpus* a discursos de outros registos e, sobretudo, contemplar a descrição dos caminhos semântico-pragmáticos que conduziram diacronicamente a esta expressão e ao seu funcionamento actual.

494   *Maria da Felicidade Araújo Morais*

Referências

Dascal, Marcelo & Tamar Katriel
 1981   Digressions: a study in conversational coherence. In: János S. Petöfi (ed.), *Text vs Sentence: Continued*, 76-95. (Col. Papers in Textlinguistics 29.) Hamburg: Helmut Buske Verlag.

Degand, Liesbeth & Henk Pander Maat
 1999   Scaling causal relations in terms of Speaker Involvement. *International Workshop on Text Representation*. Universidade de Edimburgo, 7-9/07. URL: http://www.hcrc.ed.ac.uk/~lorid99/Papers/degand1.doc.

Fraser, Bruce
 1988   Types of English discourse markers. *Acta Linguistica Hungarica* 38: 19-33.
 1990   An approach to discourse markers. *Journal of Pragmatics* 14 (4): 383-395.
 1999   What are discourse markers?. *Journal of Pragmatics* 31 (7): 931-952.

Halliday, Michael A. K
 1985   *An Introduction to Functional Grammar*. London: Edward Arnold.

Jefferson, Gail
 1972   Side sequences. In: D. Sudnow (ed.), *Studies in Social Interaction*, 294-338. New York: Free Press.

Jubran, Clélia Cândida Abreu Spinardi
 1993   Inserção: um fenômeno de descontinuidade na organização tópica. In: Ataliba Teixeira de Castilho (org.), *Gramática do Português Falado*, vol. III, 61-74. Editora da Unicamp/FAPESP.

Lima, José Pinto de
 1997   Caminhos semântico-pragmáticos da gramaticalização: o caso de *embora*. In: *Sentido que a Vida Faz*, 643-655. Porto: Campo das Letras.
 1999   Grammaticalization, subjectification and the origin of phatic markers. Comunicação apresentada ao congresso: *New Reflexions on Grammaticalization*, Universidade de Potsdam.

Lopes, Ana Cristina Macário
 1998   Contribuição para o estudo semântico-pragmático de *agora*. *Revista Portuguesa de Filologia*, vol. XXII: 363-376.
 2003   Elementos para uma análise semântica das construções com *já*. In: *Razões e* Emoção. *Miscelânea de Estudos em Homenagem a Maria Helena Mira Mateus*, 411-428. Lisboa: Imprensa Nacional Casa da Moeda.

Lopes, Ana Cristina Macário & Patrícia Amaral
 2001   Pour une approche cognitive intégrée des valeurs de *agora* et *então*. Comunicação apresentada ao SLE 2001 – *Language Study at the turn of the millenium: Towards the integration of cognitive, historical and cultural approaches to language*, Leuven, 28 Agosto-1 de Setembro.

Redeker, Gisela
 1991   Linguistic markers of discourse structure. *Linguistics* 29: 1139-1172.

Elementos para uma descrição semântico-pragmática de já agora   495

Risso, Mercedes Sanfelice
1993   "Agora... o que eu acho é o seguinte": um aspecto da articulação do discurso no português culto falado. In: Ataliba Teixeira de Castilho (org.), *Gramática do Português Falado*, vol. III, 31-60. Campinas: Unicam/FAPESP.

Silva, Augusto Soares da
2001   O que é que a polissemia nos mostra acerca do significado e da cognição?. In: Augusto Soares da Silva (org.), *Linguagem e Cognição: A Perspectiva da Linguística Cognitiva*, 147-171. Braga: Associação Portuguesa de Linguística, Universidade Católica Portuguesa.

Sweetser, Eve E.
1990   *From Etymology to Pragmatics. Metaphorical and Cultural Aspects of Semantic Structure*. Cambridge: Cambridge University Press.

Traugott, Elizabeth Closs
1995   Subjectification in grammaticalization. In: D. Stein & S. Wright (eds.), *Subjectivity and Subjectivisation. Linguistic Perspectives*, 31-54. Cambridge: Cambridge University Press.

1997   The role of the development of discourse markers in a theory of grammaticalization. *ICHL XII*, University of Manchester (Agosto 1995). URL: http://www.stanford.edu/~traugott//papers/discourse.pdf

Traugott, Elizabeth Closs & Ekkhard König
1991   The Semantics-Pragmatics of Grammaticalization Revisited. In: Elizabeth C. Traugott & Bernd Heine (eds.), *Approaches to Grammaticalization*, Vol. I., 189-218. Amsterdam: John Benjamins.

Traugott, Elizabeth Closs & Richard B. Dasher
2001   *Regularity in Semantic Change*. Cambridge: Cambridge University Press.

PARTE VII

Poética Cognitiva
e Estudos Literários

On the cognitive process of reading Peter Weiss'
The Shadow of the Coachman's Body

Ana Margarida Abrantes

Abstract

The cognitive turn in literary studies is framed within the larger scope of a new interdisciplinarity between sciences and arts. Both fields share a common interest for the study of the reading process, language and the construction of meaning. The following study emerges in this frame and is intended as a contribution for this interdisciplinary dialogue, an illustration of the possibilities of cognitive science for a new understanding about the experience of literary reading. The focus is the prose text by Peter Weiss, *The Shadow of the Coachman's Body*. The construction of meaning in this text will be analysed on the basis of possible worlds theory, mental space theory, and conceptual integration or blending, a central process of human thought.

Keywords: Cognitive poetics, possible worlds theory, blending, Peter Weiss.

1. On cognitive poetics

"Cognitive poetics is all about reading literature"[1]. With this straightforward statement, Peter Stockwell catches the scope of the discipline. The focus of a cognitive approach to a literary text is not so much on the reading as a product, i.e. an interpretation of a text (what the text means), but rather on the process of reading, i.e., how reading is accomplished, how the text comes to mean something: "The purpose of a cognitive poetic analysis would then be to rationalise and explain how that reader reached that understanding on that occasion." (Stockwell, 2002: 7)

Even if Cognitive Poetics has developed in two different ways (in the early 70s more oriented to cognitive science, and more recently in con-

---

1. Sockwell (2002: 1).

500   *Ana Margarida Abrantes*

nection with cognitive linguistics [2]), this approach provides a new evaluation of literary studies, relying on the assumption that literature is basic to
human reasoning, and the cognitive processes involved in understanding
literary narratives are no different from those required to process language or conceptualise the world [3]. This being so, the attempt to answer
the question on how the reading of a literary text is processed must be
framed within the study of mental processes, and goes beyond the mere
processing of linguistic data: it involves associations, images, feelings,
emotions and social attitudes, which derive from the placement of the
reader as a person within a context.

There are, thus, two main aspects to consider in the scientific study of
a literary text: its language, the words it is made up in their static order in
the pages, forming the network of singular meanings, and then the reader's conscious participation, his knowledge, emotions, experience and
memories the reader activates when reading a book [4]. Limiting an analy-

---

2. The first variant of cognitive poetics emerged in the early 70s, parallel to the develop-
    ment of cognitive science. The most representative author of this strand is Reuven
    Tsur, whose publications focus mostly on a cognitive approach to poetry. The sec-
    ond variant has emerged from the research on cognitive linguistics, stimulated with the
    work of Lakoff (1987), Gibbs (1994) and Turner (1996) (on the literary nature of
    cognition and human thought), and is now exploring the other way of the relation
    between literature and language (namely the analysis of language as a part of cognition
    and as the input for narrative processing). This view is not meant to replace work on
    narratology, but rather to complement it.
3. This view is strongly supported by Mark Turner since the early 90s: "Literature
    lives within language and language within everyday life. The study of literature must
    live within the study of language, and the study of language within the study of
    everyday mind. When embedded in this way, the study of literature is automatically
    connected to whatever is basic to human beings." (Turner 1991: 4) Turner further
    argues that literature, language and culture are patterns in the brain, and are therefore
    inherent processes of the human mind, based on the same kind of operations (1991:
    30). His further work (1996) proved this interrelation even further: daily language is
    highly poetical (our understanding of the world is based on cognitive strategies of
    metaphor, story-telling and projection and is parabolic by nature), since the same
    mechanisms for the construction of meaning are at work in every act of language, be it
    literary or not.
4. This view has in fact been developed in the past (in the 60s) by reception theorists.
    Reception theory or *reader response criticism* shifted the attention on the writer and
    the literary text to the reader, as an active participant in the construction of meaning.
    It focused on how a text is received and interpreted by the reader, based on his
    placement in a specific social-historical moment and context. A central part of the
    reading and interpreting process is that the reader is invited to fill in gaps, blank
    spaces of perspectives of the world left by the author in the text, on the basis of the

On the cognitive process of reading   501

sis to either one of these aspects would be restrictive. "Treating literature only as another piece of data would not be cognitive poetics at all. It would be cognitive linguistics", argues Stockwell (2002: 6). Limiting the analysis to the contribution of the reader, on the basis of reader response, might end up more speculative than is desirable. The way out is suggested by Stockwell (2002: 136): "the analysis of literary works must push the two focus-points together so that the engagement of the reader is not an 'add-on' feature, but is an inherent part of the analytical theory from the beginning."

In the following, we suggest a cognitive approach to Peter Weiss' *The Shadow of the Coachman's Body*. This short novel was written in 1952 and marks the literary breakthrough of the author. This literary text is also interesting because it is the story of an experiment of perception (mainly visual), in itself a cognitive process, and also because it is exemplary of the relation of literature and other artistic aesthetic representations, as is suggested by the text itself and the seven author's drawings/collages, which illustrated the first edition, published in 1960 by Suhrkamp Verlag (one thousand print edition).

In the following we will try to integrate one possible reading of the story with an account of the cognitive process of reading and understanding this narrative. We will focus on the notions of reader's expectations towards the text (as a whole and in particular parts), the process of construction of meaning (both on the basis of language features and the construction and networking of spaces) and on completion through a system of inferences. For this purpose we combine the strong points of two theories: possible world theory and conceptual integration or blending.

2. The internal structure of the worlds in the story

Possible worlds theory was first developed by philosophers of language, who aimed at explaining the necessary conditions for the truth-value of

---

reader's own view of reality and placement on a time context. Ranging from radical strands, to which the text in its structural existence depends ultimately on the structures of meaning constructed by the reader, to softer approaches which aim at avoiding complete subjectivity, by favouring common readings based on institutionalised conventions, reception theory set up important basis for the development of a theory of the cognitive process of reading, as it is being currently developed by cognitive poetics.

502 *Ana Margarida Abrantes*

sentences. The theory was later applied to narratology[5] as a way to explain and to account for the construction of worlds by readers on the basis of a narrative text. This application relies on two metaphorical conceptualisations of the experience of reading: the experience of being transported to a different reality, i. e. of entering a different world of that of reality, on the one hand; and the act of reading as a performance, the reader being an active participant in the process[6], on the other.

A fictional narrative includes thus an actual world, which is the setting where the characters exist and the plot unfolds. Beyond this actual world there are other possible worlds in the narrative, which are different versions of the text actual world that emerge through projection. The emergence of new possible worlds is triggered by changes involving characters:

- epistemic worlds or knowledge worlds (based on the characters' beliefs, what they believe to be true);
- speculative or prospective extensions of knowledge (based upon characters' hypothesis, anticipations or expectations);
- intention worlds (the characters' intentional plans to change their world);
- obligation worlds (the characters' moral commitments and prohibitions);
- fantasy worlds (the characters' wishes, dreams, fantasies);

The alternation and shift between the actual world and these worlds is a basic condition for the plot. The skilled writer masters this alternation in order to create a conflict, a problem that will get the plot started and engage the reader in the pursuit of a solution[7].

As an alternative to the notion of world in literary narrative, there is the concept of discourse world[8], which consists of the world the reader builds in his mind while reading a text and that he uses to keep track of the characters and events through the various changes these might face.

When the reader first chooses to be transported to the world of the narrative, he always departs from the world that is known to himself, his

---

5. Semino (2003: 88) and Stockwell (2002: 92-93). In literary studies, possible worlds theory can help explaining the construction of different realities, of different worlds in fiction. (Nünning 2001: 517)
6. Gerrig (1993, Chapter 1). The second of the two metaphors is deeply entrenched in reader response criticism.
7. This is what takes for a suspense condition in the narrative (Gerrig 1993: 77-90) Suspense is not an exclusive of thriller or crime narratives, but, understood as a part of a problem-solving context, it is an essential part of every narrative.
8. Stockwell (2002: 94).

real actual world. This is a set of knowledge (beliefs, values, schemas), which he began to acquire long before he first decided to read the literary text. An important part of this real world (for the context of coming upon a fictional narrative) is his former experience as a reader of fictional narratives and all the knowledge he eventually has about the text he has chosen to read (about the genre, the author...). The reader will assume, unless he is told otherwise in the text, that the universe of text worlds (both the actual world and the alternative possible worlds) resemble his real actual world. This assumption is called the *Principle of Minimal Departure* [9]: the reader will conceive, understand and judge the fictional world on the basis of his real actual world.

With this theoretical frame in mind, let us return to the text of Peter Weiss and our proposed reading of the text.

Approaching *The Shadow of the Coachman's Body* on the basis of possible-world theory allows us to depict the internal structure of the story and the development of the plot. The actual world of the text is made up of the setting (the farm and the farmhouse), the time frame (the four days of the narrative, with punctual retrospective and prospective references), the characters (the farmhand and the housekeeper, who manage the place, and a peculiar group of guests: a captain, a carefully dressed tailor, a doctor, Herr Schnee – the only named character – and a family with two children, a baby and a young boy), and the events, which take place within this frame. The text being written in the first person, we access this actual world through the narrator's point of view. The narrator is also a character and participates (though in a distant way) in the events he tells about: Hence, the actual world of the story includes the continuous epistemic world of the narrator.

So far, no problem seems to arise, except for the fact that the epistemic world of the narrator is somewhat different from what we might expect. Throughout the novel the narrator's concern is not to tell about the events and situations that take place, nor does he report of his own judgement about these events (how he gives them meaning by making subjective associations). He also does not develop an introspective account of his moods and feelings, as they might be triggered by the events and situations of the text actual world. He rather focuses on his experience of perceiving these events instead, accounting with obsessive detail for how he sees, hears or senses surrounding visual, hearing or

---

9. Ryan 1991 (apud Semino 2003: 86).

504   *Ana Margarida Abrantes*

sensitive stimuli. Projecting a visual metaphor, we could say that the narrator highlights or foregrounds the perception itself, pushing the succession of events and their interpretation to the background. The text results intriguing from the start, since in our real actual world this state of affairs is precisely the opposite: we rather focus on the meaning of what we perceive (i.e. on the interpretation), than on the experience of perceiving, which is intrinsic and remains most of times unconscious to our experience.

Therefore, in order to access the full range of elements and events that make up the global actual world of the story (which goes beyond the narrator's perception and involves a time and space setting, characters and their interaction in a chain of events), we have to complete the narrator's limited account and do what he seems to be incapable of doing: interpreting what he perceives on the basis of our knowledge about reality, which we bring from our experience of our extra-textual actual world. This goes in accordance with the previously mentioned Principle of Minimal Departure.

The narrator's act of perceiving is not a straightforward experience. The most important perceptive sense in the novel is vision, which, as we know from our actual world, is always limited to a perspective or conditioned by physical limitations (obstacles, distance). In the text, the result of this normal conditioning of visual perception is accounted for in the dynamic alternation between the text actual world (and within it the narrator's epistemic world) and alternate possible worlds, which are either the narrator's or the reader's constructions. Let us illustrate this on the basis of three episodes: the first scene, the account of the narrator's experience of "conjuring up images" and the final episode.

The novel begins with the sentence "Through the half-open door I can see the path, well trodden and muddy...", which is followed by "I can also see... "and later "These are the sounds that I can hear" (p. 87 [10]). From the beginning we are immediately introduced to the experiment of perception, both visual (the first) and then of sound, as well as from the perspective point – the half-open door – which is the limited condition for a global visual perception. The narrator can't see it all, and therefore for what he can't see he can only account for on the basis of hypothesis

---

10. The page numbers following the quotes refer to the English version of the text (cf. references).

On the cognitive process of reading   505

relying on his prior perceptive experience of this setting (perceptive, because he doesn't interpret what he sees, his only concern are the objects and the persons, not their causal relation beyond the concrete space interaction). So, in the first scene there is a dynamic interaction between the actual world – which we readers build on the basis of the narrator's epistemic world and complete with our knowledge from our actual world – and the alternate world of speculative extension of knowledge, based on the narrator's hypothesis. The pattern works like this:

Table 1. Alternation between actual world and speculative extensions in the first scene of the novel (p. 88-89)

Narrative worlds	*Quotation*
Narrator's epistemic world (perception)	I can see the path
	I can also see a small section of the wall of the house
	These are the sounds that I can hear
Speculative extension	The spasmodic action of the saw ... tells me that it is the farmhand who holds it.
Epistemic world (based on prior experience)	...this particular feature, which I have often observed,...
Speculative extension	But even without this particular feature ... it would not be difficult to guess that the farmhand is there in the woodshed, for apart from him only I, and occasionally the captain (...) take any interest in the wood in the shed.
Speculative extension	Unless a new guest has arrived
Epistemic world (perception)	But I have not heard the coach arrive...
Epistemic world (prior experience) within the epistemic world of perception	...nor the signal which announces the coachman's arrival ... nor have I heard the horse's hooves pounding in the track, which the mud would have brought out sharply.
Speculative extension	And if the guest has come on foot ... he would have been to weary ... and the bulk and irregular shape of the logs would have discouraged him.
Epistemic world	So I'm sure that it is the farmhand who is driving the saw backwards and forwards through the heavy wood blocks in the shed.

After excluding several hypothesis which are based on prior perceptions and on his experience of being in that place, the narrator is finally able to tell what he sees and to account with the same certainty for what he can't see. This alternation between the actual world/narrator's epistemic world and speculative worlds proceeds as the narrator describes the farmhand, again on the basis of his previous perceptions of the character as an element of his visual and sound horizon. Then there is

506   *Ana Margarida Abrantes*

a shift in the plot, which surprises the reader: "At this point ... I feel the cold on my uncovered backside." (p. 89)

This shift is not a real change in the world's structure, but rather a glimpse of the narrator's awareness of his immediate condition and works as the pretext for a further network of actual/epistemic and speculative worlds [11]:

Table 2. Alternation between actual/epistemic and speculative worlds (p. 89-90)

Narrative Worlds	Quotation
Speculative extention 1	Writing these observations has prevented me from pulling up and fastening my trousers;
Speculative extention 2	or perhaps the sudden onset of this mood of observation has made me entirely forget to do so;
Speculative extention 3	or perhaps it was the lowered trousers, the chill, the feeling of self-forgetfulness which came over me there on the lavatory which has put me into this particular observant mood.
Epistemic world	I pull up my trousers, button them and fasten the belt;

Another example of the dynamic alternation of worlds, which accounts for the structure and development of the plot, is the narrator's account of his other kind of visual perception: the one that results from his intentional, deliberate creation of images. He calls it "conjuring up images" which leads us to think that the process is in itself a narrative experience: by spreading salt in his eyes he is transported to another world, whose creation is not exclusively done by the tears he thus causes, but results also from his own constructive performance. The narrator isn't just a spectator to these images; he sees the images he lets emerge from the tears. This is an interactive process, just as happens in any narrative. In the episodes where he tells about these perceptive experiences, we denote an active alternation between the actual world and fantasy worlds. Here an example (the second account of this experience of perceiving an image):

---

11. This is suggested by language features like the repetition of the conjunction *oder* ("or"), which accounts for the succession of hypothesis. These are formulated in the past tense. The return to the present tense marks also the return to the actual/epistemic world.

On the cognitive process of reading   507

Table 3. Dynamic alternation of worlds in the narration of the experience of "conjuring up images" (p. 130)

Narrative worlds	Quotation
Epistemic world	...I lay down on my bed and threw a few grains of salt in my eyes, and ... a picture came up before me...
Fantasy world	Or rather, I glided into the picture; it was as if I were moving along a country road, ...; it was as if I were sitting back, comfortably reclined in a car or a bus...
Epistemic world	(I could not see the vehicle;
Fantasy world	it consisted only of a feeling that I was riding or gliding along)
Fantasy world (extension)	And while I was thus gliding ... I saw elk or deer on the side of the road as far as I eyes could see, great powerful beasts who were copulating in pairs;

Again, the narrator is brought back to the actual world by a sensorial perception. At first, it is as if the real image in the actual world would overlap and substitute the thought up image. For a moment, both images are present, the actual and the fantasy world are melted in the perception, but then a sensorial input from the actual world manages to bring the narrator back to his epistemic world:

> As I looked into the outline of the room, before which the animals were still moving, though shadowy now, I heard a knock on the door superimposed on the noise of clashing antlers, and the knock wiped out the remains of the picture, leaving only the room with its walls, its contents and its window... (p. 130-131)

A final example of the dynamic alternation of worlds in the development of the story is provided in the last episode of the novel, the perception of the narrator of the sexual act between the housekeeper and the coachman. Unlike in the former examples, in this scene there is not much interaction between the epistemic world (within the actual world of the story) and other possible worlds, such as speculative extensions (which might account for the attempt of the narrator to realise what he is perceiving) or fantasy worlds (his participation in the construction of the images). The only interaction visible in this scene is between the narrator's own epistemic worlds: the present epistemic world, which equals the moment of his writing, a past world where the events he is writing about took place (three days and three nights before the present actual world) and an intermediate world, where the narrator experienced a state of apathy which prevented him from writing:

508   *Ana Margarida Abrantes*

> ...the moment ... is now three days and three nights away, and all this time an all-pervading apathy has prevented me from continuing to write, so that even now it is only with effort that I can bring myself to continue describing the arrival of the coach and what followed... (p. 159)

The apathy the narrator tells about can elicit the interpretation that he didn't manage to grasp the perception of the events of that evening. In fact, he experienced two major moments of failure in perception: an optical illusion (he doesn't understand how the coal the coachman delivered and then carried to and spread in the cellar had fit in the coach before – this problem leads him to talk with other characters for the first time, in seek for a solution–), and the shadow play of the sexual act between the coachman and the housekeeper, which he is not able to experience and interpret either than as a visual perception. In this last scene, the narrator's visual perception is filtered through physical obstacles (the configuration of the building and the perspective from where he's standing), so that all he sees are shadows. Unlike in the first of the examples, the narrator doesn't speculate as to what and whom the shadows belong: he immediately recognises them (even if limited, shadows provide a visual insight into the events, which mere sounds, as they occur in the first scene mentioned, cannot totally account for). However he fails in providing meaning to what he sees. The evidence for this is that he never mentions the words kiss and embrace when he describes them as follows:

> ...occasionally the shadows of the heads, profiles firmly locked together, were visible in outline above the mass of the shadow made by the bodies. ... the shadows of the coachman's arms bored into the shadow of the housekeeper's body and encircled it. (p. 164-165)

Here the reader has to infer what the gestures stand for and fill in the information missing with his knowledge from his real actual world. The same procedure is required for reading the display of the events in and from the narrator's description of his visual perceptions:

> Finally the shadow of the housekeeper's body reared up high and the shadow of the body of the coachman threw itself with an accumulated force in the shadow of the body of the housekeeper, and then the shadows of both bodies, merging as one, collapsed back and lay stretched out of the shadow of the table, rising and falling with the violence of deep panting breaths. (p. 166)

If we eliminate the word shadow and the reference of the bodies from this narration, we have access to the actual world of the events in the

On the cognitive process of reading   509

story. That is probably how the reading of this scene works. However, it seems that if the narrator lacks these words, he will experience no sequence of events at all: without the visual stimulus he doesn't access the events.

Throughout the novel, there is another level of interaction between worlds, which is common to every experience of literary reading: the interaction between the novel's actual world and the reader's actual world. This is a core aspect in the process of reading. It is on the basis of this interaction that different readings of the same narrative happen. The fact that different readers may comment of the same narrative text is ensured by the set of minimal inferences based on their common knowledge of the real actual world. Among these inferences, in respect to our text, are the notions of time and space, the interaction between characters or causal relations implied in the interaction between characters and objects and among characters themselves. Such a set of inferences is based on frames by which we model the world around us. Quite obvious examples of this are the dinner and the social gatherings described in the novel, or even the narrator's fragmentary reproduction of dialogues between characters, which nevertheless are perfectly recoverable by readers. We convey plausibility to the text, on the basis of the frames we have for such events and conversations. Knowledge like this is what is needed for a reading experience.

And yet we know how individual readings of the same text can differ. The act of reading and experiencing narrative is individual and relies on the amount of information the reader is willing to activate while reading, beyond the basic inferences required for the minimal understanding of the narrative. *The Shadow of the Coachman's Body* can thus evoke different inferences, such as the rather evident parallel to Plato's allegory of the cave (the only thing the narrator can see and that thus exist for him are shadows, pale reflexes of the real things, he is not able to see the exact contours of things; the fact that he is not able to interpret his perceptions is a sign of this). We can also read in the novel the intersection between literature and the visual arts (painting and film), if we realise the collages of the book and if we know of the experimental films that Weiss was directing at the time when this novel was written.

In the whole, there is a large scope between what the reader *must* do to experience reading and what he *can* or might do for the same effect. This depends basically on the degree of intensity of the relation he is likely to build between the narrative actual world and his real actual world, as a part of the phenomenological experience of performance in reading.

510   *Ana Margarida Abrantes*

3. Mental space theory and *The Shadow of the Coachman's Body*

In her essay about Hemingway's *A very short novel*, Elena Semino (2003: 89) claims that:

> A possible-world approach to fiction focuses on what we may call the 'product' of comprehension: the structure and characteristics of fictional worlds as the result of complex interpretative processes. (...) possible-world approaches do not ultimately treat fictional worlds as cognitive constructs, and do not deal with cognitive processing.

According to her, this theory does not account for the process by which readers construct the different worlds in their minds on the basis of the linguistic stimuli provided in the narrative text. It also does not account for linguistic choices in the text as ways by which the author encourages (and not encodes) the reader's participation in the construction of meaning. To overcome this situation, Semino suggests the combined application of possible worlds theory and mental space theory, in order to account for reading as a product (an interpretation of a narrative) and a process (the means by which readers construct complex states of affairs and their networks, as they are encoded in the language of the text) [12].

The theory, as it is known from Cognitive Linguistics, where it was first developed by of Gilles Fauconnier and Mark Turner [13], seeks to explain how states of affairs are conceptualised in terms of mental spaces and their projection into increasingly complex networks. Although much of the research done in this area focuses on online linguistic processing, the application of the theory to account for the processes of reference and the comprehension of stories based on the linguistic constructs of narratives, seems quite promising. According to Stockwell (2002: 96), there are four main types of mental spaces:

- time spaces (present space, possible shift in the past of projections to the future, typically induced by verb tenses and adverbs);
- space spaces (geographical spaces, induced by space adverbs and locatives);

---

12. Stockwell (2002: 96) makes a similar statement: "In order to extend the basic usefulness of possible worlds, one form of discourse world theory has been proposed that is explicitly cognitive in its orientation. This involves understanding the cognitive tracking of entities, relations and processes as a mental space."

13. 1995, 1997, 2000 and 2002.

On the cognitive process of reading   511

- domain spaces (an area or field of activity);
- hypothetical spaces (conditional situations, hypothesis, possibilities, suggestions, plans, speculation).

The two theories can be integrated as follows, in order to explain the active reading and comprehension of narratives. Mental spaces are cognitive representations of states of affairs, which exist within a reality space, where we keep everything we perceive. These mental representations of reality are mediated by language, and are continuously built and rearranged as language is being processed, either on the online linguistic production or in fiction narratives. The projection between spaces is done on the basis of space-builders, linguistic expressions that trigger new spaces and determine the relation between them. In the brief typology we mentioned before, these space builders would correspond to locatives, adverbs, verb tenses and conditionals.

Let us illustrate this with an example from our text, where we realise a time shift and thus a projection between different time spaces (Figure 1). In this passage, the adolescent son of the family living in the farmhouse seeks contact with the narrator, with whom he had exchanged help-seeking looks out of the father's tyranny and the precarious atmosphere in the family. We choose to analyse it in the original version and provide an online translation for it, in order to better account for the different complexity of the encoding in the two languages:

> Der Sohn, nachdem er auf Schnees Anweisungen hin von verschiedenen Stellen her kleinere und größere Steine zusammengetragen und dann den Schubkarren damit gefüllt hatte (…) kam auf mich zu. (p. 46-47 [14])

> [The son, after he, following Schnees directions, had taken smaller and bigger stones from various places, and then filled up the wheelbarrow with them, (…) came towards me.]

The base space in this sentence is the Narrative Base Space, which is the context of the act of narration. The only entity in it is the narrator. Since he is a first person narrator, he is simultaneously a character and therefore takes part in the events he is telling. We thus meet him again in the reality space, which frames the event that the narrator is telling about: the son went towards him. This event took place in a time previous to the narrative time. The first time shift in the sentence is triggered by the

---

14. Page numbers refer to the original German version of the text (cf. references).

512   *Ana Margarida Abrantes*

space-builder conjunction *nachdem* (after), which induces a previous action, then confirmed by the verb tense (past perfect –*zusammengetragen hatte*). The space builder thus opens a new reference space, relative to the past action of the son moving towards the narrator. Only one of the elements of the base space, the son, is projected onto the first retrospective time space. Beyond this previous event, there is a projection to a time space, which is prior to the retrospective time space 1. This further projection in a previous past is suggested by the time adverb *dann* (then): first the son collected the stones, then he filled the car with them. Further, if we add to the semantic content of *Anweisungen* (directions) our background knowledge (that instructions precede the actions of the addressees), we can identify a fifth space, prior to the base space and to the two retrospective spaces of actions in the past. In this fourth space we denote the presence of the character Schnee, who does not integrate the other spaces, but whose intervention at that moment motivated the next two spaces.

The architecture of the mental spaces and their interaction is so deeply entrenched in the language that the same order of events (represented by the arrows on the left) would have a much more linear representation in the English translation than in the original text:

> At Schnee's direction the son gathered stones of different sizes from the ground nearby and then filled the wheelbarrow with them (…) and then the son pushed the wheelbarrow towards me. (p. 124-125)

Here the space builders (*at… direction, and then, and then*) provide a development of the events in the narrative that is closer to the order in which they occurred. The number and the quality of the spaces remains the same, but their processing in the narrative is sequential and hence apparently easier to follow [15].

---

15. Unlike our proposed version of this passage, Cupitt's translation (1972) corresponds to a real online use of English. It therefore does not account for the language specific complexity of the encoding of the event order, as it is encoded in the original German version, where spaces intersect each other due to the syntactic features of the German sentence order. It would be interesting to explore these differences and their eventual role in the process of reading an original and a translated version of a narrative.

On the cognitive process of reading   513

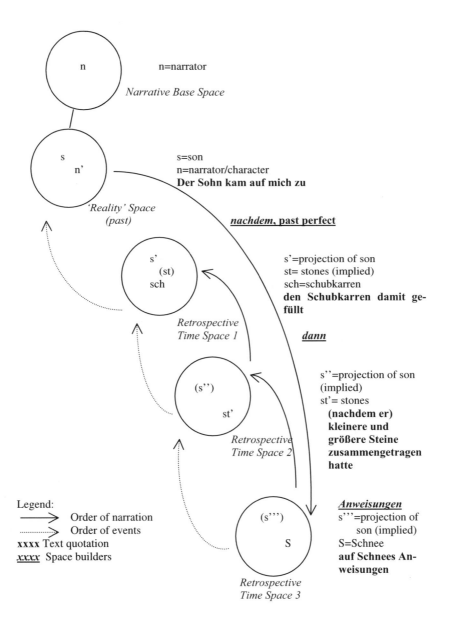

Figure 1. Projection between time spaces

514   *Ana Margarida Abrantes*

This short example provides an insight into the potential of the theory of mental spaces for a cognitive approach to narrative, because it relies on linguistic stimuli, but also on the reader's completion on the basis of prior knowledge he has from his actual world and which allows him to make inferences like the one implied in the word *Anweisungen* – "directions". As Semino claims, it "provides a cognitively plausible account of text processing, and relates abstract notions such as 'worlds' and 'virtual narratives' to the interaction between the reader and the text." (2003: 97)

Mental space theory offers a good insight into language processing and depicts similarities between online word processing and the comprehension of text narratives, which in turn leads to the conclusion that the cognitive processes involved in understanding literature are not different from the ones implied in understanding language. So far, however, the work developed in this area has focused mainly on the analysis of isolated short sentences or simple narrative passages. But the tools are provided for the analysis of more complex linguistic segments and literary narratives. For their analysis, the notion of cognitive blending has proved to be very useful explaining how we establish the connection between two spaces, as is the case of metaphors, analogies or allegories. Blending consists of a projection between two mental spaces, involving the partial mapping of counterparts from these spaces onto an integrated emergent new space, the blend. Above these spaces there is an abstract one, the generic space, which provides basic knowledge for the construction of meaning, both in the input spaces and in the blend.

Returning to our novel, and as we have mentioned earlier, its main feature is the narrator's experience of perception and his quite obsessive detailed written account of all that he sees. That he reflects upon his own telling is somewhat curious. Although he cannot immediately recognise a viable purpose for his writing, he is compelled to do it, not so much for an eventual addressee, but much more for himself. Writing is for him a means of perceiving the world around him, as he says:

> Mit dem Bleistift die Geschehnisse vor meinen Augen nachzeichnend, um damit dem Gesehenen eine Kontur zu geben, und das Gesehene zu verdeutlichen (p. 44).

> [Drawing with the pencil the events before me, in order to give what I see a contour and to clear what I see]

> My pencil notes down the events which occur before me, lends form to what I see, elucidates it (p. 122)

In this statement, writing is conceptualised as painting (*nachzeichnen* – "drawing" and *Konturen* – "contours", in the original version, evoke this source domain). This metaphoric projection can be best explained as a process of blending. From the two spaces, we can abstract general features into the generic space, such as the surrounding reality (the real world in the narrative), the narrator, who faces this reality, and our generic knowledge about perception, and writing and painting as representative, mimetic activities, subsequent to the experience of perceiving. Counterparts of the two spaces are mapped onto each other: an active agent (painter, writer), a means (paint, language), techniques (image boundaries, contours, detailed descriptions, puns, language artefacts), the nature of the representation (visual, based on image, and symbolic, mentally reconstructable). From the partial projection of counterparts in the two spaces and the features in the generic space, there emerges a new space, a blended space, where the concrete visual representation of reality is done through language, it acquiring the features of visual painting techniques: giving contour to what the narrator sees, language as a means of drawing the reality) [16].

This blend is the key in to the novel, as it explains its central feature, as an experience of perception. It gives meaning to the very detailed descriptions, to the stressing of the visual traits of the experience, the emphasis of detail, to the online step-by-step account of what is being perceived, as it is being perceived. Furthermore, this blend can contribute to the best appreciation of the collages that illustrate the text, where many elements related to vision and perception are retrievable.

4. Results and perspectives

Cognitive poetics provides a very wide range of possible insights into literature, since it seeks to combine narratology with research in cognitive science and particularly with cognitive linguistics. In this presentation we chose to approach the novel The Shadow of the Coachman's Body on the basis of possible-world theory and theory of mental spaces. The

---

16. This blend is more deeply encoded in the German than in the English version, which fails to recover important information like the semantic content of drawing (translated as note, which is more connected with writing than with drawing). On the whole, however, the blend works in both texts.

516   *Ana Margarida Abrantes*

combination of both theories allows an overview of the possibilities of interpretation (the product of literary reading) with reading itself (process by which a context is imagined on the basis of linguistic code). A further perspective from the cognitive psychology adds the basis for the possibility of the integration of these theories, namely the metaphorical conceptualisation of reading both as the experience of being transported and the experience of performing the construction of meaning.

In this presentation we focused on specific quotes from the novel, which were meant as exemplary ways of the analysis of literary narrative within the frame of cognitive poetics. This interpretation and the account of the process of reading are therefore far from exhaustive. This opens up the perspective of further work on this narrative, as a means for the development of a cognitive study of literature.

References

Fauconnier, Gilles & Mark Turner
    1997   *Conceptual Integration Networks*. San Diego: University of California.<http://www.inform.umd.edu/EdRes/Colleges/ARHU/Depts/English/englfac/MTurner/cin.web/cin.html> (accessed on 9th July 2002)
    2002   *Conceptual Blendings and the Mind's Hidden Complexities*. New York: Basic Books.
Gavins, Joanna & Gerard Steen (eds.)
    2003   *Cognitive Poetics in Practice*. London: Routledge.
Gerrig, Richard J.
    1993   *Experiencing Narrative Worlds: On the Psychological Activities of Reading*. New Haven: Yale University Press.
Gibbs, Raymond W.
    1994   *The Poetics of Mind: Figurative Thought, Language, and Understanding*. Cambridge: Cambridge University Press.
Hanenberg, Peter
    1993   *Peter Weiss. Vom Nutzen und Nachteil der Historie für das Schreiben*. Berlin: Erich Schmidt Verlag.
Nünning, Ansgar
    2001   *Metzler-Lexikon Literatur und Kulturtheorie: Ansätze – Personen – Grundbegriffe*. Stuttgart, Weimar: Metzler.
Rector, Martin
    2003   Peter Weiss' Schatten des Körpers des Kutschers als Wahrnehmungsexperiment. In: Peter Wiesinger (ed.), *Akten des X. Internationalen Germanistenkongresses Wien 2000* [Jahrbuch für Internationale Germanistik, Reihe A, Band 62]. Bern: Peter Lang.

On the cognitive process of reading   517

Stockwell, Peter
   2002   *Cognitive Poetics: An Introduction*. London: Routledge.

Turner, Mark
   1991   *Reading Minds: The Study of English in the Age of Cognitive Science*. Princeton, New Jersey: Princeton University Press.
   1996   *The Literary Mind: The Origins of Thought and Language*. New York, Oxford: Oxford University Press.

Turner, Mark & Gilles Fauconnier
   1995   *Conceptual Integration and Formal Expression* <http://philosophy. uoregon.edu/metaphor/turner.htm> (accessed on 9th July 2003)
   2000   Metaphor, metonymy and binding. In: Antonio Barcelona (ed.), *Metaphor and Metonymy at the Crossroads*, 133-145. Berlin, New York: Mounton de Gruyter.

Vogt, Jochen
   1987   *Peter Weiss*. Hamburg, Rowohlt [rororo monographien 367].

Weiss, Peter
   1960   *Der Schatten des Körpers des Kutschers*. Frankfurt a.M.: Suhrkamp (Tausenddruck 3) [Reprint 1991].

Weiss, Peter
   1972   *The Conversation of the Three Walkers and The Shadow of the Coachman's Body*. London: Calder & Boyars (translated by S. M. Cupit).

Metatext as cognitive metonymy:
An experientialist approach to metafiction

Juani Guerra

Abstract

A Cognitive approach to Metafiction. I propose to experientially view it as fiction textually constructed on the grounds of a cognitive metonymy; this will prove to be directly related to its highlighted "self-reflexivity". In the very end, projected into the cultural space, this would be a new way of searching, out of the new arena of Cognitive Poetics, for an empirical answer to the open-ended question posed by Waugh (1987) *Why does self-reflexivity become so often the dominant subject of postmodern fiction?* A new cognitive way of searching for an experiential answer to the question: Why is self-reflexivity so contemporary?

Instead of straightforwardly relating the answer to postmodern philosophies, which is what literary critics of metatexts have done in the last decades, I empirically think of metafiction as grounded on the writer's mind as a fundamental cognitive operation; specifically as a complex type of cognitive metonymy.

Keywords: Literary Theory, Cognitive Poetics, Metafiction.

Up to date, literary researchers might be quite suspicious of considering very fruitful Waugh's famous statement in her seminal book *Metafiction: The Theory and Practice of Self-Conscious Fiction* (1987:7) that "contemporary metafictional writing is both a response and a contribution to an even more thoroughgoing sense that reality or history are provisional: no longer a world of external verities but a series of constructions, artifices, impermanent structures." Thinking experientially of our present world, focusing on our contemporary episteme, and respecting the far-fetched advances both in the Natural Science and in the Humanities during these last almost three decades, Waugh's old words about the sense that reality is provisional paradoxically become an epistemological priority and more specifically also her view of metafiction as a "response and a contribution" to the human being's experience of a certain reality, in this

520   *Juani Guerra*

case to the writer's experience of a highlighted provisionality. Basically, Waugh's assertion refers to a "conscious response" and a subsequent "conscious contribution" to that 'catastrophic' sense of a world lacking external verities; in other words, to a rationally ethical response to the all-encompassing effects of uncertainty that a world seen as a series of constructions, artifices and impermanent structures generates. And in particular she refers to the now well known philosophical and literary premises of Post-Structuralism and Post-Modernism.

Henceforth I will attempt a revision of Waugh´s statement shifting the focus into an epistemological one; on seeing that 'world' of her as "natural" taking advantage of the growth of Cognitive Science, we can find other ways to consider that "response" and of course also the "contribution".

This new Post-Naturalism, I'd rather call it, concerns an interdisciplinary approach to the study of mind and fiction, a new view of metafiction that stems from recent developments in Cognitive Theories, particularly from Cognitive Linguistics. I myself have always agreed with literary short-story theorists Charles May and Susan Lohafer that the most fruitful area for the study of the short in this case, is right now these Cognitive Theories; furthermore, they have a clear and promising cultural target in the end and I will later lay emphasis on it (right now related disciplines like Linguistics, Anthropology or Sociology provide evidence enough).

I believe this Cognitive approach to metafiction thoroughly differs from those others previously attempted from the arena of literary theory up to know. I propose to experientially view it as fiction textually constructed on the grounds of a cognitive metonymy; this will prove to be directly related to its highlighted "self-reflexivity". In the very end, projected onto the cultural space, this would be a new way of searching, out of the new arena of Cognitive Poetics, for an empirical answer to the open-ended question posed by Waugh *Why does self-reflexivity become so often the dominant subject of postmodern fiction?* A new cognitive way of searching for an experiential answer to the question: Why is self-reflexivity so contemporary?

Instead of straightforwardly relating the answer to postmodern philosophies, which is what literary critics of metatexts have done in the last decades, **I think of metafiction as grounded on the writer's mind as a fundamental cognitive operation; specifically as a complex type of cognitive metonymy**. This is, I think of metafiction as an "unconscious operation" on the part of the writer experientially related to their literary/cultural cognition. If this proves to be so, Waugh's "writer's response" would turn into a writer´s unconscious response as I postulate it emerging from the pre-rational (pre-linguistic, to use a more technical term) embodied mind of the writer.

Let's trace a swift survey of the most relevant 80's and 90's literary criticism on Metafiction to shed light on the potential of the new Cognitive approach. To do so I have pigeonholed the existing critical views on three different levels of study, all of them leaving aside any epistemology directly based on science, but all of them upholding, as it appears on Mark Currie's Introduction to his edition *Metafiction* (1995:14), on terms like *self-consciousness, introspection, introversion, narcissism* or *auto-representation.*

(1)   *The level of tradition and the individual 'maker'* (in Borges' sense of this word). It comprises those critics that link metafictional technique to older literary works, particularly from Cervantes' Don Quijote. Among them we draw attention to Waugh when she courageously asserts that "by studying metafiction, one is, in effect, studying that which gives the novel its identity".

In this level of study we locate also Linda Hutcheon's statement in her " "The Pastime of Past Time": Fiction, History, Historiographic Metafiction." (1985:154) that appears to be closer to a possible cognitive view: "in overtly and covertly baring its fictional and linguistic systems, narcissistic narrative transforms the authorial process of shaping, of making, into part of the pleasure and challenge of reading as a co-operative, interpretive experience."

(2)   *The level of representation.* In this level centered on the artifice I would like to lay emphasis on John Barth's mimetic definition of metafiction as a "novel that imitates a novel rather than the real world" (Currie 1995:161). Obviously, it reminds me of the three-centuries-old polemics unknotted by Velazquez, the XVIIth-century Spanish painter and particularly by his pic-

522   *Juani Guerra*

ture "Las Meninas" in which the author shows both the art of painting and himself as a painter as part of the real world of Las Meninas, which was basically a strategy to enrich artful representation and as a consequence the real world. In this respect, it would overlap our first level of tradition and the individual maker.

It would also match in this second level of representation Waugh's definition of metafiction as "fictional writing which self-consciously and systematically draws attention to its status as an artifact in order to pose questions about the relationship between fiction and reality"(1984:2).

(3) *The linguistic level.* We can place here Waugh's metafictional works as those that "explore a theory of writing fiction through the practice of writing fiction" (1984:2), or Mark Currie's (1995:2) as famous as terminologically *debole* definition of metafiction as "a borderline discourse, a kind of writing which places itself on the border between fiction and criticism, which takes the border as its subject."

The only apparent agreement all critics undertake seems to be, in Waugh's words (1984:2), that metafiction shows evidence of "a self-reflexivity prompted by the author's awareness of the theory underlying the construction of fictional works". And this is the main reason why, in bringing together their different critical views, metafiction cannot be classified as a genre and cannot be considered the 'definitive' mode of postmodern fiction.

At this point I suggest to think of the proposed re-conceptualization of those Waugh's terms under the lens of current Cognitive Poetics. I believe that **metafiction shows evidence of that same self-reflexivity but, instead of prompted by the author's awareness of the theory underlying the construction of fictional works, emerging out of the author mindful and experiential unawareness (what is known in cognitive science as 'cognitive awareness') of that theory.** Metafiction would then be a most 'mindful and aware' (in the sense Varela, Thompson and Rosch, develop in their *The Embodied Mind. Cognitive Science and Human Experience*, 1991) fiction, conceptually constructed on the basis of what the writer knows (experiences) about this so-called postmodern world. Probably, from this experientialist view, metafiction could be that 'definitive' mode of postmodern fiction, the 'real' mode, I would rather say.

Let me then elucidate this point in terms of grounding Cognitive Linguistics. What we have as the starting point is that basically, structurally speaking, metafiction is a fiction constructed on the basis of two texts (or two 'discourses' if you like) which are implicit in some critical terms we employ like 'meta-text', 'anti-text', etc. Linguistically speaking, what we have in **metafiction is a textual interaction between two texts that endow the story with a specific literary potential**. The second step is to consider a metatext as a cognitive metonymy, and the third (cultural) step is to see how this hypothesis works out in relation to the former question: Why does self-reflexivity become so often the dominant subject of postmodern fiction?

Let us apply then a specific model of Cognitive Linguistics in search of an answer to may be the most important question right now in the literary field of Metafiction Theory.

In my view, the most accurate cognitive model to ground the study of metatext as a fundamental cognitive operation to organize our postmodern world into categories is a specific type of Idealized Cognitive Model (ICM) as set up by Lakoff (1987), the metonymic type. In the clarifying words of Francisco Ruiz de Mendoza's "Patterns of interaction between cognitive models" (2002), in Cognitive Theory an ICM is basically "a cognitive structure which is idealized for the purpose of understanding and reasoning, and whose function is to represent reality from a certain perspective." And what is most important for our literary research field, " The term ICM, in being all-encompassing, designates any concept constructed on the basis of what we know about the world."

Of the existing four types of ICMs, i.e. propositional (sets of predicate-argument relationships or 'frames'), metaphoric (mappings or sets of correspondences across conceptual domains), metonymic (mappings within a single domain) and image-schematic (pre-conceptual topological representations) [cf. Francisco Ruiz de Mendoza, 1999:9-14], I propose to study the metonymic one to see whether and how these two texts of metafiction show up a similar mapping within a single conceptual domain.

Originally I found out my view of metatext as cognitive metonymy in those three main features pointed out by Lakoff &

524   *Juani Guerra*

Johnson (1980:103) when they distinguish between metaphor and metonymy:

(1)   While metaphor involves two conceptual domains, metonymy involves one.
(2)   Metonymies, but not metaphors, involve a 'stand-for' relationship between the source and the target domains (like in ORDER FOR CUSTOMER: "The pepperoni pizza is waiting for her check" where obviously the pepperoni pizza refers to the customer who has ordered it (even in an Almodovar movie).
(3)   In metaphor, a whole schematic structure called the 'source' domain is mapped, together with its accompanying logic, onto another whole schematic structure, called the target, and its logic; the function of the mapping is to allow us to understand and reason about the target in terms of the source. In contrast, a metonymy is primarily used for reference, we refer to an entity by means of another entity.

Let me go back now to 'self-reflexivity' and 'auto-referentiality' as the most important critical terms in any literary approach to metafiction, and relate them to these metonymic cognitive features. First of all I assume metafiction as a metonymic type of ICM as experientially constructed on the basis of *what the writer knows about the world (of writing)*. To illustrate this point I can bring to the fore A. S. Byatt's definition of Post-modernism based in her own experience in the perception of reality as "an awareness of the difficulty of realism combined with a strong attachment to its values, a formal need to comment on their fictiveness combined with a strong sense that models, literature and the tradition are ambiguous and emblematic goods combined with a profound nostalgia for, rather than rejection of the great works of the past." ("People in Paper Houses")

Secondly, conceptually, I consider *reality* and *fiction* as two entities involving only one conceptual domain (first Lakoff & Johnson's distinction) between which the correspondence is set. Or else, *theory* and *practice* as two entities involving the conceptual domain of *writing*. These two entities involve also a clear 'stand-for' relation as in Lakoff & Johnson's second distinction, and the most interesting one, we all would say, in metafiction.

The third distinction would match metafiction in that, like metonymy, it is primarily used for reference: to refer to reality by means of fiction. Textually, the "auto" of "auto-referentiality" points to the fact that we are mapping these two entities within the same conceptual domain.

Let me verify this apparently perfect correlation between metonymy and metatext, that would place the latter as a basic cognitive process, considering another view of metonymy by other two cognitivists working on Theory of Emotions. I'd like to present this definition by Kovecses & Radden (1998:39) as a clarifying way to understand how the construction of metafiction really functions at a pre-linguistic level. "Metonymy", they write, "is a cognitive process in which one conceptual entity, the vehicle, provides mental access to another conceptual entity, the target, within the same domain or ICM". Here the vehicle *fiction* would provide mental access to the target *reality*. Or else, *the theory of writing* would provide mental access to *the practice of writing*.

Still closer to my view is Langaker's (1993:30) claim as quoted by Ruiz de Mendoza (2002) that "the entity, that is normally designated by a metonymic expression, serves as a reference point affording mental access to the desired target (i.e., the entity actually being referred to)." In metafiction, the theory of writing serves as a reference point affording mental access to the desired practice of writing. Here "self-referentiality" matches 'execution' in its most embodied literary form, providing the overall conceptual system with a specific literary, artistic and cultural potential.

In the second part of this paper I will show how this conceptual mapping of metafiction as cognitive metonymy works out in an analysis of John Barth's *Lost in the Funhouse* and of Jorge Luis Borges' *Fictions*. I will also develop an empirical answer to the cultural reason why self-reflexivity becomes the dominant subject of Barth's postmodern fiction.

526 *Juani Guerra*

References

Barth, John
1995   The literature of exhaustion. *Metafiction*, Ed. Mark Currie, New York: Longman.

Byatt, A.S.
1979   People in Paper Houses: Attitudes to 'Realism' and 'Experiment' in English Postwar Fiction. *The Contemporary English Novel*. Ed. Malcolm Bradbury and Edward Arnold. Stratford-Upon-Avon Studies, 9-14.

Curie, Mark (ed.)
1995   *Metafiction*, New York: Longman.

Hutcheon, Linda
1987   "The Pastime of Past Time": Fiction, History, Historiographic Metafiction.", *Genre* XX, Fall-Winter 1987.

Kövecses, Zotlan & Günter Radden
1998   "Metonymy: developing a cognitive lingustic view, *Cognitive Linguistic* 9-1: 37-77.

Lakoff, George & Mark Johnson
1980   *Metaphors We Live By*. Chicago: University of Chicago Press.

Lakoff, George
1987   *Women, Fire, and Dangerous Things: What Categories Reveal About the Mind*. Chicago: Chicago University Press.

Lohafer, Susan & Jo Ellyn Clarey (eds.)
1989   *Short Story Theory at a Crossroads*. Baton Rouge: Louisiana State University Press.

Ruiz de Mendoza Ibáñez, Francisco J.
2002   Patterns of interaction between cognitive models. Lecture delivered at the "3° Congreso Nacional de la Asociación Española de Lingüística Cognitiva", Universidad de Valencia, Spain, 16 May 2002.

1999   *Introducción a la teoría cognitiva de la metonimia*. Granada: Granada Lingüística.

Varela, Francisco J., Evan Thompson & Eleanor Rosch
1991   *The Embodied Mind. Cognitive Science and Human Experience*. Cambridge, MA & London, E : The MIT Press.

Waugh, Patricia
1984   *Metafiction: The Theory and Practice of Self-conscious Fiction*. London: Methuen.

Carpe Diem: The study of periods within Cognitive Poetics

Mette Steenberg

Abstract

In this paper I propose a method for the study of periods within the cognitive poetic framework. There has been a tendency within cognitive poetics to emphasise the "how" of the reading with the result that literary analysis has turned into a rhetorical approach: through analysis of how we arrive at certain readings underlying cognitive mechanisms are hypothesised. Literature has as a result been understood as " a window to the mind" (cf. Turner 1991). In this paper I want to argue that literature is equally "a window to the world"; the "what", or the semantics of the reading is thus still pertinent, also to the cognitive literary analysis.

Through analysis of the Carpe Diem Motif as it is formulated in the Spanish Renaissance and Baroque, respectively, I propose the following approach to the cognitive study of periods: transitions between periods can be analysed through changes in the schemas by which we structure life experiences. Furthermore, periods will be characterized through particular mappings intrinsic to the prevailing conceptualisation of the period in question.

Keywords: periods, Carpe Diem, Cognitive Poetics, schemas, domains.

1. Cognitive Poetics

In this paper I propose a new method to an old concern of literary criticism which has received little attention in the cognitive approach to literary analysis, namely that of periods and poetics i.e. the relation between the conceptualisations of a specific author's poetic universe and the characteristics of conceptualisations intrinsic to a certain period. There has been a tendency within the newly emerging field of cognitive poetics, or stylistics as some prefer to label the framework (cf. Semino & Culpeper eds. 2002), to emphasize how we arrive at certain interpretations by pointing to the possible cognitive mechanism involved in the meaning process, such as cross-domain projection and integration of men-

528   *Mette Steenberg*

tal spaces (cf. conceptual metaphor theory and conceptual integration theory, respectively), or the possible neuro-biological underpinnings of meaning, whereas the "what" of the text has shamefully been put aside as an illegitimate and unwarranted child of a hermeneutic affair that we are ashamed to acknowledge. While I am certainly not interested in advocating the return of the literary critic accumulating ever more subtle readings, I will have to insist that in order to get a full account of the meaning process we must take into account not only how we project across domains, but also what we project: at least if we want to be able to account for those traditional concerns of literary analysis such as poetics and their relation to periods. It might be argued that these concerns can not even be formulated within cognitive poetics: since it is assumed that the same cognitive mechanisms are shared by people all over the world, in different cultures, and in different periods as a consequence of meaning being embodied and bodies being that which make us akin, we will not be able to explain from a cognitive viewpoint differences between periods. This uniformity hypothesis of the human cognition which is thought to be a consequence of the neuro-biological grounding of "the human semantic potential", denies, however, another important aspect of embodied meaning; that of interaction. Whereas human beings are possibly alike regarding neuro-biological make-up, this is just one aspect of what it means for meaning to be embodied The other, equally important aspect is to be found in human experiences, as stressed by Lakoff & Johnsons (1999) experiential approach to cognition. The interaction with different environmental situations will certainly lead to differences in experiences and hence different conceptualisations.

At a very basic level, however, it might be claimed that we do share experiences, and that these are characterized by uniform regulations, such as Grady's (1997) hypothesis on 'primary scenes' giving rise to stable correlations in our experiences, but as Mark Johnson (1987) points out these basic schematic structures are dynamic and malleable so that they can fit a host of different instantiations. Furthermore even though Grady notices a correlation between EMOTIONAL INTIMACY AND PHYSICAL CLOSENESS, that structure only becomes meaningful considering the values attached to the parameters [1]. In addition to this observation, I will here

---

1. Grady (1997) seem to propose that this particular correlation is pre-valorised positively. There might however be a host of instantiations in which closeness is associated with emotional harm. For a more detailed analysis of this particular schema, see my *The Schema of Distance* paper read at ICLC 2003.

Carpe Diem: The study of periods within Cognitive Poetics 529

make the claim that not only can schemas be valorised differently, depending on the specific experiences and exigencies of the life world onto which we apply them, but experiences might also give rise to re-mappings between certain domains.

I thus make two claims:

1) Schemas are meaningful only in action; with relevance to the specific situation to which they are applied
2) Domains can give rise to a host of different mappings depending on the specific schemas in action, which part of the schema is profiled, etc...

Let me give an example concerning this second point: In the Petrarchan-Metaphysical tradition[2] (Petrarch, Quevedo, Donne) the experience of love is structured through the domain of religion, or spirituality more broadly, whereas the Baroque demonstrates a more materialistic conceptualisation of love, structured through the domain of the physical world. This is a hypothesis that I will defend in the analysis of Góngora's poetry below.

My claim is therefore the very simple, if not even trivial, that in order to give a cognitive explanation of the specificity of periods and poetics, we have to account for differences in the mappings.

According to the first point concerning schemas: the reason why I insist on the schematic structure as regulating the meaning process is because I want to suggest that as much as a text applies a schema of understanding it also adds to it, it is in that sense that they are context sensitive. However, I believe that schemas are goal-oriented: that is, we apply them because they carry inferences and thereby guide our reasoning in certain matters[3]. In that sense the internal structure of the schema prompts certain interpretations. I do therefore not share Hamilton's (In Semino & Culpeper eds. 2002) view on teaching literature as suggesting

---

2. See for instance L. Elaine Hoover (1978), who establishes a line from Petrarchan poetry to metaphysical poetry based on a shared religious framework into which experiences of life, love and death are interpreted.
3. In *The Schema of Distance*, paper read at the ICLC 2003, I have dealt extensively with the role of schemas in poetry. Even though I see schemas and domains as interrelated - schemas providing structure to the practices that constitute a domain-, I deal more specifically with domains in this article.

530   *Mette Steenberg*

possible targets[4], since I see source <u>and</u> target as sharing schematic structure, meaning that the target is pre-structured prior to projection from source. Otherwise we would actually still be in the business of accumulating more and more subtle readings to the never ending list, instead of turning our awareness to those internal structures that prompts for certain interpretations. This is of course not to say that the issue Hamilton raises on the historic dimension is not important and relevant, as a matter of fact, the concern of this article is to provide a cognitive interpretation of a (literary) historic period, but what changes over time, I propose, is rather how we re-organize and re-frame our domains, not the targets, which I believe are intrinsic to the text and not the period. It might not be intended, but it seems as if Hamilton suggests that the interpretation process results in a blend between the source material of the text and the cultural specific expectation of the reader, which of course to some extent is true, since the associations that each individual brings to bear is part of the meaning. But if the structure of the text did not guide us in this process we would be right back in the hermeneutic enterprise of text reception and the need for constant re-interpretation of the classics.

2. Domains of experience

It is generally acknowledged in cognitive linguistics that experiences take place within domains of experience[5]: conceptual metaphor theory is based on the claim that meaning arises as a process of cross-domain projection. In Lakoff and Johnson (1980) a distinction is made between "three different domains of experience: spatial, social, and emotional"[6], all of them being "equally basic kinds of experience", however it is claimed, "we typically conceptualise the non-physical *in terms of* the physical" (1980: 59). This hypothesis is reinforced in Johnson (1987) in which metaphorical projection is defined as "extending a schema from the physical to the non-physical (1987: 34). Following Johnson, Sweetser (1990) stresses the "general tendency to borrow concepts and vocabulary from the more

---

4. "expert readers or critics…whose knowledge forever opens the possibility about what targets for mappings are possible", as suggested by Hamilton (2002: 19).
5. See Brandt (2000) for an extremely helpful clarification on the different definitions of the notion of domains in cognitive linguistics.
6. The sentences "Harry is in the Kitchen, Harry is in the Elks, Harry is in Love" (1980: 59) refer to the three domains respectively.

Carpe Diem: The study of periods within Cognitive Poetics   531

accessible physical and social world to refer to the less accessible worlds of reasoning, emotion, and conversational structure" (1990: 31). She seems to merge the physical and social domain on one hand, and, what she calls epistemic and speech-act domains, on the other hand (13)[7]. The notion of domains and the possible architecture of such have recently been taken up in Cognitive Semiotics (cf. Brandt 2000, and forthcoming). Here a hypothesis of "a human life-world articulated in a finite series or system of naturally occurring and universally shared semantic domains" (Brandt 2003) is claimed. The quest for universals is and has been a re-occurring issue through out the history of European philosophy and enters the theoretical framework of cognitive linguistics in order to provide a realistic grounding of human phenomena. As Enrique Bernárdez notices (this volume) the idea frequently turns up in studies of cultures but has never been justified through research, maybe because the "idea runs against the very definition of culture: geographically variable forms of socially transmitted behaviour". Bernárdez points out that even an apparently universal concept as marriage turns out to demonstrate such a great variance in the cultural models constituting them that not even Gary Palmers (1996) notion of a polycentric radial category can deal adequately with the issue.

There is, however, a difference between arguing that cultural universals do not exist because the cultural models underlying concepts such as marriage are not uniform, and arguing, as Brandt (2000) does, that our experiences of matrimonial relationships are conceptualised with relevance to a certain sphere of experience in which the relationship takes place and becomes meaningful. The notion of semantic domains does not claim that our concepts are universal but that they, universally, are structured according to a domain of experience in respect to which they are meaningful. However, it might be argued that the problem of conceptual universals has just been "postponed" to the issue of domains: can it be proved that other cultures distinguish between domains of work and domains of love, the way we do in the western cultures[8]? This is the

---

7. As Brandt (2000) notices "Sweetser thus has an unfolding of maximally four basic domains: A physical, a social, a mental, and a speech-act domain". (15) These four domains constitute the basic domains in Brandt's (2000) model of the semantic domains

8. I have dealt extensively elsewhere (see "Cognitive Models: language and thought in culture studies" In *Disciplines and Interdisciplinarity in Foreign Language Studies*, Museum Tusculanum, Copenhagen, 2004) with the notion of relativity and its implications for a cognitively based notion of culture.

532   *Mette Steenberg*

problem of commensurability or the need for a *tertium comparationis*[9] which, however, does not diminish the general insight; that meaning is structured with relevance to a sphere of experience [10].

The actual labelling of the domains and the general design for their interconnections and dependencies is less important, I my view, to the general argument, which is based on a phenomenology of human experiences [11]. What defines the domains and allows for the notion of cross-cultural commensurability, according to this hypothesis are the practices that take place in a given life-world:

> Semantic domains are constituted by human experience in the richest possible phenomenological sense; language, cultures, and human semiotics in general are based on experiences and practises in a life-world constituted as a whole, and though it is perfectly possible to divide this whole arbitrarily into comparable segment – a task regularly assumed by natural philosophies and religions – it is also possible to identify genuine parts of it that remain stable under cultural variation; if such parts are identified, they qualify as universally given semantic domains. (Brandt, 2000: 16)

A theory of semantic domains, so I argue, must therefore depart from the practices that constitute the domains: practises which may be performed in a variety of forms due to their social transmitted behaviour, but still regulate and structure the experiences of our life-world.

The view on cognition based on notions such as 'situated embodiment' and 'distributed cognition' re-enforces this phenomenological approach, since cognition is not limited to intra-psychic activity, as the first generation of cognitive scientists' believed, but is rather shaped by social practices in a given culture at a given period in time. These activities; ways of interacting, form a realistic basis for a theory of the study of culture: culture being defined by individual and collective practices of interacting

---

9. See Enrique Bernárdez, paper read at ICLC.
10. The important notion of relevance leads Brandt (2001) to argue a general design for Mental Space Networks, distinguished from the traditional four-space model of Fauconnier & Turner, by a relevance space, which regulate the process of meaning, since meaning is always meaning with relevance to specific domain.
11. Brandt proposes an "architecture of semantic domains" with a maximal unfolding of 16 domains arrived at from the basic four domains (see note 7) through a process of blending. As much as I am favour of a realistic phenomenology, I would prefer to base this realism on the actual practices, rather than operating with an a priori cognitive model.

Carpe Diem: The study of periods within Cognitive Poetics 533

with the environment whether (pheno)physical, or social. My point is thus to base the notion of semantic domains on the practices that constitute them: that is, instead of taking the domain to be the "reality". I propose to depart from the actual activities and from this point of view examine the domain that these practices constitute. Since these practices have a recognizable schematic structure which is neither language, nor culture dependent, but can be invested differently by different cultures, we will be able to commensurate a culture internal and external view, if we situate cognitive schemas, or cognition in general, as that which mediates the ground between language and cultures. Taking seriously the social nature of cognition, I see no fear of relativism in grounding reality in cognition, rather than in the notion of life-world, since the phenomenological world accessible to humans is constituted by social practices.

That we depend on semantic domains is evident, but the actual design of their interrelatedness: which domains blend might demonstrate difference probably even at the level of individuals.

The hypothesis that I put forward here; that domains might be mapped differently in different cultures or different period, opens way for analysis of the re-conceptualisations as they take place in society. As such the projection of schematic structure from one domain to another and changes in these types of projections can show evidence of semantic change, as Sweetser's (1990) study shows, with out necessarily hypothesizing a fixed design of the human life world.

3. Culture & Poetics

One aspect of embodiment concerns the relationship between individual versus collective practices of environmental interaction. This distinction when transported to the area of literary analysis can be equated with the distinction we draw between poetics of a particular author with those of a generation of writers: how much variance do we accept when establishing typologies and on basis of which criteria do we render them coherent?

When we think of a generation of writer or a particular aesthetic orientation (an ism), we think of them as performing a cultural or aesthetic practise, but to which extent is it also legitimate to think of them as representing a culture? Part of the question dissolves itself by the definition of culture as constituted by both individual and collective practices, as

534   *Mette Steenberg*

discussed above [12]. Still the question obviously opens way for the never-ending story of a text and its relationship to the context in which it was written, an issue that I have already touched upon in the introduction. From the point of view of cognitive poetics the purpose of the literary analysis is not to treat the text as testimonial of its immediate historic context, as in the hermeneutic tradition, but nevertheless I will here advocate that the cognitive analysis of literary texts does not only open "a window to the mind", the individual mind, that is, but also opens "a window to the world". By that I want to emphasise that the literary text opens way, at least, for one particular mode of conceptualising the world. Whether that mode is representative is a whole different question, put claiming the social nature of cognition, it is not a far-fetched hypothesis that even individual poetics rely on shared conceptual mappings. I shall end by arguing that the method I put forward here can, at least tentatively, indicate a way of establishing a typology by using specific domain mappings as a criteria.

If cognitive poetics only emphasises the text-mind relation and not the text-world relation, we will end up not only with a very limited definition of literature, but also with a limited definition of cognition, which emphasises its individual characteristics on dispense of its social, collective nature, as discussed above. This single-minded approach is fully legitimate since the author expresses himself in a particular language, as long as it takes into account that language is shaped by collective cognition. So far Cognitive Poetics has mainly been defined as a rhetorical [13] or stylistic [14] approach analysing the effects of the reading process: how the effect is created etc [15], has it not been used to put forward hypothesises about the psycho-

---

12. Bernárdez solves this problematic by a distinction between *individual languages* and *collective cultures*.

13. This is the view defended by Mark Turner (1991) and (1997): "it is unassailable that we have different reactions to "the sun is a star" and "the sun is a jewel" and that we feel an important difference between them" (1997:31)

14. This is the approach defended by the European cognitive variant (cf. Semino & Culpeper, 2002)

15. My own work, see for instance "The emotive function of poetic imagery", In *Odense Working Papers in Language and Communication*, 2002 is an example of the cognitive rhetorical approach to literature. I still believe that the contributions from this approach are essential in order to investigate the specificity of the aesthetic experience and why literature, in particular is experienced as a qualitatively different mode of perceiving the world.

Carpe Diem: The study of periods within Cognitive Poetics   535

logical nature of the author. Here I propose a more holistic approach to the cognitive analysis of literary texts in which the individual conceptualisations of a particular author is put in relation to the collective shaping of that single mind, not in order to re-invent the hermeneutic circle, but in order to, on a cognitive basis, deal with issues of poetics, isms, and periods.

Let me exemplify: In my own study of the baroque I started out from the cognitive rhetoric approach focusing on the effects in the reader produced by the writer, a completely legitimate approach, which lead to a number of interesting observation about the mechanisms of cognition, and of the particular language of, in this case, Góngora. However these discoveries did not allow me to relate neither mechanisms, nor poetic language to the specific period in question: in that case, I would have had to argue for a specific baroque mode of cognition different from the renaissance mode. Since my research has been particularly focused on the transition between these two periods departing from the hypothesis that the baroque is not just a style which exaggerates and parodies the renaissance (in particular the Petrarchan tradition), as it has often been claimed; rather the baroque actually marks a different way of conceptualising the world, in this particular case focussing on sonnets and the experience of love. To that end I had to not only analyse the mechanisms, but work out the actual mappings to finally be able to put forward the hypothesis that I advocate here, that whereas the renaissance structure the experience of love through projection from the domain of religion, Góngora conceptualises the experience through the physical domain.

4. Carpe Diem

As a literary motif Carpe Diem dates back to Horace (65-8 B.C), and, as an existential puzzle, back to the Epicures, at least. In the Renaissance the theme becomes indispensable in order to reason about the transcendence of life in a still more secularised world conception. As such Carpe Diem becomes a schema by which the Renaissance man structure fundamental life experiences: the paradox that life leads to death. In the renaissance the solution to the paradox becomes an imperative to live and enjoy life, in particular youth, while possible, whereas the Baroque emphasises the morbidity of life. There is however another solution to the paradox, or how to overcome the non-transcendence of life: Love. This is most clearly

536   *Mette Steenberg*

expressed in the love sonnets by the renaissance humanist Petrarch. In terms of domain mappings we might say that Petrarch's solution to the paradox is to re-frame the experience of love by projection of structure from the domain of religion, or we can analyse the re-framing in terms of a blend between the domain of love and religion, respectively, in which the domain of religion provides the structure for the new emergent meaning. That it is a blend can be seen in the fact that the lady represents both physical and spiritual perfection; as such he praises her physical attributes – eyes, hair, skin etc. – and her spiritual virtues [16].

This blend, in which the lady becomes divine and consequently unattainable, since physical love in the frame of religion is sinful, provides a solution to the paradox stated above: the immortality of the lovers is secured by reframing the experience of love in the domain of religion. The inaccessibility of the lady may seem a high price to pay, hence the lamenting and the fundamental melancholy and resignation, which characterises Petrarch's poetry, but given that he in return receives eternal love, the mapping of religion and desire seem to be the most adequate response to the new world order instantiated by the Renaissance conceptualisation of mankind as the organizing centre of the universe. This integration of the domains of religion and love is also characteristic for the Spanish Renaissance and continues in one vein of the Spanish Baroque known as conceptualism (to a certain extent comparable to the Metaphysical Poetry in England), whereas the other vein, culturanism, decompresses the blend of religion and love and frames the experience of love in terms of nature.

5. Schemas

Re-mappings between different domains might thus be one way to analyse changes in conceptualisation between periods. Another is to analyse how the schematic structure that I called the Carpe Diem paradox; life implying death, can be invested with different values depending on the prevailing conceptualisation of life and death. The existential paradox that we <u>still</u> live even though we are <u>already</u> dying is based on the moving-time schema (c.f. Lakoff & Turner, 1989 LIFE IS A JOURNEY, or Grady 1997, appendix: MOMENTS IN TIME ARE OBJECTS IN MOTION ALONG A PATH).

---

16. See Leonard Forster (1969).

As I have already indicated, the Renaissance solution to the paradox is to enjoy life in full intensity as long as it lasts. In terms of cognitive linguistic we might analyse the Renaissance's emphasis on life contrary to the Baroque emphasis on death as different construals of the experience of the shortness of life which profiles the life and the death pole, respectively [17].

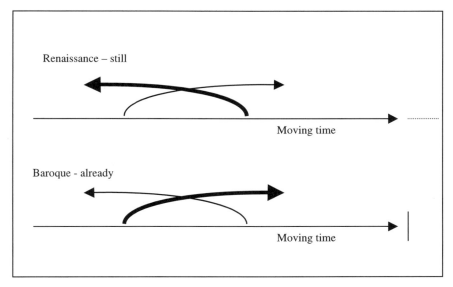

Figure 1: Carpe diem schema

This construal is achieved by profiling different aspects of the moving-time schema. Let us exemplify this by looking at two sonnets from the Renaissance and the Baroque tradition, respectively.

Garcilaso de la Vega (1500-1536)[18]

En tanto que de rosa y d'azucena
se muestra la color en vuestro gesto,
y que vuestro mirar ardiente, honesto,
con clara luz la tempestad serena;

---

17. This time schema is an elaboration of Brandt's (1996) analysis of the baroque conceptualisation of time, to whom I owe the inspiration for thoughts on the Spanish Baroque.
18. Garcilaso de La Vega (Ed.) Elias L. Rivers.

538 Mette Steenberg

y en tanto que'l cabello, que'n la vena
del oro s'escogió, con vuelo presto
por el hermoso cuello blanco, enhiesto,
el viento mueve, esparce y desordena:

coged de vuestra alegre primavera
el dulce fruto antes que'l tiempo airado
cubra de nieve la hermosa cumbre.

Marchitará la rosa el viento helado,
todo lo mudará la edad ligera
por no hacer mudanza en su costumbre

Luis de Góngora (1561-1627)[19]

Mientras por competir con tu cabello
oro bruñido al sol relumbra en vano;
mientras con menosprecio en medio el llano
mira tu blanca frente el lilio bello;

mientras a cada labio, por cogello,
siguen más ojos que al clavel temprano,
y mientras triunfa con desdén lozano
del luciente cristal tu gentil cuello,

goza cuello, cabello, labio y frente,
antes que lo que fue en tu edad dorada
oro, lilio, clavel, cristal luciente

no sólo en plata y víola troncada
se vuelva, mas tú y ello juntamente
en tierra, en humo, en polvo, en sombra, en nada.

In the two first quatrains of Garcilaso and Góngora's sonnets alike[20], the time conjunctions: *tanto que* and *mientras* suggest durability and simultaneity. The function of these conjunctions is to create a scene on which the beauty of the lady can be presented and in the case of Góngora´s sonnet,

---

19. Luis de Góngora (Ed.) Biruté Cipilijauskaité.
20. For a more detailed analysis of these two Carpe Diem sonnets see Lene Fogsgaard and Mette Steenberg In (Pré)publications, no 189, march 2003, University of Aarhus (eds. Mette Steenberg & Steen Bille Jørgensen).

Carpe Diem: The study of periods within Cognitive Poetics   539

compared with the elements of nature. We might also say that *tanto que* and *mientras* activate the "still" aspect of the moving-time schema presented above: 'While this, then the other', the simultaneity suggested by this structure indicate no sense of moving time; as a matter of fact, "while" slows down the time flow by indicating that while something takes place, other things might be happening as well. Focus is thus rather on the action taking place upon the scene indicated by the iterative aspect of "while". The use of present tense and the indicative mode adds to this conceptualisation. Then in the first terzet's the abrupt shift in the time conceptualisation is indicated by the use of the time conjunction *antes que* which necessarily calls up the linear path conception structuring the conceptualisation of time with respect to a before and an after. *Antes que* forces the reader to re-interpret the sense of tranquillity and durability created by *tanto que* and *mientras* in the two proceeding quatrains: now we realize that the beauty ascribed to the ladies in these verse are momentary and short lasting, which is further indicated by the use of imperative in Góngora's invitation to enjoy the beauty *antes que*, as well as Garcilaso's imperative insistence on having the fruit while its in season. It is evident that not only the time conjunctions along with tense and mood set up the time schema; the conceptual metaphors activate the schema as well. Both sonnets draw on the conceptual structure provided by PEOPLE ARE PLANTS and A LIFETIME IS A YEAR (Lakoff & Turner, 1989). Even the image-metaphors reinforce and instantiate the time schema. Garcilaso's use of the rose is thus highly motivated [21], because it represents iconically – (it is therefore an image-metaphor) – the structure of the schema: the overwhelmingly beautiful and yet short blossom. In this sense image-metaphors do evoke conceptual structure in as much as they are only likely to occur if they represent the schematic structure of the conceptual structure that they are iconic images of. Image-metaphors are therefore no less conceptually motivated than those defined as conceptual metaphors, according to Lakoff and Turner's (1989) distinction between image-metaphors and conceptual metaphors, respectively. Góngora, in contrast, does not make use of the image of the rose, for several reasons, but most importantly because he strives to create a somewhat different conceptualisation of the life-death paradox inherent in the Carpe Diem

---

21. The rose has been standard imagery in expressing the Carpe Diem theme since Ausonios famous: *Collige, virgo, rosas...*

540 *Mette Steenberg*

motif. Since the rose profiles just that aspect of the schema which focuses on the life pole, even if the image accentuates the fragility of life, Góngora seeks other images which profiles the death pole. Therefore he has to insist in the last terzet that not only does the metal degrade and the flower rotten, but it all turns into earth, smoke, dust, shadow: nothing. In profiling the death pole, Góngora has to abandon the conventional imagery because it calls up certain schemas or standard frames of understanding the Carpe Diem paradox [22]. As such, the rose is motivated by its participation in a cyclic time conceptualisation as a conflicting time schema that the conceptual metaphors PEOPLE ARE PLANTS and A LIFETIME IS A YEAR activate. That is why we do not have the same reaction to Garcilaso's and Góngora's sonnets and why Góngora's final verse strikes us as particular astonishing: within the cyclic structure that the above-mentioned conceptual metaphor activates, the cruelty of the fragility of life is overcome with reference to the frame of new life which those conceptual structures evoke: flowers go into seeds and then new flower will be seed, autumn goes into winter, but then spring arrives. A cyclic time conceptualisation does not prompt, as easily as a linear time conceptualisation, a non-transcendent conceptualisation of life, because the aspect of re-occurrence denies the fatality of death.

---

22. In sonnet 135 it becomes evident how the schematic structure of the rose (i.e. PEOPLE ARE PLANTS) forces him to a more traditional renaissance conceptualisation of death 135. 1610
En la muerte de Doña Guiomar de Sá, mujer de Juan Fernández de Espinosa

Pálida restituye a su elemento
su ya esplandor purpúreo casta rosa,
que en planta dulce un tiempo, si espinosa,
gloria del sol, lisonja fue del viento.

El mismo que espiró süave aliento
fresca, espira marchita y siempre hermosa;
no yace, no, en la tierra, mas resposa,
negándole aun el hado lo violento.

Sus hojas sí, no su fragancia, llora
en polvo el patrio Betis, hojas bellas,
que aun en polvo el materno Tejo dora

Ya en nuevos campos una es hoy de aquellas
Flores que ilustra otra major Aurora,
Cuyo caduco aljófar son estrellas.

Carpe Diem: The study of periods within Cognitive Poetics 541

That is why Góngora seeks to avoid the default inference which these conceptual structures inevitably carry with them; in order to deactivate them he states that death is not only a matter of being at another stage of the life cycle, it is a matter of leaving it, becoming nothing. Even though the sonnet is one of Góngora's earliest (from 1582) it becomes evident that not only does he continue a tradition, in this case the Renaissance carpe diem motif, but he marks a rupture with it as well. By the time he wrote the sonnet, the Renaissance reader was so familiar with the theme and had witnessed every possible variation in the expression of that particular schema, that in order to create a different effect he had to destroy the schema. Why would he want to create another effect, we might ask then? Obviously it is not only a matter of stylistic achievement that Góngora strives to obtain, even though that is what most of his contemporaries were accusing him for: style without substance, mere pedantry, which is signalled by the pejorative connotation of "gongorism" with which his poetry was labelled [23]. How can I be so sure that his poetry is not just stylistic mastery? How can I claim that the Baroque is not simply an exaggerated stylistic intensification on suspense of the subject matter?

To justify that claim, I will have to return to the hypothesis about the baroque marking another period, a hypothesis that I can only justify by demonstrating that not only does Góngora distort the schemas or invest them differently adding new values, even that is already in it self an indication of a shift in conceptualisation, but he actually create new mappings not previously available.

Let us return to the sonnet for a moment. I have said that he compares the lady, or rather the attributes of the lady, with the elements of nature. Hair, forehead, lips and neck are compared, or as a matter of fact, opposed to gold, lilly, clove and shining crystal; elements, which are all conquered by the beauty of the lady's attributes. Since the elements of the lady and the nature are seen as opposing forces in this battle of beauty and life, the elements of nature dos not predicate anything about the beauty of the lady, at least not by means of metaphoric projection from a different domain. Rather it seems to be the case that within the same physical domain the nature of the lady, by means of analogy – which does not have to be metaphoric – is compared with the nature of other physi-

---

23. Gongorism or Mannerism is still used derogatively in the sense of an effective, non-motivated stylistic ornamentation, which find no correlate in the matter represented.

542 *Mette Steenberg*

cals entities pertaining to the same domain. Thus gold is not a metaphor for the everlasting true virtues of the lady, as it would have been in the Petrarchan tradition: the shining crystal is not a metaphor for her innocence; rather the eloquence of the neck competes and conquers that of the crystal, nor is nature, as in the Garcilaso sonnet, evoked to carry inferences from temperature to emotional states. It is thus evident that Góngora's conceptualisation of the lady is different from the Petrarchan tradition: she is not a divine force, rather she is a physical force comparable to other physical forces and as a consequence transcendence of life is impossible. The physical forces, or the laws of nature, which ultimately destroys all natural life, destroy that of the lady as well [24].

A quick glance at the series of Góngora's sonnets called *Funerals* provides more substance to the argument presented above:

En el sepulcro de la duquesa de Lerma

¡Ayer deidad humana, hoy poca tierra;
aras ayer, hoy túmulo, oh mortales!
Plumas aunque de águilas reales,
plumas son; quien lo ignora, mucho yerra.

---

24. Quevedo's solution to the Carpe Diem paradox falls, as I have already mentioned within the Petrarchan tradition. Even though he profiles the death pole, he has the same mappings going on when focusing on the spirituality of the dust:

Amor constante más allá de la muerte:
Cerrar podrá mis ojos la postrera
sombra que me llevare el blanco día,
y podrá desatar este alma mía
hora a su afán ansioso lisonjera;

mas no, de esotra parte, en la ribera,
dejará la memoria, en donde ardía:
nadar sabe mi llama el agua fría,
y perder el respeto a ley servera.

Alma a quien todo un dios prisión ha sido,
venas que humor a tanto fuego han dado,
médulas que han gloriosamente ardido

su cuerpo dejará, no su cuidado;
serán ceniza, mas tendrá sentido;
polvo serán, mas polvo enamorado.

Carpe Diem: The study of periods within Cognitive Poetics 543

Los huesos que hoy este sepulcro encierra,
a no estar entre aromas orientales,
mortales señas dieran de mortales;
la razón abra lo que el mármol cierra.

La Fénix que ayer Lerma fue su Arabia
es hoy entre cenizas un gusano,
y de consciencia a la persona sabia.

Si una urca se traga el oceano
¿qué espera un bajel luces en la gavia?
Tome tierra, que es tierra el ser humano.

That Góngora's conceptualisation of human life is not structured by projection from a religious domain becomes evident in this sonnet. In his
conception of death there is no reference to spiritual transcendence: the
human body transforms into mould by the same process as any other
living organism, therefore the very essence of human being is earth.
Human life is thus framed within the domain of physical nature; the
human biology being just another variant or an entity of the big ecological
system. The references to a domain of knowledge (la razón, conciencia)
is not an indication of some spiritual consciousness that somehow transcends the limits of the material body; rather he states that this biological
process that human beings are part of, can open up the mind and bring
knowledge to the wise person. It is in this sense that the mind opens up
what marble closes down; Góngora refers to the insight that the biological
process provides for the understanding of human life, rather than indicating that consciousness transcends the body. The last reading would require that the understanding of human life be structured by projection
from the religious domain. I hope to have demonstrated that there are no
such mappings between human experiences and divine experiences in
Góngora's poetic universe.

6. Conclusion

But is this conceptualization of life understood in terms of its biological
process, as I have argued, a collective characteristic for the period: the
baroque, or is it an individual characteristic of Góngora's poetic universe?
In more general terms we might ask whether the Baroque, if we

544   *Mette Steenberg*

understand it as I have advocated, to be a socio-cultural phenomenon, rather than a limited aesthetic movement dedicated to stylistics, and whether it demonstrates a truly new conceptualization of human life? As I have hypothesized in this article, such a new conceptualization can be accounted for by analyzing the actual mappings between domains that are active and productive in individual conceptualizations. Through analysis of the conceptual mappings it is a relatively straightforward process to demonstrate the kind of projections that are active, or what kind of domains are used to structure experiences in other domains, as long as we agree that linguistic structures prompts for conceptual ditto.

I would like to end by suggesting that the method that I have here tentatively demonstrated could be used as a classificatory principle for a typology of poetics: In order to establish such a typology a much more detailed analysis than the one I have suggested here would be required: Not only would a synchronic perspective be needed: in a whole generation of writers the active mappings, not only those between love and religion or love and nature, as I have discussed here, but all productive mappings would have to be analyzed, but also a diachronic perspective would be needed: how do these mapping alter, if they do at all, from earlier or later generations.

References

Bernárdez Enrique
Forthcoming   *Intimate Enemies? On the relations between language and culture*, paper read at the Language, Culture and Cognition conference, An International Conference on Cognitive Linguistics, Catholic University of Braga, Portugal, 2003.
Forthcoming   Social Cognition: Variation, language and culture, paper read at the 8th International Cognitive Linguistics Conference (ICLC-8), University of La Rioja, Spain.
Brandt, Per Aage
1996   Morphognèse et Rationalité, In: *Puissance du baroque. Réflexiones sur le baroque*. E. M. Bukdahl and C. Juhl (eds.). Paris: Galilée.
2000   The Architecture of Semantic Domains. A Grounding Hypothesis in Cognitive Semiotics. *Revista Portuguesa de Humanidades* 4: 11-51. Braga: Faculdade de Filosofia.
2001   Mental space networks and linguistic integration. In: Augusto Soares Silva (ed.), *Linguagem e Cognição*, A perspectiva Linguística Cognitiva, 63-76. Braga: UCP.

Carpe Diem: The study of periods within Cognitive Poetics   545

Forster, Leonard
    1969   *The Icy Fire. Five Studies in European Petrarchism.* Cambridge University Press.

Garcilaso de la Vega
    1969   *Poesías Castellanas Completas*, (ed.) Elias L. Rivers Clásicos Castalia. Madrid.

Góngora, Luis de
    1985   *Sonetos Completos*, (ed.) Biruté Cipilijauskaité, Clásicos Castalia. Madrid.

Grady Joseph
    1997   Foundations of meaning: primary metaphors and primary scenes. PhD Dissertation, University of California, Berkeley.

Hoover, Elaine
    1978   *John Donne and Fransisco de Quevedo, Poets of Love and Death.* The University of North Carolina Press, Chapel Hill

Johnson, Mark
    1986   *The Body in the Mind: The Bodily Basis of Meaning, Imagination, and Reason.* Chicago and London: Chicago University press.

Johnson, Mark & George Lakoff
    1999   *Philosophy in the Flesh.* New York: Basic Books.

Semino, Elena & Johnatan Culpeper
    2002   *Cognitive Stylistic, language and cognition in text analysis.* Amsterdam: John Benjamins publishing.

Turner, Mark
    1991   *Reading Minds, The Study of English in the Age of Cognitive Science.* New Jersey: Princeton University Press.
    1998   *Figurative Language and Thought.* Oxford University Press.

PARTE VIII

Psicolinguística
e Linguagem Gestual

Comunicação *online* síncrona e produção de linguagem escrita

Sónia Vanessa Santos Alves e Ana Maria Roza de Oliveira Henriques de Oliveira

Resumo

Esta investigação procura evidenciar as vantagens de uma tipologia de *corpora*, de comunicação mediada por computador de forma síncrona, para a compreensão dos fenómenos implicados na produção de linguagem, na medida em que permite a manipulação de grandes quantidades de registos de enunciados escritos, produzidos de forma dinâmica, em conversação espontânea.

Tendo por base um *corpus* constituído por vinte e sete conversas, mantidas em *private chats* no *Internet Relay Chat*, procedeu-se à análise dos "erros de fala" recolhidos, encarando tais fenómenos em *performances* da faculdade humana da linguagem verbal como reflexo e fonte de informações relativamente ao tipo de construções e de processos implicados no exercício dessa faculdade.

Os erros de fala identificados não só afectam unidades linguísticas de natureza variada, demonstrando que tais itens se encontram integrados no nosso léxico mental, como são originados por fenómenos de transposição e de troca, a nível fonografemático, morfológico, lexical ou sintáctico, ocorrendo, portanto, a diversos níveis do processamento dos enunciados. A análise destes erros de fala parece indicar, pois, que, efectivamente, esse processamento se desenrola por etapas simultaneamente autónomas e interligadas, em interacção progressiva, confirmando a inviabilidade de se conceber a construção de um enunciado linguístico unidade a unidade.

Palavras-chave: corpora digitais, produção de linguagem, erro de fala.

1. Introdução

A investigação cujos resultados agora apresentamos pretende demonstrar as vantagens de *corpora* de comunicação mediada por computador de forma síncrona, para a compreensão dos fenómenos implicados na produção de linguagem. Para tanto, ela baseia-se num *corpus* constituído por *private chats* (conversas particulares paralelas às das salas de conversação), do *Internet Relay Chat* (*IRC*), um sistema integrante da Internet que permite conversações *online* síncronas, em condições de alta interactividade.

Este estudo consiste, então, na análise dos "erros de fala" recolhidos nesse *corpus* e fundamenta-se na concepção destes fenómenos em *performances* da faculdade humana da linguagem verbal, em situação de conversação espontânea, como reflexo e fonte de informações quanto ao tipo de construções e de processos implicados no exercício dessa faculdade.

Dado que o nosso *corpus* é constituído de enunciados escritos, produzidos em interacções verbais *online*, a linguagem verbal é aqui tratada na sua modalidade escrita. A referência a "erros de fala" tem, assim, subjacente a acepção de "fala" enquanto realização individual de enunciados linguísticos em situação de comunicação, neste caso, utilizando significantes exclusivamente de natureza gráfica, devido ao meio utilizado.

Os erros de fala evidenciam aspectos do processo de produção da linguagem, pois reflectem os momentos em que esse sistema falha (Cf. Garman 1990: 151), e apontam para a existência de representações da mensagem em etapas anteriores à sua emissão, sob forma linguística.

Quanto à natureza e dimensão das entidades linguísticas, por exemplo, tanto frases, orações e sintagmas como palavras, morfemas, sílabas e fonemas constituirão unidades linguísticas, pois são passíveis de ser omitidos, confundidos e desorganizados quando ocorre um erro de fala.

Além disso, enquanto unidades discretas no processo de produção de enunciados, as palavras são afectadas por erros de fala que levam a deslocações ou a escolhas inadequadas, o que fornece dados interessantes quanto à natureza da selecção lexical e da representação e organização dos *thesauri* mentais.

A análise dos erros de fala permite também constatar a manifestação das regras morfológicas de flexão ou derivação, quando ocorre formação de palavras complexas não lexicalizadas ou aplicação de regras regulares a formas irregulares, e indicia ainda a presença, na gramática mental, de regras e constrangimentos sintácticos, já que são frequentes as violações de tais regras, em simultâneo com a mescla de construções sintácticas rivais, na etapa da estruturação sintáctica dos enunciados.

Comunicação online *síncrona e produção de linguagem escrita*   551

Os erros de fala permitem, então, recolher, embora indirectamente, informações acerca das unidades, das etapas e das operações cognitivas envolvidas na produção de enunciados verbais e, ainda, avaliar em que medida estes são mentalmente planificados anteriormente à sua emissão (Cf. Fromkin & Ratner 1998: 312).

É, assim, considerável a sua contribuição para a concepção de modelos de produção de linguagem, que não só integrarão as unidades e mecanismos de natureza linguística e as necessárias etapas de processamento da linguagem, de acordo com a consideração da existência de diferentes categorias de regras gramaticais, como também proporcionarão uma previsão da possível representação dos enunciados nas diversas etapas, permitindo, ainda, antever erros potenciais em cada uma (Cf. Bock 1995; Bock & Huitema 1999).

O valor das conversações *online* síncronas como campo de investigação de tais fenómenos não só decorre da pertinência da conversação como objecto de estudo das ciências da linguagem – "... conversation represents language use in its most untutored form" (Garrod 1999: 390) – mas apresenta a vantagem acrescida de a natureza específica do *corpus* seleccionado permitir a manipulação de grandes quantidades de registos de enunciados escritos, produzidos de forma dinâmica e espontânea (Cf. Yates, 2001) – "... [chatgroup language] provides a domain in which we can see written language in its most primitive state. ... Chatgroups are the nearest we are likely to get to seeing writing in its spontaneous, unedited, naked state." (Crystal 2001: 170).

2. Um *corpus* de *private chats* do *IRC*

O *Internet Relay Chat (IRC)* é um sistema integrante da Internet que permite conversações *online* síncronas, através da ligação a um servidor que gere um fluxo de mensagens escritas, mantendo informações sobre o número de utilizadores, os seus pseudónimos (*nicknames*) e as salas de conversação (*channels*) que frequentam. Paralelamente, são possibilitadas conversas particulares (*private chats*), entre dois utilizadores do sistema.

Esta modalidade da comunicação mediada por computador, particularmente orientada para a conversação, desenvolveu um forte lado

552 *Sónia Alves e Ana Maria Oliveira*

lúdico, funcionando sobretudo como um lugar de recreação, um espaço comunicacional em que são criadas e mantidas relações humanas – "Chatgroups provide ... a person-to-person interaction that is predominantly social in character." (Crystal 2001: 130).

No âmbito desta investigação, foram analisadas vinte e sete conversas mantidas em *private chat*, cada uma das quais entre dois utilizadores que não se conheciam previamente. Os *loggings* ('registos automáticos das conversações') foram-nos fornecidos por utentes portugueses do *IRC*, cujos *nicknames* e antropónimos foram alterados, tendo-se elidido também referências que permitissem a sua identificação.

O *corpus* é constituído por cerca de 12100 palavras (excluindo os segmentos gerados pelo software); o número de linhas das conversas oscila entre 15 e 397.

2.1. A linguagem dos chats

Embora pareçam ser regidas, na sua essência, pelos princípios gerais da interacção conversacional – "... les échanges dans l'IRC constituent une conversation écrite sur l'écran et donc sont dirigés par les règles de l'interaction." (Bays, 2000 169) -, as práticas discursivas na comunicação *online* síncrona apresentam limitações materiais, devidas a factores sobretudo de natureza tecnológica, que as sujeitam a poderosos condicionalismos, dos quais resulta a especificidade dos enunciados produzidos.

O sistema de transmissão das mensagens sujeito ao fenómeno de *lag* – intervalo de tempo, de duração muito variável, que um enunciado demora a chegar ao monitor do(s) interlocutor(es) – inviabiliza, por exemplo, a manutenção das regras do *turn-taking* e prejudica a ordenação e contiguidade da estrutura de pares adjacentes, o que obriga os interlocutores a um esforço acrescido na gestão das tomadas de vez e na progressão temática do diálogo e os leva a uma atitude geral de concisão, com consequências nas próprias escolhas linguísticas.

Verifica-se, assim, uma tendência para a produção de enunciados curtos, distribuídos por várias linhas de mensagem, numa tentativa de conferir à interacção uma velocidade que a aproxime do dinamismo

Comunicação online *síncrona e produção de linguagem escrita* 553

da conversação presencial. Os próprios significantes são reduzidos, estando generalizado o recurso a abreviaturas (*v. g.*, *dd tc* 'de onde teclas') e siglas (*v. g.*, *lol* a partir de "*laughs out loud*"). Muitas vezes, estruturas linguísticas são substituídas por uma sinalética *ad hoc*, na qual se destacam os "sorrisos" (sobressaem, pela frequência, ":)" para alegria e ":(" para tristeza ou consternação), ou pelo uso exclusivo, e abundante, de determinados sinais de pontuação, muitas vezes usados como recurso único para pedir informações ou exprimir uma panóplia de estados de espírito.

O facto de o meio (tecnológico) no qual decorre apenas permitir o uso de significantes gráficos confere ao registo utilizado o estatuto inovador de uma oralidade simulada – "... la C.M.C. [communication médiatisée par ordinateur] semble être une forme de communication "contradictoire", prenant la communication orale comme modèle mais utilisant les ressources de l'écrit." (Marcoccia 2000: 163).

Para colmatar a ausência de dados prosódicos, bem como cinéticos e proxémicos, surgem as mais diversas estratégias: as interjeições são potenciadas ao extremo, e recorre-se a inúmeras onomatopeias (*v. g.*, *hehehe*); a acção de gritar é representada pela escrita do enunciado em maiúsculas; as pausas surgem preenchidas por artifícios gráficos (*v. g.*, ...); podem ainda inserir-se mensagens automáticas que atribuem ao *nickname* do utilizador a realização de uma acção ou a vivência de um estado emocional, numa estruturação próxima da das didascálias.

3. Abordagem psicolínguística dos "erros de fala" nos *chats* do *IRC*

A tipologia de *corpus* utilizada permitiu recolher e analisar erros de fala ocorridos em vários componentes do processo de produção de linguagem, de acordo com o modelo proposto por Bock (1995), segundo o qual a produção de linguagem integra três componentes cognitivos – componente da mensagem, componente gramatical e componente fonológico. Em cada um deles, poderosos constrangimentos, advindos da estrutura da língua, exercem a sua acção, inclusivamente nas estruturas afectadas por erros; assim, até as ocorrências de erros de fala preservam de alguma maneira os padrões estruturais básicos da gramática da língua (Cf. Bock & Huitema 1999: 384).

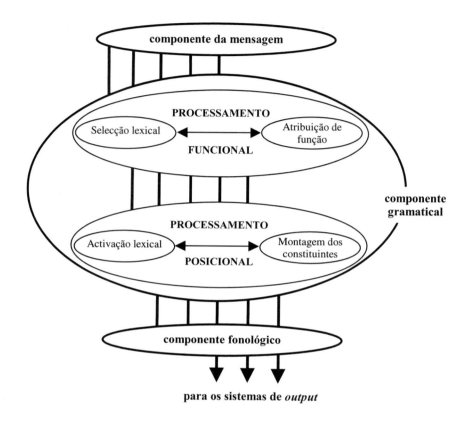

Figura 1. Modelo de produção de linguagem de Bock

O componente da mensagem preconiza a existência de um conceito mental e de uma intenção comunicativa na génese da produção de linguagem. Nesta fase, ocorrerá a determinação do conteúdo comunicacional do enunciado pretendido e a sua adequação às capacidades de decodificação do interlocutor e a especificidades do contexto comunicativo (Cf. Bock & Huitema 1999: 368; 377-378).

Os componentes seguintes integram actividades cognitivas de realização de opções lexicais e estruturação sintáctica dos constituintes sintagmáticos e frásicos – codificação gramatical – e de selecção e organização de unidades fónicas e grafemáticas – codificação fonológica.

Comunicação online *síncrona e produção de linguagem escrita*   555

3.1. Erros do componente gramatical[1]

O componente gramatical integra os processos de recolha e organização de unidades linguísticas em duas operações distintas: processamento funcional e processamento posicional (Cf. Bock & Huitema 1999: 371-375).

O processamento funcional consiste na selecção de itens do léxico mental, exclusivamente a partir da adequação de sentido, e na atribuição de funções sintácticas a esses itens. O seu produto é uma representação que indica a função sintáctica de cada um dos elementos da mensagem, bem como as palavras a usar para a sua verbalização.

O processamento posicional inclui subcomponentes de natureza sintáctica e lexical: o subcomponente sintáctico – "montagem dos constituintes" – ordena as palavras, os sintagmas e as flexões gramaticais, de acordo com as regras da língua; o subcomponente lexical relaciona-se com a activação de formas abstractas das palavras, *i. e.*, na extracção, a partir do léxico mental, de informação relativa à sua estrutura e constituição fonografemática, obtendo-se uma descrição "material" da palavra, que será preenchida durante a codificação fonológica.

No *corpus* estudado, verificam-se dez ocorrências de erros provocados por omissões de palavras, de categorias diversas, no processamento posicional:

(1)   *<Naughty_19> dis l'a [o] teu [1, 87]*
(2)   *<read> nunca vi este este [nick] por estas andanças... :)))*[2]
       [4, 57]

---

1. Dadas as características particulares da linguagem dos *chatrooms*, abordadas no ponto 2.1., excluímos, do nosso levantamento de erros de fala, o uso de abreviaturas, o recurso a vocábulos ou expressões de outro idioma, os erros ortográficos e as substituições de caracteres do tipo de <k> no lugar de <qu> e <c [a, o, l, r]> e de <x> no lugar de <ch>.
2. Nesta ocorrência, a omissão de palavra é acompanhada pela duplicação da palavra anterior, o que poderá ter sugerido que todas as palavras da estrutura tinham sido introduzidas.

556 *Sónia Alves e Ana Maria Oliveira*

(3) *<olhosverdes> então e [a] stora chama-se Cristy [5, 58]*
(4) *<deadly eclipse> tou a fazer 2n disciplinas [do] 12° [15, 57]*
(5) *<mary> 'de que ira [servir] dizer que sim..se n tenho como te mostrar ! :([21, 66]*
(6) *<4renta> peço-te mm que [não] ligues [22, 35]*
(7) *<Tina> estive quase para [viver] junta com um namorado meu e entretanto acabámos [26, 59]*
(8) *<EnPassant> [à] [disciplina1] chumbei [27, 45]*
(9) *<HappyGirl> [que] fazes [27, 50]*
(10) *<HappyGirl> mas [do] perfume não gosto [27, 301]*

Nas ocorrências (11) e (12) encontram-se erros advindos da deslocação de elementos adjacentes, tendo ocorrido, em (11), deslocação na estrutura "Dá-me um pouco mais de atenção" e, em (12), deslocação na estrutura "Para que queria eu saber onde trabalhas?".

(11) *<aderiva> da-me um pouco de mais atenção [11, 56]*
(12) *<EnPassant> p q eu queria saber onde trabalhas [27, 271]*

Oito dos erros recolhidos relacionam-se, visivelmente, com a "mescla". Nas ocorrências seguintes, podemos verificar a ocorrência deste fenómeno de cruzamento de planos de estruturação sintáctica rivais, no processamento posicional, nos casos em que a codificação gramatical, no processamento funcional, falha na selecção de uma única construção (Cf. Garman 1990: 160):

(13) *<read> não sei que foto te enviar (...) olha sendo mais envio as que tenho digitalizadas [4, 84]*
    Mescla de "sendo assim" e "tendo mais".
(14) *<deadly eclipse> tou a fazer 2n disciplinas 12° [15, 57]*
    Mescla de "fazer 2 disciplinas" e "fazer n ('várias') disciplinas".
(15) *<HappyGirl> mas no computo geral é bastante bom [26, 78]*
    Mescla de "no geral é" e "o cômputo é".
(16) *<HappyGirl> e de vez em quando rumo até lisboa para matar saudades [26, 109]*
    Mescla de "vou até Lisboa" e "rumo a Lisboa".
(17) *<EnPassant> em caso de n gostares digo-te outro :) [27, 383]*
    Mescla de "se não gostares" e "em caso de dúvida"
(18) *<OlhosDeAnjo> sao castanhos escuros.. [2, 13]*
    Mescla de "são castanhos" e "são castanho escuro".

Comunicação online *síncrona e produção de linguagem escrita* **557**

Nos casos seguintes, a mescla explica-se pela interferência de selecções lexicais simultâneas, no âmbito de um mesmo sintagma:

(19) *<Kamikaze> sabes, a tua area não tem muitos adeptos no meu curso (...) mas na teu também não devia haver muitos adeptos da minha... [13, 25]*
Mescla de "na tua [área]" e de "no teu [curso]".

(20) *<Tina> e n tenho praticamente nenhuma amiga aqui no net [26, 312]*
Mescla de "na Internet" e "no IRC".

Quanto a erros que afectam unidades morfemáticas, identificámos um caso de antecipação do morfema de plural, ligando-o a um advérbio:

(21) *<BlackAngel> eu por acaso tenho* **mts** *poucos amigos [9, 21]*

Também recolhemos erros advindos da omissão de morfemas flexionais:

(22) *<OlhosDeAnjo> vou faz[er] uns testes vocacionais com a psicologa [2, 66]*

(23) *<read> se encontra[r] por aqui até te envio [4, 63]*

O estatuto dos morfemas como unidades linguísticas, actuantes no processamento gramatical, é evidenciado nestas ocorrências, que parecem comprovar que o processamento funcional e posicional também se realizam ao nível de unidades inferiores à palavra.

Os erros de natureza derivacional ou flexional parecem demostrar igualmente que na produção da fala, além das palavras complexas armazenadas no léxico mental, estarão também disponíveis conhecimentos e mecanismos morfológicos que permitem a decomposição estrutural das palavras, bem como a criação, por estruturação morfemática, de palavras complexas ainda não integradas no léxico mental (Cf. Aitchison 1994: 130-131). De facto, a aplicação inovadora das regras morfológicas comprova o conhecimento implícito que os falantes possuem acerca dessas mesmas regras (Cf. Fromkin e Ratner 1998: 324).

558 Sónia Alves e Ana Maria Oliveira

No nosso *corpus*, identificámos um caso de formação de palavra através da derivação por sufixação, na ocorrência (24). Na ocorrência (25), ocorre adaptação morfológica pela junção de sufixos flexionais do português a uma base estrangeira.

(24) *<AnjoGabriel> claro...os media fazem isso mesmo...chama-se* **estereotipização***...palavra horrivel... [8, 13]*

(25) *< diabinha 20 > prometes k m* **sendes** *um mail? posso wait? [18, 41]*

Na ocorrência (26), verificou-se substituição de palavra, ao nível da selecção lexical. Este caso ilustra a regularidade deste tipo de fenómenos no que diz respeito à categoria gramatical das palavras trocadas, neste caso, preposições.

(26) *<HappyGirl> aliás vou dedicar o resto da vida para o efeito [27, 280]*
Substituição de "a" por "para" na estrutura "vou dedicar o resto da vida ao efeito".

3.2. Erros do componente fonológico

Na codificação fonológica, manipulam-se os componentes significantes das palavras – fonemas e grafemas. O produto da codificação fonológica constituirá o *input* dos processos que levarão à emissão do enunciado: processos articulatórios no caso da linguagem falada, processos gráficos quando a linguagem se manifesta pela escrita (Cf. Bock & Huitema 1999: 375).

No nosso *corpus*, os erros ocorridos nos processos de transformação do *input* recebido do nível de processamento posicional em estruturas fonografemáticas organizadas consistem sobretudo em fenómenos de transposição de grafemas, dos quais se registaram dez ocorrências.

Estes erros distinguem-se bem dos que recolhemos ao nível do sistema de *output* pois afectam grupos de caracteres efectivamente constituintes das estruturas grafemáticas das palavras, cuja sequencialidade é alterada de forma não justificável por falhas mecânicas no uso de um teclado "qwerty".

Comunicação online *síncrona e produção de linguagem escrita* **559**

(27)   *<Professora> em q **escoal**? [2, 52]*
(28)   *<professora> desculpa...a minha **profissõa** não me larga...*[3]
       [3, 48]
(29)   *<professora> eu também n queria... mas a conta telefónica*
       *vai ser **mosntruosa** [15, 67]*
(30)   *<Tina> e cada vez me convenço mais q os homens n perce-*
       *bem nada a nosso respeito, pelo menos a **maoiria** dos q aqui*
       andam :) [26, 148]
(31)   *<HappyGirl> **claculo** que sim [26, 204]*
(32)   *<Tina> eu **vuo** aparecendo sim :)) [26, 345]*
(33)   *<HappyGirl> **sito** é muito frio [27,107]*
(34)   *<EnPassant> desculpa a **indiscirção** [27, 292]*
(35)   *<EnPassant> **igulamente** :) [27, 366]*
(36)   *<djpytbal> e eu tou a ficar divido entre o conceito e **afo-***
       ram[4] *[10, 80]*

Surge ainda um caso de transposição de traço fonético – a nasali-
dade – e correspondente manifestação grafemática para uma sílaba
com núcleo vocálico oral:

(37)   *<Tina> ves q ate nisso somos coin**cin**dentes :)) [26, 315]*

Ocorre também contracção em estruturas silábicas contíguas, com
semelhanças vocálicas, sendo elididos o núcleo não ramificado de uma
sílaba e o ataque simples da sílaba seguinte e resultando uma única
sílaba de ataque simples e núcleo ramificado:

(38)   *<Professora> talves **fio**terapia? [2, 75]*

3.3.   *Erros do sistema de* output

Os erros mais numerosos da nossa recolha são os que advêm do
que podemos designar de falhas "motoras" ou "mecânicas", tendo

---

3. Note-se, neste caso, o facto de o diacrítico ter mantido a sua posição correcta, porque
   a sua inserção é anterior e autónoma à do grafema que afecta.
4. Neste caso, ocorre também omissão de espaço que, no âmbito do sintagma, afecta os
   limites das palavras suas constituintes.

origem em pontuais deficiências de funcionamento do sistema manual. Estes erros dão-se ao nível da manipulação do teclado para a construção gráfica, por meio informático, dos significantes da mensagem, no que diz respeito quer à selecção dos caracteres quer à sua distribuição, deles resultando, normalmente, não-palavras ou pseudo-palavras. Ocorre também omissão de espaço que, no âmbito do sintagma, afecta os limites das palavras suas constituintes; do processo inverso – inserção de espaço entre sílabas de uma mesma palavra –, registámos uma única ocorrência.

Nesta categoria encontramos, então, omissões, duplicações, inserções e substituições de caracteres e omissões e inserções de espaço, cuja distribuição se apresenta no Quadro 1.

Quadro 1. Distribuição dos erros do sistema de output

Omissão de caracter	39
Substituição de caracter	37
Inserção de caracter	21
Duplicação de caracter	8
Omissão de espaço	6
Inserção de espaço	1
Total	112

O facto que consideramos mais surpreendente no que diz respeito à ocorrência de tais erros prende-se com o seu reduzido número, já que, tendo em conta as condições de produção destes enunciados (Cf. ponto 2.1.), esperar-se-ia que fossem, ainda assim, mais frequentes, sobretudo se se tiver em conta a dificuldade de os enunciados serem sujeitos a correcções anteriormente ao seu envio.

3.4. A autocorrecção

A autocorrecção nas conversações mediadas por computador apresenta algumas particularidades, relacionadas com o meio no qual decorre a comunicação: a introdução dos enunciados numa única linha de comando faz com que os seus segmentos iniciais desapareçam progressivamente do monitor, o que não só dificulta a detecção de

Comunicação online *síncrona e produção de linguagem escrita* 561

erros no momento da escrita, como também obriga a que a correcção de um erro eventualmente detectado implique retroceder na disposição linear da escrita, prejudicando a velocidade da interacção.

Deste modo, é quase sempre mais fácil verificar o enunciado a partir da visualização na janela principal e proceder a eventuais auto-correcções, num enunciado subsequente, especificamente destinado a esse fim.

O Quadro 2 apresenta a distribuição dos dezasseis enunciados de autocorrecção recolhidos, cujo número é quase insignificante, relativamente aos numerosos erros assinalados.

Quadro 2. Distribuição dos enunciados de autocorrecção

Correcção de omissão de caracter	7
Correcção de substituição de caracter	5
Correcção de inserção de caracter	1
Correcção de transposição de grafema	2
Correcção de omissão de palavra	1
Total	16

4. Conclusão

A abordagem dos erros de fala em práticas discursivas realizadas em *private chats* no *IRC* permite-nos concluir que, na conversação espontânea mediada por computador de forma síncrona, ocorrem diversos tipos de erros que afectam unidades linguísticas de natureza variada, assim demonstrando que tais itens se encontram integrados no nosso léxico mental.

Por outro lado, o facto de termos identificado erros a diversos níveis do processamento dos enunciados parece comprovar que, efectivamente, esse processamento se desenrola por etapas simultaneamente autónomas e interligadas, em interacção progressiva.

Apesar das limitações advindas da relativamente reduzida extensão do nosso *corpus*, esperamos ter tornado patente a pertinência das investigações baseadas em novas tipologias de *corpora*, para a compreensão dos fenómenos implicados na produção de linguagem.

562 *Sónia Alves e Ana Maria Oliveira*

Referências

Aitchison, Jean
1994   *Words in the Mind: An Introduction to the Mental Lexicon.* 2nd edition. Oxford UK/Cambridge USA: Blackwell.

Bays, Hillary
2000   La politesse sur Internet: le don des objets imaginaires. In: M. Wauthion & A. C. Simon (orgs.), *Politesse et idéologie. Rencontres de pragmatique et de rhétorique conversationnelles*, 169-183. Louvain: Peeters/BCILL.

Bock, Kathryn
1995   Sentence production: From mind to mouth. In: J. L. Miller & P. D. Eimas (eds.), *Handbook of perception and cognition: Vol II. Speech, language and communication*, 181-216. Orlando, FL: Academic Press.

Bock, Kathryn & Huitema, John
1999   Language production. In: Simon Garrod & Martin J. Pickering (eds.), *Language Processing*, 365-388. Hove: Psychology Press.

Crystal, David
2001   *Language and the Internet.* Cambridge: University Press.

Fromkin, Victoria A. & Ratner, Nan Bernstein
1998   Speech production. In J. Gleason & Nan Bernstein Ratner (eds.), *Psycholinguistics*, 310-339. 2nd edition. Fort Worth TX: Harcourt Brace Publishers.

Garman, Michael
1990   *Psycholinguistics.* Cambridge: University Press.

Garrod, Simon
1999   The challenge of dialogue for theories of language processing. In: Simon Garrod & Martin J. Pickering (eds.), *Language Processing*, 389-415. Hove: Psychology Press.

Marcoccia, Michel
2000   La politesse et le savoir-communiquer sur Internet. In: M. Wauthion & A. C. Simon (orgs.), *Politesse et idéologie. Rencontres de pragmatique et de rhétorique conversationnelles*, 157-167. Louvain: Peeters/BCILL.

Enhebrando el hilo de lo icónico

Inmaculada Báez, Carmen Cabeza
y María Ignacia Massone

Resumen

Cualquier acercamiento a la iconicidad exige volver sobre sus raíces peirceanas para revisar la concepción del autor sobre el signo. Por otra parte, los estudios de lingüística cognitiva han traído a un primer plano el papel de la iconicidad en las lenguas, tanto en los principios estructuradores como en el cambio lingüístico. El estudio de las lenguas de señas de los sordos constituye un campo de pruebas de cómo la iconicidad es un mecanismo generador de signos lingüísticos. Para mostrarlo, hemos revisado cómo la lingüística cognitiva utiliza el término *iconicidad* y su cuasi-sinónimo *motivación*. A continuación, examinamos cómo la iconicidad actúa a la manera de un recurso activador de significado en los usuarios de las lenguas, que son portadores de un saber (meta) – lingüístico, tanto en las lenguas orales como en las lenguas de señas, si bien en estas últimas el recurso de la iconicidad resulta más revelador en su dimensión de fuerza generadora con valor simbólico.

Palabras clave: iconicidad, motivación, signo, seña, lenguas orales, lenguas signadas.

1. Introducción

El objetivo de nuestra investigación es reflexionar sobre el carácter icónico y/o arbitrario de las unidades de la lengua, no solo para contribuir a esclarecer la naturaleza del fenómeno de nombrar, sino también para comprender cómo y en qué medida los hablantes interpretan los signos en un proceso de "resemantificación" o, dicho de otra manera, de mantenimiento del vínculo que asocia el signo y su referente en la conciencia de los usuarios de la lengua. Sin embargo, puesto que este proceso implica la interpretación semiótica *ad infinitum* de la realidad sensible, la cual depende también, entre otras variables, de las distintas redes sociales en las que el sujeto está inmerso – en términos de Marty (1995) – en una cognición colectiva. Dado que el hombre vive inmerso en una profusión de signos, y puesto que – y reparafraseando a Sperber (1987) – el

564 *Inmaculada Báez, Carmen Cabeza y María Massone*

conocimiento es algo así como una "epidemia de representaciones", el proceso lingüístico del nombrar es no solo un fenómeno que se complejiza sino que también recurre a otras ciencias para su explicación.

En este trabajo intentamos iniciar una reflexión sobre la actuación de la iconicidad como principio regulador del cambio lingüístico tomando como base la discusión presente en la lingüística de las lenguas de señas acerca del supuesto carácter icónico de muchas de sus unidades léxicas. Nuestro modesto propósito es revisar el tratamiento de la **iconicidad** y de su sinónimo o cuasi-sinónimo **motivación** en algunos manuales de lingüística cognitiva. Nos ha parecido necesario revisar también, desde una perspectiva semiótica, el concepto de iconicidad, para tratar de explicar el carácter icónico del signo como el resultado del establecimiento de un vínculo que se asienta en la mente de los hablantes para formar conciencia metalingüística. Partimos de la idea de que los usuarios de las lenguas tienen un saber lingüístico sobre ellas o, más exactamente, un conjunto de saberes, entre los que destacamos la conciencia de la relación entre significante y significado. Aunque el hablante es consciente también de que este saber no es natural ya que puede organizar su conocimiento por acumulación o sucesivas reestructuraciones las que además están sesgadas por la cultura y la ideología.

Nuestra reflexión se plantea a partir de las investigaciones sobre las lenguas de señas de los sordos (LS), ya que en este ámbito la cuestión del carácter icónico o arbitrario de las unidades de la lengua ha tenido un carácter problemático desde el inicio de los estudios sobre estas lenguas en torno a los años 60 del pasado siglo. Son cada vez más los investigadores que consideran que las unidades de las lenguas de señas son meramente icónicas. Pretendemos con esta comunicación aportar a la reflexión acerca de este tema y ser críticos frente a los reduccionismos y generalizaciones lingüísticas. No obstante, intentaremos abordar la cuestión desde una perspectiva general, que permita entender el papel de la iconicidad en las lenguas, tanto orales como gestuales.

Creemos también que ha sido únicamente la lingüística quien ha tratado este tema tomando, de modo simplificado, no solo la concepción de signo propuesta por el filósofo Charles Sanders Peirce sino aplicando a rajatabla la división que este mismo autor hace del signo en ícono, índice y símbolo y no teniendo en cuenta la complejidad del signo peirceano. Marty (1995) señala que la semiótica es precisamente la notable ausente entre las ciencias cognitivas.

El tema que se remonta a la antigüedad clásica – hermenéutica aristotélica, diálogos de Platón – ya que como diría Peirce de forma individual no podemos esperar llegar a la ultima filosofía, solo podemos perseguirla colectivamente.

Cuando se habla de iconicidad en los signos lingüísticos, ¿se define exactamente qué se entiende por icónico? ¿Por qué no se habla de índice o de las otras categorías peirceanas como legisigno, argumento, cualisigno, etc.? La lectura y análisis de la obra de Peirce (Romé & Massone 2002/3, Massone & Romé 2002) nos lleva a reflexionar acerca de la discusión arbitrariedad/iconicidad desde una perspectiva diferente. ¿No deberíamos identificar aquello que de icónico tiene un signo, es decir, una representación ya arbitraria? ¿No será, como dice Eco (1979), que la iconicidad también es arbitraria? Probablemente sobre un objeto pueden incidir múltiples iconicidades, como múltiples arbitrariedades y actualizarse solo una en un contexto y probablemente otra en un contexto o sistema diferente. O tal vez el hablante produce un signo que puede actualizar en un contexto la iconicidad de un sistema determinado. En las lenguas habladas, así como en las de señas, cada comunidad lingüística elige el modo de representar "icónicamente" la realidad observada. La lectura y análisis de la obra de Peirce nos lleva a plantear en este trabajo un camino alternativo para repensar esta cuestión tan discutida. Más aún, los últimos desarrollos de la Socio-Semiótica también nos hacen reflexionar acerca de qué sistema o institución es el que de alguna manera impone la naturalidad a los signos para convertir la relación referente/signo en una relación unívoca sin posibilidad de indecibilidad. Obviamente, no se agota con estos interrogantes la cuestión, ni tampoco abordaremos todas estas respuestas en este trabajo.

2. Postura de Charles Sanders Peirce frente al Proceso de Conocimiento, según Massone

Intentar explicar la cuestión de la iconicidad desde la postura semiótico-filosófica de Charles Sanders Peirce es otro de los objetivos de este trabajo, y constituye la aportación de Massone, quien ha expuesto en otro lugar (Romé & Massone 2002/3) que en en general la obra de este autor, debido a su complejidad, ha sido excesivamente reinterpretada. Por otro lado, no se han tenido en cuenta cuestiones biográficas que sellaron su obra. En los últimos años de su vida Peirce vivía de su producción teórica y de sus conferencias, hecho que lo llevó a adecuar su teoría a su auditorio por exigencias de sus editores y difusores. Su lugar como padre

566 *Inmaculada Báez, Carmen Cabeza y María Massone*

de la semiótica llevó además sus desarrollos al campo de la lingüística, que ha tomado únicamente una concepción de signo simplificada que para nada refleja la complejidad expuesta por este autor. Sin embargo, Peirce ha sido un filósofo y no un semiólogo en cuanto su puro interés radicó en dar cuenta, a lo largo de toda su obra, de una teoría de la mente, el conocimiento y los procesos de la razón. Su alejamiento de la vida universitaria lo llevó a no formar seguidores, cuestión que como señalamos en el trabajo mencionado pone en escena uno de los rasgos más interesantes de la obra de Peirce, aquel que se vincula con el desafío de abordarla sin guías autorizadas para su interpretación.

La obra de Peirce en efecto es el trabajo de un filósofo que intenta explicar una teoría del conocimiento. Reducir el signo de Peirce a ícono, índice y símbolo, como en general la lingüística ha considerado, es tergiversar los principios generales de toda su postura semiótica-filosófica. Si bien en este trabajo no podemos dar cuenta de toda la complejidad de su pensamiento, diremos algunas cuestiones generales que podrán esclarecer su concepción.

Peirce ha demostrado que no tiene sentido el acceso al conocimiento del mundo sino a través de signos. Cualquier cognición es una conciencia del objeto en tanto representado. El pensamiento no precede a los signos, ningun pensamiento cognoscible se da por fuera de los signos porque es el único modo en que este se evidencia por hechos externos. El pensamiento incognoscible no existe puesto que todo conocimiento surge de la experiencia, por lo tanto no existe algo absolutamente incognoscible. La cognoscibilidad es la condición de posibilidad de lo real. Lo incognoscible queda del otro lado de la frontera de la ficción. Todo pensamiento es, necesariamente, en signos. Decir que cada pensamiento es un signo equivale a decir que cada pensamiento es determinado por otro o debe dirigirse a algún otro y determinar, a su vez a un tercero. El hombre es un signo y su mente es un signo.

El lenguaje es a la vez el lugar de manifestación fenoménica del hombre y su signo; el hombre es en el lenguaje y, por lo tanto, su realidad es de carácter sígnico. Como considera Karl Otto Apel (1994) – estudioso de Peirce – el lenguaje es

> el a priori semiótico trascendental de la mediación del pensamiento intersubjetivamente válido por los signos. El lenguaje corresponde en efecto, en su carácter de condición principal de la precomprensión del mundo, a la "pre-estructura" hermenéutica del mundo de la vida.

Enhebrando el hilo de lo icónico   567

Peirce intenta explicar cómo la mente, a partir de la multiplicidad de las impresiones sensibles que son puras presencias y puro devenir, recobra la unidad conceptual o forma signos, es decir, representaciones del objeto de la realidad. Es decir, que el conocimiento de la realidad, del mundo, se da a través de signos. El proceso de la semiosis implica pues captar del objeto de la realidad alguna cualidad que posibilite al poder denotativo de la mente o sustancia – *subject* – realizar algún tipo de inferencia lógica – ser o *being* – que nombre la relación o discretice la cualidad y predique sobre ella – predicado o *predicate* – . Este proceso semiótico es dialéctico, histórico, *ad infinitum* y es un proceso de conocimiento. Presentamos aquí algo así como un esquema, dado que este proceso, por lo dicho, es aún más complejo, dado que entendiendo que la mente es un signo deducimos que la cualidad que del objeto de la realidad esta toma es ya un signo. Por ello los signos son signos de signos y así *ad infinitum*. En palabras del autor: "este es el caso por ejemplo con la concepción de la cualidad. La cualidad como tal nunca es un objeto de observación. Podemos ver que una cosa es azul o verde pero la cualidad de ser azul o de ser verde no son observables sino productos de la reflexión lógica".

El conocimiento tiene por objeto a otro conocimiento y nunca a la *realidad* en una pretendida pureza no modificada todavía por el pensamiento. Este sentido recurrente del concepto de signo es uno de los aportes más fructíferos de Peirce a la epistemología contemporánea. Todo objeto, si es conocido (y todo objeto que puede ser percibido es que es en algún modo conocido) ya es signo, es decir, existe un sistema – mítico, poético, científico, ritual – desde el cual adquiere una específica legalidad (que lo hace conocido y por lo tanto perceptible). Si algo es puramente real, en cuanto existente en el mundo (ónticamente existente), pero no es réplica de ninguna legalidad, entonces no puede ser percibido, ya que nada nos guía hacia su presencia y así es caos. Esta consideración semiótica de la percepción fundamenta el criterio que rechaza a la *realidad* como instancia válida para la contrastación de una determinada teoría científica y concurre en apoyo del criterio que limita el valor de los procesos inductivos para la formulación de enunciados generales. O esa realidad es ya Réplica de alguna precedente legalidad (y por tanto, no es "real" en el sentido atribuido por los empiristas a ultranza sino *percepción interpretada*) o es caos, en cuanto tal, perfectamente inútil como fundamento o como prueba de teoría alguna.

568   *Inmaculada Báez, Carmen Cabeza y María Massone*

El signo es entonces "A sign, or *representamen,* is something which stands to somebody for something in some respect or capacity." – un signo o representamen es algo que representa para alguien un algo en algún respecto o capacidad. Y puesto que, entendiendo que todo esquema entraña el peligro de la simplificación, pero esto no es de mayor gravedad si partimos de una competencia más o menos compartida acerca del modo cauteloso en que deben utilizarse los esquemas, presentamos el siguiente esquema del signo:

ALGO   por.........................algo...FUNDAMENTO
en.........................algún............respecto..............REPRESENTAMEN
para.....................alguien...................................INTERPRETANTE

Figura 1: el esquema del signo según Peirce

Mediante el primero el signo captará lo que de conocimiento (fundamento) le interesa del objeto; mediante el segundo, se instituirá a sí mismo como forma perceptual y soporte sustitutivo (representamen) de tal intervención; y, mediante el tercero, proporcionará la posibilidad de modificación que, en un determinado sistema (interpretante), afecta al conocimiento o desconocimiento (pero no, no-conocimiento) acerca de dicho objeto. De modo más simple diríamos que el signo consiste de tres elementos: el objeto, el signo y el interpretante.

Esto quiere decir que hay dos posibilidades teóricas: o bien el signo sustituye al objeto en cuanto caos (lo lógicamente señalable pero indecible) diciéndolo por primera vez, o bien, el signo sustituye mediante un nuevo decir, algo que ya estaba dicho (o pensado) acerca del objeto. En este último caso, se puede percibir cómo el caos retrocede hacia un supuesto objeto primordial al haber sido desenmascarado por demostrarse que ya estaba dicho. En definitiva: ¿cuál es el objeto de un signo? ¿O cuál es su referente – usando el término más polémico –? Respuesta: o el caos u otro decir: *tertium non datur.* La fundación de la semiótica peirceana rompe la ilusión de la concepción del signo como réplica de su objeto-referente: el par significante-significado de De Saussure. El poner el acento en el tercer elemento, ser tal para alguien o para algún sistema de conocimiento, elimina como problemática científica la vinculación biunívoca (cosa a cosa) entre signo y referente.

Recordemos los tres tipos de señales que la lingüística ha tomado de la tradición peirceana: indicios (relación de contigüidad; por ejemplo, la fiebre), íconos (relación formal de semejanza; por ejemplo, un mapa) y símbolos (relación convencional: por ejemplo, la palabra *cabestro*). Aunque las lenguas son básicamente relaciones convencionales o simbólicas, también producimos expresiones lingüísticas siguiendo los principios indiciales e íconos.

Si partimos de este esquema que la lingüística ha difundido, como dicen Romé y Massone (2002/3), los elementos lógicos componentes del signo se vacían y adelgazan en su profundidad filosófica como entidades con poca o escasa relación entre sí. La ineficacia de este diagrama en particular radica en que alimenta el equívoco que identifica los elementos del signo con entidades materiales en lugar de concebirlos en su carácter de momentos lógicos, dimensiones del movimiento semiótico, o instancias de un proceso relacional.

En un desarrollo estrictamente lógico de la definición inicial, Peirce llega a la formulación de las tres tricotomías que proporcionan nueve clases de signos. El punto de partida consiste en la estructura del signo y los tres componentes ya identificados, en la medida en que implican la presencia, en un ámbito semiótico, de una estructura de tres elementos (signos a su vez).

Si además se toma en cuenta que fundamento, representamen, interpretante son a su vez signos, cada uno posee su propio representamen, su propio fundamento y su propio interpretante. De aquí se derivan los nueve signos que constituyen la base primaria de toda clasificación semiótica. Por supuesto que la generación de nuevos signos continúa como advierte Peirce "ad infinitum".

Tabla 1: los nueve signos de Peirce

9 signos (clases de signos)	(a) representamen	(b) fundamento	(c) interpretante
(a) representamen	**Cualisigno**	**Icono**	**Rhema**
(b) fundamento	**Sinsigno**	**Indice**	**Dicisigno** (dicente)
(c) interpretante	**Legisigno**	**Símbolo**	**Argumento**

3. Perspectiva cognitivista sobre la iconicidad

En contraposición a otras teorías lingüísticas, que consideran el lenguaje como algo externo y objetivable, la gramática cognitiva aporta una concepción del lenguaje fuertemente entroncada en nuestra manera de perci-

570 *Inmaculada Báez, Carmen Cabeza y María Massone*

bir el mundo y relacionarnos en él. No estamos ante un fenómeno ajeno a otros procesos cognitivos, antes bien, no es posible separar el lenguaje de nuestras experiencias. Como consecuencia, encontramos en esta corriente las siguientes características [1]:

1. Debido a esa relación del lenguaje con otras habilidades cognitivas humanas, las estructuras lingüísticas no son autónomas.
2. El lenguaje manifiesta diferentes grados de iconicidad, ya que refleja nuestra experiencia del mundo y la manera cómo intervenimos en él.
3. Se manifiesta en una dimensión holística e imaginística, que permite abarcar manifestaciones del lenguaje que no se reducen estrictamente a lo sonoro

Así, el hecho de que se reconozca que el lenguaje, pese a ser de naturaleza simbólica, refleja de manera natural nuestra percepción del mundo, hace que la perspectiva cognitivista en lingüística se muestre como un marco teórico muy apropiado para la investigación sobre las lenguas de señas, terreno en el que, como hemos adelantado, se centra buena parte de nuestros objetivos.

Los estudios sobre las LS estuvieron fuertemente condicionados en sus inicios por las exigencias que el paradigma formal imponía, al ofrecer un modelo del lenguaje en que los signos lingüísticos tenían que ser arbitrarios y manifestarse de manera lineal. La siguiente cita de Sarah Taub nos pone en la pista de los prejuicios que condicionaron una actitud de cautela a la hora de reconocer que las LS también debían ser objeto de investigación lingüística:

> Unfortunately, the intense prejudice against **iconic** forms led to prejudice against signed languages. People claimed for many years (some still do) on the basis of the iconic aspects of signed languages that they were merely mime, playacting, imitations – not true languages at all, and incapable of expressing abstract concepts (...). This is wholly untrue, as linguists from Stokoe (1960) onward have shown. Nevertheless, part of the enterprise of proving ASL to be a language has focused on minimizing and discounting its iconicity to make it seem more like «true» languages- that is, supposedly arbitrary spoken languages (Taub 2001: 3).

---

1. Para una exposición más detallada, ver Cabeza y Fernández Soneira, 2002.

Enhebrando el hilo de lo icónico **571**

Motivación versus Iconicidad

En la lista de correspondencias de términos español-inglés-alemán que aparece como apéndice en Inchaurralde y Vázquez (2000), figuran *icónico* (unido a *signo*) y *motivado*. No hay definiciones en ese apartado, sólo se remite al capítulo donde aparecen esos términos (ambos en el primero).

Para definir *icónico* e *iconicidad* aparecen términos como *réplica*, *similar* o *semejanza* (Inchaurralde y Vázquez (2000: 2 y 8).

Motivación y *motivado* se utilizan en este libro para hacer referencia al proceso de formación léxica a partir de material lingüístico preexistente (Inchaurralde & Vázquez 2000: 13). Abarca tanto la analogía como la etimología popular.

La consecuencia de estos dos fenómenos es la producción de "enlaces no arbitrarios" entre significante y significado, de tal manera que se puede hablar de una creación de significado, asociado a una palabra ya existente (como en el caso de *software*, formado por analogía a partir de *hardware*) o de una resemantificación o reinterpretación del vínculo entre significante y significado, en la etimología popular.

En Cuenca y Hilferty (1999) encontramos también los dos términos, motivación e iconicidad. El concepto de motivación se encuentra asociado a la metáfora, a la composición de las frases hechas, a la metonimia y a la organización de las categorías radiales (Cuenca y Hilferty 1999: 101, 121,139 y 148-149) Sin embargo, cuando se aborda el estudio del proceso de gramaticalización se prefiere el otro término para argumentar que el cambio lingüístico no es aleatorio "sino que tiende a mantener la **iconicidad** entre forma y significado" (Cuenca y Hilferty 1999: 157). Pero poco después se habla de "la motivación de la gramaticalización" y se razona:

> El nuevo enfoque de la gramaticalización que estamos presentando no sólo se plantea cómo funciona el proceso de gramaticalización, sino que pretende explicar por qué se produce y cuál es su naturaleza. Entre los trabajos fundamentales sobre el tema podemos observar dos tendencias principales – la hipótesis de la gramática emergente y la hipótesis de la subjetivación-, que intentan explicar, desde puntos de vista complementarios más que opuestos, cuál es el motor del cambio lingüístico que denominamos gramaticalización (Cuenca y Hilferty 1999: 160).

Las dos hipótesis mencionadas tratan de explicar el cambio lingüístico en virtud de fenómenos contextuales: la gramática emergente trata de la interrelación entre discurso y gramática y la subjetividad de la implicación del sujeto emisor en el discurso y, por lo tanto, en la forma de éste. En este punto, como se ve, ya se han equiparado en el uso los términos iconicidad y motivación, lo cual encontramos corroborado cuando observamos que se interpreta como iconicidad la interrelación entre semántica y pragmática y, en la misma página (Cuenca & Hilferty 1999: 181) se dice que la relación entre los componentes de la gramática es motivada.

Poco después, a propósito de la naturaleza simbólica del lenguaje, se dice que éste "no se estructura arbitrariamente, sino que es, en gran medida, motivado"[2]. Se ejemplifica con la extensión metafórica del significado de *ver* en el sentido de *comprender*. A continuación se asocia *motivación* con *iconicidad*, sin explicar cuál es la diferencia.

En definitiva, tiende a utilizarse *iconicidad* cuando se está haciendo referencia a un principio estructurador del lenguaje, mientras que el término *motivación* suele reservarse para las asociaciones que se producen dentro de la lengua y que constituyen procesos de extensión del significado. Ambos confluyen en su uso cuando se trata de influencia de unos componentes sobre otros (por ejemplo, la actuación del discurso sobre la gramática) o en relación a los procesos de gramaticalización.
En otras introducciones a la lingüística cognitiva hemos encontrado sólo uno de los términos[3].

Según lo dicho, la motivación es un fenómeno estrictamente intralingüístico, ¿distinto de la iconicidad? Desde el punto de vista de los cognitivistas, no hay diferencias.

Desde nuestro punto de vista, la motivación es la pista o impresión sensible que permite al sujeto hablante el proceso de nombrar. Es la relación entre la realidad y la percepción. Sería, por tanto, motivación la asociación que establece el hablante entre los signos y la realidad ("la misma palabra lo dice", "como su propio nombre indica", "que la palabra sea la cosa misma"). Pero creemos que no sólo tiene carácter intrínseco, sino que también hay una motivación extrínseca, ya que las lenguas permiten desarrollar procedimientos miméticos para crear signos nuevos. La dificultad consiste en percibir en qué medida el material lingüístico

---

2. En la página 29 encontramos un razonamiento muy similar, a propósito del concepto de motivación (muchas características de la forma lingüística son motivadas).

3. Ungerer y Schmid (1996) dedican un subapartado a la iconicidad. En el índice temático encontramos *icon*, *iconic proximity*, *iconic quantity* y *iconic sequencing*. No están *motivated* ni *motivation*. En Taylor (2002) aparecen *icon* y *iconicity*. No figuran *motivation* ni *motivated*. La presentación no difiere esencialmente de la de Inchaurralde y Vázquez.

preexistente en la lengua condiciona estas nuevas formaciones, por ejemplo en la creación de metáforas visuales en lengua de señas española (CONFERENCIA, como algo que sale de la cabeza del conferenciante y se transmite; INFORMAR, con la misma configuración y orientado al receptor; ENTENDER como "coger de otro") o expresiones como "salir del armario" de la lengua oral.

La iconicidad pertenece al lenguaje. Los signos lingüísticos son a la vez arbitrarios (porque son convencionales) e icónicos, en la medida en que en la conciencia del hablante se desarrolla un vínculo entre significantes y significados y este vínculo, aunque tenga raíces culturales, es de naturaleza lingüística. Ya Benveniste (1976) intentó explicar esta cuestión y señaló que para el usuario de una lengua la relación significado/significante puede no ser arbitraria, sino natural. Más recientemente, Herrero (1998) exploró esta cuestión desde una perspectiva cognitivista y para una lengua de señas, la LSE, y se refirió a la necesidad de tratar separadamente lo simbólico y lo convencional.

4. Conciencia (meta)-lingüística

La base del funcionamiento de la iconicidad en las lenguas se encuentra en la conciencia metalingüística de los hablantes. La conciencia de los hablantes juega un papel importante en el proceso semiótico, no sólo en la creación de signos nuevos, sino en el mantenimiento y reinterpretación del material lingüístico existente.

Los individuos utilizan su lengua conscientemente. Creemos que el conocimiento lingüístico de cualquier hablante no especialista – lingüística folclórica – incluye saberes acerca de:
- La relación significante-significado
- El cambio lingüístico
- La variación lingüística
- La diversidad lingüística (a través del contacto lingüístico y la conciencia bilingüe)
- La "ortoarticulación"
- Las normas de cortesía

Para el objetivo que nos ocupa es especialmente importante el saber de los hablantes de que los signos significan, y la creencia de que existe una cierta estabilidad en esa relación, que es lo que permite el uso eficaz de la lengua.

574 *Inmaculada Báez, Carmen Cabeza y María Massone*

A esta última afirmación parecen oponerse los saberes acerca del cambio lingüístico, la variación en sus otras dimensiones, no diacrónicas (dialectal, de registro, de grupo socialmente identificado), y la conciencia sobre la diversidad de lenguas, que se manifiesta, por ejemplo, en la capacidad de reconocer como otras lenguas u otras variedades las habladas por comunidades vecinas o en percibir situaciones de bilingüismo. Sin embargo, compartimos la creencia de que detrás del cambio lingüístico está precisamente la necesidad de mantener viva la relación significante-significado. En esta tendencia operaría como fuerza reguladora la iconicidad (Cuenca & Hilferty 1999: 156-157).

En este trabajo no vamos a tratar específicamente acerca de las dos últimas manifestaciones del saber lingüístico de los hablantes porque no son centrales para el tema que nos ocupa. En un caso se trata del saber acerca de la correcta producción (fonada o gestual) de los mensajes y, en el otro, de las normas que regulan el uso lingüístico dentro de cada sociedad.

El planteamiento historicista de Auroux (1994) le lleva a hacer una distinción que remite a diferentes grados de maduración en la conciencia lingüística de las comunidades: la distinción entre lo epilingüístico y lo metalingüístico. Para este autor, la aparición de los sistemas de escritura constituye el factor desencadenante de las reflexiones sobre el lenguaje humano, término que prefiere al de "nacimiento de las ciencias del lenguaje" para evitar prejuicios acerca de qué es un conocimiento científico. El nacimiento de la escritura es "una de las grandes revoluciones tecnológicas de la humanidad" (Auroux 1994: 20).

El concepto de saber epilingüístico supone un conocimiento no consciente de las habilidades lingüísticas:

> Selon le terme proposé par le linguiste français A. Culioli, on peut qualifier ce premier savoir sur le langage d'*épilinguistique*. Culioli désigne par là le savoir inconscient qu'a tout locuteur de sa langue et de la nature du langage : "le langage est une activité qui suppose, elle-même, une perpétuelle activité épilinguistique (définie comme 'activité linguistique non-consciente')" (Auroux 1994: 23)

Un saber inconsciente como es este no dispone de un metalenguaje para hablar de sí mismo. El verdadero saber lingüístico es metalingüístico.

Debido a que el paso de uno a otro es gradual, algunos saberes pertenecen aún a lo epilingüístico, a juicio de Auroux, es el caso del control de corrección y los juegos de lenguaje.

En relación con el tema de este trabajo nos parece relevante comentar que en las tradiciones antiguas, cuando aparece la reflexión sobre el

Enhebrando el hilo de lo icónico   575

lenguaje, con frecuencia una de sus manifestaciones es la práctica de la etimología, unida necesariamente a la conciencia del cambio lingüístico (Auroux 1994: 27-32).

5. Saber lingüístico en las lenguas orales

Debemos resaltar la antigüedad de la reflexión lingüística (metalingüística, en términos de Auroux 1994) y, en particular, el desarrollo de la escritura como procedimiento de fijación de la lengua y de desarrollo de la conciencia metalingüística.

El hecho de utilizar un medio sonoro reduce las posibilidades de iconicidad de los símbolos concretos, las unidades léxicas, prácticamente al ámbito de las "cosas que tienen sonido". Hay algunas excepciones: creemos que se pueden reconocer relaciones entre la forma y el significado en las siguientes expresiones del inglés y del gallego, a pesar de que su formación está motivada intrínsecamente en todos los casos:

Inglés: *hip-hop* y *swing-swang* señalan icónicamente un tipo de movimiento.

Gallego: *bule-bule* y *fuxe-fuxe* hacen ambas referencia a una persona inquieta y alborotadora.

Sin embargo, se han señalado ejemplos de iconicidad en todos los dominios de la lengua. Las variaciones de velocidad o volumen de la voz al hablar indican variaciones en estados de ánimo, estas variaciones representan elementos icónicos. En la composición de palabras puede reconocerse que a medida que los significados se hacen más complejos, el número de sílabas de las palabras es mayor. Es decir, a mayor volumen de información contenida, mayor es el volumen de señales que las codifican (Pietrosemoli 1991). También parece existir una relación entre las palabras que designan entidades y los morfemas de número, de allí que el ubicar juntas ambas informaciones en los nombres resulte icónico (Givón 1984). Otra marca de iconicidad constituyen las oraciones de causa-efecto, el orden de aparición corresponde al orden de acaecimiento de los hechos (Oviedo 1993).

A pesar de que la arbitrariedad de los símbolos es mayoritaria en los códigos orales, los hablantes, de forma natural y espontánea, buscan mantener la asociación icónica entre significante y significado que es la esencia del proceso de nombrar, como una manera de reforzarlo y actua-

576 *Inmaculada Báez, Carmen Cabeza y María Massone*

lizarlo[4]. Como pruebas de esta afirmación tenemos la práctica de la etimología, la etimología popular, las formaciones analógicas (tan frecuentes en el lenguaje infantil, pero no exclusivas de este) y la creación de metáforas.

La etimología es una búsqueda de significado, una operación sobre las palabras para hacerlas autocomprensivas, para dotarlas de la transparencia que supuestamente tuvieron en su origen. Por ese motivo la práctica etimológica va tan ligada a las lenguas sagradas, aquellas que por su carácter divino "dicen" más claramente. Es el caso del hebreo, defendida por muchos como lengua perfecta o lengua divina (Eco 1994: cap. 5). Ya comentamos en el apartado anterior que la práctica etimológica es muy antigua y que se encuentra en el nacimiento de la mayoría de las tradiciones lingüísticas[5].

Pero esa búsqueda de transparencia en las palabras está también presente en el uso cotidiano de la lengua por parte de los hablantes. Queremos incidir en que es posible establecer una comparación entre la voluntad de hacer que el lenguaje hable por sí mismo que sostiene la práctica de la etimología, y algunas prácticas habituales en la conducta de los usuarios de las lenguas. Como resultado del desarrollo de las habilidades lingüísticas, los hablantes utilizan el lenguaje de manera consciente, y proyectan sobre él una búsqueda de significados. Esto es visible particularmente en dos fenómenos: la "sobreanalogía" (tan abundante en el lenguaje infantil) y la etimología popular.

Analogía infantil o "sobreanalogía":

— Abuela, ¿tú no tienes *tucroondas*? (sobre *microondas*)

— Algunos niños de mi cole [...], *algotros*...

La analogía no es exclusiva del lenguaje infantil. Piénsese en las formaciones del tipo *llegastes* por *llegaste*.

---

4. Vamos a aludir sobre todo al nivel léxico de las lenguas porque tomamos como punto de partida el saber lingüístico de los hablantes. Los usuarios no especialistas de las lenguas buscan motivaciones al léxico; en cambio, a los lingüistas les suele resultar más fácil encontrarlas en la gramática.

5. Auroux (1994: 29-32) la menciona a propósito de las siguientes tradiciones: india, griega, china y árabe.

Enhebrando el hilo de lo icónico   577

Etimología popular:

altobús por *autobús*
necesaria por *cesárea*
vagamundo por *vagabundo*
esparatrapo por *esparadrapo*

Otro fenómeno en el que se percibe con fuerza la intervención de la conciencia lingüística de los hablantes es el de la creación de metáforas, fuente de constante renovación de las lenguas. En algunas metáforas nuevas, se pueden identificar otras metáforas relacionadas, consolidadas ya en el uso y que han jugado un papel en el proceso de creación; en otros, es más difícil seguir el rastro de la creatividad de los hablantes. Veamos algunos ejemplos.

Salir del armario; el DRAE (21ª edic) no hace referencia a nada similar entre la amplia fraseología de *salir*.
Sudar la camiseta. El DRAE (21ª edic; s. v. *hopo*) registra "sudar el hopo [6]" con el significado figurado y familiar de "costar mucho trabajo y afán la consecución de una cosa". Sin embargo, creemos que *sudar la camiseta* puede ser una creación nueva, a través de las crónicas deportivas [7].
Írsele a uno la olla (relacionada con *las ideas hierven*). El DRAE (21ª edic; s. v. *cabeza*) registra "tener la cabeza como una olla de grillos"

6. La iconicidad en las LS

La mayoría de los lingüistas que trabajan en lenguas de señas asumen la existencia de un grado mayor de iconicidad en estas lenguas aunque no descartan características estructurales similares. Otros consideran que tal vez la arbitrariedad sea una propiedad de las lenguas sonoras (Mandel 1977). Unos terceros utilizan el argumento de que la iconicidad que los oyentes perciben es aparente, motivada culturalmente (Pietrosemoli 1991), pero también los hay que consideran que las lenguas de señas no poseen restricciones al número posible de producciones de señas (Arms-

---

6. Del ant. fr. *hope*, hoy *houppe*, copete, borla. 1. m. Copete o mechón de pelo. 2. Rabo o cola que tiene mucho pelo o lana; como la de la zorra, la oveja, etc. Suele aspirarse la h. 3. Germ. Cabezón o cuello de sayo. (DRAE, 21ª edic.)
7. Tanto *sudar la camiseta* como *salir del armario* están recogidas y explicadas en el compendio de diccionarios en CD-ROM de Espasa-Calpe (*Diccion@rios*, Espasa Calpe, S.A, Madrid, 2000).

578 *Inmaculada Báez, Carmen Cabeza y María Massone*

trong 1999). Otros, como señalamos anteriormente, no descartan niveles de iconicidad en otros dominios de la lengua diferentes al léxico. Algunos estudios han propuesto que la iconicidad es un recurso gramatical que las lenguas de señas utilizan de modo productivo: a través de ella se crean nuevos signos (Mandel 1977; Brennan 1990); con ella se asignan roles semánticos (Ahlgren & Bergman 1994) y se interpreta el contenido de ciertas oraciones (Oviedo 1996).

Es en el léxico de las lenguas de señas en donde se manifiesta la mayor iconicidad. Siguiendo el modelo propuesto por Mandel (1977) y reelaborado por Sutton-Spence y Woll (1998), existen dos clases de señas icónicas:

Presentaciones, que son aquellas que señalan una imagen del referente o de la acción mismos, y *representaciones*, que son señas que hacen una "pintura" o representación gráfica del referente, bien sea a través de tratar su imagen en el espacio o por mostrar su forma con las manos. Sin embargo, también se han descrito aspectos icónicos en el dominio morfológico y en el sintáctico. Como señala Oviedo (2001), algunas de las modificaciones que sufren las señas para marcar ciertas variaciones en el significado base pueden ser definidas como tipos de iconicidad. Variaciones en la duración o en el movimiento de las señas que son descritos como aspectos, como adverbios o como modalidad se asumen como características icónicas. Por ejemplo, que una acción se realice lentamente, o de modo tajante o rápidamente. Otro aspecto icónico sería la reduplicación de un sustantivo en distintas ubicaciones para marcar plural. Otro ejemplo serían los verbos recíprocos como COMUNICAR, PELEARSE , DISCUTIR de la Lengua de Señas Argentina, en los que la pluralidad de objetos y sujetos que participan de la acción está indicada por el uso de ambas manos. También se ha señalado 'la existencia de iconicidad en el dominio sintáctico. Como señala Oviedo (2001), un ejemplo es la tendencia a construir sus verbos transitivos de acuerdo con el esquema espacial de los verbos espaciales-locativos, como si la acción de un agente sobre un paciente fuera un movimiento que parte de un lugar y llega a otro. El tópico es otro recurso de base icónica. El llamar la atención del otro participante en el discurso acerca de algun hecho en particular por medio de una serie de estrategias manuales y no-manuales características del tópico es otro recurso icónico.

Cuxac (2000: 151) sostiene que la existencia de la iconicidad en el nivel léxico (de las señas estándar) de la Lengua de Señas Francesa es un recurso altamente productivo. Los signantes son conscientes de esa

Enhebrando el hilo de lo icónico   579

iconicidad y acuden a ella, tanto en los procesos de creación de palabras nuevas como en el discurso metalingüístico, como herramienta que refuerza la "transparencia" de la relación significante – significado. El autor aventura, incluso, que esta utilización de la iconicidad por parte de los signantes es un mecanismo de control sobre los procesos de evolución estructural de la lengua.

Este uso consciente de la iconicidad en el nivel metalingüístico (o epilingüístico, si aplicamos rigurosamente la distinción de Auroux) puede no ser muy diferente de esa búsqueda de la transparencia que reconocíamos en la raíz de los fenómenos descritos en el apartado anterior, en relación con las lenguas orales: la etimología, la analogía, la etimología popular y la creación de metáforas. Salvando las importantes diferencias entre las LS y las LO, debidas a la mayor presencia de iconicidad y al estatus epilingüístico, es decir, de menor maduración de la tradición metalingüística[8] en las primeras, creemos que se puede aventurar que la iconicidad actúa como un principio de retroalimentación del lenguaje. Los hablantes (y signantes) acuden a la iconicidad para reforzar su conciencia del vínculo entre significante y significado. Avanzamos, pues, la hipótesis de que las LS pueden tomarse como modelos de actuación de las lenguas.

Referencias

Ahlgren, Inger & Brita Bergman
    1994   Reference in narratives. In: Inger Ahlgren, Brita Bergman y Mary Brennan (eds), *Papers from the Fifth International Symposium on Sign Language Research*. Durham: ISLA

Apel, Karl O.
    1994   *Semiótica Filosófica*. Buenos Aires: Almagesto.

Armstrong, David
    1999   *Original Signs: Gestures, Signs and the Sources of Language*. Washington, DC: Gallaudet University Press.

Auroux, Silvain
    1994   *La Révolution Technologique de la Grammatisation*. Lieja: Mardaga.

---

8. En las LS existen mecanismos de control de corrección y juegos de lenguaje, así como también una consciencia social de la necesidad de una planificación lingüística, pero no ha surgido un procedimiento de fijación simbólica de carácter sustitutivo, como es la escritura. Estas circunstancias las situarían, según la propuesta de Auroux, en el nivel de lo epilingüístico.

580 *Inmaculada Báez, Carmen Cabeza y María Massone*

Benveniste, Émile
1976   *Elementos de Lingüística General.* Méjico: Siglo XXI (v.2).
Brennan, Mary
1990   *Word Formation in British Sign Language.* Estocolmo: Universidad de Estocolmo.
Cabeza, Carmen & Ana M. Fernández Soneira
2002   La concepción multicanal del lenguaje y las teorías lingüísticas: Estructuralismo y Gramática Cognitiva. In: Inmaculada C. Báez y M. Rosa Pérez, *Romeral. Estudios filológicos en homenaje a José Antonio Fernández Romero*, 73-89. Vigo: Universidade de Vigo.
Cuenca, M. Josep & Joseph Hilferty
1999   *Introducción a la Lingüística Cognitiva.* Barcelona: Ariel.
Cuxac, Christian
2000   *La Langue des Signes Française (LSF): Les Voies de l'Iconicité.* París: Ophrys.
Eco, Umberto
1979   *A Theory of Semiotics.* Bloomington: Indiana University Press.
1994   *La Búsqueda de la Lengua Perfecta en la Cultura Europea.* Barcelona: Crítica.
Givón, Talmy
1984   *Syntax: A Functional-Typological Introduction.* Amsterdam: John Benjamins Publishers.
Herrero Blanco, Ángel
1998   La seña y el signo. Notas sobre la iconicidad lingüística de la LSE. In: José L. Cifuentes Honrubia (ed.), *Estudios de lingüística cognitiva I.* Alicante: Universidad de Alicante.
Inchaurralde, Carlos & Ignacio Vázquez (eds.)
2000   *Una Introducción Cognitiva al Lenguaje y la Lingüística.* Zaragoza: Mira editores.
Magariños de Morentín, Juan A.
1983   *El signo. Las fuentes teóricas de la semiología: Saussure, Peirce, Morris.* Buenos Aires: Hachette.
Mandel, M.
1977   Iconic devices in American Sign Language. In: L. Friedmann (ed), *On the Other Hand. New Perspectives on American Sign Language*, 57-107. Nueva York: Academic Press.
Marty, Robert
1995   Flows of sign on a network. *First European Congress on Cognitive Science, ECCS'95.* Saint Malo.
Oviedo, Alejandro
1993   Sintaxis de las relaciones lógicas causa-efecto en el español hablado en Mérida. Tesis de maestría inédita. Mérida: Universidad de los Andes.
1996   *Contando Cuentos en Lengua de Señas Venezolana.* Mérida: Universidad de Los Andes.
2001   *Apuntes para una Gramática de la Lengua de Señas Colombiana.* Cali, Colombia: INSOR, Universidad del Valle.

Enhebrando el hilo de lo icónico   581

Peirce, Charles S.
1901   *Dictionary of Philosophy and Psychology*, ed. por James M. Baldwin. New York, Macmillan, 3 vols.
1958   *Collected Papers*. Cambridge, Massachusetts: Harvard University Press, I-VI editados por Charles Hartshorne y Paul Weiss, 1931-1935; VII y VIII editados por Arthur W. Burks, 1958.
1982   *Writings of Charles S. Peirce. A Chronological Edition*. Ed. por Eduard. C. Moore, Max H. Fische y Christian J. W. Kloesel et al. (Peirce Edition Project). Indiana: Indiana University Press.
1986   *La Ciencia de la Semiótica*. Buenos Aires: Nueva Visión.

Pietrosemoli, Lourdes
1991   La Lengua de Señas Venezolana: Análisis lingüístico. Mérida: Universidad de Los Andes. Informe de investigación inédito.

Romé, Natalia & M. Ignacia Massone
2002/2003   El signo no está en lugar de. *Discurso. Revista de Semiótica y Teoría Literaria* 16/17: 19-31.
2002   La concepción de ley en la estructura triádica del sentido. *Congreso Deseo de Ley* Buenos Aires (en prensa en Internet).

Sperber, Dan
1987   Antropology and psychology: Towards an epidemiology of representatios. *Man (M.S.)* 20: 73-89.

Sutton-Spence, Rachel & Bencie Woll
1998   *The Linguistics of British Sign Language: An Introduction*. Cambridge: Cambridge University Press.

Taylor, John R.
2002   *Cognitive Grammar*. Oxford: Oxford University Press.

Taub, Sarah
2001   *Language from the body: Iconicity and metaphor in American Sign Language*. Cambridge: Cambridge University Press.

Ungerer, Friedrich & Hans-Jörg Schmid
1996   *An Introduction to Cognitive Linguistics*. Londres: Longman.

La metáfora como recurso para la expresión de las emociones en lengua de signos española

Silvia Iglesias Lago

Resumen

Este trabajo trata sobre la utilización de la metáfora como medio de expresión de emociones en la lengua de signos española. En primer lugar se hace un breve recorrido sobre la terminología relacionada con la emoción para definir este término desde el punto de vista de la psicología y de la filología. En el segundo apartado hacemos referencia al vocabulario sobre el que se basa nuestro análisis: alegría, tristeza, sorpresa, enfado, asco y miedo, y las razones de nuestra elección.

El tercer apartado del trabajo está ya relacionado con la expresión de las emociones. En primer lugar se hace referencia a los recursos con los que contamos para expresar una emoción, tanto lingüísticos como no lingüísticos. Pero solamente vamos a tratar uno de esos recursos: la metáfora.

Destacamos el uso de la metáfora como mecanismo idóneo para la expresión de emociones gracias a que nos permite desarrollar un pensamiento análogo. Este recurso funciona tanto en las lenguas orales como en las signadas. Pero tiene especial relevancia en las lenguas de signos porque estas tiene un carácter icónico que propicia el uso metafórico.

Finalmente, analizamos el funcionamiento de la metáfora en ejemplos concretos de vocabulario de las emociones en lengua de signos española.

Palabras clave: Metáfora, emoción, iconicidad, lenguas de signos.

1. Las emociones desde la psicología

Para definir el término *emoción* los psicólogos atienden al funcionamiento del proceso emotivo, es decir, a la conexión psicofísica que se produce en el individuo cuando experimenta una emoción. Los psicólogos defienden la existencia de una relación entre la experiencia emocional y un hecho corporal.

La experiencia corporal no es indicio suficiente para conocer el tipo de emoción que percibimos, se necesita algo más. Es necesario también

584   *Silvia Iglesias Lago*

un conocimiento de la situación en la que estamos inmersos. Las emociones se perciben mediante una asociación mental y física. Las experiencias corporales son fundamentales para la expresión de las emociones puesto que se perciben de un modo más claro que las propias emociones. Esto es lo que nos hace decir expresiones como: *temblar de miedo, mearse de risa...* que pueden tener un sentido literal o no.

Mediante la asociación del estado mental y el físico podemos establecer metáforas que nos permiten una mejor comprensión de nuestra situación y, sobre todo, mejor expresión lingüística de nuestras emociones. Estos dos factores, la mejora en la comprensión y en la expresión, implican una mejora comunicativa. El uso de las metáforas ayuda a que entre emisor y receptor exista un mayor entendimiento, de otro modo las emociones serían difíciles de transmitir puesto que son experiencias íntimas propias de un único individuo que el otro individuo no puede percibir por los sentidos.

2. Vocabulario con el que vamos a trabajar

El vocabulario relacionado con las emociones es amplísimo y la extensión de este trabajo no permitía manejar un gran número de términos, por estos motivos fue necesaria la realización de una selección de palabras.

Era necesario un vocabulario muy básico; con básico nos referimos a emociones fácilmente experimentables, compartidas por la mayoría de los seres humanos y expresadas en un gran número de lenguas.

El análisis requería un apoyo teórico para la realización de la selección, para ello tomamos como punto de partida las seis emociones básicas propuestas por Ekman (1975): alegría, tristeza, miedo, asco, enfado y sorpresa.

3. La expresión de las emociones

3.1. ¿Cómo expresamos las emociones?

Las emociones se pueden expresar de manera volicional o no volicional. Consideramos que la expresión de una emoción se hace de manera volicional cuando existe intención por parte del emisor para la expresión

La metáfora como recurso para la expresión de las emociones   585

de dicha emoción. Para ello el emisor cuenta con dos métodos, puede expresar verbalmente sus sentimientos o puede hacer uso de la expresión facial y corporal. Para la expresión verbal de los sentimientos es común la utilización de la metáfora. Como veremos a continuación la metáfora es un vehículo idóneo para la expresión de emociones porque este tipo de experiencias son difíciles de transmitir debido a su intimidad. No son fácilmente perceptibles por los demás y el individuo se ve obligado a explicarlas.

La expresión de una emoción se hace de manera no volicional cuando no existe intención comunicativa voluntaria por parte del emisor, pero igualmente a los receptores llega un mensaje. Normalmente en estos casos el receptor interpreta la expresión facial y corporal, los elementos paralingüísticos, kinésicos...

3.2. El uso de la metáfora

En una primera aproximación a la expresión de las emociones en LSE parece que esta no depende de la expresión en español. Los signos no son creados tomando como referencia la lengua oral, sino que utilizan sus propios mecanismos para la creación de este campo léxico concreto.

3.2.1. El recurso de la iconicidad

Al hablar de la metáfora, inevitablemente se entra en el campo de la iconicidad. Un proceso de representación metafórica es un proceso de representación icónica. En este tipo de procesos se establecen relaciones de analogía.

En estos procedimientos se parte de un concepto que requiere representación lingüística. A continuación debemos seleccionar una imagen de las que ofrece ese concepto. Una vez hemos seleccionado la imagen, pasamos a representarla mediante los mecanismos del lenguaje, para ello se extraen los detalles más importantes. Como señalan Lakoff y Johnson (1980), la sistematicidad metafórica nos permite destacar y ocultar, destacamos ciertos detalles que aportan mayor información y ocultamos los menos informativos. Por último codificamos de forma lingüística la imagen previa.

586   *Silvia Iglesias Lago*

La iconicidad es un rasgo característico de las lenguas de signos. (Cuxac 2000). Aunque es cierto que las lenguas orales también hacen uso de este recurso, las lenguas de signos han logrado explotarlo al máximo y su modalidad viso-gestual les permite sacar un mayor rendimiento.

Las lenguas signadas hacen uso de la metáfora y también de otros recursos icónicos como el dibujo de los trazos del objeto, el señalar directamente el objeto denotado (por ejemplo, las partes del cuerpo)...

3.2.2. Diferencias y semejanzas en el uso de la metáfora

Este trabajo se centra en dos lenguas, la lengua de signos española y el español. Tomando como referencia ambos idiomas, se ha llegado a la conclusión de que las metáforas son compartidas por ambas lenguas, pero las utilizan de modo diferente. Es decir, para la codificación o la creación de una palabra, la lengua de signos española puede echar mano de una metáfora diferente de la que usa la lengua española para expresar el mismo concepto. Esta metáfora, de todos modos, aparece en otros conceptos. Por ejemplo, *deprimido* en lengua española utiliza la metáfora TRISTE ES ABAJO. Para expresar el mismo concepto, en lengua de signos también se utiliza esta metáfora, pero además se utiliza LAS EMOCIONES ESTÁN EN EL PECHO. Esta metáfora también existe en español, cuando decimos, por ejemplo: *me partió el corazón*, pero no se hace uso de ella cuando nos referimos, como acabamos de ver, al término *deprimido* en particular, sino de otras palabras que se pueden relacionar con la tristeza.

La mayoría de los signos relacionadas con la emoción se localizan en la zona del pecho, entre un hombro y otro o en el espacio neutro que se sitúa delante del pecho. Esto se explica porque en la cultura occidental los sentimientos se han relacionado con el corazón, de él se ha considerado como que surgen nuestros sentimientos y nuestras emociones. Se ha comprobado que, en muchas lenguas signadas, los significados relacionados con el pensamiento se sitúan en la cabeza o a la altura de la misma justo por encima del espacio neutro. El hecho de que culturalmente hayamos asociado el pecho con el mundo emocional y la cabeza con el mundo intelectivo queda reflejado lingüísticamente también en las lenguas orales, de este modo en español oral aparecen expresiones del tipo: *se me encoge el corazón, me lo dice el corazón, sigue tu corazón...* En estos ejemplos aparece la palabra *corazón* con un uso personificado, parece que este órgano dicta los comportamientos cuando estos se refieren al mundo emocional más que al intelectual.

En resumen, las metáforas que utilizan la lengua de signos española y el español no son tan diferentes en su base, lo que ocurre es que se hace diferente uso de ellas. Los conceptos relacionados con las emociones son compartidos por los sordos y oyentes que pertenecen a una misma cultura. El hecho de que las lenguas de signos utilicen la modalidad visogestual propicia la utilización de un lenguaje más icónico, de este modo las metáforas se observan con más facilidad.

En lengua oral también se usan las asociaciones metafóricas, pero es más difícil observarlas en palabras concretas, sin embargo, cuando se estudia la evolución de una palabra diacrónicamente o al observar el significado de expresiones idiomáticas y frases hechas, las relaciones metafóricas aparecen. En lengua de signos también es posible realizar un rastreo diacrónico de las palabras si queremos buscar asociaciones metafóricas, y estas van a surgir. Pero no es necesario recurrir a la historia de la lengua para obtener resultados, puesto que las metáforas, las asociaciones de conceptos, son observables en un análisis sincrónico del sistema gracias a la iconicidad.

En todos los estudios sobre metáforas se suele hacer referencia a las experiencias personales con el mundo, es a partir de estas experiencias que podemos establecer asociaciones entre conceptos y de este modo codificar conceptos que resultan más complicados de aprehender. Pero, a pesar de que los humanos compartimos gran cantidad de experiencias (las que se refieren al movimiento, orientación...) no todas ellas se utilizan del mismo modo en todas las lenguas. Las lenguas dependen de una comunidad lingüística, esta comunidad de personas comparte un conocimiento común y esto se refleja en su sistema lingüístico. No entramos en este momento en el debate sobre si las lenguas condicionan las culturas o a la inversa, pero está claro el hecho de que ambas interactúan en una misma comunidad de personas.

Hay un conocimiento cultural compartido por sordos y oyentes de un mismo lugar, pero se ha podido comprobar que el significado de ciertas expresiones de la lengua española se le escapan a los sordos y a la inversa. Sordos y oyentes de un mismo país comparten una cultura, pero no una lengua. Cada una de las lenguas va a evolucionar de manera distinta y si bien es cierto que ciertas metáforas son compartidas, existen nuevas relaciones que se escapan por uno y otro lado. Sordos y oyentes

588   *Silvia Iglesias Lago*

no comparten la misma cultura al cien por cien, todo aquello que se relaciona con el mundo auditivo (música, cine, radio...) queda fuera de la comunidad sorda, pero el oyente puede realizar nuevas asociaciones conceptuales a partir de estos conocimientos. Entonces podemos decir que en ciertas ocasiones sordos y oyentes destacan experiencias distintas para expresar los conceptos, establecen relaciones particulares entre conceptos basándose en asociaciones diferentes. Se puede llegar a decir que ciertas asociaciones no son mutuamente inteligibles entre los emisores de una y otra lengua, especialmente cuando se trata de las frases hechas. Por ejemplo, frases como *caérsele a alguien el alma a los pies* o *estar de mala luna* se escapan a la comprensión de un sordo. Es necesario explicar el significado de estas oraciones para poder traducirlas. Observemos como ejemplo la primera frase hecha (*caérsele a alguien el alma a los pies*), en ella interviene la metáfora TRISTE ES ABAJO. Dicha metáfora es utilizada por ambas lenguas (la lengua española y la lengua de signos española). A pesar de que es una asociación reconocida y utilizada por interlocutores oyentes y sordos, la familiaridad del contexto de uso es fundamental para una mutua inteligibilidad.

Entonces, además de la posibilidad de establecer analogías entre conceptos y reconocerlas, es necesario cierto hábito de uso de las mismas. Los hablantes y signantes, en su caso, necesitan cierta familiaridad con las asociaciones metafóricas tanto para entenderlas como para utilizarlas. Las metáforas insólitas e infrecuentes son las que busca y utiliza el literato y se usan para llamar la atención del lector, para causar extrañamiento, su función no es facilitar la comunicación. De hecho, las metaforas literarias permiten variedad de interpretación, en la comunicación ordinaria la variedad de interpretación no es posible porque violaría la norma de la eficacia. Los mensajes ambiguos conducen a la confusión.

3.2.3. Expresión lingüística de las emociones en lengua de signos española

Parece que en los análisis de diferentes lenguas de signadas existen dos localizaciones claramente diferenciadas que se tienden a repetir: la zona del pecho para la expresión de todo aquello relacionado con el mundo emocional y la zona de las sienes y la frente para la expresión de lo relacionado con el mundo intelectual. La existencia de estas localizaciones ha sido vista en lenguas de signos como la *American Sign Langua-*

ge (ASL) o la *langue des signes française* (LSF), pero estas lenguas pertenecen a culturas occidentales, como la LSE. Sería interesante investigar lo que ocurre en otras lenguas de signos de culturas que no tengan una base común como las culturas orientales o las africanas.

Muchas de los signos relacionados con estados de ánimo se realizan a la altura del pecho (FELIZ, ALEGRE, DIVERTIDO, ANIMADO, EUFÓRICO). Todos ellos se pueden relacionar con la metáfora LAS EMOCIONES ESTÁN EN EL PECHO. Pero además existen otros signos relacionadas con sentimientos positivos que se localizan en el cuello. Esto se puede explicar de varias formas, Lakoff y Johnson (1980) hablaron de la metáfora LAS IDEAS SON COMIDA y algunos de los ejemplos aparecidos en la traducción al español de su libro se pueden aplicar también a sentimientos, por ejemplo: "lo que me dijo *me dejó mal sabor de boca*". Esta metáfora se puede interpretar mejor desde la perspectiva de las emociones y no de las ideas puesto que ese *mal sabor de boca* se refiere más a una sensación que a una idea.

Por otro lado a veces decimos que tal cosa es el *alimento del espíritu*, cuando realizamos tal expresión podemos referirnos a ideas puramente intelectivas, pero también a sentimientos como el amor, la compasión, la felicidad... Pero existe una explicación relacionada directamente con la fisiología propia del ser humano: ante ciertas situaciones es habitual que las personas sientan "un nudo en la garganta"; este es típico de emociones fuertes y sentimientos negativos, pero esa respuesta fisiológica a un estímulo psíquico establece una relación entre ambos planos que luego sale a relucir en el lenguaje. Lo mismo ocurre con las sensaciones que percibimos en el estómago ante ciertos estados, como puede ser el nerviosismo. Estas experiencias físicas tienen su repercusión psicológica a la hora de formar conceptos y de expresar lingüísticamente ciertas emociones. Nuestra experiencia corporal nos hace crear una metáfora para estas emociones. Entonces se deduce una nueva metáfora a partir de la propuesta por Lakof: LOS SENTIMIENTOS SON ALIMENTOS.

Así en LSE existen varios signos que se realizan en el cuello, concretamente en la zona de la garganta, signos como APETECER, GANAS, GUSTAR que se relacionan con el apetito. No resulta extraño que se asocien a la garganta. En español existe la frase "no tragar algo o a alguien" en el sentido de que algo o alguien nos disgusta, no es de extrañar entonces que esa misma asociación de conceptos se haga en un sentido afirmativo.

Otra peculiaridad que se puede observar en muchos de los signos relacionados con sentimientos positivos es el movimiento. ALEGRE,

590   *Silvia Iglesias Lago*

FELIZ, ANIMADO, DIVERTIDO... llevan en su realización un movimiento de las manos bien distinto del movimiento que se utiliza para la realización de los signos opuestos que suele ser más breve y sencillo. Los estados de ánimo positivos se suelen relacionar con una mayor actividad en la persona, mientras que los estados negativos se relacionan con la pasividad. Esto se pone de manifiesto en la realización de los signos. Pero también en la lengua oral tenemos expresiones como: *estar como una moto, feliz como unas castañuelas, saltar de alegría*[1]. Esto se relaciona directamente con la experiencia real. Cuando nos encontramos felices nos apetece hacer cosas, cuando estamos apáticos no apetece hacer nada. De aquí se podría derivar la metáfora: FELIZ ES ACTIVO. Como contraste los signos relacionados con la tristeza suelen tener una realización lenta. Existen estudios que demuestran la influencia de la pasividad y la actividad en la personalidad, conducta y estados afectivos de los individuos.[2]

Por otro lado tenemos la metáfora FELIZ ES ARRIBA. Así tenemos signos como TRISTE o DEPRIMIDO en los que observamos un movimiento hacia abajo de las manos. El significado metafórico de este movimiento ya ha sido estudiado en otras lenguas signadas como la americana o la francesa. A propósito de la ASL, Taub (2001) y Wilcox (2000) ya analizan algunos ejemplos en los que funciona la metáfora FELIZ ES ARRIBA. En LSE esta metáfora no es demasiado rentable, pero sí su contraria TRISTE ES ABAJO. Se percibe una orientación hacia abajo en ciertos signos como los anteriormente citados. Wilcox (2000) incluye la metáfora FELIZ ES ARRIBA en el grupo de metáforas orientacionales. Estas se caracterizan por la relación que establecen con la orientación espacial. Aparecen en nuestro repertorio gracias a nuestras experiencias físicas y culturales. Las asociaciones que se establecen entre los conceptos que intervienen en estas metáforas no son arbitrarias sino que dependen de nuestra cultura. Así, una persona triste suele ir encogida y mirando hacia abajo, de ahí una posible interpretación a nuestra metáfora. En español existen gran cantidad de frases hechas que se relacionan con TRISTE ES ABAJO: *no levantar cabeza, caérsele a alguien el alma a los pies, estar tocando fondo.*

---

1. A propósito de este ejemplo, parece que esta frase hecha del español también aparece en LSE con el mismo significado.
2. Julius Kuhl, trabaja en la actualidad en este tema en la Universidad de Osnabrück (Alemania).

La metáfora como recurso para la expresión de las emociones   591

Ya he mencionado más arriba la metáfora LOS SENTIMIENTOS ESTÁN EN EL PECHO a propósito de los estados de ánimo relacionados con la felicidad, como cabría esperar, los relacionados con la tristeza también utilizan esta metáfora, así signos como PENA, ANGUSTIA, DEPRESIÓN se realizan a la altura del pecho.

ANGUSTIA se realiza además con proximidad relativa al cuello, podría entonces tener relación con dos metáforas: LOS SENTIMIENTOS ESTÁN EN EL PECHO y LOS SENTIMIENTOS SON ALIMENTOS. La sensación de angustia se relaciona también muy directamente con el nudo en la garganta del que antes hablábamos y la realización en LSE resulta muy icónica puesto que las manos se cierran una sobre otra como indicando una obstrucción. En una primer momento de realización del signo las manos aparecen abiertas pero con los dedos doblados como para la configuración de la letra C (el pulgar hacia abajo y el resto de los dedos juntos hacia arriba haciendo una pequeña curva con lo que se imita la letra "c"), los dedos se van cerrando hasta que al final de la realización del signo los puños aparecen completamente cerrados. A propósito de esta palabra, *angustia* en español deriva del latín *angustus* que significa 'estrecho, cerrado', se relaciona también con el hecho de un impedimento para tragar, algo que cierra el paso (Corominas 2000), el nudo en la garganta al fin y al cabo.

En cuanto a la emoción correspondiente al enfado, se puede comprobar como en LSE el aumento de dicha emoción se refleja lingüísticamente. El signo ENFADO no es demasiado icónico en cuanto a la realización manual, en la expresión facial sí se pone de manifiesto la iconicidad. Pero según aumenta la intensidad del enfado sí se aprecian cambios significativos. Para IRA se utiliza la mano dominante adoptando la configuración 5 (la mano abierta y los dedos estirados) con los dedos encogidos, el signo se localiza en el pecho, la punta de los dedos roza el pecho y se dirige hacia arriba. RABIA se realiza con la misma configuración, localización y dirección que IRA, pero en lugar de rozar el pecho, se da un golpe sobre él. Para indicar FURIA la configuración que adopta la mano dominante es la misma que en RABIA, la localización también es la misma, los dedos también dan un golpe en el pecho pero se orienta hacia la derecha en lugar de hacia arriba. El enfado en alta intensidad suele conducir a la violencia, esto queda reflejado lingüísticamente en lengua de signos con la realización del golpe, este indica brusquedad y no aparece en signos que se relacionan con emociones asociadas a la pasividad, la quietud, la calma o el bienestar. Etimológicamente *furia* en español proviene del latín *furia* con el significado de 'violencia' (Corominas 2000). Por tanto esta asocia-

592   *Silvia Iglesias Lago*

ción ya no es nueva ni exclusiva de la lengua de signos sino una asociación cultural.

Otro signo en el que intervienen los golpes para su realización es SORPRESA. De nuevo se puede relacionar el golpe con la actividad, el movimiento. La sorpresa no implica quietud o calma sino todo lo contrario, cuando uno se sorprende experimenta un cambio, se sorprende porque hay algo que deja de funcionar como lo hacía. La sorpresa tanto puede ser negativa como positiva, esto no tiene que ver con el hecho de golpearse o no.

La localización de este signo también es en el pecho puesto que se entiende como un hecho emocional. Por el contrario el signo ASOMBRO se realiza a la altura de la frente. Sin duda, tanto uno como el otra pertenecen a la misma familia emocional, pero el hecho de que ASOMBRO se localice a la altura de la frente se puede deber a que este implica una mayor consciencia por parte del individuo. Este signo es el que suelen utilizar los sordos para indicar que algo les ha sorprendido, les ha causado extrañeza. Por tanto aquí hay una toma de consciencia de un asunto sobre el que luego se opina.

Con estos conceptos se puede relacionar el SUSTO. En este signo también encontramos un movimiento que supone una alteración o cambio. Se realiza con las manos en la configuración Q (todos los dedos se tocan por las yemas) a la altura de la parte delantera de los hombros con un movimiento breve y rápido arriba y abajo. Muchos individuos cuando son víctimas de un susto realizan un salto, este es un mecanismo de defensa que se activa en ciertas situaciones y esta experiencia personal sale a relucir en el lenguaje, recordemos, por ejemplo, que en español existe el término *sobresalto*. En lengua de signos española, la realización de SUSTO también recuerda al movimiento que realiza una persona cuando experimenta tal emoción.

Por último vamos a hablar un poco del asco. Esta emoción se asocia con el sentido del gusto en gran medida, al menos en español. Si consultamos el Diccionario de María Moliner (2001) nos encontramos con que la primera acepción es: "Sensación provocada por algún alimento, que incita a vomitarlo como si lo rechazase espontáneamente el estómago. Resistencia involuntaria a tomarlo, que puede ir o no ir acompañada de náuseas, provocadas por su aspecto u olor, por pensar o ver que está sucio o por cualquier circunstancia personal" Tras esta, la segunda acepción ya se refiere a lo emocional: "Impresión de repulsión física o moral, causada

La metáfora como recurso para la expresión de las emociones   593

por cualquier cosa, aunque no sea de comer."[3] En lengua de signos. española la realización de ASCO también se puede relacionar con este hecho. Este signo se puede asociar a la metáfora LOS SENTIMIENTOS SON ALIMENTOS ya que se realiza con las manos en configuración 5 (manos abiertas y dedos extendidos) situadas a la altura del cuello, en un primer momento los dedos se orientan hacia delante de modo que las muñecas van rotando y desplazando las manos hasta que las puntas de los dedos se orientan finalmente hacia el cuello.

Referencias

Ballesteros Jiménez, Soledad y Beatriz García Rodríguez
    2001   *Procesos psicológicos básicos*. Madrid: Universitas.

Bouvet, Danielle
    1997   *Le corps et la métaphore dans les langues gestuelles. À la recherche des modes de production des signes*. Paris: L'Harmattan.

Corominas, J. & J. A. Pascual
    2000   *Diccionario Crítico etimológico castellano e hispánico*. Madrid: Gredos. [1980]

Cuenca, María Joseph & Joseph Hilferty
    1999   *Introducción a la lingüística cognitiva*. Barcelona: Ariel.

Cuxac, Christian
    2000   *La langue des Signes Française (LSF). Les voies de l'iconicité*. Paris : Ophrys.

Ekman, Paul
    1975   *Unmasking the Face. A guide to recognizing emotions from facial expressions*. New Jersey: Prentice-Hall.

Gibbs, Raymond W. & Gerard J. Steen (eds.)
    1999   *Metaphor in Cognitive Linguistics*. Amsterdam: John Benjamins Publishing.

Inchaurralde, Carlos & Ignacio Vázquez (eds.)
    2000   *Una introducción cognitiva al lenguaje y la lingüística*. Zaragoza: Mira Editores.

Klima, Edward & Úrsula Bellugi
    1929   *The signs of language*. Cambridge: Harvard University Press.

Lakoff, George & Mark Johnson
    1980   *Metáforas de la vida cotidiana*. Madrid: Cátedra.

---

3.   Según Corominas (2000) *asco* proviene de *osgar cuyo significado es "odiar" y que a su ver proviene del latín *OSCIARE cuyo origen se encuentra en el participio OSUS del verbo ODI.

594 *Silvia Iglesias Lago*

Mcneill, David
2000   *Langage and gesture*. Cambridge: Cambridge University Press.
Moliner, María
2001   *Diccionario de uso del español*. Madrid: Gredos. 2ª ed. en CD-ROM.
Ortony, Andrew, Gerald L. Clore & Alan Coolins
1996   *La estructura cognitiva de las emociones*. Madrid: Siglo XXI de España Editores.
Pinedo, Félix-Jesús
2000   *Diccionario de lengua de signos española*. Madrid: CNSE.
Saussure, Ferdinand de
1976   *Cours de linguistic générale*. Paris: Payot.
Taub, Sarah F.
2001   *Language from the body. Iconicity and Metaphor in American Sign Language*. Cambridge: Cambridge University Press.
Rodríguez González, Mª Ángeles
1992   *Lenguaje de signos*. Madrid: CNSE.
Wilcox, Phyllis Perrin
2000   *Metaphor in American Sign Language*. Washington: Gallaudet University Press.

Body language in intercultural negotiations

Begoña Jamardo Suarez

Abstract

Globalisation has brought about the growing trend to communicate with people from different cultural backgrounds (Hofstede 1994 : 3). This has become an urgent need in the business world, where multicultural encounters are already a common practice (Hendon 2000: 85). People participating in international negotiations are compelled to face not only problems derived from cultural differences (English et al. 1995: 87) but also the misunderstandings resulting from lack of personal knowledge and the use of a language which is not their mother-tongue (Mole 1999: 219).

Non-verbal language accounts for almost 50% of human communication. This means that, to a large extent, message decoding is carried out through non-verbal and vocal channels. Body language is a universal tool used by human beings of all cultures and it provides the interlocutors with not only data but also, and what is more important, with essential information about personal attitudes and feelings. Therefore, the ability to interpret what people really mean through their body language can lead to better cultural understanding and, ultimately, to improved business relationships.

Keywords: Body Language, intercultural negotiations, non-verbal communication.

1. The importance of non-verbal communication

Globalisation has brought about the growing trend to communicate with people from different cultural backgrounds (Hofstede 1994: 3). This has become an urgent need in the business world, where multicultural encounters are already a common practice (Hendon 2000: 85). Although most business communication is carried out through written channels, the final and most crucial step in international operations is usually a face-to--face encounter between the partners involved. People participating in international negotiations are compelled to face not only problems derived from cultural differences (English et al. 1995: 87) but also the misunderstandings resulting from lack of personal knowledge and the use of a second language (Mole 1999: 219).

In all human encounters, and business ones in particular, participants should be aware that first impressions count, and it is a fact that there is no second opportunity to cause a first impression on someone. As we can see on the pie chart on Figure.1, the impact of non-verbal messages accounts for 45% percent of all our communication (Goodale1998: 46), although according to some researchers that percentage can reach 60% (Axtell1998:2). As a result of that, a command of non-verbal language is increasingly considered to be essential in cross-cultural meetings (Guffey 2000: 68).

Figure.1 below shows the main components of human communication in terms of message impact on the receiver (Guffey 2001: 7; Levy 1997:129; Levy, 2001: 42 Goodale 1998: 52).

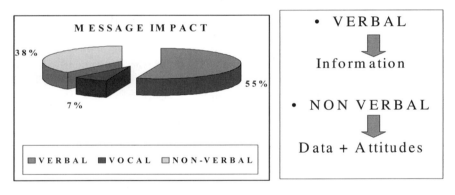

Figure 1. Components of human communication

Non-Verbal impact is based mainly on physical factors such as the sex, age, body and facial stereotypes, or gestures made by the interlocutor. Other aspects that have an impact on the listener when decoding the message are the personal distance maintained with the speaker or the amount of touching or physical contact during the conversation.

As far as vocal input is concerned, listeners concentrate on the analysis of timbre, pitch, speed, volume, and diction. Regarding the verbal component of message interpretation, this is made up of the vocabulary elected by the speaker, the formal or informal register used and the speech style, that is, the direct or indirect approach.

As a result of all the above mentioned, it can be stated that non-verbal language, also named body language, may greatly contribute to intercultural understanding and to improve the negotiation approach used by speakers from all cultural backgrounds.

There are two main reasons that explain its high usefulness in cross-cultural communication. The first reason is that non-verbal communication is a universal tool common to all human beings, and the second is that it cannot be easily faked.

Much research and debate has been done to discover whether non-verbal signals are learned, genetically transferred or culturally acquired. Evidence was collected from observation of blind and deaf people who could not have learnt them through the auditory or visual channels, from observing the behaviour of many different cultures around the world and from studying the gestures of our nearest anthropological relatives, the apes and the monkeys (Pease 1994: 11).

The conclusions indicate that most human gestures are inborn and common to all cultures. Human primary emotions, that is happiness, anger, surprise, sadness , disgust and scorn, are expressed unconsciously through the movement of the same facial muscles. When people are happy they smile. When they are sad or angry they frown.

Nodding the head is almost universally used to indicate yes. It appears to be an inborn gesture as it is shaking the head from side to side to indicate no. The latter may well be a gesture learned in infancy. When a baby has had enough milk, he turns his head from side to side to reject his mother's breast. When a young child has had enough to eat he shakes his head from side to side to stop his parents attempt to put the spoon into his mouth .The shoulder shrug is also a good example of a universal gesture that is used to show that a person does not know or understand what you are talking about.

However, it must be also be pointed out, that a lot of gestures that are shared by cultures worldwide can be interpreted differently from culture to culture. Take for example the V sign (Axtell 1998: 47). This sign in Anglosaxon countries (UK, US, Australia and New Zealand) is done with the palm facing out to mean victory and with the palm facing the speaker for the obscene insult version. However in most parts of Europe the palm facing the speaker is the actual version of victory and has no insulting connotations. In some European countries this signal also means the number two.

598   *Begoña Jamardo Suarez*

In this article we will focus exclusively on the study of one specific component of non-verbal language: Gestures and movements. However, before presenting the meaning of some universal hand gestures, a careful analysis of body language interpretation is required in order to avoid common misunderstandings in dealing with this topic.

2. Interpretation of body language

One of the most serious mistakes a novice in body language can make is to interpret a solitary gesture in isolation of other gestures or other circumstances. For example, scratching the head can mean a number of things- uncertainty, forgetfulness, lying, sweating, etc, depending on the other gestures that occur at the same time, so we must always look at gesture clusters for a correct reading.

Like any language, body language consists of words, sentences and punctuation. Each gesture is like a single word and a word may have several meanings. It is only when you put the word into a sentence with other words that you can fully understand its meaning. The "perceptive" person is one who can read the non-verbal sentences and accurately match them against the person's verbal sentences.

In addition to looking for gesture clusters and congruence of speech and body movement, all gestures should be considered in the context in which they occur. For example, if a person is at a bus terminal with arms and legs tightly crossed and chin down and it was a chilly day, it would most likely mean that he or she was cold, not defensive or negative about the situation.

Another factor that can influence body language is social status. A person at the top end of the social scale can use a wide range of words to communicate, whereas the less educated or unskilled person will rely more on gestures than words to communicate.

The speed of some gestures and how obvious they look to others is also related to the age of the individual. For example, if a five-year old child tells a lie to his or her parents, the mouth will be deliberately covered with one or both hands immediately afterwards. When the teenager tells a lie, the hand is brought to the mouth but instead of the obvious handslapping gesture over the mouth the fingers rub lightly around it.

This mouth-covering gesture becomes even more refined in adulthood. When the adult tells a lie, his brain instructs his hand to cover his mouth just as it does a five-year-old. But at the last moment the hand is pulled away from the face and a nose touch gesture results.

Is faking body language possible? The general answer to this question is no because of the lack of congruence that is likely to occur between gestures and the spoken words. The difficulty with lying is that the subconscious mind acts automatically and independently of our verbal lie, so our body language gives us away. During the lie, the subconscious mind sends out nervous energy that appears as a gesture.

There are, however, some cases in which body language is deliberately faked. Some politicians are experts in faking body language in order to get the voters to believe them. Those who succeed in doing it are said to have charisma. Actors or TV announcers are also experts in faking gestures.They refine their body language with hard training. Some professional interviewers and sales people have also developed the unconscious ability to read the microgestures (those that take place within a split of a second – contractions of pupils, sweating, increased rate of eye blinking etc) during face-to-face encounters.

It is obvious, then, that to be able to lie successfully, you must have your body hidden or out of sight. This is why the police interrogations involves placing the suspect on a chair in the open or under lights with his body in full view of the interrogators. Naturally, telling lies is much easier if you are sitting behind a desk where your body is partially hidden. However, the best way to tell lies is over the telephone. Maybe that is the reason why important business negotiations always require face-to-face meetings.

3. The meaning of some hand gestures

3.1. Palm and finger gestures

The meaning of palm positions is a relic of the caveman era. Whenever cavemen met, they would hold their arms in the air with their palms exposed to show that no weapons were being concealed. Throughout history , the open palm has been associated with truth and honesty. That is the reason why many oaths are taken with the palm over the heart, and the palm is held in the air when somebody is giving evidence in a court of law. This is a gesture commonly used by the Pope and by politicians when they want to appear more credible and try to convince the audience about the sincerity of their proposals. Its meaning could be worded as "let me be completely open with you".

As a consequence, the palm facing up is used as a "submissive non-threatening gesture", whereas the palm-down position invests its user with a degree of "authority" or silent command over others. This has a direct impact in one of the most common human gestures: handshaking. The way a person shake hands gives out a lot of information about his/her character and attitude.

The "Palm-Down Thrust" handshake in Figure.2 is certainly the most aggressive hand shake style, as it gives the receiver little chance of establishing an equal relationship. This handshake is typical of the aggressive, dominant negotiators who try to gain control of the situation. On the contrary, the "Palm-up" handshake in Figure.3 has the opposite interpretation. It shows a submissive non-threatening attitude.

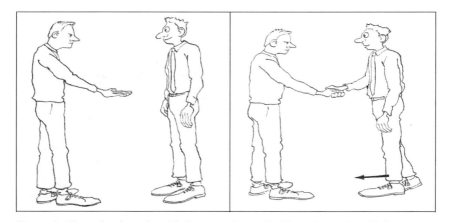

Figure 2. The palm-down handshake   *Figure 3.* The palm-up handshake

Other meaningful handshakes are the "Dead Fish"(Figure.4) and the "The Glove" (Figure.5). Few handshakes are as uninviting as the dead fish, particularly when the hand is cold or clammy. The soft, placid feel makes it universally unpopular and most people relate it to weak character (Morrison *et al.*, 1994: 409). Surprisingly, many people who use this hand shake are unaware that they do so.

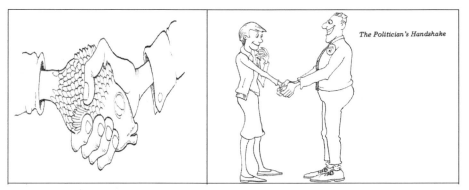

Figure 4. The dead-fish handshake *Figure 5.* The glove handshake

Another common hand gesture is "The pointed finger" with the palm closed into a fist. The speaker figuratively beats the listener into submission. The pointed finger is one of the most irritating gestures that a person can use while speaking.

3.2. Hand to face gestures

Recognition of non-verbal deceit gestures can be one of the most important applications of body language, particularly in business negotiations. When we speak and hear untruths or deceit, we often attempt to cover our mouth, eyes or ears with our hands. These gestures are inherited from childhood.

The "Mouth Guard" gesture (Figure.6) can be interpreted as an attempt of the speaker to suppress or conceal the deceitful words he/she has said. Sometimes this gesture may only be several fingers over the mouth or even a closed fist, but its meaning remains the same. Many people try to disguise the mouth guard by giving a fake cough.

The "Nose Touch" (Figure.7) is a sophisticated variation of the mouth guard. It may consist of several light rubs below the nose or it may be one quick, almost imperceptible touch. When the negative thought enters the mind the subconscious instructs the hand to cover the mouth, but, at the last moment, in an attempt to appear less obvious, the hand pulls away from the face. Like the mouth guard, it can be used both by the speaker to disguise his own deceit and by the listener who has doubts about the speaker's words.

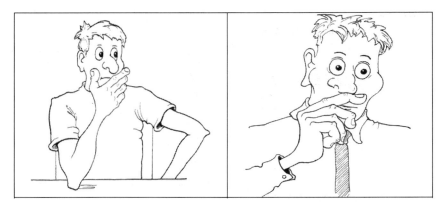

Figure 6. The mouth-guard   *Figure 7.* The nose-touch

The "Neck Scratch" in Figure.8, a variation of which would be scratching the earlobe, is a repetitive gesture. Usually the person scratches the neck at least five times. This gesture is a signal of doubt and is characteristic of a person who feels uncertain about what he or she is going to say. It is very noticeable when it contradicts verbal language, for example, when the person is saying that he or she does not understand.

Figure 8. The neck-scratch gesture

It must be pointed out that mouth-guard movements and their variations should not be confused with "Evaluation" or "Making a decision" hand-to-face gestures (Figures 9 & 10). A clear difference is that these latter movements do not require to cover the mouth.

Figure 9. Evaluation gesture   *Figure 10.* Making a decision

4. Conclusion

Body language is an effective universal tool to promote understanding between people of different cultures who need to communicate using a second. It is highly useful in contexts where an accurate interpretation of the message is required and where inferring the interlocutor's attitude towards what is being said is essential. This is the case of business negotiations where being able to anticipate the partner's reaction to a proposal can be the key to success.

References

Axtell, Roger
   1998   *Gestures: The Do's and Taboos of Body Language around the world.* New York: John Wiley & Sons.

English, Laura M. & Sarah Lynn
   1995   *Business Across Cultures.* New York: Longman.

Goodale, Malcolm
   1998   *Professional Presentations.* Cambridge: Cambridge University Press.

Guffey, Ellen M.
   2000   *Business Communication.* Cincinnati: South-Western College Publishing.
   2001   *Essentials of Business Communication.* Cincinnati: South-Western College Publishing.

Hendon, Donald & Rebeca Hendon
   2000   *Como Negociar en Cualquier Parte del Mundo.* México: Limusa.

604　*Begoña Jamardo Suarez*

Hofstede,Geert
    1994   *Cultures and Organizations: Intercultural Cooperation and its Importance for Survival.* London: Harper Collins Publishers.
Levy, Michael
    1997   *Presentation Tips and Techniques.* Cambs: Wyvern Crest Publications.
    2001   *Presentations Made Easy.* London: Law Pack.
Mole, John
    1999   *Mind your Manners.* London: Nicholas Brealey Publishing.
Morrison, Terry, Wayner Conaway & George Burden
    1994   *Kiss, Bow or Shake Hands: How to do business in sixty countries.* Massachussets: Adams Media Corporation.
Pease, Allan
    1984   *Body Language: How to read others' thoughts by their gestures.* London: Sheldon Press.

"🐛🐍👿💀! *Mas porque é que…?"*: A expressão de pensamentos contrafactuais em Português

Ana Cristina Carvalho Martins

Resumo

Os pensamentos contrafactuais consistem em cenários imaginários contrários ao ocorrido e assumem, por norma, a forma de proposições condicionais, contendo um antecedente (*"se"*) e um consequente (*"então"*) (e.g., Kahneman & Miller 1986; Miller, Turnbull, & McFarland 1990; Roese 1994; Roese & Olson 1995; Roese & Olson 1997). Existem, no entanto, outras expressões verbais previstas na literatura como *"at least"*, *"if only"*, *"next time"*, *"should've"*, *"could've"* (e.g., Sanna 1996; Sanna & Turley-Ames 2000). Mais recentemente, Martins identifica a expressão *"Porque é que…?"* como a mais utilizada pelos participantes dos seus estudos. Partilhando a ideia de que o pensamento contrafactual sofre alterações de acordo com a cultura e a língua em questão (e.g., Au 1984, 1992), desenvolveu um estudo junto de 195 estudantes universitárias, as quais, após a leitura de um cenário relativo a um crime de violação, foram instruídas a redigir os pensamentos contrafactuais que considerassem terem passado pela cabeça da vítima após o crime. Aquelas que registaram pensamentos do tipo *"Porque é que…?"* foram submetidas a uma entrevista directiva cujas respostas globais permitiram concluir que esta substituiu, preferencialmente, a expressão *"Se…, então…"* em Português. Os resultados são discutidos em termos da sua atribuição a erros de instrumentação *versus* a diferenças linguísticas e culturais.

Palavras-chave: expressões contrafactuais, diferenças linguísticas, pensamento contrafactual.

1. Introdução

> "…, where there is a will (or necessity) to communicate, there is a way."
> (Au, 1992, p.210)

1.1. *"Era uma vez…": Breve história de uma longa caminhada de (in)sucessos*

Os pensamentos contrafactuais consistem em cenários imaginários contrários ao ocorrido e decorrem da nossa propensão para criar, espontanea-

606 *Ana Cristina Carvalho Martins*

mente, alternativas aos factos passados, principalmente, ainda que não só, quando esses factos nos são adversos (e.g., Kahneman & Miller 1986; Miller, Turnbull, & McFarland, 1990). Estes pensamentos assumem, por norma, a forma de proposições condicionais, contendo um antecedente (*"se"*) e um consequente (*"então"*) (e.g., Kahneman & Miller 1986; Roese 1994; Roese & Olson 1995; Roese & Olson 1997). Existem, no entanto, outras expressões verbais previstas na literatura, como *"at least"*, *"if only"*, *"next time"*, *"should've"*, *"could've"* (e.g., Sanna 1996; Sanna & Turley-Ames 2000).

Uma das áreas que tem vindo a merecer o enfoque do pensamento contrafactual é a da percepção de crimes (e.g., Botthwell & Duhon 1994; Branscombe et al 1996; Burrus 1999; Catellani & Milesi 2001; Macrae, Milne, & Griffiths 1993; Turley, Sanna, & Reiter 1995). Neste contexto, importa perceber se (e se sim, em que medida) a produção de contrafactuais acerca de um cenário de um crime afecta a percepção do mesmo, em termos afectivos e cognitivos.

Constituindo o julgamento de crimes um campo de interesse de Martins desde há alguns anos (e.g., Martins 1996, 1997; Martins & Fonseca 1992; Sousa, Martins, & Fonseca 1993) e perante o desconhecimento de trabalhos sobre o pensamento contrafactual neste domínio, em Portugal, a autora propôs-se encetar esta área.

Para o efeito, adoptou como quadro de referência os estudos produzidos noutros países, acima referenciados, cujos resultados punham em evidência, na maior parte dos casos, uma maior favorabilidade relativamente à vítima e uma maior desfavorabilidade relativamente ao agente, quer em termos afectivos, quer em termos de julgamento, aquando da existência de condições que propiciassem a produção de contrafactuais.

Ancorando nos procedimentos destes mesmos estudos, a autora desenvolveu uma sequência de experimentos (e.g., Martins 1998; Martins 1999; Martins 2000) os quais denunciaram, de forma sistemática, a reduzida produção de pensamentos contrafactuais, tanto em termos absolutos, como comparativamente com os estudos inspiradores.

Perante o contínuo de (in)sucessos decorrente da sucessiva introdução de alterações metodológicas ao nível do caso apresentado e/ou da instrução fornecida como fruto de a divergência de resultados obtida ser atribuída a erros de instrumentação, Martins decide replicar um dos estudos de base: o Estudo 2 de Macrae, Milne e Griffiths (1993).

A expressão de pensamentos contrafactuais em Português 607

1.2. Martins (2003) revisita Macrae, Milne e Griffiths (1993)

Macrae, Milne e Griffiths (1993) desenvolvem dois estudos no domínio do pensamento contrafactual acerca de crimes. Ambos os levam a concluir que, perante uma alternativa contrafactual, os sujeitos tendem a empatizar mais com as vítimas, a considerar os crimes como mais graves e a punir mais severamente os agressores. Estas suas conclusões são, no entanto, inferidas indirectamente, dado que os autores não mediram os pensamentos contrafactuais eventualmente produzidos. São, desde logo, os próprios que apontam este procedimento como constituindo uma lacuna, propondo que, em estudos que se sigam aos seus, se aceda aos pensamentos contrafactuais, concretamente através do uso de listagens escritas.

Martins (2003) revisitou Macrae, Milne e Griffiths (1993) tendo em conta este reparo. Ao fazê-lo, tomou em linha de conta a crítica tecida por Roese e Olson (1995) relativa ao facto de a maioria dos estudos medirem os contrafactuais com base numa listagem dirigida, isto é, solicitando aos sujeitos que listem os pensamentos do tipo *"Se..."* ou *"Se..., então..."* que lhes ocorram, procedimento que, segundo estes mesmos autores, acederia ao conteúdo dos contrafactuais mas se manifestaria insensível à sua activação espontânea. Propõem, então, a utilização de listagens livres como forma de ultrapassar a referida limitação. É assim que, numa óptica comparativa, Martins (2003) utiliza ambas as listagens.

Os resultados obtidos foram no sentido daqueles até então por si encontrados: o registo de um número diminuto de contrafactuais expressos verbalmente de acordo com a literatura, a par de um elevado número de pensamentos expressos sob a forma *"Porque é que...?"*.

E vem-lhe à memória os trabalhos de Au e de Bloom.

1.3. A expressão de pensamentos contrafactuais em Inglês e em Chinês: Au e Bloom *"discutem"*

Estávamos na década de 80 (século passado!) quando assistimos a uma acérrima discussão entre Au e Bloom, a qual tomou forma em alguns artigos escritos por cada um dos interlocutores.

Tudo parece ter começado quando, em (1981), Bloom coloca a hipótese de a existência de diferenças na construção contrafactual em Inglês

608   *Ana Cristina Carvalho Martins*

e em Chinês poder afectar os respectivos utilizadores nativos em termos do pensamento contrafactual. Segundo o autor, dada a construção contrafactual que distingue as duas línguas em questão, a qual radica no modo subjuntivo presente em Inglês mas não em Chinês, os utilizadores desta última estariam menos inclinados do que os primeiros para pensar contrafactualmente. Realiza, então, dois estudos que lhe permitem confirmar a sua predição.

Au (1983) insurge-se, pode dizer-se, e manifesta as suas reservas quanto a estes, argumentando com base na história-estímulo utilizada por Bloom (1981).

As coisas não ficam por aqui e, em (1984), é publicado um artigo de Bloom cujo título indicia a continuação do desacordo: *"Caution-the words you use may affect what you say: A response to Au*"*. Au retorque-lhe no mesmo número da mesma revista – *"Counterfactuals: In reply to Alfred Bloom"*. Partindo do princípio explicativo de os resultados apurados por Bloom (1981) se deverem ao facto de a história ser uni-idiomática e não à dificuldade de raciocinar contrafactualmente em Chinês *per se*, a autora rebate teórica e empiricamente cada uma das três objecções que lhe haviam sido levantadas por Bloom (1984). E termina concluindo que os resultados supra-referidos se devem ao facto de este (1981, 1984) haver subestimado a construção contrafactual em Chinês.

Mais tarde, em (1992), podemos encontrar um capítulo da autoria de Au dedicado ao pensamento contrafactual no livro *Language, Interaction and Social Cognition* editado por Gün Semin e Klaus Fiedler (194-213). Apesar de este adoptar uma perspectiva mais alargada, debruçando-se, nomeadamente, sobre o pensamento contrafactual nas crianças, voltamos a ver evocada a discussão supostamente já passada.

Julgamos que o seu último parágrafo constitui a melhor das evidências da posição da autora face à relação entre linguagem, cultura e cognição, posição que partilhamos, razões pelas quais ousamos transcrevê-lo:

> ... counterfactual reasoning is an integral part of everyday life for children as well as adults. In order to experience emotions such as regret, frustration, gratitude, sympathy, feeling lucky or unlucky, we need to entertain some counterfactual alternatives to the reality. In order to fantasize, to enjoy pretense play, fictions, and dramas, we need to enter some counterfactual worlds. In order to learn from past mistakes, we need to consider what might have been and should have been. These many and varied aspects of social cognition all seem to require counterfactual reasoning, and importantly, seem to be universal across cultures. How can something so fundamental and pervasive in human thinking be at the mercy of the

A expressão de pensamentos contrafactuais em Português 609

presence or absence of a distinct counterfactual marker in our languages? One way or the other, each language must have some way or ways to mark counterfactuality and to allow its speakers to think and talk counterfactually. In other words, where there is a will (or necessity) to communicate, there is a way (Au 1992: 209-210).

1.4. Moral da história

Se da discussão nasce a luz, desta que acabámos de relatar surgiu a hipótese de os resultados obtidos por Martins (2003) na sua re-visita a Macrae, Milne e Griffiths (1993) se deverem à existência de diferenças linguístico-culturais e não, forçosamente, a erros de instrumentação que viessem a ser cometidos pela autora na sua caminhada de in(sucessos).

A moral da história a que chegámos reenvia-nos para o cuidado a ter quando o estudo dos processos cognitivos assenta na expressão linguística, sob pena de cometermos enviesamentos graves, como seja, concluir que os chineses não pensam contrafactualmente.

Em causa não nos parece estar, agora, o material-estímulo mas, sim, a codificação das respostas dos sujeitos. Será que a expressão portuguesa *"Porque é que...?"* constitui, em termos contrafactuais, uma alternativa frásica às demais presentes na literatura?

Para respondermos à questão por nós levantada conduzimos o estudo que passamos a relatar.

2. Método

2.1. Participantes

O estudo foi realizado junto de 195 estudantes universitários de vários domínios à excepção do Direito.

Mostrando a literatura que homens e mulheres julgam um mesmo crime com um extremismo diferente (e.g., Kanekar & Sekaria 1993; Sousa, Mateus & Lopes 1993) todos os elementos eram do sexo feminino.

A sua média etária rondava os 22 anos (M=21.71; d.p.=3.75).

610 *Ana Cristina Carvalho Martins*

2.2. Instrumento

Foi utilizado o cenário sobre um crime de violação, construído por Martins no âmbito do seu doutoramento (e.g., 2000):

> No dia 21 de Fevereiro uma jovem que frequenta, em regime nocturno, o 3º ano da faculdade, dirigiu-se para casa, após as aulas, no seu automóvel, tendo adoptado um trajecto diferente do habitual. Encontrava-se parada num sinal vermelho quando foi surpreendida pelo condutor de outro veículo que entrou, abruptamente, no seu carro. Este agarrou-a, tapou-lhe a boca com a mão e arrastou-a para o interior da sua viatura, onde a violou.

2.3. Procedimento

Num primeiro momento foi solicitado às participantes que lessem, com atenção, o cenário que lhes fora entregue numa folha de tamanho A4 e que, em seguida, listassem, na folha pautada que o acompanhava, os pensamentos contrafactuais que julgavam terem ocorrido à vítima após a violação. Para isso, utilizámos a seguinte instrução: *"Muitas das vezes as pessoas pensam como as coisas poderiam ter ocorrido de uma outra forma, conduzindo a resultados diferentes dos obtidos, a um outro final. Coloque-se no lugar da jovem e diga quais os pensamentos do tipo 'Se..., então...' que acha que lhe terão passado pela cabeça, não no momento mas, sim, após o sucedido. (Por favor, use discurso directo, ou seja, escreva como se fosse a jovem a pensar 'em voz alta')."*

Estas folhas encontravam-se numeradas, tendo sido fornecida uma ficha a cada participante, ficha esta que continha o número da sua folha.

Uma vez recolhidas as respostas, auscultaram-se as presentes quanto a se permitiam que ali fossem consultadas as listas de pensamentos produzidas, garantindo a manutenção do anonimato assegurado desde o início. Todas o consentiram.

Esta consulta permitiu a identificação de pensamentos com uma lógica contrafactual, isto é, pensamentos que incidiam sobre um antecedente cuja alteração conduziria à mudança do resultado do cenário, mas expressos em formato não codificável como tal na literatura do domínio (e.g., *"Porque é que eu vim por aqui?"* o que parece ter subjacente a ideia de que *"Se eu não tivesse vindo por aqui, então não tinha sido*

A expressão de pensamentos contrafactuais em Português 611

violada."). Sempre que tal sucedeu, perguntou-se, em voz alta, se o elemento que possuía a ficha com o número respectivo se importava de quebrar o anonimato no sentido de responder a umas breves questões. Mais uma vez todas revelaram não haver qualquer constrangimento da sua parte em fazê-lo.

A entrevista foi conduzida individualmente, numa sala contígua àquela em que a primeira fase do estudo decorrera e assentou em 4 questões sequenciais:

1. Porque acha que a jovem terá tido este pensamento? (apontando para a resposta escrita da participante)
2. a) Acha que seria possível formular o mesmo pensamento iniciando-o com o termo *"Se..."*, sem que isso adulterasse o seu sentido?
Se **SIM**:
   b) Então, como o formularia? Quer tentar fazê-lo agora?
   c) Porque razão, quando deu a sua resposta, há pouco, por escrito, não o expressou dessa forma?

No final, as participantes retornaram à sala, onde se mantinha um outro experimentador que lhes solicitava que não dialogassem entre elas. Uma vez as entrevistas concluídas, todas as participantes foram esclarecidas quanto aos objectivos do estudo, tendo-lhes sido agradecida a sua participação.

3. Resultados e discussão

Os dados foram codificados por dois juízes independentes, cegos quanto às hipóteses do estudo, tendo-se chegado a um acordo de 95.04%. Os pontos de discordância foram resolvidos através de discussão entre os mesmos.

Em termos globais, das 195 participantes, 104 geraram pensamentos cotados como contrafactuais, perfazendo, estes, um total de 126 (Tabela 1 e Gráfico 1).

Verifica-se que a expressão *"Porque é que...?"* foi a mais usada, frequentemente precedida do termo "mas" e/ou de um termo calão [1],

---

1. Substituído, no presente trabalho, pela sequência de símbolos "🐗🔀⬤✧❦".

parecendo conotar o pensamento de algum afecto desfavorável (e.g., *"Porque é que eu não fui pelo caminho do costume?"*, *"🐞🧍‍♀️⚫️🐛"*, *porque é que eu não tranquei o carro?"*, *"Mas porque é que eu não passei o sinal vermelho?"*, *"🐞🧍‍♀️⚫️🐛, mas porque é que eu fui às aulas?!"*), com uma percentagem de 46.83%.

Esta expressão foi utilizada por 56 das 104 participantes que produziram contrafactuais.

Seguiram-se-lhe, em número bem mais reduzido, outras expressões contrafactuais previstas na literatura, como *"(Eu) devia/deveria..."* e *"(Eu) Não/Nunca devia/deveria..."*, constituindo, estas, no seu conjunto, 33.33% do total.

Tabela 1. N° e percentagem de pensamentos contrafactuais obtidos segundo o formato

EXPRESSÕES UTILIZADAS	N°	%
"(Mas) Porque é que ...?"	**59**	**46.83**
Outras expressões contrafactuais previstas	42	33.33
"Se..., então..."	18	14.26
Outras	7	5.55
TOTAL	**126**	**100**

A paradigmática proposição condicional *"Se..., então..."* conheceu uma percentagem de somente 14.26, tendo, assim, ocupado o penúltimo lugar neste *ranking*, apenas seguida de variadas outras formas (e.g., *"Quem me mandou mudar de trajecto?"*) as quais, no seu conjunto, corresponderam a 5.55%.

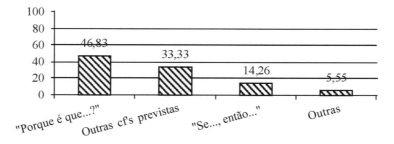

Gráfico 1. Percentagem de contrafactuais consoante o formato

A expressão de pensamentos contrafactuais em Português 613

Como referido, foi conduzida uma entrevista individual junto de cada uma das 56 participantes que produziram os 59 pensamentos do tipo *"Porque é que...?"* com o intuito de averiguar se, tal como se pressupunha, esta constituía uma forma frásica alternativa de expressão de contrafactuais.

Os seus resultados, sintetizados na Tabela 2, revelaram-se extremamente homogéneos e concordantes com a premissa de que partimos quanto ao facto de, nomeadamente na língua portuguesa, os pensamentos contrafactuais se expressarem de outras formas para além da proposição condicional universalmente adoptada na literatura sobre o domínio em questão (*"Se..., então..."*).

Assim, ao explicarem porque é que a jovem, em sua opinião, havia tido o pensamento sob análise, as entrevistadas convergiram para a ideia de que ela teria tido aquele pensamento porque era uma forma de evitar o sucedido. Algumas delas chegaram, mesmo, a mencionar o arrependimento/culpabilidade que a vítima teria experienciado por não ter encetado uma de entre várias coisas que, *a posteriori*, se teria lembrado que podia ter feito.

Tabela 2. Resumo das respostas obtidas nas entrevistas sobre as expressões contrafactuais

QUESTÕES FORMULADAS	RESPOSTAS OBTIDAS
1. Porque acha que a jovem terá tido este pensamento? (apontando para a resposta escrita da participante)	• Porque assim o crime não tinha ocorrido. • Porque ela podia não ter passado pelo que passou. • Porque ela se sente arrependida / culpada / a remoer por não ter.... • É que assim tudo se tinha evitado.
2. Acha que seria possível formular o mesmo pensamento iniciando-o com o termo *"Se..."* sem que isso adulterasse o seu sentido? **SE SIM:**	• Sim (100% das respondentes)
2.1. Então como o formularia? Quer tentar fazê-lo agora?	• *"Se..., então..."* • *"Se..."*
2.2. Porque razão, quando deu a sua resposta, há pouco, por escrito, não o expressou dessa forma?	• Não me dá lá muito jeito. • É-me incómodo dizê-lo dessa maneira. • Custa (muito) mais. • No dia-a-dia eu não falo assim. • Não sei, é esquisito, até parece difícil...

Relativamente à questão seguinte, se achavam possível formular o mesmo pensamento iniciando-o com o termo *"Se..."* sem que tal adulterasse

614 *Ana Cristina Carvalho Martins*

a ideia que haviam pretendido veicular com a expressão por si adoptada, todas responderam afirmativamente. De sublinhar, no entanto, que a resposta não foi imediata, tendo as participantes, mantido uma pausa de alguns segundos antes de responderem.

A todas foi solicitado que, então, o fizessem. Mais uma vez a resposta não foi pronta, tendo-se, nalguns casos, revelado morosa e sujeita a pequenos ensaios orais, "pensamentos em voz alta", dir-se-ia. No entanto, a expressão coincidiu, em todos os casos, com o formato tradicional, apesar de boa parte das participantes tenderem a suprimir o consequente (a iniciar com o termo "*então*").

A morosidade de que se revestiram as respostas a estas duas questões levou-nos a intuir que a tarefa oferecia alguma dificuldade. Esta inferência veio a merecer sustentação empírica através da resposta à última questão: as nossas entrevistadas não haviam adoptado o formato "*Se..., então...*" porque "*não lhes dava jeito*", porque se lhes apresentava "*incómodo*", "*difícil*", exigindo um maior "*esforço para pensar*". Como algumas disseram, "*em termos correntes não falavam assim*".

Perante o conjunto dos resultados apresentados, e retornando à tabela 1, conclui-se que o número total de pensamentos contrafactuais é, afinal, substancialmente superior ao número que apuraríamos de nos confinássemos aos pensamentos do tipo "*Se..., então...*" (126 versus 18, respectivamente) ou, mesmo, se tivéssemos em linha de conta outras expressões previstas pela literatura (126 versus 60), facto que contribuiria para o enviesamento da conclusão a extrair.

Este estudo parece permitir, assim, evitar a perpetuação, em Português, de um erro similar àquele cometido por Bloom e, eventualmente, ao de tantos outros desconhecidos. Nunca chegaríamos a dizer que os portugueses não pensavam contrafactualmente mas concluiríamos, como se provou, que faziam um menor uso deste pensamento do que, por exemplo, americanos e ingleses, e do que, na realidade, parecem fazer.

Por tudo isto, finalizamos como Au (1992), voltando, sem nos cansarmos e esperando não fastidiar o leitor, a fazer nossas as suas palavras "..., where there is a will (or necessity) to communicate, there is a way (Au 1992: 210)".

A expressão de pensamentos contrafactuais em Português   615

Referências

Au, Terry Kit-fong
    1984   Counterfactual reasoning. In: Gün R. Semin & Klaus Fiedler (eds.), *Language, interaction and social cognition*, 194-213. London: SAGE Publications.
    1992   Counterfactuals: In reply to Alfred Bloom. *Cognition* 17: 289-302.

Bloom, Alfred H.
    1984   Caution-The words you use may affect what you say: A response to Au. *Cognition* 17: 275-287.

Bothwell, Robert K. & Kermit W. Duhon
    1994   Counterfactual thinking and plaintiff compensation. *The Journal of Social Psychology* 134(5): 705-706.

Branscombe, Nyla R. Owen, Garstka Susan, A. Terry & Jason Coleman
    1996   Rape and accident counterfactuals: Who might have done otherwise and would it have changed the outcome? *Journal of Applied Social Psychology* 26(12): 1042-1067.

Burrus, Jeremy
    1999   The effect of counterfactual thinking on judgments of and affective reactions to crime. Consultado em 26 de Janeiro de 2000 através de http://www2.curf.edu/~crfetd/etd/etd-1999-03/thesis.pdf

Catellani, Patrizia, & Patrizia Milesi
    2001   Counterfactuals and roles: mock victims' and perpetrators' accounts of judicial cases. *European Journal of Social Psychology* 31: 247-264.

Kahneman, Daniel & Dale T. Miller
    1986   Norm theory: Comparing reality to its alternatives. *Psychological Review* 93: 136-153.

Kanekar, Suresh & Veenapani Sekasaria
    1993   Acquaintance versus rape: Testing the ambiguity reduction hypothesis *European Journal of Social Psychology* 23: 485-494.

Macrae C. Neil., Milne, Alan B. & Riana J. Griffiths
    1993   Counterfactual thinking and the perception of criminal behaviour. *British Journal of Psychology* 84: 221-226.

Martins, Ana Cristina & Maria Alexandra Fonseca
    1993   Maus tratos a menores: Do senso comum ao discurso normativo. In: João Barroso e Rui Abrunhosa Gonçalves (eds.), *Psicologia e intervenção social de Justiça*, 27-30. Porto: APPORT.

Martins, Ana Cristina
    1996   A influência do estatuto social dos arguidos, dos autos dos crimes e do nível de especialização em Direito sobre o julgamento jurídico: O caso dos maus tratos a menores. *Análise Psicológica* 4(XIV): 601-619.
    1997   O julgamento dos maus tratos a menores no seio da família. Efeitos do nível de especialização em Direito e do parentesco do agressor. *Análise Psicológica* 1(XV): 139-148.
    1998   Efeito da proximidade, da normalidade e da controlabilidade sobre o julgamento de crimes: Uma abordagem contrafactual. Unpublished manuscript.

616 *Ana Cristina Carvalho Martins*

1999   A geração de contrafactuais acerca de crimes numa óptica trans-cultural. A reprodução de resultados versus a investigação da diferença. Unpublished manuscript.

2000   O pensamento contrafactual e o julgamento de crimes. Doutoramento em Psicologia social. Relatório de progresso e plano de trabalhos. Lisboa: ISCTE.

2003a   Content's counterfactual thinking about crimes: When the victim's controllable actions serve a preventive perspective. XIII Conference of ESCOP. Granada, 17-20 September 2003.

2003b   O pensamento contrafactual e a percepção de crimes. Revisitando Macrae, Milne e Griffiths (1993)... *Análise Psicológica* 3(XXI): 393-406.

Martins, Ana Cristina & Maria Alexandra Fonseca

1993   Maus tratos a menores: Do senso comum ao discurso normativo. In: João Barroso e Rui Abrunhosa Gonçalves (eds.), *Psicologia e intervenção social de Justiça*, 27-30. Porto: APPORT.

Miller, Dale T., William Turnbull & Cathy McFarland

1999   Counterfactual thinking and social perception: Thinking about what might have been. In: Mark P. Zanna (ed.), *Advances in Experimental Social Psychology*, 305-331. San Diego, CA: Academic Press.

Roese, Neal

1994   The functional basis of counterfactual thinking. *Journal of Personality and Social Psychology* 66(5): 805-818.

Roese, Neal J. & James M. Olson

1995   Counterfactual thinking: A critical overview. In: Neal J. Roese & James Olson (eds), Wha*t might have been: The social psychology of counterfactual thinking*, 169-197. Mahwah, N.J.: Erlbaum.

Roese, N. J. & J. M. Olson

1997   Counterfactual thinking: The intersection of affect and function. In: Mark P. Zanna (ed.), *Advances in Experimental Social Psychology*, 1-59. San Diego, CA: Academic Press.

Sanna, Lawrence J.

1996   Defensive pessimism, optimism, and simulating alternatives: Some ups and downs of prefactual and counterfactual thinking. *Journal of Personality and Social Psychology* 71(5): 1020-1036.

Sanna, Lawrence J. & Kandy Jo Turley-Ames

2000   Counterfactual intensity. *European Journal of Social Psychology* 30: 273-296.

Sousa, Elisabeth, Martins, Ana Cristina & Maria Alexandra Fonseca

1993   A construção social dos maus tratos. *Análise Psicológica* 1(XI): 75-86.

Sousa, Elisabeth, Filomena Mateus & Paulino Lopes

1993   Decisões em matéria penal: O caso da violação e das variáveis extralegais. *Sociologia* 14: 141-157

Turley, Kandy Jo, Lawrence J. Sanna & Reneé L. Reiter

1995   Counterfactual thinking and perceptions of rape. *Basic and Applied Social Psychology* 17(3): 285-303.

PARTE IX

Linguística Computacional

A distinção entre homógrafos heterófonos em sistemas de conversão texto-fala

Filipe Leandro de F. Barbosa, Lilian V. Ferrari
e Fernando Gil V. Resende Jr.

Resumo

Neste artigo é apresentada uma metodologia baseada em construções gramaticais que visa a distinção entre homógrafos heterófonos com aplicações em sistemas de síntese de voz. Em particular, um algoritmo que determina, a partir do contexto, a forma correta de leitura da palavra "gosto" é descrito. O algoritmo proposto foi testado usando a base textual do CETEN-Folha e, das 1438 ocorrências da palavra "gosto", o percentual de acerto na pronúncia foi de 94,5%.

Palavras-chave: Síntese de Voz, Homógrafos, TTS.

1. Introdução

Recentemente, o interesse por sistemas de síntese de voz tem crescido exponencialmente, tanto no aspecto comercial quanto no acadêmico. Em face da necessidade de estabelecimento de uma metodologia para a conversão texto-fala envolvendo casos de homógrafos heterófonos, a presente investigação lançou mão dos pressupostos teóricos da Lingüística Cognitiva, mais especificamente, do paradigma denominado "Gramática Cognitiva, mais especificamente, do paradigma denominado "Gramática das Construções" (Fillmore, Kay & O'Connor, 1988; Goldberg, 1995; Langacker, 1987; Langacker, 1991).

Os homógrafos podem ser separados em dois grupos, a saber: a. homógrafos pertencentes à mesma classe gramatical (ex: <sede>, cuja pronúncia pode ser /sedi/ ou /sEdi/); b. homógrafos pertencentes a classes gramaticais diferentes (ex: <gosto>, cuja pronúncia pode ser /gOstu/, indicando a 1ª pessoa do singular do presente do indicativo do verbo <gostar> ou /gostu/ indicando o substantivo referente ao verbo em questão. Neste trabalho, seqüências de grafemas são envolvidas pelos símbo-

620 *Filipe Barbosa, Lilian Ferrari e Fernando Resende Jr.*

los '< >', enquanto que seqüências de fones, representadas utilizando o alfabeto fonético SAMPA (Speech Assessment Methods Phonetic Alphabet, 2002), são envolvidas pelos símbolos '/ /'.

Para aplicar a metodologia proposta, apresentamos a análise do homógrafo <gosto>, detalhando os esquemas construcionais relevantes para cada membro do par. Os resultados indicam um índice de acerto de 94,5% em 1.438 ocorrências entre as realizações /gostu/ e /gOstu/ no corpus de textos eletrônicos CETEN-Folha (*Corpus de Extractus de Textos Electrónicos NILC/ Folha de São Paulo, 2002*), extraído do jornal brasileiro Folha de São Paulo.

Esse trabalho está organizado em seções, como segue. Na Seção 2 é apresentado o embasamento teórico que conduz à análise contextual. A Seção 3 apresenta as hipóteses levantadas. A metodologia da análise contextual é apresentada na Seção 4. A Seção 5 mostra os diversos esquemas construcionais para as realizações /gostu/ e /gOstu/. Na Seção 6 são apresentados os resultados experimentais. A Seção 7 traz as conclusões e trabalhos futuros.

2. Pressupostos Teóricos

O paradigma teórico da "Gramática das Construções" postula que as unidades apropriadas da gramática são *construções gramaticais*, que especificam não apenas informação sintática, mas também informação lexical, semântica e pragmática.

O ponto de vista adotado pela lingüística cognitiva é o de que o conhecimento que o falante tem de uma língua é caracterizado como um inventário estruturado de unidades convencionais (Langacker, 1987). Tais unidades incluem morfemas, palavras, sintagmas e esquemas genéricos que descrevem os padrões gramaticais convencionais, utilizados, inclusive, para a criação de sentenças e sintagmas novos. Os esquemas são adquiridos através da exposição às expressões reais que os instanciam.

As expressões compostas são incluídas na gramática de uma língua, na proporção em que adquirem status de unidades convencionais. As regularidades na formação de expressões compostas são representadas na gramática por hierarquias de construções esquemáticas, caracterizadas em níveis apropriados de abstração; tanto os sub-esquemas quanto as expressões específicas podem instanciar um esquema particular. Por exemplo, a caracterização mais esquemática do sintagma preposicional

A distinção entre homógrafos heterófonos 621

em Português especifica, simplesmente, a seqüência <PREP + N> (ou seja, preposição seguida de nome). Entretanto, vários sub-esquemas poderiam ser reconhecidos, tais como <PREP + PRON> (preposição seguida de pronome), <com + N>, ou mesmo <com + PRON> (que instancia os dois anteriores). Expressões específicas como *com ele, com ela*, instanciam todos os sub-esquemas mencionados, tanto diretamente como através de relações elaborativas.

Tais exemplos indicam que as construções gramaticais são vistas como categorias complexas e representadas sob a forma de redes esquemáticas. O conhecimento do falante da construção de sintagma preposicional inclui não apenas um esquema de alto nível, mas também sub-esquemas, expressões específicas, e relações de categorização que associam todas essas estruturas.

3. Hipóteses

Levando-se em conta o referencial teórico da "Gramática das Construções", pode-se esperar que os homógrafos em questão ocorram em sub-esquemas altamente especificados, o que torna possível estabelecer as seguintes hipóteses:

(I) Dada a diferença de classe gramatical entre os homógrafos /gostu/ e /gOstu/, há diferenças significativas com relação aos esquemas específicos instanciados por cada um dos elementos do par;

(II) Dentre as classes de palavras que podem co-ocorrer com esses homógrafos, apenas um número limitado de itens lexicais pertencentes a essas classes irá ocorrer produtivamente.

4. Metodologia

A metodologia utilizada para a distinção entre os homógrafos /gostu/ e /gOstu/ envolveu o estabelecimento e regras de decisão implementadas em linguagem C, em ordem escolhida de forma a maximizar o percentual de acerto. Nessa implementação, foi usado o conceito de profundidade. A profundidade está associada à quantidade de palavras à esquerda ou à direita de uma palavra desejada, <gosto>, nesse caso, que serão testadas com um determinado vetor de palavras *V*.

622　*Filipe Barbosa, Lilian Ferrari e Fernando Resende Jr.*

Tabela 1: Regras para discriminação entre /gostu/ e /gOstu/.

N	Regra de análise	Resultado:
1	(*Vetor_Artigos*, PROF_NIVEL_1) <gosto>	/gostu/
2	(*Vetor_Verbos*, PROF_NIVEL_3) <gosto>	/gostu/
3	(*Vetor_Preposições_1*, PROF_NIVEL_3) <gosto>	/gostu/
4	(*Vetor_Adjetivos*, PROF_NIVEL_1) <gosto>	/gostu/
5	<gosto> (*Vetor_Preposições_2*, PROF_NIVEL_2) e !(*Vetor_Comestiveis*, PROF_NIVEL_3)	/gOstu/
6	<gosto> (*Vetor_Advérbios*, PROF_NIVEL_1) (*Vetor_Preposições_e_Pronomes_Demonstrativos*, PROF_NIVEL_1)	/gOstu/
7	(*Vetor_Complementizadores* , PROF_NIVEL_1) <gosto>	/gOstu/
8	(*Vetor_Negação*, PROF_NIVEL_1)<gosto>	/gOstu/
9	(*Vetor_Pronome_Pessoal_Reto*, PROF_NIVEL_1) <gosto>	/gOstu/
10	(*Vetor_Preposições_3*, PROF_NIVEL_1) <gosto>	/gostu/
11	(*Vetor_Pronomes_Possessivos_1*, PROF_NIVEL_3) <gosto>	/gostu/
12	<gosto> (*Vetor_Pronomes_Possessivos_2*, PROF_NIVEL_1)	/gOstu/
13	<gosto> ➔ /gostu/	/gostu/

A notação utilizada nas regras de decisão para os homógrafos está exemplificada abaixo:

(1) *(Vetor1, PROF_NIVEL_N) <gosto> ➔ /gostu/.*

Esse exemplo ilustra que quando a seqüência de grafemas <gosto> é observada no texto, precedida de uma das palavras encontradas no vetor *Vetor1*, com uma profundidade PROF_NIVEL_N que varia de 1 até N, a transcrição grafema-fone é feita para /gostu/.

O exemplo 2 é similar ao primeiro, com a ressalva que o vetor *Vetor2* estaria à direita da ocorrência <gosto>, além do nível de profundidade ser M e o resultado da transcrição grafema-fone ser /gOstu/.

(2) *<gosto> (Vetor2, PROF_NIVEL_M) ➔ /gOstu/.*

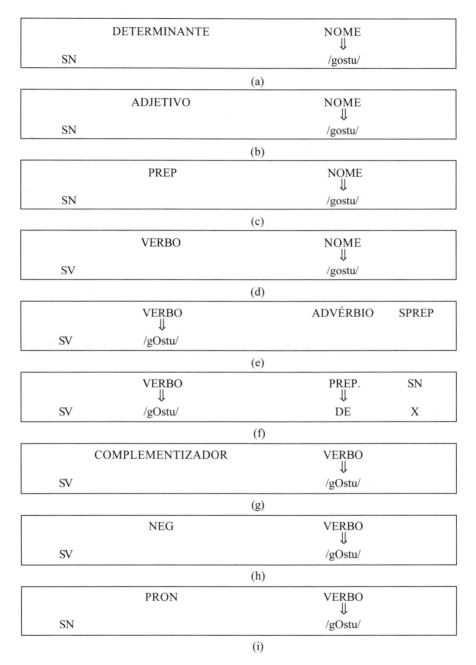

Figura 1. Esquemas construcionais (a-i) propostos para a discriminação entre /gostu/ e /gOstu/, classificados como sintagmas nominais (SN) ou sintagmas verbais (SV).

624   *Filipe Barbosa, Lilian Ferrari e Fernando Resende Jr.*

5. As regras de decisão

Nesta seção, apresentamos as regras de decisão que foram utilizadas para a discriminação do vocábulo <gosto> nas realizações /gostu/ e /gOstu/.

Tendo em vista que as realizações /gostu/ e /gOstu/ podem ocorrer em diferentes construções, a análise focalizou diferentes tipos de esquemas construcionais, descritos na Figura 1, que se mostraram relevantes para a distinção entre os elementos do par. As regras de decisão estão mostradas na Tabela 1, na ordem como são utilizadas na rotina de discriminação das realizações /gostu/ e /gOstu/.

Dado um texto que contenha uma seqüência de grafemas, formando a palavra <gosto>, uma rotina é executada e as regras da Tabela 1 são verificadas em seqüência, até que o contexto da palavra <gosto> se encaixe em uma delas. Caso nenhum dos padrões de contexto seja encontrado, a seqüência <gosto> será transcrita para a seqüência de fones /gostu/, o caso padrão. A explicação de cada regra, bem como o conteúdo de cada vetor de palavras são apresentado nesta seção. É importante notar que o nível de profundidade foi escolhido experimentalmente para cada regra, de forma independente.

5.1. Construções Relevantes para a Seleção de /gostu/

Nesta subseção, apresentamos as construções nominais, a construção preposicional e a construção verbal transitiva.

5.1.1. Construções Nominais

A realização /gostu/ pode estar relacionada a dois esquemas construcionais nominais: a construção de determinação e a construção modificada por adjetivo, como apresentado nas próximas subseções.

5.1.1.1. Construção de Determinação

A "Construção de Determinação" é composta por um determinante e o nome /gostu/, conforme esquema descrito na Figura 1(a).

A distinção entre homógrafos heterófonos   625

As regras 1 e 11 da Tabela 1 referem-se a tal esquema. O vetor *Vetor_Artigos* inclui os itens lexicais *o* e *um*. O vetor *Vetor_Pronomes_Possessivos_1* é formado por: *meu, teu, seu, nosso, vosso* e as formas plurais.

5.1.1.2. Construção Nominal Modificada por Adjetivo

A "Construção Nominal Modificada por Adjetivo" pode ser representada de acordo com o esquema mostrado na Figura 1(b).

A regra 4 da Tabela 1 refere-se a esse esquema. O vetor *Vetor_Adjetivos* inclui os itens lexicais *bom, mau, inegável, certo, todo.*

5.1.2. Construção Preposicional

A "Construção Preposicional" é encabeçada por preposição seguida de nome, conforme o esquema ilustrado na Figura 1(c).

Tal esquema está associado às regras 3 e 10 da Tabela 1. O vetor *Vetor_Preposições_1* inclui os itens: *com* e *ao*, enquanto que o vetor *Vetor_Preposições_3* é formado pelas preposições: *de, do* e *dos*.

5.1.3. Construção Verbal Transitiva

A "Construção Verbal Transitiva" pode ser representada pelo esquema elucidado na Figura 1(d).

A regra 2 da Tabela 1 está relacionada a esse esquema. O vetor *Vetor_Verbos* inclui as seguintes formas do verbo "ter" (*tem, têm, teve, tiveram, tinha, tinham, terá, terão, teria, teriam*) e "fazer" (*faz, fazem, fez, fizeram, fazia, faziam, fará, farão, faria, fariam*).

5.2. Construções relevantes para a seleção de /gOstu/

Nesta subseção, apresentamos a construção verbal modificada por advérbio, a construção intransitiva, a construção verbal com complementizador, a construção verbal de negação e a construção sentencial.

626 *Filipe Barbosa, Lilian Ferrari e Fernando Resende Jr.*

5.2.1. Construção Verbal Modificada por Advérbio Seguida de Sintagma Preposicional

A "Construção Verbal Modificada por Advérbio Seguida de Sintagma Preposicional (SPREP)" ocorre de acordo com o esquema que aparece na Figura 1(e).

A regra 6 da Tabela 1 está associada a esse esquema. O vetor *Vetor_Advérbios* inclui os itens: *muito, demasiadamente, demais, bastante, deveras, realmente, pra caramba, mais* e *ainda mais*. O sintagma preposicional em questão pode ser composto por um dos elementos do vetor *Preposições_e_Pronomes_Demonstrativos,* que possui os seguintes itens: *de, da, do, disso, daquilo, daquela, desse, daquele, dele, dela* e *delas,* além das formas plurais.

5.2.2. Construção Verbal Modificada *por Sintagma Preposicional*

A "Construção Verbal Modificada por Sintagma Preposicional" é formada por verbo seguido de sintagma preposicional encabeçado pela preposição *de,* em concordância com a Figura 1(f).

As regras 5 e 12 da Tabela 1 estão associadas à construção acima. O vetor *Vetor_Preposições_2* inclui a preposição *de;* o *Vetor_Comestíveis* inclui os itens como *banana, maçã, pão, leite, suco,* etc. O símbolo '!' indica negação. Portanto, a regra 5 prevê que se a seqüência <gosto> for seguida da preposição *de* e de um item que não pertença à classe dos comestíveis (ex: gosto de estudar), a leitura prevista será /gOstu/. O vetor *Vetor_Pronomes_Possessivos_2* inclui as formas contraídas *dele, dela, deles, delas*.

5.2.3. Construção Verbal com Complementizador

A "Construção Verbal com Complementizador" obedece ao esquema da Figura 1(g).

A regra 7 da Tabela 1 refere-se a esse esquema. O vetor *Vetor_Complementizadores* inclui os itens lexicais *mais, como* e *que*.

A distinção entre homógrafos heterófonos 627

Tabela 2. Resultados para o homógrafo <gosto>.

Forma Fonética	Total de Ocorrências	Acerto (%)
/gostu/	849	92.70
/gOstu/	589	97.11
/gostu/+/gOstu/	1438	94.50

5.2.4. Construção Verbal de Negação

A "Construção Verbal de Negação" especifica a seqüência "não + verbo", conforme a Figura 1(h). A regra 8 da Tabela 1 está associada a esse esquema. O vetor *Vetor_Negação* inclui apenas o item lexical *não*.

5.2.5. Construção Sentencial

A "Construção Sentencial" especifica os casos em que o sujeito é expresso na sentença, como ilustrado na Figura 1(i).

A regra 9 da Tabela 1 está associada a esse esquema. O vetor *Vetor _Pronome_Pessoal_Reto* tem como único elemento o pronome pessoal *eu*.

6. Resultados experimentais

O algoritmo desenvolvido para resolver o problema do homógrafo <gosto>, foi testado utilizando a base de dados de texto CETEN-Folha (*Corpus de Extractus de Textos Electrónicos NILC/ Folha de São Paulo, 2002*). Essa base de dados foi obtida a partir das 365 edições do jornal brasileiro Folha de São Paulo no ano de 1994 e possui aproximadamente 24 milhões de palavras.

Foram encontradas 1438 ocorrências da palavra <gosto>. Os resultados estão mostrados na Tabela 2. É interessante notar que se o conversor texto-fala estivesse programado para escolher para cada situação apenas a forma com maior número de ocorrências (no caso, /gostu/), o índice de acerto seria de 59%.

Análise similar que foi realizada para o homógrafo <sede> (Barbosa, Ferrari & Resende Jr, 2003), com as realizações /sedi/ ou /sEdi/, obteve 95% de acerto global.

628   *Filipe Barbosa, Lilian Ferrari e Fernando Resende Jr.*

7. Conclusões

Neste artigo é apresentada uma metodologia que visa a determinação da pronúncia correta para palavras homógrafas heterófonas num sistema de síntese de voz. A idéia básica está no estabelecimento de esquemas e a fixação de itens lexicais instanciados pelos mesmos. Em particular, baseado nesta metodologia, um algoritmo foi desenvolvido para determinar a leitura apropriada de homógrafos e o índice de acerto obtido para a distinção entre /gostu/ e /gOstu/ foi de 94,5%, quando aplicado à base CETEN-Folha.

Conclui-se, portanto, que a metodologia baseada no paradigma teórico da "Gramática das Construções" mostrou-se suficientemente bem sucedida para merecer investigações mais detalhadas envolvendo outros pares de homógrafos.

Referências

Barbosa, Filipe Leandro de F., Lilian V. Ferrari & Fernando Gil Vianna Resende Jr.
2003   A Methodology to Analyze Homographs for a Brazilian Portuguese TTS System. In: N. J. Mamede, J. Baptista, I. Trancoso, M. Volpe Nunes (eds.), INTERNATIONAL WORKSHOP, PROPOR, 6TH, 2003, Faro, Portugal. *Computational processing of Portuguese language*: proceedings. 57-61. New York: Springer.

Fillmore, C., P. Kay & C. O'Connor
1988   Regularity and Idiomaticity in Grammar: The Case of Let Alone. *Language* 64(4): 501-538.

Goldberg, A.
1995   *Constructions: A Construction Grammar Approach to Argument Structure*. University of Chicago Press.

Langacker, R.
1987   *Foundations of Cognitive Grammar, vol 1: Theoretical Prerequisites*. Stanford, California: Stanford University Press.
1991   *Foundations of Cognitive Grammar, vol 2: Descriptive Applications*. Stanford, California: Stanford University Press.

Speech Assessment Methods Phonetic Alphabet (SAMPA).
2002   Acessado em 03/10/2002. *Corpus de Extractus de Textos Electrónicos NILC/ Folha de São Paulo* (CETEN-Folha) http://acdc.linguateca.pt / cetenfolha/ Acessado em: 3/08/2002.

Corpus de Extractus de Textos Electrónicos NILC/ Folha de São Paulo (CETEN-Folha).
2002   http://acdc.linguateca.pt/cetenfolha/ Acessado em: 06/12/2002.

Cognitive anaphor resolution and the binding principles

António Branco

Abstract

Mainstream cognitive models of nominal anaphor resolution envisage this process as a particular case of search optimisation in the cognitive space of the working memory. In a first step, we uncover the empirical predictions implied by this rationale. Next, we show in which sense these predictions are not satisfied by naturally occurring grammatical classes of anaphors and discuss the impact of this negative result in terms of the empirical grounding of cognitive models of anaphor resolution.

Keywords: reference processing, anaphora, anaphor resolution, binding constraints, binding theory.

1. Introduction

Mainstream cognitive models of nominal anaphor resolution envisage this process as a particular case of search optimization: The search space of working memory with antecedent candidates is "sectioned", each "section" containing the admissible antecedents for anaphors of different classes. This rationale implies the prediction that there are natural classes of anaphors such that every anaphor in each such class has the same set of admissible antecedents. It further implies that the sets of admissible antecedents induced by these different natural classes of anaphors bear specific relations among them.

The four binding classes of anaphors delimited by means of the grammatical binding principles gathered in the so called "binding theory" are the naturally occurring classes of anaphors such that if the anaphors in the same set occur in whatever syntactic position, they have the same set of admissible antecedents. We verify that the predictions referred to above about the relations between sets of antecedents induced by natural

630   *António Branco*

classes of anaphors are not empirically satisfied. We discuss in which sense this negative result casts doubts on the empirical support of the search optimization rationale for the mainstream cognitive accounts of anaphor resolution.

2. Natural classes of anaphors

The search optimization rationale has been the crucial hypothesis explored in cognitive models of anaphor resolution. Differentiation of anaphoric capacity of different anaphors is explained under the assumption that it avoids going through the scanning of the whole working memory in the anaphor resolution process. As speakers refer again, say, to the same person already referred to by *the student with a yellow t-shirt*, the specific anaphoric form they use, e.g. *the student, he* or *himself,* depends on the relative position of the representation of the referent of *the student with a yellow t-shirt* in the working memory: Different types of anaphors have thus been assumed to pick referential items from different "sections" of the relevant search space.

For this schema to work, there has to be some feature that discriminates different items in the working memory from one another and induces a partial order over them. This order is typically established according to the attentional prominence that each such item bears. Attentional prominence is assumed to reflect a natural metrics for "distance" in the relevant cognitive search space, with less attentionally prominent items being the ones that take longer to be retrieved.

Skimming through the literature, one finds different proposals concerning the number of sections into which the search space for anaphor resolution is expected to divide. Just a few examples: Authors like (Guindon 1985) or (Givón 1992) discuss a division, respectively, into two and three "sections". (Gundel, Hedberg, & Zacharski 1993), in turn, proposes a schema that may extend the division up to six "sections", depending on the specific language at stake.

3. Predictions

The strong prediction is that anaphors of different types have different, *disjoint* sets of antecedents. This claim can be found, for instance, in (Garrod & Sanford 1982).

Cognitive anaphor resolution and the binding principles   631

Another, weaker but also plausible prediction in this connection is that, if the different sets of admissible antecedents turn out not to be disjoint, they would at least be expected to be *successively included* within each other. If we admit that an anaphor is of a given type such that it is sensitive to items with a certain degree of attentional prominence, it is not a contradiction to accept that this anaphor may also be sensitive to items with a higher degree of prominence. This is the intuition behind the approach, for instance, of (Gundel, Hedberg, & Zacharski 1993; Gundel 1998).

The search optimization rationale for anaphor resolution – with the assumed correlation between anaphoric forms and attentional prominence of antecedent candidates – can thus be seen as inducing a delimitation of anaphors into different natural classes. These classes are circumscribed in terms of the antecedents that the corresponding anaphors admit: A given class of anaphors is defined because every anaphor in that class can be resolved against the same set of antecedents.

The point worth stressing here is that this establishes a very interesting and self-contained line of empirical inquiry: If we succeed in isolating different sets of admissible antecedents, then we will succeed in isolating natural, cognitively motivated classes of anaphors. This line of inquiry is one of major relevance also because, if we find such natural classes of anaphors, then we are providing a piece of empirical support of paramount importance for the whole conjecture embodied in the search optimization rationale.

4. Failing checking the predictions

A first step towards pursuing this research path is to find a methodological device that allows to categorize items according to their attentional prominence. This involves finding a suitable scale of the attentional prominence of admissible antecedent entities. Besides, we need also objective criteria to decide which item in the scale a given anaphor should be put in correspondence with. The pursuing of these goals has been reported at various places in the literature, cf. among others, (Prince 1981) and (Gundel, Hedberg, & Zacharski 1993).

The scale used to evaluate the attentional status of the cognitive item against which a given anaphor is resolved is typically defined by means of a set of keywords, like "familiar", "activated", "evoked", "uniquely

632   *António Branco*

identifiable", "brand new", etc. These keywords come with informal definitions under the form of example sentences and a discussion of some cases to which they may apply. The keywords come also with a hierarchy, where the relative positioning of each keyword in the scale is defined vis a vis the other keywords.

This sort of approach to define a scale of attentional prominence seems to be flawed, in our view, in some crucial aspects: (i) There is not an empirical justification for the number of required keywords, i.e. of the distinct degrees of relevant attentional prominence; (ii) Keywords are defined in such a way that the boundaries between the degrees of prominence they are supposed to delimit are not clear; (iii) Above all, there is no empirically well defined criteria to unequivocally decide which point of the scale is the antecedent of an anaphor in a specific occurrence in correspondence with.

These recurrent shortcomings represent a considerable drawback for the goal of finding empirical support to the search optimization rationale of anaphor resolution. The alternative line of argument we would like to explore in the present article is that overcoming this drawback may involve changing the angle from which the correlation between natural classes of anaphors and search optimization could or should be addressed.

Instead of in the first place looking for objective criteria to identify attentional status of items and then trying to use them to possibly delimit classes of anaphors, we should take into account naturally occurring classes of anaphors – empirically motivated precisely on the basis of differences concerning the classes of their admissible antecedents – and try to clarify the possible cognitive underpinnings of such classes. In particular, one should discuss whether and how such classes may fit into a search optimization rationale for anaphor resolution.

5. Grammatical binding constraints

The most notorious classes of anaphors obtained via grouping of the corresponding sets of admissible antecedents are the so-called binding classes. Each of these classes contains all and only the anaphors that may pick an antecedent from the same set of admissible antecedents. A classical contrast permitting to illustrate the kind of difference at stake is the one between *Peter said John described Tom to <u>himself</u>* and

Peter said John described Tom to him: While *himself* have *John* and *Tom* as admissible antecedents but not *Peter*, *him* has Peter as admissible antecedent (and possibly other antecedents introduced in the discourse or the context), but not *John* or *Tom*. Accordingly, *himself* and *him* are said to belong to different binding classes, the former to the class of the so-called short-distance reflexives, the latter to the class of the so-called pronouns.

The members of a given binding class can be intensionally characterized as those anaphors that are ruled by a specific binding constraint, with this constraint expressing an objective criterion to categorize anaphors according to one of the different available binding classes. Such binding constraints capture empirical generalizations and are aimed at delimiting the relative positioning of anaphors and their admissible antecedents in grammatical geometry.

Since their first formulation in (Chomsky 1980, 1981), the definition of binding principles has been the focus of intense research, from which a binding theory of increased empirical adequacy has emerged. From an empirical perspective, binding constraints, or binding principles, stem from quite robust generalizations and exhibit a universal character, given their parameterized validity across natural languages. From a conceptual point of view, in turn, the relations among binding constraints involve non-trivial symmetry, which lends them a modular nature. Accordingly, they have been considered one of the most robust modules of grammatical knowledge, usually known under the term of "binding theory". [1]

Recent developments of (Pollard & Sag 1994), in particular (Xue, Pollard, & Sag 1994; Branco & Marrafa 1999; Branco 2000), indicate that there are four binding constraints. Below, the definition of each principle is illustrated by an example with relevant contrasts: [2]

---

1. Vd. (Dopkins & Nordlie 1995) and (van der Lely & Stollwerck 1997) and references cited therein for an overview of psycholinguistic research on binding constraints.
2. Coindexation marks anaphoric links between anaphors and their tentative antecedent(s); indexes prefixed by '*' mark non-admissible anaphoric links; and '{...ant$_c$...}' represent tentative antecedents available outside the sentence, in the discourse or in the context. We are using examples of Portuguese, a language with anaphors of each of the four binding classes. Some languages may not have anaphors of every binding type.

634   *António Branco*

Principle A
If a short-distance reflexive is locally o-commanded, it must be locally o-bound.
{...ant_c...} [*O amigo do Lee*$_i$]$_j$ *acha que* [*o vizinho do Max*$_k$]$_l$ *gosta de si próprio*$_{*c/*i/*j/*k/l}$. (Portuguese)
[Lee$_i$'s friend]$_j$ thinks [Max$_k$'s neighbour]$_l$ likes himself$_{*c/*i/*j/*k/l}$.

Principle Z
If a long-distance reflexive is o-commanded, it must be o-bound.
{...ant_c...} [*O amigo do Lee*$_i$]$_j$ *acha que* [*o vizinho do Max*$_k$]$_l$ *gosta dele próprio*$_{*c/*i/j/*k/l}$.
[Lee$_i$'s friend]$_j$ thinks [Max$_k$'s neighbour]$_l$ likes him$_{*c/*i/j/*k}$/himself$_l$.

Principle B
A pronoun must be locally o-free.
{...ant_c...} [*O amigo do Lee*$_i$]$_j$ *acha que* [*o vizinho do Max*$_k$]$_l$ *gosta dele*$_{c/i/j/k/*l}$.
[Lee$_i$'s friend]$_j$ thinks [Max$_k$'s neighbour]$_l$ likes him$_{c/i/j/k/*l}$.

Principle C
A non-pronoun must be o-free.
{...ant_c...} [*O amigo do Lee*$_i$]$_j$ *acha que* [*o vizinho do Max*$_k$]$_l$ *gosta do rapaz*$_{c/i/*j/k/*l}$.
[Lee$_i$'s friend]$_j$ thinks [Max$_k$'s neighbour]$_l$ likes the boy$_{c/i/*j/k/*l}$.

These constraints are defined on the basis of some auxiliary notions. The notion of *local domain* involves the partition of sentences and associated grammatical geometry into two zones of greater or less proximity with respect to the anaphor. Typically, the local domain coincides with the predication domain of the predicator subcategorizing the anaphor. In some cases, there may be additional requirements that the local domain is circumscribed by the first upward predicator that happens to be finite, bears tense or indicative features, etc.[3] For instance, in the

---

3. For details, see (Dalrymple 1993).

Cognitive anaphor resolution and the binding principles   635

example *Lee's friend thinks [Max's neighbour likes him]* the local domain of *him* is indicated between square brackets.

O-command is a partial order under which, in a clause, the Subject o-commands the Direct Object, the Direct Object o-commands the Indirect Object, and so on, following the usual obliqueness hierarchy of grammatical functions, being that in a multi-clausal sentence, the upward arguments o-command the successively embedded arguments. For instance, in the example *The girl who said that Peter knows Max thinks Max's neighbour likes him*, we get the following o-command relations: *The girl who said that Peter Max knows Max < Max's neighbour < him*, and *Peter < Max < who*.

The notion of *o-binding* is such that x o-binds y iff x o-commands y and x and y are coindexed, where coindexation is meant to represent anaphoric links.[4] For instance, in the example *Lee's friend thinks Max's neighbour likes himself*, *Lee's friend* (non locally) o-binds *himself*, *Max's neighbour* locally o-binds it, and *Lee* and *Max* does not o-bind it.

Note that, given their conditional definition, Principles Z and A are complied with if the reflexives are in so called *non exempt positions*, that is if they are, respectively, o-commanded and locally o-commanded.

It is now well established in the literature that there is a distinction between constraints for anaphor resolution (excluding tentative antecedents from the set of admissible antecedent candidates) and preferences (making the resolution process to converge on the actual antecedent). Binding constraints are thus to be counted in the set of such constraints, though they are not the only ones.[5]

---

4. There are anaphors that are subject-oriented, in the sense that they only take antecedents that have the grammatical function Subject. Some authors (e.g. Dalrymple 1993) assume that this should be seen as an intrinsic parameter of binding constraints and aim at integrating it in their definition. In this point we follow previous results of ours reported in (Branco 1996), where the subject-orientedness of anaphors is argued to be, not an intrinsic feature of binding constraints, but one of the surfacing effects that result from the non linear obliqueness hierarchy associated with some predicators (or to all of them in some languages).

5. For details on the distinction between constraints and preferences in anaphor resolution, and their listings, see (Carbonell & Brown 1988; Rich & Luperfoy 1988; Asher & Wada 1988; Lappin & Leass 1994; Mitkov 1997; Branco 2000).

636 *António Branco*

6. Checking failure of predictions

As discussed above, the search optimization rationale for anaphor resolution implies some predictions concerning the relations between the different natural classes of admissible antecedents for anaphors. These classes are expected to be either disjoint – strong prediction –, or successively included within each other – weak prediction. Given the binding classes just presented, we can now check if they conform to these predictions. For each of the four binding classes, we delimit the corresponding sets A, B, C and Z of admissible antecedents and then check how they relate to each other.

In order to proceed with this test, first, we have to fix a non exempt position **x** in a generic multi-clausal grammatical structure, like the one used above for the examples illustrating the different binding principles, that can be schematically represented as

$$\{..disc/cont^*..\}..nloc^*..[..noc^*..]..[..loc^*..[..noc^*..]..\mathbf{x}..]_{LocalDom}..$$

where `nloc*`, `noc*` and `loc*` stand, respectively, for positions of non-local o-commanders, non-o-commanders and local o-commanders. Second, we have to successively instantiate **x** with an anaphor from each different binding class. We will then be able to observe what are the relations among the sets of admissible antecedents of each binding class.

If we assume that **x** is any anaphor complying with principle A, we see that the admissible antecedents of **x** form the set of its local o-commanders, which we can call the set A.

In case **x** is an anaphor complying with principle Z, the set Z of its admissible antecedents is made of its o-commanders.

When **x** is an anaphor ruled by Principle B, the set B of its admissible antecedents contains all the antecedents that are non-local o-commanders of **x**.

Finally, the set C of the admissible antecedents of **x** when this is an anaphor complying with principle C has all the items that are non-o-commanders of **x**.

Given the definitions of the o-command relation, and from a maximally generic point of view, the formal relations between these four sets of admissible antecedents are the following:

Cognitive anaphor resolution and the binding principles 637

$$A \subset Z \,\&\, A \cap B = \varnothing \,\&\, A \cap C = \varnothing$$
$$Z \cap B \neq \varnothing \,\&\, Z \cap C = \varnothing$$
$$C \subset B$$

It is straightforward to see that the admissible antecedents of short-distance reflexives are admissible antecedents of long-distance reflexives ($A \subset Z$); some admissible antecedents of long-distance reflexives are admissible antecedents of pronouns ($Z \cap B \neq \varnothing$); and the admissible antecedents of non-pronouns are admissible antecedents of pronouns ($C \subset B$).

From another perspective, this amounts to say that for a given possible antecedent of an anaphor in position x, it is the case that there are always at least two different types of anaphors that can fill x and take that antecedent.[6] Or alternatively, for a given anaphor interpreted against a given antecedent, that anaphor can always be replaced at least by another one of a different binding type that can take the same antecedent.

In any case, what is crucial to note for our experiment is that the sets of admissible antecedents per anaphor type are not mutually disjoint. They are neither successively included within each other.

This does not match either the strong or the weak prediction implied by the search optimization rationale for anaphor resolution.

7. Conclusions

The search optimization rationale expected to bear on anaphor resolution implies some predictions about the existence of natural classes of anaphors such that, with respect to any position of occurrence, every element in each such class have the same set of admissible antecedents. In particular, it implies that these sets of admissible antecedents exhibit certain relations among them: They are expected either to be disjoint, or at least to be successively included within each other.

Given the current state of the art of the research on anaphora, the four binding classes are the naturally occurring classes of anaphors satisfying the criterion pointed out above: Each binding class contains all

---

6. If one considers also exempt syntactic positions, then even reflexives have possible antecedents that may also be antecedents of pronouns and non-pronouns.

638   *António Branco*

and only the anaphors that, for whatever grammatical position, have the same set of admissible antecedents.

The result we argued for in the present paper is that the four sets of admissible antecedents of the four binding classes do not conform to the predictions underlined above: They are neither disjoint nor successively included in each other: While two of them, A and C, are strictly included in the other two, Z and B – with A ⊂ Z and C ⊂ B – , the latter are not disjoint neither included in one another. Given that these are objectively determined natural classes of anaphors across natural languages, this result casts serious doubts that the search optimization rationale may provide a clear-cut justification for anaphor resolution and its constraints.

This should not be seen as forcing the inference that cognitively rooted factors (such as attentional prominence associated with recency of mention, just to refer an example) do not play an important role in anaphor resolution, at least as preference factors. This result, if correct, shows that current cognitive models of anaphor resolution, crucially based on the search optimization rationale, make predictions that are infirmed by the very significant empirical generalizations embodied in the definition of binding classes.

References

Asher, N. & H. Wada
    1988   A computational account of syntactic, semantic and discourse principles for anaphora resolution. *Journal of Semantics* 6: 309-344.

Branco, A.
    1996   Branching split obliqueness at the syntax-semantics interface. In: *Proceedings, 16th International Conference on Computational Linguistics (COLING96)*, 149-156.
    2000   *Reference Processing and its Universal Constraints*. Edições Colibri, Lisbon.

Branco, A. & P. Marrafa
    1999   Subject-oriented and non subject-oriented long-distance anaphora: an integrated approach. In: *Proceedings, 11th Pacific-Asia Conference on Language, Information and Computation (PACLIC-96)*, 21-31. Seoul.

Carbonell, J. & R. Brown
    1988   Anaphora resolution: a multi-strategy approach. In: *Proceedings, The 12th International Conference on Computational Linguistics (COLING88)*, 96-101.

Cognitive anaphor resolution and the binding principles 639

Chomsky, N.
1980   On binding. *Linguistic Inquiry* 11: 1-46.
1981   *Lectures on Government and Binding*. Foris: Dordrecht.

Dalrymple, M.
1993   *The Syntax of Anaphoric Binding*. CSLI Publications: Stanford.

Dopkins, S. & J. Nordlie
1995   Processes of anaphor resolution. In: R. Lorch and E. O'Brien (eds.), *Sources of Coherence in Reading*, 145-157. Hillsdale: Lawrence Erlbaum.

Garrod, S. & A. Sanford
1982   The mental representation of discourse in a focussed memory system: Implications for the interpretation of anaphoric noun phrases. *Journal of Semantics* 1: 21-41.

Givón, T.
1992   The grammar of referential coherence as mental processing instructions. *Linguistics* 30: 5-55.

Gundel, J., N. Hedberg & R. Zacharski
1993   Cognitive status and the form of referring expressions in discourse. *Language* 69: 274-307.

Gundel, J.
1998   Centering theory and the givenness hierarchy: Towards a synthesis. In: M. Walker, A. Joshi and E. Prince (eds.), 183-198.

Guindon, R.
1985   Anaphora resolution: short-term memory and focusing. In: *Proceedings, 23rd Annual Meeting of the Association for Computational Linguistics (ACL85)*, 218-227.

Lappin, S. & H. Leass
1994   An algorithm for pronominal anaphora resolution. *Computational Linguistics* 20: 535-561.

Mitkov, R.
1997   Factors in anaphora resolution: they are not the only things that matter. a case-study based on two different approaches. In: *Proceedings of the ACL/EACL97 Workshop on Operational Factors in Practical, Robust Anaphora Resolution*. Association for Computational Linguistics.

Pollard, C. & I. Sag
1994   *Head-Driven Phrase Structure Grammar*. Chicago: The University of Chicago Press.

Prince, E.
1981   On the reference of indefinite-*this* NPs. In: A. Joshi, B. Webber and I. Sag (eds.), *Elements of Discourse Understanding*. Cambridge University Press.

Rich, E. & S. LuperFoy
1988   An architecture for anaphora resolution. In: *Proceedings, 2nd Conference on Applied Natural Language Processing*, 18-24.

640 *António Branco*

van der Lely, H. & L. Stollwerck
    1997   Binding theory and grammatical specific language impairment in children. *Cognition* 62: 245-290.

Xue, P., C. Pollard & I. Sag
    1994   A new perspective on chinese *ziji*. In: *Proceedings of the West Coast Conference on Formal Linguistics (WCCFL'94)*. Stanford: CSLI Publications.

PARTE X

Fenomenologia e Filosofia da Mente

Crossing the boundaries of time: Merleau-Ponty's phenomenology and cognitive linguistic theories

Margaret H. Freeman

Abstract

According to current cognitive linguistic theory, the abstract notion of TIME in many languages of the world is expressed through a metonymic relation involving direction, irreversibility, continuity, segmentation, and measurability and one of two possible versions of the TIME AS ORIENTATION IN SPACE metaphor: either the observer moves or time does. In *Phenomenology of Perception* (1945), Merleau-Ponty argues for the possibility of understanding what he calls "our primordial experience" of time through an exploration, analysis, comparison, and evaluation of the different metaphors for time, not as they exist in themselves but as they are grounded in what other cognitive linguists have explored with respect to subjectivity, concept formation, and conceptual integration. This "primordial experience" of time is possible because of the embodiment of ourselves in the world and gives rise to Merleau-Ponty's theory of an ontology of the flesh; the fact that we are "of" rather than "in" the world gives rise to his theory of time as depth. In this paper, I show how Merleau-Ponty's phenomenology of time might 1) clarify the picture Lakoff and Johnson give of the existence of time and 2) provide a philosophical foundation that integrates various contemporary cognitive linguistic theories.

Keywords: Merleau-Ponty, phenomenology, cognitive linguistics, embodiment, metaphor, time, space.

Freedom fries and liberty leave have a much deeper source in Anglo-French antipathy than recent events might indicate, as evidenced by the following two facts:

- ♦ The 1998 edition of *The Handbook of Western Philosophy* contains just one fleeting reference to the French philosopher Maurice Merleau-Ponty – in the preface.
- ♦ George Lakoff and Mark Johnson also mention Merleau-Ponty just once – on page 565 in their final chapter of *Philosophy in the Flesh*, published in 1999.

644   *Margaret H. Freeman*

Both observations point to the dominance of the Anglo-American strain over equally important and valuable currents in Western philosophical thought. *The Handbook* justifies its exclusion of certain continental theories on the basis of space constraints and the desire to avoid complexity; Lakoff and Johnson merely cite Merleau-Ponty's expression "flesh of the world" with no further reference to the possible relationship between their argument and Merleau-Ponty's Flesh ontology. Lakoff and Johnson's silence on this point is unfortunate. By equating Western philosophy with the Anglo-American tradition, they not only distort the nature of the former but position their own argument as something entirely new in the annals of Western thought. More damagingly, by neglecting further philosophical implications of their approach, they run the risk of having it dismissed as summarily as they dismiss all of what they call Western philosophy.

I find it somewhat surprising that so little attention is paid in cognitive linguistic circles to advances made in the last century in the area of phenomenology, especially as captured in Merleau-Ponty's work. Already in his *Phénoménologie de la Perception* (1945), Merleau-Ponty was proffering an alternative philosophy to the two conflicting stances of rationalism and empiricism, both of which he thought fell into the trap of objectivism. His writings immediately prior to his untimely death in 1961 and later published in translation as *The Visible and the Invisible* (1968) further developed his idea of Flesh ontology. Both these positions – the attack on objectivism and the development of an ontology of the flesh – anticipated the later work of Lakoff and Johnson and is in many ways compatible with the theories of the West Coast Cognitive Linguists (WCCL). One can see the relationship between Merleau-Ponty's and Lakoff and Johnson's theories in the way they discuss the concept of time.

It is one of the central tenets of cognitive linguistic theory as espoused by the WCCL that abstractions such as love, beauty, virtue, etc. are conceived and articulated largely through metaphorical mappings from concrete and embodied experiences. For example, as Lakoff and Johnson (1999: 137-169) describe it, the abstract notion of TIME in many languages of the world is expressed through a metonymic relation (based on correlations of time-defining events involving direction, irreversibility, continuity, segmentation, and measurability) and one of two possible versions of the TIME AS ORIENTATION IN SPACE metaphor: either

Crossing the boundaries of time 645

the observer moves or time does. It makes no sense, Lakoff and Johnson argue, to choose one aspect of the metonymic-metaphorical concept of time as being more cognitively or objectively real than another; they all have their part to play in enabling us to understand ourselves and the world in which we live. Nevertheless, they are at pains to argue that time is not purely a biological, social, or cultural construct; the time-space metaphor can, in their words, "entail non-metaphorical predictions that can be verified or falsified" as in the case of Einstein's theory of general relativity (1999: 160). In their account, however, it seems that they are not themselves sure of the philosophical or scientific reality of time: "We cannot observe time itself – if time even exists as a thing-in-itself" (1999: 138).

In his chapter on temporality in *Phenomenology of Perception*, Merleau-Ponty discusses the metaphors for time as described over fifty years later by Lakoff and Johnson in *Philosophy in the Flesh*. Unlike them, however, Merleau-Ponty argues for the possibility of understanding what he calls "our primordial experience" of time through an exploration, analysis, comparison, and evaluation of the different metaphors for time, not as they exist in themselves but as they are grounded in what other cognitive linguists have subsequently explored with respect to subjectivity (Langacker 1987, 1991), concept formation (Talmy 2000), and mental spaces (Fauconnier & Turner 2002). In this paper, therefore, I revisit Merleau-Ponty's phenomenology of time through the spectrum of current cognitive linguistic theories in order to suggest that 1) second generation cognitive theories are indeed firmly grounded in philosophical phenomenology, and 2) Merleau-Ponty's Flesh ontology both serves to clarify the somewhat muddy picture Lakoff and Johnson give of the existence of time and provides a philosophical foundation that might serve to integrate the various cognitive linguistic theories developed by the WCCL.

Lakoff and Johnson's chapter on time in *Philosophy in the Flesh* insightfully identifies the ways in which we construct the notion of time through a variety of metaphors, including what seem universal to all cultures and what are culture-specific. They argue that we can have no idea of time that is not metaphoric, but that that does not mean these ideas cannot at the same time be "apt" or true. What makes them true, it appears, is when we construct our cultural systems by reifying time metaphors, such as the practice in our culture of budgeting time, or when

646   *Margaret H. Freeman*

time metaphors are deeply motivated and not arbitrary, such as spatial metaphors that are, to quote Lakoff and Johnson (1999: 168), "grounded in our bodies and brains and constant bodily experience". By focusing primarily on the conceptual construction of metaphor, Lakoff and Johnson leave open the question of pre-constructive experience, what exactly it means to say that some metaphors are deeply motivated by being embodied and some not. That is, what makes a metaphor more apt than another? Because they do not examine pre-constructive experience, their explanation of the process of metaphor creation sometimes lends itself to the very charge of Cartesian dualism they are at pains to reject. Just as the CONDUIT metaphor for communication is misleading because it objectifies ideas as things that can be transferred from one mind to another, so Lakoff and Johnson's CONTAINER metaphor for time as a location in space reifies both time and space as independent entities, one of which can be contained "in" the other. Lakoff and Johnson seem to regard space as literal, as given to us in concrete, so to speak, to be in itself non-metaphorical. There is no chapter on metaphorical space corresponding to the one on metaphorical time in *Philosophy in the Flesh* as there is in *Phenomenology of Perception*. As a result, Lakoff and Johnson have given us only half of the story of cognitive embodiment or, as Merleau-Ponty puts it, the "sensible" or "carnal" ideas of embodied cognition.

In this brief paper, there is no way I can do full justice to Merleau-Ponty's argument, for which I recommend those interested to turn to his writings themselves. However, I will do my best to briefly summarize Merleau-Ponty's ideas of embodied cognition as they relate to the concept of time to show how they affirm the cognitive linguistic approach of cognitive embodiment and how they further develop and clarify it.

The first point Merleau-Ponty makes in his chapter on space is that there is no absolute orientation of space independent of our bodily presence in space. For example, "top" and "bottom" do not exist independently of a perceiving subject's sense of direction. He discusses various experiments, like putting on spectacles that invert the world or seeing a room through a slanted mirror, where at first the perceiver is disoriented but then adjusts as the body takes up its place in the newly perceived orientation. Lakoff and Johnson's conceptual metaphors are not therefore the simple mapping of our concrete experience onto abstract thought. Our concrete experience is itself metaphorical, or "emblematic". As Merleau-Ponty (1962: 284) notes: "The movement upwards as a direction in physical space, and that of desire toward its objective, are mutually symbolical, because they both express the same essential structure of our being, being situated in relation to an environment [which] alone gives significance to the directions of up and down in the physical world". In other words, direction is not something that is part of space itself but results from the fact that we are "grounded in our bodies and brains and constant bodily experience". In his treatment of space, Merleau-Ponty anticipates Langacker's view of figure-ground orientation in cognitive grammar, Talmy's view of fictive motion in cognitive semantics, and Zlatev's view of situated embodiment, all of which reflect the importance of recognizing how space is configured from the grounding and point of view of the perceiving subject.

An example might suffice to show how Merleau-Ponty's understanding of directional space clarifies and deepens Lakoff and Johnson's orientation metaphors for time. One of the attributes they ascribe to time is that of direction or linearity. But time is not linear, any more than space is. In discussing the metaphor of time as a river that flows by us, Lakoff and Johnson (1999: 158) describe it as follows: "the present is the part of the river that is passing us, the future is the part of the river flowing toward us, and the past is the part of the river that has already flowed past where we are" (Fig. 1).

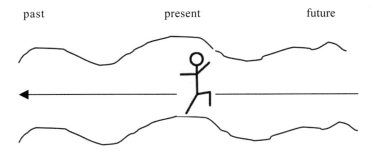

Figure 1. River as time metaphor 1: facing against the flow

As we shall see, this orientation coheres with Merleau-Ponty's view. However, it does so because the perceiver is facing *against* the river's flow. Or, to put that another way, past, present, and future are here identified with the perspective of the observer who is looking at the approaching water as something that is future to her experience and the water that has passed her as past experience. If the perceiver is facing in the same direction as the flow of the river, then time, as Merleau-Ponty (1962: 411) notes, "flows from the past toward the present and the future. The present is a consequence of the past, and the future of the present" (Fig. 2).

Here, past, present, and future are associated with the flow of the river itself rather than with the observer's perspective. When we think of the water having come from its source in the mountains a few days earlier, we are in fact positing an observer at the earlier scene of the water's emergence (or, in Fauconnier and Turner's terms, projecting into a mental space different from the reality space in which we are grounded). In both time-as-river cases, whether the direction is from past to future or from future to past, the metaphors arise from our positioning an observer into the scene. But it is how we position the observer that creates our perception of time moving. The metaphor of time flowing from past to present to future is less apt than the metaphor of time flowing from the future to the present to the past, because we are ourselves temporal beings, and constitute time always from our perspective. Grounded as we are in our reality space of the present, it is, in Merleau-Ponty's (1962: 411) words, "not the past that pushes the present, nor the present that pushes the future into being; the future is not prepared behind the observer, it is a brooding presence moving to meet him, like a storm on the horizon".

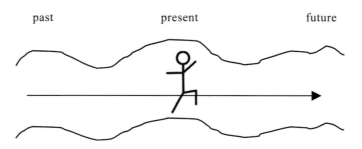

Figure 2. River as time metaphor 2: facing with the flow

Both of these moving time metaphors, note, put the observer on the bank, watching the flow of the river of time. However, this is misleading, since it implies that the observer is stationary in time, separate from the phenomenon of time's flow. Lakoff and Johnson's moving observer metaphor conceptualizes time as a landscape through which the observer moves. As Merleau-Ponty (1962: 411-412) puts it: "If the observer sits in a boat and is carried by the current, we may say that he is moving downstream towards his future, but the future lies in the new landscapes which await him at the estuary, and the course of time is no longer the stream itself: it is the landscape as it rolls by for the moving observer" (Fig. 3).

Although this metaphor still contains the idea of linear direction, it at least puts the observer in the current and introduces the notion of time, not as "a system of objective positions, through which we pass, but a mobile setting" (Merleau-Ponty 1962: 419) which we experience receding or approaching us as we move. That is, the landscape as metaphor for time is no more static than is the flowing river. The landscape metaphor introduces a new spatial dimension to the metaphor for time, that of nonlinear distance, or "depth". It is motion that enables us to perceive depth. The fact that I can extend my arm to touch the wall in my study transforms my otherwise two-dimensional perception of space into the third dimension. Such a capability to perceive depth through motion encourages us to think of space as a three-dimensional container. But in doing so, we introduce into our metaphorical representation of the world the idea that it is static, that it is a container with boundaries or limits. Time is what reveals this concept as inadequate. The difference lies in the distinction between boundaries and horizons.

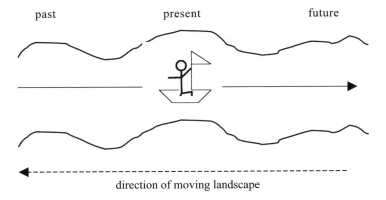

Figure 3. River of time metaphor 3: moving with the flow

To speak of boundaries implies spatial limits of finite containment; to speak of horizons, as Merleau-Ponty does, is to speak of the spatio-temporal dimension of infinite perspective or depth. As James P. Carse notes in *Finite and Infinite Games* (1986: 70): "One never reaches a horizon. It is not a line, it has no place; it encloses no field; its location is always relative to the view. To move toward a horizon is simply to have a new horizon". This infinite perspective or depth is given us by the potentiality of movement. And, as Merleau-Ponty argues, it is time which contributes the dimension of depth to the otherwise two-dimensional space we inhabit. His concept of depth might be understood in terms of the figure-ground reversal of an ambiguous cube drawing, where we cannot see both perspectives at the same time, and where our physical perception of the cube folds and unfolds itself as we view either a three-dimensional box in the corner of an open container or a cube cut out of a three dimensional carton (Fig. 4).

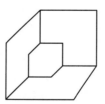

Figure 4. Ambiguous cube drawing [Based on the diagram in Anthony J. Steinbock. 1987. Merleau-Ponty's concept of depth. *Philosophy Today* 31: 339.]

We cannot see depth, any more than we can see time, but that doesn't mean that they do not exist. Only an absolute materialist would claim that the physical world alone can be said to exist. Cognitive linguists are not claiming that only the concrete has being; rather, they claim that we cannot access the existence of abstractions without metonymic or metaphorical reference to the concrete. The problem lies in differentiating experience from representation, and evaluating which representations more accurately capture experience. For example, one source of possible confusion in Lakoff and Johnson's (1999: 154) account of time is the definition they give of time as "that which is measured by regular iterated [brain] events". As a result, they consider events and motion to be more basic than time, so that time is constructed by means of

Crossing the boundaries of time   651

metonymic correlation with events and metaphoric conceptualization of space. Again, Merleau-Ponty (1962: 415) shows that this is only part of the story. He distinguishes between constituted and experienced time, with constituted time not being "time itself, but the ultimate recording of time, the result of its *passage*, which objective thinking always presupposes but never manages to fasten on to". To experience time, on the other hand, is to "learn the nature of flux and transience itself" which is always coming into being and never complete (1962: 415). It is the construction of time and not the experience of time which leads us to erroneously represent time in Heidegger's term as "a succession of instances of *now* (*Nacheinander der Jetztpunkte*)" (Merleau-Ponty 1962: 412). When we construct time as a series of points, we omit the fact that figures and points do not exist without a ground or field, as Langacker has noted in his work. In Merleau-Ponty's (1962: 101) words, "every figure stands out against the double horizon of external and bodily space. One must therefore reject as an abstraction any analysis of bodily space which takes account only of figures and points, since these can neither be conceived or be without horizons".

As I understand Merleau-Ponty's thought, space is not a static container for material objects in the world, nor does it exist independent of time. It is absurd to think of events and motion as being more basic than time, as Lakoff and Johnson do, because without time there could be neither event nor motion. For example, consider a typical New England thunderstorm. The lightning flashes, and the observer begins to count off seconds – one, two, three – before hearing the sound of the thunder. The seconds are a rough approximation of miles, so that the observer concludes the thunder is actually three miles away. And yet, since light travels faster than sound, when the observer hears the thunder, it is already past in the spot where the lightning first flashed. The distances or depths on our earth make light appear instantaneous. But in the deep recesses of space, light too "takes time". It is this phenomenon that enables us to look into the depth of the distant past as we see stars in our night sky that burned out many years before. As our world moves around its sun, change in position correlates with change in time. Objects do not exist "in" space, they are part "of" space, and, as such, they are both spatial and temporal. As cognitively embodied beings, we do not exist in space and time, we are part of space and time. Being present to the

652 *Margaret H. Freeman*

world, we are present to ourselves. Consciousness and subjectivity arise as a result of our temporality.

We see because we can be seen, we sense because we are sensed. It is this duality, the two "sides" of the body, the sensible-sentient (*sentants-sensibles*), that constitute the flesh of the world, not material flesh as we tend to understand the word, but as Merleau-Ponty (1968: 139) defines it: "The flesh is not matter, is not mind, is not substance. To designate it, we should need the old term 'element,' in the sense of a *general thing*, midway between the spatio-temporal individual and the idea, a sort of incarnate principle that brings a style of being wherever there is a fragment of being. The flesh in this sense is an 'element' of Being". It is this Flesh ontology, with its occluded edges and unfoldings of depth (Lakoff and Johnson's "cognitive unconscious" or Fauconnier and Turner's "hidden complexities of the mind") that underlies Merleau-Ponty's notions of space and time as perspectives of our presence in the world as part of the flesh of the world. That is, when Merleau-Ponty uses the expressions "in space" or "in time," "in person" or "in the flesh," he does not mean them to be understood in terms of a container but, as Sue Cataldi (1993: 174) has pointed out, as participating in "sensitive space," in "emotional depth".

The problem, as Merleau-Ponty (1962: 415) defines it, is "how to make time explicit as it comes into being and makes itself evident, time at all times underlying the *notion* of time, not as an object of our knowledge, but as a dimension of our being". As Lakoff and Johnson (1999: 160) point out, to see time as a dimension in the space-time continuum (Einstein's relativity theory) is still to be thinking metaphorically, since to take it literally would mean that "the past, present, and future all exist 'at once', " which would be silly. Nevertheless, they say, this "does not make general relativity either false or fanciful or subjective, since its metaphors can still be apt". The challenge is to explain why the time dimension metaphor is more apt, something Lakoff and Johnson don't attempt, apart from saying that it "can entail nonmetaphorical predictions that can be verified or falsified" (1999: 160), which begs the question, since in order to test scientifically, one must inevitably objectivize the world. What Merleau-Ponty's Flesh ontology contributes is this missing part of the story: how we objectivize ourselves and the world without at the same time presupposing a mind independent reality (MIR).

Crossing the boundaries of time 653

What would it mean for the past, present, and future to exist "all at once"? Recall that time is neither linear nor iterative. It provides the dimension of depth to space. (Diagrams deceive because they conceal depth.) Recall, too, that time as well as space is part of our world. And recall that we, too, as part of our world, are part of and constitute both time and space. What this means is that we are grounded in our reality space of the present, a present, moreover, that opens onto and therefore holds within itself both past and future.

When we remember something from our past, we are representing the past in the present. That is, our representation exists in the present, not the past. Similarly, when we project something in the future, we have brought the idea of the future into the present. These are Husserl's *Abschattungen*, or shadowing effects, which are not to be understood as signs of their original significance, but rather what enable the original significance of A to become transparent, to be seen through A^1, A^{11}, and so on (Fig. 5).

When we project into the future from our grounding in the present, we conjecture what will become present and then past. In other words, Figure 5 is deceptive in seeming to show discrete moments of time, A, B, C. As Merleau-Ponty (1962: 419) says: "The 'instants' A, B and C are not successively *in being*, but *differentiate* themselves from each other" as B "bursts" or "disintegrates" into B^1, and A^1 into A^{11}, while C is in the process of bursting into C^1 and C^{11}. In Figure 5 B^1 is a point (true of all "points" in the field of time) in which not only is it a "present moment" but it is also bursting and disintegrating into AB^{11} as future projection from A and into BC^{11} as past projection from C. What this means is that the past "*is* not past, nor the future future" (1962: 421). They exist only when a subject disrupts the dimension of time by providing a perspective of proximity and distance, or presence and absence. And a subject does this because the subject is himself part of time.

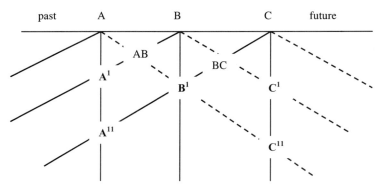

Figure 5. The depths of time [Adapted from Husserl (*Zeitbewusstein* 22, cited in Merleau-Ponty 1965: 417) to include Merleau-Ponty's notion of time as a network of intentionalities, with both retentions and protentions. Horizontal line: series of 'present moments'. Oblique lines to the left: *Abschattungen* of the same 'present moments' seen from an ulterior 'present moment'. Oblique lines to the right: *Abschattungen* of future 'present moments' as seen from an ulterior 'present moment'. Vertical lines: Successive *Abschattungen* of one and the same 'present moment'.]

Thus, Lakoff and Johnson are right to say that to think of the past, present, and future existing all at the same time is silly, but it is silly, not because we can only represent time through metaphor, but because it is "through time that being is conceived" (Merleau-Ponty 1962: 430). It is Merleau-Ponty's phenomenology of time, space, and being that explains why the rational and empirical movements in Anglo-American philosophy are mistaken. Not because they are metaphorical in their representations of the world, but because of the particular metaphors they choose to describe the world. As Merleau-Ponty (1962: 430) notes: "The world as we have tried to show it, as standing on the horizon of our life as the primordial unity of all our experiences, and one goal of all our projects, is no longer the visible unfolding of a constituting Thought, not a chance conglomeration of parts, nor, of course, the working of a controlling Thought on an indifferent matter, but the native abode of all rationality".

Much more could – and needs – to be said, but I hope that this brief and extremely sketchy representation of Merleau-Ponty's phenomenology has suggested how it can indeed confirm and contribute depth (no pun intended) to Lakoff and Johnson's conceptual metaphor theory by showing how it is grounded in the subjectivity, concept formation, and mental spaces of our bodily being. As Merleau-Ponty and cognitive linguists recognize, it is the structure of our brains and bodies and our experience of being in the world that enable us to think the way we do, to create concepts of time and space and our notions of the self.

References

Carse, James P.

1986   *Finite and Infinite Games: A Vision of Life as Play and Possibility.* New York: Ballantine Books.

Cataldi, Sue L.

1993   *Emotion, Depth, and Flesh: A Study of Sensitive Space.* Albany: State University of New York Press.

Fauconnier, Gilles & Mark Turner

2002   *The Way We Think: Conceptual Blending and the Mind's Hidden Complexities.* New York: Basic Books.

Lakoff, George & Mark Johnson

1998   *Philosophy in the Flesh.* Chicago/London: University of Chicago Press.

Langacker, Ronald W.

1987   *Foundations of Cognitive Grammar.* Volume I: *Theoretical Perspectives.* Stanford: Stanford University Press.

1991   *Foundations of Cognitive Grammar.* Volume II: *Descriptive Application.* Stanford: Stanford University Press.

Merleau-Ponty, Maurice

1962   *Phenomenology of Perception* [1945]. Translated by C. Smith. London: Routledge and Kegan Paul.

1968   *The Visible and the Invisible.* Edited by Claude Lefort. Translated by Alphonso Lingis. Evanston: Northwestern University Press.

Talmy, Leonard

2000   *Toward a Cognitive Semantics.* Volume I: *Concept Structuring Systems.* Volume II: *Typology and Process in Concept Structuring.* Cambridge, MA/London: The MIT Press.

Zlatev, Jordan

1997   *Situated Embodiment: Studies in the Emergence of Spatial Meaning.* Stockholm: Gotab.

Language and thought (the nature of mind from G. Frege and J. Fodor to cognitive linguistics) [1]

Sofia Miguens

Abstract

In trying to decide how to go about studying the relation between language and thought we face several options. We may, for instance, do work in logic, or investigate mental models associated with natural languages, or set out to compare animal and human minds. Still, whatever option we decide for, we will not necessarily have to make our commitments concerning the nature of mind and the place of mind in nature explicit. Philosophers of mind, though, are especially interested in making such commitments explicit. In this article I will try to analyse the commitments about the nature of mind that can be found in Frege, Fodor and cognitive linguistics.

Keywords: language, thought, Frege, Fodor, cognitive linguistics.

0. Introduction

In trying to decide how to go about studying the relation between language and thought we face several options. We may for instance, do work in logic, or investigate mental models associated with natural languages, or set out to compare animal and human minds. Still, whatever option we decide for, we will not necessarily have to make our commitments concerning the nature of mind and the place of mind in nature explicit. Philosophers of mind, though, are especially interested in making such commitments explicit, and this may involve distinctions among close notions, such as those of thought and cognition. This is the perspective of my talk.

---

1. I thank Professor George Lakoff for the many valuable suggestions he gave me in the Braga Conference on how to develop the ideas defended in the last part of this paper.

658   *Sofia Miguens*

I will consider on the one hand two philosophers – two analytical philosophers one century apart, G. Frege e J. Fodor, and on the other hand cognitive linguists, some of them present in this conference. I will explain why I chose Frege and Fodor for this comparison, which is in fact also a comparison of the somewhat different ways linguists and philosophers engage in the study of the relation between thought and language. This is the reason. Both Frege and Fodor worried about the issue at stake – language and thought – and both proclaimed the need to replace, at least in some theoretical contexts, natural languages for something different. This was, in Frege's case, logic, and in Fodor's case the language of thought, considered as a design feature of cognitive systems. What in my opinion makes them relevant is the fact that they can help us clarify what we mean by 'the problem of the relation between language and thought'. For instance, and more specifically, is there something wrong, when we're dealing with the problem, in not identifying 'language' with natural language? This is, in fact, not uncommon in philosophy.

I want to assess the legitimacy of such a shift of focus, from natural language to something else, as the one we find in Frege and Fodor. I must say I am not persuaded that Frege e Fodor are totally misguided, although what I will call their formalist commitments definitely seem bound to a head-on collision with some of cognitive linguistics central tenets. But I also think cognitive linguistics gives us ground to argue against overlooking natural languages when working on general questions, such as those concerning the relation between language and thought or the nature of mind.

What I will try to do here then is first (i) to give some information about the way these two philosophers have dealt with the problem of language and thought. In doing that I will (ii) try to underline the specificity of the philosophical perspective and to point out some of the reasons in favour of what I call, borrowing the term from G. Lakoff (Lakoff 1987), formalist perspectives. I will also try to (iii) defend the need for a distinction between thought and cognition. Only then will it be possible to (iv) locate the contribution of cognitive linguistics in the context of a wider discussion about thought and language and to look for cognitive linguistics to provide us with arguments against overlooking natural languages when we are trying to understand the nature of mind and the place of human mind in nature.

Language and thought   659

1. Cognitive linguistics and formalist perspectives

Let me begin by spelling out what I think brings Frege and Fodor together: I will call it a formalist perspective on the problem of language and thought. Actually, we may look at Frege and Fodor as examples of what George Lakoff (Lakoff 1987) called 'the metaphor of formal languages for natural languages'. When Lakoff targets this metaphor (the very core of the formalist approach he wants to replace with his experientialist view of thought, of embodied, imaginative reason), he aims not only at Chomsky but at the omnipresence of logic in the study of language, and so also at much contemporary philosophy. Cognitive linguists are perfectly aware of how widespread formalist convictions about the nature of language are and how different from cognitive linguistics central tenets they are. For instance, G. Lakoff (Lakoff 1987: 58) says: «It is by no means obvious that language makes use of our general cognitive apparatus» (*this is of course a central thesis of cognitive linguistics*) «In fact, the most widely accepted views of language within both linguistics and the philosophy of language make the opposite assumption: that language is a separate modular system independent of the rest of cognition. The independence of grammar from the rest of cognition is perhaps the most fundamental assumption on which Noam Chomsky's theory of language rests (...) the very idea that language is a formal system (in the technical mathematical sense used by Chomsky and many other linguistic theorists) requires the assumption that language is independent from the rest of cognition».

2. Philosophical characters

Let me now present the philosophical characters and try to explain why I think they are important for us here. I didn't choose them in vain, they represent trends, methodological orientations, which are very widely spread, at least in contemporary analytical philosophy. Frege was a german mathematician and philosopher, whose main works were published approximately 100-120 years ago. He is usually regarded as the 'founding father' of three things: analytical philosophy, formal logic and philosophy of language. He represents here the intimate relation of contemporary analytical philosophy with logic. Jerry Fodor is one of the

660   *Sofia Miguens*

most important contemporary philosophers of psychology. He has also worked in linguistics and was especially close to N. Chomsky, theoretically and spatially speaking, in the 60s (when they were both at the MIT). What he represents here is an ontological view of cognition, which we may call cognitivism.

2.1. Frege

Let us start with Frege. From the point of view of philosophy, Frege's work marks an historical moment, the moment when formal logic changes the way philosophers approach the problem of the structure of thought. Let us consider a thought with the structure 'A is B'. If we look at classical philosophy, this problem was for instance for the empiricist D. Hume a question of association of ideas, for Kant a question of judgments, somehow originated by the mind through the synthetic unity of apperception, that is, consciousness. But to Frege this question – what makes concepts hang together in a thought, so that we may entertain it – has a logical nature, is not a psychological or transcendental question. This new approach to the problem, the fact that Frege comes up with the apparatus of modern formal logic to deal with it, is the origin of so called analytical philosophy.

Analytical philosophy starts from the idea according to which the object of philosophy is the analysis of the structure of thoughts. And that is done by means of an analysis of language. In other words, philosophy's epistemological-ontological inquiry (how do we know? what is there in the world?) is to proceed by means of logical–linguistic investigations. This is the so called linguistic turn in philosophy, a conception which brings together philosophers as different as Frege, Wittgenstein, Quine, Davidson, etc.

Now, language as it is considered here – when our aim is to investigate the nature of thought and ultimately the nature of reality – is not necessarily natural language. To Frege, namely, and that's one reason why it is slightly ironical to consider him the initiator of philosophy of language, natural language is plainly an obstacle. A great deal of the work of a philosopher as Frege conceived of it is to get rid of natural language, more specifically to get rid the vagueness and ambiguity which characterize it. Frege thinks natural languages resist any coherent systematization, namely any systematization of the laws of thought. That's why Frege creates an artificial language, a *Begriffsschrifft,* or conceptual notation, which is a fundamental element of his philosophical outlook, and which is supposed to provide more precise means to express thought and to formulate the principles of thought explicitly. If we consider the way Frege meant to put his *Begriffsschrift* (Frege 1879) to use – namely in his investigation of the logical foundations of arithmetic – we get a clear example of Frege's approach to the problem of the relation between language and thought.

So, recapitulating, according to Frege vagueness will forever plague natural language thinking and we can do better than that. One thing is the pragmatic skill, which is psychologically basic, essential to each of us, natural language thinking, another is the best theory we can develop in a certain domain and for the conceptual analysis of those theories artificial languages will help us best. But still why the focus on language if what we are interested in are ontological and epistemological investigations? Frege's point is that language may be a distorting mirror but it is the only one we possess. What does he mean? He means that other beings, other kinds of minds, might perhaps do without language but not humans. Our thought is linguistic (articulate, inferential, not intuitive). This is why focusing on language when we want to analyze thought is unavoidable. Another reason for focusing our epistemological and ontological inquiries on language is the fact that this allows for a de-mentalized, de-psychologized investigation of thought. In other words it allows us to keep cognitive questions (questions about minds, which implement thoughts) apart from the questions the philosopher-logician is interested in (questions concerning the structure of thought and theories (and reality)).

The characteristic of thought which makes this 'separation', this division of labour, possible is thought's intentionality. I will explain what' s usually meant by it. Philosophers usually make a distinction between *qualia*, the very private feeling of thinking, what is it like to be a mind, and intentionality, aboutness, what the thought is about (numbers, chairs, chemical elements, galaxies). My *quale* of red is – maybe – different from yours (I wouldn't know, given the privacy of minds) but we both use the word 'red' to identify something wordly, something supposedly common. We may then say that it is language that makes this objectivity possible. In other words, it is language that makes room for an objectiveness of thought, it is language that makes room for the independence of thought from mental processes, from individual minds. So, to Frege philosophy consists in logical investigations, and he thinks of these logical investigations as being about thought and not about mental processes or

662   *Sofia Miguens*

cognition. He thinks the objectiveness of human thought is due to its linguistic nature. That's why he is a philosopher of language.

I will give a brief example, an historically important one, of the way Frege puts his conceptual notation to use. What Frege proposes to do in the *Foundations of Arithmetic* (Frege 1884) is the first example of analytical philosophy in the sense I have been trying to sketch. What we have there is the program for a logical investigation, an investigation of the concept of number. The investigation proceeds by asking how is it that the meaning of sentences which comprise terms for numbers is fixed. Now, what Frege says he wants to do in *Foundations of Arithmetic* depends on his *Begriffschrift*. He is sketching a program of use for the technical means he had devised, the conceptual notation, and he wants to use this conceptual notation to help him go beyond the vagueness of natural language in thinking about the nature of numbers.

In fact, Frege's philosophical agenda is to show that truths of arithmetic can be derived from logic alone. That philosophical project is known as logicism and its failure is not particularly important for us here. What we were interested in are the reasons why Frege developed an artificial language, a *Begriffsschrift*, to approach the problem of language and thought. And we could formulate them thus: he wants to overcome the vagueness and ambiguity of natural language, still capture the objectiveness of thought, and also to do something that is not possible by means of natural language only – to make the nature of sound inference explicit.

Frege's example is still very influential in philosophy, as a model of how we go about thinking about thought. We may say that when Frege speaks of thought, what he is considering are conscious, explicit, justified beliefs, which constitute our best theories in whatever domain. It is not common cognitive tasks which interest him but the best theories available, and what those theories make us think about the way the world is (as for instance, in the example I gave, number theory – it is not hard to see that the foundations of arithmetic are not a problem for the individual cognizer)). This is what he proposes formal logic for. Logic is essential for philosophy's endeavour in that epistemological-ontological investigations cannot be done by means of natural languages only.

It is also very important to notice that he does not want take his artificial language back and apply it to natural languages. Of course history shows us that formal logic, created by Frege for the analysis of thought was projected back, throughout the 20th century, to modeling natural languages. But Frege did not conceive logic as modeling real reasoning, psychology, natural language thinking. Fregean thought is not mind or cognition. Frege was not interested in cognition. If we consider the way he describes the analysis of thought by means of an analysis of language we see that for him it is ultimately unimportant to consider the physical and psychological nature of cognition. This guarantees on the one hand a claim of universality – the logical-linguistic investigation of the concept of number is supposed to be good for every thinking human, it is the essence of thought, according to Frege, that it is transferable, communicable between minds, without a residue – but on the other hand this poses a problem: fregean thought has no place in nature (nor need it have one, at least in this context).

So, what we get from Frege is: thought is not individual cognition (the psychological going-about of categorization, object identification, memory, processing, etc). Thought is what our species elaborates by means of theoretical, scientific inquiry, about the nature of reality. Mind, cognition, is only a part of that reality (at least for those who profess a physicalist theory of mind, I wouldn't bring Frege in here). Anyway, that's why he is a philosopher of thought.

2.2. Fodor

Fodor is definitely something different. Fodor is a philosopher of cognition: he is interested in the nature of mental states and processes and in their relation to the brain and to the physical world. In terms of philosophy, much and almost one century stands between Frege and Fodor – some people would speak of a tendency towards psychologizing within analytical philosophy (this is supposed to be a very bad thing). The fact is, in the last decades philosophy of mind has somehow replaced philosophy of language in terms of importance. Arguably, this is due to cognitive science and to the fact that it represents such a challenge to philosophy.

From Frege to Fodor, then, we go from thought, as defined, to cognition, as defined, but there is something in common: language still occupies centre stage in philosophical investigations and natural language is still considered somehow secondary. Why? Language is very important to Fodor in that he basically thinks mind / cognition exists in nature because there is language. But the language Fodor thinks of, the language of thought, is not natural language. To Fodor, natural languages come second, as an interface. This is the so called 'communicative

664   *Sofia Miguens*

conception of the relation between language and thought' (Carruthers 1996). What does Fodor mean by this? He means that for there to be minds (intentionality = representation, rationality = representation transformation, use of representations to guide action) there must be symbols and use of symbols. More precisely, there must be the possibility of articulation and productivity of representations, and only a language can guarantee that.

In his 1975 book, *The Language of Thought*, Fodor claimed that no cognitive scientist who takes psychological explanation to be computational, can refuse to admit a medium for computation, an internal system of representations. And this is what the language of thought is, and this is not natural language. As Fodor puts it, it may seem crude, offensive and unbiological to suppose – in order to be able to explain representation and rationality – that people have sentences in their heads[2], but it is cognitive theory that compels us to accept it. The Language of Thought Hypothesis is then an engineering hypothesis according to which all cognitive systems must share one design trait. They must have an internal representation system, a language of thought. What we call mental processes should then be conceived as computations of these representations. Representations themselves are instantiations of symbols in physical systems. And as Fodor puts it himself: «No representations, no computations. No computations, no mind»[3]. We must be careful here: the Representational Theory of Mind associated with Fodor's Language of Thought Hypothesis is not a theory of content or meaning. That is another big problem for Fodor, but a different one. RTM is a syntactic theory of the nature of certain entities, which make cognition and mind possible, a theory of, I would say, empty syntax, not semantics.

So, everything Fodor says when he defends the Language of Thought Hypothesis is about cognition, not about thought in the fregean sense. It is the problem of the nature of cognition Fodor wants to deal with, and he sees it as a hardware /software problem in a biological system such as the human brain. The Language of Thought is a software for cognition, something which is 'below' natural language thinking. Natural language thinking would presumably involve consciousness, something Fodor doesn't even touch here.

---

2. Fodor 1990a, *Fodor's Guide to Mental Representations*.
3. Fodor 1975: 31. The centrality of this idea for cognitivism is defended in an exemplary way in Pylyshyn (1984). In the Preface, Pylyshyn explicity states his debt to Fodor, the person who explained to him 'what philosophy was for'.

Language and thought 665

3. Cognitive Linguistics

I agree with Lakoff – and that's why in the beginning of this article I brought in a quotation of *Women, Fire and Dangerous Things* – that a great deal of contemporary approaches of language within philosophy, whether they are more connected with Frege's lineage, more epistemological-ontological, or more connected with Fodor's, more psychological and cognitive, are in fact somehow committed to the metaphor of formal languages for natural languages. That commitment is not bad *per se*. In fact if we look at what Frege's main issue was, we understand it concerns the structure of theories, the soundness of inference, not cognition. Arguably, formal languages have advantages in helping us there. I think the formalist commitment brings us directly into problems only when what we are dealing with is the nature of mind and cognition.

Could it be then that cognitive linguistics has something to propose here? And in case it does, which one of our philosophical characters would it oppose more directly? Frege or Fodor? Fodor, of course, and this is why I said Frege and Fodor could show us different aspects of the so called problem of the relation between thought and language. Cognitive linguistics' principles stand opposed to Fodor's because they're both dealing with the nature of cognition, not with thought in Frege's sense.

What would cognitive linguistics positions about the place of mind in nature then be, knowing they are contrary to Fodor's? I will of course consider only very general principles, but I will try to be systematic. I've been searching for traces of this discussion in the writings of Langacker, Lakoff and Talmy (Langacker 1978, Lakoff 1987, Talmy 1988). In *Women, Fire and Dangerous Things* (Lakoff 1987) George Lakoff points very directly at what opposes cognitive linguistics to formalist perspectives of language: a formalist perspective considers that minds are symbol processors, formal software, running on whichever – biological, artificial –hardware. Now the kind of linguistic phenomena cognitive linguists have always been interested in – grammar as imagery, typicality in categorization, metaphor, force dynamics – give us evidence to build a case against that conception of mind and mental processes. What do we get then as an alternative to formalism? Embodiment of mind and meaning, cognitive linguists say. But what does it mean?

Let's put our philosophical characters to use here. It is this embodiment of mind both Frege and Fodor overlook. They do it in different

666 *Sofia Miguens*

ways, though. Given Frege's aims, it is not unreasonable to consider the physical nature of symbolism indifferent. But given the fact that Fodor's cognitivism is a self-professed physicalism or materialism, he does have to deal with the physical nature of symbolism, its implementation and processing. And there he faces a problem: Fodor's cognitivist ontology is committed to a dualism of physics and symbolism. In fact, only this dualism makes his formalism sustainable.

4. Conclusion

I will finish on a practical note (as practical as possible, coming from philosophy...): I think that if we spell out the principles of Fodor's approach to the problem of the nature of mind and representation, we will get, by contrast, cognitive linguistics philosophical principles. Those positions are what makes cognitive linguistics very interesting from the point of view of the philosophy of mind.

So, where on the side of Fodor's Representational-Computational theory of mind we have the idea that only a language can make for the existence of cognition and the isolation of language from the rest of cognition, on the side of cognitive linguistics we have the idea that language is not independent from the rest of cognition. Now, language here is natural language, seen in its specificity and not through the lens of formal languages, and thus involving (i) a relation of linguistic categories to perception, (ii) processing of space/time relations, characteristics which are obviously absent in formal languages. This intimate relation of what we call mental with perception and with space-time is the context for the well known thesis of the meaningfulness of syntax, syntax as imagery, continuity between grammatical and lexical categories, pervasiveness of metaphor, force dynamics phenomena, etc.

Concerning cognition and not thought – through Frege I think I showed what cognitive linguistics is not talking about – I would say that what we have here is a confrontation, within physicalism, of mind embodied versus mind implemented. We may now see that cognitive linguistics basic tenets – that language is not independent from the rest of cognition, the embodiment of meaning and mind – represent a general orientation opposed to Fodor's cognitivist ontology, which is rather widespread in cognitive science. So cognitive linguistics, seen form the perspective of philosophers interested in the nature of mind, can be invaluable in providing evidence and data that allows us to think about the several dimensions of the embodiment of mind, namely the continuity of physical nature of cognitive systems and symbol instantiation and processing, and the importance of perception in what we call mind. This is why, I think cognitive linguistics can be so important persuading us that a formalist perspective, which leads us to overlook natural languages, is a bad choice when we are facing the problem of the nature of mind.

References

Carruthers, Peter
1996   *Language, Thought and Consciousness – An essay in philosophical psychology*. Cambridge: Cambridge University Press.
Dummett, Michael
1981   *Frege – Philosophy of Language*. Cambridge MA: Harvard University Press.
Frege, Gottlob
(1879) 1967   Begriffschrift – a formula language, modeled upon that of arithmetic, for pure thought. In: Jean van Heijenoort (ed.), 1967, *From Frege to Gödel: A Source Book in Mathematical Logic, 1879-1931* Cambridge MA: Harvard University Press.
(1884) 1992   *Fundamentos da Aritmética*. Lisboa: INCM.
Fodor, Jerry
1975   *The Language of Thought*. Cambridge MA: Harvard University Press.
Lakoff, George & Mark Johnson
1980   *Metaphors We Live By*. Chicago: Chicago University Press.
Lakoff, George
1987   *Women, Fire and Dangerous Things – What Categories Tell us About the Mind*. Chicago: Chicago University Press.
Langacker, Ronald
1987   *Foundations of Cognitive Grammar*, vol. 1. Stanford, California: Stanford University Press.
Miguens, Sofia
1997   As Ciências Cognitivas e a Naturalização do Simbólico – a mente computacional e a mente fenomenológica. *Revista da Faculdade de Letras – Série de Filosofia* 14 : 385-427.
2002   *Uma Teoria Fisicalista do Conteúdo e da Consciência – D. Dennett e os debates da filosofia da mente*. Porto: Campo das Letras.
Pylyshyn, Zenon
1984   *Computation and Cognition*. Cambridge MA: MIT Press.
Talmy, Leonard
1988   Force Dynamics in Language and Cognition. *Cognitive Science* 12.
Weiner, Joan
1999   *Frege*. Oxford: Oxford University Press.

Lista de Autores

ANA MARGARIDA ABRANTES
Faculdade de Letras, Universidade Católica Portuguesa, Estrada da
Circunvalação, 3504-505 Viseu, Portugal
margarida.abrantes@crb.ucp.pt

GUY ACHARD-BAYLE
C/O M.Jehanno, 5 rue de Soupplainville, F.91690 SACLAS, France
guy.achardbayle@wanadoo.fr

MARIA CLOTILDE ALMEIDA
Departamento de Estudos Germanísticos, Faculdade de Letras,
Universidade de Lisboa, 166-214 Lisboa, Portugal
clotilde@netcabo.pt

BELÉN ALVARADO ORTEGA
Departamento de Filología Española, Lingüística General y T. de la
Literatura, Universidad de Alicante, Apartado de Correos 99
E-03080 Alicante, España
Belen.Alvarado@ua.es

SÓNIA VANESSA SANTOS ALVES
Escola Superior de Educação de Viseu, Rua Maximiano Aragão,
3504-501, Viseu, Portugal
soniaalves@esev.ipv.pt

INMACULADA C. BÁEZ
Facultad de Filología y Traducción, Campus de Lagoas-Marcosende, s/n,
36200-Vigo, España
cbaez@uvigo.es

FILIPE LEANDRO DE F. BARBOSA
Universidade Federal do Rio de Janeiro, Brasil.
cesaraquino@terra.com.br

670 *Lista de Autores*

Antonio Barcelona
Departamento de Filología Inglesa, Universidad de Múrcia,
Sto Cristo s/ n, E-30071 Murcia, España
abs@um.es

Elisa Barrajón López
Departamento de Filología Española, Lingüística General y T. de la
Literatura, Universidad de Alicante, Apartado de Correos 99
E-03080 Alicante, España
Elisa.Barrajon@ua.es

Margarida Basilio
Departamento de Letras, Pontifícia Universidade Católica do Rio
de Janeiro, Rua Marquês de São Vicente, 225 – Gávea,
22453-900 Rio de Janeiro RJ, Brasil
marbas@centroin.com.br

Hanna Batoréo
Universidade Aberta, Palácio Ceia, R. Escola Politécnica, 147,
1269 – 001 Lisboa, Portugal
hanna@univ-ab.pt

Urbana Pereira Bendiha
Departamento de Línguas e Culturas, Campus Universitário de Santiago,
Universidade de Aveiro, 3810-193 Aveiro, Portugal
urbana@dlc.ua.pt

Enrique Bernárdez
Departamento de Filología Inglesa I, Universidad Complutense de
Madrid, Ciudad Universitaria, E-28040 Madrid, España
ebernard@filol.ucm.es

Grazia Biorci
C.N.R., Istituto Storia dell'Europa Mediterranea, Sezione di Génova,
Via Balbi 6, 16126 Genova, Italia
graziabiorci@unige.it

Lista de Autores 671

ANTÓNIO HORTA BRANCO
Faculdade de Ciências, Departamento de Informática, Universidade de
Lisboa, Campo Grande, 1749-016 Lisboa, Portugal
Antonio.Branco@di.fc.ul.pt

LERA BORODITSKY
Brain and Cognitive Sciences, 77 Massachusetts Avenue, Cambridge,
MA 02139, USA
lera@mit.edu

ROSARIO CABALLERO
Facultad de Filosofía y Letras, Departamento de Filologías Inglesa y
Alemana, Universidad de Extremadura, Avenida de la Universidad s/n,
10071 Cáceres, España
caballer@unex.es

CARMEN CABEZA
Facultad de Filología y Traducción, Campus de Lagoas-Marcosende, s/n
36200 – Vigo, España
e-mail: cabeza@uvigo.es

ÀNGELS CAMPOS
Universitat de València , Departament de Filologia Catalana,
Avda. Blasco Ibáñez 32 , 46010 València , España
angels.campos@uv.es

EUGENE H. CASAD
403 Beauty Lane, Whitesboro, Tx 76273, USA
ehcasad789@msn.com

JOSÉ LUIS CIFUENTES HONRUBIA
Dpto. Filología Española, Lingüística General y Teoría de la Literatura,
Facultad de Filosofía y Letras, Universidad de Alicante, Ap. Correos 99
03080-Alicante, España
cifu@ua.es

672 *Lista de Autores*

JAUME CLIMENT DE BENITO
Departamento de Filología Española, Lingüística General y T. de la
Literatura, Universidad de Alicante, Apartado de Correos 99
E-03080 Alicante, España
Jaume.Climent@ua.es

ROSA LÍDIA COIMBRA
Departamento de Línguas e Culturas, Campus Universitário de Santiago,
Universidade de Aveiro, 3810-193 Aveiro, Portugal
rlcoimbra@dlc.ua.pt

KENNETH WILLIAM COOK
Center for English Language Programs, Hawaii Pacific University,
1188 Fort Street Mall, Honolulu, Hawaii. USA 96813
kencook@hawaii.edu

SUSANA COMESAÑA
Facultade de Filoloxía e Traducción, Universidade de Vigo,
36200 Vigo, España
susana@uvigo.es

CLARA NUNES CORREIA
Faculdade de Ciências Sociais e Humanas, Universidade Nova
de Lisboa, Av. de Berna 26-C, 1069-061 Lisboa, Portugal
claranc@netcabo.pt

MARIA JOSEP CUENCA
Facultat de Filologia, Universitat de València, Av. Blasco Ibáñez, 32,
46010 València, España
maria.j.cuenca@uv.es

BARBARA DANCYGIER
Department of English, University of British Columbia, 397-1873 East
Mall, Vancouver, B.C. V6T 1Z1, Canada
barbara.dancygier@ubc.ca

CAROLINE DAVID
1, Place de Fontevrault, Appt 57, 2ème étage, 86000 Poitiers, France
david_caroline@hotmail.com

Lista de Autores   673

NICOLE DELBECQUE
Departement Linguïstiek, Faculteit Letteren, Katholieke Universiteit
Leuven, Blijde-Inkomststraat 21, 3000 Leuven, Belgium
Nicole.Delbecque@arts.kuleuven.ac.be

ANN-CATRINE EDLUND
Department of Literature and Scandinavian languages, Umeå University,
S-901 87 Umeå, Sweden
ann-catrine.edlund@nord.umu.se

BENJAMIN FAGARD
Université Paris 7 – Università Roma 3, 2 place jussieu,
75005 Paris, France
benjamin.fagard@linguist.jussieu.fr

PATRICK FARRELL
Dept. of Linguistics, University of California, Davis,
Davis, CA 95616, USA
pmfarrell@ucdavis.edu

HELOÍSA PEDROSO DE MORAES FELTES
Universidade de Caxias do Sul, Rua Carlos Colussi, n. 615, ap. 701,
Bairro Madureira, 95040-170 - Caxias do Sul (RS), Brasil
helocogn @terra.com.Br

ANA Mª FERNÁNDEZ SONEIRA
Facultade de Filoloxía e Traducción, Universidade de Vigo, Campus
Lagoas-Marcosende s/n, 36200 Vigo, España
anafe@uvigo.es

LILIAN V. FERRARI
Universidade Federal do Rio de Janeiro, Brasil
ferrari@west.com.br

MARGARET H. FREEMAN
Emeritus Professor, Los Angeles Valley College, Myrifield,
23 Avery Brook Road, Heath, MA 10346-0132, USA
freemamh@lavc.edu

674   *Lista de Autores*

KOLDO J. GARAI
Intitut d'Etudes Ibériques et Ibero-Américaines, Basque Language,
«Michel Montaigne» Université Bordeaux 3, France
Koldo-Garai@u-bordeaux3.fr

JOSÉ M. GARCÍA-MIGUEL
Facultade de Filoloxía e Traducción, Universidade de Vigo,
36200 Vigo, España
gallego@uvigo.es

DIRK GEERAERTS
Departement Linguïstiek, Faculteit Letteren, Katholieke Universiteit
Leuven, Blidje-Inkomststraat 21, 3000 Leuven, Belgium
dirk.geeraerts@arts.kuleuven.ac.be

DYLAN GLYNN
Institut Charles V, Université Paris VII, Denis Diderot, 10,
rue Charles V, Paris, 7504, France
dsglynn@paris7.jussieu.fr

MIGUEL GONÇALVES
Faculdade de Filosofia, Universidade Católica Portuguesa,
4710-297 Braga, Portugal
mgoncalves@facfil.ucp.pt

Mª JESÚS GONZÁLEZ FERNÁNDEZ
Universidad de Salamanca, C/ Ronda de Segovia nº 36, 3º C,
28005 Madrid, España
chusgonz@teleline.es

JUANI GUERRA
Departamento de Filología Moderna, Facultad de Filología, Universidad
de Las Palmas de Gran Canaria, C/ Pérez del Toro, 1,
35003 - Las Palmas De Gran Canaria, España
jguerra@dfm.ulpgc.es

KERI HOLLEY
Department of Linguistics, University of New Mexico, Humanities Bldg.
526, Albuquerque, New Mexico 87131-1196, USA
krholley@unm.edu

Lista de Autores 675

Iraide Ibarretxe Antuñano
Universidad de Zaragoza, Departamento de Lingüística General e
Hispánica, San Juan Bosco, 7, E-50009 Zaragoza, España
iraide@unizar.es

Silvia Iglesias Lago
Facultad de Filología y Traducción, Universidad de Vigo, Campus
Universitario Lagoas-Marcosende, 36200 Vigo (Pontevedra), España
siglesias@uvigo.es

Begoña Jamardo Suárez
Escuela de Negocios Caixanova, Avda. Madrid 60, 36204 Vigo,
Pontevedra, España
bjamardo@enegocioscaixanova.edu

Tero Kainlauri
Department of Finnish and Cultural Research, University of Joensuu,
P.O. box 111, 80101 Joensuu, Finland
kainlaur@cc.joensuu.fi

Elisabeth Knipf
Lehrstuhl für Germanistische Sprachwissenschaft, Germanistisches
Institut, Geisteswissenschaftliche Fakultät, H-1146 Budapest, Hungary
knipfe@freemail.hu

László I. Komlósi
Department of English Linguistics, Faculty of Humanities, University of
Pécs, Hungary, H-7624 Pécs, Ifjúság útja 6, Hungary
komlosi@btk.pte.hu

Ronald W. Langacker
Department of Linguistics, 0108, University of California, San Diego,
La Jolla, CA 92093-0108, USA
rlangacker@ucsd.edu

Jean-Rémi Lapaire
Université Michel de Montaigne-Bordeaux 3, Domaine Universitaire,
33607 Pessac Cedex, France
lapaire@club-internet.fr

676 *Lista de Autores*

RENÉ JOSEPH LAVIE
UMR 7114 (Modyco), Université Paris 10 et CNRS, 85, rue de la Roquette, 75011 Paris, France
rlavie@waika9.com

ANA CRISTINA MACÁRIO LOPES
CELGA/ Faculdade de Letras, Universidade de Coimbra, 3000-447 Coimbra, Portugal
acml@mail.telepac.pt

SILVIA LURAGHI
Università di Pavia, Dipartimento di Linguística, Via di Strada Nuova 65, I-27100 Pavia, Italia
luraghi@unipv.it

RICARDO MALDONADO
Instituto de Investigaciones Filológicas, UNAM, Posgrado en Lingüística, UAQ, 2a de Cedros 676, Jurica, Querétaro, México 76100
msoto@servidor.unam.mx

MARIA JOSEP MARÍN
Universitat Politécnica de València, España
mjmarin@idm.upv.es

ANA CRISTINA CARVALHO MARTINS
Instituto Superior de Psicologia Aplicada (I.S.P.A.), Rua Jardim do Tabaco, 34, 1149-041 Lisboa, Portugal
amartins@ispa.pt

MARÍA IGNACIA MASSONE
Universidad de Buenos Aires, Argentina
mariamassone@hotmail.com

TEENIE MATLOCK
Psychology Department, Stanford University, Stanford, CA 94305-2130, USA
tmatlock@psych.stanford.edu

Lista de Autores 677

YOSHIHIRO MATSUNAKA
Faculty of Arts, Tokyo Polytechnic University, 1583 Iiyama, Atsugi-shi,
243-0297 Kanagawa, Japan
ymats@bas.t-kougei.ac.jp

ANTÓNIO ÂNGELO MARCELINO MENDES
Faculdade de Filosofia, Universidade Católica Portuguesa,
4710-297-Braga, Portugal
antonio-mendes@clix.pt

SOFIA MIGUENS
Departamento de Filosofia, Faculdade de Letras - Universidade do Porto
Via Panorâmica s/n, 4150-564 Porto, Portugal
smiguens@letras.up.pt

ARMINDO JOSÉ BAPTISTA DE MORAIS
Av. de São Silvestre, Lt. 14, 3. esq., 3200 Lousã, Portugal
jdemorais@hotmail.com

MARIA DA FELICIDADE ARAÚJO MORAIS
Departamento de Letras, Universidade de Trás-os-Montes e Alto Douro,
Apartado 1013, 5000-911 Vila Real, Portugal
mmorais@utad.pt

ANA MARIA ROZA DE OLIVEIRA HENRIQUES DE OLIVEIRA
Escola Superior de Educação de Viseu, Rua Maximiano Aragão,
3504-501 Viseu, Portugal
soniaalves@esev.ipv.pt

XOSE A. PADILLA-GARCÍA
Facultat de Filosofia i Lletres, Universitat d'Alacant, Campus de Sant,
Vicent del Raspeig, A.99- 03080 Alicante, España
Xose.Padilla@ua.es

STÉPHANIE POURCEL
Department of Linguistics, University of Durham, Elvet Riverside,
Durham DH1 3JT, UK
s.s.pourcel@durham.ac.uk

678 *Lista de Autores*

MICHAEL RAMSCAR
Psychology Department, Stanford University, Stanford, CA 94305-2130, USA
michael@psych.stanford.edu

FERNANDO GIL V. RESENDE JR.
Universidade Federal do Rio de Janeiro Brasil

RAFAEL ROCAMORA ABELLÁN
Escuela de Turismo, Universidad de Murcia, Paseo del Malecón, 15, 3004 – Murcia, España
rocamora@um.es

SUSANA RODRÍGUEZ ROSIQUE
Departamento de Filología Española, Lingüística General y T. de la Literatura, Universidad de Alicante, Apartado de Correos 99 E-03080, Alicante, España
Susana.Rodriguez@ua.es

FRANCISCO RUBIO CUENCA
Escuela Superior de Ingeniería, Universidad de Cádiz, C/Sacramento, s/n, 11003 Cadiz, España
paco.rubio@uca.es

WOLFGANG SCHULZE
Institut für Allgemeine und Typologische Sprachwissenschaft, Department Kommunikation und Sprachen (Dep. II) - F 13/14, Ludwig-Maximilians-Universität München, Geschwister-Scholl-Platz 1, D-80539 München, Deutschland
W.Schulze@lrz.uni-muenchen.de

KAZUKO SHINOHARA
Faculty of Technology, Tokyo University of Agriculture and Technology, 2-24-16 Nakacho, Koganei, 184-8588 Tokyo, Japan
k-shino@cc.tuat.ac.jp

Lista de Autores   679

AUGUSTO SOARES DA SILVA
Faculdade de Filosofia, Universidade Católica Portuguesa,
4710-297 Braga, Portugal
assilva@facfil.ucp.pt

FÁTIMA SILVA
Faculdade de Letras, Universidade do Porto, Vista Panorâmica, s/n,
4150-564 Porto, Portugal
mhenri@letras.up.pt

METTE STEENBERG
University of Aarhus, Institute of Language, Literature and Culture,
Department of Spanish, Jens Chr. Skousvej 5, 463,
DK- 8000 Aarhus C, Denmark
romms@hum.au.dk

ANNE M. SUMNICHT
Department of Linguistics, University of California, San Diego, 9500
Gilman Dr. 0108, La Jolla, CA 92093-0108, USA
sumnicht@ling.ucsd.edu

LEONARD TALMY
Department of Linguistics, Baldy 609, University at Buffalo,
State University of New York, Buffalo, NY 14260, USA
talmy@buffalo.edu

JOSÉ DE SOUSA TEIXEIRA
ILCH, Universidade do Minho, Campus de Gualtar,
4704-553 Braga, Portugal
jsteixeira@ilch.uminho.pt

LARISSA TIMOFEEVA
Departamento de Filología Española, Lingüística General y T. de la
Literatura, Universidad de Alicante, Apartado de Correos 99
E-03080 Alicante, España
Timofeeva@ua.es

680 *Lista de Autores*

SYLVIA TUFVESSON
Department of Linguistics and Phonetics, Lund University
Helgonabacken 12, 223 62 Lund, Sweden
solve9@yahoo.com

DAVID TUGGY
Instituto Lingüístico de Verano, Apdo. 22067, 14000 Tlalpan, D.F.,
México
david_tuggy@sil.org

JOOST VAN DE WEIJER
Department of Linguistics and Phonetics, Lund University,
Helgonabacken 12, 223 62 Lund, Sweden
vdweijer@ling.lu.se

VICTORIA VÁZQUEZ ROZAS
Facultade de Filoloxía, Universidade de Santiago de Compostela,
15782 Santiago de Compostela, España
fevvazq@usc.es

ARIE VERHAGEN
Centre for Linguistics, University Leiden, Bldg. 1167, 104a,
P.O. Box 9515, 2300 RA Leiden, The Netherlands
Arie.Verhagen@let.LeidenUniv.nl

MÁRIO VILELA
Faculdade de Letras, Universidade do Porto, Vista Panorâmica, s/n,
4150-564 Porto, Portugal
mariovilela@sapo.pt

JORDAN ZLATEV
Department of Linguistics and Phonetics, Lund University,
Helgonabacken 12, 223 62 Lund, Sweden
jordan.zlatev@ling.lu.se

Índice remissivo

abduction (I) 483-484
  abductive movement (I) 475-476, 484
action (I) 33, 36
  activity (I) 26-29, 39, 40
  action chain (I) 367-369, 371, 376
  causal actions chains (I) 575, 599
activation
  pattern of activation (I) 523, 533, 541
active zone (I) 523-525, 529-531, 541
adjectives (I) 421-434, 661-688
  adjectives of description (I) 676-677
  adjectives of dimension (I) 676-677, 684
  adjectives of valuation (I) 677-678, 686
  attributive (I) 663, 681
  attributive/predicative adjectives (I) 422
  colour adjectives (I) 676, 680-681
  descriptive adjectives (I) 678-679, 681
  dimensional adjectives (I) 669-670, 686
  evaluative adjectives (I) 676, 678, 684
  modal adjectives (I) 671, 678, 685
  peripheral adjectives (I) 661, 676, 680, 685-686
  prototypical adjectives (I) 661, 663-666, 680, 683
  relational adjectives (I) 665-666, 669, 673-685
  semantic categories of adjectives (I) 425, 429, 431
  typology of adjectives (I) 661
adjectivo/substantivo (II) 175, 177-180, 182
adjunct (I) 441
adverb(ial) (I) 336, 339-344, 346-348. (II) 363, 365, 379
advertising discourse (II) 246-247
agent
  agent intentionality (II) 86-88
  typical agent (I) 208
agente(ividade) (II) 414, 420-422

agreement (I) 554, 568-573
aktionsart verbal (II) 424
âmbito (II) 3-8, 14, 17
analogia (II) 576
Analogical Speaker (I) 473, 485
analogy (I) 473-485
  analogy transitivity (I) 473, 476, 483-485
  analogy transposition (I) 474, 476, 483-485
anaphor (II) 370, 629, 637-639
  anaphor resolution (II) 629-639
  pronominal anaphor (I) 88
anchorage (II) 239
anthropology (I) 451, 457, 460, 471
anúncio (II) 461-463, 467-468 (↗ advertising discourse)
approximative (I) 335-350
archetype
  conceptual archetype (I) 87, 89, 112
argument (structure) (I) 436-437, 441-442, 444, 446, 448
argumentação (II) 279-283, 292-297
argumentation (I) 177-178
ASL (I) 93, 122, 143, 146-147, 152, 154, 158-163
aspect (I) 455, 463-464
  aspect(ual) (II) 363, 366-367, 382, 386
aspecto (I) 391
  aspectual (II) 412, 424, 427
  aspectualidade perfectiva (II) 411-412, 417, 423-424, 427-428
  fase (II) 416, 424
    fase inicial (II) 424
    fase terminal (II) 411-412, 424
attention (I) 545-548, 564
  Attention Information Flow (I) 545, 549, 564 (↗ information, ↗ informative structure)
attenuation (I) 90, 113-114, 116
automatismo (I) 517
Awa (I) 33

682 *Índice remissivo*

base (I) 598. (II) 363-370, 372-376, 378-387
basic level (I) 225-226
basque (I) 269-283, 367-368
behaviour (II) 86
belief system (II) 366, 378-379, 387
binding theory (II) 629, 633, 640
    binding constraints (II) 629, 632-633, 635
birdsong (I) 180-184
blending (↗ conceptual integration) (II) 147-155, 249-253, 346-347, 350, 354-355, 359-360, 499, 501, 514-515
    blending theory (II) 239, 241
    blends with common nouns (II) 152-155
    blends with proper names (II) 147-155
    compression (II) 350, 353, 359
        viewpoint compression (II) 347-359
    decompression (II) 347, 353-355, 359
    metaphorical blend (II) 168
body
    body action (I) 459-460, 470-471
    body language (II) 595-603
    body parts (I) 269-274, 285, 288. (II) 25-26, 37, 40
categoria
    categoria simbólica (I) 489-491, 492-494, 504
    categorias conceptuais (I) 385, 396, 397
    categorias radiais (I) 508
category
    linguistic category (II) 83-84
    radial category (I) 376, 378
categorização (I) 3-5
categorization (I) 661-662. (II) 77-79, 83-84, 89, 227-228, 231
    categorization of seals (I) 221-227
causação (I) 488, 494-495, 504
    associativa (I) 502
    causativização (I) 496
    causativos (I) 488, 499
    directa (I) 501
    indirecta (I) 502
    lexicalização da (I) 495

    padrões de lexicalização (I) 495, 497-499, 502-504
    transitividade e (I) 496, 502, 504
causal actions chains (I) 575, 599
causal reason (I) 592
causality (I) 576, 578, 589, 595. (II) 87, 89
cause (I) 575-579, 591-596, 603
causation (I) 464-467, 575-604
    and force (I) 576-589
    and force dynamic (I) 578-589
    and cultural specificity (I) 601-602
    causal event (I) 652-653, 656-657
    causative constructions (I) 167-175, 178, 451-472, 575, 577, 579-580, 583, 591-592, 596-601, 603
    causative verbs (I) 451-472, 575, 578-591, 596, 600-601
    coercive causation (I) 468-470, 582, 585
    cognitive models of causation (I) 575-604
    cultural models of causation (I) 575-604
    direct and indirect causation (I) 591-596
    factitive causation (I) 578
    factitividade (II) 424
    faire (I) 451, 454-456, 463, 469-470
    fare (I) 451, 454-456, 463
    folk model of causation (I) 603
    inductive causation (I) 585, 600
    letting causation (I) 578-596
    making causation (I) 451-470, 578-591
    make (I) 454-456, 459-460, 467
    mental causation (I) 594
    negative causation (I) 595, 603
    permissive causation (I) 578
    physical causation (I) 594
    types of causation (I) 578-17
causation metaphors
    causation is direct manipulation (I) 577
    causation is forced motion (I) 577-578
    causation and force dynamics (I) 578-589
    causation as intervention in the natural course of things (I) 589-591

Índice remissivo 683

causes are forces (I) 577, 578-589
causing is making (I) 580
effects are objects made (I) 580
forced motion metaphor (I) 575-578
reasons are causes (I) 591-596
workshop model of causation (I) 451-472
cenário/escena
    fora de cena (II) 418
    cenário objectivo (II) 411, 414, 418, 428-429
Cha'palaachi (I) 29, 34-36
Chachi (Cayapa) (I) 29, 34-36
change
    functional changes (I) 537
    language change (I) 172-175, 183, 474, 485
    morphological changes (I) 538
    phonological changes (I) 538
    semantic change (I) 173-175, 183-184, 538. (II) 329-330, 332
    sound change (I) 207, 209, 214
clítico (I) 508, 516
    clitização (I) 511
codability (II) 77, 90
coercion (I) 468-470, 582, 585
cognate (I) 207-210
cognição colectiva (I) 9
    cognição-na-prática (I) 9
    cognição-para-a-acção (I) 9
cognition
    distributed – (I) 27, 37-39
    embodied – (I) 37
    situated – (I) 27, 37-39
    cognition-for-action (I) 38
    spatial cognition (II) 59, 60, 73
cognitive
    ability (II) 87
    experiments (II) 75, 77-78
    performance (II) 84
    salience (II) 89 (↗ salience)
Cognitive Grammar (I) 85-118, 367, 382, 627, 639-648
cognitivel level (I) 541
    microcognitive level (I) 523-524, 541
    metacognitive level (II) 238

cognitive model (I) 13, 102, 104, 185, 217, 248, 249, 251, 252, 254, 255, 258, 259, 260, 262, 264, 551, 576, 649, 655, 687 (II) 104, 189, 227-228, 230, 240-241, 250
    billiard-ball model (I) 599
    ICM (idealized cognitive model) (II) 364, 368, 387
    mental models (II) 94, 100-101, 107, 113
    of causation (I) 575-604
    workshop model (I) 451-472, 589
Cognitive Poetics (II) 499-501, 515-516, 519-520, 522, 527-528, 534
cognitive role (I) 457-458
cognitive system(s) (I) 24, 26-27
Cognitive Typology (I) 545, 548, 573, 574
coloquial
    registo coloquial (I) 509, 511
collocations (I) 300-301
    collocational force (I) 301
competition (I) 316, 326-329
complementation (I) 596-601
completivo (II) 412, 427
    completividade (II) 427
compositionality (I) 298
    Fregean – classical notion of (I) 299
    non-classical notion of (I) 303-305
    levels of (I) 303, 305
    principle of compositionality (I) 660, 666
compound (I) 525, 530-531, 533-534, 536-542
compression (I) 457-458. (II) 271, 274
comunicação mediada por computador (II) 551-553, 560-561
communication
    animal communication (I) 165, 167, 179, 183-185
    cross-cultural communication (II) 585-603
    non-verbal communication (II) 596-597
conceitos
    conceitos culturalmente específicos (I) 10

684 *Índice remissivo*

conceitos universais (I) 10
concepts
    concept formation (II) 645
    concept structuring (I) 297-298, 306
conception (I) 248, 251-254, 257, 261-262
conceptual archetype (I) 87, 89, 112
conceptual distance (I) 405-407
conceptual domain (I) 525-529, 541
conceptual integration (↗ blending) (I) 297-299, 306, 534
    inference (II) 509, 514
    mental spaces (II) 510-512
    mental space theory (II) 510, 514, 515
    narratology (II) 502, 515
    perception (II) 501, 504-506, 508, 514-515
    possible worlds theory (II) 499, 501-509, 510, 515
    principle of minimal departure (II) 503-504
    teoria da integração conceptual (I) 5
conceptual properties (II) 85
conceptual system (I) 215-217, 221-227
conceptualisation (I) 269-271, 275-276, 284-286. (II) 75, 89
    conceptualizer (II) 369-370, 375
    drawing and conceptualization (II) 46-50
conceptualização (I) 3, 7, 10, 389
    conceptualizador (II) 411, 414, 417, 428-429
connectives (I) 176-178
connotation
    connotative (II) 371
    sexual connotation (I) 207, 210
consonant mirror (I) 207, 211
construal (I) 172, 175, 177-179, 185, 596-601
    dynamic construal (II) 43, 46-47, 51-52
    subjective vs. objective construal (I) 89-90, 116
construction (I) 272-273, 282-288, 302, 507, 510, 512, 516, 519, 526-527, 533-537, 540-542, 596
    ditransitive construction (I) 411-414
    causative constructions (↗ causation)

constructional schemas (I) 399-419
constructions using approximatives (I) 335-350
infinitival complement constructions (I) 596-601
N+N modification (I) 530
oblique transitive construction (I) 414-417
raising constructions (I) 408-409
transitive construction (I) 403-407, 417-411
container
    container schema (II) 25-26, 28, 31, 33-34, 36
context (I) 437-438
contexto (I) 6
contextual frame (I) 526, 531
contextual slot (I) 523-524, 533-538, 541
    autonomous slots (I) 536
    dependent slots (I) 536
contextualização da gramática (I) 6
    recontextualização (I) 6
    descontextualização (I) 6
continuity
    (dis)continuity (II) 366, 387
contrafactual (II) 606-610, 612
convention(al(ised)) (II) 367, 372, 379, 384, 387
coordination
    cognitive coordination (I) 178-179
corpora digitais (II) 551
corporização-encarnação (↗ embodiment) (I) 3, 7, 9-10
count (I) 523-533, 541
    countability (I) 523, 525-526
    countability scale (I) 525
    countable nouns (I) 523
creativity
    linguistic creativity (I) 297
critical period (I) 180-181
cultural evolution (I) 182-185
cultural model (I) 14, 47 48 49 50 63 67 68 69 74 72, 75 80, 82 83, 84, 104, 172, 185, 215, 216, 217, 218, 219, 220, 222, 264, 575, 576, 589
    of causation (I) 575-604

Índice remissivo 685

cultural specificity (I) 601-602
cultura-na-mente (I) 9
culture (I) 247-250, 253-257, 259-262, 269-271, 288
    primate – (I) 22-23, 38
    human – (I) 22-23
cycle/cyclic (II) 363, 368, 375-381
dative subject (I) 367, 369-371
definiteness (I) 101-104, 553, 566-567
    definitude (I) 351-354, 360
    indefinitude (I) 351-354
deixis (II) 279, 281, 283, 297
    deictic shift (II) 347-348, 363, 366
delocutivo (/idade) (II) 392-396, 407
depth (II) 649-654
derivação (II) 392-393, 395
desiderative prefix (I) 211
determinação
    operações de determinação (I) 351, 362
diachronie (I) 231-232
diairesis (I) 549, 559, 564, 573
Dialektik der Aufklärung (I) 83
discourse (I) 169, 176. (II) 76, 83, 90, 363-367, 371, 373, 374, 386, 389
    discourse marker (I) 344-345 (II) 374
    discourse referents (I) 431
    discursive frames (II) 265-275
    Free Indirect Discourse (II) 347-349, 356, 360
    history vs discourse (II) 272-274
    advertising discourse (II) 246-247
discurso
    debate electoral (II) 279, 280, 281-283, 287, 289, 292-293, 295, 297
    espaço do discurso/ setting (II) 414, 428
displacement (I) 605-624
dissimilation (I) 627-648
domain (II) 527-533, 536, 544
    conceptual domain (I) 525, 527-529, 541
    source domain (II) 250-253
    target domain (II) 246-253
    search domain (I) 441
    domain of instantiation (I) 92
    domain of search (I) 107-109, 114-115

double articulation (I) 184 (fn 10)
Dutch (I) 47, 48, 66, 74-75, 77-80, 167-174
dynamic (II) 363-365, 376, 378, 380, 382-383, 386-387
    dynamic construal (II) 43, 46-47, 51-52
    dynamic control (II) 29, 34, 40
    dynamic versus static representation (II) 51-52
embodiment, embody, embodied (I) 26-27, 30 (II) 643-644, 647, 651
    embodied realism (II) 228, 231
    embodiment of mind (II) 665
emissor
    marcas do emissor (II) 279-297
emoção (II) 583-586, 588-593
emotion
    emotion in language usage (II) 185-200
    emotion verbs (I) 446-447
emphasis (II) 367, 372
enactionism (II) 231
    enactive paradigm (II) 231
energy
    flow of energy (I) 208
Enlightenment (I) 47, 51, 55-60, 64
entrenchment (I) 300-301, 309-310, 314-318, 320, 322-325, 328-329
    entrenched structure (I) 253-256, 262
epistemic (II) 366-367, 373, 378
equipollent (II) 119, 121, 131, 138-140
errors in translation (II) 325, 328-329, 335, 338, 339
erros de fala (II) 550-551
erros de instrumentação (II) 606, 609
espaço simbólico (I) 489-490, 494
espaços mentais (II) 279, 281-283, 292-293, 296-297 (↗ mental spaces)
    teoria dos espaços mentais (I) 5
etimologia (II) 576
    etimologia popular (II) 576-577
euphemism (I) 207-208, 210
event
    event integration (I) 596-601, 603
    event structure (I) 457, 461-462, 470
    usage event (I) 523, 525, 535, 541
evento
    esquemas conceptuais de evento (I) 496

686 *Índice remissivo*

evidentiality (I) 34
évolution sémantique (I) 231, 232-233
evolutionary approach to language (I) 165-167, 169, 172, 175
existential (I) 106-111, 33
expectation (II) 366, 380, 386-388
expectativas (II) 413, 417-419, 421, 423-425, 427-429)
    contra-expectativas (II) 418
experiencialismo (↗ embodiment) (I) 3
experiments
    linguistic – (II) 75
expressivity
    infinite expressivity (I) 184 (fn 10)
extension (I) 663, 673, 683
factitividade (↗ causation)
figure (I) 345, 347-348 (II) 79, 90
Finnish (I) 435-436, 440-442, 445, 447
flutuação (II) 175, 179, 183
focus (I) 619-624
    focus field (I) 554, 564, 568-571
    focus marker (II) 363-367, 380, 382, 386, 388
    focal (I) 554, 560-561, 564, 568, 572, 573
    focal strategies (I) 554, 560, 568, 572
    focalização (II) 475
folk model (I) 575, 577, 580, 603
    of causation (I) 603
    folk theorie (I) 576
force dynamics (I) 444-445, 447-448, 575-576, 578-589. (II) 88
    force dynamics and causation (I) 578-589
formalismo (I) 2, 6
fórmula (II) 395
frame (I) 525-526, 529, 531-532, 541. (II) 363, 364, 366-368, 371, 374, 376, 379, 381
    semantic frame (I) 248-252, 254, 262
fraseologia (II) 3, 15, 20-22
frequency (I) 310, 314-315, 317-320, 324-325, 328-329
    frequency effects (I) 424, 429
    co-occurrence (I) 315-318, 325, 328-329

funcionalismo (I) 2, 6
generalization (vs. particulars) (I) 637-640
genre (II) 374-375
gestalt (I) 546, 548-553, 559, 564, 573
gestures (↗ lenguas de signos, ↗ linguagem gestual, ↗ sign language)
gliding (II) 383
gradation (I) 667, 674, 679-680, 685
Gramática Cognitiva (↗ Cognitive Grammar) (I) 4
Gramática de Construções (I) 4
Grammar of Scenes and Scenarios (I) 548
grammatical function (I) 367, 369, 377, 382
grammaticalization (I) 233, 235, 241, 340, 345, 348, 523, 525, 533, 535, 537-538, 598-599, 603. (II) 326-327, 329-330, 338-339
    grammaticization (I) 86, 91, 112-114, 116-117
gramaticalização (I) 5, 10-13, 508. (II) 3, 10, 12-14, 18, 21-22, 398, 407, 455, 493
    teoria da gramaticalização (I) 5
grau (I) 391, 393
Greek (I) 368. (II) 25-42, 77-78
ground (I) 91, 338, 345, 347-348. (II) 79, 86, 90
    grounding (I) 85, 91-95, 98-99. (II) 646-648, 651, 653-654
habitualization (I) 548
habitus (I) 39-40
Hawaiian (I) 207, 209-214
Hipótese da Relatividade Linguística (I) 8, 26 (↗ Linguistic Relativity Hypothesis)
homógrafos (II) 619, 621-622, 628
Hopi (I) 97-99, 102
Hungarian (I) 367-368
Icelandic (I) 370-371
iconicidade (II) 563-565, 569-573, 585-587, 591
iconicity (I) 207, 208
idioms (I) 269-273, 278, 280, 283, 288, 333-314, 318-320, 322-325, 329, 439, 448
    idiomatic sentences (I) 191-192, 197-198, 200-201, 203

Índice remissivo 687

idiomaticity (I) 301, 306. (II) 325, 326 (n. 2), 329, 334 (n. 9), 338
   fixed expressions (I) 294, 303
      variable-sized lexical units (I) 293, 296, 302
      formulaic expressions (I) 294, 306
      unitized representations (I) 306
      unified cognitive representations (I) 297-298, 301
illative (case) (I) 436-437, 439, 441-448
imagery (I) 596-601
   image metaphor (II) 203-215
implicatura
   implicatura conversacional convencionalizada (II) 449
implicature (I) 295-296. (II) 368, 381, 382
indirect object (I) 106, 108-109
Indonesian (I) 378-381
inference/inferential (I) 551, 556, 561, 563, 564. (II) 365, 368, 371-372, 381-383, 387
   invited inferencing (I) 231, 242
   pragmatic inferences (I) 530, 541
   presumptive inferencing (I) 296
infinitive
   infinitival complement constructions (I) 596-601
inflation (I) 547
information (I) 545-546, 549-552, 556-557, 564 (↗ Attention Information Flow)
informative structure (I) 509, 512-513
instance (I) 92-102
   domain of instantiation (I) 92
instrumentais (II) 175-177, 182
instrumentality (II) 25-26, 28-29, 31
intensidade (I) 393
intension (I) 663, 669, 673, 683
intercultural negotiations (II) 595, 597, 598-603
interjections (II) 325-339
   primary interjections (II) 326-328, 334, 337-338, 339
   secondary interjections (II) 325-339
interlocution/interlocutor (II) 364, 365
interview method (II) 228
Inuit (I) 34 (n 4)

inverse
   inverse form (I) 207, 211
   inverse marker (I) 214
   inverse suffix (I) 208
   morphosyntactic inversion (I) 214
isonomy (I) 482, 483
Japanese (I) 108-110, 117, 208
knowledge
   encyclopaedic knowledge (I) 662, 665, 667, 670
   knowledge features (I) 523-524, 541
   knowledge system (I) 219-221
   shared knowledge (I) 424
landmark (I) 88, 99, 107-109, 118, 236-237, 435, 440-442, 524, 531
language
   ancestral language (I) 207, 209
   endangered languages (I) 69, 73
   pluricentric language (I) 74
   secret language (I) 207, 212-213
   universal language (I) 64, 69
   world language (I) 69
      English as a world language (I) 69
language
   discrimination (I) 57-58
   evolutionary approach to language (I) 165-167, 169, 172, 175
   language and thought, relation (II) 75, 657-667
   language as communication (I) 58
   language as expression (I) 57
   language as identity (I) 50, 58, 64-68, 70-71, 73, 80-81
   language attitudes (I) 48-49, 74, 81-82
   language learning (I) 474, 478-479, 482-484
   language module (I) 121-123, 160
   language shift (II) 83
   romantic conception of language (I) 61, 65
   postmodern conception of language (I) 68-69
langues romanes (I) 234-235, 242
Latin (I) 106, 110, 112, 116. (II) 83
   Latin Classique (I) 233, 238, 242
   Latin Vulgaire (I) 233

688 *Índice remissivo*

layering (I) 233
learnability (I) 486
learning (I) 181-182
lenguas de signos (II) 577-579, 586-593 (↗ linguagem gestual, ↗ sign language)
lexical inheritance (I) 537
lexical licensing (I) 294-295, 297, 306
  inferential mechanism (I) 295
  presumptive inferencing (I) 296
  implicatures (I) 295-296
lexical network (I) 271, 273, 277, 284, 287
lexicalisation (II) 77, 82-83, 87
lexicografia (II) 3
linguagem gestual (I) 385, 387, 394 (II) 577-579, 586-593, 597-603 (↗ lenguas de signos, ↗ sign language)
línguas em contacto (II) 218, 220-225
línguas orais (II) 575-577
Linguistic Relativity Hypothesis (I) 8, 26. (II) 75, 77, 90 (↗ Hipótese da Relatividade Linguística)
linguistic structure (I) 294-295
  rule-driven (I) 294-295
  frequency-driven (I) 294-295
literal vs. figurative meaning (I) 312-313, 327-328, 329
Literary Theory (II) 519, 520
localist hypothesis (I) 106, 111-112
location (vs participant) (I) 114-115
locative (I) 106-109, 112-116
locução (II) 12-14, 20-21
Luiseño (I) 97, 104-106, 110-112, 116
Mandarin (I) 106, 114-115
manipulation (I) 469-470, 576, 582-583, 589, 602
manner (II) 76-90
  default (II) 79, 88-89
  forced (II) 79, 88-89
  instrumental (II) 79, 88-89
  salience (II) 83, 90
  verb (II) 82
mapping (I) 531
marcador discursivo (II) 451-454, 479, 482-484, 490
  de cierre (II) 415-418, 424

conclusivo-valorativo (II) 412
discursivo (II) 412, 419-420
espacial (II) 413
temporal (II) 412-413, 416, 422-424, 427
marked position (I) 667, 673-674, 686
marketing (II) 246-247, 253
mass (I) 523-529, 533, 541
Maya, Yucatec – (I) 40
memory (I) 546-549, 550, 556, 559. (II) 83, 78, 265-275
Menon Paradoxon (I) 546
mental calculus (II) 379, 384
mental models (↗ cognitive model)
mental simulation (II) 46-47, 50-52
mental spaces (I) 100-102, 248, 250, 254, 402, 410-411, 529. (II) 266, 272-274, 363-365, 370-371, 645, 648 (↗ espaços mentais)
  mental space embedding (II) 348-349, 357-358
  mental space evocation (II) 347, 349, 355-358
metacognitive level (II) 238
metafiction (II) 519-526
metalinguagem (I) 10
  consciência metalinguística (II) 573-575
meta-linguistic (II) 363-364, 366-367, 374
metáfora (I) 583-593. (II) 5, 10, 14, 217-225, 575-580, 591, 595
metaphor (I) 192-193, 203, 412-413, 445-447. (II) 185-200, 227-244, 246-253, 643-655
  architectural metaphor (II) 203-215
  image metaphor (II) 203-215
  metaphor classification (II) 205-213
  metaphorical blend (II) 168
  metaphorical extension (I) 652, 656
  metaphorization (I) 550-551, 574. (II) 333
  metaphors in European Portuguese (II) 186-187, 193-200
  metaphors in song lyrics (II) 193-200
  metaphors of time (II) 44-47
  metaphor of war (II) 188-200

Índice remissivo   689

metaphors
    basis, foundation is support (I) 274
    causes are forces (I) 578-589
    causing is making (I) 580
    direction is orientation (I) 285
    effects are objects made (I) 580
    eye as representation of the face (I) 285
    eye is small quantity (I) 282
    forced motion metaphor (I) 575-578
    form is motion (II) 205-212
    persisting is remaining erect (I) 275-276
    motion is form (II) 212-213
    reasons are causes (I) 591-596
    size is quantity (I) 282, 284
metathesis (I) 207-214
    apparent metathesis (I) 207, 212
methodology (II) 79
metonímia (II) 175, 179-180, 183
metonymy (I) 116, 118. (II) 159-173, 227, 246-253, 351-352
    and discourse-pragmatic inferencing (II) 159-173
    and indirect speech acts (II) 163
    as an asymmetrical mapping (II) 160
    as a guide to implicature derivation (II) 163-172
    as a pragmatic function mapping (II) 161
    as natural inference schemas (II) 172
    case studies (II) 164-172
    chaining of (II) 167, 170-171
    concept of (II) 160-162
    metonymic reasoning (II) 165, 168
    motivational function (II) 172
    referential function (II) 161, 172
metonymies
    body-part for function (I) 274
    entity for function (I) 274, 280
    entity for its physical characteristics (I) 278
    foot for motion (I) 274
    foot for support (I) 274
    foot for motion+support (I) 274, 276
    foot for function (I) 276
    eye for cavity (I) 279, 284

eye for closing capacity (I) 279
eye for container capacity (I) 282
eye for directing and focusing capacity (I) 279, 285
eye for hole (I) 280
eye for hook (I) 280
eye for its function (I) 285
eye for its physical characteristics (I) 278
eye for shape (I) 279
mirativity (I) 33
mirror neurons (I) 39
mirroring (I) 546-547
modality (I) 467-468
modelos baseados no uso (I) 4 (↗ usage-based models)
modelos culturais (I) 5, 7 (↗ cultural models)
    teoria dos modelos culturais (I) 5
modernization (I) 556
monitoring (II) 366, 378
moral
    moral reasoning (I) 169-172
Mösiehuali (Tetelcingo Nahuatl) (I) 627-648
motion/movement (I) 31-32, 36, 495, 497--498 (II) 75-90, 111-114
    fictive motion (I) 443 (II) 43-52, 647
    fictive/perceived motion (II) 209-213
    motion events (II) 119-122, 124-126, 128-131, 136
    motion verbs (II) 43-45
motivação (II) 564, 571-572
motivation
    semantic motivation (I) 207, 211
multilingualism (I) 70-71, 73
Nahuatl, Classical (I) 30
narrativa
    enunciado narrativo (II) 460
narrative
    narrative discourse (II) 347-349
    narrative viewpoint (II) 347, 349-350, 353-357
nationalism (I) 63-73, 83
natural course of things (I) 589-591
Navajo (I) 29, 31

690   *Índice remissivo*

negation (I) 208, 589, 595-596, 621-624
   negative raising (I) 607-626
network
   lexical network (I) 271, 273, 277, 284, 287
Newari (I) 33 (n 3)
names
   proper names (II) 148-152
nomes de agente (II) 175-177, 181-183
nominal
   postnominal position (I) 674, 683
   prenominal position (I) 664-665, 670, 671-673, 676, 678, 682-684
nominalization (I) 88
nouns
   noun incorporation (I) 98
   mass nouns (I) 527, 528
número (I) 385, 390-394
object (I) 88, 99, 105, 109, 442
   object making (I) 460-461, 470
objectivism (II) 644, 652
onomasiology
   onomasiological domain (I) 249-250, 252
ontology (II) 666
opposition
   semantic opposition (I) 207, 214
parabolic projection (I) 460, 470-471
parametrization scheme (I) 306
particulars (vs. generalization) (I) 637-640
partonomy (I) 482
path (II) 76-85, 87, 89-90
   atelic (II) 86-87
   telic (II) 79, 85-86
   locative (II) 79, 85-86
   path schema (II) 43, 51
   verb (II) 82
perception (I) 248, 251-254, 257-258, 262. (II) 363, 367, 371, 373, 387
permission (I) 584, 593, 595
perspective (II) 363, 374, 384-385
phenomenology (II) 643-655
phonology (I) 627-648
   phonological changes (I) 538
   phonological rules (I) 637-640, 641-649

generative phonology (I) 635-637
Phrasal Information Space (I) 550-551
plexus (I) 474-476
poiematic (I) 550
polissemia (II) 217, 444-446
polysemy (I) 269, 270, 272, 275-276, 280, 283, 438-439, 442, 448
   compositional polysemy (I) 272, 275-276, 283
   lexical polysemy (I) 532
Polynesian (I) 207, 209, 211-212
possessive/possession (I) 85-120
postmodernism (I) 68-69
   postmodern conception of language (I) 68-69
Pragmasyntax (I) 545, 549, 551-553, 559, 573
pragmatic (I) 545, 550, 553, 556, 568, 570, 573
Pragmatic Intervention (I) 550, 556, 568
pragmatização (II) 407
   estratégia pragmática (I) 519
predicative (I) 665, 670, 673-674, 680, 683
preposition (I) 231-233, 336-346, 348
   prepositions (space and time) (II) 270-271
   prepositional locution (I) 335-340, 342-347, 349
presupposition (II) 366
procedural (II) 365-366, 378, 381, 382
processing (I) 306-307
   default processing (I) 303-304
   open processing (I) 305
   on-line processing (I) 306
   parallel processing (I) 313, 327-328, 329
   processing structure (I) 247, 253-256, 258, 262
productivity
   linguistic productivity (I) 473-484
   systemic productivity (I) 473-485
profile/profiling (I) 95, 117-118, 532, 536, 540, 598 (II) 363-364, 367, 386
program(matic) (II) 363-370, 373-381, 383-386

Índice remissivo 691

propositional attitude (II) 363, 367, 373
prospective (II) 371, 385
protagonists (I) 559-561
Proto Central Pacific (I) 211
proto-roman (I) 233-234
prototype (I) 87, 90, 112-113, 192, 196-203, 437, 523-542
  degree of centrality (I) 525
  prototype schema (I) 525
  prototypical centre (I) 663, 666, 685
  prototypical features (I) 662, 665, 685-686
  prototypical meaning (I) 269, 271-273, 275
  prototypical model (II) 94-100
  prototypical position (I) 661
  prototypical properties (I) 661-662, 676, 680
  teoria do protótipo (I) 5
qualitative space (I) 532
quantidade (I) 385-397
  quantificação (I) 385, 386
  primitivos semânticos quantificadores (I) 386, 389, 395, 397
quantifying (II) 366
Reader Response Theory
  reading (II) 499, 502, 509-510
  Reception Theory (II) 500
  space-builders (II) 511-512
reality (I) 460-461
reanalysis (I) 117-118, 340
reason (I) 591-596
  causal reason (I) 592
recall (II) 77-78
rede semântica (II) 487-490, 493
redundancy/redundant (II) 367, 374-375, 377-378, 386
reference
  reference processing (II) (II) 629, 638
  referential connector (I) 531
  frame of reference (II) 60-71
  switch reference (I) 208
reference point (I) 87-91, 93-100, 112-116, 598, 402-403, 409-410, 412-417
reification (I) 452-453, 462-463, 471
repetição (I) 392-393, 395-397

representação cognitiva (I) 494-495, 500, 504
representation (I) 610-619
  higher-level representation (II) 367-368, 386
  mental representations (II) 265-266, 267
responsibility (I) 591-596
retrospective (II) 371, 385
role description (I) 101-102, 104-105, 110
role reversal (I) 207, 208
romanticism
  romantic conception of language (I) 61, 65
Russian (I) 106, 110
salience (I) 601-602. (II) 3, 9, 11-13, 16, 89 (↗ cognitive salience)
Samoan (I) 207-211, 214
sanction 639-648
satellite (II) 80
  satellite-framed (II) 119, 121, 139-140
scalar modifiers (I) 176-178
scenario (II) 363, 365, 368, 371-372, 374, 376, 378, 380, 382-384
schema (I) 87-91, 113, 531, 532, 535, 541, 639-648. (II) 527, 529, 533, 536, 540-541
script (II) 363, 365, 377, 384
semantic
  semantic field (I) 249-250, 252
  semantic frame (I) 248-252, 254, 262
  semantic microfeatures (I) 533
  semantic priming (I) 316, 318-328, 329-330
sémantisme (I) 232, 234, 241
sequencial
  configuração sequencial (II) 412, 414, 416-417
  configuração serial (II) 414-415
sexual connotation (I) 207, 210
sign language (I) 121-122, 142, 146, 156, 162 (↗ linguagem gestual, ↗ lenguas de signos)
significado (I) 3, 6
  natureza enciclopédica (I) 3, 7
  natureza perspetivista (I) 3

692   *Índice remissivo*

signo (II) 566-567
similarity
  similarity judgements (II) 77-78-80
sinal (II) 577-579
sintactização (I) 508
síntese de voz (II) 619, 628
sound
  sound change (I) 207, 209, 214
  sound inversion (I) 207
space (I) 31-32, 37 (II) 643-655
  intrinsic orientation (II) 61-62, 70
  situational orientation (II) 100-101
  spatial (I) 231-233, 241
  spatial schema (I) 122, 127, 131, 135
  spatial structure (I) 121-122, 125, 129,
    142-144, 159-161
  spatial cognition (II) 59-60, 73
  espace (I) 231-232
  espaço (I) 10
speech
  disguised speech (I) 207, 213
  speech act (I) 608-611
standardization
  linguistic standardization (I) 47, 51, 54-
    55, 58, 63-64, 72, 81
subject (I) 88, 99, 109-111, 117-118
  dative subject (I) 367, 369-371
subjectificação/subjectivização (I) 500-
  501. (II) 407, 486, 492-493
subjectification (I) 91, 113-114, 116-117,
  179
  intersubjectification (I) 179
subjectivity (I) 165, 178-179, 185. (II) 645
  intersubjectivity (I) 165, 179, 185
  subjective (II) 363-364, 366-367, 370,
    372, 375-376, 381, 384, 386-387
  subjective vs. objective construal (I)
    89-90, 116
substance (I) 452-453, 460-461, 471, 524-
  526, 529, 531-533, 540
Swedish (II) 78
  Swedish dialects (I) 215-216
syncategorematic (I) 664, 676, 680
synonymy (I) 436-440, 445-448
syntactic position (I) 424
telicity (II) 12, 15

tema e rema (I) 512
templates (I) 549-550, 553
tense
  present tense (II) 272-274
Teoria da Vantagem (I) 5
Teoria Neural da Linguagem (I) 5
text
  text typology (II) 374-375
  intertextuality (II) 374
thinking
  associative (II) 84
  'thinking for speaking' (I) 26
time (II) 643-655
  temporal (II) 363, 365-366, 379, 383-
    384, 386
  temporal paradox (II) 383
  temporal understanding (II) 44-46, 51
Tohono O'odham (I) 97-98
tonema (I) 509
topic (I) 88, 103, 414-417, 563, 566-567,
  570
  topicalização (I) 510-512
  topicalizador (I) 511-512
  tópico e comentário (I) 512
tourism (II) 246-247
trajector (I) 88, 95, 99, 108-109, 118, 236-
  237, 435, 440-443, 446
transitivity (I) 457-458, 651-658
  transitive construction (I) 403-407
  complex transitive construction (I) 417-
    411
  transitive suffix (I) 214
translation
  literal translation (II) 328-329, 333-
    334-336-339
  translation strategies (II) 327, 334-336,
    337-339
Tsafi'qui (I) 33
type (I) 92-102
typology (II) 75-90,121, 139
  Cognitive Typology (I) 545, 548, 573-
    574
Udi (I) 545, 549, 553, 555-557, 560-561,
  564, 566-568, 573-574
universal language (I) 64, 69
usage event (I) 523, 525, 535, 541

Índice remissivo 693

usage-based models (I) 424
usage-based (I) 653-656
Uto-Aztecan (I) 97, 112, 116
vagueza (II) 444-446
variation (I) 474-475, 482, 485
linguistic variation (I) 47, 48
dialectal variation (II) 83
verb
verb phrase (II) 80, 82
verb-framed (II) 119, 121, 139-140
verbs
causative verbs (↗ causation)
cognition verbs (I) 399-419
delexical verb (I) 458-460
emotion verbs (I) 446-447
manner verb (II) 82
motion verbs (II) 43-45
path verb (II) 82
posture verb 112, 116-117
psych verb (I) 367, 371, 375, 378, 380-381

serial verbs (II) 119-121, 123, 128-129, 139-140
verbs of creation (I) 457-458, 460-461, 470
verbos de movimento (II) 3-4, 11, 19
viewing arrangement (I) 405-407
viewpoint (II) 367, 383
visual viewpoint (II) 347-355
virtuality (I) 100-105, 110-111
visibility/accessibility (II) 101-107
Völkerpsychologie (I) 39
vowel lengthening (I) 208 (fn 1)
Whorfian effect (II) 78, 80
word creation (I) 207, 214
word order (I) 508, 510, 516, 545, 550, 554, 560, 564, 568
word order inversion (I) 213
word order reversal (I) 207-208
World Stimulus (I) 547-553
Zipf law (I) 546